OLYMPISCHE SPIELE Peking 2008

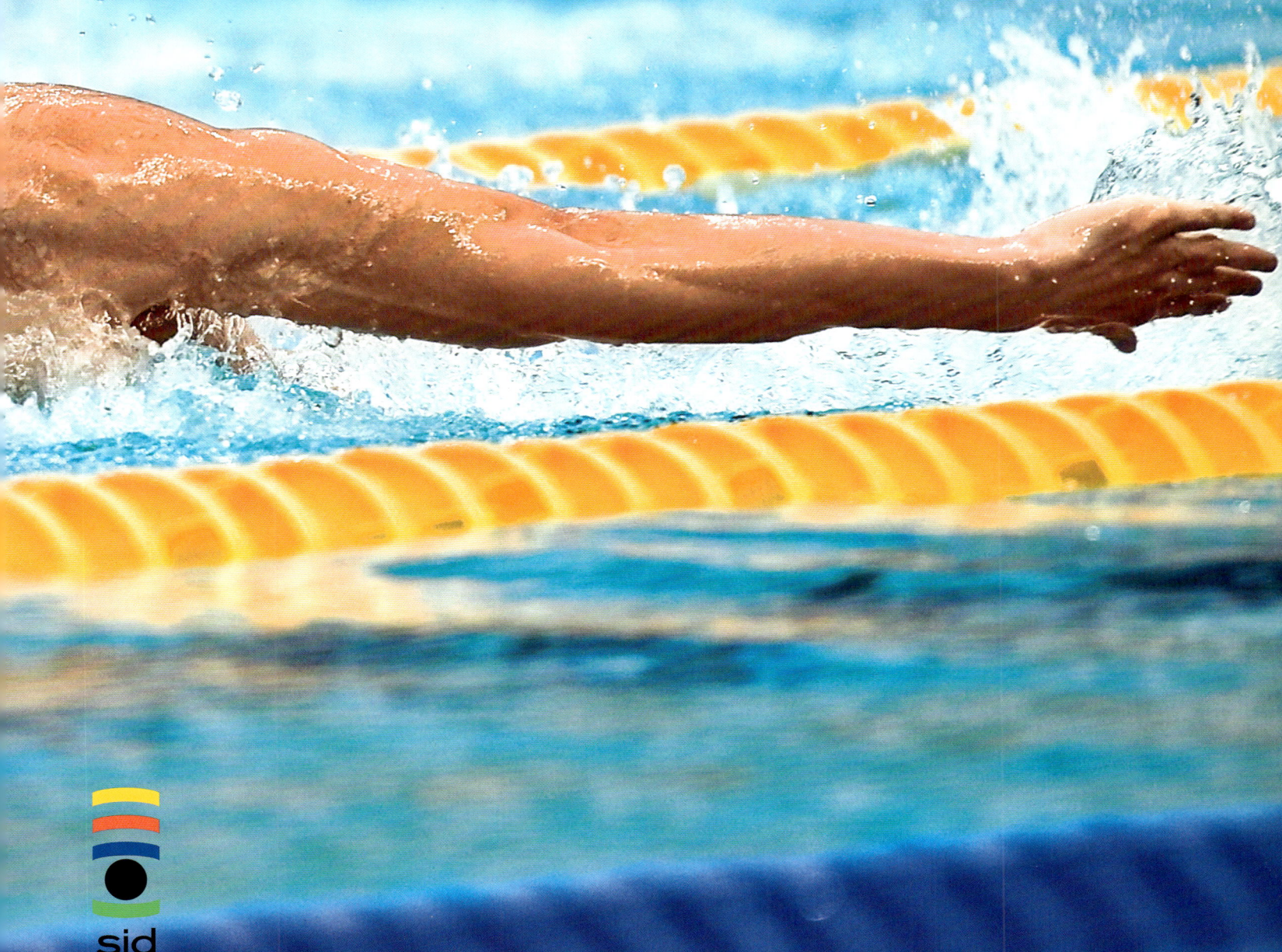

EINE PRODUKTION DES COPRESS-TEAMS, MÜNCHEN
Verantwortlich für Inhalt und redaktionelle Konzeption: SID, Sport-Informations-Dienst, Neuss

LEKTORAT UND BILDREDAKTION	Pierre Sick
PRODUKTION UND LAYOUT	VerlagsService Dr. Helmut Neuberger & Karl Schaumann GmbH
REPRODUKTION	Dallmeier-Media
UMSCHLAGGESTALTUNG	Stiebner Verlag GmbH
ALLE FOTOS	von SVEN SIMON; außer Seiten 57 (1), 156-159 (Imago)
FOTOGRAFEN	Anke Fleig, Frank Hörmann, Bernd Lauter, Thomas Schreyer
PROJEKTLEITUNG	Wolfgang Griese
TEXTREDAKTION	Harald Gehring, Thomas Kommer, Jutta Merse, Yasin Örnek, Nicola Schnitzler, Uschi Vogel

SID-TEAM PEKING

TEAMLEITUNG	Angela Bern, Ralph Durry
CHEFS VOM DIENST	Tom Häberlein, Ralf Loweg
NACHRICHTENREDAKTION (LEITUNG)	Jürgen Magh
REPORTER	Thomas Bachmann, Lars Becker, Günter Bork, Andreas Frank, Andreas Hardt, Marlen Haselhuhn, Gerd Holzbach, Christian Klaue, Holger Luhmann, Marco Mader, Jörg Mebus, Oliver Mucha, Maik Rosner, Jörg Soldwisch, Nikolaj Stobbe (Hongkong), Peter Stracke, Stefan Tabeling, Micaela Taroni, Torsten Teichert, Tom Vaagt (Qingdao)
REDAKTIONS-ASSISTENZ	Hilla Baecker
TECHNIK	Herbert Behr
DIE DEUTSCHE BIBLIOTHEK – CIP-EINHEITSAUFNAHME	Die Deutsche Bibliothek verzeichnet diese Publikation in der Deutschen Nationalbibliografie; detaillierte bibliografische Daten sind im Internet über <http://dnb.ddb.de> abrufbar.
COPYRIGHT	© 2008 Copress Verlag in der Stiebner Verlag GmbH, München Alle Rechte vorbehalten. Wiedergabe, auch auszugsweise, nur mit Genehmigung des Verlags.
GESAMTHERSTELLUNG	Copress, München. www.copress.de
DRUCK UND BINDUNG	Firmengruppe APPL, Wemding
ISBN	978-3-7679-0960-1
REDAKTIONSSCHLUSS	24. August 2008

Olympia in einer neuen Welt

Asien hatte die Jugend der Welt schon vier Mal zu Olympischen Spielen begrüßt. Zu den Sommerspielen 1964 in Tokio und 1988 in Seoul, im Winter 1972 in Sapporo und 1998 in Nagano. Doch im Reich der Mitte befand sich Olympia diesmal in einer neuen Welt. Einer Welt, die durch die XXIX. Sommerspiele im August in Peking vielleicht einige Impulse zur Lösung ihrer Problemthemen Menschenrechte und Pressefreiheit erhielt. Einer Welt, die ihren Gästen den eigenen Fortschritt vor Augen führte: Schaut her, wir können es auch. Peking bot fast perfekte Spiele.

Die deutsche Mannschaft erlebte im fernen China unerwartete Siege und auch Tragödien. Da kenterten Kanuten auf dem Weg zum Gold. Da blieb den Fußball-Frauen ein Jahr nach dem zweiten WM-Triumph im Reich der Mitte nur Rang drei. Die Handballer scheiterten als Weltmeister schon in der Vorrunde. Es traf groß und klein: Für Turner Fabian Hambüchen blieb nur Bronze am Reck. Und für Fahnenträger Dirk Nowitzki, der erklärt hatte, er träume von einer Medaille, hing der Basketball-Korb zu hoch.

Doch Deutschland hatte auch seine Sieger: Ob die Mannschaft selbst zu den Gewinnern gehörte, ist eine Sache des Blickwinkels. Zwei Ziele wurden erreicht, eines jedoch verfehlt: Nach Rang sechs 2004 in Athen gab es diesmal Platz fünf im Medaillenspiegel – und statt 13 sogar 16 Goldmedaillen. Dagegen schrumpfte die Gesamtzahl des Edelmetalls von 49 auf 41.

Britta Steffen war mit Gold über 50 und 100 m Freistil die große Siegerin des Teams – und Vielseitigkeitsreiter Heinrich Romeike mit dem Doppeltriumph in Einzel und Mannschaft ihr männliches Pendant. Vier andere holten Gold, die fast kaum jemand auf der Rechnung hatte: Ole Bischof auf der Judomatte, Alexander Grimm im Kanuslalom, Jan Frodeno im Triathlon, Lena Schöneborn im Modernen Fünfkampf. Junge Leute, neue Namen. London 2012 wartet auf sie.

Renovierte Abschnitte der Chinesischen Mauer sind heute eine Touristen-Attraktion.

Statistik-Hinweise

OR	Olympischer Rekord*	QU	Qualifikation
WR	Weltrekord*	R	Runde
AB	Abbruchsieg	TR	Trostrunde
AF	Achtelfinale	TRF	Trostrundenfinale
AG	Aufgabe	VF	Viertelfinale
AU	Ausgeschieden	VL	Vorlauf
DQ	Disqualifikation	VK	Vorkampf
HF	Halbfinale	VR	Vorrunde
HO	Hoffnungslauf	WF	Wettfahrt
i.E.	im Elfmeterschießen	ZL	Zwischenlauf
KE	Kampfrichterentscheid		
KL	Kampflos		
Ko	Knock out		
MR	Medaillenrennen		
n.V.	Nach Verlängerung		
OCS	Fehlstart		

* In den Statistiken angegebene Olympische und Weltrekorde beziehen sich auf den Stand vor Beginn der Wettbewerbe. Neue OR/WR sind bei den Erstplatzierten gesondert gekennzeichnet.

Inhalt

Auftakt 8

Vorwort 5 · Olympia zwischen Flaute und Taifun 8 · Eröffnung 10 · Olympisches Tagebuch 12

Ballsport 14

Badminton 16 · Baseball/Softball 17 · Basketball 18 · Fußball 20 · Handball 22 · Hockey 24 · Tennis 26 · Tischtennis 28 · Volleyball/Beachvolleyball 30

Kampfsport/Kraftsport 32

Boxen 34 · Fechten 36 · Gewichtheben 39 · Judo 42 · Ringen 45 · Taekwondo 48

Leichtathletik 50

Deutsches Fazit 52

Männer Laufen 54 · Sprung 60 · Wurf 62 · Zehnkampf 64

Frauen Laufen 66 · Sprung 72 · Wurf 74 · Siebenkampf 76

Mehrkampf 78

Moderner Fünfkampf 79 · Triathlon 80

Radsport 82

Bahn 84 · Mountainbike 86 · BMX 88 · Straße 90

Inhalt

Reitsport 92
Springreiten 94 · Dressur 100 · Vielseitigkeit 102

Schwimmen 104
Männer 104 · **Frauen** 112 · Wasserspringen 118 · Synchronschwimmen 121 · Wasserball 122

Sportschießen 124
Bogenschießen 126 · Schießen 128

Turnen 132
Männer 134 · **Frauen** 138 · Rhythmische Sportgymnastik 142 · Trampolin 143

Wassersport 144
Kanu 146 · Kanuslalom 150 · Rudern 152 · Segeln 156

Finale 160
Schlussfeier 160

Statistik 162

Austragungsorte · IOC-Abkürzungen · Medaillenspiegel 191

Teilnehmer 192

Olympia zwischen Flaute und Taifun

Olympia in Peking – das führte, je näher die Spiele heranrückten, zu teilweise erregten Diskussionen, ob überhaupt eine für alle Sportler faire Durchführung gewährleistet werden könne. Im Mittelpunkt der Debatten standen dabei in erster Linie die Themen Umwelteinflüsse und das Wetter. Oder anders: Der Dauersmog in der chinesischen Metropole sowie die hohen Temperaturen bei extrem hoher Luftfeuchtigkeit, denen die Sportler ausgesetzt sein würden.

Während der Spiele zeigte sich dann, dass sich die Angst vor dem Dauersmog in Peking als viel Rauch um nichts erwies. Die Maßnahmen der Gastgeber im Vorfeld zeigten früh Wirkung. Für die Hälfte der rund 3,3 Millionen Autos gab es ein Fahrverbot, zahlreiche Fabriken wurden für die Dauer der Spiele geschlossen.

Was das Wetter betraf: Die Temperaturen lagen im Schnitt zwischen 24 und 34 Grad Celsius, wären für

Impressionen von den Olympischen Sommerspielen in Peking. Gut bewacht war das moderne Vogelnest-Stadion (ganz oben links), gut besucht der alte Kaiserpalast (darunter). Im Kontrast dazu: die Skyline des neuen Peking (oben rechts)

die gut trainierten Sportler erträglich gewesen. Aber die extreme Luftfeuchtigkeit von bis zu 90 Prozent tat ein Übriges. So stöhnten viele Sportler, vor allem Rad-Asse und Tennisprofis (also »Ausdauersportler«) über die Bedingungen. Heftige Gewitter legten kurzfristig Ruder- und Kanu-Wettbewerbe lahm. In der Olympia-Außenstelle Hongkong wirbelte Taifun Kammuri die Reiterspiele durcheinander, und in Qingdao machte eine anhaltende Flaute den Seglern schwer zu schaffen.

Das alles tat der tollen Stimmung im Vogelnest bei den Leichtathleten und in der Turnhalle – und natürlich bei den Basketballspielen der Chinesen mit 2,29-m-Mann Yao Ming – keinen Abbruch. Es fiel aber auf, dass bei vielen Sportarten die Tribünen nur spärlich besetzt waren, obwohl alle insgesamt 6,8 Millionen Karten im Vorfeld verkauft worden waren. Die offizielle Begründung dafür lautete: Sponsoren und VIPs würden die zuvor erhaltenen Tickets nicht nutzen. Um die Lücken zu füllen, wurden sogar Cheerleader engagiert, die dann auch noch klatschen und jubeln mussten, um die ehrgeizigen Gastgeber vor den Fernsehkameras ins rechte Licht zu setzen.

Impressionen von der beeindruckenden Eröffnungsfeier. Ein volles Stadion, Lichtspektakel, 5000 Jahre chinesische Geschichte im Zeitraffer, das Olympische Feuer und natürlich die Sportler aus 204 Nationen. Für Deutschland trug Basketballer Dirk Nowitzki stolz die Fahne (unten links). Der chinesische Star-Pianist Lang Lang bot als Uraufführung ein achtminütiges Klavierkonzert (unten Mitte).

Fabelhaftes im Vogelnest

Es war eine atemberaubende Nacht und sie versetzte die Welt in einziges Staunen. Als Peking am 8.8.2008 die Spiele der XXIX. Olympiade eröffnete, sahen 91 000 Zuschauer im »Vogelnest« und Milliarden vor den Fernsehgeräten eine fantastische Reise durch 5000 Jahre chinesischer Geschichte.

Um 23.36 Uhr Ortszeit erklärte Staatspräsident Hu Jintao die insgesamt dritten Spiele in Asien nach Tokio 1964 und Seoul 1988 für eröffnet – und es ging Chinas »Turnprinz« Li Ning auf einen schwindelerregenden Lauf entlang des Daches des Nationalstadions. Wie von Zauberhand geführt, schwebte der dreimalige Olympiasieger von 1984 am Boden, dem Seitpferd und den Ringen als letzter Fackelträger zur Entzündung des Olympischen Feuers.

Unten im Olympiastadion filmten und fotografierten Tausende Athleten aus 204 Nationen die spektakuläre Zeremonie, Hunderttausende standen auf Pekings Straßen und verfolgten ein nie zuvor erlebtes Feuerwerk-Spektakel aus Farben und Licht. Bis zum 24. August traten 10 500 Sportler in 302 Wettbewerben an.

2008 Trommler gaben den olympischen Takt vor und IOC-Präsident Jacques Rogge wünschte diesen lange umstrittenen 16 Tagen von Peking »Freude, Hoffnung und Stolz«. Die Gastgeber schrieben ihre Botschaft an die Welt in einer eindrucksvollen Inszenierung mit chinesischen Schriftzeichen auf den Boden des Nationalstadions: »Frieden, Frieden, Frieden.«

Eröffnung

11

Olympisches Tagebuch

Mittwoch, 6. August

»Gerd Nowitzki«

»Unser Fahnenträger ist ein untadeliger Teamplayer, der trotz des Big Business bescheiden blieb, es ist … Gerd Nowitzki«, sagte DOSB-Generalsekretär Dr. Michael Vesper nach der Ernennung von Basketball-Superstar Dirk Nowitzki zum Fahnenträger des deutschen Olympia-Teams.

Donnerstag, 7. August

Sonderbriefmarke

Der Postservice der Vereinten Nationen UNO gibt pünktlich zur Eröffnungsfeier am Freitag ein Set von sechs Sonderbriefmarken zu den Olympischen Spielen in Peking heraus. Das Design stammt vom brasilianischen Pop-Art-Künstler Romero Britto und dreht sich um das Thema »Sport für Frieden«.

Freitag, 8. August

Spezieller Geburtstag

Wie schon 2004 in Athen trägt Roger Federer bei der Eröffnungsfeier die Schweizer Fahne ins Vogelnest von Peking – ausgerechnet an seinem 27. Geburtstag. »Jeder kann sich vorstellen, was mir das bedeutet.« Federer, der in Peking zum dritten Mal an Olympia teilnahm, hatte vor acht Jahren in Sydney seine Freundin, Ex-Tennis-Profispielerin Mirka Vavrinec, kennen gelernt. »Vielleicht war das ein noch größeres Highlight für mich, denn wir sind schon seit acht Jahren zusammen.«

Sonntag, 10. August

Olympischer Geist

Als Jeannie Longo 1984 erstmals an Olympischen Spielen teilnahm, ging Judith Arndt in die zweite Schulklasse und Trixi Worrack war gerade den Windeln entstiegen. 24 Jahre später – in Peking – lässt die »Grande Dame« des Radsports mit fast 50 Jahren zahlreiche, deutlich jüngere Konkurrentinnen auf der Strecke. Bei ihrer siebten Olympia-Teilnahme verpasst sie als Vierte nur knapp die Medaille im Einzelzeitfahren.

Zungenbrecher

Prapawadee Jaroenrattanatarakoon aus Thailand gewinnt in Peking das Gewichtheben bis 53 Kilogramm und führt bei TV-Kommentatoren aus aller Welt zu Knoten in der Zunge.

Montag, 11. August

Bitte lächeln

Die chinesischen Sicherheitskräfte sollten mehr lächeln, um ausländische Besucher nicht zu verschrecken. Diese Forderung hat IOC-Exekutiv-Mitglied Gerhard Heiberg erhoben. »Polizei und Soldaten haben versteinerte Gesichter. Sie erschrecken die Ausländer in Peking.«

Dienstag, 12. August

38 »Ausländer«

38, nicht in Deutschland geborene Athleten haben es dieses Mal geschafft – so viele »Ausländer« stehen in Peking im 435-köpfigen deutschen Aufgebot. Die ehemalige Sowjetunion stellt mit 17 Athleten das größte Ausländerkontingent. Mit fünf Sportlern liegt Polen auf Platz zwei vor China, dem ehemaligen Jugoslawien und den USA.

Mittwoch, 13. August

Gold gewonnen, Einzelbett verloren

Nach einer ganz langen Nacht wird Kanuslalom-Olympiasieger Alexander Grimm bereits am frühen Morgen von Sportdirektor Jens Kahl geweckt und muss sein allein genutztes Doppelzimmer für die anreisenden Rennsportkanuten räumen. Insgesamt stehen dem Deutschen Kanu-Verband (DKV) im olympischen Dorf 30 Betten zur Verfügung.

Millimeterarbeit

Das olympische Tischtennis-Turnier beginnt für Timo Boll mit einer unangenehmen Überraschung. Zehn Minuten vor dem ersten Gruppenspiel erhält er die Mitteilung, dass sein Vorhandbelag nicht die erlaubten 4,0 Millimeter, sondern 4,1 Millimeter aufweist. Boll muss mit seinem Ersatzgerät antreten.

Ein Dorf namens Châteauvieux

Châteauvieux steht Kopf, beziehungsweise vor dem Bildschirm, als Alain Bernard sein Finale über 100 m Freistil bestreitet. 150 der insgesamt 450 Bewohner des Alpen-Dorfes, in dem Bernards Eltern leben, hatten sich in deren Zuhause vor dem Fernseher versammelt. Der Startschuss fällt und alles läuft gut, bis einer der Gäste auf das Kabel tritt und der Bildschirm schwarz bleibt. Das Radio wird eingeschaltet – aber leider nicht schnell genug: 48 Sekunden später ist das Rennen vorbei und aus dem Radio ertönt nur noch die Stimme »Alain Bernard ist Olympiasieger«.

Donnerstag, 14. August

Hochkonjunktur

Die Peking-Ente erlebt dank der Sommerspiele Hochkonjunktur. Ausländische Besucher reißen sich um die Spezialität, die auf eine 1600 Jahre alte Geschichte zurückblicken kann. Ganze Restaurantketten haben sich daher auf die Zubereitung von Peking-Enten spezialisiert, berichtet die Tageszeitung China Daily. Sogar ein Museum zu Ehren der Peking-Ente ist eröffnet worden.

Freitag, 15. August

Generationswechsel

Am Ende wird Antoinette Joyce Guedia Mouafo 83., doch für die mit zwölf Jahren jüngste Olympia-Teilnehmerin ist das ein großer Erfolg. Die Kamerunerin lässt beim Vorlauf über 50 m Freistil mit ihrer Zeit von 33,59 Sekunden immerhin neun Konkurrentinnen hinter sich. Im anschließenden Interview-Marathon erklärte die Afrikanerin, die

in ihrer Heimatstadt Douala nur in 22-m-langen Hotel-Pools trainiert: »Es ist aufregend, in einem olympischen Becken zu schwimmen. Es ist so großartig, all die berühmten Schwimmerinnen zu treffen. Die sind alle so groß und schön.«

Samstag, 16. August

Auszeit für Nowitzki?

Nach dem bitteren Vorrunden-Aus bei Olympia will Dirk Nowitzki eine Auszeit vom Nationalteam nehmen. Ob es sogar der endgültige Abschied aus der DBB-Auswahl nach über elf Jahren sein wird, lässt der 30-Jährige offen. »Wenn man sich seinen Traum erfüllt hat und hier mit der Fahne ins Stadion eingezogen ist, dann ist es nur schwer vorstellbar, eine EM in Polen zu spielen.«

Sonntag, 17. August

Selfmade-Frau

Die zweimalige Dreisprung-Olympiasiegerin Françoise Mbango Etone ist eine Selfmade-Frau. »Ich habe keinen Sponsor und trainiere nach meinen eigenen Plänen«, berichtet die Kamerunerin, nachdem sie ihren Gold-Triumph von Athen vor vier Jahren in Peking wiederholt. Überzeugend an ihrem Auftritt war neben ihrer Leistung auch das rote Röckchen über den üblichen Shorts: »Ich wollte etwas tragen, was weiblich, sexy und zugleich nicht zu anzüglich ist.« Weiteres modisches Highlight: Die drei Haarfarben. »Schwarz steht für Afrika, Rot für China und Gold für die Farbe meiner Medaille.«

Montag, 18. August

Nur Economy-Klasse

Die italienischen Olympia-Fechterinnen fühlen sich diskriminiert: Trotz ihrer in Peking gewonnenen Medaillen müssen sie in der Economy-Klasse von Peking nach Rom zurückfliegen, während die im Viertelfinalspiel kläglich gescheiterten Fußballer der Squadra Azzurra bequem in der Business-Class Platz nehmen dürfen. »Wir haben eine Gold- und zwei Bronzemedaillen gewonnen und werden schlechter behandelt als die Fußballer, die nichts geleistet haben«, protestiert Florett-Olympiasiegerin Valentina Vezzali, die als erste Fechterin zum dritten Mal in Serie Olympia-Gold gewann.

Dienstag, 19. August

Reich belohnt

Afghanistans Olympia-Held Rohullah Nikpei wird für seinen dritten Platz im Taekwondo in der Klasse bis 58 Kilogramm in Peking reich belohnt. Vom Staat soll es ein Eigenheim für den ersten Olympia-Medaillengewinner des vom jahrelangen Krieg gezeichneten Landes geben. Eine private Organisation will dem Kampfsportler außerdem 10 000 Dollar zur Verfügung stellen. Nur wenige seiner Landsleute hatten die Kämpfe von Nikpei live im Fernsehen verfolgen können. In Afghanistan sind Stromsperren an der Tagesordnung, zudem besitzen längst nicht alle Familien ein TV-Gerät.

Mittwoch, 20. August

Todesanzeige

Mit einer Todesanzeige fordert die brasilianische Tageszeitung O Globo nach der Olympia-Schlappe der Fußball-Nationalmannschaft die Ablösung von Nationaltrainer Carlos Dunga. Das einflussreiche Medium druckt am Tag nach dem 0:3 der Seleção gegen Argentinien auf dem Titel des Sportteils eine großformatige Anzeige mit einem riesigen schattierten Kreuz und schwarzem Rand.

Donnerstag, 21. August

Keine Investment-Ruinen

China ist trotz der Diskussion um Menschenrechtsverletzungen und mangelnder Pressefreiheit zufrieden mit seinen Olympischen Spielen und erwartet auch nach Peking einen Boom. Die mit Milliarden-Investionen errichteten Sportstätten werden teilweise von Privatunternehmen übernommen und sollen keine teuren Investment-Ruinen werden.

Freitag, 22. August

Bolt spendet 50 000 Dollar

Der dreifache Sprint-Olympiasieger Usain Bolt spendet 50 000 US-Dollar für die Erdbeben-Opfer in der chinesischen Sichuan-Provinz. Den Scheck übergibt der Jamaikaner an das Rote Kreuz, berichtet die staatliche chinesische Nachrichtenagentur Xinhua.

Samstag, 23. August

Wunder

Der Gewinn von Weitsprung-Bronze war für Nigerias Blessing Okagbare »das größte Wunder, für das Gott jemals gesorgt hat«. Sie rutscht erst ins Finalfeld, nachdem die ursprünglich qualifizierte Ukrainerin Ludmilla Blonska des Dopings überführt worden ist: »Als ich von meiner zweiten Chance erfuhr, wusste ich, dass es jetzt auch zu einer Medaille reicht.«

Sonntag, 24. August

Widmung

Mittelfeldspieler Moritz Fürste widmet seinen Hockey-Olympiasieg seinem toten Vater Peter. »Ich hatte ihn immer im Kopf«, sagt der 23-Jährige, »er hat bestimmt von oben zugesehen.« Der Hamburger verlor seinen Vater bei der Fährkatastrophe im September 1994 in der Ostsee, als die Estonia auf der Fahrt von Tallinn nach Stockholm sank. Fürste war damals neun Jahre alt. Bei der Feier nach dem 1:0-Endspielsieg über Spanien umarmte Fürste im deutschen Haus auch seinen jüngeren Bruder Jonas: »Das ist für Papa.«

Freude über Silber im erstmals durchgeführten Team-Wettbewerb im Tischtennis: Timo Boll, Dimitrij Ovtcharov und Christian Süß (von links). Hockeyspieler Florian Keller bejubelt einen erfolgreich abgeschlossenen Angriff. Zum dritten Mal wurde Deutschland nach einem 1:0 gegen Spanien Olympiasieger.

Ballsport

Auch in Peking hat der Deutsche Hockey-Bund seine jahrelange Stellung als erfolgreichster deutscher Ballsportverband behauptet. Die Männer kämpften um Gold, die Frauen verloren den Kampf um Bronze. Die weitere Bilanz: Die Tischtennis-Männer holten überraschend Silber und die Fußball-Frauen als amtierender Weltmeister gewannen Bronze (zum dritten Mal in Folge).

Ansonsten war die Ausbeute eher mager: Beide Handball-Teams (Männer als Weltmeister und Frauen als WM-Dritte) schieden schon nach der Vorrunde aus. Vor allem die Männer hatten nach Silber 2004 erneut eine Medaille »eingeplant«. Auch die Männer-Teams der Wasserballer, Volleyballer und Basketballer kamen kamen über die Vorrunde nicht hinaus. Insgesamt gesehen haben die deutschen Mannschaften ihr Ziel verfehlt.

Der Deutsche Hockey-Bund war jedoch froh: »Wir sind natürlich sehr erleichtert, dass wir unser Minimalziel erreicht haben und in der Sportförderung auf der gleichen Stufe bleiben«, sagte Damen-Bundestrainer Michael Behrmann. Für den nur 70 000 Mitglieder großen Randsportverband sind die maximalen Bundesmittel überlebenswichtig, um unter optimalen Voraussetzungen immer wieder neue Spitzenteams aufzubauen. »Medaillen sind da die besten Argumente«, sagte DHB-Sportdirektor Rainer Nittel.

Badminton

Trend nach oben

Der Deutsche Badminton-Verband (DBV) feierte in Peking das beste Abschneiden seiner olympischen Geschichte. Noch nie seit der Premiere 1992 in Barcelona hatte eine deutsche Spielerin das Viertelfinale, noch nie ein Athlet das Achtelfinale erreicht. »Die Leistungskurve zeigt weiter nach oben. Diese Vorstellungen bestätigen den Trend der letzten Jahre«, sagte DBV-Sportdirektor Martin Kranitz.

Gastgeber China gewann erwartungsgemäß die Nationenwertung mit drei Gold-, zwei Silber- und drei Bronzemedaillen vor Indonesien und Süd-

Aus in Runde 1: Birgit Overzier und Kristof Hopp unterlagen gleich im ersten Spiel des Mixed-Wettbewerbs.

Mit einem Paukenschlag gaben die Soft- und Baseballer in Peking ihre Abschiedsvorstellung. Nicht die Favoriten, sondern die Außenseiter Japan bei den Frauen und Südkorea bei den Männern nahmen Gold mit nach Hause.

Statistik

Badminton, Einzel, Männer 17.08.2008
1. Lin Dan — CHN — 2:0 (21:12, 21:8)
2. Chong Wei Lee — MAS
3. Chen Jin — CHN — 2:1 (21:16, 12:21, 21:14)
4. Lee Hyunil — KOR

HF: Lin Dan – Chen Jin 2:0, Lee Chong Wei – Lee Hyunil 2:1. **VF:** Lin Dan – Peter Hoeeg Gade (DEN) 2:0, Chen Jin – Hsieh Yu-Hsing (TPE) 2:0, Lee Hyunil – Bao Chunlai (CHN) 2:0, Chong Wei Lee – Sony Dwi Kuncoro (INA) 2:0. **AF:** Lee Hyunil – Marc Zwiebler (GER) 2:0. **R2:** Wacha Przemyslaw (POL) – Christian Bosiger (SUI) 2:1.

Badminton, Doppel, Männer 16.08.2008
1. Kido/Setiawan — INA — 2:1 (12:21, 21:11, 21:16)
2. Cai Yun/Fu Haifeng — CHN
3. Lee Jaejin/Hwang Jiman — KOR — 2:1 (13:21, 21:18, 21:17)
4. Lars Paaske/Jonas Rasmussen — DEN

HF: Kido/Setiawan – Paaske/Rasmussen 2:0, Cai Yun/Fu Haifeng – Lee Jaejin/Hwang Jiman 2:0. **VF:** Kido/Setiawan – Koo Kien Kaet/Tan Boon Heong (MAS) 2:0, Paaske/Rasmussen – Logosz/Mateusiak (POL) 2:1, Lee Jaejin/Hwang Jiman – Masuda/Ohtsuka (JPN) 2:1, Cai Yun/Fu Haifeng – Bach/Malaythong (USA) 2:0.

Badminton, Einzel, Frauen 16.08.2008
1. Zhang Ning — CHN — 2:1 (21:12, 10:21, 21:18)
2. Xie Xingfang — CHN
3. Maria Kristin Yulianti — INA — 2:1 (11:21, 21:13, 21:15)
4. Lu Lan — CHN

HF: Xie Xingfang – Lu Lan 2:1, Zhang Ning – Yulianti 2:0. **VF:** Xie Xingfang – Huiwen Xu (GER) 2:0, Zhang Ning – Pi Hongyan (FRA) 2:1, Lu Lan – Wong Mew Choo (MAS) 2:0, Yulianti – Saina Nehwal (IND) 2:1. **R2:** Anna Rice (CAN) – Jeanine Cicogini (SUI) 2:0. **R1:** Yulianti – Juliane Schenk (GER) 2:1.

Badminton, Doppel, Frauen 15.08.2008
1. Du Jing/Yu Yang — CHN — 2:0 (21:15, 21:13)
2. Lee Hyojung/Lee Kyungwon — KOR
3. Wei Yili/Zhang Yawen — CHN — 2:0 (21:17, 21:10)
4. Miyuki Maeda/Satoko Suetsuna — JPN

HF: Lee Hyojung/Lee Kyungwon – Maeda/Suetsuna 2:0, Du Jing/Yu Yang – Wei Yili/Zhang Yawen 2:0. **VF:** Maeda/Suetsuna – Yang Wei/Zhang Jiewen (CHN) 2:1, Lee Hyojung/Lee Kyungwon – Jiang Yanmei/Li Yujia (SIN) 2:0, Wei Yili/Zhang Yawen – Cheng Wen-Hsing/Chien Yu-Chin (TPE) 2:0, Du Jing/Yu Yang – Ogura/Shiota (JPN) 2:0.

Badminton, Mixed 17.08.2008
1. Lee Hyojung/Lee Yongdae — KOR — 2:0 (21:11, 21:17)
2. Liliyana/Nova Widianto — INA
3. He Hanbin/Yu Yang — CHN — 2:1 (19:21, 21:17, 23:21)
4. Flandy Limpele/Vita Marissa — INA

HF: Lee Hyojung/Lee Yongdae – Limpele/Marissa 2:1, Liliyana/Widianto – He Hanbin/Yu Yang 2:1. **VF:** Liliyana/Widianto – Prapakamol/Thoungthongkam (THA) 2:0, He Hanbin/Yu Yang – Nadiezda Kostiuczyk/Robert Mateusiak (POL) 2:0, Limpele/Marissa – Kamilla Rytter Juhl/Thomas Laybourn (DEN) 2:1, Lee Hyojung/Lee Yongdae – Gail Emms/Nathan Robertson (GBR) 2:0. **R1:** Limpele/Marissa – Kristof Hopp/Birgit Overzier (GER) 2:0.

korea (jeweils 1-1-1) sowie Malaysia mit einer Silbermedaille. Die Gold-Dominanz der Gastgeber durchbrachen im Herren-Doppel die Indonesier Kido/Setiawan. Und im Mixed mussten die eigentlichen Favoriten China und Indonesien sogar Außenseiter Südkorea überraschend olympisches Gold überlassen. Insbesondere für Indonesien war die deutliche Finalniederlage eine herbe Enttäuschung.

Für den deutschen Meister Marc Zwiebler war in der Runde der letzten 16 ebenso Endstation wie in Runde eins für das Mixed-Team Kristof Hopp und Birgit Overzier. Eine besonders eindrucksvolle Vorstellung bot die in China geborene und seit 2003 für Deutschland startende Huaiwen Xu. Die Europameisterin scheiterte als letzte Deutsche nach großem Kampf im olympischen Viertelfinale. Die 33-Jährige aus Bischmisheim verlor gegen die Weltranglistenerste Xie Xingfang 19:21, 20:22. Dabei war Xu gegen die Chinesin keineswegs chancenlos, führte sogar im ersten Durchgang 12:7 und ging in Satz zwei noch einmal mit 9:6 in Führung.

Im Finale der Damen setzte sich wie schon 2004 in Athen die 33 Jahre alte Zhang Ning in einem rein chinesischen Duell gegen Xie Xingfang durch. Lin »Super« Dan hieß der Sieger im Herren-Finale. Der exzentrische 24-Jährige, in China ein Superstar, gewann nach nur 39 Minuten und feierte die 30. Olympia-Medaille der zum dritten Mal in Serie erfolgreichsten Badminton-Nation China ausgiebig.

Huaiwen Xu schied nach großem Kampf als letzte Deutsche erst im Viertelfinale aus.

Baseball/Softball

Zum Abschied zwei Neue

Mit großen Überraschungen endeten in Peking die vorerst letzten Finalspiele im Baseball und Softball. Während Südkoreas Baseballer den dreimaligen Olympiasieger Kuba mit 3:2 abfertigten, kostete eine historische Niederlage die favorisierten US-Softballerinnen die vierte in Folge seit 1996. Die bislang bei Olympia ungeschlagenen Weltmeisterinnen um Superstar Jennie Finch unterlagen Japan sensationell mit 1:3. Es war ihre erste Niederlage überhaupt in ihrem vierten Olympia-Turnier. Laut IOC-Präsident Jacques Rogge hat Baseball künftig nur dann die Chance auf eine Rückkehr ins olympische Programm, wenn die Asse der nordamerikanischen Major League teilnehmen.

Baseball, Männer 23.08.2008
1. Südkorea 3:2
2. Kuba
3. USA 8:4
4. Japan
5. Taiwan, 6. Kanada, 7. Niederlande, 8. China.
HF: CUB – USA 10:2, KOR – JPN 6:2. **VR:** USA – JPN 4:2, TPE – CAN 6:5, KOR – NED 10:0, CUB – CHN 17:1, USA – TPE 4:2, JPN – CAN 10:0, KOR – CUB 7:4, CAN – NED 4:0, USA – CHN 9:1, CUB – NED 14:3, KOR – TPE 9:8, JPN – CAN 1:0, KOR – CHN 1:0, KOR – JPN 5:3, NED – CAN 6:4, CUB – TPE 1:0, USA – CAN 5:4, JPN – NED 6:0, KOR – CAN 1:0, CUB – USA 5:4, CHN – TPE 8:7, JPN – TPE 6:1, CUB – CAN 7:6, USA – NED 7:0, CUB – JPN 4:2, KOR – USA 8:7, CAN – NED 5:0. **Tabelle:** 1. KOR 7 Siege/0 Niederlagen, 2. CUB 6/1, 3. USA 5/2, 4. JPN 4/3, 5. TPE 2/5, 6. CAN 2/5, 7. NED 1/6, 8. CHN 1/6.

Softball, Frauen 21.08.2008
1. Japan 3:1
2. USA
3. Australien
4. Kanada
5. Taiwan, 6. China, 7. Venezuela, 8. Niederlande.
Spiel um Platz 3 und den Finaleinzug: JPN – AUS 4:3. **HF:** AUS – CAN 5:3, USA – JPN 4:1. **VR:** AUS – VEN 9:2, JPN – CAN 6:0, USA – CHN 9:0, NED – TPE 4:2, USA – NED 8:0, AUS – CAN 4:0, JPN – VEN 5:2, TPE – CHN 2:1, VEN – CAN 2:0, AUS – NED 8:0, TPE – CHN 3:0, VEN – CHN 8:0, AUS – VEN 3:1, USA – CAN 8:1, USA – JPN 7:0, CAN – CHN 1:0, TPE – VEN 3:0, JPN – NED 3:0, AUS – CHN 3:1, NED – 9:2, JPN – TPE 2:1, USA – AUS 3:0, CHN – VEN 7:1, JPN – AUS 4:3, CHN – NED 10:2, USA – VEN 11:0, CAN – TPE 6:1. **Tabelle:** 1. USA 7 Siege/0 Niederlagen, 2. JPN 6/1, 3. AUS 5/2, 4. CAN 3/4, 5. TPE 2/5, 6. CHN 2/5, 7. VEN 2/5, 8. NED 1/6.

Basketball

»Ich-AGs« entdecken »Wir-Gefühl«

Ungeschlagen mit acht Siegen bei einer Differenz von durchschnittlich 26,6 Punkten pro Spiel – all das spiegelt die Dominanz der Amerikaner in Peking wider. NBA-Superstar Kobe Bryant steuerte im hartumkämpften Finale 20 Punkte zum Sieg bei, davon alleine 13 im Schlussviertel.

Der Sieg war schwer erkämpft und vielleicht freuten sich die NBA-Stars deswegen umso mehr. Als Superstar Kobe Bryant seine Goldmedaille im Blitzlicht-Gewitter liebevoll küsste und LeBron James stolz die Siegerfaust zur Hallendecke reckte, hatten die Basketballer aus den USA ihre »Mission Gold« erfüllt.

Das 118:107 im Endspiel über Weltmeister Spanien war das Ende einer langen Durststrecke. Acht Jahre ohne Titel bei Olympia oder einer WM sowie Spott und Häme der Konkurrenz waren Geschichte. Dass die US-Damen am Tag zuvor ihre sechste Goldmedaille gewannen, machte den amerikanischen Triumph in Peking perfekt. Für die Australierinnen war es die dritte Niederlage im dritten Final-Duell mit den USA bei Olympia.

»Jetzt sind wir wieder dort, wo wir hingehören«, betonte Kobe Bryant. Im Endspiel, der mit Abstand schwersten und umkämpftesten Partie auf dem Weg zu Gold, konnten sich die Amerikaner erst in der Schlussphase gegen tapfer kämpfende Spanier durchsetzen. In einer Phase, in der die Iberer das Spiel im letzten Viertel zu kippen drohten, übernahm besonders Bryant (20 Punkte) die Verantwortung. »Ich habe viel über unsere individuellen Stärken gelesen. Hier und heute haben wir jedoch bewiesen, dass wir eine Mannschaft sind.«

Dirk Nowitzki und Olympia waren nach der Vorrunde erst einmal Vergangenheit. Mit einem enttäuschenden Platz zehn, der schlechtesten Bilanz seit den Sommerspielen 1972 in München, hatte sich die DBB-Auswahl von Trainer Dirk Bauermann 16 Jahre nach der letzten Olympia-Teilnahme in Barcelona (Rang sieben) aus dem Turnier verabschiedet.

Angst, dass das Nationalteam und der Basketball insgesamt zumindest für einige Zeit von der Bildfläche verschwinden könnte, haben die DBB-Funktionäre nicht. »Auch 1993, nach dem Gewinn der EM und Rücktritt einiger Leistungsträger, hat jeder gedacht: Das war's mit dem Basketball.« Doch danach kam der Glücksfall Dirk Nowitzki, der im Februar 1997 sein Länderspiel-Debüt feierte und während seiner 127 Auftritte im DBB-Trikot seinen Beitrag zu vielen Positiv-Schlagzeilen, WM-Bronze und EM-Silber leistete.

Basketball

Überflieger mit Bodenhaftung

Plötzlich kreischten die Volunteers: »Nowitzki!« Der Basketball-Weltstar war gerade mit seinen Mannschaftskameraden mit dem Bus aus dem olympischen Dorf im Hockeystadion vorgefahren. Das Spiel der Hockey-Herren gegen Neuseeland stand auf dem Programm. Ehrensache für den langen Fahnenträger. Nowitzki war schon zum dritten Mal bei den Hockeyspielern, feuerte an, jubelte mit. Ein Sportler unter Sportlern, der die olympische Atmosphäre offensichtlich genoss.

Dann entdeckte Nowitzki die fünf Maskottchen-Darsteller, die jeweils vor Spielbeginn aufs Feld liefen, um für Stimmung zu sorgen. Der NBA-Profi schnappte sich die Schaumgummi-Hülle von Beibei, schlüpfte tatsächlich hinein: die Volunteers einem Ohnmachtsanfall nah. Und dann lief er damit auch noch in Richtung Spielfeld. Machte erst im letzten Moment Halt. Man lachte, haute sich auf die Schenkel. Das soll ein Superstar sein, der ab der kommenden Saison 20 Millionen Dollar verdient?

Nachdem er wieder der Gummi-Hülle entstiegen war, wusste auch der letzte Volunteer, um wen es sich da handelte. Nowitzki schrieb Autogramme auf Zettel, Shirts und Taschen. Er stellte sich zu Fotos auf und lachte, er machte alles mit. Nichts war gekünstelt. Da genoss einer sichtlich die Zeit seines Lebens – einer, der sich sonst in einer perfekt durchorganisierten Sport-Marketing-Maschinerie bewegt.

Im olympischen Dorf genoss er als Teamplayer höchste Anerkennung bei den anderen Sportlern. Da gab es keinerlei Star-Allüren. Das große Wort vom olympischen Traum führten viele im Mund, der 30 Jahre alte Würzburger lebte ihn tatsächlich. Er hatte bei Olympia gewonnen – wer redet da vom Basketball?

Dass Gastgeber China mit Volksheld Yao Ming bereits im Viertelfinale an Argentinien scheiterte, tat der Attraktivität des Basketball-Turniers keinen Abbruch (links). Machte nicht nur eine gute Figur als Fahnenträger: NBA-Star Dirk Nowitzki lebte den olympischen Traum (rechts).

Statistik

Basketball, Männer 24.08.2008
1. USA 118:107 (69:61)
2. Spanien
3. Argentinien 87:75 (46:34)
4. Litauen

5. Griechenland, 6. Kroatien, 7. Australien, 8. China. **HF:** ESP – LTU 91:86, USA – ARG 101:81. **VF:** ESP – CRO 72:59, LTU – CHN 94:68, USA – AUS 116:85, ARG – GRE 80:78. **VR, Gr.A:** ARG – RUS 91:79, AUS – LTU 106:75, CRO – IRI 91:57, ARG – IRI 97:82, LTU – CRO 86:73, AUS – RUS 95:80, ARG – CRO 77:53, LTU – RUS 86:79, AUS – IRI 106:68, ARG – AUS 85:68, CRO – RUS 85:78, LTU – IRI 99:67, CRO – AUS 97:82, LTU – ARG 79:75, AUS – IRI 71:49. **Tabelle:** 1. LTU 9, 2. ARG 9, 3. CRO 8, 4. AUS 8, 5. RUS 6, 6. IRI 5. **Gr.B:** USA – GER 106:57, ESP – ANG 98:50, GRE – CHN 91:77, USA – ESP 119:82, CHN – GER 59:55, GRE – ANG 102:61, USA – GRE 92:69, CHN – GER 85:68, ESP – GER 72:59, USA – ANG 97:76, ESP – CHN 85:75, GRE – GER 87:64, USA – CHN 101:70, ESP – GRE 81:66, GER – ANG 95:66. **Tabelle:** 1. USA 10, 2. ESP 9, 3. GRE 8, 4. CHN 7, 5. GER 6, 6. ANG 5.

Basketball, Frauen 23.08.2008
1. USA 92:65 (47:30)
2. Australien
3. Russland 94:81 (52:39)
4. China

5. Spanien, 6. Weißrussland, 7. Tschechien, 8. Südkorea. **HF:** AUS – CHN 90:56, USA – RUS 67:52. **VF:** RUS – ESP 84:65, USA – KOR 104:60, AUS – CZE 79:46, CHN – BLR 77:62. **VR, Gr.A:** BRA – BLR 68:53, KOR – LAT 72:68, USA – RUS 75:55, BLR – KOR 63:53, RUS – BRA 74:64, AUS – LAT 96:73, AUS – KOR 90:62, LAT – BRA 79:78, RUS – BLR 71:65, AUS – BRA 80:65, BLR – LAT 79:57, RUS – KOR 77:72, RUS – LAT 62:57, KOR – BRA 68:62, AUS – BLR 83:64. **Tabelle:** 1. AUS 10, 2. RUS 9, 3. BLR 7, 4. KOR 7, 5. LAT 6, 6. BRA 6. **Gr.B:** USA – NZL 96:60, CHN – CZE 79:63, ESP – MLI 79:47, USA – ESP 93:55, CHN – MLI 69:48, CZE – NZL 90:59, USA – MLI 97:41, CHN – NZL 80:63, ESP – CZE 74:55, USA – CHN 108:63, CZE – MLI 81:47, ESP – NZL 85:62, USA – CZE 97:57, CHN – ESP 67:64, NZL – MLI 76:72. **Tabelle:** 1. USA 10, 2. CHN 9, 3. ESP 8, 4. CZE 7, 5. NZL 6, 6. MLI 5.

Fußball
Bronze-Hattrick

War die Matchwinnerin im Spiel um Platz 3: Fatmire Bajramaj erzielte beide Tore zum 2:0 gegen Japan (großes Bild).

Fatmire Bajramaj sank glücklich zu Boden und wurde von ihren Mitspielerinnen fast erdrückt. »Ich weiß nicht, wie ich meine Gefühle beschreiben soll. Diese beiden Tore sind der Hammer«, sagte die 20-Jährige, als sie aus der deutschen Jubeltraube wieder aufgetaucht war. Wenige Minuten zuvor hatte sie die Weltmeisterinnen zum olympischen Bronze-Hattrick geschossen und nach dem geplatzten Gold-Traum für ein versöhnliches Ende des Frauenfußballturniers gesorgt.

»Wir hatten großen Frust, dass es kein Gold wurde. Aber nun sind wir froh über Bronze«, sagte Bajramaj. Die deutsche Elf war gegen Japan schwach gestartet, doch Bajramaj traf mit ihrer Einwechslung zweimal (69. und 87. Minute) und bescherte der DFB-Auswahl damit zum dritten Mal nach 2000 und 2004 Olympia-Bronze. »Das waren die wichtigsten Tore meiner Karriere«, meinte Bajramaj.

Die Goldmedaille sicherte sich die US-Auswahl anschließend durch ein 1:0 (0:0) nach Verlängerung gegen Vize-Weltmeister Brasilien, der Deutschland in der Vorschlussrunde noch 4:1 bezwungen hatte. Für die Amerikanerinnen war es der dritte Olympiasieg nach 1996 und 2004.

Für die deutsche Mannschaft von Trainerin Silvia Neid bedeutete das Spiel um Platz drei das glückliche Ende eines enttäuschenden Turniers. Die Mannschaft lief nur im Viertelfinale gegen Schweden zu alter Form auf. »Uns hat die Qualität im Spiel nach vorn gefehlt«, sagte Neid, die nach dem Spiel um Bronze zum ersten Mal die Turnierleistung kritisch analysierte: »Das hat sich durch alle Spiele gezogen.«

»Gegen Japan war das auch so. Die erste Hälfte war grottig«, kritisierte Kapitän Birgit Prinz nach ihrem »definitiv letzten Spiel bei Olympia«. Die Mannschaft habe »nicht das zeigen können, was uns bei der WM 2007 ausgezeichnet hat«, ergänzte sie – und nahm indirekt Mittelfeldregisseurin Renate Lingor nach deren letztem Länderspiel aufs Korn: »Wir hatten im Spielaufbau unsere größten Probleme.« Auch Bajramaj gab zu: »2007 waren wir besser.«

Und so sahen DFB-Präsident Theo Zwanziger und weitere 49 284 Zuschauer im Pekinger Arbeiterstadion eine lange unkonzentrierte deutsche Elf. Nur mit Glück und der erneut starken Torfrau Nadine Angerer verhinderte sie einen Rückstand, erst mit der Einwechslung von Conny Pohlers und später Bajramaj wurde es besser.

Nach dem Sieg setzte sich das deutsche Team auf die Tribüne im Arbeiterstadion und verfolgte das Finale zwischen Brasilien und den USA. Anschließend erhielten Prinz und Co. ihre Bronzemedaillen. »Ich hoffe«, sagte Bajramaj, »dass wir 2012 auch einmal Gold holen. Wir haben nun schon dreimal Bronze. Irgendwann muss ja mal damit Schluss sein.«

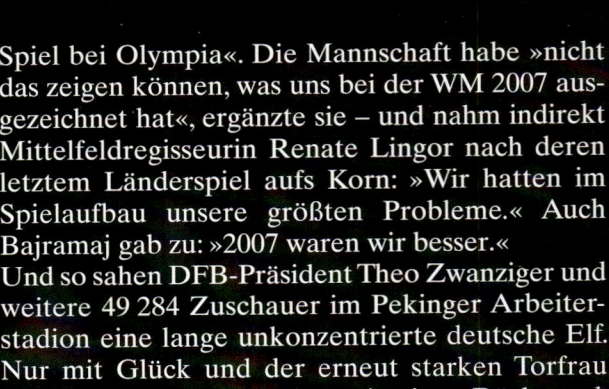

Jubel der deutschen Nationalspielerinnen bei der Siegerehrung (von links): Anja Mittag, Renate Lingor, Ursula Holl, Celia Okoyino da Mbabi, Fatmire Bajramaj und Conny Pohlers.

Zweites Gold für Argentinien

Die argentinische Olympia-Auswahl wiederholte ihren Erfolg von Athen und gewann zum zweiten Mal nach 2004 die Goldmedaille beim olympischen Fußballturnier. In der Neuauflage des Endspiels von 1996 revanchierte sich die Mannschaft um den Jungstar Lionel Messi für die Niederlage von Atlanta und bezwang Nigeria in einer schwachen Partie vor 89 102 Zuschauern im Nationalstadion 1:0 (0:0).

Argentinien sicherte sich damit als erstes Team seit Ungarn 1964 und 1968 bei zwei aufeinanderfolgenden Spielen Gold. Angel di Maria erzielte in der 58. Minute auf Vorlage von Messi das goldene Tor. Für Nigeria blieb damit nur Silber, Rang drei und Bronze ging an Brasilien, deren Superstars Ronaldinho, Diego & Co. nicht ihren hochgesteckten Zielen gerecht wurden.

Zwei absolute Fußball-Weltstars trafen im Halbfinale aufeinander: Ronaldinho (links) verlor mit Brasilien gegen den späteren Olympiasieger Argentinien mit Lionel Messi.

Statistik

Fußball, Männer 23.08.2008
1. Argentinien 1:0 (0:0)
2. Nigeria
3. Brasilien 3:0 n.V.(2:0)
4. Belgien

Finale: 1:0 di Maria (58.). **Platz 3:** 1:0 Diego (27.), 2:0 Jo (45.), 3:0 Jo (92.).
HF: ARG – BRA 3:0, NGR – BEL 4:1. **VF:** NGR – CIV 2:0, ARG – NED 2:1, BEL – ITA 3:2, BRA – CMR 2:0. **VR, Gr.A:** ARG – SRB 2:0, CIV – AUS 1:0, CIV – SRB 4:2, ARG – CIV 2:1, ARG – AUS 1:0, AUS – SRB 1:1. **Tabelle:** 1. ARG 9, 2. CIV 6, 3. AUS 1, 4. SRB 1. **Gr.B:** NGR – USA 2:1, NED – JPN 1:0, USA – NED 2:2, NGR – JPN 2:1, NED – NGR 0:0, USA – JPN 1:0. **Tabelle:** 1. NGR 7, 2. NED 5, 3. USA 4, 4. JPN 0. **Gr.C:** BEL – NZL 1:0, BRA – CHN 3:0, BEL – CHN 2:0, BRA – NZL 5:0, CHN – NZL 1:1, BRA – BEL 1:0. **Tabelle:** 1. BRA 9, 2. BEL 6, 3. CHN 1, 4. NZL 1. **Gr.D:** CMR – ITA 0:0, KOR – HON 1:0, ITA – KOR 3:0, CMR – HON 1:0, KOR – CMR 1:1, ITA – HON 3:0. **Tabelle:** 1. ITA 7, 2. CMR 5, 3. KOR 4, 4. HON 0.

Fußball, Frauen 21.08.2008
1. USA 1:0 n.V. (0:0)
2. Brasilien
3. Deutschland 2:0 (0:0)
4. Japan

Finale: 1:0 Lloyd (96.). **Platz 3:** 1:0 Bajramaj (69.), 2:0 Bajramaj (87.).
HF: USA – JPN 4:2, BRA – GER 4:1. **VF:** JPN – CHN 2:0, GER – SWE 2:0, BRA – NOR 2:1, USA – CAN 2:1. **VR, Gr.E:** SWE – CAN 2:1, CHN – ARG 2:0, CAN – CHN 1:1, SWE – ARG 1:0, CHN – SWE 2:1, CAN – ARG 2:1. **Tabelle:** 1. CHN 7, 2. SWE 6, 3. CAN 4, 4. ARG 0. **Gr.F:** BRA – NGR 3:1, GER – PRK 1:0, BRA – PRK 2:1, GER – NGR 1:0, PRK – NGR 1:0, GER – BRA 0:0. **Tabelle:** 1. BRA 7, 2. GER 7, 3. PRK 3, 4. NGR 0. **Gr.G:** USA – NZL 4:0, JPN – NOR 5:1, NOR – NZL 1:0, USA – JPN 1:0, NOR – USA 2:0, JPN – NZL 2:2. **Tabelle:** 1. USA 6, 2. NOR 6, 3. JPN 4, 4. NZL 1.

Enttäuschung auf der deutschen Bank (oben): Männer-Bundestrainer Heiner Brand (Mitte) mit Co-Trainer Martin Heuberger (links) und Kreisläufer Christian Schwarzer. Andrej Klimovets (rechts) in Aktion im Vorrunden-Spiel gegen Russland, das 24:24 ausging.

Handball

Olympia-Frust

Wie sich die Bilder glichen: Frust und Tränen bei den deutschen Handball-Männern und -Frauen. Für beide Teams war schon nach der Vorrunde Schluss mit Olympia. Beide Teams – die Männer als Weltmeister 2007 und die Frauen als WM-Dritte von 2007 – hatten sich weitaus mehr ausgerechnet. Entsprechend war auch das Fazit: Keine Siegermentalität, zu wenig Nachwuchs und fast keine Zeit zum Neuaufbau: Mitten im Olympia-Frust schlug Heiner Brand Alarm. »Ich hatte Probleme mit der Mentalität mancher Leute, die Torchancen nicht mit vollstem Einsatz wahrgenommen haben. Jeder weiß, dass man im Notfall mit dem Ball ins Tor springen muss«, meinte der Männer-Bundestrainer, der das bittere Vorrunden-Aus im letzten Gruppenspiel gegen Dänemark noch am besten verkraftet zu haben schien. Da war es auch kein Trost, dass in Peking zwei Siege und ein Unentschieden nicht zum Viertelfinale gereicht hatten. Das war bei Olympia noch keiner Mannschaft passiert, seit es den in Peking geltenden Spielmodus gab.

»Vielleicht war der Druck für uns zu groß«, sagte Frauen-Bundestrainer Armin Emrich: »Es wäre sicherlich klüger gewesen, von Spiel zu Spiel und nicht gleich ans Viertelfinale zu denken.« Selbst von diesem Minimalziel war die Frauen-Mannschaft des Deutschen Handball-Bundes (DHB) bei

War oft ratlos: Frauen-Bundestrainer Armin Emrich (Bild links unten).

Pascal Hens (Nr. 2) schied nach einem unglücklichen Sturz im zweiten Vorrunden-Spiel gegen Island mit einer Knie-Verletzung aus und musste vorzeitig nach Hause fliegen.

ihren ersten Olympischen Spielen seit Atlanta 1996 schließlich weit entfernt.

Ratlosigkeit in beiden deutschen Handball-Lagern – das war das Fazit von Peking. Dagegen konnten Frankreich bei den Männern und Norwegen bei den Frauen jeweils zum ersten Mal über olympisches Gold jubeln. Die Franzosen setzten sich im Finale überlegen mit 28:23 gegen Island durch. Für sie war es nach Bronze 1992 in Barcelona, als im Spiel um Rang drei ebenfalls die Isländer bezwungen wurden, sowie zwei WM-Titeln und der Europameisterschaft 2006 das erste Olympiagold. Auf der kleinen Vulkaninsel Island hatte fast jeder der gut 316 000 Bewohner mit den Handball-Helden gefiebert, die zuvor noch nie das Finale eines großes Turniers erreicht und in der Vorrunde auch die deutschen Weltmeister bezwungen hatten. Die Bronzemedaille gewann Spanien im Match gegen Kroatien.

Bei den Frauen konnte sich Norwegen im Finale unerwartet deutlich mit 34:27 gegen den amtierenden Weltmeister Russland durchsetzen. Bei zuvor drei Olympia-Teilnahmen seit 1988 hatten die Norwegerinnen zweimal Silber und einmal Bronze gewonnen. Das »kleine« Finale und damit die Bronzemedaille sicherte sich Südkorea mit 33:28 gegen Ungarn.

> »Ich war ganz zufrieden mit ihm. Er hat fehlerfrei gespielt.«
> (Handball-Bundestrainer HEINER BRAND auf die fehlerhafte Übersetzung der Frage einer chinesischen Journalistin nach der Leistung des verletzten und zu diesem Zeitpunkt bereits abgereisten Pascal Hens.)

Statistik

Handball, Männer 24.08.2008

1. Frankreich — 28:23 (15:10)
2. Island
3. Spanien — 35:29 (12:14)
4. Kroatien

5. Polen – Russland 29:28, 7. Dänemark – Südkorea 37:26.
HF: ISL – ESP 36:30, FRA – CRO 25:23. **PLR:** POL – KOR 29:26, RUS – DEN 28:27. **VF:** ESP – KOR 29:24, CRO – DEN 26:24, ISL – POL 32:30, FRA – RUS 27:24. **VR, Gr.A:** POL – BRA 30:30, CRO – CHN 33:22, ESP – BRA 36:35, POL – CRO 27:24, FRA – ESP 28:21, BRA – CHN 29:22, FRA – CRO 23:19, ESP – CHN 36:22, POL – BRA 28:25, ESP – POL 30:29, FRA – CHN 33:19, CRO – BRA 33:14, POL – CHN 33:19, FRA – BRA 34:26, CRO – ESP 31:29. **Tabelle:** 1. FRA 9, 2. POL 7, 3. CRO 6, 4. ESP 6, 5. BRA 2, 6. CHN 0. **Gr.B:** DEN – GER 27:21, RUS – KOR 29:22, ISL – EGY 32:32, DEN – ISL 32:32, RUS – GER 24:24, KOR – EGY 24:22, DEN – RUS 25:24, KOR – ISL 22:21, GER – EGY 25:23, ISL – GER 33:29, KOR – DEN 31:30, GER – EGY 28:27, DEN – EGY 23:23, GER – KOR 27:23, ISL – RUS 33:31. **Tabelle:** 1. KOR 6, 2. DEN 6, 3. ISL 6, 4. RUS 5, 5. GER 5, 6. EGY 2.

Handball, Frauen 23.08.2008

1. Norwegen — 34:27 (18:13)
2. Russland
3. Südkorea — 33:28 (13:15)
4. Ungarn

5. Frankreich – China 31:23, 7. Rumänien – Schweden 34:30.
HF: RUS – HUN 22:20, NOR – KOR 29:28. **PLR:** FRA – ROU 36:34, CHN – SWE 20:19. **VF:** RUS – FRA 32:31, KOR – CHN 31:23, HUN – ROU 34:30, NOR – SWE 31:24. **VR, Gr.A:** CHN – FRA 21:18, NOR – ROU 24:23, ANG – KAZ 24:24, NOR – FRA 34:24, ROU – ANG 28:23, KAZ – CHN 29:26, NOR – KAZ 35:19, CHN – ANG 32:24, ROU – FRA 34:26, ROU – CHN 34:20, NOR – ANG 31:17, FRA – KAZ 21:18, NOR – CHN 30:23, ROU – KAZ 31:19, FRA – ANG 32:21. **Tabelle:** 1. NOR 10, 2. ROU 8, 3. CHN 4, 4. FRA 4, 5. KAZ 3, 6. ANG 1. **Gr.B:** KOR – HUN 33:22, RUS – SWE 30:29, SWE – BRA 25:22, RUS – HUN 33:24, SWE – BRA 27:26, BRA – KOR 33:32, HUN – GER 25:24, KOR – SWE 31:23, RUS – BRA 28:19, HUN – SWE 28:24, KOR – GER 30:20, BRA – HUN 28:28, GER – BRA 24:22, RUS – KOR 29:29, HUN – SWE 30:24. **Tabelle:** 1. RUS 9, 2. KOR 7, 3. HUN 5, 4. SWE 4, 5. BRA 3, 6. GER 2.

Hockey

Klasse Party nach klasse Leistung

Zum sechsten Mal stand eine deutsche Herren-Mannschaft im Finale. Nach 1972 und 1992 gab es in Peking das dritte Olympia-Gold.

Die Vorrunde als Gruppensieger beendet, in den entscheidenden Spielen gepatzt. Die deutschen Hockey-Damen konnten ihren Olympiasieg von 2004 nicht wiederholen.

Kurz nach vier Uhr am Sonntagmorgen hatten die Hockey-Olympiasieger das Bier komplett ausgetrunken. Flaschen, Fässer – alles leer. In der Disko wummerten die Bässe, Leiber drängten sich aneinander, Tobias Hauke tanzte »oben ohne« auf dem DJ-Podium. Die Klamotten waren noch nicht trocken, nach dem kollektiven Bad zwei Stunden zuvor im Gartenteich. »Wir reißen heute das Deutsche Haus ab«, sagte der Nürnberger Max Müller grinsend, »es wird ja nicht mehr gebraucht.«

Mit den Goldmedaillen um den Hals feierten die deutschen Hockey-Herren ihren Olympiasieg, bis sie um 6.00 Uhr in der Früh rausgeworfen wurden. Einer von ihnen wurde am Sonntagmittag gegen 12.00 Uhr auf dem Weg ins Olympische Dorf gesichtet, zu Fuß, mit schwarz-rot-goldenem Hut und einer Deutschland-Fahne über der Schulter.

Die Party hatte die gleiche Klasse wie die Leistungen des Teams in Peking. Deutschlands Hockey-Herren hatten zwei Jahre nach dem WM-Titel in Peking auch den Olymp erklommen. Durch das »goldene Tor« von Christopher Zeller holte die Mannschaft als drittes DHB-Team nach 1972 und 1992 Hockey-Gold.

»Wahnsinn, die Spanier hatten überhaupt keine Chance«, schrie Torwart Max Weinhold seine Freude heraus und Mittelfeldspieler Tibor Weißenborn brachte es auf den Punkt: »Wenn man in der Vorrunde Spanien schlägt und im Halbfinale gegen die Niederlande zurückkommt, dann weiß man, dass Großes drin ist.«

Das deutsche Team begann – anders als die Damen am Tag zuvor – die Partie sehr kontrolliert. Dagegen wirkten die Iberer lange Zeit wie gehemmt. Bis der EM-Zweite erstmals überhaupt in die Nähe des deutschen Schusskreises kam, lag der Weltmeister schon 1:0 in Führung. »Hey, Goldmedaille, hey« schallte es da bereits aus dem deutschen Fanblock. Und auf dem Platz gab es kaum noch Zweifel. Auch wenn Spanien im zweiten Durchgang verstärkt auf den Ausgleich drängte, überstand das DHB-Team mit Selbstvertrauen und einer erstklassigen Abwehrarbeit souverän die spanischen Ausgleichsbemühungen.

Der Sieg war ein Triumph des Kollektivs. »Es war eine grandiose Mannschaftsleistung, das gesamte Turnier hindurch«, sagte Bundestrainer Markus Weise, »die Jungs sind hier mit dem Ziel angetreten, Gold zu holen, und haben das großartig umgesetzt.« Der 46-Jährige hatte seine Aufgabe darin gesehen, eine »Ansammlung von starken Spielern,

Querköpfen und Patienten zu einer Einheit zu formen, die Freude an sich empfindet«. Und das mit allen psychologischen Tricks: Weise war es, der die Mannschaft nach dem enttäuschenden Unentschieden gegen Belgien in der Vorrunde wieder auf »Spur« brachte. Und er lag auch mit seiner im Vorfeld umstrittenen Nominierung von Keeper Max Weinhold richtig, der im Halbfinale gegen die Niederlande mit tollen Paraden beim Siebenmeter-Schießen den Einzug ins Finale überhaupt möglich gemacht hatte.

Seinen Job hat Weise überzeugend erledigt und sich damit zu einem der erfolgreichsten deutschen Trainer überhaupt aufgeschwungen. Noch nie wurde ein Coach nacheinander mit einem Frauen- und einem Männerteam Olympiasieger. Was ihm persönlich aber überhaupt nicht wichtig war. »Wichtig ist nur, dass meine Mannschaft gewonnen hat. Ich bin sehr stolz auf sie.«

»Golden Girls« mit leeren Händen

Die »Golden Girls« von 2004 kehrten dagegen mit leeren Händen heim. Als in Peking die niederländische Nationalhymne erklang und die Medaillen vergeben wurden, waren die deutschen Hockey-Damen schon gar nicht mehr im Stadion. Mit 1:3 hatten sie das Spiel um Platz drei gegen Argentinien verloren und sich damit selbst eine riesengroße Enttäuschung bereitet. »Der vierte Platz ist das Bitterste überhaupt«, sagte Natascha Keller.

Noch Minuten nach dem Abpfiff saßen die Spielerinnen in sich zusammengesunken auf dem Kunstrasen. Die Tränen liefen. Torfrau Kristina Reynolds entledigte sich mechanisch ihrer Schutzausrüstung. Der Rest der Mannschaft war auf die Ersatzbank geflohen, um nicht mit ansehen zu müssen, wie sich die Argentinierinnen freuten. Auch bei Bundestrainer Michael Behrmann flossen Tränen der Enttäuschung, er musste lange von Sportdirektor Rainer Nittel getröstet werden.

Dabei hatte es im Vorfeld keinerlei Anzeichen dafür gegeben, dass der Vorrundensieger in den entscheidenden Spielen plötzlich wie paralysiert über den Platz trotten würde. Aber mit dem Anpfiff ging die Lockerheit verloren. »Wir haben total verkrampft gespielt, waren viel zu passiv«, sagte Kapitän Marion Rodewald.

Christopher Zeller schoss das »Golden Goal« und Deutschland zum Olympiasieg.

Statistik

Hockey, Männer 23.08.2008

1. Deutschland 1:0 (1:0)
2. Spanien
3. Australien 6:2 (4:2)
4. Niederlande

Finale: 1:0 Zeller (16., Strafecke). **Platz 3:** 1:0 Ockenden (5.), 2:0 Ockenden (6.), 3:0 Abbott (9.), 3:1 Taekema (12.), 3:2 de Nooijer (27.), 4:2 Matheson (28.), 5:2 Hammond (42.), 6:2 Doerner (62.).
Platz 5: GBR – KOR 5:2, **Platz 7:** NZL – PAK 4:2, **Platz 9:** BEL – CAN 3:0, **Platz 11:** CHN – RSA 4:3. **HF:** ESP – AUS 3:2, GER – NED 1:1 n.V. (4:3 im Siebenmeterschießen). **VR, Gr.A:** BEL – CHN 3:1, ESP – KOR 2:1, GER – NZL 3:1, GER – CHN 1:0, NZL – CHN 2:2, KOR – BEL 3:1, KOR – GER 3:3, NZL – BEL 4:2, ESP – CHN 2:1, ESP – NZL 1:0, BEL – GER 1:1, KOR – CHN 5:2, ESP – BEL 4:2, NZL – KOR 3:1, GER – CHN 4:1. **Tabelle:** 1. ESP 12, 2. GER 11, 3. KOR 7, 4. NZL 7, 5. BEL 4, 6. CHN 1. **Gr.B:** AUS – GBR 3:3, CAN – RSA 5:3, NED – PAK 4:2, AUS – NED 2:2, PAK – RSA 3:1, GBR – CAN 1:1, GBR – RSA 2:0, AUS – PAK 3:1, NED – CAN 4:2, NED – GBR 1:0, PAK – CAN 3:1, AUS – RSA 10:0, NED – RSA 5:0, AUS – CAN 6:1, GBR – PAK 4:2. **Tabelle:** 1. NED 13, 2. AUS 11, 3. GBR 8, 4. PAK 6, 5. CAN 4, 6. RSA 0.

Hockey, Frauen 22.08.2008

1. Niederlande 2:0 (0:0)
2. China
3. Argentinien 3:1 (2:0)
4. Deutschland

Finale: 1:0 van As (51., Strafecke), 2:0 Goderie (62.). **Platz 3:** 1:0 Luchetti (11., Strafecke), 2:0 Rebecchi (22.), 2:1 Kühn (45.), 3:1 Barrionuevo (63., Strafecke). **Platz 5:** AUS – GBR 2:0, **Platz 7:** ESP – USA 3:2, **Platz 9:** KOR – JPN 2:1, **Platz 11:** RSA – NZL 4:1. **HF:** NED – ARG 5:2, CHN – GER 3:2. **VR, Gr.A:** CHN – AUS 2:2, NED – ESP 2:0, KOR – NZL 5:2, ESP – RSA 1:0, CHN – KOR 6:1, NED – AUS 2:1, AUS – RSA 3:0, ESP – KOR 2:1, NED – CHN 1:0, NED – KOR 3:2, CHN – RSA 3:0, AUS – NED 6:1, NED – RSA 6:0, AUS – KOR 5:4, CHN – ESP 3:0. **Tabelle:** 1. NED 15, 2. CHN 10, 3. AUS 10, 4. ESP 6, 5. KOR 3, 6. RSA 0. **Gr.B:** ARG – NZL 3:2, GBR – USA 0:0, GER – JPN 1:0, GBR – JPN 2:1, ARG – GER 4:0, USA – NZL 1:0, GER – NZL 2:1, ARG – JPN 2:1, GER – USA 4:2, GER – NZL 2:1, USA – JPN 1:1, ARG – GBR 2:2, GER – GBR 5:1, ARG – USA 2:2, JPN – NZL 2:1. **Tabelle:** 1. GER 12, 2. ARG 11, 3. GBR 8, 4. USA 6, 5. JPN 4, 6. NZL 0.

Tennis

Auf Anhieb Gold

Wenige Stunden bevor Rafael Nadal offiziell zur neuen Nummer eins der Weltrangliste wurde, trug er seinen Namen auch in die Liste der Olympiasieger ein. Was seinem großen Rivalen Roger Federer in drei Anläufen nicht vergönnt war, schaffte der 22-Jährige in seinem ersten Versuch: Gold im Einzel.

Im rein russischen Damen-Finale erreichte Jelena Dementjewa nach Silber 2000 mit dem Gold von Peking den größten Erfolg ihrer Karriere.

Nach seinem Ausscheiden im Einzel freute sich Roger Federer mit Partner Stanislas Wawrinka über Gold im Doppel. »Für mich ist ein Traum wahr geworden«, sagte der dreimalige Olympia-Teilnehmer und Fahnenträger aus der Schweiz. Nach 2000 gewannen Serena und Venus Williams (USA) auch in Peking Gold in nur 1:06 Stunden. Venus Williams, die 2000 auch im Einzel gewonnen hatte, ist mit nun drei Goldmedaillen die erfolgreichste Tennisspielerin der olympischen Geschichte.

Ende einer langen Erfolgsgeschichte

Für den Deutschen Tennis-Bund endete in Peking eine lange olympische Erfolgsgeschichte. Erstmals seit der Wiederaufnahme der Sportart ins olympische Programm blieb man ohne Medaille. 1988 in Seoul (Gold für Steffi Graf), 1992 in Barcelona (Gold für das Doppel Boris Becker/Michael Stich), 1996 in Atlanta (Bronze für Marc Goellner/David Prinosil), 2000 in Sydney (Silber für Tommy Haas) und 2004 in Athen standen immer deutsche Spieler auf dem Treppchen. Vor vier Jahren begeisterten Rainer Schüttler und Nicolas Kiefer mit Silber, dieses Mal blieb das deutsche Doppel schon in der ersten Runde auf der Strecke.

Insbesondere Kiefer waren die Anstrengungen seines Einzels in der zweiten Runde deutlich anzumerken. Das Match gegen Kevin Anderson (Südafrika) hatte in brütender Hitze 3:20 Stunden gedauert. »Die Belastungen waren extrem«, sagte Teamchef Patrik Kühnen, »er hat viel Kraft gelassen.« Das Doppel Kiefer/Schüttler gegen die Österreicher Julian Knowle/Jürgen Melzer war beim 6:7, 6:3, 6:1 nach zwei Stunden beendet.

Nachdem Rainer Schüttler in Runde zwei gegen den Weltranglisten-Dritten Novak Djokovic ausgeschieden war, scheiterte ein völlig erschöpfter Nicolas Kiefer im Achtelfinale von Peking mit 3:6, 5:7 an dem Franzosen Paul-Henri Mathieu. Kiefer versuchte vergeblich, sich gegen das Aus zu stemmen, doch nach seinem Mammutprogramm tags zuvor hatte er einfach keine Kraft mehr. »Wenn der Körper keine Zeit zum Regenerieren hat, wird es schwer. Ich bin halt keine Maschine«, sagte der 31-Jährige sichtlich enttäuscht. Seltsam emotionslos hatte sein Spiel gegen Mathieu gewirkt, doch dafür hatte »Kiwi« eine Erklärung: »Die Emotionen waren schon da, aber die kosten auch Kraft. Einer, der nie Sport getrieben hat, versteht das nicht.« Bei jedem anderen Turnier, ergänzte er, wäre er in seiner Verfassung gar nicht mehr angetreten, »aber das hier ist Olympia.«

Rafael Nadal freute sich über das »Erlebnis Olympia«. »Seit ich ein kleiner Junge war, habe ich davon geträumt, an den Spielen teilzunehmen«, sagte der erste spanische Olympiasieger im Tennis.

Tennis

Statistik

Einzel, Männer 17.08.2008
1. Rafael Nadal — ESP — 2:1
   (6:3, 7:6 (2), 6:3)
2. Fernando Gonzalez — CHI
3. Novak Djokovic — SRB — 2:0
   (6:3, 7:6 (4))
4. James Blake — USA

HF: Gonzalez – Blake 2:1, Nadal – Djokovic 2:1. **VF:** Blake – Roger Federer (SUI) 2:0, Gonzalez – Paul-Henri Mathieu (FRA) 2:0, Djokovic – Gael Monfils (FRA) 2:1, Nadal – Jürgen Melzer (AUT) 2:0. **AF:** Mathieu – Nicolas Kiefer (GER) 2:0. **R2:** Djokovic – Rainer Schüttler (GER) 2:0, Melzer – Stanislas Wawrinka (SUI) 2:0.

Doppel, Männer 16.08.2008
1. Federer/Wawrinka — SUI — 3:1
   (6:3, 6:4, 6:7 (4:7), 6:3)
2. Aspelin/Johansson — SWE
3. B. und M. Bryan — USA — 2:1
   (3:6, 6:3, 6:4)
4. Clement/Llodra — FRA

HF: Federer/Wawrinka – B. und M. Bryan 2:0, Aspelin/Johansson – Clement/Llodra 2:1. **VF:** B. und M. Bryan – Guccione/Hewitt (AUS) 2:0, Federer/Wawrinka – Bhupathi/Paes (IND) 2:0, Clement/Llodra – Andrejew/Dawidenko (RUS) 2:1, Aspelin/Johansson – Matkowski/Fyrstenberg (POL) 2:0. **R2:** B. und M. Bryan – Julian Knowle/Jürgen Melzer (AUT) 2:0. **R1:** Knowle/Melzer – Nicolas Kiefer/Rainer Schüttler (GER) 2:1.

Frauen, Einzel 17.08.2008
1. Jelena Dementjewa — RUS — 2:1
   (3:6, 7:5, 6:3)
2. Dinara Safina — RUS
3. Wera Swonarewa — RUS — 2:0
   (6:0, 7:5)
4. Li Na — CHN

HF: Dementjewa – Swonarewa 2:0, Safina – Li Na 2:0. **VF:** Dementjewa – Serena Williams (USA) 2:1, Li Na – Venus Williams (USA) 2:0, Safina – Jelena Jankovic (SRB) 2:1, Swonarewa – Sybille Bammer (AUT) 2:1. **R2:** Bammer – Patty Schnyder (SUI) 2:0.

Doppel, Frauen 17.08.2008
1. S. und V. Williams — USA — 2:0
   (6:2, 6:0)
2. Medina Garrigues/Ruano Pascual — ESP
3. Yan Zi/Zheng Jie — CHN — 2:0
   (6:2, 6:2)
4. A. und K. Bondarenko — UKR

HF: Medina Garrigues/Ruano Pascual – Yan Zi/Zheng Jie 2:0, Williams/Williams – Bondarenko/Bondarenko 2:1. **VF:** Yan Zi/Zheng Jie – Kusnezowa/Safina (RUS) 2:1, Medina Garrigues/Ruano Pascual – Davenport/Huber (USA) 2:1, Bondarenko/Bondarenko – Pennetta/Schiavone (ITA) 2:1, Williams/Williams – Wesina/Swonarewa (RUS) 2:0.

Roger Federer (Schweiz) gewinnt im dritten Anlauf Olympia-Gold im Doppel mit Stanislas Wawrinka (links). Für Rainer Schüttler kam das Aus in Runde zwei (unten links). Silber für Dinara Safina, Gold für Jelena Dementjewa und Bronze für Wera Swonarewa (von links). Alle Medaillen im Damen-Einzel gingen nach Russland (unten rechts).

Chinas Tischtennis-Männer gewannen alles – den neuen Team-Wettbewerb und die Einzel-Konkurrenz: Wang Liqin, Wang Hao und Ma Lin (von links).

Tischtennis
Erst an China gescheitert

Timo Boll und Co. haben zwar in der »Höhle des Löwen« die Gold-Sensation gegen China klar verpasst, gingen aber nach dem größten Olympia-Erfolg seit 16 Jahren erhobenen Hauptes aus der tobenden Halle. Bei der Premiere des Teamwettbewerbs verloren die deutschen Tischtennis-Asse gegen die Favoriten aus dem Reich der Mitte das Finale 0:3, jubelten aber dennoch über ihre Silbermedaille. Zuletzt waren Jörg Roßkopf und Steffen Fetzner 1992 Olympia-Zweite, Roßkopf holte zudem in Atlanta 1996 Bronze im Einzel. Team-Bronze gewann Vizeweltmeister Südkorea durch ein 3:1 gegen Österreich.

»Wir dachten, China wäre nervös. Doch sie waren sehr gut auf uns vorbereitet und haben losgelegt wie die Feuerwehr. Dennoch haben wir seit Ewigkeiten wieder eine Medaille gewonnen und stehen nach einem Superturnier auf dem Podest«, sagte Boll, der gegen den Weltranglistenzweiten Ma Lin einen von zwei Sätzen für Deutschland gewann, jedoch das Schlüsselspiel des hochkarätigen Finals verlor.

Bundestrainer Richard Prause bekannte: »China war das bessere Team. Wir haben versucht, die Schwachpunkte zu finden, aber die gab es einfach nicht.« Bolls Teamkollege Dimitrij Ovtcharov hatte vor 8000 frenetischen Fans, die auf dem Schwarzmarkt bis zu 1000 Euro für eine Eintrittskarte gezahlt hatten, und etwa 400 Millionen TV-Zuschauern gegen den Athen-Olympiazweiten Wang Hao zuvor keine Chance. Der Jungstar verlor in knapp zwölf Minuten 0:3.

Auch das Europameister-Doppel Boll und Christian Süß war gegen Wang Hao und Weltmeister Wang Liqin in der »unbeschreiblichen Atmosphäre« (Süß) der ausverkauften Universitätssporthalle nicht gut genug. Das Duo gewann zwar den ersten Satz, doch am Ende wurde Chinas Team als verdienter Olympiasieger gefeiert.

Die deutschen Frauen enttäuschten. Das Team um Jiaduo Wu und Elke Schall scheiterte früh als Gruppenletzte. Gold holten die Chinesinnen mit 3:0 gegen Singapur.

Voll konzentriert beim Aufschlag: Timo Boll.

Boll am Scheideweg

Als die Tischtennis-Asse aus dem Reich der Mitte um die Medaillen kämpften, war Chinesen-Schreck Timo Boll nur noch Olympia-Tourist. Bis in die Morgenstunden spülte der 27-Jährige im Deutschen Haus seinen Frust mit ein paar Bier herunter. Nach seinem ernüchternden Aus im Achtelfinale stand Boll am Scheideweg. »Ich muss an den Kleinigkeiten feilen«, sagte der ehemalige Weltranglistenerste. Aufgeben kam für ihn jedoch nicht in Frage: »Es geht immer weiter, einen Olympiazyklus werde ich ja wohl noch mitmachen.« Der Popularität Bolls in China hat das frühe Aus keinen Abbruch getan. Im Gegenteil. Mit einem kleinen Geschenk versuchten die Fans, den Deutschen zu trösten, da huschte sogar ein Lächeln über Bolls Gesicht. Auch wenn der Traum von der Einzel-Medaille nicht in Erfüllung ging, so waren die China-Wochen für den Deutschen Tischtennis-Bund (DTTB) mit Silber im Team ein Erfolg. Und der erst 18-jährige Dimitrij Ovtcharov erreichte ebenfalls das Achtelfinale im Einzel.

Für die deutschen Frauen war schon früh Endstation: Jiaduo Wu unterlag als letzte bereits in ihrem Drittrunden-Match. Mit Zhang Yining (Gold), Wang Nan (Silber) und Guo Yue räumten chinesische Sportlerinnen alle drei Medaillen ab. Die Männer zogen anschließend nach: Ma Lin, Wang Hao und Wang Liqin belegten die ersten drei Plätze. Bester Nicht-Chinese war der bereits 42-jährige Schwede Jörgen Persson als Vierter.

Freude nach einem Matchball: Wang Hao. Das deutsche Team mit der Silbermedaille: Timo Boll, Christian Süß und Dimitrij Ovtcharov (von links).

Statistik

Einzel, Männer 23.08.2008
1. Ma Lin — CHN — 4:1
  (11:9, 11:9, 6:11, 11:7, 11:9)
2. Wang Hao — CHN
3. Wang Liqin — CHN — 4:0
  (13:11, 11:2, 11:5, 11:9)
4. Jörgen Persson — SWE

HF: Wang Hao – Persson 4:1, Ma Lin – Wang Liqin 4:2. **VF:** Wang Hao – Ko Lai Chak (HGK) 4:1, Persson – Zoran Primorac (CRO) 4:1, Wang Liqin – Tan Ruiwu (CRO) 4:0, Ma Lin – Oh Sang Eun (KOR) 4:0. **AF:** Ko Lai Chak – Dimitrij Ovtcharov (GER) 4:1, Oh Sang Eun – Timo Boll (GER) 4:1, Wang Liqin – Werner Schlager (AUT) 4:0. **R3:** Wang Hao – Weixing Chen (AUT) 4:0, Wladimir Samsonow (BLR) – Christian Süß (GER) 4:0. **R2:** Primorac – Robert Gardos (AUT) 4:2.

Team, Männer 18.08.2008
1. China — 3:0
  (Wang Hao, Ma Lin, Wang Liqin)
2. Deutschland
  (Boll/Ovtcharov/Süß)
3. Südkorea — 3:1
  (Oh Sang Eun/Ryu Seung Min/Yoon Jae Young)
4. Österreich
  (Schlager/Gardos/Chen)

5. Hongkong und Japan, 7. Kroatien und Taiwan. **HF:** China – Südkorea 3:0, Deutschland – Japan 3:2. **Bronze-Play-off:** Südkorea – Hongkong 3:1, Österreich – Japan 3:1.

Einzel, Frauen 22.08.2008
1. Zhang Yining — CHN — 4:1
  (8:11, 13:11, 11:3, 11:8, 11:3)
2. Wang Nan — CHN
3. Guo Yue — CHN — 4:2
  (11:6, 14:12, 9:11, 7:11, 11:3, 11:14)
4. Li Jia Wei — SIN

HF: Zhang Yining – Li Jia Wei 4:1, Wang Nan – Guo Yue 4:2. **VF:** Zhang Yining – Feng Tianwei (SIN) 4:1, Li Jia Wei – Wang Chen (USA) 4:1, Wang Nan – Tie Yana (HGK) 4:1, Guo Yue – Wu Xue (DOM) 4:0. **AF:** Tie Yana – Qiangbing Li (AUT) 4:3. **R3:** Li – Jiaduo Wu (GER) 4:3, Jie Li (NED) – Jia Liu (AUT) 4:1. **R2:** Melek Hu (TUR) – Elke Schall (GER) 4:2.

Team, Frauen 17.08.2008
1. China — 3:0
  (Wang Nan/Zhang Yining/Guo Yue)
2. Singapur
  (Feng Tianwei/Li Jia Wei/Wang Yue Gu)
3. Südkorea — 3:0
  (Kim Kyung Ah/Dang Ye Seo/Park Mi Young)
4. Japan

5. Hongkong und USA, 7. Österreich (Jia Liu/Qiangbing Li/Veronika Heine) und Rumänien, 9. u.a. Deutschland (Zhengi Barthel/Elke Schale/Jiaduo Wu). **HF:** China – Hongkong 3:0, Singapur – Südkorea 3:2. **Bronze-Play-off:** Südkorea – USA 3:0, Japan – Hongkong 3:2.

Endstation Viertelfinale: Das Beach-Duo David Klemperer/Eric Koreng sorgte mit Platz fünf für die beste deutsche Platzierung (oben links). Stephanie Pohl und Okka Rau scheiterten im Achtelfinale (oben rechts).

Volleyball

USA gegen Brasilien

USA gegen Brasilien – so lauteten beide Final-Paarungen im olympischen Volleyball-Turnier. Bei den Herren gaben die USA Athen-Champion Brasilien das Nachsehen und konnten sich über ihren dritten Olympiasieg nach 1984 und 1988 freuen. Bei den Damen triumphierten die Brasilianerinnen über die Amerikanerinnen und gewannen die erste Olympia-Goldmedaille ihrer Geschichte. Im gesamten Turnierverlauf hatten die Brasilianerinnen zuvor in sieben Spielen keinen einzigen Satz abgegeben.

Für Deutschlands Volleyballer war das erste Olympia-Turnier seit 36 Jahren bereits nach der Vorrunde beendet. Im letzten Spiel des scheidenden Bundestrainers Stelian Moculescu gab es das erwartete 0:3 gegen Olympiasieger Brasilien. Damit beendete das DVV-Team das Turnier mit nur einem Sieg gegen Ägypten. Zudem gab es Niederlagen gegen Vize-Weltmeister Polen, Vize-Europameister Russland und den EM-Dritten Serbien, der dann mit einem 3:0 gegen Ägypten das deutsche Aus besiegelte.

»Wir haben bis auf die zwei Sätze gegen Polen, guten Volleyball gespielt. Dass es hier nicht leicht werden würde, war klar. Ich bin im Großen und Ganzen zufrieden. Wir haben das gezeigt, was wir können«, attestierte Moculescu seiner Mannschaft bei Olympia »sehr gut, aber nicht überragend« gespielt zu haben.

»Es ist eigentlich fast immer das Gleiche: Wir haben die Chance, zu gewinnen, machen zu viele Fehler und verlieren dann. Die Mannschaft bringt nicht ihre optimale Leistung und schlägt sich selbst unter Wert«, haderte der Präsident des Deutschen Volleyball-Verbandes (DVV), Werner von Moltke, und meinte traurig: »Wir hatten hier eine so große Chance, den Volleyball in Deutschland noch populärer zu machen.«

Schwächstes Beach-Resultat seit 12 Jahren

»Professor« Todd Rogers und der wegen seiner Krakenarme »Biest« genannte Philip Dalhausser bescherten den USA das zweite Beachvolleyball-Gold in Peking. Am Tag nach dem zweiten Olympiasieg von Kerri Walsh/Misty May-Treanor triumphierten die Weltmeister mit 2:1 gegen die brasilianischen Außenseiter Marcio Araujo/Fabio Luiz. »Ich bin auf Wolke sieben. Das ist das schönste Gefühl, das ich in meinem Leben jemals hatte«, meinte Dalhausser.

Das olympische Beachvolleyball-Turnier im Chaoyang Park war mit über 250 000 Zuschauern ein voller Erfolg – allerdings nicht für die deutschen Teams. Das Aus im Viertelfinale für David Klemperer/Eric Koreng bedeutete das schwächste Olympia-Resultat der deutschen Beachvolleyballer seit 1996. Statt der angepeilten zweiten Medaille der Geschichte war der fünfte Platz von Klemperer/Koreng nach ihrer Niederlage gegen die späteren Olympia-Sieger noch das beste Resultat. Stephanie Pohl/Okka Rau und Sara Goller/Laura Ludwig scheiterten im Achtelfinale.

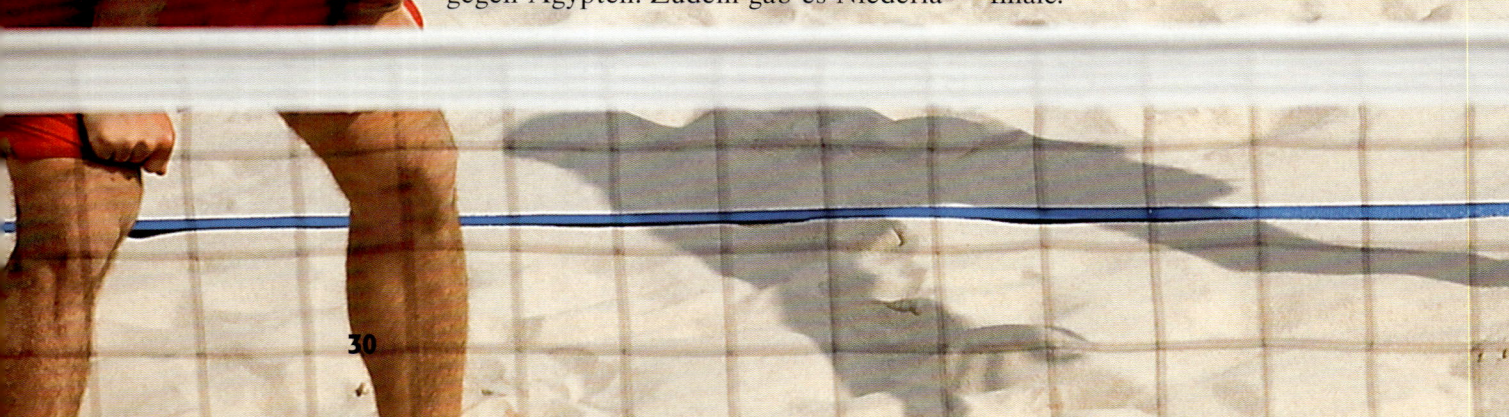

Glatzkopf Philipp Dalhausser und Bartträger Todd Rogers (USA) waren das beste Beach-Duo im Chaoyang Park (großes Bild). Das Aus für Deutschlands Hallen-Volleyballer kam nach der Vorrunde (rechts).

Für die mit Medaillen-Ambitionen angetretenen Julius Brink/Christoph Dieckmann war schon in der Vorrunde Endstation. »Wir haben nicht auf unserem normalen Niveau gespielt. Und Mittelmäßigkeit reicht nicht aus, wenn die Gegner im Spiel gegen uns ihre Top-Leistung abrufen und wir das durch unsere Schwächen begünstigen und unterstützen«, erklärte Dieckmann selbstkritisch. »Die Teams haben unter Druck ihre Leistungen nicht gebracht. Olympia war nicht so erfolgreich, wie wir uns das gewünscht haben«, bilanzierte Delegationschef Michael Tank.

Statistik

Volleyball, Männer 24.08.2008
1. USA   3:1 (20:25, 25:22, 25:21, 25:23)
2. Brasilien
3. Russland   3:0 (25:22, 25:19, 25:23)
4. Italien

HF: USA – RUS 3:2, BRA – ITA 3:1. **VF:** USA – SRB 3:2, BRA – CHN 3:0, ITA – POL 3:2, RUS – BUL 3:1. **VR, Gr.A:** USA – JPN 3:0, ITA – CHN 3:2, BUL – VEN 3:1, VEN – JPN 3:0, ITA – BUL 3:0, USA – CHN 3:0, USA – BUL 3:1, CHN – JPN 3:2, ITA – VEN 3:0, BUL – JPN 3:1, CHN – VEN 3:2, USA – ITA 3:1, BUL – CHN 3:1, USA – VEN 3:2, ITA – JPN 3:1; **Tabelle:** 1. USA 10, 2. ITA 9, 3. BUL 8, 4. CHN 7, 5. VEN 6, 6. JPN 5. **Gr.B:** SRB – EGY 3:0, POL – RUS 3:2, GER – BRA 3:0, BRA – POL 3:0, SRB – GER 3:1, RUS – EGY 3:0, POL – SRB 3:1, RUS – BRA 3:1, GER – EGY 3:0, BRA – SRB 3:1, POL – EGY 3:0, RUS – GER 3:2, POL – GER 3:0, BRA – EGY 3:0, RUS – SRB 3:1; **Tabelle:** 1. BRA 9, 2. RUS 9, 3. POL 9, 4. SRB 7, 5. GER 6, 6. EGY 5.

Volleyball, Frauen 23.08.2008
1. Brasilien   3:1 (25:15, 18:25, 25:13, 25:21)
2. USA
3. China   3:1 (25:16, 21:25, 25:13, 25:20)
4. Kuba

HF: BRA – CHN 3:0, USA – CUB 3:0. **VF:** USA – ITA 3:2, CHN – RUS 3:0, BRA – JPN 3:0, CUB – SRB 3:0. **VR, Gr.A:** CHN – JPN 3:0, USA – POL 3:2, CUB – VEN 3:0, CUB – JPN 3:0, USA – CHN 3:2, POL – VEN 3:0, JPN 3:2, CUB – CHN 3:2, POL – VEN 3:0, VEN 3:0, CHN – POL 3:1, CUB – USA 3:0, USA – JPN 3:1, CHN – VEN 3:0, CUB – POL 3:1. **Tabelle:** 1. CUB 10, 2. USA 9, 3. CHN 8, 4. JPN 7, 5. POL 6, 6. VEN 5. **Gr.B:** RUS – SRB 3:0, BRA – ITA 3:0, KAZ – ALG 3:1, ITA – SRB 3:0, BRA – KAZ 3:0, RUS – ALG 3:0, BRA – SRB 3:0, RUS – KAZ 3:0, ITA – ALG 3:0, BRA – SRB 3:0, ITA – KAZ 3:0, SRB – ALG 3:0, BRA – ALG 3:0, SRB – KAZ 3:1, ITA – RUS 3:1. **Tabelle:** 1. BRA 10, 2. ITA 9, 3. RUS 8, 4. SRB 7, 5. KAZ 6, 6. ALG 5.

Beachvolleyball, Männer 22.08.2008
1. Rogers/Dalhausser   USA   2:1 (23:21, 17:21, 15:4)
2. Marcio Araujo/Fabio Luiz   BRA
3. Ricardo/Emanuel   BRA   2:0 (21:15, 21:10)
4. Geor/Gia   GEO

HF: Rogers/Dalhausser – Geor/Gia 2:0, Marcio Araujo/Fabio Luiz – Ricardo/Emanuel 2:0. **VF:** Ricardo/Emanuel – Gibb/Rosenthal (USA) 2:0, Marcio Araujo/Fabio Luiz – Gosch/Horst (AUT) 2:0, Geor/Gia – Nummerdor/Schuil (NED) 2:0, Rogers/Dalhausser – Klemperer/Koreng (GER) 2:0. **AF:** Geor/Gia – Doppler/Gartmayer (AUT) 2:1, Rogers/Dalhausser – Laciga M./Schnider (SUI) 2:1. **VR:** Brink/Dieckmann (GER), Heyer/Heuscher (SUI).

Beachvolleyball, Frauen 21.08.2008
1. Walsh/May-Treanor   USA   2:0 (21:18, 21:18)
2. Tian Jia/Wang   CHN
3. Xue/Zhang Xi   CHN   2:0 (21:19, 21:17)
4. Talita/Renata   BRA

HF: Tian Jia/Wang – Xue/Zhang Xi 2:1, Walsh/May-Treanor – Talita/Renata 2:0. **VF:** Talita/Renata – Barnett/Cook (AUS) 2:0, Xue/Zhang Xi – Branagh/Youngs (USA) 2:0, Tian Jia/Wang – S. und D. Schwaiger (AUT) 2:0, Walsh/May-Treanor – Ana Paula/Larissa (BRA) 2:0. **AF:** Ana Paula/Larissa – Pohl/Rau (GER) 2:0, S. und D. Schwaiger – Goller/Ludwig (GER) 2:1. **VR:** Kuhn/Schwer (SUI).

Freude pur bei Britta Heidemann, der Degenfechterin (oben), und Matthias Steiner, der im Superschwergewicht gewann.

Kampfsport/ Kraftsport

Emotionale Szenen, die unvergessen bleiben: Innerhalb von nur 19 Minuten gewannen Benjamin Kleibrink und Britta Heidemann zwei historische Goldmedaillen im Fechten für Deutschland. Der Jubel wollte nicht enden, denn Gold im Doppelpack hatte es im Einzel bislang nur einmal gegeben: Durch Anja Fichtel und Arnd Schmitt 1988 in Seoul. »Wir sind mit zweimal Gold wieder da, wo wir vor Jahren einmal waren«, sagte Sportdirektor Claus Janka vom Deutschen Fechter-Bund (DFeB). Emotionen pur auch im Gewichtheben, wo der stärkste Mann der Welt weinte wie ein kleines Kind und immer wieder das Foto seiner ein Jahr zuvor bei einem Verkehrsunfall tödlich verletzten Ehefrau küsste: Nachdem Matthias Steiner mit brachialer Gewalt die Goldlast von 258 kg über den Kopf gewuchtet hatte, wurde er von seinen Gefühlen überrollt. Der 145-kg-Hüne bestieg als erster deutscher Gewichtheber seit 1992 (Ronny Weller) die höchste Stufe des olympischen Siegertreppchens. Im Judo konnten die deutschen Männer mit Ole Bischof ihren ersten Olympiasieger seit 1996 feiern und im Ringen gab es im griechisch-römischen Stil – ebenfalls seit 1996 – zum ersten Mal wieder ein Medaille durch das Silber von Mirko Englich. Dagegen erlitten die Boxer ihre größte Pleite: Seit 1928 blieben sie zum ersten Mal ohne eine einzige Medaille.

Boxen

Gold für China – Debakel für Kuba

Der Mongole Badar-Uugan Enkhbar (blauer Kopfschutz) besiegte den Kubaner Yankiel Leon Alacron in der Klasse bis 54 kg deutlich nach Punkten.

Die 51. und letzte chinesische Goldmedaille erkämpfte sich in der Klasse bis 81 kg Zhang Xiaoping. Ringrichter Jewgeni Sudakow aus Russland erklärte ihn zum Sieger über den Irländer Kenny Eagan (links).

Historisches Gold für China, Debakel für Kuba: In der Box-Arena sammelten die Gastgeber ihre letzten beiden Goldmedaillen, während die erfolgsverwöhnten Kubaner erstmals seit 20 Jahren ohne Olympiasieg die Heimreise antraten.

Zunächst sorgte Zou Shiming im Halbfliegengewicht (bis 48 kg) für Chinas erstes Boxgold in der Geschichte, dann holte Zhang Xiaoping im Halbschwergewicht (bis 81 kg) durch einen 11:7-Erfolg über den Iren Kenny Egan die 51. und letzte Goldmedaille.

Das dritte Gold der chinesischen Faustkämpfer verhinderte Roberto Cammarelle. Der Weltmeister holte im Superschwergewicht (über 91 kg) Italiens ersten Olympiasieg seit 20 Jahren. Im Finale des Superschwergewichts besiegte er den überforderten Chinesen Zhang Zhilei durch technischen K.o. nach 19 Sekunden in der vierten Runde.

Die Kubaner erlebten unterdessen bei vier Finalniederlagen ein Fiasko, ohne Gold waren sie zuletzt 1988 in Seoul geblieben. Vor vier Jahren in Athen feierten sie noch fünf Box-Olympiasiege. Auch die einst dominierenden US-Boxer blieben in Peking ohne Gold.

Im Verlauf des Turniers gab es immer wieder Ärger über zum Teil umstrittene Urteile. »Der einzige Weg zum Sieg wäre gewesen, die Punktrichter K. o. zu schlagen«, meinte Paddy Barnes. Der Ire hatte im Halbfinale des Halbfliegengewichts gegen Zou Shiming 0:15 verloren.

Der Box-Weltverband AIBA wehrte sich gegen die Vorwürfe. So betonte der technische Delegierte des Verbandes, Terry Smith, dass es keine Absprachen gegeben habe. Smith räumte jedoch ein, dass das Wertungssystem »unter Beobachtung« stehe. Derzeit müssen drei der fünf Punktrichter gleichzeitig eine Taste drücken, damit ein Treffer in die Wertung eingeht.

»Herbe Klatsche« für deutsche Boxer

Nach der größten Olympia-Pleite seit 80 Jahren zeigten sich die Verantwortlichen im Deutschen Boxsport-Verband (DBV) niedergeschlagen. »Das ist ein Desaster«, formulierte Sportdirektor Helmut Ranze kurz und knapp. Trainer Adolf Angrick sprach von »einer herben Klatsche«.

Seit 1928 waren die deutschen Amateur-Boxer bei Sommerspielen nie ohne Medaille geblieben. In Pe-

Statistik

– 48 kg 24.08.2008
1. Zou Shiming — CHN
2. Serdamba Purevdorj — MGL — AG
3. Paddy Barnes — IRL
3. Yampier Hernandez — CUB

HF: Zou – Barnes 15:0, Purevdorj – Hernandez 8:8, Purevdorj Sieger in der kombinierten Wertung.
VF: Barnes – Lukasz Maszczyk (POL) 11:5, Zou – Birschan Schakypow (KAZ) 9:4, Purevdorj – Amnat Ruenroeng (THA) 5:2, Hernandez – Paulo Carvalho (BRA) 21:6.

– 51 kg 23.08.2008
1. Somjit Jongjohor — THA — 8:2
2. Andris Laffita Hernandez — CUB
3. Georgi Balakschin — RUS
3. Vincenzo Picardi — ITA

HF: Laffita Hernandez – Balakschin 9:8, Jongjohor – Picardi 7:1. **VF:** Laffita Hernandez – McWilliams Arroyo Acevedo (PUR) 11:2, Balakschin – Jitender Kumar (IND) 15:11, Picardi – Walid Cherif (TUN) 7:5, Jongjohor – Anvar Junusow (TJK) 8:1.

– 54 kg 24.08.2008
1. Badar-Uugan Enkhbat — MGL — 16:5
2. Yankiel Leon Alarcon — CUB
3. Bruno Julie — MRI
3. Wjatscheslaw Gojan — MDA

HF: Leon Alarcon – Julie 7:5, Enkhbat – Gojan 15:2. **VF:** Leon Alarcon – Worapoj Petchkoom (THA) 10:2, Julie – Hector Manzanilla Rangel (VEN) 13:9, Enkhbat – Khumiso Ikgopoleng (BOT) 15:2, Gojan – Akhil Kumar (IND) 10:3. **R1:** Hoorschid Tojibajew (UZB) – Rustam Rahimov (GER) 11:2.

– 57 kg 23.08.2008
1. Wasyl Lomatschenko — UKR — Ko
2. Khedafi Djelkhir — FRA
3. Yakup Kilic — TUR
3. Schahin Imranow — AZE

HF: Lomatschenko – Kilic 10:1, Djelkhir – Imranow AG. **VF:** Lomatschenko – Li Yang (CHN) 12:3, Kilic – Abdelkader Chadi (ALG) 13:6, Imranow – Idel Torriente (CUB) 16:14, Djelkhir – Arturo Santos Reyes (MEX) 14:9. **R1:** Alaa Shili (TUN) – Wilhelm Gratschow (GER) 14:5.

– 60 kg 24.08.2008
1. Alexej Tischtschenko — RUS — 11:9
2. Daouda Sow — FRA
3. Hratschik Jawachjan — ARM
3. Yordenis Ugas — CUB

HF: Tischtschenko – Jawachjan 10:5, Sow – Ugas 15:8. **VF:** Tischtschenko – Darleys Perez (COL) 13:5, Jawachjan – Baik Jongsub (KOR) kampflos, Ugas – Georgian Popescu (ROU) 11:7, Sow – Hu Qing (CHN) 9:6.

– 64 kg 23.08.2008
1. Felix Diaz — DOM — 12:4
2. Manus Boonjumnong — THA
3. Roniel Iglesias Sotolongo — CUB
3. Alexis Vastine — FRA

HF: Boonjumnong – Iglesias Sotolongo 10:5, Diaz – Vastine 12:10. **VF:** Iglesias Sotolongo – Gennadi Kowalew (RUS) 5:2, Boonjumnong – Serik Sapijew (KAZ) 7:5, Diaz – Morteza Sepahvandi (IRI) 11:6, Vastine – Munkh-Erdene Uranchimeg (MGL) 12:4.

– 69 kg 24.08.2008
1. Bachit Sarsekbajew — KAZ — 18:9
2. Carlos Banteaux Suarez — CUB
3. Silamu Hanati — CHN
3. Kim Jungjoo — KOR

HF: Banteaux Suarez – Hanati 17:4, Sarsekbajew – Kim 10:6. **VF:** Banteaux Suarez – Hosam Abdin (EGY) 10:2, Hanati – Toureano Johnson (BAH) 14:4, Sarsekbajew – Dilschod Mahmudow (UZB) 12:7, Kim – Demetrius Andrade (USA) 11:9. **R1:** Kim Jungjoo – Jack Culcay-Keth (GER), Kim Jungjoo Sieger in der kombinierten Wertung.

– 75 kg 23.08.2008
1. James Degale — GBR — 16:14
2. Emilio Correa Bayeaux — CUB
3. Darren John Sutherland — IRL
3. Vijender Kumar — IND

HF: Degale – Sutherland 10:3, Correa Bayeaux – Kumar 8:5. **VF:** Sutherland – Alfonso Blanco Parra (VEN) 11:1, Degale – Bachtijar Artajew (KAZ) 8:3, Correa Bayeaux – Elschod Rasulow (UZB) 9:7, Kumar – Carlos Gongora (ECU) 9:4. **R1:** Gongora – Konstantin Buga (GER) 14:7.

– 81 kg 24.08.2008
1. Zhang Xiaoping — CHN — 11:7
2. Kenny Egan — IRL
3. Tony Jeffries — GBR
3. Jerkebulan Schinalijew — KAZ

HF: Egan – Jeffries 10:3, Zhang Xiaoping – Schinalijew 4:4, Zhang Xiaoping Sieger nach kombinierter Wertung. **VF:** Jeffries – Imre Szello (HUN) 10:2, Egan – Washington Silva (BRA) 8:0, Zhang Xiaoping – Abdelhafid Benchabla (ALG) 12:7, Schinalijew – Dschachon Kurbanow (TJK) DQ.

– 91 kg 23.08.2008
1. Rachim Tschachkjiew — RUS — 4:2
2. Clemente Russo — ITA
3. Osmai Acosta Duarte — CUB
3. Deontay Wilder — USA

HF: Tschachkjiew – Acosta Duarte 10:5, Russo – Wilder 7:1. **VF:** Acosta Duarte – Ilias Pavlidis (GRE) 7:4, Tschachkjiew – John Mbumba (FRA) 18:9, Wilder – Mohammed Arjaoui (MAR) 10:10, Wilder Sieger in der kombinierten Wertung, Russo – Alexander Usik (UKR) 7:4.

+ 91 kg 24.08.2008
1. Roberto Cammarele — ITA — KO
2. Zhang Zhilei — CHN
3. Wjatscheslaw Glaskow — UKR
3. David Price — GBR

HF: Zhang Zhilei – Glaskow kampflos, Cammarele – Price TKO 2.Rd. **VF:** Glaskow – Newfel Ouatah (ALG) 10:4, Zhang Zhilei – Ruslan Myrsatajew (KAZ) 12:2, Cammarele – Oscar Rivas (COL) 9:5, Price – Jaroslav Jaksto (LTU) AB 2.Rd.

king folgte jetzt der kollektive Knockout des deutschen Quartetts in der ersten Runde. Rustam Rahimov (Velbert), der zum Abschluss seiner Karriere von Gold träumte und in Athen als Bronzemedaillengewinner die deutsche Bilanz noch rettete, schied als letzter des Quartetts mit einer 2:11-Niederlage gegen den Usbeken Hoorschid Tojibajew frühzeitig aus.

Zuvor hatten bereits Federgewichtler Wilhelm Gratschow (Gifhorn), Mittelgewichtler Konstantin Buga (Berlin) und Weltergewichtler Jack Culcay-Keth (Darmstadt) jeweils in der ersten Runde verloren. »Die Weltspitze ist viel enger zusammengerückt. Uns ist es nicht gelungen, mit dieser Entwicklung mitzuhalten«, bilanzierte Angrick.

Dem sportlichen Untergang im Ring folgte gleich auch der verbale Schlagabtausch. »Bis 2000 haben wir von den Strukturen der DDR gelebt. Die sind jetzt aufgebraucht. Wir müssen etwas Neues aufbauen«, analysierte der ehemalige Profi-Weltmeister Henry Maske, der vor 20 Jahren in Seoul selbst Olympia-Gold holte.

Auch für Ex-Profi-Weltmeister Sven Ottke geht kein Weg an einer Umstrukturierung vorbei: »Ich kann mir das Abschneiden in Peking nur damit erklären, dass große methodische Fehler gemacht worden sind. Dagegen helfen nur Änderungen in der Struktur.«

Mit 15:11 triumphierte Britta Heidemann (großes Bild rechts) im Degen-Finale gegen die Rumänin Ana Maria Branza. 19 Minuten nach Florett-Kollege Kleibrink sicherte sich die Weltmeisterin aus Leverkusen ihren ersten Olympiasieg, der gleichzeitig das erste Degen-Gold im Einzel für eine deutsche Fechterin war.

Fechten

Historisches Doppel-Gold in 19 Minuten

Zwischen den historischen Goldmedaillen lagen gerade einmal 19 Minuten: Erst riss sich Benjamin Kleibrink die Maske vom Kopf und sprang in die Arme von Bundestrainer Uli Schreck. Kurz darauf schrie Britta Heidemann ihre Freude hinaus, verdrückte ein paar Freudentränen und fiel ihrem Bruder Gerrit um den Hals.

Mit diesen Siegen erfüllten sich der 23 Jahre alte Florett-Fechter und die 25 Jahre alte Degen-Spezialistin ihren Traum von Gold in Peking. Als einen »herausragenden Beitrag« würdigte Bundespräsident Horst Köhler unmittelbar nach dem Doppel-Triumph die Leistung der beiden Olympiasieger. Für beide Athleten war es der größte Erfolg ihrer Karriere.

»Das ist einfach Wahnsinn. Es war bombig. Ich habe die Gegner echt weggefegt«, sagte der überglückliche Kleibrink und ergänzte: »Ich bin zu kaputt, um zu lachen.« Heidemann war vor Freude ebenfalls kaum zu halten: »Das ist phantastisch. Ich habe es einfach durchgezogen. Olympiagold ist der Traum eines jeden Sportlers.«

Kurz nachdem der Bonner Kleibrink bei seiner Olympia-Premiere für das erste Einzel-Gold eines deutschen Florett-Fechters gesorgt hatte, sicherte sich auch die Weltmeisterin aus Leverkusen ihren ersten Olympiasieg – und das erste Degen-Gold im Einzel für eine Deutsche. Nur 19 Minuten nach Kleibrink machte die überglückliche Weltranglistenerste damit auch den zweiten Doppel-Olympiasieg in der deutschen Fecht-Geschichte nach Anja Fichtel mit dem Florett und Arnd Schmitt mit dem Degen in Seoul 1988 perfekt.

Im Finale setzte sich Heidemann gegen die Rumänin Ana Maria Branza 15:11 durch. Kleibrink bezwang in seinem letzten Duell Yuki Ota aus Japan 15:9. Bronze ging an die Ungarin Ildiko Mincza-Nebald und den Italiener Salvatore Sanzo.

Gegenseitig hatten sich Heidemann und Kleibrink im Wettkampf nach vorn getrieben. »Mich pusht

Glückliche Sieger nach der offiziellen Medaillenvergabe: Benjamin Kleibrink mit Florett-Gold, die beiden Italienerinnen Valentina Vezzali (Mitte links), die nach 2000 und 2004 die dritte Florett-Goldmedaille gewann, und ihre Teamkollegin Margherita Granbassi, die Bronze mit nach Hause nehmen durfte, sowie Britta Heidemann (rechts).

das immer sehr, wenn ich mit den Florett-Fechtern zusammen einen Wettkampf habe. Wir klatschen uns zwischen den Gefechten immer ab«, erzählte Heidemann und verriet im kumpelhaften Ton über Kleibrink: »Benni ist ein Frechdachs.«

Anders als für den Sportstudenten bildete der Triumph für Heidemann auch den Höhepunkt ihrer »chinesischen Affäre«. In den Wochen vor Peking habe sie viele Stimmungsschwankungen erlebt, erzählte die Weltmeisterin, die in Athen 2004 bereits mit dem Team die Silbermedaille gewonnen hatte. »Einen Tag hektisch, einen Tag panisch, einen Tag weinerlich. Gestern war ich ziemlich locker, heute morgen angespannt, am Mittag wieder locker – die ganze Palette an psychologischen und emotionalen Regungen rauf und runter. Ich habe alles durchgemacht«, berichtete Heidemann. Umso größer war die Freude, als all der Druck abfiel.

Nur mit Außenseiter-Chancen war Kleibrink nach Peking gefahren, in beeindruckender Manier marschierte der WM-Dritte dann aber durch die Gefechte. Auch im Finale dominierte er auf der Planche wie ein Routinier, zuvor hatte er den Gegnern in keinem seiner vier Duelle auch nur den Hauch einer Chance gelassen.

»Wir sind wieder da«

Zwei Volltreffer, einige Enttäuschungen und jede Menge Hoffnung: Deutschlands Fechter träumen nach dem gelungenen Neuanfang in Peking von weiteren Glanztaten. »Wir können wieder gewinnen. Wir sind mit zweimal Gold wieder da, wo wir vor Jahren einmal waren«, sagte Sportdirektor Claus Janka vom Deutschen Fechter-Bund (DFeB) und kündigte eine intensivere Förderung des Nachwuchses an.

Die positive Bilanz konnte auch der abschließende fünfte Platz des Florett-Teams der Frauen im letzten Wettbewerb mit deutscher Beteiligung nicht entscheidend trüben. »Das ist ein bisschen ärgerlich, aber das Signal von Peking ist trotzdem eindeutig positiv«, sagte Janka. Gold im Doppelpack hatte es im Einzel bislang nur einmal gegeben: Durch Anja Fichtel und Arnd Schmitt 1988 in Seoul.

Enttäuschungen gab es in Peking dennoch: Der dreimalige Florett-Weltmeister Peter Joppich blieb ebenso wie Nicolas Limbach, der Weltranglistenerste im Säbel-Fechten, und Heidemanns Kollegin Imke Duplitzer ohne Medaille.

Durch die 31:35-Niederlage im Viertelfinale gegen Ungarn galt das auch für das Tauberbischofsheimer Trio Carolin Golubytskyi, Katja Wächter und Anja Schache im Florett-Teamwettbewerb. »Das ist Mist. Da darf man gar nicht weiter drüber nachdenken«, sagte die 31 Jahre alte Schache angesichts der überraschenden Niederlage der Polinnen gegen die USA, auf die das DFeB-Team im Halbfinale getroffen wäre. Das Tor zur großen Bühne Finale stand weit offen, es reichte mit dem 34:28 gegen Gastgeber China im Gefecht um Platz fünf für das Team von Bundestrainer Sergej Golubytskyi aber nur für den Hinterausgang.

Neben Deutschland gewannen auch die Fechter aus Italien und Frankreich je zwei Titel, während sich die USA, Russland, die Ukraine und Gastgeber China die Goldmedaillen der übrigen Wettbewerbe teilten. Frankreichs Männer und Frauen waren mit zwei goldenen und zwei silbernen Plaketten die erfolgreichsten Starter auf der Planche in der olympischen Fechthalle.

Statistik

»Ich habe zu den Favoriten gezählt und mir etwas ausgerechnet. Jetzt bin ich sehr enttäuscht«, sagte Nicolas Limbach nach seinem Aus im Achtelfinale des Säbel-Turniers.

Florett, Einzel, Männer 13.08.2008

1. Benjamin Kleibrink GER 15:9
2. Yuki Ota JPN
3. Salvatore Sanzo ITA 15:14
4. Zhu Jun CHN
5. Peter Joppich GER
6. Andrea Cassara ITA
7. Erwann le Pechoux FRA
8. Lei Sheng CHN

HF: Kleibrink – Zhu Jun 15:4, Ota – Sanzo 15:14. **VF:** Kleibrink – Lei Sheng 15:7, Ota – Joppich 15:12, Sanzo – le Pechoux 10:9, Zhu Jun – Cassara. **AF:** Cassara – Roland Schlosser (AUT) 15:8, Schlosser damit 15.

Degen Einzel, Männer 10.08.2008

1. Matteo Tagliariol ITA 15:9
2. Fabrice Jeannet FRA
3. Jose Luis Abajo ESP 8:7
4. Gabor Boczko HUN
5. Jin Sun Jung KOR
6. Radoslaw Zawrotniak POL
7. Diego Confalonieri ITA
8. Bas Verwijlen NED

HF: Tagliariol – Abajo 15:12, Jeannet – Boczko 15:12. **VF:** Abajo – Confalonieri 14:13, Tagliariol – Verwijlen 15:11, Jeannet – Jin Sun 15:11, Boczko – Zawrotniak 15:8. **AF:** Verwijlen – Michael Kauter (SUI) 15:13.

Degen, Mannschaft, Männer 15.08.2008

1. Frankreich 45:29
   (J. Jeannet, F. Jeannet, Robeiri)
2. Polen
   (Motyka, Andrzejuk, Zawrotniak)
3. Italien 45:35
   (Confalonieri, Rota, Tagliariol)
4. China

5. Ungarn – Venezuela 40:25, 7. Ukraine – Südkorea 41:39. **HF:** Polen – China 45:44, Frankreich – Italien 45:39. **VF:** China – Ungarn 45:43, Polen – Ukraine 45:37, Italien – Südkorea 45:37, Frankreich – Venezuela 45:33.

Ließ seinen Emotionen freien Lauf: Olympiasieger Benjamin Kleibrink. Der Bonner holte die erste deutsche Einzel-Goldmedaille im Florettfechten.

Säbel, Einzel, Männer 12.08.2008

1. Zhong Man CHN 15:9
2. Nicolas Lopez FRA
3. Mihai Covaliu ROU 15:11
4. Julien Pillet FRA
5. Luigi Tarantino ITA
6. Keeth Smart USA
7. Jorge Pina ESP
8. Alexander Bujikewitsch BLR
9. Nicolas Limbach GER

HF: Zhong – Pillet 15:12, Lopez – Covaliu 15:13. **VF:** Zhong – Tarantino 15:13, Pillet – Smart 15:13, Lopez – Pina 15:10, Covaliu – Bujikewitsch 15:13. **AF:** Bujikewitsch – Limbach 15:14.

Säbel, Mannschaft, Männer 17.08.2008

1. Frankreich 45:37
   (Anstett, Lopez, Pillet, Sanson)
2. USA
   (Morehouse, Rogers, Smart, Williams)
3. Italien 45:44
   (Montano, Occhiuzzi, Pastore, Tarantino)
4. Russland

5. Weißrussland – China 45:39, 7. Ungarn – Ägypten 45:25. **HF:** Frankreich – Italien 45:41, USA – Russland 45:44. **VF:** Frankreich – Ägypten 45:31, Italien – Weißrussland 45:39, Russland – China 45:36, USA – Ungarn 45:44.

Florett, Einzel, Frauen 11.08.2008

1. Valentina Vezzali ITA 6:5
2. Hyunhee Nam KOR
3. Margherita Granbassi ITA 15:12
4. Giovanna Trillini ITA
5. Edina Knapek HUN
6. Ewgenia Lamonowa RUS
7. Chieko Sugarawa JPN
8. Katja Wächter GER

9. Carolin Golubytskyi (GER), 23. Anja Schache (GER).

HF: Hyunhee – Trillini 15:10, Vezzali – Granbassi 12:3. **VF:** Trillini – Wächter 15:8, Hyunhee – Sugawara 15:10, Granbassi – Lamonowa 12:7, Vezzali – Knapek 15:3. **AF:** Sugarawa – Golubytskyi 6:5. **R2:** Lamonowa – Schache 15:2.

Florett, Mannschaft, Frauen 16.08.2008

1. Russland 28:11
   (Nikitschina/Bojko/Lamonowa)
2. USA
   (Cross/Thompson/Smart)
3. Italien 32:23
   (Salvatori/Vezzali/Granbassi)
4. Ungarn

5. Deutschland (Golubytskyi/Wächter/Schache) – China 34:28. 7: Polen – Ägypten 45:14. **HF:** USA – Ungarn 35:33, Russland – Italien 22:21. **VF:** Russland – Ägypten 45:23, Italien – China 37:24, Ungarn – Deutschland 35:31, USA – Polen 31:30.

Degen, Einzel, Frauen 13.08.2008

1. Britta Heidemann GER 15:11
2. Ana Maria Branza ROU
3. Ildiko Mincza-Nebald HUN 15:11
4. Li Na CHN
5. Imke Duplitzer GER
6. Ljubow Schutowa RUS
7. Laura Flessel-Colovic FRA
8. Emma Samuelsson SWE

HF: Heidemann – Li 15:13, Branza – Mincza-Nebald 15:14. **VF:** Heidemann – Samuelsson 15:10, Branza – Schutowa 15:13, Li Na – Flessel-Colovic 15:10, Mincza-Nebald – Duplitzer 15:11. **AF:** Li Na – Sophie Lamon (SUI) 15:10, Lamon damit 13.

Säbel, Einzel, Frauen 09.08.2008

1. Mariel Zagunis USA 15:8
2. Sada Jacobson USA
3. Rebecca Ward USA 15:14
4. Sofia Welikaja RUS
5. Tan Xue CHN
6. Bao Yingying CHN
7. Azza Besbes TUN
8. Olena Chomrowa UKR

30. Alexandra Bujdoso GER

HF: Jacobson – Welikaja 15:11, Zagunis – Ward 15:11. **VF:** Jacobson – Chomrowa 15:11, Welikaja – Tan 15:9, Zagunis – Bao 15:9, Ward – Besbes 15:14. **R2:** Tan – Bujdoso 15:6.

Säbel, Mannschaft, Frauen 14.08.2008

1. Ukraine 45:44
   (Charlan, Chomrowa, Pundyk, Schownir)
2. China
   (Bao Yingying, Ni Hong, Tan Xue, Huang Haiyang)
3. USA 45:38
   (Ward, Jacobson, Zagunis, Wozniak)
4. Frankreich

5. Russland – Polen 45:36, 7. Kanada – Südafrika 45:16. **HF:** Ukraine – USA 45:39, China – Frankreich 45:38. **VF:** USA – Südafrika 45:8, Ukraine – Russland 45:34, China – Polen 45:25, Frankreich – Kanada 45:22.

Gewichtheben
Gold für die verstorbene Ehefrau

Der stärkste Mann der Welt weinte wie ein kleines Kind und küsste immer wieder das Foto seiner toten Ehefrau: Nachdem Matthias Steiner mit brachialer Gewalt die Goldlast von 258 kg über den Kopf gewuchtet hatte, wurde er von seinen Gefühlen überrollt.

Der vom Schicksal gebeutelte 145-kg-Hüne bestieg als erster deutscher Gewichtheber seit 16 Jahren (zuletzt Ronny Weller 1992) die höchste Stufe des olympischen Siegertreppchens und sorgte damit für einen der emotionalsten Momente der Spiele von Peking.

»Wahnsinn, Wahnsinn, ich kann das nicht erklären. Dieses Gold widme ich Susann«, sagte Steiner und war im größten Moment seiner sportlichen Karriere in Gedanken bei seiner 2007 bei einem Verkehrsunfall ums Leben gekommenen Frau. »Ich hoffe und denke, dass sie das mitbekommt. Ich bin kein abergläubischer Typ, aber ich wünsche mir, dass es so ist. Ich freue mich für jeden, der mir geholfen hat. Vor allem aber für meine Frau.«

2005 hatte Steiner seine Heimat Österreich verlassen – für die Liebe, aber auch aufgrund der besseren sportlichen Aussichten in Deutschland. In Peking zeigte der Hüne nun stolz auf den Bundesadler auf seinem Trikot. »Alles, was ich erreicht habe, habe ich in Deutschland erreicht. Ich habe damals die wichtigste Entscheidung meines Lebens richtig getroffen.«

»Unmenschlich« nannte Bundestrainer Frank Mantek die Leistung seines Schützlings. In einer unglaublich dramatischen Konkurrenz musste der gebürtige Wiener im letzten Versuch der Konkurrenz unbedingt jene 258 kg über den Kopf wuchten, um den unerwartet starken Russen Jewgeni Tschigischew noch um ein Kilo zu überflügeln und sich zum ersten deutschen Zweikampf-Olympiasieger der Superschwergewichts-Historie zu krönen. »Eigentlich war das über meinem Vermögen,« schilderte Steiner. Nachdem er vorher bei 246 Kilo gepatzt hatte, gelang ihm die ungeheure Energieleistung. Auf der Tribüne lagen sich Steiners Eltern in den Armen. »Ich wusste, der Junge ist der größte Kämpfer«, sagte Vater Fritz, selbst mehrfacher Hantelstemmer-Weltmeister der Senioren. »Der Sport war so wichtig für Matthias. Seine Frau wollte, dass er hier siegt. Er hat es geschafft«, ergänzte Mutter Michaela.

Bundestrainer Mantek, der unmittelbar nach Steiners goldenem Stoß mit einem Schrei auf die Bühne gestürzt war, um seinen Recken zu herzen, brüllte im deutschen Jubelknäuel völlig außer Rand und Band: »Versprochen ist versprochen, Gold, Gold, Gold.«

Geschafft! 258 kg hatte Matthias Steiner gestemmt, dann kannte sein Jubel keine Grenzen mehr. Das Bild seiner verstorbenen Frau Susann in der Hand, Tränen in den Augen: Bei der Siegerehrung ließ Steiner seinen Emotionen freien Lauf.

Statistik

– 56 kg, Männer 10.08.2008

WR Halil Mutlu Sydney – 16.09.2000	TUR	305,0
OR Halil Mutlu Sydney – 16.09.2000	TUR	305,0
1. Long Qingquan (Reißen 132/Stoßen 160)	CHN	292
2. Anh Tuan Hoang (130+160)	VIE	290
3. Eko Yuli Irawan (130+158)	INA	288
4. Yang Chin-Yi (128+157)	TPE	285
5. Cha Kum Chol (128+155)	PRK	283
6. Sergio Alvarez (120+152)	CUB	272
7. Wang Shin-Yuan (115+150)	TPE	265
8. Amirul Hamizan Ibrahim (121+144)	MAS	265

– 62 kg, Männer 11.08.2008

WR Zhang Jie Kanazawa/JPN – 28.04.2008	CHN	326,0
OR Nikolaj Peshalow Sydney – 17.09.2000	CRO	325,0
1. Zhang Xiangxiang (Reißen 143/Stoßen 176)	CHN	319
2. Diego Salazar (138/167)	COL	305
3. Triyatno (135/163)	INA	298
4. Antonio Buci (130/165)	ROU	295
5. Phaisan Hansawong (132/162)	THA	294*
6. Lazaro Ruiz (132/162)	CUB	294
7. Tolkunbek Hudajbergenow (126/162)	TJK	288
8. Mohamed Abd Elbaki (129/159)	EGY	288

*geringeres Körpergewicht

– 69 kg, Männer 12.08.2008

WR Galabin Bojewski Athen – 24.11.1999	BUL	357,5
OR Galabin Bojewski Sydney – 20.09.2000	BUL	357,5
1. Liao Hui (Reißen 158/Stoßen 190)	CHN	348
2. Vencelas Dabaya-Tientcheu (151/187)	FRA	338
3. Tigran Gevorg Martirosyan (153/185)	ARM	338
4. Yordanis Borrero (148/180)	CUB	328
5. Turan Mirsajew (146/181)	AZE	327
6. Kim Chol Jin (146/180)	PRK	326
7. Afgan Bayramow (145/175)	AZE	320
8. Sitthisak Suphalak (147/171)	THA	318

VK: 14. Artyom Shaloyan (GER) 300 (135/165)

Statistik

– 77 kg, Männer 13.08.2008

WR Plamen Jeliazkow BUL 377,0
Doha/QAT – 27.03.2002
OR Taner Sagir TUR 375,0
Athen – 19.08.2004

1. Sa Jaehyouk KOR 366
(Reißen 163/Stoßen 203)
2. Li Hongli CHN 366
(168/198)
3. Gevorg Dawtjan ARM 360
(165/195)
4. Kim Kwanghoon KOR 355
(155/200)
5. Oleg Perepeschenow RUS 354
(162/192)
6. Ivan Cambar CUB 353
(157/196)
7. Ara Schachatrian ARM 353
(162/191)
8. Krzysztof Szramiak POL 352
(161/191)

– 85 kg, Männer 15.08.2008

WR Andrej Ribakow RUS 393,0
Chiang Mai/THA – 22.09.2007

1. Lu Yong CHN WR= 394*
(Reißen 180/Stoßen 214)
2. Andrej Ribakow BLR WR 394
(185/209)
3. Tigran Martirosjan ARM 380
(177/203)
4. Wladimir Sedow KAZ 380
(180/200)
5. Jadier Valladares CUB 372
(169/203)
6. Benjamin Hennequin FRA 367
(162/205)
7. Mansurbek Tschaschemow UZB 367
(165/202)
8. Kendrick Farris USA 362
(160/202)

* geringeres Körpergewicht

– 94 kg, Männer 17.08.2008

WR Akakios Kakhiarshvili GRE 412,0
Athen – 27.11.1999

1. Ilja Ilin KAZ 406
(Reißen 180/Stoßen 226)
2. Szymon Kolecki POL 403
(179/224)
3. Chadschimurat Akajew RUS 402
(185/217)
4. Arsen Kasabijew GEO 399
(176/223)
5. Nizami Paschajew AZE 396
(181/215)
6. Yohandrys Hernandez CUB 393
(178/215)
7. Asghar Ebrahimi IRI 392
(180/212)
8. Roman Konstantinow RUS 387
(175/212)
9. Jürgen Spieß GER 384
(173/211)

– 105 kg, Männer 18.08.2008

WR Denis Gotfrid UKR 430
Athen – 28.11.1999

1. Andrej Aramnau BLR WR 436
(Reißen WR 200/Stoßen WR 236)
2. Dmitri Klokow RUS 423
(193/230)
3. Dmitri Lapikow RUS 420
(190/230)
4. Marcin Dolega POL 420
(195/225)
5. Bachid Achmetow KAZ 415
(190/225)
6. Albert Kusilow GEO 409
(182/227)
7. Sergej Istomin KAZ 406
(181/225)
8. Robert Dolega POL 405
(184/221)

DQ: Igor Rasorjonow (UKR)

+ 105 kg, Männer 19.08.2008

WR Hossein Rezazadeh IRI 472,0
Sydney – 26.09.2000
OR Hossein Rezazadeh IRI 472,0
Sydney – 26.09.2000

1. Matthias Steiner GER 461
(Reißen 203/Stoßen 258)
2. Jewgeni Tschigischew RUS 460
(210/250)
3. Viktors Scerbatihs LAT 448
(206/242)
4. Artem Udatschin UKR 442
(207/235)
5. Igor Schimetschko UKR 433
(201/232)
6. Rashid Sharifi IRI 426
(196/230)
7. Grzegorz Kleszcz POL 419
(185/234)
8. Almir Velagic GER 413
(188/225)

– 48 kg, Frauen 09.08.2008

WR Yang Lian CHN 217
Santo Domingo/DOM – 01.10.2006
OR Nurcan Taylan TUR 210
Athen – 14.08.2004

1. Chen Xiexia CHN OR 212
(Reißen 95/Stoßen 117 OR)
2. Sibel Özkan TUR 199
(88/111)
3. Chen Wei-Ling TPE 196
(84/112)
4. Im Jyounghwa KOR 196
(86/110)
5. Pensiri Laosirikul THA 195
(85/110)
6. Hiromi Miyake JPN 185
(80/105)
7. Melanie Noel FRA 177
(80/97)
8. Misaki Oshiro JPN 172
(80/92)

– 53 kg, Frauen 10.08.2008

WR Qiu Hongxia CHN 226
Santo Domingo/DOM – 02.10.2006
OR Yan Fang Xia CHN 225
Sydney – 18.09.2000

1. Prapawadee Jaroenrattanatarakoon THA 221
(Reißen 95/Stoßen OR 126)
2. Jinhee Yoon KOR 213
(94/119)
3. Nastassia Nowikawa BLR 213
(95/118)
4. Raema Lisa Rumbewas INA 206
(91/115)
5. Yudelquis Maridalin DOM 204
(93/111)
6. Melanie Roach USA 193
(83/110)
7. Julia Rohde GER 185
(82/103)
8. Dika Toua PNG 184
(80/104)

– 58 kg, Frauen 11.08.2008

WR Chen Yanqing CHN 251,0
Doha/QAT – 03.12.2006
OR Chen Yanqing CHN 237,5
Athen – 16.08.2004

1. Chen Yanqing CHN OR 244
(Reißen 106/Stoßen OR 138)
2. Marina Schainowa RUS 227
(98/129)
3. O Jong Ae KOR 226
(95/131)
4. Wandee Kameaim THA 226
(98/128)
5. Alexandra Escobar ECU 223
(99/124)
6. Romela Begaj ALB 216
(98/118)
7. Aleksandra Klejnowska POL 215
(95/120)
8. Roxana Cocos ROU 204
(89/115)

– 63 kg, Frauen 12.08.2008

WR Liu Haixia CHN 257,0
Chiang Mai/THA – 23.09.2007
OR Chen Xiaomin CHN 242,5
Sydney – 19.09.2000

1. Pak Hyon Suk PRK 241
(Reißen 106/Stoßen 135)
2. Irina Nekrassowa KAZ 240
(110/130)
3. Lu Ying-Chi TPE 231
(104/127)
4. Christine Girard CAN 228
(102/126)
5. Thi Thiet Nguyen VIE 225
(100/125)
6. Kim Sookyung KOR 225
(98/127)
7. Ruth Kasirye NOR 224
(103/121)
8. Luz Mercedes Acosta MEX 223
(103/120)

– 69 kg, Frauen 13.08.2008

WR Oxana Silwenko RUS 276,0
Chiang Mai/THA – 24.09.2007
OR Liu Chunhong CHN 275,0
Athen – 19.08.2004

1. Liu Chunhong CHN WR 286
(Reißen WR 128/Stoßen WR 158)
2. Oxana Silwenko RUS 255
(115/140)
3. Natalja Dawidowa UKR 250
(115/135)
4. Leidy Solis COL 240
(105/135)
5. Abir Khalil EGY 238
(105/133)
6. Tulia Angela Medina COL 230
(106/124)
7. Hanna Baziuschka BLR 225
(105/120)
8. Rika Saito JPN 209
(87/122)

– 75 kg, Frauen 15.08.2008

WR Swetlana Podobedowa RUS 286,0
Hangzhou/CHN – 02.06.2006
OR Natalja Sabolotnaja RUS 272,5
Athen – 20.08.2004

1. Cao Lei CHN OR 282
(Reißen OR 128/Stoßen OR 154)
2. Alla Waschenina KAZ 266
(119/147)
3. Nadeschda Jewstjuchina RUS 264
(117/147)

»Ich habe es euch immer gesagt. Jetzt lassen wir die Puppen tanzen.«
Geradezu staatsmännisch nahm der Präsident des Bundesverbandes Deutscher Gewichtheber (BVDG), Claus Umbach, die Glückwünsche entgegen und bilanzierte im Namen der etwa 3500 deutschen Schwerathleten: »Ein großer Tag für unseren Sport. Ein Traum ist wahr geworden. Matthias Steiner hat den Beweis angetreten, dass man auch als sauberer Sportler Gold gewinnen kann.«

China hat alle »weggestoßen«

Erfolgreichste Nation bei den 15 Gewichtheber-Entscheidungen in Peking war wie bereits 2004 in Athen Gastgeber China, das mit seinen insgesamt zehn Startern gleich acht Goldmedaillen gewann – jeweils vier bei den Frauen und Männern. Unterdessen mussten sich die türkischen Heber, 2004 noch mit drei Goldmedaillen dekoriert, dieses Mal mit nur einer Silbermedaille begnügen.
Von der deutschen Mannschaft schafften außer Steiner noch drei weitere Heber des BVDG Top-Ten-Platzierungen: Almir Velagic, der mit 413 kg seine persönliche Zweikampf-Bestleistung gleich um vier Kilo verbesserte und damit den achten Platz in der Steiner-Kategorie über 105 kg belegte, Jürgen Spieß (94 kg) mit Platz neun und persönlicher Bestleistung von 384 kg sowie Nachwuchshoffnung Julia Rohde (53 kg). Die 19-Jährige war erst die zweite deutsche Gewichtheberin nach Monique Riesterer (Platz sechs 2000), die seit der Premiere der Damen in Sydney an Olympischen Spielen teilgenommen hat, und belegte Rang sieben.

Julia Rohde stemmte im Zweikampf mehr als das Dreifache ihres Körpergewichts.

4. Irina Kulescha (118/137)	BLR	255
5. Lidia Valentin (115/135)	ESP	250
6. Damaris Aguirre (109/136)	MEX	245
7. Ubaldina Valoyes (110/134)	COL	244
8. Jeane Lassen (105/135)	CAN	240

+ 75 kg, Frauen 16.08.2008
WR Mu Shuangshuang CHN 319,0
    Chiang Mai/THA – 26.09.2007
OR Gonghong Tang CHN 305,0
    Athen – 21.08.2004

1. Jang Mi-Ran (Reißen WR 140/Stoßen WR 186)	KOR	WR 326
2. Olha Korobka (124/153)	UKR	277
3. Maria Grabowetskaja (120/150)	KAZ	270
4. Ele Opeloge (119/150)	SAM	269
5. Mariam Usman (115/150)	NGR	265
6. Cheryl Haworth (115/144)	USA	259
7. Julia Dowhal (118/140)	UKR	258
8. Deborah Lovely (113/135)	AUS	248

Alles auf Gold: Mit 203 kg im Reißen lag Mathias Steiner noch nicht auf den Medaillenrängen. Für den Titel musste der gebürtige Wiener im Stoßen alles auf eine Karte setzen – und pokerte sich zum Olympiasieg.

Judo

»Medaille aus Gold genauso viel wert wie zwei Medaillen«

»Die Medaille von Ole Bischof ist aus Gold und genauso viel wert wie die zwei, die wir eigentlich holen wollten«, bilanzierte Peter Frese, Präsident des Deutschen Judo-Bundes (DJB). Die DJB-Männer feierten mit Bischofs goldenem Wurf ihren ersten Olympiasieger seit zwölf Jahren und die sportliche Auferstehung. »Ich habe hoffentlich alles überstrahlt. Vor vier Jahren haben uns in Athen die Frauen mit ihren Erfolgen hochgezogen. Diesmal war ich es. Unser Judo-Team hat wieder für positive Schlagzeilen gesorgt«, meinte Bischof, der zu diesem Zeitpunkt allerdings nicht ahnen konnte, dass sein Gold das einzige Edelmetall des DJB in Peking bleiben würde.

Der große Außenseiter aus Reutlingen krönte zwei Wochen vor seinem 29. Geburtstag seine wechselvolle Karriere und avancierte als fünfter deutscher Judoka zum Olympiasieger. »Das ist die Erfüllung meines Lebenstraumes«, sagte Bischof nach dem Kampf: »Auf diesen Tag habe ich mein Leben lang hingearbeitet.« Das Finale des Halbmittelgewichts bis 81 kg in der mit 6000 Zuschauern ausverkauften Halle der Pekinger Universität für Wissenschaft und Technik gewann Ole Bischof gegen Kim Jaebum aus Südkorea durch einen mit Fußtechnik erkämpften Yuko. Zuvor hatte der Volkswirtschafts-Student in der Vorschlussrunde Roman Gontjuk (Ukraine) ebenfalls durch Yuko ausgeschaltet.

Bischofs Erfolgsrezept: eine Stunde Mittagsschlaf auf einer Pritsche im Massageraum. Kein anderer als Trainer Frank Wieneke, selbst 1984 in Los Angeles Olympiasieger, hatte diese Therapie zur Beruhigung der Nerven verordnet. »Ich kenne Ole. Der braucht das, um Energie zu tanken. Das kann er am besten beim Schlafen«, so Wieneke. »Ole gehört seit Jahren zum großen Kreis der Weltspitze. Er ist ein großer Taktiker und hat unseren Plan in allen Kämpfen voll umgesetzt.«

Außer Bischof und Wieneke bestiegen bislang Dietmar Lorenz (Berlin/1980), Udo Quellmalz (Leipzig/1996) und Yvonne Bönisch (Potsdam/2004) die oberste Stufe des olympischen Podests. Athen-Olympiasiegerin Bönisch hingegen stand in Peking nach eigenen Aussagen völlig neben sich und musste in der Klasse bis 57 kg in der Hoffnungsrunde die Segel streichen. »Eigentlich bin ich sonst sehr cool, aber heute habe ich zum ersten Mal den Druck gefühlt, wenn man als Olympiasieger auf die Matte geht. Ich bin maßlos enttäuscht.« Knapp an Edelmetall vorbei schrammte die Olympia-Dritte von Athen, Annett Böhm. Die 28-Jährige verlor im »Kleinen Finale« gegen Vize-Weltmeisterin Ronda Rousey aus den USA durch Yuko und musste sich mit Rang fünf zufrieden geben. Europameisterin Heide Wollert unterlag im Endkampf der Hoffnungsrunde gegen die WM-Dritte Stephanie Possamai aus Frankreich durch

Die Faust nach oben, der Blick von Ole Bischof zu den Fans – Judo kann so schön sein.

Erst ein Mittagsschlaf, dann mit Ko-Uchi-Gari, der kleinen Innensichel, zu olympischem Gold. Der Koreaner Kim Jaebum ist chancenlos gegen die Fußtechnik von Ole Bischof.

einen Festhaltegriff vorzeitig und belegte im Endklassement Platz sieben.

Für die restlichen sieben DJB-Kämpfer kam das Aus bereits in der Vor- oder Hoffnungsrunde. Die WM-Dritte Sandra Köppen-Zuckschwerdt stand dabei aber nur fünf Minuten auf der Matte, kämpfte gegen Nobody Janelle Sheppherd (Australien) laut Frese »indiskutabel« und kündigte danach unter Tränen ihren Rücktritt an. »Das war's für mich.«

Zum Anbeißen: Der »Bischof« und sein Edelmetall.

Statistik

– 60 kg, Männer 09.08.2008
1. Choi Minho — KOR — Ippon
2. Ludwig Paischer — AUT
3. Ruben Houkes — NED
3. Rischod Sobirow — UZB

Platz 3: Sobirow – Dimitri Dragin (FRA) Koka, Houkes – Gal Yekutiel (ISR) Ippon.

– 66 kg, Männer 10.08.2008
1. Masato Uchishiba — JPN — Ippon
2. Benjamin Darbelet — FRA
3. Yordanis Arencibia — CUB
3. Pak Chol Min — PRK

Platz 3: Pak – Mirali Scharipow (UZB) Waza-ari, Arencibia – Alim Gadanow (RUS) Yuko.

– 73 kg, Männer 11.08.2008
1. Elnur Mammadli — AZE — Ippon
2. Wang Kichun — KOR
3. Rasul Bokijew — TJK
3. Leandro Guilheiro — BRA

Platz 3: Bokijew – Dirk van Tichelt (BEL) Yuko, Guilheiro – Ali Malomat (IRI) Ippon.

– 81 kg, Männer 12.08.2008
1. Ole Bischof — GER — Yuko
2. Kim Jaebum — KOR
3. Tiago Camilo — BRA
3. Roman Gontjuk — UKR

Platz 3: Camilo – Guillaume Elmont (NED) Ippon, Gontjuk – Nyamkhuu Damdinsuren (MGL) Yuko.

– 90 kg, Männer 13.08.2008
1. Irakli Zirekidze — GEO — Koka
2. Amar Benikhlef — ALG
3. Hesham Mesbah — EGY
3. Sergei Aschwanden — SUI

Platz 3: Aschwanden – Iwan Perschin (RUS) Ippon, Mesbah – Yves-Matthieu Dafreville (FRA) Ippon. R1: Aschwanden – Michael Pinske (GER) Yuko.

– 100 kg, Männer 14.08.2008
1. Tuvshinbayar Naidan — MGL — Waza-ari
2. Aschat Schitkejew — KAZ
3. Mowlud Miralijew — AZE
3. Henk Grol — NED
5. Przemyslaw Matyjaszek — POL
5. Lewan Schorscholijani — GEO

Platz 3: Miralijew – Matyjaszek Waza-ari, Grol – Schorscholijani Yuko. HF: Schitkejew – Grol Ippon, Naidan – Miralijew Yuko. TR: Jang Sungho – Benjamin Behrla (GER) Ippon.

+ 100 kg, Männer 15.08.2008
1. Satoshi Ishii — JPN — Yuko
2. Abdullo Tangrijew — UZB
3. Oscar Brayson — CUB
3. Teddy Riner — FRA

Platz 3: Brayson – Mohammad Reza Rodaki (IRI) Ippon, Riner – Lascha Gujejiani (GEO) Ippon. TR: Riner – Andreas Tölzer (GER) Yuko.

– 48 kg, Frauen 09.08.2008
1. Alina Alexandra Dumitru — ROU — Ippon
2. Yanet Bermoy — CUB
3. Ryoko Tani — JPN
3. Paula Belen Pareto — ARG

Platz 3: Pareto – Pak Ok Song (PRK) Waza-ari, Tani – Ludmilla Bogdanowa (RUS) Ippon. TR: Bogdanowa – Michaela Baschin (GER) Koka.

– 52 kg, Frauen 10.08.2008
1. Xian Dongmei — CHN — Yuko
2. An Kum Ae — PRK
3. Soraya Haddad — ALG
3. Misato Nakamura — JPN

Platz 3: Haddad – Scholpan Kalijewa (KAZ) Waza-ari, Nakamura – Kim Kyung Ok (KOR) Ippon. TR: Ilse Heylen (BEL) – Romy Tarangul (GER) Koka.

– 57 kg, Frauen 11.08.2008
1. Giulia Quintavalle — ITA — Yuko
2. Deborah Gravenstijn — NED
3. Ketleyn Quadros — BRA
3. Xu Yan — CHN

Platz 3: Quadros – Maria Pekli (AUS) Ippon, Xu Yan – Barbara Harel (FRA) Ippon. TR: Harel – Yvonne Bönisch (GER) Koka. R1: Kye Sun Hui (PRK) – Sabrina Filzmoser (AUT) Ippon.

– 63 kg, Frauen 12.08.2008
1. Ayumi Tanimoto — JPN — Ippon
2. Lucie Decosse — FRA
3. Elisabeth Willeboordse — NED
3. Won Ok Im — PRK

Platz 3: Willeboordse – Driulis Gonzalez (CUB) Koka, Won Ok In – Claudia Heill (AUT) Waza-ari. TR: Urska Zolnir (SLO) – Anna von Harnier (GER) Ippon.

– 70 kg, Frauen 13.08.2008
1. Masae Ueno — JPN — Ippon
2. Anaysi Hernandez — CUB
3. Ronda Rousey — USA
3. Edith Bosch — NED
5. Annett Böhm — GER
5. Leire Iglesias — ESP

Platz 3: Bosch – Iglesias Ippon, Rousey – Böhm Yuko.

– 78 kg, Frauen 14.08.2008
1. Yang Xiuli — CHN — KE
2. Yalennis Castillo — CUB
3. Jeong Gyeongmi — KOR
3. Stephanie Possamai — FRA
5. Edinanci Silva — BRA
5. Esther San Miguel — ESP

Platz 3: Jeong Gyeongmi – Silva Ippon, Possamai – San Miguel Waza-ari. HF: Yang Xiuli – San Miguel Ippon, Castillo – Jeong Gyeongmi Koka. TRF: Possamai – Heide Wollert (GER) Ippon, Wollert damit 7.

+ 78 kg, Frauen 15.08.2008
1. Tong Wen — CHN — Ippon
2. Maki Tsukada — JPN
3. Lucija Polavder — SLO
3. Idalys Ortiz — CUB

Platz 3: Polavder – Kim Nayoung (KOR) Koka, Ortiz – Tserenkhand Dorjgotov (MGL) Ippon. R2: Janelle Sheppherd (AUS) Sandra Köppen-Zuckschwerdt Waza-ari.

Judo

Souverän ebnete sich der Österreicher Ludwig Paischer (links) den Weg ins olympische Finale und sicherte sich am Ende Silber.

Chancenlos: Die Kubanerin Yanet Bermoy muss sich im Finale Alina Alexandra Dumitru (Rumänien) mit Ippon geschlagen geben.

Paischer lässt Österreich jubeln

Österreichs fünfte Judo-Olympia-Medaille überhaupt und zweite Silbermedaille nach Claudia Heill 2004 erkämpfte sich Ludwig Paischer (bis 60 kg), der sich lediglich im Finale Olympiasieger Choi Minho (Korea) geschlagen geben musste.
Der Schweizer Sergei Aschwanden, Sohn eines Schweizers und einer Kenianerin, sorgte nach seinen olympischen Auftaktniederlagen 2000 in Sydney und 2004 in Athen mit der Bronzemedaille in der Klasse bis 90 Kilogramm für die erst vierte olympische Judo-Medaille der Schweiz. Im »Kleinen Finale« setzte sich der 32-Jährige gegen den Russen Iwan Perschin nach einem Rückstand von zwei Yukos 1:44 Minuten vor Kampfende mit einem Ippon durch. Vor Aschwanden hatten lediglich Jörg Röthlisberger (Bronze 1976 und Gold 1980) und Eric Hänni (Silber 1964) Edelmetall für die Schweiz gewonnen.
Mit vier Gold-, einer Silber- und zwei Bronzemedaillen behielt Japan im Medaillenspiegel zwar die Oberhand, büßte aber seine Überlegenheit der vergangenen Spiele ein. 2004 hatten die Kämpfer des Judo-Mutterlandes noch insgesamt acht der 14 olympischen Goldmedaillen gewonnen. Hinter Japan belegten China (3/0/1) and Korea (1/2/1) die Plätze zwei und drei.

Ringen

Feuerwehrmann beendet Durststrecke

Feuerwehrmann Mirko Englich beendete die zwölfjährige Durststrecke der deutschen Ringer und sicherte sich sensationell die Silbermedaille. Der 29-Jährige, 2004 noch Elfter, musste sich im griechisch-römischen Stil in der Klasse bis 96 kg erst im Finale seinem russischen Angstgegner Aslanbek Chuschtow, gegen den er schon im EM-Finale vor vier Monaten verloren hatte, geschlagen geben. Englich bescherte dem Deutschen Ringer-Bund (DRB) aber dennoch die erste olympische Medaille seit 1996. In Sydney 2000 war Alexander Leipold nach seinem Gold-Triumph des Nandrolon-Dopings überführt worden und musste das Edelmetall wieder abgeben.

Angefeuert von Ehefrau Yvonne und den beiden Kindern Noah und Lotta startete Englich, der erst Ende Mai beim letzten Qualifikations-Turnier das Peking-Ticket gelöst hatte, einen schier unglaublichen Siegeszug. Im Achtelfinale schaltete der achtmalige deutsche Meister den Südkoreaner Han Tae-Young aus, danach musste der Albaner Elis Guri die Matte räumen, und im Halbfinale wurde mit einer weiteren überzeugenden Vorstellung Adam Wheeler (USA) niedergerungen.

Für den Hobbykoch war das Finale in Peking aber vermutlich der letzte große Auftritt auf der Ringer-Bühne. Nach den Sommerspielen will sich Englich auf seinen Beruf konzentrieren.

An der Landesfeuerwehrschule in Eisenhüttenstadt absolviert er eine Ausbildung zum Feuerwehrmann. Für die Ringer holte er jetzt in Peking die Kohlen aus dem Feuer, nachdem zuvor Konstantin Schneider (bis 74 kg) in der Hoffnungsrunde am späteren Bronzemedaillengewinner Christophe Guenot (Frankreich) mit 1:3 ge-

In Rückenlage zum Erfolg: Aslanbek Chuschtow (unten) bezwingt Mirko Englich im Finale der Klasse bis 96 kg.

Statistik

Griechisch-römisch

– 55 kg, Männer 12.08.2008
1. Nasyr Mankijew RUS 3:1
2. Rowschan Bayramow AZE
3. Park Eun-Chul KOR
3. Roman Amoyan ARM
5. Yagnier Hernandez CUB
5. Hamid Soryan IRI

Platz 3: Park – Soryan 3:1, Amoyan – Hernandez 3:0. **HF:** Bayramow – Amoyan 3:1, Mankijew – Park 3:1.

– 60 kg, Männer 12.08.2008
1. Islam-Beka Albijew RUS 3:0
2. Witali Rahimow AZE
3. Ruslan Tijumenbajew KGZ
3. Nurbakyt Tengisbajew KAZ
5. Sheng Jiang CHN
5. Roberto Monzon CUB

Platz 3: Tijumenbajew – Monzon 3:0, Tengisbajew – Sheng Jiang 3:1. **HF:** Albijew – Tijumenbajew 3:0, Rahimow – Tengisbajew 3:1.

– 66 kg, Männer 13.08.2008
1. Steeve Guenot FRA 3:1
2. Kanatbek Begalijew KGZ
3. Armen Wardanjan UKR
3. Michail Siamionau BLR
5. Nikolai Gergow BUL
5. Darchan Bajachmetow KAZ

Platz 3: Wardanjan – Gergow 3:1, Siamionau – Bajachmetow 3:1. **HF:** Guenot – Bajachmetow 3:1, Begalijew – Gergow 3:1. **AF:** Bajachmetow – Marcus Thätner (GER) 3:1, damit Thätner 18.

– 74 kg, Männer 13.08.2008
1. Manutschar Kwirkelija GEO 3:0
2. Chang Yongxiang CHN
3. Christophe Guenot FRA
3. Jawor Janakijew BUL
5. Aleh Michalowitsch BLR
5. Peter Bacsi HUN

Platz 3: Guenot – Bacsi 3:1, Janakijew – Michalowitsch 3:1. **HF:** Chang – Michalowitsch 3:1, Kwirkelija – Bacsi 5:0. **HR:** Guenot – Konstantin Schneider (GER) 3:1, Schneider damit 9.

Judo/Ringen

45

Schaut her, ich hab's gewonnen – Englich präsentiert das erste deutsche olympische Edelmetall im Ringen seit 1996.

Aslanbek Chuschtow konnte sich auch aus diesem Schwitzkasten befreien und bezwang Englich am Ende verdient.

scheitert war und Marcus Thätner (bis 66 kg) das Olympia-Aus im Achtelfinale ereilt hatte.
Ihrer Siegesserie treu blieben unterdessen die russischen Ringer im griechisch-römischen Stil, der seit Beginn der Olympischen Spiele der Neuzeit 1986 zum olympischen Programm gehört. Nach 2000 und 2004 standen Russlands Männer im Medaillenspiegel mit drei Gold- und einer Silbermedaille in Peking bereits zum dritten Mal in Folge ganz oben.
Zu einem Eklat kam es nach der Siegerehrung in der 84-Kilo-Klasse durch den Schweden Ara Abrahamian. Weil er sich im Halbfinale vom Kampfgericht benachteiligt fühlte, warf er das Edelmetall auf die Matte und erklärte: »Diese Medaille bedeutet mir nichts, ich wollte hier Gold holen«. Die IOC-Disziplinarkommission unter dem deutschen Vorsitzenden Thomas Bach disqualifizierte den Schweden, schloss ihn von den Spielen aus und erkannte ihm die Medaille wieder ab.

»Der größte Fehler meines Lebens«

Bereits zum vierten Mal in Folge dominierten die russischen Freistilringer die olympischen Wettbewerbe. Drei Goldmedaillen – darunter mit Buwaisa Sajtijew in der Klasse bis 74 kg auch der einzige Titelverteidiger von Athen 2004 – einmal Silber und zweimal Bronze aus sieben Wettbewerben sprechen für die Dominanz Russlands. Ohne Medaille mussten die deutschen Freistilringer die Heimreise antreten. Der Schifferstädter David Bichinaschwili hatte olympisches Edelmetall zwar zum Greifen nah, unterlag aber im kleinen Finale dem russischen Weltmeister Georgi Ketojew und verpasste damit die erste deutsche Medaille in dieser Stilart seit zwölf Jahren. Damals gewann Arawat Sabejew 1996 in Atlanta Bronze.

Bichinaschwili führte in der entscheidenden dritten Runde bis 40 Sekunden vor Schluss klar mit 2:0. Ein Konter aus Verzweiflung bescherte dem russischen Favoriten dann aber doch noch die nötigen beiden Punkte zum Triumph. »Das war der größte Fehler meines Lebens. Ich habe die Uhr gesehen und gedacht: Die zwei Punkte macht der nie mehr. Dann habe ich nicht richtig aufgepasst, das werde ich mir mein Leben lang vorwerfen«, meinte der starke Mann mit feuchten Augen. »Das ist wirklich ein extrem bitterer fünfter Platz«, erklärte Freistil-Bundestrainer Jörg Helmdach, der den Posten vor zweieinhalb Jahren übernommen hatte, als mit

Statistik

– 84 kg, Männer 14.08.2008

1. Andrea Minguzzi — ITA — 3:1
2. Zoltan Fodor — HUN
3. Nazmi Avluca — TUR*
5. Ma Sanyi — CHN
5. Melonin Noumonvi — FRA

Platz 3: Avluca – Ma Sanyi 3:1, Ara Abrahamian (SWE) – Noumonvi 3:1. **HF:** Minguzzi – Abrahamian 3:1, Fodor – Avluca 3:1. **DQ:** 3. Abrahamian.

– 96 kg, Männer 14.08.2008

1. Aslanbek Chuschtow — RUS — 3:0
2. Mirko Englich — GER
3. Asset Mambetow — KAZ
3. Adam Wheeler — USA
5. Marek Svec — CZE
5. Han Tae-Young — KOR

Platz 3: Mambetow – Svec 3:1, Wheeler – Han Tae-Young 3:1. **HF:** Englich – Wheeler 3:1, Chuschtow – Svec 5:0.

– 120 kg, Männer 14.08.2008

1. Mijain Lopez — CUB — 3:1
2. Chasan Barojew — RUS
3. Mindaugas Mizgaitis — LTU
3. Juri Patrikejew — ARM
5. Yannick Szczepaniak — FRA
5. Jalmar Sjöberg — SWE

Platz 3: Patrikejew – Sjöberg 3:1, Mizgaitis – Szczepaniak 3:1. **HF:** Lopez – Sjöberg 3:0, Barojew – Szczepaniak 3:1.

Freistil

– 55 kg, Männer 19.08.2008

1. Henry Cejudo — USA — 3:1
2. Tomohiro Matsunaga — JPN
3. Besik Kuduchow — RUS
3. Radoslaw Welikow — BUL
5. Dilschod Mansurow — UZB
5. Namig Sewdimow — AZE

Platz 3: Kuduchow – Mansurow 3:0, Welikow – Sewdimow 3:1. **HF:** Kuduchow – Matsunaga 5:0, Cejudo – Sewdimow 3:1.

Sabejew und dem nach seinem Sydney-Olympiasieg des Dopings überführten Alexander Leipold die Erfolgsgaranten zurückgetreten waren.
Für den zweiten Starter des Deutschen Ringer-Bundes (DRB), Stefan Kehrer, kam das Olympia-Aus in der Klasse bis 96 kg gegen den Türken Hakan Koc. »Unser Plan ist auf 2012 ausgerichtet. Wir sind mitten im Neuaufbau und haben einige junge Hoffnungsträger für London. Das Potenzial ist da.«

Japanerinnen räumen ab

Nach der gelungenen Olympia-Premiere 2004 in Athen untermauerten die Ringerinnen aus Japan auch in Peking ihren olympischen Status. Mit zwei Gold-, einer Silber- und einer Bronzemedaille, exakt die gleiche Konstellation wie in Athen, räumten die Japanerinnen in den vier Freistilkonkurrenzen ab.

Unterdessen gingen die Starterinnen des Deutschen Ringer-Bundes (DRB) wie vor vier Jahren leer aus. Alexandra Engelhardt, die durch die Absage einer qualifizierten Athletin erst im letzten Moment für die Olympischen Spiele nominiert wurde, musste im Achtelfinale (bis 48 kg) die Segel streichen. Anita Schätzle zog sich bei ihrer Viertelfinal-Niederlage gegen die Polin Agnieszka Wieszczek (1:3) eine Rippenverletzung zu und beendete danach wie erwartet ihre Karriere.

Mit den beiden Japanerinnen Saori Yoshida (bis 55 kg) und Kaori Icho (bis 63 kg) konnten zwei der vier Athen-Olympiasiegerinnen ihre Titel in Peking verteidigen. Die fünfmalige Weltmeisterin Yoshida bezwang im Finale die 18-jährige Chinesin Xu Li. Weltmeisterin Icho setzte sich im Finale gegen Europameisterin Alena Kartaschowa aus Russland durch und bestätigte damit eindrucksvoll ihre Favoritenstellung.

Ganz oben auf: Andrea Minguzzi gewinnt Gold für Italien.

– 60 kg, Männer 19.08.2008
1. Mawlet Batirow RUS 3:1
2. Wasil Fedorischin UKR
3. Kenichi Yumoto JPN
4. Seyedmorad Mohammadi IRI
5. Selimchahn Husejnow AZE
5. Basar Basargurujew KGZ
Platz 3: Mohammadi – Husejnow 3:1, Yumoto – Basargurujew 3:0. HF: Fedorischin – Yumoto 3:1, Batirow – Mohammadi 3:0.

– 66 kg, Männer 20.08.2008
1. Ramazan Sahin TUR 3:1
2. Andrij Stadnik UKR
3. Otar Tuschischwili GEO
3. Sushil Kumar IND
5. Geandry Garzon CUB
5. Leonid Spiridonow KAZ
Platz 3: Tuschischwili – Garzon 3:1, Kumar – Spiridonow 3:1. HF: Sahin – Tuschischwili 3:1, Stadnik – Spiridonow 3:0.

– 74 kg, Männer 20.08.2008
1. Buwaisa Sajtijew RUS 3:1
2. Soslan Tigijew UZB
3. Murad Gaidarow BLR
3. Kiril Tersiew BUL
5. Ivan Fundora CUB
5. Gheorghita Stefan ROU
Platz 3: Gaidarow – Stefan 3:1, Tersiew – Fundora 5:0. HF: Tigijew – Gaidarow 3:0, Sajtijew – Tersiew 5:0. R1: Emin Asisow (AZE) – Gregory Sarrasin (SUI) 3:0.

– 84 kg, Männer 21.08.2008
1. Rewazi Mindoraschwili GEO 3:1
2. Jusup Abdusalomow TJK
3. Taras Danko UKR
3. Georgi Ketojew RUS
5. David Bichinaschwili GER
5. Serhat Balci TUR
Platz 3: Danko – Balci 3:0, Ketojew – Bichinaschwili 3:1. HF: Mindoraschwili – Ketojew 5:0, Abdusalomow – Balci 3:0.

– 96 kg, Männer 21.08.2008
1. Schirwani Muradow RUS 3:0
2. Taimuras Tigijew KAZ
3. Chetag Gasiumow AZE
3. George Gogschelidse GEO
5. Georgi Tibilow UKR
5. Michel Batista CUB
Platz 3: Gasiumow – Tibilow 3:0, Gogschelidse – Batista 5:0. HF: Tigijew – Gogschelidse 3:1, Muradow – Gasiumow 3:1. AF: Stefan Kehrer (GER) – Hakan Koc (TUR) 3:1, Kehrer damit 13.

– 120 kg, Männer 21.08.2008
1. Artur Taimasow UZB 3:0
2. Bachtiyar Achmedow RUS
3. David Musulbes SLO
3. Marid Mutalimow KAZ
5. Fardin Masoumi IRI
5. Disney Rodriguez CUB
Platz 3: Mutalimow – Masoumi 3:1, Musulbes – Rodriguez 3:1. HF: Taimasow – Musulbes 3:0, Achmedow – Mutalimow 3:0.

– 48 kg, Frauen 16.08.2008
1. Carol Huynh CAN 3:1
2. Chiharu Icho JPN
3. Marija Stadnik AZE
3. Irini Merleni UKR
5. Tatjana Bakatjuk KAZ
5. Clarissa Chun USA
Platz 3: Stadnik – Bakatjuk 3:1, Merleni – Chun 5:0. HF: Huynh – Bakatjuk 3:1, Icho – Chun 3:1. AF: Bakatjuk – Alexandra Engelhardt (GER) 3:0, Engelhardt damit 14.

– 55 kg, Frauen 16.08.2008
1. Saori Yoshida JPN 5:0
2. Xu Li CHN
3. Tonya Verbeek CAN
3. Jackeline Renteria COL
5. Ida-Theres Nerell SWE
5. Ana Paval ROU
Platz 3: Verbeek – Nerell 3:0, Renteria – Paval 5:0. HF: Yoshida – Verbeek 3:0, Xu Li – Renteria 5:0.

– 63 kg, Frauen 17.08.2008
1. Kaori Icho JPN 3:0
2. Alena Kartaschowa RUS
3. Jelena Schaligina KAZ
3. Randi Miller USA
5. Lise Golliot-Legrand FRA
5. Martine Dugrenier FRA
Platz 3: Miller – Dugrenier 3:1, Schaligina – Golliot-Legrand 3:1. HF: Kartaschowa – Golliot-Legrand 3:1, Icho – Dugrenier 3:1.

– 72 kg, Frauen 17.08.2008
1. Wang Jiao CHN 5:0
2. Stanka Slatewa BUL
3. Kyoko Hamaguchi JPN
3. Agnieszka Wieszczek POL
5. Maider Unda ESP
5. Ali Bernard USA
Platz 3: Wieszczek – Unda 3:1, Hamaguchi – Bernard 3:1. HF: Wang Jiao – Hamaguchi 5:0, Slatewa – Wieszczek 3:0. VF: Wieszczek – Anita Schätzle (GER) 3:1.

Ringen in Perfektion: Die Kanadierin Carol Huynh verhindert gegen Chiharu Icho das dritte Gold für Japan.

Taekwondo

Neuer Anlauf 2012 in London

Die 21 Jahre alte Chinesin Wu Yingyu (großes Bild, links) besiegte im Halbfinale der Klasse bis 49 kg Yang Shun-Chun aus Taiwan und setzte sich anschließend auch im Finale durch. Für China war es die einzige Goldmedaille im Taekwondo.

Yulis Gabriel Mercedes (links) aus der Dominikanischen Republik sah sich im Viertelfinale der 58-kg-Klasse einem Angriff des Taiwanesen Chu Mu-Yen ausgesetzt.

Die deutsche Taekwondo-Mannschaft musste bei Olympia einmal mehr Lehrgeld zahlen und ohne die fest eingeplante Medaille wieder aus Peking abreisen. »Ich bin sehr traurig, dass es so zu Ende gegangen ist. Naja, ein wenig habe ich schon Geschichte geschrieben, das macht mich auch stolz«, meinte die ansonsten bitter enttäuschte Europameisterin Helena Fromm in der 67-kg-Klasse nach ihrem Ausscheiden in der Runde der letzten Acht.

Bei ihrem ersten Auftritt in der Sporthalle der Wissenschafts- und Technik-Universität hatte die Münchnerin souverän 6:1 gegen Mariama Dalana Barry (Guinea) gewonnen und damit für den ersten Sieg einer deutschen Taekwondo-Kämpferin überhaupt auf der olympischen Bühne gesorgt. Dann aber bedeutete bereits die folgende 0:2-Schlappe gegen Asuncion Ocasio Rodriguez (Puerto Rico) das Aus.

Vor Fromm waren bereits die Europameister Sümeyye Gülec (Nürnberg) und Levent Tuncat (Duisburg) als Mitfavoriten vorzeitig gescheitert. Der EM-Dritte Daniel Manz (Friedrichshafen) unterlag im Kampf um Bronze gegen den Taiwanesen Sung Yu-Chi und wurde Fünfter. Somit bleibt das von Faissal Ebnoutalib 2000 beim Olympia-Debüt des fernöstlichen Kampfsports in Sydney gewonnene Silber weiter die einzige deutsche Taekwondo-Medaille bei Olympia.

Das deutsche Lager reklamierte im Kampf von Helena Fromm zwar wenige Sekunden vor Ende der Kampfzeit einen zwei Punkte bedeutenden Fußtritt der Deutschen an den Kopf von Rodriguez, aber das Kampfgericht sah dies nach Beratung anders. »Keine Ahnung, warum der Treffer nicht zählte«, meinte Fromm und schüttelte immer wieder den Kopf. »Aber am Ende hatte ich keinen Punkt und bin ausgeschieden. Nun komme ich eben 2012 in London wieder.« Auf einen möglichen Protest verzichtete die deutsche Mannschaftsführung. »Das kostet 300 Euro und bringt gar nix«, erklärte Bundestrainer und Teamchef Markus Kohlöffel.

Kohlöffels Fazit: »Am Ende war ich sehr enttäuscht, dass wir hier ohne Medaille geblieben sind. Aber wir waren mit unserem Perspektiv-Kader da.

Allein, dass wir die maximal mögliche Zahl von vier Athleten an den Start bringen konnten, war bereits ein riesengroßer Erfolg. Wir arbeiten mit dem Kader weiter. Diesmal fehlte es uns an Nervenstärke und am nötigen Quäntchen Glück. In London werden wir noch besser sein.«

Für einen Eklat hatte im Bronze-Kampf des Schwergewichts der Kubaner Angel Valodia Matos gesorgt. Im Kampf gegen den Kasachen Arman Tschilamnow rastete der Ex-Meister seines Landes aus und trat den schwedischen Schiedsrichter an den Kopf. Der internationale Verband schloss ihn umgehend von allen internationalen Wettbewerben aus.

Erfolgreichste Kämpfer in den je vier Gewichtsklassen waren die Südkoreaner mit vier Goldmedaillen vor den Mexikanern mit zwei, China und dem Iran mit jeweils einer Plakette.

War mit dem Ausgang seines Auftritts in der Klasse bis 58 kg nicht zufrieden: Juan Antonio Ramos. Er unterlag im Kampf um die Bronzemedaille.

Statistik

– 58 kg, Männer 20.08.2008
1. Guillermo Perez MEX 1:1 KE
2. Yulis Gabriel Mercedes DOM
3. Rohullah Nikpei AFG
3. Chu Mu-Yen TPE

Platz 3: Nikpei – Juan Antonio Ramos (ESP) 4:1, Chu Mu-Yen – Chutchawal Khawlaor (THA) 4:2.
AF: Nikpei – Levent Tuncat (GER) 4:3.

– 68 kg, Männer 22.08.2008
1. Son Taejin KOR 3:2
2. Mark Lopez USA
3. Sung Yu-Chi TPE
3. Servet Tazegül TUR

Platz 3: Sung – Daniel Manz (GER) 4:3, Tazegül – Peter Lopez (PER) 1:0. Manz damit 5.

– 80 kg, Männer 22.08.2008
1. Hadi Saei IRI 6:4
2. Mauro Sarmiento ITA
3. Steven Lopez USA
3. Zhu Guo CHN

Platz 3: Lopez – Raschad Achmadow (AZE) 3:2, Zhu – Aaron Cook (GBR) 4:1.

+ 80 kg, Männer 23.08.2008
1. Cha Dongmin KOR 5:4
2. Alexandros Nikolaidis GRE
3. Arman Tschilamnow KAZ
3. Chika Yagazie Chukwumerije NGR

Platz 3: Tschilamnow – Angel Valodia Matos (CUB, DQ: Matos wegen Angriffs auf Schiedsrichter, Chukwumerije – Akmal Irgaschew (UZB) 4:3.

– 49 kg, Frauen 20.08.2008
1. Wu Yingyu CHN 1:1
2. Buttree Puedpong THA
3. Daynellis Montejo CUB
3. Dalia Contreras Rivero VEN

Platz 3: Contreras Rivero – Mildred Alango (KEN) 1:0, Montejo – Yang Shu-Chun (TPE) 3:2.
AF: Contreras Rivero – Sümeyye Gülec (GER) 4:2, Charlotte Craig (USA) – Manuela Bezzola (SUI) 4:0.

– 57 kg, Frauen 22.08.2008
1. Lim Sujeong KOR 1:0
2. Azize Tanrikulu TUR
3. Diana Lopez USA
3. Martina Zubcic CRO

Platz 3: Lopez – Veronica Calabrese (ITA) 3:2, Zubcic – Su Li-Wen (TPE) 5:4.

– 67 kg, Frauen 23.08.2008
1. Hwang Kyungseong KOR 2:1
2. Karine Sergerie CAN
3. Gwladys Patience Epangue FRA
3. Sandra Saric CRO

Platz 3: Epangue – Tina Morgan (AUS) 4:1, Saric – Asuncion Ocasio Rodriguez (PUR) 5:1. **VF:** Ocasio Rodriguez – Helena Fromm (GER) 2:0.

+ 67 kg, Frauen 23.08.2008
1. Maria del Rosario Espinoza MEX 3:1
2. Nina Solheim NOR
3. Sarah Stevenson GBR
3. Natalia Falavigna BRA

Platz 3: Stevenson – Noha Abd Rabo (EGY) 5:1, Falavigna – Karolina Kedzierska (SWE) 5:2.

Taekwondo

Schrieb Olympia-Geschichte: Pamela Jelimo (links) gewann über 800 m die erste Goldmedaille für ihr Land bei den Frauen. Landsfrau Janeth Jepkosgei Busienei machte den Doppelsieg perfekt.

Usain Bolt jubelte über 100 m bereits vor der Ziellinie. Dennoch gab's Gold und den Weltrekord obendrauf.

Leichtathletik

Bolt, Bolt, Bolt – sein Name prägte die olympischen Leichtathletik-Wettbewerbe in Peking: Usain Bolt. Der Jamaikaner sorgte mit seinen Goldmedaillen und Weltrekorden über 100, 200 und 4 x 100 m dafür, dass die USA bei Olympia erstmals seit 1960 kein Sprinter-Gold gewann. Mit sieben Goldmedaillen war die USA vor Russland und Jamaika (je 6) aber dennoch das erfolgreichste Team. Kenia gewann fünfmal Gold, mehr als je zuvor bei Olympia, darunter mit Samuel Kamau Wansiru auch zum ersten Mal im Marathon.

Neben Usain Bolt & Co. stellten im »Vogelnest« auch Russlands Stabhochsprung-Siegerin Jelena Isinbajewa mit 5,05 m und ihre Teamkameradin Gulnara Galkina-Samitowa in 8:58,81 über 3000 m Hindernis Weltrekorde auf. 2004 in Athen hatte es nur zwei Bestmarken gegeben: durch Isinbajewa und Hürdensprinter Liu Xiang, der durch seinen verletzungsbedingten Startverzicht in Peking zu Chinas tragischem Helden wurde. Fünf Weltrekorde wurden zuletzt 1988 in Seoul registriert.

An der Doping-Front blieb es drei Jahre nach der Disqualifikation von drei Olympiasiegern in Athen relativ ruhig. Vor dem Schlusstag musste nur Siebenkämpferin Ludmilla Blonska (Ukraine) ihr Silber abgeben. Die Proben bleiben allerdings bis zum Jahr 2016 eingefroren, um eventuell noch später neue Substanzen nachweisen zu können.

Machte Spaß und gibt Hoffnung für die Zukunft: Youngster und »Juwel« Raphael Holzdeppe.

Größte Olympia-Pleite seit 1904

Die letzten Hoffnungen ruhten auf Hochspringerin Ariane Friedrich. Doch als die Weltranglisten-Zweite zum dritten Mal an 1,99 m scheiterte und am Ende nur auf Rang sieben landete, stand fest,

Martin Keller, Alexander Kosenkow und Till Helmke (von links) liefen an der Seite von Tobias Unger über 4 x 100 m auf Platz fünf.

dass die deutschen Leichtathleten in Peking mit nur einer Bronzemedaille durch Speerwerferin Christina Obergföll die größte Olympia-Pleite seit 1904 erlebt hatten, als in St. Louis lediglich Paul Weinstein zu Bronze im Hochsprung gesprungen war. Bei der WM 2007 in Osaka hatte der Deutsche Leichtathletik-Verband (DLV) noch je zweimal Gold und Silber sowie dreimal Bronze gewonnen. Die Ausbeute von Athen 2004 belief sich auf zwei Silbermedaillen.

»Ich hatte fest mit einer zweiten Medaille gerechnet, aber die Verletzung von Ariane Friedrich kam leider zur falschen Zeit. Zudem haben einige Leistungsträger die in sie gesetzten Hoffnungen nicht erfüllt«, bilanzierte DLV-Präsident Clemens Prokop. »Jetzt steuern wir mit neuem Elan die WM 2009 in Berlin an. Ich bin überzeugt, dass wir mit der Begeisterung der Zuschauer im eigenen Land wieder das Niveau von Osaka erreichen können.«

Lediglich Speerwerferin Christina Obergföll hielt die deutsche Fahne mit Bronze hoch.

Sabrina Mockenhaupt (links) konnte zufrieden sein: Bestzeit und Rang 13 über 10 000 m.

Carolin Nytra schaffte es über 100 m Hürden bis ins Halbfinale.

Leichtathletik

Laufen Männer

Bolts One-Man-Show

Als der goldene Blitz Usain Bolt nach nur 41 Schritten im Ziel einschlug, zerriss ein ohrenbetäubender Aufschrei das Vogelnest in Peking. Aus 91 000 Kehlen drang Erstaunen und Fassungslosigkeit – 9,68 Sekunden stand da auf der Anzeigetafel. Kurz darauf wurde die Zeit auf 9,69 korrigiert, aber das war längst egal. Unwiderstehlich und unantastbar war der schnellste Mann der Welt zum Olympiasieg über 100 Meter gelaufen, die Verbesserung der eigenen Bestmarke von 9,72 Sekunden nahm er als ultimative Krönung mit.

»Ich wusste, dass es so passieren würde«, behauptete der »Lightning Bolt« (Blitz) nach seinem krachenden Einschlag in die Geschichtsbücher mit

Jamaikas Schlussläufer Asafa Powell (oben) auf dem Weg zu Olympia-Gold und neuem Weltrekord über 4 x 100 m.

Mir kann keiner das Wasser reichen: Usain Bolt nach seinem 100-m-Sieg.

Statistik

100 m 16.08.2008

WR	Usain Bolt New York – 01.06.2008	JAM	9,72
OR	Donovan Bailey Atlanta – 27.07.1996	CAN	9,84
1.	Usain Bolt	JAM WR	9,69
2.	Richard Thompson	TRI	9,89
3.	Walter Dix	USA	9,91
4.	Churandy Martina	AHO	9,93
5.	Asafa Powell	JAM	9,95
6.	Michael Frater	JAM	9,97
7.	Marc Burns	TRI	10,01
8.	Darvis Patton	USA	10,03

ZL: Tobias Unger (GER) 10,36

200 m 20.08.2008

WR	Michael Johnson Atlanta – 01.08.1996	USA	19,32
OR	Michael Johnson Atlanta – 01.08.1996	USA	19,32
1.	Usain Bolt	JAM WR	19,30
2.	Shawn Crawford	USA	19,96
3.	Walter Dix	USA	19,98
4.	Brian Dzingai	ZIM	20,22
5.	Christian Malcom	GBR	20,40
6.	Kim Collins	SKN	20,59

DQ: Wallace Spearmon (USA) 19,95, Churandy Martina (AHO) 19,82. **R2:** 31. Marc Schneeberger (SUI) 21,48. **VL:** Marco Cribari (SUI) 20,98.

400 m 21.08.2008

WR	Michael Johnson Sevilla/ESP – 26.08.1999	USA	43,18
OR	Michael Johnson Atlanta – 29.07.1996	USA	43,49
1.	LaShawn Merritt	USA	43,75
2.	Jeremy Wariner	USA	44,74
3.	David Neville	USA	44,80
4.	Christopher Brown	BAH	44,84
5.	Leslie Djhone	FRA	45,11
6.	Martyn Rooney	GBR	45,12
7.	Renny Quow	TRI	45,22
8.	Johan Wissman	SWE	45,39

einem entspannten Grinsen. Und das Aberwitzige war: Der 21 Jahre alte Jamaikaner, der zum ersten Sprint-Gold für sein Land lief, vergab sogar eine noch fabelhaftere Zeit. Nach dem zweitschlechtesten Start des Final-Feldes nahm Bolt bereits 20 Meter vor dem Ziel siegesgewiss das Tempo heraus, breitete die Arme aus – und schlenderte dann fast über die Linie.

Was kaum jemand bemerkte, womöglich nicht einmal Bolt selbst: Am linken seiner bezeichnenderweise goldenen Schuhe war schon früh der Schnürsenkel offen. Doch wahrscheinlich wäre er an diesem Abend auch barfuß unschlagbar gewesen. »Er ist ein phänomenaler Athlet«, sagte durchaus ehrfürchtig Richard Thompson (Trinidad und Tobago), der überraschend Silber vor Walter Dix (USA) gewann.

Der zweite Paukenschlag des Jamaikaners folgte über 200 m: Mit einem erneuten Trommelwirbel seiner Beine versenkte er nach 19,30 Sekunden den einstigen Fabel-Weltrekord von Michael Johnson in das Archiv der Sportgeschichte.

Der dritte »Blitzeinschlag« folgte unmittelbar – diesmal mit seinen drei Mannschaftskollegen Nesta Carter, Michael Frater und Schlussläufer Asafa Powell, über die 4x100 m. Und erneut mit einem Fabel-Weltrekord. Damit ist Bolt nach Jesse Owens (1936 Berlin), Bobby Morrow (1956 Melbourne) und Carl Lewis (1984 Los Angeles) der vierte Athlet, der zum olympischen Gold-Triple über 100, 200 und 4x100 Meter sprintete, aber der erste, dem dies jeweils mit Weltrekord gelang.

Usain Bolt hielt sich nach dem dritten Gold und dem dritten Weltrekord endgültig für unbesiegbar. Weil er mit seinem Mundwerk offenbar genauso schnell ist wie mit seinen langen Beinen, schreckte er auch vor dem Herrscher des Olymp nicht zurück. »Es ist mir egal, was irgendjemand denkt oder sagt«, erklärte er nach seinem historischen Staffellauf. Der »Irgendjemand« war freilich nicht Irgendjemand, sondern IOC-Präsident Jacques Rogge. Der hatte Bolt ermahnt, er solle bitteschön mehr Respekt gegenüber seinen Rivalen zeigen und nicht unbedingt den Eindruck erwecken, er mache sich über sie lustig. »Die Leute lieben das. Die wollen mich sehen. Ich gehe einfach raus und biete ihnen eine Show«, sagte der 22 Jahre alte Jamaikaner.

Der goldene Blitz auf dem Weg zu seinem zweiten Gold und Weltrekord über 200 m.

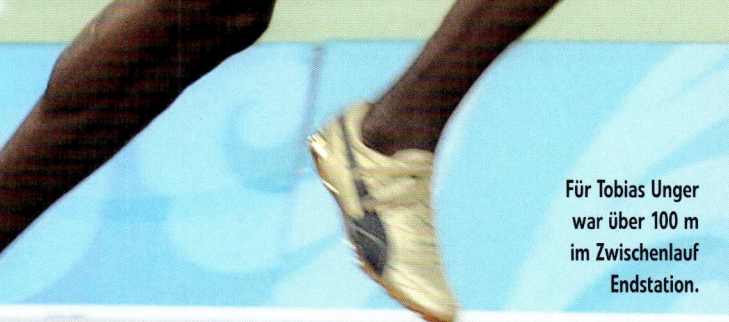

Für Tobias Unger war über 100 m im Zwischenlauf Endstation.

Laufen Männer

55

Das »Phantom« Jeremy Wariner (links) musste sich im 400-m-Finale seinem Angstgegner LaShawn Merritt (Mitte oben) geschlagen geben. Das US-Trio Angelo Taylor, Kerron Clement und Bershawn Jackson (Mitte unten, von links) machte den Sieg über 400 m Hürden unter sich aus. Drei US-Boys auf dem Treppchen – das hatte es über diese Strecke zuletzt 1960 in Rom gegeben. Sun Haiping, Trainer von Chinas Hürdensprinter und Superstar Liu Xiang, brach vor der Weltpresse in Tränen aus.

Statistik

800 m 23.08.2008

WR	Wilson Kipketer	DEN	1:41,11
	Köln – 24.08.1997		
OR	Vebjørn Rodal	NOR	1:42,58
	Atlanta – 31.07.1996		
1.	Wilfred Bungei	KEN	1:44,65
2.	Ismail Ahmed Ismail	SUD	1:44,70
3.	Alfred Kirwa Yego	KEN	1:44,82
4.	Gary Reed	CAN	1:44,94
5.	Yusuf Saad Kamel	BRN	1:44,95
6.	Yeimer Lopez	CUB	1:45,88
7.	Nabil Madi	ALG	1:45,96
8.	Nadjim Manseur	ALG	1:47,19

1500 m 19.08.2008

WR	Hicham El Guerrouj	MAR	3:26,00
	Rom – 14.07.1998		
OR	Noah Ngeny	KEN	3:32,07
	Sydney – 29.09.2000		
1.	Rashid Ramzi	BRN	3:32,94
2.	Asbel Kipruto Kiprop	KEN	3:33,11
3.	Nicholas Willis	NZL	3:34,16
4.	Mehdi Baala	FRA	3:34,21
5.	Juan Carlos Higuero	ESP	3:34,44
6.	Abdalaati Iguider	MAR	3:34,66
7.	Juan van Deventer	RSA	3:34,77
8.	Belal Mansoor Ali	BRN	3:35,23

HF: 15. Carsten Schlangen (GER) 3:37,94.

5000 m 23.08.2008

WR	Kenenisa Bekele	ETH	12:37,35
	Hengelo/NED – 31.05.2004		
OR	Said Aouita	MAR	13:05,59
	Los Angeles – 11.08.1984		
1.	Kenenisa Bekele	ETH	OR 12:57,82
2.	Eliud Kipchoge	KEN	13:02,80
3.	Edwin Cheruiyot Soi	KEN	13:06,22
4.	Moses Ndiema Kipsiro	UGA	13:10,56
5.	Abreham Cherkos	ETH	13:16,46
6.	Tariku Bekele	ETH	13:19,06
7.	Juan Luis Barrios	MEX	13:19,79
8.	James Kwalia C'Kurui	QAT	13:23,48

10 000 m 17.08.2008

WR	Kenenisa Bekele	ETH	26:17:53
	Brüssel – 26.08.2005		
OR	Kenenisa Bekele	ETH	27:05,10
	Athen – 20.08.2004		
1.	Kenenisa Bekele	ETH	OR 27:01,17
2.	Sileshi Sihine	ETH	27:02,77
3.	Micah Kogo	KEN	27:04,11
4.	Moses Ndiema Masai	KEN	27:04,11
5.	Zersenay Tadese	ERI	27:05,11
6.	Haile Gebrselassie	ETH	27:06,68
7.	Martin Irungu Mathathi	KEN	27:08,25
8.	Ahmas Hassan Abdullah	QAT	27:23,75

Laufen Männer

Fassungsloses China

Chinas größter Sportstar Liu Xiang versetzte das Gastgeberland in Fassungslosigkeit. Zum blanken Entsetzen der 91 000 Zuschauer humpelte der Olympiasieger von 2004 aus dem ausverkauften »Vogelnest«, ohne seinen Vorlauf über 110 m Hürden bestritten zu haben. Nach einem Fehlstart, den er nicht selbst verursacht hatte, trat der 25-Jährige zu einem zweiten Versuch gar nicht mehr an. Die Anfeuerungsrufe »Jia You« (Auf geht's) verhallten danach binnen Bruchteilen von Sekunden und wichen lähmender Stille. Kurz darauf begann das Publikum zu tuscheln, stand auf und verschwand in Windeseile. Vor dem Stadion standen vielen Chinesen die Tränen in den Augen. Das 1,3-Milliarden-Volk hatte von seinem größten Star neben Basketballer Yao Ming nichts anderes als Gold erwartet. Ein frühes Scheitern war ausgeschlossen.

Lius Trainer Sun Haiping, der am Vortag auf Probleme an der Achillessehne seines Schützlings hingewiesen hatte, brach kurze Zeit später vor der Weltpresse in Tränen aus. Auf die Frage, wie er sich fühle und was Lius erste Reaktion gewesen sei, vergoss er vor 400 Journalisten und gut 35 Kamerateams im überfüllten Pressekonferenzraum bittere Tränen. »Ich kann ihm nur ein Kompliment machen, dass er es trotz der Verletzung versucht hat. Liu hat geweint und war sehr deprimiert. Er hätte nicht aufgegeben, wenn es nicht unumgänglich gewesen wäre«, sagte Sun, der Liu vor zwölf Jahren entdeckt hatte. Beide verbindet wegen ihrer engen Zusammenarbeit eine Vater-Sohn-Beziehung.

In Abwesenheit von Liu Xiang hatte Weltrekordler Dayron Robles aus Kuba im olympischen Finale über 110 m Hürden in Peking leichtes Spiel, gewann klar vor den US-Amerikanern David Payne und David Oliver.

US-Trio obenauf

Acht Jahre nach seinen Olympiasiegen in Sydney über 400 m Hürden und in der 400-m-Staffel gewann Angelo Taylor aus den USA in Peking erneut über die Hürdendistanz. Der 29-Jährige verwies seine Landsleute Kerron Clement und Bershawn Jackson auf die Plätze zwei und drei und sorgte für das 18. US-Gold in dieser Disziplin im 24. Rennen. Drei Amerikaner auf dem Treppchen hatte es über 400 m Hürden zuletzt 1960 in Rom gegeben.

Bittere Niederlage für das »Phantom«

Das »Phantom« Jeremy Wariner konnte auch im olympischen 400-m-Finale seinem Schreckgespenst LaShawn Merritt nicht davonlaufen und kassierte die wohl bitterste Niederlage seiner Karriere. Der Doppel-Olympiasieger von Athen musste sich in einem rein texanischen Duell mit Silber begnügen, während sein Landsmann Merritt triumphierte. Den totalen US-Triumph machte David Neville perfekt.

»Ich bin gute 200 Meter gelaufen, dann wurde es immer schwieriger«, erklärte Wariner schmallippig, der erst im Januar einen völlig überraschenden Trainerwechsel vollzogen hatte. Damals verließ der 24-Jährige Trainer-Guru Clyde Hart und vertraute seitdem auf die Pläne von dessen ehemaligem Assistenten. Mit dem Trainer verlor Wariner auch die Aura des Unbesiegbaren. Dies bekam er beim ISTAF Anfang Juni in Berlin zu spüren, als ihn Merritt, der in Peking auch mit der US-Männer-Staffel wie erwartet die Goldmedaille über 4 x 400 m gewann, erstmals überflügelte. Auch bei den US-Meisterschaften vier Wochen später hatte Wariner das Nachsehen.

Kubas Weltrekordler Dayron Robles hatte nach der verletzungsbedingten Absage von Liu Xiang leichtes Spiel über 110 m Hürden.

57

Laufen Männer

Bekele zum Dritten

Äthiopiens Ausnahmeläufer Kenenisa Bekele gewann bei den Olympischen Spielen in Peking die Goldmedaillen Nummer zwei und drei seiner Karriere. Erst enteilte er im Finale über 10 000 m seinem Teamkollegen Sileshi Sihine 200 Meter vor dem Ziel und verteidigte damit seinen Titel von Athen, dann setzte er über 5000 m noch einen drauf und verwies das kenianische Duo Eliud Kipchoge und Edwin Cheruiyot Soi auf die Plätze.

Haile Gebrselassie, Sieger 1996 in Atlanta und 2000 in Sydney und inzwischen Weltrekordler im Marathon, kam über 10 000 m nicht über Rang sechs hinaus. Gebrselassie sagte anschließend seine Teilnahme am olympischen Marathon aus Angst vor dem Smog ab. »Ich habe aber noch keine Pläne, meine Karriere zu beenden. Ich will noch mindestens zehn Jahre weitermachen.«

Damit war der Weg frei für Samuel Kamau Wansiru, der Kenia die erste Marathon-Goldmedaille der Olympia-Geschichte bescherte. Der Weltrekordler im Halbmarathon gewann das 42,195-km-Rennen in Peking in starken 2:06:32 Stunden vor Ex-Weltmeister Jaouad Gharib aus Marokko und Äthiopiens Tsegay Kebede. Der im japanischen Fukuoka lebende 21 Jahre alte Wansiru setzte sich bei guten Bedingungen rund fünf Kilometer vor dem Ziel von seinen Mitstreitern ab und strebte fortan alleine dem Olympiastadion entgegen. Als bester Europäer belegte der Schweizer WM-Dritte Victor Röthlin Rang sechs.

Für Kenia war es ein prestigeträchtiger Erfolg, denn bislang waren alle Anläufe auf eine olympische Marathon-Goldmedaille gescheitert. Mit insgesamt fünfmal Gold bei den Spielen in Peking überflügelten Kenias Läufer auch die Lauf-Konkurrenz aus Äthiopien, die vier Olympiasiege holte.

Auch im Finale über 3000 m Hindernis hatte ein Kenianer die Nase vorn. Mit dem Athen-Zweiten Brimin Kiprop Kipruto triumphierte auf dieser Strecke bereits zum siebten Mal in Folge ein Kenianer. Kipruto setzte sich im Endspurt in 8:10,34 Minuten gegen den Franzosen Mahiedine Mekhissi-Benabbad durch, der nur 15 Hundertstelsekunden langsamer war. Bronze ging an den Kenianer Richard Kipkemboi Mateelong.

Äthiopiens Ausnahmeläufer Kenenisa Bekele (oben) holte gleich doppelt Gold über 5000 und 10 000 m.

Samuel Kamau Wansiru (großes Bild) bescherte Kenia die erste Marathon-Goldmedaille.

Statistik

Laufen Männer

Marathon 24.08.2008
WR	Haile Gebrselassie	ETH	2:04:26
	Berlin – 30.09.2007		
OR	Carlos Lopes	POR	2:09,21
	Los Angeles – 12.08.1984		
1.	Samuel Kamau Wansiru	KEN	OR 2:06:32
2.	Jaouad Gharib	MAR	2:07:16
3.	Tsegay Kebede	ETH	2:10:00
4.	Deriba Merga	ETH	2:10:21
5.	Martin Lel	KEN	2:10:24
6.	Viktor Röthlin	SUI	2:10:35
7.	Gashaw Asfaw	ETH	2:10:52
8.	Yared Asmerom	ERI	2:11:11
74.	Marcel Tschopp (LIE) 2:35:06.		

110 m Hürden 21.08.2008
WR	Dayron Robles	CUB	12,87
	Ostrau/CZE – 12.06.2008		
OR	Liu Xiang	CHN	12,91
	Athen – 27.08.2004		
1.	Dayron Robles	CUB	12,93
2.	David Payne	USA	13,17
3.	David Oliver	USA	13,18
4.	Ladji Doucoure	FRA	13,24
5.	Artur Noga	POL	13,36
6.	Maurice Wignall	JAM	13,46
7.	Richard Phillips	JAM	13,60
8.	Jackson Quinonez	ESP	13,69

400 m Hürden 18.08.2008
WR	Kevin Young	USA	46,78
	Barcelona – 06.08.1992		
OR	Kevin Young	USA	46,78
	Barcelona – 06.08.1992		
1.	Angelo Taylor	USA	47,25
2.	Kerron Clement	USA	47,98
3.	Bershawn Jackson	USA	48,06
4.	Danny McFarlane	JAM	48,30
5.	L.J. van Zyl	RSA	48,42
6.	Marek Plawgo	POL	48,52
7.	Markino Buckley	JAM	48,60
8.	Periklis Iakovakis	GRE	49,94

3000 m Hindernis, Männer 18.08.2008
WR	Saif Saaeed Shaheen	QAT	7:53,63
	Brüssel – 03.09.2004		
OR	Julius Karaiuki	KEN	8:05,51
	Seoul – 30.09.1988		
1.	Brimin Kiprop Kipruto	KEN	8:10,34
2.	Mahiedine Mekhissi-Benabbad	FRA	8:10,49
3.	Richard Kipkemboi Mateelong	KEN	8:11,01
4.	Yakob Jarso	ETH	8:13,47
5.	Bouabdellah Tahri	FRA	8:14,79
6.	Youcef Abdi	AUS	8:16,36
7.	Ezekiel Kemboi	KEN	8:16,38
8.	Abubaker Ali Kamal	QAT	8:16,59

4x100 m 22.08.2008
WR	USA		37,40
	Stuttgart – 21.08.1993		
OR	USA		37,40
	Barcelona – 08.08.1992		
1.	Jamaika		WR 37,10
	(Carter, Frater, Bolt, Powell)		
2.	Trinidad/Tobago		38,06
	(Bledman, Burns, Callender, Thompson)		
3.	Japan		38,15
	(Tsukahara, Suetsugu, Takahira, Asahara)		
4.	Brasilien		38,24
5.	Deutschland		38,58
	(Unger/Helmke/Kosenkow/Keller)		
6.	Kanada		38,66
7.	Niederlande		45,81
DQ: China			

4x400 m 23.08.2008
WR	USA		2:54,29
	Stuttgart – 22.07.1993		
OR	USA		2:55,74
	Barcelona – 08.08.1992		
1.	USA		OR 2:55,39
	(Merritt/Taylor/Neville/Wariner)		
2.	Bahamas		2:58,03
	(Bain/Mathieu/Williams/Brown)		
3.	Russland		2:58,06
	(Dyldin/Frolow/Kokorin/Alexejew)		
4.	Großbritannien		2:58,81
5.	Belgien		2:59,37
6.	Australien		3:00,02
7.	Polen		3:00,32
8.	Jamaika		3:01,45
VL: 12. Deutschland (Kirch/Gaba/Faller/Swillims) 3:03,49.			

20 km Gehen 16.08.2008
WR	Sergej Morossow	RUS	1:16:43
	Saransk/RUS – 08.06.2008		
OR	Robert Korzeniowski	POL	1:18:59
	Sydney – 22.09.2000		
1.	Walerij Bortschin	RUS	1:19:01
2.	Jefferson Perez	ECU	1:19:15
3.	Jared Tallent	AUS	1:19:42
4.	Wang Hao	CHN	1:19:47
5.	Ivano Brugnetti	ITA	1:19:51
6.	Luke Adams	AUS	1:19:57
7.	Francisco Javier Fernandez	ESP	1:20:32
8.	Rob Heffernan	IRL	1:20:36
25.	Andre Höhne	GER	1:23:13

50 km Gehen 22.08.2008
WR	Denis Nischegorodow	RUS	3:34:14
	Tscheboksari/RUS – 11.05.2008		
OR	Wjatscheslaw Iwanenko	RUS	3:38:29
	Seoul – 30.09.1988		
1.	Alex Schwazer	ITA	OR 3:37:09
2.	Jared Tallent	AUS	3:39:27
3.	Denis Nischegorodow	RUS	3:40:14
4.	Jesus Angel Garcia	ESP	3:44:08
5.	Erik Tysse	NOR	3:45:08
6.	Horacio Nava	MEX	3:45:21
7.	Yuki Yamazaki	JPN	3:45:47
8.	Rafal Fedaczynski	POL	3:46:51
12.	André Höhne (GER)		3:49:52

Mahiedine Mekhissi-Benabbad (Mitte) und Richard Kipkemboi Mateelong (rechts) hatten über 3000 m Hindernis das Nachsehen gegen Brimin Kiprop Kipruto (links).

Wilfred Bungei jubelte nach Gold über 800 m (links).

Ein Italiener schwebte auf Wolke sieben: Alex Schwazer siegte über 50 km Gehen.

Irving Saladino sprang zu Panamas erstem Olympia-Gold.

Sprung Männer
Ein Talent hob ab

Für das Olympiaticket mussten ihm die Funktionäre einen Vorschuss auf sein Talent gewähren, in Peking zahlte Hochspringer Raul Spank diesen mit Zinsen zurück: Der 20-Jährige flog mit 2,32 m als Fünfter in die Weltspitze. Nach der Steigerung auf seine persönliche Bestleistung fiel der Youngster vor Glück auf die Knie und warf Handküsse ins Publikum. »Ich war eine Sekunde enttäuscht, als ich die 2,36 m nicht geschafft habe. Dann habe ich es nur noch genossen. Es war gigantisch, herrlich, atemberaubend«, berichtete der Zweite der U20-EM. Danach ergänzte er im Scherz: »Jetzt muss ich erst einmal zur Pullerprobe.«

Es war »der perfekte Sprung« für sein derzeitiges Leistungsvermögen, sagte Spank und rechtfertigte damit seine Nominierung durch den Deutschen Olympischen Sportbund (DOSB). Nur einmal hatte er die eigentlich doppelt geforderte Olympianorm von 2,30 m erfüllt. Doch Bundestrainer Jürgen Mallow kämpfte für einen seiner Lieblingsschüler und setzte dessen Nominierung mit Blick auf London 2012 durch. »Jetzt will ich im nächsten Jahr bei der WM in Berlin eine Medaille«, kündigte Spank an. In Peking halfen ihm seine Erfahrungen mit den klimatischen Bedingungen: Vor zwei Jahren war er in Chinas Hauptstadt Fünfter der U20-WM geworden. »Das könnte ein kleiner Vorteil gewesen sein«, erklärte der ehemalige Fußballer von Dynamo Dresden, der zwar 1999 mit der Leichtathletik begann, jedoch erst vor drei Jahren dem Fußball endgültig abschwor.

Den Olympiasieg holte sich Russlands Europameister Andrej Silnow vor dem Briten Germaine Mason und Jaroslaw Ribakow (Russland). Vierter wurde Stefan Holm aus Schweden, Olympiasieger 2004 in Sydney.

Ein Salto für die Galerie: Hochsprung-Olympiasieger Andrej Silnow.

Talent zum Zweiten

Als Steve Hooker aus Australien zum goldenen Höhenflug über 5,96 m ansetzte, waren die deutschen Stabhochspringer im »Vogelnest« schon wieder auf dem Boden gelandet. Der WM-Dritte Danny Ecker und Youngster Raphael Holzdeppe verpassten die Chance auf Bronze und mussten sich mit den Rängen sechs und acht zufrieden geben. Tim Lobinger war bereits in der Qualifikation gescheitert. Übersprungene 5,75 m oder ein bis dahin fehlerloser Wettkampf hätten Ecker Rang drei beschert, den schließlich der Ukrainer Denis Jurschenko (5,70) belegte. Silber ging an Jewgeni Lukjanenko aus Russland. Der Mann des Abends aber war Hooker, der mehrfach drei Versuche benötigte, ehe er sich souverän zum »Herrn der Lüfte« aufschwang.

Routinier Ecker, der seine Beschwerden an der Achillessehne rechtzeitig auskuriert hatte, meisterte die 5,70 m im dritten Versuch, Youngster Raphael Holzdeppe schaffte zehn Zentimeter weniger. Doch die erste Olympia-Teilnahme war für den mit 18 Jahren jüngsten deutschen Starter des Leichtathletik-Teams trotzdem ein großer Erfolg. Ihm gehört die Zukunft. Holzdeppe erwies sich wie drei Tage zuvor Hochspringer Raul Spank als jugendlicher Draufgänger, der trotz seiner Unerfahrenheit abgezockt wie ein Routinier agierte. »Er ist ein Juwel«, sagte Trainer Andrej Tiwontschik, als Dritter 1996 in Atlanta letzter deutscher Stabhochspringer, der eine Olympiamedaille gewann.

Nur fünfmal pro Woche bittet er seinen Schützling zum Training. »Raphael hat den Vorteil, dass er noch längst nicht austrainiert ist.« Experten sehen in ihm schon den dritten deutschen 6-m-Springer nach Lobinger und Ecker. Doch Tiwont-

Sprung Männer

Steve Hooker im goldenen Höhenflug.

Die Routiniers Danny Ecker (links) und Tim Lobinger verfolgten die Konkurrenz.

schik bremst: »Er muss jetzt erst einmal stabil werden. Man darf ihn noch nicht zu sehr drängen.« Großes Lob erhielt Holzdeppe auch von seinem Teamkameraden Danny Ecker: »Ihm muss ich keine Tipps mehr geben. Ich muss mir höchstens bei ihm abschauen, wie man es schafft, so abgeklärt zu sein. Für mich ist er der Leichtathlet des Jahres.«

Saladino Panamas erster Olympiasieger

Panamas erster Olympiasieger in der Geschichte heißt Irving Saladino. Der Weltmeister gewann den Weitsprung mit zehn Zentimetern Vorsprung vor dem Südafrikaner Khotso Mokoena. Bronze ging an den Kubaner Ibrahim Camejo. Der deutsche Meister Sebastian Bayer war als 23. der Qualifikation frühzeitig gescheitert. In Abwesenheit des verletzten Athen-Olympiasiegers Christian Olsson (Schweden) gewann der Portugiese Nelson Evora die Entscheidung im Dreisprung knapp vor dem WM-Sechsten Phillips Idowu (Großbritannien) und Leevan Sands von den Bahamas. Deutsche Springer waren nicht am Start.

Sprang unbekümmert in die Weltspitze: Hochspringer Raul Spank.

Statistik

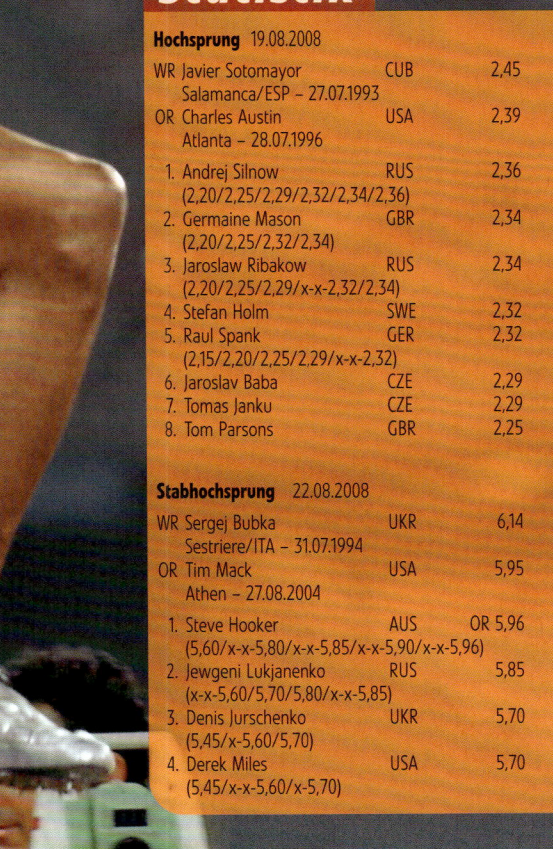

Hochsprung 19.08.2008

WR	Javier Sotomayor Salamanca/ESP – 27.07.1993	CUB	2,45
OR	Charles Austin Atlanta – 28.07.1996	USA	2,39
1.	Andrej Silnow (2,20/2,25/2,29/2,32/2,34/2,36)	RUS	2,36
2.	Germaine Mason (2,20/2,25/2,32/2,34)	GBR	2,34
3.	Jaroslaw Ribakow (2,20/2,25/2,29/x-x-2,32/2,34)	RUS	2,34
4.	Stefan Holm	SWE	2,32
5.	Raul Spank (2,15/2,20/2,25/2,29/x-x-2,32)	GER	2,32
6.	Jaroslav Baba	CZE	2,29
7.	Tomas Janku	CZE	2,29
8.	Tom Parsons	GBR	2,25

Stabhochsprung 22.08.2008

WR	Sergej Bubka Sestriere/ITA – 31.07.1994	UKR	6,14
OR	Tim Mack Athen – 27.08.2004	USA	5,95
1.	Steve Hooker (5,60/x-x-5,80/x-x-5,85/x-x-5,90/x-x-5,96)	AUS	OR 5,96
2.	Jewgeni Lukjanenko (x-x-5,60/5,70/5,80/x-x-5,85)	RUS	5,85
3.	Denis Jurschenko (5,45/5,60/5,70)	UKR	5,70
4.	Derek Miles (5,45/x-x-5,60/x-x-5,70)	USA	5,70
5.	Dimitri Starodubtschew (x-x-5,45/x-x-5,60/x-x-5,70)	RUS	5,70
6.	Danny Ecker (x-5,45/x-x-5,70)	GER	5,70
7.	Jerome Clavier	FRA	5,60
8.	Raphael Holzdeppe (5,45/x-5,60)	GER	5,60

QU: Tim Lobinger (GER) 5,55.

Weitsprung 18.08.2008

WR	Mike Powell Tokio – 30.08.1991	USA	8,95
OR	Bob Beamon Mexiko City – 18.10.1968	USA	8,90
1.	Irving Saladino (x/8,17/8,21/8,34/x/x)	PAN	8,34
2.	Khotso Mokoena (7,86/x/8,02/8,24/x/x)	RSA	8,24
3.	Ibrahim Camejo (7,94/8,09/8,08/7,88/7,93/8,20)	CUB	8,20
4.	Ngonidzashe Makusha (8,19/8,06/8,05/8,10/8,05/6,48)	ZIM	8,19
5.	Wilfredo Martinez (7,60/7,90/x/8,04/x/8,19)	CUB	8,19
6.	Ndiss Kaba Badji (8,03/x/8,02/8,16/8,03/7,92)	SEN	8,16
7.	Luis Felipe Meliz (x/8,02/x/x/7,98/8,07)	ESP	8,07
8.	Roman Novotny (7,87/7,75/8,00/x/7,82/7,94)	CZE	8,00

QU: 23. Sebastian Bayer (GER) 7,77, 36. Julien Firaz (SUI) 7,53.

Dreisprung 21.08.2008

WR	Jonathan Edwards Göteborg – 07.08.1995	GBR	18,29
OR	Kenny Harrison Atlanta – 27.07.1996	USA	18,09
1.	Nelson Evora (17,31/17,56/x/17,67/17,24/16,52)	POR	17,67
2.	Phillips Idowu (17,51/17,31/17,62/x/17,26/16,41)	GBR	17,62
3.	Leevan Sands (16,91/16,55/17,59/17,26/17,32/x)	BAH	17,59
4.	Arnie David Girat (17,27/17,52/17,24/17,48/x/17,08)	CUB	17,52
5.	Marian Oprea (17,22/x/x/x/x/16,69)	ROU	17,22
6.	Jadel Gregorio (17,14/16,55/13,79/16,83/16,78/17,20)	BRA	17,20
7.	Onochie Achike (16,74/x/17,17/x/17,04/x)	GBR	17,17
8.	Wiktor Kusnjetsow (16,71/16,87/x/16,81/16,48/x)	UKR	16,87

61

Wurf Männer

70 Zentimeter fehlten

Das darf doch nicht wahr sein: Statt der erhofften Medaille, musste sich Robert Harting mit Platz vier zufrieden geben.

Andreas Thorkildsen (kleines Bild) verteidigte im Speerwerfen erfolgreich seinen Titel von Athen 2004.

So mächtig und massig der Körper, so sensibel sein Gemüt: Als der Griff nach der Medaille ins Leere gegangen war, wirkte Diskus-Riese Robert Harting irgendwie verloren. Einsam saß der 2,01-m-Mann auf einer Bank neben dem Ring, und die 126 kg schienen in sich zusammenzusacken. Statt das Minimalziel von Bronze zu erreichen, blieb dem Vize-Weltmeister dieses Mal nur Rang vier. 70 Zentimeter fehlten ihm mit seinem Wurf auf 67,09 m zum dritten Platz, den der zweimalige Olympiasieger Virgilius Alekna aus Litauen erkämpft hatte. Gold holte Weltmeister Gerd Kanter aus Estland, Silber der Pole Piotr Malachowski. »Ich hatte technische Probleme, meine Würfe waren zu unsauber. Die letzten zwei Wochen lief es im Training nicht mehr richtig. Außerdem gab es im Vorfeld zwischenmenschliche Probleme«, suchte der 23-Jährige nach Gründen. Die Entzündung am Fuß und die Verletzung am Wurffinger, die ständig aufplatzte, waren rechtzeitig auskuriert. Die Vorbereitung aber hatten sie den noch behindert. Dann folgte der Ärger um die DDR-Vergangenheit von Trainer Werner Goldmann und die Zitterpartie in der Qualifikation mit nur 64,19 Metern: »Da habe ich angefangen zu denken. Die innere Anspannung ist gewachsen, ich bin unzufrieden geworden.« Es reichte zu einer besseren Weite als vor einem Jahr beim Gewinn von WM-Silber (66,68), doch drei andere waren besser.

Vor allem der Ärger um den Trainer wirkte in den Tagen vor Olympia auf Harting offensichtlich leistungshemmend. Der ehemalige Kugelstoßer Gerd Jacobs hatte Goldmann öffentlich vorgeworfen, ihm in der DDR Dopingmittel verabreicht zu haben. Goldmann dementierte vor der beim Deutschen Olympischen Sportbund (DOSB) in solchen Fällen zuständigen Steiner-Kommission. Der Verband entschied aus Zeitmangel, ihn mit nach Peking zu nehmen. Sollten sich die Vorwürfe als richtig herausstellen, muss Goldmann seine Reisekosten zurückzahlen.

Eine Situation, die Harting sichtbar belastete. Denn der Sportsoldat galt schon immer als Mann der Gegensätze. Lautstark nach außen, sensibel nach innen. Auf den Fotos seiner Homepage hat er sich mit seiner Freundin Kay in Ketten gelegt. »Gefährliche Tiere legt man doch in Ketten«, sagte er im Mai in einem Interview: »Soll ich mich in ein Blumenfeld setzen und heile Welt vorgaukeln?« Gleichzeitig malt er in seiner Freizeit mit Öl und Acrylfarben. Und genau dabei will er sich auch nach seiner Heimkehr entspannen.

»Der dumme Zentimeter«

Markus Esser hatte von mehr geträumt, doch am Ende landete der EM-Vierte im Hammerwerfen nur auf Platz neun beim Erfolg von Primoz Kozmus. Der Vize-Weltmeister holte das erste Olympia-Gold der Geschichte für Sloweniens Leichtathleten und das dritte überhaupt für das kleine Land in Peking. »Ich bin nicht in den Wettkampf gekommen. Es sind technische Probleme aufgetreten, die ich das ganze Jahr schon hatte. Man kann sich darüber streiten, ob 77 Meter gut sind. Platz neun ist in jedem Fall der undankbarste Rang, den man erreichen kann«, meinte der WM-Vierte von 2005 nach dem verpassten Einzug ins Finale der besten Acht.

Der polnische Außenseiter Tomasz Majewski stieß mit seiner Steigerung auf 21,51 m in die internationale Elite im Kugelstoßen vor und avancierte 36 Jahre nach dem Triumph von Wladyslaw Komar 1972 in München zum zweiten polnischen Olympiasieger in dieser Disziplin. Silber gewann mit einem starken letzten Versuch Hallen-Weltmeister Christian Cantwell – er rettete damit die Ehre der Amerikaner. Bronze holte fünf Jahre nach seiner Dopingsperre der Weißrusse Andrej Michnewitsch mit 21,05 m. Für die deutschen Kugelstoßer brachte Peking eine Ernüchterung. Nachdem Europameister Ralf Bartels am Vortag wegen einer Wadenverletzung auf den Start verzichtet hatte, fehlte Europacup-Sieger Peter Sack am Ende ein einziger Zentimeter zum Vorstoß in den Final-Vorkampf. »Dieser dumme Zentimeter«, meinte der verärgerte Sachse.

Andreas Thorkildsen gewann wie 2004 in Athen Gold im Speerwerfen. Der Norweger setzte sich im Finale in Peking mit 90,57 m klar vor dem zweitplatzierten Letten Ainars Kovals und Weltmeister Tero Pitkämäki aus Finnland durch. Beide deutschen Speerwerfer waren nach enttäuschenden Leistungen bereits in der Qualifikation gescheitert.

Mit Vollbart zu Olympia-Gold – Polens Überraschungssieger im Kugelstoßen: Tomasz Majewski.

Wurf Männer

Statistik

Kugelstoßen 15.08.2008
WR Randy Barnes USA 23,12
 Los Angeles – 20.05.1990
OR Ulf Timmermann GDR 22,47
 Seoul – 23.09.1988
1. Tomasz Majewski POL 21,51
 (20,80/20,47/21,21/21,51/x/20,44)
2. Christian Cantwell USA 21,09
 (20,39/20,98/20,88/20,86/20,69/21,09)
3. Andrej Michnewitsch BLR 21,05
 (20,73/21,05/x/20,78/20,57/20,93)
4. Dylan Armstrong CAN 21,04
 (20,62/21,04/x/x/20,47/x)
5. Pawel Lyschyn BLR 20,98
 (20,33/20,15/20,98/20,98/20,40/x)
6. Jurii Bilonog UKR 20,63
 (20,63/x/20,53/20,46/20,31/x)
7. Reese Hoffa USA 20,53
 (x/19,81/20,53/20,38/x/x)
8. Pawel Sof'ln RUS 20,42
 (20,42/x/x/x/x/x)
QU: Peter Sack (GER) 19,76/x/20,01.

Diskuswurf 19.08.2008
WR Jürgen Schult GDR 74,08
 Neubrandenburg – 06.06.1986
OR Virgilius Alekna LTU 69,89
 Athen – 23.08.2004
1. Gerd Kanter EST 68,82
 (63,44/66,38/62,75/68,82/x/65,98)
2. Piotr Malachowski POL 67,82
 (66,45/67,82/66,98/63,91/65,78/x)
3. Virgilius Alekna LTU 67,79
 (x/65,77/64,42/67,79/x/67,18)
4. Robert Harting GER 67,09
 (65,58/64,84/67,09/x/x/66,51)
5. Yennifer Frank Casanas ESP 66,49
 (59,54/62,16/64,46/64,11/64,97/66,49)
6. Bogdan Pischtschalnikow RUS 65,88
 (64,09/64,25/61,13/65,88/x/x)
7. Rutger Smith NED 65,39
 (64,61/65,31/64,36/64,25/x/65,39)
8. Robert Fazekas HUN 63,43
 (65,25/63,43/62,49/x/x/59,34)
VK: 18. Gerhard Mayer (AUT) 61,32/x/58,13.

Hammerwurf 17.08.2008
WR Juri Sediuk URS 86,74
 Stuttgart – 30.08.1986
OR Sergej Litwinow URS 84,80
 Seoul – 26.09.1988
1. Primoz Kozmus SLO 82,02
 (80,75/82,02/80,79/80,64/80,98/80,58)
2. Wadim Dewjatowski BLR 81,61
 (79,00/81,61/x/x/80,86/x)
3. Iwan Tichon BLR 81,51
 (78,49/80,56/79,59/78,89/81,51/80,87)
4. Krisztian Pars HUN 80,96
 (78,05/80,96/x/80,16/80,11/79,83)
5. Koji Murofushi JPN 80,71
 (79,47/80,71/79,94/77,96/78,22/77,26)
6. Olli-Pekka Karjalainen FIN 79,59
 (77,92/79,59/78,99/x/78,88/x)
7. Szymon Ziolkowski POL 79,22
 (75,92/79,22/79,07/79,04/76,16/x)
8. Libor Charfreitag SLO 78,65
 (x/77,62/76,83/77,26/78,65/x)
FVK: 9. Markus Esser (GER) 74,56/x/77,10.

Speerwurf 23.08.2008
WR Jan Zelesny CZE 98,48
 Jena – 25.05.1996
OR Jan Zelesny CZE 90,17
 Sydney – 23.09.2000
1. Andreas Thorkildsen NOR OR 90,57
 (84,72/85,91/87,93/85,13/90,57/x)
2. Ainars Kovals LAT 86,64
 (79,45/82,63/82,28/78,98/80,65/86,64)
3. Tero Pitkämäki FIN 86,16
 (83,75/x/80,69/85,83/x/86,16)
4. Tero Järvenpää FIN 83,95
 (83,95/x/x/x/x/83,63)
5. Teemu Wirkkälä FIN 83,46
 (x/73,90/83,46/x/-/78,23)
6. Jarrod Bannister AUS 83,45
 (83,45/80,59/82,20/-/-/-)
7. Ilja Korotkow RUS 83,15
 (82,45/x/76,84/82,15/x/83,15)
8. Uladsimir Kaslu BLR 82,06
 (82,06/77,57/74,09/x/x/75,36)
QU: 32. Stephan Steding (GER) 70,05, 35. Alexander Viewegg (GER) 67,49.

Hatte mit der Medaillenvergabe nichts zu tun: Titelverteidiger Roman Sebrle.

Michael Schrader bewegte sich immer im Bereich seiner Bestleistungen.

André Niklaus blieb nur mit der Kugel hinter seinen Erwartungen zurück.

Zehnkampf

Clay der neue »König der Athleten«

Bryan Clay sprang der Konkurrenz schon früh davon.

Zehnkampf

Der US-Amerikaner Bryan Clay ist der neue »König der Athleten«. Sein Vorgänger hingegen, der Tscheche Roman Sebrle, hatte mit der Vergabe der Medaillen nichts zu tun. »Bryan ist ein wahrer Champion. Er steht über uns allen«, erklärte der Achte und damit bestplatzierte Deutsche André Niklaus. Silber ging an den Weißrussen Andrej Krautschanka, Bronze an den Kubaner Leonel Suarez. Bryan Clay, der zehnte US-Olympiasieger der Zahnkampf-Geschichte, gilt als überzeugender Saubermann. Er engagiert sich beim Projekt »Glaubwürdigkeit« der US-Anti-Doping-Behörde speziell für die Durchsetzung einer Art Steroid-Profil, wie es die deutschen Zehnkämpfer schon 1993 vergeblich international propagiert hatten. Darin werden Basiswerte aller Athleten festgehalten, der Einsatz von Dopingmitteln ist damit leicht erkennbar.

Der Olympiasieger, als Sohn einer Japanerin vaterlos in ärmsten Verhältnissen auf Hawaii aufgewachsen, hat zudem eine eigene Stiftung gegründet: »Ich habe in der Kindheit sehr gelitten. Darum möchte ich Studenten in Not unterstützen.« Clay, der bei der WM 2007 in Osaka an einer Muskelverletzung scheiterte und damit den Weg zum einzigen Gold freimachte, das Sebrle noch gefehlt hatte, war in Peking top-fit. Er stieß die Kugel weiter denn je, war Bester mit dem Diskus und über 100 m. André Niklaus zeigte einmal mehr eine stabile Leistung, als es darauf ankam. Mit dem Stab (5,20 m) überflog er die Konkurrenz, enttäuschte nur ein Mal. »Mein Kugelstoßen war miserabel.«

Michael Schrader bewegte sich in vielen Disziplinen im Bereich seiner Bestleistung, mit dem Speer schraubte er diese auf 60,27 Meter. »Nur über 400 Meter lief es gar nicht.« Der Schützling von Torsten Voss, Zehnkampf-Weltmeister 1987 in Rom, ging ohne jeglichen Druck in den olympischen Zehnkampf: »Der kommt vielleicht dann, wenn es in vier Jahren hoffentlich um eine Medaille geht.« Artur Abele musste seine olympische Zehnkampf-Premiere nach vier Disziplinen aufgrund einer Oberschenkelverletzung frühzeitig beenden.

Statistik

Zehnkampf 22.08.2008

				1	2	3	4	5	6	7	8	9	10
WR	Roman Sebrle	CZE	9026										
	Götzis/AUT – 27.05.2001												
OR	Roman Sebrle	CZE	8893										
	Athen – 23.08.2004												
1.	Bryan Clay	USA	8791	10,44	7,78	16,27	1,99	48,92	13,93	53,79	5,00	70,97	5:06,59
2.	Andrej Krautschanka	BLR	8551	10,96	7,61	14,39	2,11	47,30	14,21	44,58	5,00	60,23	4:27,47
3.	Leonel Suarez	CUB	8527	10,90	7,33	14,49	2,05	47,91	14,15	44,45	4,70	73,98	4:29,17
4.	Alexander Pogorelow	RUS	8328	11,07	7,37	16,53	2,08	50,91	14,47	50,04	5,00	64,01	5:01,56
5.	Romain Barras	FRA	8253	11,26	7,08	15,42	1,96	49,51	14,21	45,17	5,00	65,40	4:29,29
6.	Roman Sebrle	CZE	8241	11,21	7,68	14,78	2,11	49,54	14,71	45,50	4,80	63,93	4:49,63
7.	Alexej Kasjanow	UKR	8238	10,53	7,56	15,15	1,96	47,70	14,37	48,39	4,30	51,59	4:28,94
8.	André Niklaus	GER	8220	11,12	7,29	13,23	2,05	49,65	14,37	45,39	5,20	60,21	4:32,90
10.	Michael Schrader	GER	8194	10,80	7,70	13,67	1,99	48,47	14,71	40,41	4,80	60,27	4:26,77
AG:	Artur Abele	GER	2989	10,90	6,47	13,55	1,90						

1 = 100 m, 2 = Weitsprung, 3 = Kugelstoßen, 4 = Hochsprung, 5 = 400 m, 6 = 110 m Hürden, 7 = Diskuswurf, 8 = Stabhochsprung, 9 = Speerwurf, 10 = 1500 m

Veronica Campbell-Brown triumphierte über 200 m und ließ ganz Jamaika jubeln.

Laufen Frauen

Jamaika flippt aus

Erst gewann Shelly-Ann Fraser Gold über 100 Meter der Frauen, dann machte Veronica Campbell-Brown den totalen Triumph für die Läufer aus der Karibik perfekt. Die 26-Jährige war zudem die erste Läuferin überhaupt in der Olympia-Geschichte, die ihren Sieg über 200 Meter wiederholen konnte. Wie vor vier Jahren gewann Campbell-Brown, die wie der »Blitz« Bolt aus dem kleinen Ort Trelawny stammt, vor Allyson Felix aus den USA und Landsfrau Kerron Stewart. In 21,74 Sekunden war Campbell-Brown zudem deutlich schneller als in Athen (22,18). Ähnlich souverän präsentierte sich Shelly-Ann Fraser über 100 m. Nach dem goldenen Weltrekordlauf von Bolt stürmte Fraser in ähnlicher Manier ungefährdet in 10,78 Sekunden zum Olympiasieg über 100 Meter. »Wenn wir nach Hause kommen, wird richtig gefeiert, die Leute auf Jamaika flippen aus«, erklärte die überglückliche Fraser nach einem weiteren Sprint

Und weg ist er: Lauryn Williams (vorne) versuchte im Vorlauf über 4 x 100 m vergeblich, den Stab von Torri Edwards zu übernehmen.

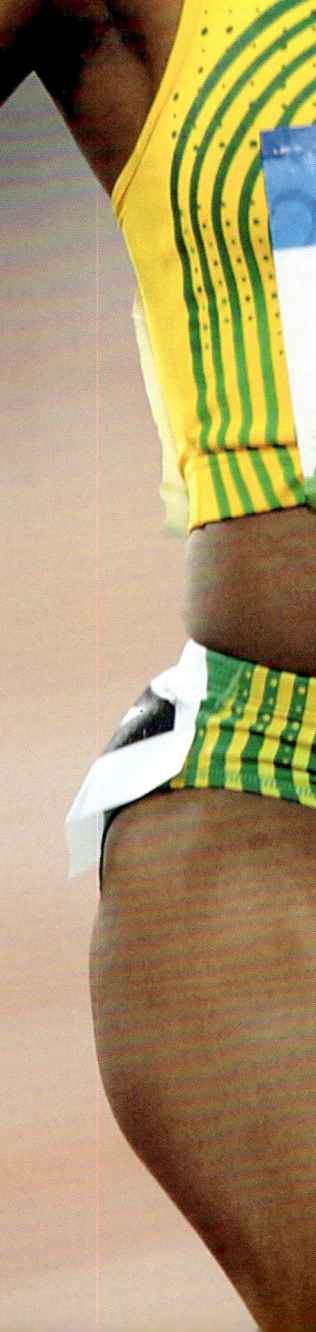

Nutznießer der vielen Disqualifikationen über 4 x 100 m war das russische Quartett.

Laufen Frauen

in Olympias Geschichtsbücher. Sherone Simpson und Kerron Stewart machten den Dreifach-Erfolg der Jamaikanerinnen über 100 m komplett.

Die beiden 21 Jahre alten Bolt und Fraser sind das erste Gold-Paar über die 100 Meter aus einer Nation, seit Florence Griffith-Joyner und Carl Lewis – nach der Disqualifikation des gedopten Ben Johnson – 1988 Gold für die USA erspurteten.

Lediglich über 4x100 m gingen die Frauen aus Jamaika leer aus, patzten beim zweiten Wechsel und verloren den Stab. Nutznießer waren die russischen Sprinterinnen, die Belgien und Nigeria auf die Plätze zwei und drei verwiesen. Die deutsche Staffel mit Anne Möllinger, Verena Sailer, Cathleen Tschirch und Marion Wagner lief ebenso wie das deutsche Männer-Quartett um Tobias Unger, Till Helmke, Alexander Kosenkow und Martin Keller auf Rang fünf. »Das war super, wir sind total glücklich, wir haben unser Ziel erreicht«, freute sich Anne Möllinger.

Schwere Niederlage für die USA

Eine schwere Niederlage musste erneut die Sprint-Nation USA einstecken. Die ehemalige Weltmeisterin Lauryn Williams landete über 100 m nur auf Rang vier, knapp vor ihrer Mannschaftskollegin Muna Lee. Torri Edwards, die ehemals wegen Doping gesperrte Weltmeisterin von 2003 und Staffel-Weltmeisterin 2007, wurde Achte. Die Amerikaner hatten auch keinen Erfolg damit, den Ausgang des Rennens nachträglich am grünen Tisch zu beeinflussen. Ein Protest des amerikanischen Leichtathletik-Verbandes USTAF gegen einen angeblichen Fehlstart wurde vom internationalen Leichtathletik-Verband IAAF zurückgewiesen.

Laufen Frauen

Kenias Frauen schrieben Geschichte

Die Erfolgsserie von Jamaikas Sprinterinnen setzte sich auch über 400 m Hürden fort: Melaine Walker trat in Peking die Nachfolge von Athen-Siegerin und Doping-Sünderin Fani Halkia an. Die 25 Jahre alte Weltranglisten-Erste Walker verwies Sheena Tosta (USA) und Tasha Danvers (Großbritannien) auf die Plätze. Eine Überraschungssiegerin triumphierte im 100-m-Hürden-Finale: die Amerikanerin Dawn Harper. Die 24-Jährige gewann in der persönlichen Bestzeit und mit einem Vorsprung von einer Zehntelsekunde vor Sally McLellan. Zeitgleich mit der Australierin belegte die Kanadierin Priscilla Lopes-Schliep Rang drei. Die Bremerin Carolin Nytra war im Halbfinale ausgeschieden.

Die 400 m waren für Jamaikas Frauen dann aber doch zu lang. Shericka Williams musste der

Als erste kenianische Goldmedaillengewinnerin bei den Frauen schrieb Pamela Jelimo Geschichte. Die Favoritin gewann überlegen das 800-m-Finale.

Laufen Frauen

Während Favoritin Lolo Jones (rechts) strauchelte, lief ihre Landsfrau Dawn Harper (Mitte) zu Olympia-Gold über 100 m Hürden.

britischen Weltmeisterin Christine Ohuruogu um sieben Hundertstelsekunden den Vortritt lassen. Für die favorisierte Amerikanerin Sanya Richards reichte es nur zu Bronze.

Als erste Goldmedaillengewinnerin für ihr Land bei den Frauen schrieb Pamela Jelimo Geschichte. Die Favoritin gewann das 800-m-Finale überlegen vor ihrer Teamkameradin Janeth Jepkosgei Busienei und der Athen-Zweiten Hasna Benhassi aus Marokko. Die Kenanierin Nancy Jebet Langat tat es ihrer Landsfrau Jelimo fünf Tage später gleich und gewann Gold über 1500 m. Einen Tag nach ihrem 27. Geburtstag spurtete sie vor dem ukrainischen Duo Irina Lischtschinskaja und Natalija Tobias souverän zum Sieg

Zehn Sekunden hinter der siegreichen US-Staffel belegten die deutschen Frauen mit Jonna Tilgner, Sorina Nwachukwu, Florence Ekpo-Umoh und Claudia Hoffmann im olympischen Finale über 4x400 m nur den achten und letzten Platz.

69

Laufen Frauen

Dibaba mit historischem Double

Tirunesh Dibaba aus Äthiopien ist bei den Olympischen Spielen in Peking ein historisches Double gelungen. Eine Woche nach ihrem Sieg über 10 000 m gewann Dibaba auch die 5000 m, was vor ihr noch keiner Läuferin bei Olympia gelungen war. Über beide Strecken wurde die Türkin Elvan Abeylegesse Zweite.

Dibaba hatte zunächst über 10 000 m in einem sehr langsamen Rennen, das Sabrina Mockenhaupt mit neuer persönlicher Bestzeit auf Rang 13 beendete, einen kühlen Kopf bewahrt. Hinter Abeylegesse, einer gebürtigen Äthiopierin, belegte Shalane Flanagan aus den USA Rang drei. Über die 5000 m musste sich Athen-Olympiasiegerin und Weltmeisterin Meseret Defar aus Äthiopien mit Bronze begnügen.

Der Erfolg liegt in der Familie. Tirunesh Dibabas ältere Schwester Ejegayehu, die in Peking ebenfalls über 10 000 m am Start war und 14. wurde, hatte 2004 nur knapp Gold verpasst, als sie in Führung liegend die von hinten heranstürmende Chinesin Xing Huina für eine überrundete Läuferin hielt und sich mit Silber begnügen musste. Tirunesh Dibaba, die im Juni in Oslo den 5000-m-Weltrekord auf 14:11,15 Minuten steigerte, hatte bereits Geschichte geschrieben: 2003 wurde sie mit 18 Jahren jüngste Leichtathletik-Weltmeisterin überhaupt (5000 m), zwei Jahre später schaffte sie bei der WM als Erste das 5000/10 000-m-Doppel.

Sabrina Mockenhaupt (oben) präsentierte sich in guter Form über 10 000 m: Persönliche Bestzeit und Rang 13.

Melanie Seeger (großes Bild) hingegen war frustriert nach Rang 23 beim 20 km Gehen.

Tomescu macht Radcliffe Mut

Marathon-Gold ging in Peking an die Rumänin Constantina Tomescu. Die 38 Jahre alte ehemalige Halbmarathon-Weltmeisterin setzte sich auf der 42,195-km-Distanz vom Platz des Himmlischen Friedens ins Olympiastadion in 2:26:44 Stunden durch und verwies Catherine Ndereba aus Kenia sowie Chinas Zhou Chunxiu auf die Plätze. Der Sieg von Tomescu machte der gescheiterten Weltrekordlerin Paula Radcliffe Mut für 2012. »Ihr Erfolg zeigt, dass man lange erfolgreich laufen kann. London ist ein Thema für mich«, sagte die 34 Jahre alte Britin mit Tränen in den Augen, nachdem ihr Traum vom Olympiagold erneut geplatzt war. Die beiden deutschen Läuferinnen Melanie Kraus und Susanne Hahn hatten nichts mit dem Ausgang des Rennens zu tun.

Die Olympia-Premiere im 3000-m-Hindernislauf entschied Gulnara Galkina-Samitowa mit neuem Weltrekord für sich. Die Russin verbesserte bei ihrem ungefährdeten Sieg ihre Bestmarke von 9:01,59 auf 8:58,81 Minuten.

Statistik

100 m 17.08.2008
WR	Florence Griffith-Joyner	USA	10,49
	Indianapolis – 16.06.1988		
OR	Florence Griffith-Joyner	USA	10,62
	Seoul – 24.09.1988		
1.	Shelly-Ann Fraser	JAM	10,78
2.	Sherone Simpson	JAM	10,98
2.	Kerron Stewart	JAM	10,98
4.	Lauryn Williams	USA	11,03
5.	Muna Lee	USA	11,07
6.	Jeanette Kwakye	GBR	11,14
7.	Debbie Ferguson-McKenzie	BAH	11,19
8.	Torri Edwards	USA	11,20

200 m 21.08.2008
WR	Florence Griffith-Joyner	USA	21,34
	Seoul – 29.09.1988		
OR	Florence Griffith-Joyner	USA	21,34
	Seoul – 29.09.1988		
1.	Veronica Campbell-Brown	JAM	21,74
2.	Allyson Felix	USA	21,93
3.	Kerron Stewart	JAM	22,00
4.	Muna Lee	USA	22,01
5.	Marshevet Hooker	USA	22,34
6.	Sherone Simpson	JAM	22,36
7.	Debbie Ferguson-McKenzie	BAH	22,61
8.	Cydonie Mothersill	CAY	22,68

400 m 19.08.2008
WR	Marita Koch	GDR	47,60
	Canberra/AUS – 06.10.1985		
OR	Marie-José Pérec	FRA	48,25
	Atlanta – 29.07.1996		
1.	Christine Ohuruogu	GBR	49,62
2.	Shericka Williams	JAM	49,69
3.	Sanya Richards	USA	49,93
4.	Julia Guschtschina	RUS	50,01
5.	Anastasia Kapatschinskaja	RUS	50,03
6.	Tatjana Firowa	RUS	50,11
7.	Rosemarie Whyte	JAM	50,68
8.	Amantle Montsho	BOT	51,18

800 m 18.08.2008
WR	Jarmila Kratochvilova	TCH	1:53,28
	München – 26.07.1983		
OR	Nadeschda Olitsarenko	URS	1:53,43
	Moskau – 27.07.1980		
1.	Pamela Jelimo	KEN	1:54,87
2.	Janeth Jepkosgei Busienei	KEN	1:56,07
3.	Hasna Benhassi	MAR	1:56,73
4.	Swetlana Kljuka	RUS	1:56,94
5.	Maria Mutola	MOZ	1:57,68
6.	Kenia Sinclair	JAM	1:58,24
7.	Julija Krewsun	UKR	1:58,73
8.	Tatiana Andrianowa	RUS	2:02,63

1500 m 23.08.2008
WR	Qu Yunxia	CHN	3:50,46
	Peking – 11.09.1993		
OR	Paula Ivan	ROU	3:53,96
	Seoul – 01.10.1988		
1.	Nancy Jebet Langat	KEN	4:00,23
2.	Irina Lischtschinskaja	UKR	4:01,63
3.	Natalija Tobias	UKR	4:01,78
4.	Lisa Dobriskey	GBR	4:02,10
5.	Maryam Yusuf Jamal	BRN	4:02,71
6.	Natalia Rodriguez	ESP	4:03,19
7.	Shannon Rowbury	USA	4:03,58
8.	Iris Fuentes-Pila	ESP	4:04,86

5000 m 22.08.2008
WR	Tirunesh Dibaba	ETH	14:11,15
	Oslo – 06.06.2008		
OR	Gabriela Szabo	ROU	14:40,79
	Sydney – 25.09.2000		
1.	Tirunesh Dibaba	ETH	15:41,40
2.	Elvan Abeylegesse	TUR	15:42,74
3.	Meseret Defar	ETH	15:44,12
4.	Sylvia Kibet	KEN	15:44,96
5.	Vivian Cheruiyot	KEN	15:46,32
6.	Lilia Schobuchowa	RUS	15:46,62
7.	Alemitu Bekele	TUR	15:48,48
8.	Meselech Melkamu	ETH	15:49,03

10 000 m 15.08.2008
WR	Wang Junxia	CHN	29:31,78
	Peking – 08.09.1993		
OR	Derartu Tulu	ETH	30:17,49
	Sydney – 30.09.2000		
1.	Tirunesh Dibaba	ETH	OR 29:54,66
2.	Elvan Abeylegesse	TUR	29:56,34
3.	Shalane Flanagan	USA	30:22,22
4.	Linet Chepkwemoi Masai	KEN	30:26,50
5.	Maria Konowalowa	RUS	30:35,84
6.	Inga Abitowa	RUS	30:37,33
7.	Lucy Kabuu Wangui	KEN	30:39,96
8.	Lornah Kiplagat	NED	30:40,27
13.	Sabrina Mockenhaupt	GER	31:14,21

Marathon 17.08.2008
WR	Paula Radcliffe	GBR	2:15:25
	London – 13.04.2003		
OR	Naoko Takahashi	JPN	2:23:14
	Sydney – 24.09.2000		
1.	Constantina Tomescu	ROU	2:26:44
2.	Catherine Ndereba	KEN	2:27:06
3.	Zhou Chunxiu	CHN	2:27:07
4.	Zhu Xiaolin	CHN	2:27:16
5.	Martha Komu	KEN	2:27:23
6.	Mara Yamauchi	GBR	2:27:29
7.	Irina Timofejewa	RUS	2:27:31
8.	Lidia Elena Simon	ROU	2:27:51

38. Melanie Kraus (GER) 2:35:17, 52. Susanne Hahn (GER) 2:38:31, 57. Eva Maria Gradwohl (AUT) 2:44:24.

100 m Hürden 19.08.2008
WR	Yordanka Donkowa	BUL	12,21
	Stara Zagora/BUL – 20.08.1988		
OR	Joanna Hayes	USA	12,37
	Athen – 24.08.2004		
1.	Dawn Harper	USA	12,54
2.	Sally McLellan	AUS	12,64
3.	Priscilla Lopes-Schliep	CAN	12,64
4.	Damu Cherry	USA	12,65
5.	Delloreen Ennis-London	JAM	12,65
6.	Bridgitte Foster-Hylton	JAM	12,66
7.	Lolo Jones	USA	12,72
8.	Sarah Claxton	GBR	12,94

HF: 12. Carolin Nytra (GER) 12,99.

400 m Hürden 20.08.2008
WR	Julia Petschonkina	RUS	52,34
	Tula/RUS – 08.08.2003		
OR	Fani Halkia	GRE	52,77
	Athen – 22.08.2004		
1.	Melanie Walker	JAM	OR 52,64
2.	Sheena Tosta	USA	53,70
3.	Tasha Danvers	GBR	53,84
4.	Anastasija Rabschenjuk	UKR	53,96
5.	Anna Jesien	POL	54,29
6.	Jekaterina Bikert	RUS	54,96
7.	Zuzana Hejnova	CZE	54,97
8.	Tiffany Ross-Williams	USA	57,55

3000 m Hindernis 17.08.2008
WR	Gulnara Galkina-Samitowa	RUS	9:01,59
	Heraklion/GRE – 04.07.2004		
1.	Gulnara Galkina-Samitowa	RUS	WR 8:58,81
2.	Eunice Jepkorir	KEN	9:07,41
3.	Jekaterina Wolkowa	RUS	9:07,64
4.	Tatjana Petrowa	RUS	9:12,33
5.	Cristina Casandra	ROU	9:16,85
6.	Ruth Bosibori Nyangau	KEN	9:17,35
7.	Zemzem Ahmed	ETH	9:17,85
8.	Wioletta Frankiewicz	POL	9:21,76

VL: 18. Antje Möldner (GER) 9:28,86

4x100 m 22.08.2008
WR	GDR		41,37
	Canberra/AUS – 06.10.1985		
OR	GDR		41,60
	Moskau – 01.08.1980		
1.	Russland		42,31
	(Poljakowa/Fedoriwa/Guschtschina/Tschermoschanskaja)		
2.	Belgien		42,54
	(Borlee/Marien/Ouedraogo/Gevaert)		
3.	Nigeria		43,04
	(Idoko/Kemasuode/Ismaila/Osayomi)		
4.	Brasilien		43,14
5.	Deutschland		43,28
	(Möllinger/Sailer/Tschirch/Wagner)		

AU: Großbritannien, Jamaika. DQ: Polen.

4x400 m 23.08.2008
WR	UdSSR		3:15,17
	Seoul – 01.10.1988		
OR	UdSSR		3:15,17
	Seoul – 01.10.1988		
1.	USA		3:18,54
	(Wineberg/Felix/Henderson/Richards)		
2.	Russland		3:18,82
	(Guschtschina/Litwinowa/Firowa/Kapatschinskaja)		
3.	Jamaika		3:20,40
	(S.Williams/Lloyd/Whyte/N.Williams)		
4.	Weißrussland		3:21,85
5.	Großbritannien		3:22,68
6.	Kuba		3:23,21
7.	Nigeria		3:23,74
8.	Deutschland		3:28,45
	(Tilgner/Nwachukwu/Ekpo-Umoh/Hoffmann)		

20 km Gehen 21.08.2008
WR	Olimpiada Iwanowa	RUS	1:25:41
	Helsinki – 07.08.2005		
OR	Wang Liping	CHN	1:29,05
	Sydney – 28.09.2000		
1.	Olga Kaniskina	RUS	OR 1:26:31
2.	Kjersti Tysse Plätzer	NOR	1:27:07
3.	Elisa Rigaudo	ITA	1:27:12
4.	Liu Hong	CHN	1:27:17
5.	Maria Vasco	ESP	1:27:25
6.	Beatriz Pascual	ESP	1:27:44
7.	Olive Loughnane	IRL	1:27:45
8.	Ana Cabecinha	POR	1:27:46

15. Sabine Zimmer (GER) 1:30:19, 23. Melanie Seeger (GER) 1:31:56.

Die Äthiopierin Tirunesh Dibaba (links) duellierte sich sowohl über 5000 als auch über 10 000 m mit der Türkin Elvan Abeylegesse, hatte aber beide Male am Ende die Nase vorn.

Laufen Frauen

Sprung Frauen

Flugshow des »weiblichen Sergej Bubka«

Hatte einen Fehlversuch zu viel: Blanka Vlasic musste sich im Hochsprung mit Silber zufrieden geben.

Sie machte einen Salto und warf Kusshände ins Publikum: Als Stabhochsprung-Kosmonautin Jelena Isinbajewa in Peking nach einer beeindruckenden Flugshow den Sternen ein weiteres Stück nähergekommen war, feierte sie im Stile eines Superstars. Mit 5,05 m stellte die Russin den 24. Weltrekord ihrer Karriere auf. Dabei steigerte sie ihre eigene, gerade 20 Tage alte Bestmarke um einen Zentimeter und holte wie vor vier Jahren in Athen Olympiagold. »Ich wollte den Rekord für die Zuschauer und meinen Trainer. Er hat mir vorher gesagt: Wir haben so hart gearbeitet, jetzt mach es. Ich dachte mir: Er hat Recht«, freute sich die 26 Jahre alte Überfliegerin nach ihrem letzten Sprung, bei dem nicht einmal die Latte wackelte. Vor der erneuten Rekordjagd hatte Isinbajewa Nervenstärke bewiesen. Zweimal, bei 4,95 m und der neuen Bestmarke, musste sie in den dritten Versuch. Jedes Mal verkroch sie sich vorher unter einer großen weißen Decke, um in sich zu gehen. Als alle anderen Wettbewerbe vorbei waren, gehörte die Aufmerksamkeit des gesamten Stadions ihr allein. »Immer wenn ich in ein Stadion gehe, fühle ich mich wie eine Schauspielerin. Die Bahn ist meine Bühne und ich bin hier, um eine gute Show abzuliefern.« Der »weibliche Sergej Bubka« verwies ihre beiden Erz-Rivalinnen Jennifer Stuczynski aus den USA und die ehemalige Weltrekordlerin Swetlana Feofanowa (Russland) auf die weiteren Medaillenränge. Mit Respektabstand trabten sie auf der Ehrenrunde dem funkelndsten Stern des Abends

Statistik

Hochsprung 23.08.2008

WR	Stefka Kostadinowa Rom – 30.08.1987	BUL	2,09
OR	Jelena Slesarenko Athen – 28.08.2004	RUS	2,06
1.	Tia Hellebaut (1,85/1,89/1,93/1,96/x-1,99/x-2,01/x-2,03/2,05)	BEL	2,05
2.	Blanka Vlasic (1,85/1,89/1,93/1,96/1,99/2,01/2,03/x-2,05)	CRO	2,05
3.	Anna Tschitscherowa (1,85/1,89/1,93/x-1,96/x-1,99/2,01/2,03)	RUS	2,03
4.	Jelena Slesarenko	RUS	2,01
5.	Wita Palamar	UKR	1,99
6.	Chaunte Howard	USA	1,99
7.	Ruth Beitia	ESP	1,96
7.	Ariane Friedrich (1,85/1,93/1,96)	GER	1,96

Stabhochsprung 18.08.2008

WR	Jelena Isinbajewa Monaco – 29.07.2008	RUS	5,04
OR	Jelena Isinbajewa Athen – 24.08.2004	RUS	4,91
1.	Jelena Isinbajewa (4,70/4,85/x-x-4,95/x-x-5,05)	RUS	WR 5,05
2.	Jennifer Stuczynski (4,55/4,70/x-4,75/4,80)	USA	4,80
3.	Swetlana Feofanowa (4,45/4,55/x-4,65/4,75)	RUS	4,75
4.	Julia Golubtschikowa	RUS	4,75
5.	Monika Pyrek	POL	4,70
6.	Carolin Hingst (4,30/4,45/x-x-4,65)	GER	4,65
7.	Silke Spiegelburg (4,30/4,45/4,55/x-x-4,65)	GER	4,65
8.	April Steiner-Bennett	USA	4,55
QU:	14. Anastasija Reiberger (GER) 4,40, 22. Nicole Büchler (SUI) 4,30.		

Weitsprung 22.08.2008

WR	Galina Tschistjakowa Leningrad – 11.06.1988	URS	7,52
OR	Jackie Joyner-Kersee Seoul – 29.09.1988	USA	7,40
1.	Maurren Higa Maggi (7,04/x/x/x/6,73/x)	BRA	7,04
2.	Tatjana Lebedewa (6,97/x/x/x/x/7,03)	RUS	7,03
3.	Blessing Okagbare (6,91/6,62/6,79/6,70/6,83/x)	NGR	6,91
4.	Chelsea Hammond (6,79/6,68/6,51/x/6,64/6,59)	JAM	6,79
5.	Brittney Reese (6,65/6,76/4,23/x/6,46/6,67)	USA	6,76
6.	Oksana Udmurtowa (6,69/6,70/6,67/6,61/6,65/6,49)	RUS	6,70
7.	Jade Johnson (6,51/6,64/6,40/6,59/6,43/x)	GBR	6,64
8.	Grace Upshaw (6,58/x/6,52/x/x/x)	USA	6,58

Dreisprung 17.08.2008

WR	Inessa Krawets Göteborg – 10.08.1995	UKR	15,50
OR	Inessa Krawets Atlanta – 31.07.1996	UKR	15,33
1.	Francoise Mbango Etone (15,19/15,39/x/14,82/x/14,88)	CMR	15,39
2.	Tatjana Lebedewa (15,00/15,17/15,32/14,40/x/x)	RUS	15,32
3.	Hrysopiyi Devetzi (14,96/15,23/x/x/x/x)	GRE	15,23
4.	Olga Rypakowa (x/14,83/14,93/15,03/15,11/x)	KAZ	15,11
5.	Yargelis Savigne (x/14,87/14,77/15,05/x/14,91)	CUB	15,05
6.	Marija Sestak (15,03/14,65/x/14,46/14,47/14,75)	SLO	15,03
7.	Victoria Gurowa (14,38/14,04/14,77/x/14,65/x)	RUS	14,77
8.	Anna Pjatych (14,67/14,73/14,57/x/14,67/14,28)	RUS	14,73

hinterher. Dabei hatte Stuczynski im Vorfeld noch groß getönt, sie werde Isinbajewas Stern vom Himmel holen. »In Peking möchte ich in einen russischen Hintern treten«, hatte die 4,92-m-Springerin noch Anfang Juli angekündigt. Doch an Isinbajewas Hintern kam die US-Amerikanerin auch diesmal nicht heran.

Vlasic fehlte ein Versuch

Im Hochsprung gewann die Belgierin Tia Hellebaut im Duell mit Top-Favoritin Blanka Vlasic überraschend Gold. Die 30 Jahre alte Europameisterin übersprang im ersten Versuch 2,05 m und triumphierte damit vor der Kroatin, die diese Höhe erst im zweiten Versuch meisterte. Für Blanca Vlasic war es die erste Niederlage seit dem 15. Juni 2007. Bronze gewann die Russin Anna Tschitsche-rowa. Nur Siebte wurde die als Medaillenkandidatin gehandelte Ariane Friedrich. Die Frankfurterin scheiterte nach übersprungenen 1,96 m drei Mal an 1,99 m.

Im hochkarätigsten Dreisprung-Wettbewerb der Geschichte hat Francoise Mbango Etone ihren Olympiasieg von Athen 2004 wiederholt. Für ihr Heimatland Kamerun war es zudem erst die zweite Leichtathletik-Medaille überhaupt. Die 32-Jährige sprang mit 15,39 m darüber hinaus zur zweitbesten jemals erzielten Weite. Nur die Ukrainerin Inessa Krawets war bei ihrem WM-Sieg 1995 in Göteborg mit 15,50 m besser. Silber sicherte sich Tatjana Lebedewa (Russland), Bronze die Griechin Hrisopiyi Devetzi. Vor vier Jahren war die Reihenfolge auf den Plätzen zwei und drei noch umgekehrt. Zum ersten Mal reichte eine Weite von 15 Metern bei einer internationalen Meisterschaft nicht zu einem Platz auf dem Podest. Sogar die Slowenin Marija Sestak auf Platz sechs übertraf die 15-m-Marke noch um drei Zentimeter.

Im Weitsprung gelang Maurren Higa Maggi Brasiliens erster Frauen-Olympiasieg in der Leichtathletik.

Jelena Isinbajewa schraubte sich auch in Peking in andere Dimensionen.

Verdammt noch mal: Bei 1,99 m war in Peking für Ariane Friedrich Schluss.

Maurren Higa Maggi gewann das erste olympische Gold für Brasilien.

Christina Obergföll (rechts) hatte ihren Konkurrentinnen, Maria Abakumova und Barbora Spotakova (v. l.), nichts entgegenzusetzen.

Wurf Frauen
Zu kurz gestoßen und geworfen

Weltmeisterin Betty Heidler patzte, Nadine Kleinert ging leer aus. Deutschlands Werferinnen und Kugelstoßerinnen suchten in Peking vergeblich nach ihrer Top-Form. Immerhin: Mit Bronze durch Christina Obergföll im Speerwurf bescherte wenigstens eine Athletin dem Deutschen Leichtathletik-Verband (DLV) Edelmetall, obwohl sich die Offenburgerin mehr ausgerechnet hatte. An der Weltspitze mussten Kuba und Russland ihre Top-Positionen (2004 jeweils zweimal Gold) abgeben – beide gingen in Peking leer aus. Die vier Goldmedaillen in den Wurf- und Stoßentscheidungen teilten andere Nationen unter sich auf: Neuseeland, Weißrussland, USA und die Tschechische Republik. Christina Obergföll blies die Backen auf, sie feuerte sich selbst an, sie versuchte zu »beißen« – doch bei dieser Konkurrenz stieß die Offenburgerin auf Granit. Deutschlands größte Goldhoffnung bei den olympischen Leichtathletik-Wettbewerben musste sich im Speerwurf mit Bronze (66,13 m) zufrieden geben und verlor nur wenige Stunden vor ihrem 27. Geburtstag auch den Europarekord (70,20 m). »Bei den Ergebnissen vorne muss ich zufrieden sein. 70 Meter habe ich nicht alle Tage geworfen. Ich habe die erhoffte Medaille. Die Gefühle sind aber gemischt.« Den Sieg machten zwei überlegene Konkurrentinnen unter sich aus: Tschechiens Weltmeisterin Barbora Spotakova fing im letzten Versuch mit 71,42 m die bis dahin mit Europarekord führende Russin Maria Abakumowa (70,78 m) noch ab. Sie blieb nur 28 Zentimeter unter dem Weltrekord von Osleidys Menendez.

Im einzigen Leichtathletik-Finale dieser Spiele mit drei deutschen Teilnehmerinnen endete für Europameisterin Steffi Nerius eine beeindruckende Serie. Nach sechs Jahren bei internationalen Meisterschaften mit jeweils Edelmetall musste die Olympiazweite von Athen mit Rang fünf vorlieb nehmen. Achte wurde ihre Teamkollegin Katharina Molitor.

Nach dem WM-Aus 2005 in der Qualifikation patzte Hammerwerferin Betty Heidler einmal mehr bei einem internationalen Großereignis. Als Medaillenkandidatin gehandelt, schied die 24 Jahre alte Frankfurterin mit schwachen 70,06 m in ihrem einzigen gültigen Versuch bereits im Vorkampf aus und wurde nur Neunte. »Klar spielen die Nerven bei so einem Wettkampf eine Rolle, aber daran lag es nicht«, sagte die gebürtige Berlinerin: »Ich hatte

Statistik

Kugelstoßen 16.08.2008

WR Natalia Lissowskaja		URS	22,63
Moskau – 07.06.1987			
OR Ilona Slupianek		GDR	22,41
Moskau – 24.07.1980			
1. Valerie Vili		NZL	20,56
(20,56/20,40/20,26/20,01/20,52/x)			
2. Natalia Michnewitsch		BLR	20,28
(19,16/20,28/19,87/19,82/19,94/20,10)			
3. Nadeschda Ostaptschuk		BLR	19,86
(x/18,69/18,36/x/19,86/19,36)			
4. Misleydis Gonzalez		CUB	19,50
(19,30/x/19,01/19,23/19,50/x)			
5. Gong Lijiao		CHN	19,20
(18,45/18,75/18,90/18,92/19,04/19,20)			
6. Anna Omarowa		RUS	19,08
(19,08/18,21/x/x/x/18,76)			
7. Nadine Kleinert		GER	19,01
(18,30/18,68/19,01/18,99/x/18,81)			
8. Li Meiju		CHN	19,00
(18,68/18,99/18,74/x/18,85/19,00)			
FVK: 11. Christina Schwanitz (GER) x/17,96/18,27.			
QU: 16. Denise Hinrichs (GER) 18,36.			

Diskuswurf 18.08.2008

WR Gabriele Reinsch		GDR	76,80
Neubrandenburg – 09.07.1988			
OR Martina Hellmann		GDR	72,30
Seoul – 29.09.1988			
1. Stephanie Brown Trafton		USA	64,74
(64,74/x/x/58,39/61,30/x)			
2. Yarelys Barrios		CUB	63,64
(63,17/63,64/62,22/62,12/x/60,30)			
3. Olena Antonowa		UKR	62,59
(60,79/62,16/x/60,50/62,59/62,34)			
4. Song Aimin		CHN	62,20
(56,41/59,55/62,17/61,75/62,20/60,51)			
5. Vera Cechlova		CZE	61,75
(x/61,08/x/58,74/61,75/61,66)			
6. Ellina Swerewa		BLR	60,82
(60,43/60,10/x/x/60,34/60,82)			
7. Yi Yanfeng		CHN	60,68
(60,68/x/59,72/x/x/60,62)			
8. Melina Robert-Michon		FRA	60,66
(60,49/x/x/x/60,66/60,45)			

Hammerwurf 20.08.2008

WR Tatjana Lisenko		RUS	77,80
Tallin/EST – 15.08.2006			
OR Olga Kusenkowa		RUS	75,02
Athen – 25.08.2004			
1. Aksana Menkowa		BLR	76,34
(74,40/x/72,23/x/76,34/51,72)			
2. Yipsi Moreno		CUB	75,20
(x/73,95/72,61/x/74,70/75,20)			
3. Zhang Wenxiu		CHN	74,32
(74,00/74,32/73,40/73,50/70,75/73,53)			
4. Darya Pschelnik		BLR	73,65
(69,10/72,46/72,82/71,00/72,83/73,65)			
5. Manuela Montebrun		FRA	72,54
(67,63/70,55/70,01/72,54/71,92/70,63)			
6. Anita Wlodarczyk		POL	71,56
(69,39/x/71,56/70,86/x/x)			
7. Clarissa Claretti		ITA	71,33
(x/71,33/x/x/x/x)			
8. Martina Hrasnova		SLO	71,00
(68,28/x/71,00/x/70,19/x)			
VK: 9. Betty Heidler (GER) x/x/70,06.			
QU: 24. Kathrin Klaas (GER) 67,54.			

Speerwurf 21.08.2008

WR Osleidys Menendez		CUB	71,70
Helsinki – 14.08.2005			
OR Osleidys Menendez		CUB	71,53
Athen – 27.08.2004			
1. Barbora Spotakova		CZE	71,42
(69,22/67,04/x/64,92/x/71,42)			
2. Maria Abakumova		RUS	70,78
(69,32/69,08/x/70,78/x/67,52)			
3. Christina Obergföll		GER	66,13
(66,13/x/63,34/x/x/x)			
4. Goldie Sayers		GBR	65,75
(65,75/59,40/62,92/59,72/65,03/56,83)			
5. Steffi Nerius		GER	65,29
(64,05/62,25/59,97/x/x/65,29)			
6. Osleidys Menendez		CUB	63,35
(63,35/x/x/x/x/x)			
7. Barbara Madejczyk		POL	62,02
(58,74/59,16/58,67/x/58,21/62,02)			
8. Katharina Molitor		GER	59,64
(53,19/57,37/59,64/58,81/56,72/57,00)			

technische Probleme.« Gold sicherte sich die favorisierte Weißrussin Aksana Menkowa, Silber ging wie bereits in Athen an Kubas Yipsi Moreno. Die WM-Dritte Zhang Wenxiu gewann mit Bronze die erste Leichtathletik-Medaille dieser Spiele für China. Auch die WM-Dritte im Kugelstoßen, Nadine Kleinert, suchte im »Vogelnest« vor über 90 000 Zuschauern vergeblich nach ihrer Top-Form, musste sich mit 19,01 m und Rang sieben zufrieden geben. »Ich habe nicht in den Wettkampf gefunden, das ist meine eigene Schuld. Ich hatte sechs Versuche lang Zeit, um das zu ändern.« Dabei wollte Kleinert vor dem angestrebten Wechsel ins Boxlager noch einmal zuschlagen. Als Weltranglisten-Vierte schien die Ausgangsposition glänzend, denn schon 19,86 m hätten für Bronze gereicht. Dies sicherte sich Vize-Weltmeisterin Nadeschda Ostaptschuk. Ihre Landsfrau Natalia Michnewitsch holte Silber. Olympiasiegerin wurde Neuseelands Weltmeisterin Valerie Vili.

Wurf Frauen

Auf dem Boden der Tatsachen: Betty Heidler (oben) ging in Peking leer aus.

Hammerwerferin Aksana Menkowa (Mitte) behielt im Ring die Übersicht.

Fand nicht in den Wettkampf: Nadine Kleinert (unten).

Medaille im Visier, Platz fünf erreicht: Steffi Nerius verpasste erstmals seit sechs Jahren eine Medaille bei einem internationalen Großereignis.

Die Ukrainerin Natalja Dobrinska steigerte ihre Bestleistung um erstaunliche 346 auf 6733 Punkte und beerbte Schwedens Siebenkampf-Königin Carolina Klüft.

Siebenkampf

Ukrainische Überraschung mit fünf Bestleistungen

Für einen ukrainischen Überraschungssieg im Siebenkampf sorgte Natalja Dobrinska, die ihre Bestleistung um erstaunliche 346 Punkte auf 6733 Punkte steigerte. Dobrinska beerbte mit ihrem Triumph Schwedens Siebenkampf-Königin Carolina Klüft, die seit 2002 den Siebenkampf als Seriensiegerin dominiert hatte und in Peking nur im Weit- und Dreisprung startete.

Der zunächst von Dobrinska und Landsfrau Ludmilla Blonska gefeierte Doppelsieg erhielt nur einen Tag später einen bitteren Beigeschmack. Die 30-jährige Hallen-Weltmeisterin Blonska musste nach einem positiven Doping-Befund ihre Silbermedaille wieder abgeben, nachdem sowohl in der A- als auch in der B-Probe die anabole Substanz Methyltestosteron nachgewiesen wurde. Als »Wiederholungstäterin« – Blonska war bereits von 2003 bis 2005 nach einem positiven Dopingtest auf anabole Steroide gesperrt – steht der Ukrainerin nun eine lebenslange Sperre bevor.

Silber ging nachträglich an die Amerikanerin Hyleas Fountain (6619), die nach dem ersten Tag mit 4060 Punkten nach vier Disziplinen noch als Klüft-Nachfolgerin bereit stand, Bronze erhielt die Russin Tatjana Tschernowa.

Unterdessen platzten die deutschen Medaillenträume früh: Die als Bronzekandidatin gehandelte WM-Fünfte Lilli Schwarzkopf belegte nach einem mäßigen Start und nur 5,96 m im Weitsprung zum Auftakt des zweiten Tages Platz acht (6379). Auch Jennifer Oeser (6360) als Elfte und Sonja Kesselschläger (6140) auf Rang 16 hatten wie Schwarzkopf Mühe, an ihre Bestleistungen vom Qualifikationsmeeting im Juni in Ratingen heranzukommen.

Die 24-jährige Schwarzkopf, 1992 mit ihren Eltern als Spätaussiedlerin aus Kirgisien nach Deutschland gekommen, verpasste es am ersten Tag, sich in Stellung zu bringen, begann mit 13,73 Sekunden über die Hürden schwach, blieb auch mit 1,80 m im Hochsprung weit hinter ihren eigenen Erwartungen zurück. Nach der Bestleistung im Kugelstoßen (14,61 m) keimte nochmal Hoffnung auf, doch nach einem schwachen Start am zweiten Tag platzten alle Medaillenträume der Paderbornerin. »Eigentlich wollte ich 'was Besseres, ich habe es versäbelt«, beklagte Schwarzkopf. Teamkameradin Oeser fand lediglich ihre 800-m-Bestleistung (2:11,33 Minuten) zum Schluss »versöhnlich« und hofft nun auf »eine deutlich bessere WM im nächsten Jahr vor heimischem Publikum«. Auch Kesselschläger war frustriert: »Das hätte ich mir anders vorgestellt.«

Skepsis nach Leistungsexplosion

Der Sieg von Natalja Dobrinska war für alle eine große Überraschung. Bislang tummelte sich die Ukrainerin stets im Mittelfeld internationaler Titelkämpfe, erzielte ihre beste Freiluft-Platzierung als Achte bei der WM 2007. Ein Jahr später wurde die 26-Jährige EM-Sechste. In Peking gelangen ihr insgesamt fünf Bestleistungen – bei sieben Disziplinen. Eine schier unglaubliche Steigerung, die Schwarzkopf nur süffisant kommentierte: »Sie hat wahrscheinlich sehr gut trainiert.« Auch Oeser gab sich sarkastisch: »Das gibt mir Hoffnung, auch mal so viele Punkte zu machen. Es kann sich jeder seinen Teil denken, aber ich möchte sie nicht beschuldigen.«

Seite an Seite, aber weit entfernt von den Medaillen: die deutschen Siebenkämpferinnen Jennifer Oeser (links) und Lilli Schwarzkopf (rechts).

Die US-Amerikanerin Hyleas Fountain (oben) führte nach dem ersten Tag und gewann nach der Doping-Disqualifikation von Ludmilla Blonska Silber.

Die »Siebenkampf-Familie« unter sich (unten)

Siebenkampf

Statistik

Siebenkampf 16.08.2008
WR Jackie Joyner-Kersee USA 7291 Seoul – 24.09.1988
OR Jackie Joyner-Kersee USA 7291 Seoul – 24.09.1988

				1	2	3	4	5	6	7
1.	Natalja Dobrinska	UKR	6733	13,44	1,80	17,29	24,39	6,63	48,60	2:17,72
2.	Hyleas Fountain	USA	6619	12,78	1,89	13,36	23,21	6,38	41,93	2:15,45
3.	Tatjana Tschernowa	RUS	6591	13,65	1,83	12,88	23,95	6,47	48,37	2:06,50
4.	Kelly Sotherton	GBR	6517	13,18	1,83	13,87	23,39	6,33	37,66	2:07,34
5.	Jessica Zelinka	CAN	6490	12,97	1,77	13,79	23,64	6,23	43,91	2:07,95
6.	Anna Bogdanowa	RUS	6465	13,09	1,86	14,08	24,24	6,45	35,41	2:09,45
7.	Karolina Tyminska	POL	6428	13,62	1,77	14,08	23,39	6,53	35,97	2:07,08
8.	Lilli Schwarzkopf	GER	6379	13,73	1,80	14,61	25,25	5,96	51,88	2:10,91
11.	Jennifer Oeser	GER	6360	13,57	1,80	13,62	24,67	6,16	47,53	2:11,33
16.	Sonja Kesselschläger	GER	6140	13,50	1,77	14,33	25,50	6,04	44,28	2:15,94
30.	Linda Zublin	SUI	5743	13,90	1,62	12,34	24,99	5,74	47,19	2:18,68

DQ: Ludmila Blonska (UKR).

1 = 100 m Hürden, 2 = Hochsprung, 3 = Kugelstoßen, 4 = 200 m, 5 = Weitsprung, 6 = Speerwurf, 7 = 800 m

Gesichter des Modernen Fünfkampfs: Lena Schöneborn legte den Grundstein zum Erfolg beim Degenfechten und hatte mit dem ihr zugelosten Pferd »Sternchen« großes Glück. Verdienter Lohn war die Goldmedaille (großes Bild). Steffen Gebhardt wurde am Ende unerwartet Fünfter (oben links). Der Athen-Sieger Andrej Mojsejew erwies sich auch in Peking als bester Mehrkämpfer (oben rechts).

Moderner Fünfkampf

Auf »Sternchen« nach den Sternen gegriffen

Lena Schöneborn beendete mit ihrem Olympia-Sieg im Modernen Fünfkampf die mittlerweile 72-jährige Durststrecke deutscher Athleten bei Olympischen Spielen. Zuletzt hatte Gotthard Handrick mit seinem Olympiasieg 1936 in Berlin olympisches Edelmetall für Deutschland geholt. Dieser Coup gelang nun auch der ehemaligen Schwimmerin Schöneborn, die vor acht Jahren zum Fünfkampf gewechselt war, bei ihrer ersten Olympia-Teilnahme.

»Das ist sensationell, wir sind alle komplett aus dem Häuschen. Endlich hat mal alles so geklappt wie im Training. Lena hat eine fantastische Leistung abgeliefert und völlig verdient gewonnen«, freute sich Bundestrainerin Kim Raisner mit ihrem Schützling: »Ich gönne ihr den Erfolg von ganzem Herzen. Sie hat vier Jahre hart dafür trainiert.«

Dabei war die Vize-Weltmeisterin von 2007 durchwachsen in den Wettkampf gestartet. Beim Schießen mit der Luftpistole erzielte sie bei 20 Schüssen lediglich 177 von 200 möglichen Ringen und lag zunächst nur auf Platz 20. Doch bereits beim Fechten wendete sich das Blatt. Mit der Weltbestleistung von 28:7-Siegen auf der Planche übernahm die frühere Junioren-Weltmeisterin die Führung und behauptete diese mit persönlicher Bestzeit (2:16,91 Minuten) beim Schwimmen über 200 m Freistil.

Nach einem nahezu fehlerfreien Ritt auf dem ihr zugelosten Wallach »XingXing«, was übersetzt »Sternchen« bedeutet, griff Schöneborn im Laufen dann tatsächlich nach den Sternen. Silber ging an die Britin Heather Fell, Bronze sicherte sich Europameisterin Wiktorija Tereschtschuk aus der Ukraine.

»ChuChu« war kein »Sternchen«

Ein »Sternchen« hätte sich auch der frühere Weltmeister Eric Walther gewünscht. Doch stattdessen zog der 33-Jährige in der Pferde-Lotterie die Niete »ChuChu« und sein Traum von einer Olympiamedaille platzte. »ChuChu wollte nicht so wie ich.« Mit dem ihm zugelosten Wallach riss der in aussichtsreicher Position liegende Walther zahlreiche Hindernisse. Bei einem fehlerfreien Ritt hätte der Athen-Siebte sogar in den Kampf um Gold eingreifen können. »Ich bin sehr enttäuscht. Hier war eine Medaille drin«, sagte Walther.

Unterdessen freute sich der Bensheimer Steffen Gebhardt über seinen – wenn auch glücklich zustande gekommenen – fünften Platz. Der 26-Jährige profitierte von den unterschiedlichen Qualitäten der Pferde und überzeugte mit einem guten Reitergebnis und einem engagierten Lauf. »Ich weiß nicht, ob ich lachen oder weinen soll. Mein Wettkampf war eigentlich gar nicht gut, aber zum Glück haben viele beim Reiten gepatzt«, meinte der WM-Vierte von 2007. Olympiasieger wurde Titelverteidiger Andrej Mojsejew (Russland) vor den beiden Litauern Edvinas Krungolcas und Andrejus Zadneprovskis.

Mehrkampf

Unerwartete Siege sind immer die schönsten. Und um solche handelte es sich in den beiden Mehrkampf-Disziplinen, dem Olympia-»Urgestein« Moderner Fünfkampf und dem moderneren Triathlon.

Im Dreikampf Schwimmen-Radfahren-Laufen setzte sich Jan »Frodo« Frodeno mit einem fulminanten Schluss-Spurt gegen die eigentlichen Favoriten durch. Drei Tage später stand mit Lena Schöneborn im zwölf Stunden dauernden Fünfkampf Pistolenschießen-Degenfechten-Schwimmen-Reiten-Laufen eine 22-jährige Deutsche auf dem obersten Podest, die man dort nicht unbedingt erwartet hatte.

Beide Olympiasieger nutzten jedenfalls die große Chance, ihre Sportart in der öffentlichen Wahrnehmung zu stärken. Wenn Olympia-Gold dies nicht schafft, was denn dann?

Statistik

Männer 21.08.2008

				Schießen	Fechten	Schwimmen	Reiten	Laufen
1. Andrej Mojsejew	RUS	5632		186	26:9	2:02,55	67,70	9:48,75
2. Edvinas Krungolcas	LTU	5548	0:21	185	21:14	2:07,63	70,89	9:42,65
3. Andrejus Zadneprovskis	LTU	5524	0:27	182	15:20	2:02,27	75,20	9:25,00
4. Qian Zhenhua	CHN	5516	0:29	189	26:9	2:07,46	70,18	10:04,40
5. Steffen Gebhardt	GER	5480	0:38	183	18:17	2:06,84	82,61	9:33,97
6. Michal Michalik	CZE	5460	0:43	188	16:19	2:08,37	69,37	9:47,25
7. Pawlo Timoschenko	UKR	5436	0:49	185	22:13	2:09,20	73,29	9:42,61
8. Oscar Soto	MEX	5420	0:53	171	20:15	2:10,60	77,32	9:21,95
16. Eric Walther	GER	5292	1:25	172	20:15	2:00,84	106,18	9:18,55

Frauen 22.08.2008

				Schießen	Fechten	Schwimmen	Reiten	Laufen
1. Lena Schöneborn	GER	5792		177	28:7	2:16,91	68,05	10:28,82
2. Heather Fell	GBR	5752	0:10	185	20:15	2:12,77	71,58	10:19,28
3. Wiktorija Tereschtschuk	UKR	5672	0:30	178	22:13	2:13,97	70,10	10:13,25
4. Anastasia Samusewitsch	BLR	5640	0:38	187	19:16	2:29,64	67,60	10:04,06
5. Chen Qian	CHN	5612	0:45	177	20:15	2:18,58	68,65	10:27,41
6. Paulina Boenisz	POL	5564	0:57	183	21:14	2:24,08	83,27	10:20,95
7. Katy Livingston	GBR	5548	1:01	178	17:18	2:15,68	67,28	10:29,47
8. Aya Medany	EGY	5544	1:02	184	22:13	2:15,69	71,78	10:36,05
11. Belinda Schreiber	SUI	5464	1:22	188	18:17	2:16,96	66,82	11:23,70
29. Eva Trautmann	GER	5028	3:11	168	9:26	2:17,17	80,46	10:40,25

Luftpistole / Degenfechten / 200 m Freistil / Springreiten / 3000-m-Geländelauf

Triathlon

Frodos fabulöser Gold-Sprint

»Ich hab's geschafft!« Olympiasieger Jan Frodeno (links) ballt seine Faust auch auf dem Siegerpodest noch. Emma Snowsill (rechts) kam am besten mit den »Backofen-Temperaturen« zurecht und lief zu Gold.

Augen zu und durch – aus dem Windschatten seines Kontrahenten Simon Whitfield heraus zog Jan Frodeno gut 70 Meter vor dem Ziel des olympischen Triathlon-Wettbewerbs seinen eindrucksvollen Schluss-Spurt an, dem der Kanadier nichts mehr entgegenzusetzen hatte. Einen Tag nach seinem 27. Geburtstag triumphierte der WM-Sechste aus Saarbrücken in einem von der Taktik geprägten Rennen vor Whitfield, dem Olympiasieger von 2000, und dem Olympia-Zweiten von 2004, Bevan Docherty (Neuseeland). »Es war das Rennen meines Lebens«, kommentierte Frodeno seinen Gold-Coup. »Ich hatte heute endlich einmal den Tunnelblick, den ich mir schon so oft gewünscht habe.« Weltmeister Daniel Unger auf Rang sechs und Christian Prochnow auf Rang 15 rundeten die »hervorragende Teamleistung« ab, so Rainer Düro, Präsident der Deutschen Triathlon Union (DTU), der in sein Lob neben den Athleten auch das Trainerteam um Bundestrainer Wolfgang Thiel und Nachwuchstrainer Roland Knoll sowie Sportdirektor Rolf Ebeling einschloss. »Jetzt sind wir bei den Männern endgültig in der Weltspitze angekommen.«

Nahezu geschlossen begab sich das 55-köpfige Starterfeld nach dem Schwimmen über 1,5 km im Stausee, das der Neuseeländer Shane Reed (18:00 Minuten) dominiert hatte, auf die 40 km lange Radstrecke im Ming Tomb Reservoir, gut 40 Kilometer außerhalb von Peking. Während sich die Favoriten vornehmlich zurückhielten, suchte ein Duo um den Mexikaner Francisco Serrano und dem Belgier Axel Zeebroek kurz vor Ende der vierten von sechs Runden sein Heil in der Flucht. Mit Dirk Bockel aus Luxemburg schloss sich kurze Zeit später noch ein Dritter dem Führungs-Duo an, aus dem der Mexikaner in der letzten Runde wieder herausfiel.

Unbeeindruckt vom Vorstoß der »Außenseiter«, die mit rund 55 Sekunden Vorsprung auf die Laufstrecke gingen, absolvierten die Favoriten den Wechsel vom Rad zum Laufen gemeinsam. Angeführt von U-23-Weltmeister Alistair Brownlee aus Großbritannien starteten Unger, Frodeno und Spaniens Weltmeister Francisco Javier Gomez die unerbittliche Aufholjagd. Am Ende der zweiten von vier Laufrunden war die Flucht der Ausreißer beendet und mit einer kurzen Attacke sprengte der Weltmeister von 2002 und Olympia-Fünfte von 2000, Ivan Rana (Spanien), das Feld in Stücke. Nur Gomez, Brownlee und »Kiwi« Bevan Docherty konnten folgen. Doch gemeinsam mit Whitfield gelang es Jan Frodeno, die Lücke von sieben Sekunden wieder zu schließen, während Unger – allein auf weiter Flur – verzweifelt versuchte, wieder Anschluss zu finden.

Einer nächsten Attacke von Gomez konnten weder Brownlee noch Rana folgen. Es schien, als würde ein Quartett die Medaillen unter sich ausmachen. Zwischen Kilometer acht und neun verschärfte Gomez abermals das Tempo. Sydney-Olympiasieger Whitfield war kurzfristig abgeschlagen, kämpfte sich aber gut 400 Meter vor dem Ziel wieder an das Führungstrio heran, setzte nur 100 Meter weiter zur Gegenattacke an, der lediglich Jan Frodeno standhalten konnte. In ähnlichem Stil hatte sich der Kanadier 2000 bei der olympischen Triathlon-Premiere Gold vor dem Deutschen Stephan Vuckovic gesichert.

Während Gomez und Docherty geschlagen waren, startete Frodeno ein taktisches Meisterspiel, nutzte geschickt wie ein Radfahrer den Windschatten des führenden Kanadiers, der vergeblich versuchte, den 27-Jährigen abzuschütteln. Dessen Attacke gut 70 Meter vor der Ziellinie folgte die finale, endgültige Tempoverschärfung des in Südafrika aufgewachsenen Frodeno und der Schluss-Spurt zu Olympia-Gold. Unger, der vergeblich versucht hatte, die vielen Lücken zu schließen, wurde Sechster und gratulierte im Ziel als Erster seinem Freund Frodo zu dessen »Meisterstück«.

Snowsill siegt im Backofen

»Emma Snowsill hat ihr Leben dem Triathlon geopfert. Deshalb hat sie den Sieg auch verdient«, erklärte Ricarda Lisk, die in der Frauenkonkurrenz als beste Deutsche auf Platz 15 landete. Auch Christiane Pilz auf Rang 26, Anja Dittmer als 33. und die für Österreich startende, gebürtige Australierin Kate Allen, die noch vor vier Jahren in Athen triumphierte, hatten mit dem Ausgang des Rennens nichts zu tun. »Ich habe mein Bestes gegeben, aber ich war platt. Es war so heiß wie im Backofen«, meinte Lisk: »Ich hoffe, dass ich in vier Jahren in London so weit sein werde wie Emma heute.«

Kate Allen, die sich nach einem schweren Sturz mit dem Rad vor knapp einem halben Jahr zuletzt wieder zurückgekämpft hatte, verlor alle Chancen in der Wechselzone, als sie ihr Rad verwechselte und wertvolle Zeit einbüßte.

Lediglich einmal musste Snowsill auf dem Weg zum ersten australischen Triathlon-Gold bangen. Als die 27-Jährige von der Goldküste kurz vor Ende der zweiten Laufrunde in den Zielbereich am Fuß der imposanten Staumauer am Ming Tomb Reservoir einbog, wählte sie den falschen Weg. Erst als ihr ein Auto entgegenkam bemerkte sie den Irrtum, stieg über eine Absperrung, setzte ihren »Triumphmarsch« fort und verwies Top-Favoritin Vanessa Fernandes (Portugal) und Emma Moffat (Australien) auf die Plätze.

Ricarda Lisk (links), hier verfolgt von Mannschaftskameradin Christiane Pilz, will nach ihrem 15. Platz in Peking in vier Jahren in London erneut angreifen.

Augen zu und durch – dem Schluss-Spurt von Jan Frodeno konnte niemand mehr folgen.

Statistik

Männer 19.08.2008

				1	2	3
1.	Jan Frodeno	GER	1:48:53,28	18:14	59:01	30:46
2.	Simon Whitfield	CAN	1:48:58,47	18:18	58:56	30:48
3.	Bevan Docherty	NZL	1:49:05,59	18:23	58:51	30:57
4.	Francisco Javier Gomez	ESP	1:49:13,92	18:08	59:06	31:03
5.	Ivan Rana	ESP	1:49:22,03	18:22	58:52	31:14
6.	Daniel Unger	GER	1:49:43,78	18:25	58:49	31:35
7.	Hunter Kemper	USA	1:49:48,75	18:04	59:06	31:40
8.	Rasmus Henning	DEN	1:49:57,47	18:18	58:57	31:48

15. Christian Prochnow (GER) 1:50:33,90 (18:23/58:56/32:21), 19. Olivier Marceau (SUI) 1:50:50,07 (18:55/58:18/32:37), 23. Sven Riederer (SUI) 1:51:19,45 (18:14/58:52/33:11), 29. Reto Hug (SUI) 1:52:04,93 (18:55/58:20/33:53), 38. Simon Agoston (AUT) 1:53:23,98 (18:20/59:00/35:02).

Frauen 18.08.2008

				1	2	3
1.	Emma Snowsill	AUS	1:58:27,66	19:51	1:04:20	33:17
2.	Vanessa Fernandes	POR	1:59:34,63	19:53	1:04:18	34:21
3.	Emma Moffatt	AUS	1:59:55,84	19:55	1:04:12	34:46
4.	Laura Bennett	USA	2:00:21,54	19:49	1:04:23	35:10
5.	Juri Ide	JPN	2:00:23,77	19:50	1:04:24	35:05
6.	Nicola Spirig	SUI	2:00:30,48	20:17	1:03:54	35:20
7.	Daniela Ryf	SUI	2:00:40,20	19:56	1:04:17	35:31
8.	Andrea Hewitt	NZL	2:00:45,99	19:54	1:04:15	35:38

13. Magali di Marco (SUI) 2:01:50,74 (19:50/1:04:22/36:39), 14. Kate Allen (AUT) 2:02:00,69 (20:57/1:05:24/34:32), 15. Ricarda Lisk (GER) 2:02:07,75 (20:00/1:04:12/36:46), 26. Christiane Pilz (GER) 2:03:46,82 (20:00/1:04:09/38:29), 27. Tania Haiböck (GER) 2:04:03,16 (21:03/1:05:22/36:37), 33. Anja Dittmer (GER) 2:05:45,86 (20:16/1:06:08/38:18).
AG: Eva Dollinger (AUT).

1 = 1,5 km Schwimmen, 2 = 40 km Radfahren, 3 = 10 km Laufen (Gesamtzeit inkl. Wechselzeiten).

Die effiziente und professionelle Arbeit zahlte sich aus: Großbritannien war die erfolgreichste Radsport-Nation in Peking.

Radsport

Mountainbikerin Sabine Spitz sorgte am vorletzten Wettkampftag zwar für das ersehnte deutsche Gold, ansonsten verbuchte der Bund Deutscher Radfahrer (BDR) mit nur drei Medaillen die schlechteste Ausbeute seit Atlanta 1996 und verfehlte das vorab ausgegebene Ziel von fünf Plaketten. Dabei schmerzte insbesondere das schlechte Abschneiden in den Straßen-Wettbewerben.

Herausragende Nation bei den Radsportlern waren die Briten, die auf der Straße, vor allem aber auf der Bahn glänzten. »Die Erfolge sind die Bestätigung unserer harten Arbeit über Jahre hinweg«, erklärte der frühere deutsche Sprint-Weltmeister Jan van Eijden, bei den Briten inzwischen als Coach tätig.

Mit harter Arbeit allein ist es jedoch nicht getan. Der Erfolg hat ein System und das heißt Zentralisierung. Keine Bundestrainer, die sich mit den Landesverbänden herumschlagen müssen, keine Alleingänge von Fahrern. Und auch keine externen Sponsoren, die mitreden wollen. »Bei den Briten funktioniert das ganze Umfeld viel harmonischer und effizienter. Da haben wir noch Steigerungspotenzial«, sagte der deutsche Hoffnungsträger Roger Kluge.

»Wer nicht mitzieht, muss sich ganz schnell aus dem System verabschieden. Die Bahn-Mannschaft wird wie ein Profirennstall geführt. Da herrschen klare, professionelle Strukturen. Es gibt keine Störungen von außen«, erklärte BDR-Sportdirektor Burckhard Bremer und blickte ein wenig neidisch nach Manchester, wo im dortigen Leistungszentrum alle Fäden zusammenlaufen.

Auf dem Weg zu Gold: Sabine Spitz.

Radsport, Bahn

Großbritannien im Goldrausch

»God save the Queen« wurde zum Dauerbrenner, der »Union Jack« zur meistgehissten Nationalflagge im Laoshan Velodrome. Bei den »britischen Bahnrad-Festspielen« fuhren die Sportler von der Insel in einem wahren Goldrausch zu sieben Gold-, drei Silber- und zwei Bronzemedaillen. Das »Mini-Team« des Bundes Deutscher Radfahrer (BDR) konnte die vier Medaillen von Athen 2004 zwar nicht wiederholen, sendete mit einer Silbermedaille im Punktefahren und einer Bronzemedaille im Teamsprint aber wieder Lebenszeichen.

Herausragender Erfolg der Briten war der Sieg des Bahnvierers, der im Endlauf in 3:53,314 Minuten erneut einen neuen Fabel-Weltrekord aufstellte, nachdem Ed Clancy, Paul Manning, Geraint Thomas und Bradley Wiggins schon in der ersten Runde in 3:55,205 ihre eigene Bestmarke (3:56,322) von den Weltmeisterschaften in Manchester am 27. März um mehr als eine Sekunde unterboten hatten. Nach Bronze 2000 in Sydney und Silber 2004 in Athen war das Gold von Peking 2008 die logische Konsequenz der effizienten Trainingsarbeit auf der Insel.

In der einstigen deutschen Paradedisziplin hatte sich erstmals seit 1952 kein schwarz-rot-goldener Vierer für das olympische Turnier qualifiziert. Bei den BDR-Verantwortlichen dürften beim Aufleuchten der Ergebnistafel mit den magischen 3:53,314 Minuten der Briten wehmütige Erinnerungen an Sydney 2000 hochgekommen sein, als der schnellste deutsche Vierer aller Zeiten erstmals die Vier-Minuten-Schallmauer in 3:59,710 durchbrochen hatte.

Teamsprint-Bronze mit nur acht Tausendstelsekunden Vorsprung für das BDR-Trio (oben). Verena Jooß schied in der Einerverfolgung früh aus (unten).

Statistik

Sprint, Männer 19.08.2008
1. Chris Hoy GBR 2:0
2. Jason Kenny GBR
3. Mickael Bourgain FRA 2:1
4. Maximilian Levy GER

5. Kevin Sireau (FRA), 6. Teun Mulder (NED), 7. Theo Bos (NED), 8. Mohd Azizulhasni Awang (MAS), 9. Stefan Nimke (GER). **HF:** Hoy – Bourgain 2:0, Kenny – Levy 2:0. **VF:** Hoy – Awang 2:0, Kenny – Sireau 2:0, Levy – Mulder 2:0, Bourgain – Bos 2:0. **HO:** Stefan Nimke (GER).

Teamsprint 15.08.2008
1. Großbritannien 43,128
   (Hoy, Kenny, Staff)
2. Frankreich 43,651
   (Bauge, Sireau, Tournant)
3. Deutschland 44,014
   (Enders, Levy, Nimke)
4. Australien 44,022
5. Niederlande 44,212
6. Japan 44,437
7. Malaysia 44,822
8. USA 45,423

4000 m Einzelverfolgung 16.08.2008
WR Chris Boardman GBR 4:11,114
   Manchester – 29.08.1996
OR Bradley Wiggins GBR 4:15,165
   Athen – 20.08.2004

1. Bradley Wiggins GBR 4:16,977
2. Hayden Roulston NZL 4:19,611
3. Steven Burke GBR 4:20,947
4. Alexei Markow RUS 4:24,149

5. Volodymyr Djudja (UKR), 6. Antonio Tauler (ESP), 7. Taylor Phinney (USA), 8. Alexander Serow (RUS). **VF:** Burke 4:21,558 – Djudja 4:22,471, Markow 4:22,308 – Tauler 4:24,974, Roulston 4:19,232 – Phinney 4:26,644, Wiggins 4:16,571 – Serow 4:25,391.

Mannschaftsverfolgung 18.08.2008
WR Großbritannien 3:56,322
   Manchester – 27.03.2008
OR Australien 3:56,610
   Athen – 22.08.2004

1. Großbritannien WR 3:53,314
   (Clancy/Manning/Thomas/Wiggins)
2. Dänemark 4:00,040
   (Mörköv/Jörgensen/Madsen/Rasmussen)
3. Neuseeland 3:57,776
   (Bewley/Roulston/Ryan/Sergent)
4. Australien 3:59,006
   (Bobridge/Brown/Jamieson/Roberts)

5. Niederlande, 6. Russland, 7. Spanien, **DQ:** Frankreich. **VF:** DEN 3:56,831 – FRA DQ, AUS 3:58,633 – NED eingeholt, NZL 3:57,536 – ESP eingeholt, GBR 3:55,202 – RUS eingeholt.

Punktefahren, Männer 16.08.2008
1. Joan Llaneras ESP 60
2. Roger Kluge GER 58
3. Chris Newton GBR 56
4. Cameron Meyer AUS 36
5. Wasili Kirijenka BLR 34
6. Daniel Kreutzfeldt DEN 29
7. Zachary Bell CAN 27
8. Makoto Iijima JPN 23

Keirin 16.08.2008
1. Chris Hoy GBR
2. Ross Edgar GBR
3. Kiyofumi Nagai JPN
4. Shane Kelly AUS
5. Carsten Bergemann GER
6. Arnaud Tournant FRA

AU: Maximilian Levy (GER), damit 13.

Madison, Männer 19.08.2008
1. Curuchet/Perez ARG 8
2. Llaneras/Tauler ESP 7
3. Ignatjew/Markow RUS 6
4. Keisse/de Ketele BEL + 1Rd. 17
5. Kluge/Pollack GER 15
6. Mörköv/Rasmussen DEN 14
7. Ladagnous/Neuville FRA 12
8. Mouris/Schep NED 6
11. Marvulli/Risi SUI 3

Sprint, Frauen 19.08.2008
1. Victoria Pendleton GBR 2:0
2. Anna Meares AUS
3. Guo Shuang CHN 2:0
4. Willy Kanis NED

5. Clara Sanchez (FRA), 6. Natallja Tsilinskaja (BLR), 7. Jennie Reed (USA), 8. Simona Krupeckaite (LTU).

HF: Pendleton – Kanis 2:0, Meares – Guo Shuang 2:1. **VF:** Pendleton – Krupeckaite 2:0, Guo Shuang – Tsilinskaja 2:0, Meares – Sanchez 2:0, Kanis – Reed 2:0.

3000 m Verfolgung, Frauen 17.08.2008
WR Sarah Ulmer NZL 3:24,537
   Athen – 22.08.2004
OR Sarah Ulmer NZL 3:24,537
   Athen – 22.08.2004

1. Rebecca Romero GBR 3:28,321
2. Wendy Houvenaghel GBR 3:30,395
3. Lesja Kalitowska UKR 3:31,413
4. Alison Shanks NZL 3:34,156

5. Sarah Hammer (USA), 6. Vilija Sereikaite (LTU), 7. Katie Mactier (AUS), 8. Lada Kozlikova (CZE). **VF:** Shanks 3:32,478 – Hammer 3:34,237, Kalitowska 3:31,785 – Sereikaite 3:36,808, Romero 3:27,703 – Mactier 3:37,296 (eingeholt), Houvenaghel 3:27,829 – Kozlikova AG. **QU:** 9. Karin Thürig (SUI) 3:40,682, 11. Verena Jooß (GER) 3:44,480.

Punktefahren, Frauen 18.08.2008
1. Marianne Vos NED 30
2. Yoanka Gonzalez CUB 18
3. Leire Olaberria ESP 13
4. Maria Luisa Calle COL 13
5. Lesia Klatitowska UKR 10
6. Katherine Bates AUS 10
7. Pascale Jeuland FRA 8
8. Olga Sliusarewa RUS 8

AG: Verena Jooß (GER).

Dennoch gaben die deutschen Bahnradstars ein gutes Bild ab. Als René Enders, Maximilian Levy und Stefan Nimke mit der Winzigkeit von acht Tausendstelsekunden vor Australien über den Zielstrich zu Bronze im Teamsprint und der ersten BDR-Medaille in Peking gerauscht waren, hellten sich die Mienen im bislang so arg gebeutelten deutschen Radsport-Lager schlagartig auf. »Diese Medaille ist enorm wichtig. Eine Last ist von uns abgefallen. Jetzt haben wir gemerkt: Moment mal, hier geht doch etwas«, sagte Nimke, der in Peking seine vierte olympische Medaille nach 2000 (Silber/Zeitfahren) und 2004 (Gold/Teamsprint, Bronze/Zeitfahren) feiern konnte.

Roger Kluge schaute nach seiner Siegerehrung noch ein wenig unsicher zum spanischen Olympiasieger Joan Llaneras rüber, hatte aber schnell den Dreh raus, was man mit so einer Medaille im Blitzlichtgewitter überhaupt anstellt. »Ich habe das alles noch gar nicht realisiert. Ein sensationelles Jahr liegt hinter mir. Silber bei Olympia ist irgendwie schon das zehnte i-Tüpfelchen«, versuchte der 22-Jährige sein Glück in Worte zu fassen, nachdem er seinen kometenhaften Aufstieg mit WM-Silber im Madison und Bronze im Scratch auch auf olympischer Bühne fortgesetzt und gleich bei seiner Premiere die Silbermedaille im Punktefahren errungen hatte.

Maximilian Levys Hoffnungen auf seine zweite olympische Medaille wurden nach seinem überraschenden Einzug ins Sprint-Halbfinale vom Franzosen Mickael Bourgain zunichte gemacht. Der Cottbuser verlor das »Kleine Finale« knapp in drei Läufen. Die Sprinter-Krone schnappte sich nach einem britischen Duell der »flying Scotsman« Chris Hoy vor seinem »englischen« Teamkollegen Jason Kenny.

Wie bei den Männern dominierten auch bei den Frauen die Britinnen. Das Finale in der Einerverfolgung entschied Rebecca Romero vor Teamkollegin Wendy Houvenaghel für sich, im Sprint distanzierte Victoria Pendleton die Australierin Anna Meares klar in zwei Läufen. Verena Jooß, die einzige deutsche Starterin, war angesichts der starken Konkurrenz chancenlos, blieb in der Einerverfolgung deutlich unter ihren Möglichkeiten und schied im Punktefahren vorzeitig aus.

Lediglich in drei der zehn Bahn-Disziplinen gab es kein britisches Gold: Im Punktefahren siegten Joan Llaneras (Spanien) und Marianne Vos (Niederlande). Im Zweier-Mannschaftsfahren, wo die favorisierte britische Paarung mit dem zweifachen Peking-Olympiasieger Brad Wiggins und dem viermaligen Tour de France-Etappensieger Mark Cavendish mit Platz neun enttäuschte, gewannen die Argentinier Juan Esteban Curuchet und Walter Fernando Perez.

Bronze für die deutschen Teamsprinter Maximilian Levy, René Enders und Stefan Nimke (von links).

Roger Kluge war mit Silber im Punktefahren der große Gewinner im deutschen Bahnradsport-Lager. »Er ist so erfrischend, so unkompliziert, so offen. Das macht einfach Spaß und kommt richtig gut an«, schwärmte BDR-Sportdirektor Burckhard Bremer vom neuen Shootingstar.

Bei den Siegerehrungen im Bahnradsport war der oberste Podestplatz fast immer für Großbritannien reserviert: Chris Hoy, Jason Kenny und Jamie Staff gewannen eine von sieben britischen Goldmedaillen (rechts).

Mountainbike

Powerfrau mit eigener Meinung
Triumph-Fahrt zu Gold

Start-Ziel-Sieg: Seit über einem Jahrzehnt fährt Sabine Spitz bereits in der Weltspitze mit und denkt trotzdem noch lange nicht ans Aufhören. »Nichts ist unmöglich. Solange es Spaß macht, fahre ich weiter. Jeannie Longo hat hier mit 49 Jahren teilgenommen. In London wäre ich erst 40.« Ihr Gold war der erste Olympiasieg einer deutschen Radsportlerin seit 1992, als Petra Roßner die Einerverfolgung gewann.

Sabine Spitz ballte die Faust, wedelte wild mit der Deutschland-Fahne und trug freudestrahlend ihr Mountainbike über die Ziellinie. Als die Powerfrau am Ziel ihrer Träume angekommen war und Gold in den Händen hielt, entlud sich die ganze Freude. »Jetzt habe ich es geschafft. Darauf habe ich so viele Jahre hingearbeitet. Bei Olympia zu gewinnen, das ist das Größte, einfach Wahnsinn«, jubelte die 36-Jährige, nachdem sie auf dem Cross-Country-Kurs in Laoshan die gesamte Konkurrenz in Grund und Boden gefahren hatte.

Das 26,7 km lange Rennen über Stock und Stein, wegen des Regens um einen Tag verschoben, wurde für Spitz zu einer einzigen Triumph-Fahrt. Bereits kurz nach dem Start setzte sich die Europameisterin von der Konkurrenz ab, baute den Vorsprung kontinuierlich aus und ließ sich auch von einem kleinen Sturz auf der letzten Runde nicht mehr aus der Bahn werfen. »Ich war schon ein wenig überrascht, dass von hinten niemand mehr kam. So konnte ich ganz entspannt meinen Rhythmus fahren«, beschrieb das Energiebündel ihre Fahrt ins Glück.

Die Ausnahmefahrerin hat klare Ziele und eine klare Meinung. Die Olympia-Dritte von 2004 hielt mit ihrer Kritik an der Menschenrechtspolitik der Chinesen nicht hinterm Berg. Und doch gelang ihr ausgerechnet im von ihr so ungeliebten fernen China (»Ein Land mit zwei Gesichtern«) die größte Sternstunde ihrer Karriere. Es war gleichzeitig die Krönung eines sensationel-

Statistik

Männer (35,6 km) 23.08.2008

1.	Julien Absalon	FRA	1:55:59
2.	Jean-Christophe Peraud	FRA	+ 1:07
3.	Nino Schurter	SUI	+ 1:53
4.	Christoph Sauser	SUI	+ 1:55
5.	Marco Aurelio Fontana	ITA	+ 4:00
6.	Christoph Soukup	AUT	+ 4:12
7.	Liam Killeen	GBR	+ 4:15
8.	Inaki Lejarreta Errasti	ESP	+ 4:22

11. Manuel Fumic (GER) + 5:17, 16. Moritz Milatz (GER) + 7:00, 33. Wolfram Kurschat (GER) + 2 Rd.
AG: Florian Vogel (SUI).

Frauen (26,7 km) 23.08.2008

1.	Sabine Spitz	GER	1:45:11
2.	Maja Wloszczowska	POL	+ 0:41
3.	Irina Kalentjewa	RUS	+ 1:17
4.	Catharine Pendrel	CAN	+ 1:26
5.	Ren Chengyuan	CHN	+ 2:29
6.	Petra Henzi	SUI	+ 3:30
7.	Mary McConneloug	USA	+ 5:23
8.	Georgia Gould	USA	+ 5:40

11. Elisabeth Osl (AUT) + 6:28, 15. Nathalie Schneitter (SUI) + 8:31, 18. Adelheid Morath (GER) +17:14.

len Jahres, in dem sie neben dem EM-Titel auch zwei Silbermedaillen bei der WM in Val di Sole sowie bei der Langstrecken-WM in den Dolomiten geholt hatte.

Sagenhafte Erfolge, die gerade im Radsport naturgemäß Zweifel nach sich ziehen. Dem trat die gelernte Chemielaborantin entschieden entgegen. »Eigentlich hätte ich auf dem Podium ein Schild halten müssen mit der Aufschrift ›Leistung ist auch ohne Doping möglich‹.« Spitz hatte sich in der Vergangenheit als hartnäckige Anti-Doping-Kämpferin erwiesen und auch Konflikte innerhalb des Teams nicht gescheut.

Das Männer-Rennen verlief ähnlich einseitig wie das der Frauen. Der Franzose Julien Absalon dominierte den Parcours und holte sein zweites Gold nach 2004 vor seinem Landsmann Jean-Christophe Peraud. Die Schweizer Nino Schurter und Christoph Sauser belegten die Plätze drei und vier. Großes Pech hatte Manuel Fumic. Der deutsche Meister präsentierte sich in starker Form und konnte sich vor der letzten Runde sogar noch Hoffnung auf Bronze machen. Doch nach einem Reifenplatzer reichte es für den 26-Jährigen am Ende nur zu Rang elf.

Olympischen Kampfgeist bewies die zweite deutsche Starterin, Adelheid Morath. Die 24-jährige Schwarzwälderin erreichte mit mehr als 17 Minuten Rückstand laufend das Ziel, nachdem ihr bei einem Sturz auf der letzten Abfahrt ein Reifen abgesprungen war. Top-Ten-Platzierungen belegten außerdem Petra Henzi aus der Schweiz und der Österreicher Christoph Soukoup als Sechste.

Olympischer Kampfgeist: Adelheid Morath erreichte trotz Stürzen und Defekten das Ziel. Andere hätten vielleicht aufgegeben (oben). Der Franzose Julien Absalon war in Peking der König der »Gelände-Akrobaten« (unten).

Mountainbike

87

BMX ist ein knallhartes Ausscheidungsrennen. Für die Fahrer ist jeder Lauf ein 40-sekündiger Adrenalinstoß mit spektakulären Sprüngen und halsbrecherischen Stürzen.

BMX

»Ready to Rock'n'Roll« – Kontrastprogramm auf kleinen Rädern

Waghalsige Stunts, spektakuläre Stürze und krachende Rockmusik: Die BMX-Fahrer gaben bei den Sommerspielen von Peking in außergewöhnlicher Atmosphäre ihr Debüt und boten ein komplettes Kontrastprogramm zu den klassischen Radwettbewerben. Dem BMX zum Opfer gefallen war das Zeitfahren der Männer und Frauen auf der Bahn.

Die Sportart ist anders und steht damit automatisch im Blickpunkt der Kritiker. Die Profis wollten daher umso mehr demonstrieren, was sie auf ihren Minirädern drauf haben. Mit vollem Körpereinsatz stürzten sie sich die steile Startrampe hinunter, feuerten mit 60 Sachen über die Sandpiste und versetzten die Fans mit zehn Meter weiten Sprüngen in Extase.

Einer dieser Draufgänger hieß Donny Robinson. Und der Weltranglisten-Erste brachte es auf den Punkt: »Das ist die größte Bühne der Welt und wir haben viel zu beweisen. Wir werden den Leuten eine einmalige Show bieten«, sagte der nur 1,65 m große Kalifornier.

BMX hat sich in den vergangenen Jahren enorm entwickelt. Aus dem Funsport ist eine ernsthafte und teilweise brutal gefährliche Disziplin geworden. »Unsere Geschwindigkeit ist schon fast lächerlich schnell und auch ein wenig furchteinflößend. Wir beschleunigen von 0 auf 60 in nur 1,5 Sekunden«, erklärte Robinsons Teamkollege Mike Day.

Statistik

BMX, Männer 22.08.2008

1. Maris Strombergs	LAT	36,190
2. Mike Day	USA	36,606
3. Donny Robinson	USA	36,972
4. Andres Jimenez	COL	39,137
5. Rob van den Wildenberg	NED	39,772
6. Jared Graves	AUS	2:19,233

AU: 7. Sifiso Nhlapo (RSA), 8. Damien Godet (FRA).
HF: Roger Rinderknecht (SUI).

BMX, Frauen 22.08.2008

1. Anne-Caroline Chausson	FRA	35,976
2. Laetitia le Corguille	FRA	38,042
3. Jill Kintner	USA	38,674
4. Sarah Walker	NZL	38,805
5. Gabriela Diaz	ARG	39,747
6. Nicole Callisto	AUS	1:19,609

AU: 7. Sammy Cools (CAN), 8. Shanaze Reade (GBR).
HF: 6. Jenny Fähndrich (SUI).

Sport für Draufgänger:
BMX feierte in Peking eine erfolgreiche Premiere.

Die Favoriten machten die Medaillen unter sich aus: Weltmeister Maris Strombergs (Lettland) siegte bei den Männern vor den US-Amerikanern Day und Robinson. Bei den Frauen triumphierte die frühere Mountainbike-Downhill-Weltmeisterin Anne-Caroline Chausson (Frankreich) vor ihrer Landsmännin Laetitia le Corguille und Jill Kintner (USA). Top-Favoritin Shanaze Reade aus Großbritannien musste ihre Gold-Ambitionen nach einer Kollision mit Vize-Weltmeisterin Chausson in der letzten Kurve begraben.

In vier Jahren sollen in London bei dem Spektakel auch deutsche Starter vertreten sein. Der Bund Deutscher Radfahrer (BDR) – in Peking noch ohne Starter – hat laut Sportdirektor Burckhard Bremer schon beschlossen, eigens zwei BMX-Bundestrainer einzustellen.

Sicherlich gibt es Kritiker, für die BMX bei Olympia nichts zu suchen hat. Doch das war bei der Einführung von Beachvolleyball bei den Sommerspielen 1996 und Snowboard bei den Winterspielen 1998 nicht anders. Heute sind beide Disziplinen absolute Publikumsmagnete. Und BMX hat durchaus die Chance, Ähnliches zu erreichen.

BMX

Radsport, Straße

»Olympia ist schön – die Radrennen nicht«

Für Pekings Sehenswürdigkeiten hatte Fabian Cancellara auf seinem Weg zum Olympiasieg keinen Blick. Mit Zeitfahr-Gold und Bronze im Straßenrennen avancierte der Schweizer zum erfolgreichsten Straßen-Radsportler in Peking (großes Bild).

Wetterkapriolen erschwerten die Rennen. Vorbei an der Chinesischen Mauer und einer spärlichen Zuschauerkulisse ging es für die Straßen-Radsportler. Stefan Schumacher kam mit den Witterungsbedingungen nicht zurecht und konnte die hochgesteckten Erwartungen aus deutscher Sicht nicht erfüllen (rechte Seite oben).

Die ernüchternde Bilanz ließ sich am Ende nicht wegdiskutieren: Zum ersten Mal seit 1996 mussten die optimistisch in die Wettkämpfe gestarteten deutschen Straßen-Radsportler die Heimreise ohne Medaille antreten. In allen vier Wettbewerben hatten die deutschen Pedaleure im Kampf um die Medaillen keine Chance.

Die Probleme der BDR-Sportler deuteten sich schon am ersten Tag an und zogen sich dann durch alle vier Wettbewerbe auf der Straße. Bei der »Hitzeschlacht« der Männer mit tropischen Temperaturen, einer Luftfeuchtigkeit von über 80 Prozent und einer Kletterpartie in den Bergen erreichte lediglich Fabian Wegmann als einziger der fünf deutschen Starter auf Rang 21 nach 245 Kilometern das Ziel. »Hoffnungsträger« Stefan Schumacher war mit den Wetterbedingungen überhaupt nicht zurechtgekommen und stieg rund 50 Kilometer vor dem Ziel entkräftet und von Kopfschmerzen geplagt vom Rad.

Auch im Einzelzeitfahren lief es für den Schwaben, der mit zwei Zeitfahrsiegen bei der Tour de France 2008 noch geglänzt hatte, nicht wesentlich besser. »Ich bin mit dem Klima einfach nicht zurechtgekommen. Das war wie im Höhentrainingslager. Das ist frustrierend. Olympia ist eine schöne Veranstaltung, nur die Radrennen waren nicht schön«, klagte »Schumi«, der am Ende Rang 13 mit mehr als drei Minuten Rückstand auf den Sieger belegte.

Schweizer Präzision im »Kampf gegen die Uhr«

Auf der 47,3 km langen Strecke hatte ihm zuvor der Schweizer Fabian Cancellara die Grenzen aufgezeigt. Schon in der ersten von zwei Runden wurde Schumacher vom eineinhalb Minuten nach ihm gestarteten Weltmeister eingeholt. »Ich wusste, dass ich stark bin«, hatte der Berner mit dem Spitznamen »Spartacus« schon nach der Bronzemedaille im Straßenrennen seinen Anspruch auf Zeitfahrgold angemeldet und in einem an Perfektion grenzenden Rennen in die Tat umgesetzt. Die Schweizer Gold-Medaille im »Kampf gegen die Uhr« war letztlich keine große Überraschung.

Einzig Jens Voigt wollte nach dem Straßenrennen, das 53 von 143 Fahrern – darunter vier der fünf deutschen Starter – vorzeitig beendeten, nicht in das allgemeine Wehklagen seiner Kollegen ob der »unmenschlichen Bedingungen« einstimmen. »Wer hat denn gesagt, dass Olympia leicht wird? Radrennen ist nun einmal ein harter Sport. Im Frühjahr bei den Klassikern oder bei der WM fahren wir doch auch 240 km. Wir sollten nicht nach Entschuldigungen suchen. Alle hatten die gleichen Voraussetzungen.«

Gut mit den Bedingungen kamen dagegen die Spanier um den späteren Olympiasieger Samuel Sanchez zurecht. Aber auch die jeweils zweitplatzierten Schweden Emma Johansson (Straßenrennen) und Gustav Larsson (Einzelzeitfahren) demonstrierten, dass auch »Nordeuropäer« bei Hitze und hoher Luftfeuchtigkeit nicht zwangsweise benachteiligt sind.

Nach der »Hitzeschlacht« eine »Wasserschlacht«

Hatten die Männer am Vortag noch mit der Hitze zu kämpfen, erlebten die Frauen in ihrem Straßenrennen das genaue Gegenteil. »Da bekommt man die ganze Woche aufgrund der Hitze kaum Luft, und im Rennen gibt's dann Tretbootfahren. Das ist schon extrem«, sagte Judith Arndt, die im strömenden Regen beim Sieg der Britin Nicole Cooke vor der Schwedin Johansson und der Italienerin Tatiana Guderzo ebenfalls keine Chance hatte.

Zum schlechten Wetter kam dann auch noch Pech dazu: Beim entscheidenden Angriff einer Fünfergruppe rutschte Trixi Worrack – mit Platz 20 im Endklassement die beste Deutsche – dann auch noch die Kette vom Blatt. Der Anschluss zur Gruppe, in der sich auch die späteren Medaillengewinnerinnen befanden, war verpasst. »Wir wollten um den Sieg mitfahren, das haben wir nicht geschafft. Ich bin schwer enttäuscht«, sagte Arndt, die nach Bronze in Atlanta 1996 und Silber acht Jahre später in Athen von Gold geträumt hatte. Für Judith Arndt sprang als bestes Ergebnis Rang sechs im Zeitfahren heraus. Den Sieg

Statistik

Straßenrennen (245 km), Männer 09.08.2008

1.	Samuel Sanchez	ESP	6:23:49
2.	Davide Rebellin	ITA	
3.	Fabian Cancellara	SUI	
4.	Alexander Kolobnew	RUS	
5.	Andy Schleck	LUX	
6.	Michael Rogers	AUS	
7.	Santiago Botero	COL	+ 0:12
8.	Mario Aerts	BEL	

9. Michael Barry (CAN) + 0:16, 10. Robert Gesink (NED) + 0:18, 21. Fabian Wegmann (GER) + 2:28, 23. Christian Pfannberger (AUT), 39. Thomas Rohregger (AUT) + 2:36. **AG:** Gerald Ciolek (GER), Stefan Schumacher (GER), Bert Grabsch (GER), Jens Voigt (GER).

Einzelzeitfahren (47,3 km), Männer 13.08.2008

1.	Fabian Cancellara	SUI	1:02:11
2.	Gustav Larsson	SWE	+ 0:33
3.	Levi Leipheimer	USA	+ 1:10
4.	Alberto Contador	ESP	+ 1:18
5.	Cadel Evans	AUS	+ 1:24
6.	Samuel Sanchez	ESP	+ 2:26
7.	Svein Tuft	CAN	+ 2:28
8.	Michael Rogers	AUS	+ 2:35
13.	Stefan Schumacher	GER	+ 3:14
14.	Bert Grabsch	GER	+ 3:15

Straßenrennen (126 km), Frauen 10.08.2008

1.	Nicole Cooke	GBR	3:32:24
2.	Emma Johansson	SWE	
3.	Tatiana Guderzo	ITA	
4.	Christiane Soeder	AUT	+ 0:04
5.	Linda Serup	DEN	+ 0:09
6.	Marianne Vos	NED	+ 0:21
7.	Priska Doppmann	SUI	
8.	Paulina Brzezna	POL	

9. Edita Pucinskaite (LTU), 10. Sulfija Sabirowa (KAZ), 18. Nicole Brändli (SUI) + 0:28, 20. Trixi Worrack (GER), 39. Hanka Kupfernagel (GER) + 1:01, 41. Judith Arndt (GER) + 1:27, 46. Monika Schachl (AUT) + 4:13. **AG:** Jennifer Hohl (SUI).

Einzelzeitfahren (23,5 km), Frauen 13.08.2008

1.	Kristin Armstrong	USA	34:52
2.	Emma Pooley	GBR	+ 0:24
3.	Karin Thürig	SUI	+ 0:59
4.	Jeannie Longo-Ciprelli	FRA	+ 1:00
5.	Christine Thorburn	USA	+ 1:02
6.	Judith Arndt	GER	+ 1:08
7.	Christiane Soeder	AUT	+ 1:29
8.	Priska Doppmann	SUI	+ 1:36
11.	Hanka Kupfernagel	GER	+ 1:43

holte sich die US-Amerikanerin Kristin Armstrong vor Ex-Weltmeisterin Emma Pooley (Großbritannien) und der Schweizerin Karin Thürig, die damit ihre Bronzemedaille von Athen 2004 wiederholen konnte. Noch enttäuschter war die amtierende Zeitfahr-Weltmeisterin Hanka Kupfernagel, für die am Ende Platz elf zu Buche stand. »Ich bin vielleicht zu früh angereist. Die ersten vier Tage ging es mir sehr gut, doch ich habe den Wetterumschwung nicht verkraftet.«

Lang, länger – Longo

Sie gewann zwar keine Medaille, zieht aber doch in die Geschichtsbücher Olympischer Spiele ein: Jeannie Longo, die im Oktober 50 Jahre alt wird und in Peking ihre siebten Olympischen Spiele bestritt, fuhr im Einzelzeitfahren sensationell auf den vierten Platz und verpasste ihre fünfte Olympia-Medaille nur um Haaresbreite. »Als ich mit dem Radsport anfing, gab es Longo. Und heute sitzt sie immer noch auf dem Rad. Das ist bewundernswert«, zollte Hanka Kupfernagel der französischen Rekord-Olympionikin Respekt. »Wenn ich auf dem Rad sitze, fühle ich mich nicht wie 50. Ich fahre nicht mit einem Kalender in der Tasche. Ich habe niemals zuvor soviel Energie in mir gespürt«, berichtete »La Longo«. Chapeau!

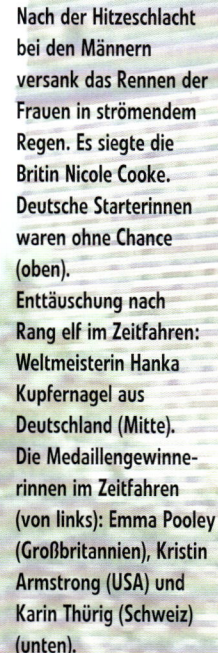

Nach der Hitzeschlacht bei den Männern versank das Rennen der Frauen in strömendem Regen. Es siegte die Britin Nicole Cooke. Deutsche Starterinnen waren ohne Chance (oben). Enttäuschung nach Rang elf im Zeitfahren: Weltmeisterin Hanka Kupfernagel aus Deutschland (Mitte). Die Medaillengewinnerinnen im Zeitfahren (von links): Emma Pooley (Großbritannien), Kristin Armstrong (USA) und Karin Thürig (Schweiz) (unten).

Radsport, Straße

Erfolgreichster deutscher Olympia-Reiter 2008: Hinrich Romeike gewann zweimal Gold in der Vielseitigkeit (großes Bild). Nach dem Dopingfall um Springreiter Christian Ahlmann hatten Bundestrainer Kurt Gravemeier und Tierarzt Dr. Björn Nolting viel Gesprächsstoff (von links, kleines Bild).

Reitsport

Es hatte alles so gut begonnen für die Deutschen. Bei den Reiter-Spielen, die aus Quarantäne-Gründen in Hongkong ausgetragen wurden, sicherte sich das deutsche Team im ersten Wettbewerb, dem Vielseitigkeitsreiten, gleich beide Goldmedaillen – in der Mannschaftswertung sowie im Einzel durch Hinrich Romeike. Im zweiten Wettbewerb, der Dressur, gab es gleich drei Medaillen: Gold im Team sowie Silber und Bronze für Isabell Werth und Heike Kemmer.

Und dann waren die Springreiter an der Reihe. Das deutsche Team versagte im Mannschaftswettbewerb, bei dem »nur« Platz fünf erreicht wurde. War das schon ein Debakel, folgte der Schock: Bei Christian Ahlmanns 15 Jahre altem Wallach Cöster wurden Rückstände der verbotenen Substanz Capsaicin (durchblutungsfördernde Salbe) nach dem ersten Umlauf im Nationenpreis entdeckt. Aus dem gleichen Grund wurden drei weitere Reiter suspendiert. Der Imageschaden für den Reitsport war vorerst nicht abzusehen, vor allem da ja bereits in Athen 2004 die Goldmedaillen sowohl im Mannschafts- als auch Einzel-Wettbewerb nachträglich wegen unerlaubter Medikation an den Pferden aberkannt werden mussten.

Da war es nur noch eine Randnotiz, dass es auch im Einzel keine Medaille für die deutschen Springreiter gab – zum ersten Mal seit 1928.

Die Schweizerin Christina Liebherr kam mit ihrem Team auf Rang vier.

Beezie Madden aus den USA gewann mit der Mannschaft Gold und im Einzel Bronze (großes Bild).

Springreiten, Mannschaft
Schock für Erfolgsverwöhnte

Dosenbier statt Champagner: Nach dem Absturz beim Mannschaftswettbewerb in Hongkong sattelten die deutschen Springreiter auch beim Feiern ab. Die große Sause auf der Bühne des Riverside-Hotels blieb aus. Stattdessen verteilte Reiter-Präsident Breido Graf zu Rantzau an den Ställen ein paar Dosen Bier. »Man kann nicht immer ganz vorne landen«, meinte der Verbands-Boss, dessen »Goldreiter« sich zuvor mit Platz fünf blamiert hatten.

Das Debakel der erfolgsverwöhnten Springreiter war ein Schock. »Das war die bitterste Niederlage in meiner Amtszeit«, meinte Bundestrainer Kurt Gravemeier. »Für mich gab es schon schlimmere Niederlagen«, sagte hingegen der viermalige Olympiasieger Ludger Beerbaum, der aber auch einräumte: »Wir müssen überlegen, warum das derart in die Hose ging.«

Und es sollte noch schlimmer kommen. Drei Tage nach dem Wettbewerb wurde Team-Mitglied Christian Ahlmann von den olympischen Reiterspielen in Hongkong ausgeschlossen. Bei seinem Wallach Cöster war bei einer Medikationskontrolle am ersten Tag des Mannschaftsspringens die Substanz Capsaicin nachgewiesen worden. Wie Björn Nolting, Tierarzt der deutschen Mannschaft, mitteilte, handelte es sich dabei um ein Extrakt der Chilischote, das zur oberflächlichen Behandlung auf der Haut angewandt werden kann. »Es hat in erster Linie einen durchblutungsfördernden Effekt«, sagte Nolting.

Erinnerungen an 2004 wurden wach. Bei den Spielen in Athen hatte die deutsche Equipe Gold gewonnen, ehe der Mannschaft der Sieg nach einem positiven Medikationsfall bei Ludger Beerbaums Pferd Goldfever wieder aberkannt wurde. Beerbaum wurde aus der Wertung gestrichen, der Rest des Teams musste sich mit Bronze begnügen.

Gold in Peking sicherten sich wie vor vier Jahren die USA im Stechen gegen Kanada – doch da hatten die erfolgsverwöhnten deutschen Reiter längst abgesattelt. Die Bronzemedaille holte Norwegen vor der Schweiz, die nach dem ersten Umlauf noch auf dem geteilten ersten Rang gelegen hatte. Für die deutschen Springreiter war es das drittschlechteste Ergebnis bei Olympischen Sommerspielen nach dem elften Platz in Barcelona 1992 und Rang sechs 1952 in Helsinki.

Auch am zweiten Tag des Nationenpreises war erneut kein deutsches Paar ohne Fehler geblieben. Meredith Michaels-Beerbaum mit Shutterfly und Christian Ahlmann mit Cöster zeigten mit je vier Fehlern ordentliche Ritte. Doch die beiden anderen erst neun Jahre alten Pferde zeigten Nerven. Sowohl Beerbaum (6 Punkte) mit All Inclusive als auch Kutscher (19 Punkte) mit Cornet Obolensky wichen dem Hindernis im Anschluss an den Wassergraben aus. »Nach dem Wasser hat mein

Pferd einfach den Dienst quittiert«, sagte Kutscher deprimiert.

Dabei hatte sich das deutsche Team mit 20 Fehlerpunkten im ersten Umlauf nur mit viel Glück überhaupt für den zweiten Umlauf qualifiziert. Sogar der Einzug in die zweite Runde war gefährdet. »Das wäre der Hammer gewesen«, sagte Beerbaum. Letztlich kam die deutsche Mannschaft mit einem blauen Auge davon und erreichte auf dem geteilten achten Rang knapp die nächste Runde. Aber nur, weil der letzte australische Reiter am allerletzten Hindernis einen Fehler machte.

Im kanadischen Lager hingegen herrschte am Ende Hochstimmung, obwohl das Stechen um Gold gegen die USA knapp verloren wurde. Held des Abends war der 61 Jahre alte Ian Millar, der bei seinen neunten Olympischen Spielen die erste Medaille gewann. Seit 1972 war der »ewige Reiter« bei Sommerspielen dabei. Nur 1980 in Moskau musste Millar wegen des Boykotts aussetzen. Und nun gewann er erstmals eine Medaille. »Ich bin so glücklich«, meinte der »Oldie« und kündigte weitere Großtaten bei Olympia an: »Das Pferd für London 2012 habe ich schon ausgesucht.«

Das Goldteam aus den USA: McLain Ward, Beezie Madden, Laura Kraut und Will Simpson (oben links, von links).

Anspannung beim kanadischen Team, das Silber gewann (oben rechts, ganz links Reiterin Jill Henselwood).

Statistik

Springreiten, Mannschaft 18.08.2008

1. USA   20   Stechen 0
   (Ward/Sapphire 0+4, Kraut/Cedric 4+0, Simpson/Carlsson vom Dach 8+#8, Madden/Authentic #11+4)
2. Kanada   20   Stechen 4
   (Henselwood/Special Ed #18+0, Lamaze/Hickstead 0+4, Millar/In Style 4+0, Cone/Ole 12/AG)
3. Norwegen   27
   (Endresen/Le Beau 4+#12, Djupvik/Casino 12+4, Gulliksen/Cattani #12+5, Hansen/Camiro 1+1)
4. Schweiz   30
   (Liebherr/No Mercy 4+#23, Schwizer/Nobless M 4+5, Schurtenberger/Cantus 4+8, Guerdat/Jalisca Solier #4+5)
5. Niederlande   34
5. Deutschland   34
   (Ahlmann/Cöster 8+4, Kutscher/Cornet Obolensky #13+#19, Michaels-Beerbaum/Shutterfly 4+4, Beerbaum/All Inclusive 8+6)
7. Großbritannien   37
8. Schweden   38

\# = Streichergebnis
Neuberechnung des Ergebnisses wegen Dopingfällen möglich.

Siegerehrung: Rolf-Göran Bengtsson/Silber, Eric Lamaze/Gold und Beezie Madden/Bronze (von links).

Springreiten, Einzel

Zum ersten Mal seit 1928 ohne Medaille

Erst der Doping-Schock, dann das historische Debakel – für die deutschen Springreiter kam es am Finaltag in Hongkong knüppeldick. Das Team von Bundestrainer Kurt Gravemeier blieb nach Platz fünf im Teamwettbewerb auch im Einzelspringen ohne Medaille und kehrte erstmals seit 1928 ohne Edelmetall von Olympischen Spielen zurück.

Reaktion von Hanfried Haring, dem Generalsekretär der Deutschen Reiterlichen Vereinigung, zur positiven Dopingprobe von Christian Ahlmanns Pferd Cöster.

Ritt mit Platz vier die beste deutsche Platzierung heraus: Meredith Michaels-Beerbaum auf Shutterfly.

Die Weltranglisten-Erste Meredith Michaels-Beerbaum belegte mit ihrem 15 Jahre alten Wallach Shutterfly den vierten Platz. Ludger Beerbaum kam mit dem neun Jahre alten Wallach All Inclusive auf Rang sieben. Beide hatten im ersten Umlauf vier Fehlerpunkte auf ihrem Konto, im zweiten jeweils null.

Das erste Einzelgold im Springreiten für Kanada sicherte sich Eric Lamaze auf Hickstead im Stechen. Silber ging an den Schweden Rolf-Göran Bengtsson auf Ninja. Beide hatten die beiden Umläufe mit null Fehlern beendet. Im Stechen blieb dann Lamaze im Gegensatz zu Bengtsson erneut ohne Fehler.

Um Bronze gab es ein Stechen zwischen gleich sieben Paaren. Es »gewann« Beezie Madden (USA) auf Authentic mit null Fehlern – nur 0,12 Sekunden vor Michaels-Beerbaum, die ebenfalls fehlerlos blieb. Christian Ahlmann war Stunden zuvor wegen einer positiven A-Probe bei seinem Pferd Cöster von den Spielen ausgeschlossen worden. Marko Kutscher (Hörstel) hatte mit dem neun Jahre alten Hengst Cornet Obolensky das Finale verpasst.

Im Parcours verpasste Ludger Beerbaum erneut die Chance, mit dem Gewinn der fünften Goldmedaille in der Rangliste der erfolgreichsten Olympioniken Deutschlands auf den sechsten Platz vorzurücken und zu Reiter-Legende Hans Günter Winkler aufzuschließen. Jetzt muss er bei Olympia 2012 in London einen neuen Anlauf nehmen, um »HGW« noch vom Thron des weltweit erfolgreichsten Springreiters zu verdrängen.

Gold: Jubel von Eric Lamaze auf Hickstead nach seinem Sieg im Stechen.

Springreiten

Statistik

Springreiten, Einzel 21.08.2008

1.	Eric Lamaze Hickstead	CAN	0/0
2.	Rolf-Göran Bengtsson Ninja	SWE	0/4
3.	Beezie Madden Authentic	USA	4 0/35,25
4.	Meredith Michaels-Beerbaum Shutterfly	GER	0/35,37
5.	Rodrigo Pessoa Rufus	BRA	0/37,04
6.	Mclain Ward Sapphire	USA	4/35,39
7.	Ludger Beerbaum All Inclusive	GER	4/36,16
8.	Marc Houtzager Opium	NED	4/36,77

10. Steve Guerdat/Jalisca Solier (SUI) 8, **R1:** 23. Pius Schwizer/Nobless M (SUI) und Niklaus Schurtenberger/Cantus (SUI).

Waren das beste Paar und erhielten für ihren Vortrag die höchste Note im Mannschaftswettbewerb: Isabell Werth auf Satchmo.

Statistik

Dressur, Mannschaft 14.08.2008

1. Deutschland 72,917
   (Kemmer/Bonaparte 72,250, Capellmann/Elvis Va 70,083, Werth/Satchmo 76,417)
2. Niederlande 71,750
   (Minderhoud/Nadine 69,625, Schellekens-Bartels/Sunrise 70,875, van Grunsven/Salinero 74,750)
3. Dänemark 68,875
   (van Olst/Clearwater 67,375, zu Sayn-Wittgenstein/Digby 70,417, Helgstrand/Don Schufro 68,833)
4. USA 67,819
5. Schweden 67,347
6. Großbritannien 66,806
7. Frankreich 65,403
8. Australien 64,625

Dressur, Mannschaft

Seit 1972 ungeschlagen

Angeführt von einer fantastischen Isabell Werth haben die deutschen Dressurreiter ihre goldene Serie bei Olympia fortgesetzt. Die 39-Jährige sicherte Deutschland auf ihrem 14 Jahre alten Wallach Satchmo mit der höchsten Note des Tages den Sieg bei den Reiterspielen in Hongkong. Damit sind die deutschen Dressurreiter bei Sommerspielen seit 1984 in Los Angeles ungeschlagen.

Isabell Werth fühlte sich nach ihrem insgesamt fünften Gold bei Olympischen Spielen, mit dem sie auch den großen Hans Günter Winkler überflügelte, wie im Märchen. »Ich bin so super, super stolz, dass wir Gold gewinnen konnten«, sagte sie überglücklich: »Das ist ein unglaubliches Gefühl. Das fünfte Gold ist klasse.«

Vor der deutschen Schlussreiterin hatten Nadine Capellmann mit Elvis Va und Heike Kemmer mit Bonaparte den Weg zum Olympiasieg geebnet. Deutschland kam auf einen Durchschnittswert von 72,917 Punkten. Silber ging an den Erzrivalen Niederlande (71,750), Dänemark holte Bronze (68,875). Die deutschen Dressur-Reiter wehrten den angekündigten Schlussangriff der Niederländer souverän ab. Anky van Grunsven mit Salinero, Imke Schellekens-Bartels mit Sunrise und Hans-Peter Minderhoud mit Nadine waren letztlich chancenlos. »Die Welt geht nicht unter, aber ich bin schon enttäuscht«, sagte Olympiasiegerin van Grunsven. Weltmeisterin Werth hielt als deutsche Schluss-Starterin dem Druck stand und führte ihren Satchmo sicher durchs Programm. Nadine Capellmann hatte zu Beginn des zweiten Tages des Grand Prix eine solide Leistung gezeigt. »Wir sind zwei Wochen nur geritten, heute wird gefeiert«, sagte die ehemalige Doppel-Weltmeisterin, die nach 2000 ihr zweites olympisches Team-Gold gewann: »Das ist eine besondere Freude, weil im Vorfeld so viel über die Stärke der Holländer geschrieben wurde. Der Druck war sehr groß, weil es kein Streichergebnis mehr gibt.«

Einen Tag zuvor hatte Heike Kemmer den Grundstein zum Erfolg gelegt. Die 46-Jährige, die nach Athen 2004 zum zweiten Mal Team-Olympiasiegerin wurde, bot mit ihrem 15 Jahre alten Hannoveraner Bonaparte eine tadellose Leistung. »Unser Plan ist aufgegangen. Die Pferde waren auf den Punkt topfit«, sagte Heike und lobte die anderen Goldreiterinnen: »Das ganze Team hat toll gearbeitet. Der Mannschaftsgeist war super intakt.«

Anders als bei Olympia 2004 bestand im Grand Prix von Hongkong eine Mannschaft nicht mehr aus vier, sondern aus drei Paaren. Das Streichergebnis wurde aus dem Programm genommen, so dass sich keine Mannschaft einen »Fehl(t)ritt« erlauben konnte.

Gewann nach 2000 zum zweiten Mal Olympisches Gold: Nadine Capellmann

Dressur

Siegerehrung: Die Goldmedaillen-Gewinnerinnen Nadine Capellmann, Heike Kemmer und Isabell Werth (von links) setzten eine große Tradition fort. Die deutsche Dressur-Mannschaft blieb seit 1972 ungeschlagen.

Dressur, Einzel

Anky van Grunsven zum Dritten

Eine »Rodeo-Einlage« hat Isabell Werth die zweite Goldmedaille bei den olympischen Reiterspielen in Hongkong gekostet: Sekundenlang bockte ihr 14 Jahre alter Wallach Satchmo bei der Piaffe in der Dressur-Kür und zerstörte alle Hoffnungen. Gold sicherte sich Erzrivalin Anky van Grunsven (Niederlande) mit dem 14-jährigen Wallach Salinero.

Einmalig: Die Niederländerin Anky van Grunsven gewann zum dritten Mal hintereinander Gold im Einzel.

Bronze holte die überglückliche Heike Kemmer mit dem 15 Jahre alten Hannoveraner Bonaparte. »Das ist Schicksal. Ich bin großes Risiko gegangen und wurde dafür nicht belohnt«, sagte Werth, die 76,650 Punkte holte. Die geschlagene Reiterin machte ihrem Pferd jedoch keinen Vorwurf: »Schade, es war bis auf den Patzer die beste Kür auf Satchmo. Aber nach so einem Fehler ist das natürlich schon sehr enttäuschend«, sagte die 39-Jährige und beglückwünschte die Olympiasiegerin van Grunsven mit einem Küsschen. Es war das zweite Mal in Hongkong, dass mit Satchmo die »Pferde durchgingen«. Bereits im Grand Prix Special hatte Satchmo aus unerklärlicher Ursache schwer gepatzt und seine Reiterin um die klare Führung gebracht. Der Hannoveraner brach in der Piaffe aus und ließ sich sekundenlang nicht zügeln. Werth sprach anschließend davon, dass sie dieser Patzer rund fünf Prozentpunkte gekostet habe und damit die uneinholbare Führung, die sie noch vor der Kür gehabt hatte.

Van Grunsven, bereits 2000 und 2004 Olympiasiegerin, war aus dem Häuschen. Zum ersten Mal hatte eine Dressur-Reiterin im Einzel bei Olympia dreimal in Folge triumphiert: »Ich war total nervös. Dass ich das erreicht habe, kann ich immer noch nicht glauben«, sagte die 40-Jährige, die es auf 78,680 Punkte brachte: »Als ich Isabells Ergebnis gesehen habe, bin ich nicht mehr volles Risiko gegangen.«

Für Heike Kemmer war es nach zweimal Gold mit der Mannschaft die erste Einzelmedaille bei Olympischen Spielen und bei einem Championat überhaupt. Die 46-Jährige, die ihre Olympia-Teilnahme erst in letzter Minute bei der Sichtung in Aachen perfekt gemacht hatte, bestätigte mit ihrem erfahrenen Bonaparte den guten Eindruck der ersten Wettkampftage. »Es ist ein Traum wahr geworden. Nach Athen hatte ich mir das so fest vorgenommen«, meinte sie.

Für Hongkong hatte Werth intensiv an ihrer Kür gearbeitet. Sie baute

Statistik

Dressur, Einzel 19.08.2008		1	2	3	4
1. Anky van Grunsven/Salinero	NED	78,680	74,750	74,960	82,400
2. Isabell Werth/Satchmo	GER	76,650	76,417	75,200	78,100
3. Heike Kemmer/ Bonaparte	GER	74,455	72,250	72,960	75,950
4. Steffen Peters/Ravel	USA	76,500	70,000	71,800	74,150
5. Hans Peter Minderhoud/Nadine	NED	73,035	69,625	70,920	75,150
6. Alexandra Korelowa/Balagur	RUS	72,625	68,500	71,400	73,850
7. Emma Hindle/Lancet	GBR	72,345	71,125	70,440	74,250
8. Kyra Kyrklund/Max	FIN	71,985	70,583	69,720	74,250
17. Nadine Capellmann/Elvis Va	GER	–	70,083	67,240	
27. Victoria Max-Theurer/Falcao	AUT		65,333		

1 = Gesamtergebnis (aus 3 und 4), 2 = Grand Prix, 3 = Grand Prix Special, 4 = Grand Prix Kür

Unmittelbar nach Ende der Grand Prix-Kür: Trotz Silber Enttäuschung bei Isabell Werth.

hohe Schwierigkeitsgrade in ihre Vorführung ein und ließ die Musik von Vangelis von einem Filmmusiker extra neu arrangieren. Van Grunsven, die als die etwas bessere Kürreiterin galt, setzte wie auch Kemmer auf ihre alte Kür.

Ihre ersten vier Goldmedaillen gewann Werth allesamt mit ihrem früheren Top-Pferd Gigolo. Neben Doppel-Gold in Atlanta 1996 triumphierte sie mit der Mannschaft in Barcelona 1992 und in Sydney 2000. Nachdem Gigolo 2000 in den Ruhestand verabschiedet worden war, konnte die reitende Juristin zunächst nicht an die früheren Erfolge anknüpfen und war bei Olympia in Athen nicht mit von der Partie.

Große Freude: Heike Kemmer holte mit Bronze ihre erste Einzelmedaille überhaupt bei einem wichtigen Wettbewerb.

Doppel-Olympiasieger Hinrich Romeike mit seinen zwei Goldmedaillen.

Vielseitigkeit

Romeikes Husarenritt zum Doppel-Gold

Deutschlands Vielseitigkeitsreiter waren in Hongkong die Könige einer goldenen Nacht. Erst sicherten sie sich in einem dramatischen Finale den Olympiasieg mit der Mannschaft und tilgten die Schmach von Athen, dann holte Hinrich Romeike mit einem Husarenritt auf Marius zehn Minuten vor Mitternacht noch sein zweites Gold, als erster deutscher Vielseitigkeitsreiter seit den Spielen 1936 in Berlin.

»Das waren unsere Spiele, das war unser Turnier. Ich war schon so glücklich mit dem Mannschaftsgold. Der Einzelsieg hier ist das Tüpfelchen auf dem I-Tüpfelchen auf dem I-Tüpfelchen auf der Sahnehaube«, sagte Romeike überglücklich. Viel Zeit zur Verarbeitung hatte Romeike nicht. Schon drei Tage später ging es zurück nach Deutschland. »Dann wird gearbeitet. Mein Urlaub ist aufgebraucht«, erklärte der 45-Jährige, als Zahnarzt Mitglied einer Gemeinschaftspraxis. »Ich bin halt noch ein richtiger Amateur«, sagte der neue Champion.

Nach dem Triumph mit der Mannschaft behielten Romeike und sein Marius auch im Einzel die Nerven. Als letztes Paar im Parcours flogen sie über alle Hindernisse zum zweiten Gold an diesem Tag. Völlig losgelöst feierte der 45-Jährige danach das Happy End. Als er von den Teamkollegen umringt wurde, stand ihm die Freude ins Gesicht geschrieben: »Mein Kopf ist leer, mein Herz ist voll. Ich bin überwältigt. So etwas habe ich in der Dichte noch nicht erlebt.« Romeike siegte nach Dressur, Geländeritt und Springen mit 54,20 Punkten vor Gina Miles aus den USA (56,10). Bronze gewann die Britin Kristina Cook (57,40). Ingrid Klimke rutschte dagegen auf Abraxxas durch einen Springfehler aus den Medaillenrängen und belegte Platz fünf.

Bundestrainer Hans Melzer war bereits nach dem dritten Mannschaftsgold bei Olympischen Spielen nach 1936 und 1988 völlig aus dem Häuschen. »Schatz, wir haben es. Und diesmal nimmt es uns keiner mehr weg, weil kein Protest eingelegt wurde«, sagte er seiner Frau am Handy. Vor vier Jahren in Athen war den deutschen Reitern das Doppel-Gold am grünen Tisch wieder abgenommen worden.

In der Arena von Sha Tin stand Deutschland bereits vor dem abschließenden Ritt von Hinrich Romeike mit 166,10 Minuspunkten als Olympiasieger fest. Auf den Plätzen zwei und drei folgten Australien (171,20) und Großbritannien (185,70). »Mein Vater Reiner hat vor genau 20 Jahren sein letztes Mannschafts-Gold geholt«, sagte Ingrid

Siegerehrung für das deutsche Gold-Quintett: Peter Thomsen, Andres Dibowski, Hinrich Romeike, Ingrid Klimke, Frank Ostholt (von links).

Statistik

Vielseitigkeit, Einzel 12.08.2008

			1	2	3	4	5
1. Hinrich Romeike/Marius	GER		37,40	12,80	4	–	54,20
2. Gina Miles/McInlaigh	GBR		39,30	16,80	–	–	56,10
3. Kristina Cook/Miners Frolic	GBR		40,20	17,20	–	–	57,40
4. Megan Jones/Irish Jester	AUS		35,40	15,60	4	4	59,00
5. Ingrid Klimke/Abraxxas	GER		33,50	17,20	4	4/1	59,70
6. Didier Dhennin/Ismène du Temple	FRA		42,80	14,00	3	–	59,80
7. Clayton Fredericks/Ben Along Time	AUS		37,80	16,40	4	4	61,40
8. Andreas Dibowski/Butts Leon	GER		39,60	17,60	–	8	65,20
25. Frank Ostholt/Mr. Medicott	GER		44,60	13,20	–	./.	57,80
36. Tiziana Realini/Gamour	SUI		48,90	32,80	16	./.	97,70
37. Peter Thomsen/The Ghost of Hamish	GER		53,30	25,60	4	./.	102,90
AG: Harald Ambros/Quick	AUT		55,70				

1 = Dressur, 2 = Geländeritt, 3 = 1. Sprung, 4 = 2. Sprung, 5 = Gesamt

Vielseitigkeit, Mannschaft 12.08.2008

1. Deutschland	166,10
(Thomsen/The Ghost of Hamish 102,90, Ostholt/Mr. Medicott 57,80, Dibowski/Butts Leon 57,20, Klimke/Abraxxas 54,70, Romeike/Marius 54,20)	
2. Australien	171,20
(Rose/All Luck 70,50, Johnson/Ringwould Jaguar 58,80, L. Fredericks/Headley Britannia 59,60, C. Fredericks/Ben Along Time 57,40, Jones/Irish Jester 55,00)	
3. Großbritannien	185,70
(Hunt/Tankers Town 95,10, Dick/Spring Along 79,90, Fox-Pitt/Parkmore Ed 64,20, Cook/Miners Frolic 57,40, King/Call Again Cavalier 64,10)	
4. Schweden	230,50
5. Neuseeland	240,90
6. Italien	246,40
7. USA	250,00
8. Irland	276,10

Klimke: »Das ist eine echte Freude.« Vor 18 000 Zuschauern in der erstmals ausverkauften Arena präsentierte sich Weltmeister Deutschland einen Tag nach dem Geländeritt erneut in bestechender Form.

Bester Einzelreiter nach dem Dreikampf aus Dressur, Geländeritt und Springen war Hinrich Romeike (Nübbel), der mit Marius auf 54,20 Punkte kam. Auch die weiteren deutschen Starter zeigten im Parcours eine starke Leistung. Andreas Dibowski (Egestorf/57,20) mit Butts Leon und Frank Ostholt (Warendorf/57,80) mit Mr. Medicott blieben fehlerfrei. Ingrid Klimke (54,70) leistete sich mit Abraxxas ebenso einen Abwurf wie Peter Thomsen (Lindewitt/102,90) mit The Ghost of Hamish.

Endgültig abgehakt war durch den glanzvollen Sieg die Schmach von 2004, als man bei Olympia in Athen durch Bettina Hoys Fehler beim Einreiten das Doppel-Gold am grünen Tisch verlor. »Nach Athen habe ich gelitten, weil die Geschichte bis heute nicht geklärt ist. Ich wollte nicht noch einmal eine Goldmedaille einpacken und zurückschicken. Ich wollte in Hongkong unbedingt Gold holen und fand plötzlich zwei Medaillen vor«, sagte Romeike. Bettina Hoy, die wegen einer Verletzung ihres Pferdes diesmal nicht zum Team gehörte, aber im Stadion war, gratulierte ihrem ehemaligen Team-Kollegen: »Er und sein Marius haben es verdient. Zwei feine Kerle.«

> »Ich wollte nicht noch einmal eine Goldmedaille einpacken und zurückschicken.«
> DOPPEL-OLYMPIA-SIEGER HINRICH ROMEIKE

> »Wir haben es. Und diesmal nimmt es uns keiner mehr weg, weil kein Protest eingelegt wurde.«
> BUNDESTRAINER HANS MELZER

Die drei Wettbewerbe der Vielseitigkeitsreiter, demonstriert von den Olympiasiegern: Ingrid Klimke bei der Dressur (oben links), Frank Ostholt beim Geländeritt (oben rechts) und Hinrich Romeike beim Springen (unten).

Vielseitigkeit

»Rettungsschwimmerin« Britta Steffen aus nationaler und »Überflieger« Michael Phelps aus internationaler Sicht prägten die Schwimm-Wettbewerbe im »Wasser-Würfel«.

Schwimmen

Die Weltrekordflut im »Wasser-Würfel« von Peking kannte kaum Grenzen: 25 Mal schlugen die Schwimmer und Schwimmerinnen in Weltrekordzeit an. Es waren seit Montreal 1976 (26 Weltrekorde) die »schnellsten« Spiele überhaupt. An der Weltspitze untermauerten die US-Schwimmer mit zwölf Gold-, neun Silber- und zehn Bronzemedaillen ihre Spitzenposition unverändert gegenüber Australien (6/6/8). An zwei Drittel der amerikanischen Goldmedaillen war Superstar Michael Phelps beteiligt, der mit seinen acht Goldmedaillen aus fünf Einzel- und drei Staffel-Wettbewerben in Peking Olympiageschichte schrieb. Mit insgesamt 14 Goldmedaillen scheint Phelps nun einen »Rekord für die Ewigkeit« aufgestellt zu haben.

Die Athleten des Deutschen Schwimm-Verbands (DSV) verloren indes auf breiter Front den Anschluss an die Weltspitze. Lediglich Doppel-Olympiasiegerin Britta Steffen und der Olympia-Fünfte Paul Biedermann überzeugten im 26-köpfigen Team der DSV-Beckenschwimmer. Nur vier Mal schafften DSV-Athleten überhaupt den Sprung ins Finale. Zum Vergleich: 2004 in Athen standen deutsche Schwimmer noch 16 Mal in den Finals der besten Acht, 2000 in Sydney gar 20 Mal. DSV-Präsidentin Dr. Christa Thiel hatte bereits vor den Olympischen Spielen Strukturreformen angekündigt. Erster Schritt: Mit dem bisherigen Bundestrainer Lutz Buschkow wurde ein Sportdirektor installiert, der zukünftig übergreifend alle vier Fachsparten (Schwimmen, Springen, Wasserball und Synchronschwimmen) im DSV lenken wird.

Einer für alle, alle für einen: Auch Unternehmer Bill Gates (links) und US-Präsident George W. Bush mit Ehefrau und First Lady Laura Bush (rechts) wollten ihren Star im »Wasser-Würfel« sehen.

Männer

Phelps gegen den Rest der Welt »Nichts ist unmöglich«

Es sollten die Spiele des Michael Phelps werden und es wurden die Spiele des Michael Phelps. Mit achtmal Gold setzte der 23-jährige Amerikaner neue Maßstäbe, brach den Rekord von Mark Spitz mit sieben Goldmedaillen 1972 in München und verschob die Grenzen des Sports ins schier Unmögliche: acht Starts, acht Goldmedaillen, sieben davon mit Weltrekord.

Der millionenschwere Schwimmstar aus Baltimore startete seinen Goldrausch mit einem phantastischen Weltrekord über 400 m Lagen (4:03,84 Minuten), wirkte jederzeit souverän, auch als seine Brille über 200 m Schmetterling voll Wasser lief und er im »Blindflug« in Weltrekordzeit zu Gold schwamm.

Den wohl »emotionalsten Moment« in seiner Karriere, wie Phelps selbst zugab, erlebte der US-Amerikaner bereits in seinem zweiten Finale, der Entscheidung über 4 x 100 m Freistil. Selten hatte man Phelps bisher nach einem Rennen so außer sich vor Freude gesehen. Er ballte die Fäuste, stieß einen Urschrei aus, tanzte wie ein kleines Kind und umarmte seinen Teamkollegen Jason Lezak. Mit einer fulminanten und kaum noch für möglich gehaltenen Aufholjagd rettete Schluss-Schwimmer Lezak der US-Staffel Gold und Phelps die Chance auf den avisierten Rekord von acht Siegen auf einen Streich. »Wenn ich hier wirklich achtmal gewinnen sollte, dann haben Jason und die anderen Jungs einen enormen Anteil daran. Sie haben einen unglaublichen Job gemacht«, erklärte Phelps mit Gänsehaut.

Mit einer Länge Vorsprung auf Lezak war der Franzose und Ex-Weltkordler Alain Bernard als Schluss-Schwimmer des französischen Quartetts ins Wasser gesprungen, mit einer Länge Vorsprung machte er sich nach der Wende zu den letzten 50 Metern auf. Phelps Traum von acht Goldmedaillen schien bereits früh zu platzen, doch dann kam der Schlussangriff von Lezak. Bernard musste seinem hohen Anfangstempo Tribut zollen, machte zudem den Fehler, zu nah an der Bahn von Lezak zu schwimmen, der auf Bernards »Welle« das Rennen seines Lebens schwamm und den USA Gold in Weltkordzeit von 3:08,24 Minuten bescherte.

Zittern musste der Ausnahmeschwimmer Phelps lediglich noch einmal in seinem siebten Rennen. Nach der Hundertstelsekunden-Entscheidung über 100 m Schmetterling hatte der serbische Verband den Weltverband FINA um eine Überprüfung des Rennausgangs gebeten. Das Zielfoto ergab, dass Phelps (50,58 Sekunden) um exakt 4,7 Millimeter vor Milorad Cavic (50,59) lag.
Mit seinem achten Streich in Peking über 4 x 100 m Lagen beendete der Superschwimmer aus den USA seinen geradezu unfassbaren Goldrausch. »Ich wollte etwas erreichen, was vor mir noch niemand geschafft hat. Ich wollte den Leuten beweisen, dass nichts unmöglich ist«, erklärte Phelps, der mittlerweile 14 olympische Goldmedaillen auf seinem Konto hat.
»Wenn ich der erste Mensch auf dem Mond war, dann ist Michael der erste auf dem Mars«, schickte Ex-Rekordler Mark Spitz Glückwünsche an seinen Landsmann. Für Deutschlands Doppel-Olympiasiegerin Britta Steffen ist Phelps schlicht ein »Jahrhundert-Athlet«. Die permanent durch den »Wasser-Würfel« wabernden Dopingvorwürfe wies der Mann mit Schuhgröße 48,5 und einer Spannweite von über zwei Metern zurück: »Allein seit den US-Trials Anfang Juli bin ich etwa 40 Mal getestet worden. Ich weiß, dass ich sauber bin.«
Um seine Zukunft und die seiner Familie muss sich Michael Phelps nicht zuletzt dank millionenschwerer Werbeverträge wohl kaum noch sorgen. Das achte Gold brachte ihm zudem eine Prämie von einer Million US-Dollar von seinem Sponsor ein – doch das war ihm im Augenblick des Triumphes völlig egal. »Ich schwimme nicht wegen des Geldes.« Spätestens aber seit Peking schwimmt Phelps im Geld …

Schwimmen

Hat mittlerweile 14 olympische Goldmedaillen auf seinem Konto: Michael Phelps (großes Bild)

Betretene Mienen im DSV-Team (Bild oben) um Sportdirektor Dr. Örjan Madsen (Mitte), Norbert Warnatzsch (2. v. rechts), Trainer von Britta Steffen, dem neuen DSV-Sportdirektor Lutz Buschkow (rechts) und Helge Meeuw (vorne). Glücksgefühle im US-Team (Bild links) nach Staffel-Gold über 4 x 100 m Freistil mit Garrett Weber-Gale und Michael Phelps (rechts).

»Ganz Amerika ist stolz auf Dich«
US-PRÄSIDENT BUSH AM TELEFON ZU MICHAEL PHELPS

Der Schluss-Strich unter dem Meisterstück: Phelps gewinnt sein achtes Gold über 4 x 100 m Lagen mit Brendan Hansen, Jason Lezak und Aaron Peirsol (v.l.n.r.).

Statistik

50 m Freistil, Männer 16.08.2008

WR	Eamon Sullivan	AUS	21,28
	Sydney – 28.03.2008		
OR	Alexander Popow	RUS	21,91
	Barcelona – 30.07.1992		
1.	Cesar Cielo Filho	BRA	OR 21,30
2.	Amaury Leveaux	FRA	21,45
3.	Alain Bernard	FRA	21,49
4.	Ashley Callus	AUS	21,62
5.	Ben Wildman-Tobriner	USA	21,64
6.	Eamon Sullivan	AUS	21,65
7.	Roland Schoeman	RSA	21,67
8.	Stefan Nystrand	SWE	21,72

HF: 14. Rafed El-Masri (GER) 22,09. **VL:** 19. Flori Lang (SUI) 22,27, 38. Steffen Deibler (GER) 22,67.

100 m Freistil, Männer 14.08.2008

WR	Alain Bernard	FRA	47,50
	Eindhoven – 22.03.2008		
OR	Pieter van den Hoogenband	NED	47,84
	Sydney – 19.09.2000		
1.	Alain Bernard	FRA	47,21
2.	Eamon Sullivan	AUS	47,32*
3.	Jason Lezak	USA	47,67
4.	Cesar Cielo Filho	BRA	47,67
5.	Pieter van den Hoogenband	NED	47,75
6.	Lyndon Ferns	RSA	48,04
7.	Matt Targett	AUS	48,20
8.	Stefan Nystrand	SWE	48,33

HF: 16. Dominik Meichtry (SUI) 49,58. **VL:** 33. Steffen Deibler (GER) 49,39.
* WR 47,05 im Halbfinale

200 m Freistil, Männer 12.08.2008

WR	Michael Phelps	USA	1:43,86
	Melbourne – 27.03.2007		
OR	Ian Thorpe	AUS	1:44,71
	Athen – 16.08.2004		
1.	Michael Phelps	USA	WR 1:42,96
2.	Park Taehwan	KOR	1:44,85
3.	Peter Vanderkaay	USA	1:45,14
4.	Jean Basson	RSA	1:45,97
5.	Paul Biedermann	GER	1:46,00
6.	Dominik Meichtry	SUI	1:46,95
7.	Yoshihiro Okumura	JPN	1:47,14
8.	Robbie Renwick	GBR	1:47,47

HF: 13. Dominik Koll (AUT) 1:47,87.

400 m Freistil, Männer 10.08.2008

WR	Ian Thorpe	AUS	3:40,08
	Manchester – 30.07.2002		
OR	Ian Thorpe	AUS	3:40,59
	Sydney – 16.09.2000		
1.	Park Taehwan	KOR	3:41,86
2.	Zhang Lin	CHN	3:42,44
3.	Larsen Jensen	USA	3:42,78
4.	Peter Vanderkaay	USA	3:43,11
5.	Oussama Mellouli	TUN	3:43,45
6.	Grant Hackett	AUS	3:43,84
7.	Juri Prilukow	RUS	3:43,97
8.	Nikita Lobintsew	RUS	3:48,29

VL: 18. Paul Biedermann (GER) 3:48,03, 20. David Brandl (AUT) 3:48,63, 27. Dominik Meichtry (SUI) 3:50,55, 29. Christian Kubusch (GER) 3:52,73.

1500 m Freistil 17.08.2008

WR	Grant Hackett	AUS	14:34,56
	Fukuoka/JPN – 29.07.2001		
OR	Grant Hackett	AUS	14:43,40
	Athen – 21.08.2004		
1.	Oussama Mellouli	TUN	14:40,84
2.	Grant Hackett	AUS	14:41,53
3.	Ryan Cochrane	CAN	14:42,69
4.	Juri Prilukow	RUS	14:43,21
5.	Larsen Jensen	USA	14:48,16
6.	David Davies	GBR	14:52,11
7.	Zhang Lin	CHN	14:55,20
8.	Sun Yang	CHN	15:05,12

VL: 21. Florian Janistyn (AUT) 15:12,46.

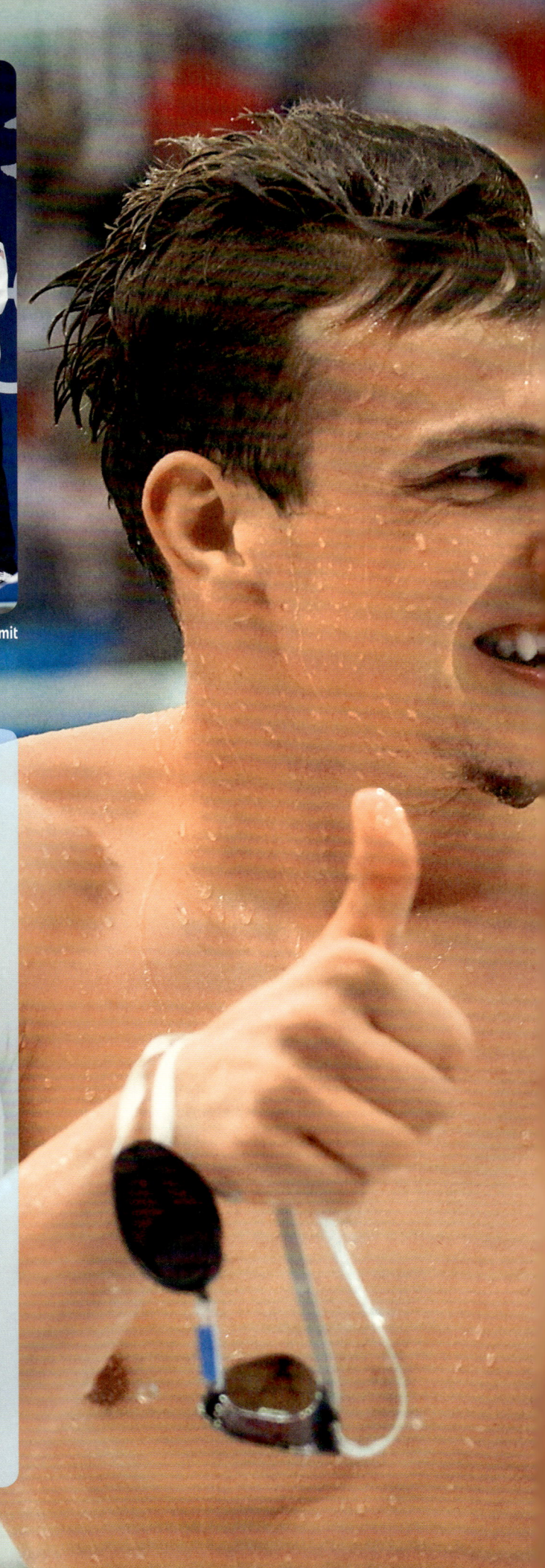

Biedermann untermauert Madsen-Konzept

Nach seinem fünften Rang mit deutschem Rekord (1:46,00 Minuten) über 200 m Freistil ließ Europameister Paul Biedermann einen kräftigen Seitenhieb in Richtung der eigenen Kollegen folgen. »Wenn man richtig vorbereitet ist, kann man hier auch schnell schwimmen«, so Biedermann – ein Schlag ins Gesicht der bis dato fast ausnahmslos enttäuschenden Teamkollegen. Und »Musterschüler« Biedermann legte sogar noch nach: »Ich bin den Weg von Sportdirektor Örjan Madsen mit Höhentrainingslagern und harten Wettkämpfen gegangen. Für mich war das der richtige Weg.« Madsen hatte tags zuvor moniert, dass »zu wenige meinen Vorstellungen gefolgt sind«. Seine Aussage wollte der Norweger aber eher an die Adresse der Heimtrainer verstanden wissen. Andere deutsche Hoffnungsträger gingen unterdessen in Pekings Water Cube sang- und klanglos unter, darunter auch der 72-malige Deutsche Meister Thomas Rupprath. Die Schwimmer des Deutschen Schwimm-Verbandes (DSV) konnten in Peking erstmals seit den Spielen 1960 in Rom keine Medaille gewinnen.

Auch Helge Meeuw passte sich in seinem Auftaktrennen über 100 m Rücken in 54,88 Sekunden zunächst seinen Mannschaftskollegen an, blieb um 1,87 Sekunden hinter seiner Bestzeit zurück. In seinem zweiten Rennen über 200 m Rücken zeigte sich der 23-jährige Medizinstudent dann aber von einer ganz anderen, viel couragierteren Seite, schwamm im Halbfinale in 1:56,85 Minuten bis auf 51 Hundertstelsekunden an seinen deutschen Rekord heran, schied aber im Ausschwimmen gegen den späteren Dritten Arkadi Wjatschanin aus.

Daumen hoch für »Musterschüler« Paul Biedermann (großes Bild): Platz fünf mit deutschem Rekord über 200 m Freistil.

Trotz Bestzeit »nur« Vierter über 200 m Rücken: Österreichs Schwimmstar Markus Rogan.

Schwimmen

Statistik

100 m Rücken, Männer 12.08.2008

WR	Aaron Peirsol	USA	52,89
	Omaha, NE/USA – 01.07.2008		
OR	Aaron Peirsol	USA	53,45
	Athen – 21.08.2004		
1.	Aaron Peirsol	USA	WR 52,54
2.	Matt Grevers	USA	53,11
3.	Arkady Wjatschanin	RUS	53,18
4.	Hayden Stoeckel	AUS	53,18
5.	Ashley Delaney	AUS	53,31
6.	Liam Tancock	GBR	53,39
7.	Aschwin Wildeboer	ESP	53,51
8.	Junichi Miyashita	JPN	53,99

HF: Markus Rogan (AUT) 53,80. **VL:** 19. Helge Meeuw (GER) 54,88, 27. Jonathan Massacand (SUI) 55,21, 33. Thomas Rupprath (GER) 55,77.

200 m Rücken, Männer 15.08.2008

WR	Ryan Lochte	USA	1:54,32
	Melbourne – 30.03.2007		
WR=	Aaron Peirsol	USA	1:54,32
	Omaha, NE/USA – 04.07.2008		
OR	Aaron Peirsol	USA	1:54,95
	Athen – 19.08.2004		
1.	Ryan Lochte	USA	WR 1:53,94
2.	Aaron Peirsol	USA	1:54,33
3.	Arkadi Wjatschanin	RUS	1:54,93
4.	Markus Rogan	AUT	1:55,49
5.	Ryosuke Irie	JPN	1:55,72
6.	Hayden Stoeckel	AUS	1:56,39
7.	Razvan Ionut Florea	ROU	1:56,52
8.	Gregor Tait	GBR	1:57,00

HF: 8. Helge Meeuw (GER) 1:56,85 (Ausschwimmen 2. 2:00,97). **VL:** 19. Sebastian Stoss (AUT) 1:59,14, 32. Jonathan Massacand (SUI) 2:01,80.

100 m Brust, Männer 11.08.2008

WR	Brendan Hansen	USA	59,13
	Irvine, CA/USA – 01.08.2006		
OR	Brendan Hansen	USA	1:00,01
	Athen – 14.08.2004		
1.	Kosuke Kitajima	JPN	WR 58,91
2.	Alexander Dale Oen	NOR	59,20
3.	Hugues Duboscq	FRA	59,37
4.	Brendan Hansen	USA	59,57
5.	Brenton Rickard	AUS	59,74
6.	Roman Sludnow	RUS	59,87
7.	Igor Borisik	UKR	1:00,20
8.	Mark Gangloff	USA	1:00,24

VL: 18. Hunor Istvan Mate (AUT) 1:00,93.

200 m Brust, Männer 14.08.2008

WR	Kosuke Kitajima	JPN	2:07,51
	Tokio – 08.06.2008		
OR	Kosuke Kitajima	JPN	2:09,44
	Athen – 18.08.2004		
1.	Kosuke Kitajima	JPN	OR 2:07,64
2.	Brenton Rickard	AUS	2:08,88
3.	Hugues Duboscq	FRA	2:08,94
4.	Mike Andrew Brown	CAN	2:09,03
5.	Daniel Gyurta	HUN	2:09,22
6.	Scott Spann	USA	2:09,76
7.	Loris Facci	ITA	2:10,57
8.	Paolo Bossini	ITA	2:11,48

VL: 21. Istvan Hunor Mate (AUT) 2:11,56, 35. Maxim Podoprigora (AUT) 2:14,43.

100 m Schmetterling, Männer 16.08.2008

WR	Ian Crocker	USA	50,40
	Montreal – 30.07.2005		
OR	Michael Phelps	USA	51,25
	Athen – 20.08.2004		
1.	Michael Phelps	USA	50,58
2.	Milorad Cavic	SRB	50,59
3.	Andrew Lauterstein	AUS	51,12
4.	Ian Crocker	USA	51,13
5.	Jason Dunford	KEN	51,47
6.	Takuro Fujii	JPN	51,50
7.	Andrij Serdinow	UKR	51,59
8.	Ryan Pini	PNG	51,86

VL: Benjamin Starke (GER) 53,50, 44. Thomas Rupprath (GER) 53,56.

200 m Schmetterling, Männer 13.08.2008

WR	Michael Phelps	USA	1:52,09
	Melbourne – 28.03.2007		
OR	Michael Phelps	USA	1:54,04
	Athen – 17.08.2004		
1.	Michael Phelps	USA	WR 1:52,03
2.	Laszlo Cseh	HUN	1:52,70
3.	Takeshi Matsuda	JPN	1:52,97
4.	Moss Burmester	NZL	1:54,35
5.	Peng Wu	CHN	1:54,35
6.	Pawel Korzeniowski	POL	1:54,60
7.	Kaio Almeida	BRA	1:54,71
8.	Nikolai Skworzow	RUS	1:55,14

HF: 10. Dinko Jukic (AUT) 1:55,65.

200 m Lagen, Männer 15.08.2004

WR	Michael Phelps	USA	1:54,80
	Omaha, NE/USA – 04.07.2008		
OR	Michael Phelps	USA	1:57,14
	Athen – 19.08.2004		
1.	Michael Phelps	USA	WR 1:54,23
2.	Laszlo Cseh	HUN	1:56,52
3.	Ryan Lochte	USA	1:56,53
4.	Thiago Pereira	BRA	1:58,14
5.	Ken Takakuwa	JPN	1:58,22
6.	James Goddard	GBR	1:59,24
7.	Keith Beavers	CAN	1:59,43
8.	Liam Tancock	GBR	2:00,76

HF: 16. Dinko Jukic (AUT) 2:00,98. **VL:** 40. Markus Deibler (GER) 2:04,54.

109

Während der Japaner Kosuke Kitajima (links) seine beiden Brust-Titel von Athen verteidigen konnte, gewann der Tunesier Oussama Mellouli (rechts) nur wenige Monate nach Ablauf seiner Dopingsperre Gold über 1500 m Freistil.

Mit Schuhgröße 48,5 und einer Spannweite von über zwei Metern flog US-Superstar Phelps allen davon (großes Bild).

Statistik

400 m Lagen, Männer 10.08.2008

WR	Michael Phelps	USA	4:05,25
	Omaha, Ne/USA – 29.06.2008		
OR	Michael Phelps	USA	4:08,26
	Athen – 14.08.2004		
1.	Michael Phelps	USA WR	4:03,84*
2.	Laszlo Cseh	HUN	4:06,16
3.	Ryan Lochte	USA	4:08,09
4.	Alessio Boggiatto	ITA	4:12,16
5.	Luca Marin	ITA	4:12,47
6.	Gergo Kis	HUN	4:12,84
7.	Brian Johns	CAN	4:13,38
8.	Thiago Pereira	BRA	4:15,40

VL: 15. Dinko Jukic (AUT) 4:15,48.
* OR im Vorlauf 4:07,82

4x100 m Freistil, Männer 11.08.2008

WR	USA		3:12,46
	Victoria/CAN – 19.08.2006		
OR	Südafrika		3:13,17
	Athen – 15.08.2004		
1.	USA	WR	3:08,24
	(Phelps 47,51/Weber-Gale 47,02/		
	Jones 47,65/Lezak 46,06)		
2.	Frankreich		3:08,32
	(Leveaux 47,91/Gilot 47,05/		
	Bousquet 46,63/Bernard 46,73)		
3.	Australien		3:09,91
	(Sullivan WR 47,24/Lauterstein 47,87/		
	Callus 47,55/Targett 47,25)		
4.	Italien		3:11,48
5.	Schweden		3:11,92
6.	Kanada		3:12,26
7.	Südafrika		3:12,66
8.	Großbritannien		3:12,87

VL: 13. Schweiz (Meichtry 48,96/Novy 48,60/Lang 49,34/Perez 49,90) 3:16,80, 15. Deutschland (Deibler 49,61/Schreiber 49,58/Starke 49,65/Biedermann 49,15) 3:17,99.

4x200 m Freistil, Männer 13.08.2008

WR	USA		7:03,24
	Melbourne – 30.03.2007		
OR	Australien		7:07,05
	Sydney – 19.09.2000		
1.	USA	WR	6:58,56
	(Phelps, Lochte, Berens, Vanderkaay)		
2.	Russland		7:03,70
	(Lobinzew, Lagunow, Issotow, Suchorukow)		
3.	Australien		7:04,98
	(Murphy, Hackett, Brits, Ffrost)		
4.	Italien		7:05,35
5.	Kanada		7:05,77
6.	Großbritannien		7:05,92
7.	Japan		7:10,31
8.	Südafrika		7:13,02

VL: 9. Österreich (Koll, Brandl, Janistyn, Rogan) 7:11,45, 12. Deutschland (Biedermann, Starke, Kubusch, Herbst) 7:13,92.

4x100 m Lagen 17.08.2008

WR	USA		3:30,68
	Athen – 21.08.2004		
OR	USA		3:30,68
	Athen – 21.08.2004		
1.	USA	WR	3:29,34
	(Peirsol 53,16/Hansen 59,27/		
	Phelps 50,15/Lezak 46,76)		
2.	Australien		3:30,04
	(Stoeckel 53,80/Rickard 58,56/		
	Lauterstein 51,03/Sullivan 46,65)		
3.	Japan		3:31,18
	(Miyashita 53,87/Kitajima 58,07/		
	Fujii 50,89/Sato 48,35)		
4.	Russland		3:31,92
5.	Neuseeland		3:33,39
6.	Großbritannien		3:33,69
7.	Südafrika		3:33,70

DQ: Italien

Langstrecke (10 km), Männer 21.08.2008

1.	Maarten van der Weijden	NED	1:51:51,6
2.	David Davies	GBR	1:51:53,1
3.	Thomas Lurz	GER	1:51:53,6
4.	Valerio Cleri	ITA	1:52:07,5
5.	Jewgeni Drattsew	RUS	1:52:08,9
6.	Petar Stoytschew	BUL	1:52:09,1
7.	Brian Ryckeman	BEL	1:52:10,7
8.	Mark Warkentin	USA	1:52:13,0

Gold-Reigen für US-Amerikaner, Gold-Flaute für Australiens Männer

Zehn der insgesamt 16 Goldmedaillen gingen bei den Männern an die USA. Neben Phelps fünf Einzelsiegen und den drei Staffelerfolgen triumphierten für die USA noch Aaron Peirsol (100 m) und Ryan Lochte (200 m) auf den Rückenstrecken. Australiens Männer, 2004 in Athen noch mit drei Goldmedaillen hinter den US-Amerikanern auf Rang zwei, gingen in Peking diesmal leer aus. Auf den Punkt topfit präsentierte sich auch Japans Schwimmstar Kosuke Kitajima, der seine beiden Titel von Athen über 100 und 200 m Brust verteidigte und auf der kürzeren Distanz in 58,91 Minuten Weltrekord schwamm.

Nicht mit seiner Landsfrau Dawn Fraser und der Ungarin Krisztina Egerszegi gleichziehen konnte der Australier Grant Hackett. Fraser gewann zwischen 1956 und 1964 dreimal hintereinander die 100 m Freistil, Egerszegi die 200 m Rücken zwischen 1988 und 1996. Hackett wollte in Peking das gleiche Kunststück über 1500 m Freistil schaffen, musste sich aber um 69 Hundertstelsekunden Oussama Mellouli (14:14,84) geschlagen geben, der Tunesien das erste olympische Gold im Schwimmen bescherte.
Mellouli, der bei der WM 2007 in Melbourne Gold über 800 m Freistil geholt hatte, seine Medaille dann aber wegen eines Doping-Vergehens im November 2006 zurückgeben musste, feierte erst im Juni nach 18-monatiger Dopingsperre bei einem Meeting in Los Angeles ein gelungenes Comeback.
Auch der »fliegende Holländer« Pieter van den Hoogenband verpasste als Fünfter über 100 m Freistil das Olympia-Triple.

Bronze für Vater Peter

Als Thomas Lurz aus dem Wasser stieg, flossen die Tränen. Überwältigt von seinen Gefühlen widmete er die Bronzemedaille seinem verstorbenen Vater. »Mein Vater hat sehr großen Anteil an dieser Medaille. Ich habe während des Rennens immer an ihn gedacht«, sagte Lurz. Vor einem Jahr war Vater Peter Lurz völlig unerwartet nach einer Fahrrad-Tour gestorben.
Gerne hätte der Würzburger seinem Vater, dessen Geburtsdatum er sich in den Oberarm tätowiert hat, Gold geschenkt. Doch am Ende musste sich der 28-Jährige an der Ruderregatta-Strecke von Shunyi etwa 50 km nordöstlich von Peking dem Niederländer Maarten van der Weijden und dem Briten David Davies geschlagen geben. Nach einem packenden Endspurt fehlten Lurz nach 10 Kilometern in 1:51:53,6 Stunden lediglich zwei Sekunden zum Olympiasieg und eine halbe Sekunde zu Silber.
Emotional aufgewühlt war auch Olympiasieger van der Weijden, der vor sieben Jahren an Leukämie erkrankt war. »Damals war nicht klar, ob ich überhaupt überleben würde. Und jetzt bin ich Olympiasieger«, erklärte der Niederländer. Der »lange Holländer« hatte sich mit einer besonderen, aber auch strittigen Methode auf den größten sportlichen Erfolg seiner Karriere vorbereitet: Seit Januar verbrachte er täglich 14 Stunden in einem sogenannten Höhenzelt, in das ein bestimmtes Gasgemisch mit einem geringeren Sauerstoffanteil eingeleitet wird und somit künstlich Höhenluft simuliert.

Machten die olympische Premiere im Langstreckenschwimmen über 10 km unter sich aus: David Davies, Maarten van der Weijden und Thomas Lurz (v. l.).

Der bronzene Anschlag: Lurz holt Edelmetall für den verstorbenen Vater.

Frauen

Die »Rettungsschwimmerin« für den DSV

Erst schirmte sie sich fast völlig ab, mied jegliche Außenkontakte, besonders die Medien, aber dann ließ sie im Wasser mit zwei Goldmedaillen über 50 und 100 m Freistil Taten sprechen. Unmittelbar nach den beiden Finals warf sie sich am Beckenrand hemmungslos schluchzend, von den Anspannungen der vergangenen Wochen erlöst in die Arme ihrer Freundin, der ARD-Expertin Franziska van Almsick: »Golden Girl« Britta Steffen, die »Rettungsschwimmerin« des Deutschen Schwimm-Verbandes (DSV).

Verwundert registrierte die Konkurrenz am Beckenrand die Abgeklärtheit der Britta Steffen, die sich selbst allzu oft als »Sensibelchen« bezeichnet hatte. Doch ausgerechnet die 24-jährige Berlinerin behielt im »Wasser-Würfel« von Peking die Nerven. Van Almsick hatte es schon vorher geahnt und Steffen als »Alpha-Tier« bezeichnet. Nach dem zweiten Sieg war aber sogar der frühere deutsche Schwimmstar sprachlos, dem selbst Olympia-Gold verwehrt geblieben war: »Da fehlen mir die Worte. Sie hat so eine Lockerheit bekommen. Das ist großartig.«

Mit ihrem Verzicht auf einen Start in der 4 x 200-m-Freistilstaffel hatte die elfmalige deutsche Meisterin vor den Spielen für Zündstoff gesorgt. Sie wolle sich einzig und allein auf die beiden Freistilstrecken (50 und 100 m) konzentrieren, lautete die Begründung, die von vielen mit Kopfschütteln aufgenommen worden war. Britta Steffen wird sich in Peking bestätigt gesehen haben.

Britta Steffen selbst ging nicht unter, sondern »rettete« den DSV mit ihrem Doppel-Gold über 50 und 100 m Freistil vor dem totalen Untergang.

Souverän schwamm sich die in der Uckermark groß gewordene Studentin in den Endlauf über 100 m Freistil und verwies dort in einem wahren Herzschlagfinale ihre schärfste Rivalin Lisbeth Trickett in 53,12 Sekunden um vier Hundertstelsekunden auf Platz zwei. Es war das erste Gold für Deutschlands Schwimmer seit Dagmar Hases Sieg 1992 in Barcelona über 400 m Freistil.

»Ich habe die Augen zugemacht und bin nur mein Rennen geschwommen. Beim Anschlag habe ich nur Libby gesehen. Erst dann habe ich auf die Anzeigetafel geschaut und es realisiert«, erklärte Steffen. »Das ist ein Wahnsinnsgefühl. Ich kann es noch gar nicht fassen. Ich habe nie gedacht, dass mir dieser letzte Durchbruch gelingt.«

Noch bei der Hälfte der Distanz hatte die Berlinerin an der Wende mit fast einer Länge Rückstand auf Trickett auf dem letzten Platz gelegen. »Vor dem Rennen hat mein Trainer Norbert Warnatzsch gesagt, dass ich keine Experimente machen und die Ruhe bewahren soll«, erklärte Steffen. Sie tat es, kam immer näher und lag am Ende einen Wimpernschlag vor der Weltmeisterin und Weltrekordlerin aus Australien, die überhaupt nur aufgrund der Disqualifikation der chinesischen Halbfinal-Schnellsten Pang Jiaying in den Endlauf eingezogen war. Ein »intelligentes Rennen« bescheinigte DSV-Sportdirektor Örjan Madsen seinem Star, der dem großen Druck standhielt. »Britta hat sich nicht aus der Ruhe bringen lassen und am Ende ihre Stärken ausgespielt. Ihre große Leistung ist aber nur ein Pflaster auf die Wunde des DSV. Nach Olympia muss man das Pflaster abreißen und schauen, wie groß die Wunde wirklich ist«, so der Sportdirektor weiter.

Zwei Tage nach ihrem Coup über 100 m Freistil stürmte die Berlinerin unbekümmert und ohne jeglichen Druck zum Abschluss der Schwimm-Wettbewerbe mit Europarekord in 24,06 Sekunden auch zu Gold über 50 m Freistil und avancierte zur ersten Doppel-Olympiasiegerin des DSV seit Michael Groß 1984. In Seoul 1988 hatte Kristin Otto für die damalige DDR bei ihren sechs Siegen als letzte deutsche Schwimmerin mehrfach Gold geholt.

Steffen jubelte über einen »krönenden Abschluss«, war im Gegensatz zu ihrem ersten Gold aber gefasst. »Ich bin froh, dass sich die harte Arbeit im Training und mit meiner Mentaltrainerin ausgezahlt hat. Der Kopf war entscheidend. Damit hätte ich nicht gerechnet. Hier noch einmal zu gewinnen, ist phantastisch.« Im Ziel hatte Steffen eine Hundertstelsekunde Vorsprung vor der 41 Jahre alten Ausnahmeschwimmerin Dara Torres (USA). Dritte wurde die erst 16 Jahre alte Australierin Cate Campbell (24,17) – ein Trio auf dem Podium mit 25 Jahren Altersunterschied.

> »Meine Enkel werden sich bestimmt eher für Michael Phelps interessieren als für mich.«
> OLYMPIASIEGERIN BRITTA STEFFEN

Britta Steffen (Bild links) nach ihrem Sprint-Erfolg umrahmt von »Mutter« und »Tochter«: 25 Jahre Altersunterschied liegen zwischen der US-Amerikanerin Dara Torres (links) und der Australierin Cate Campbell (rechts).

Die 19-jährige Doppel-Olympiasiegerin Rebecca Adlington (rechts) an der Seite ihrer Landsfrau Joanna Jackson.

Statistik

50 m Freistil 17.08.2008

WR	Lisbeth Trickett Sydney – 29.03.2008	AUS	23,97
OR	Inge de Bruijn Sydney – 22.09.2000	NED	24,13
1.	Britta Steffen	GER	OR 24,06
2.	Dara Torres	USA	24,07
3.	Cate Campbell	AUS	24,17
4.	Lisbeth Trickett	AUS	24,25
5.	Marleen Veldhuis	NED	24,26
6.	Kara Lynn Joyce	USA	24,63
7.	Hinkelien Schreuder	NED	24,65
8.	Aleksandra Gerassimenja	BLR	24,77

VL: 25. Petra Dallmann (GER) 25,43.

100 m Freistil, Frauen 15.08.2008

WR	Lisbeth Trickett Sydney – 27.03.2008	AUS	52,88
OR	Jodie Henry Athen – 18.08.2004	AUS	53,52
1.	Britta Steffen	GER	53,12
2.	Lisbeth Trickett	AUS	53,16
3.	Natalie Coughlin	USA	53,39
4.	Hanna-Maria Seppala	FIN	53,97
5.	Jeanette Ottesen	DEN	54,06
6.	Zhu Yingwen	CHN	54,21
7.	Marleen Veldhuis	NED	54,21
8.	Francesca Halsall	GBR	54,29

HF: 13. Petra Dallmann (GER) 55,05. **VL:** 29. Birgit Koschischek (AUT) 55,62.

200 m Freistil, Frauen 13.08.2008

WR	Laure Manaudou Melbourne – 28.03.2007	FRA	1:55,52
OR	Heike Friedrich Seoul – 21.09.1988	GDR	1:57,65
1.	Federica Pellegrini	ITA	WR 1:54,82
2.	Sara Isakovic	SLO	1:54,97
3.	Pang Jiaying	CHN	1:55,05
4.	Katie Hoff	USA	1:55,78
5.	Camelia Potec	ROU	1:56,87
6.	Caitlin McClatchey	GBR	1:57,65
7.	Bronte Barratt	AUS	1:57,83
7.	Ophelie-Cyrielle Etienne	FRA	1:57,83

VL: 22. Annika Lurz (GER) 1:59,98, 24. Petra Dallmann (GER) 2:00,21, 26. Jördis Steinegger (AUT) 2:00,52.

400 m Freistil, Frauen 11.08.2008

WR	Federica Pellegrini Eindhoven – 24.03.2008	ITA	4:01,53
OR	Janet Evans Seoul – 22.09.1988	USA	4:03,85
1.	Rebecca Adlington	GBR	4:03,22
2.	Katie Hoff	USA	4:03,29
3.	Joanne Jackson	GBR	4:03,52
4.	Coralie Balmy	FRA	4:03,60
5.	Federica Pellegrini	ITA	4:04,56*
6.	Camelia Alina Potec	ROU	4:04,66
7.	Bronte Barratt	AUS	4:05,05
8.	Laure Manaudou	FRA	4:11,26

VL: 14. Flavia Rigamonti (SUI) 4:09,59, 16. Jördis Steinegger (AUT) 4:09,72, 25. Jaana Ehmcke (GER) 4:15,15.

* OR im Vorlauf 4:02,19

800 m Freistil, Frauen 16.08.2008

WR	Janet Evans Tokio – 20.08.1989	USA	8:16,22
OR	Brooke Bennett Sydney – 22.09.2000	USA	8:19,67
1.	Rebecca Adlington	GBR	WR 8:14,10
2.	Alessia Filippi	ITA	8:20,23
3.	Lotte Friis	DEN	8:23,03
4.	Camelia Alina Potec	ROU	8:23,11
5.	Xuanxu Li	CHN	8:26,34
6.	Kylie Palmer	AUS	8:26,39
7.	Jelena Sokolowa	RUS	8:29,79
8.	Cassandra Patten	GBR	8:32,35

VL: 13. Flavia Rigamonti (SUI) 8:28,67, 22. Jördis Steinegger (AUT) 8:36,40, 25. Jaana Ehmcke (GER) 8:39,51.

Schwimmen

Versunken in Zweit- und Drittklassigkeit

Nach dem kurzfristigen Ausfall von Nicole Hetzer, die wegen einer Schulterverletzung ihren Olympia-Start über 400 m Lagen absagen musste und noch in Peking ihre sportliche Karriere für beendet erklärte, schwamm von den Frauen im DSV-Team – außer Britta Steffen – lediglich

ARD-Schwimm-Expertin »Franzi« van Almsick (links) gewann selbst nie Olympia-Gold, ihre Freundin Britta Steffen gleich doppelt. **Antje Buschschulte (großes Bild)** kratzte über 100 m Rücken auf »ihre alten Tage« noch einmal an ihrem eigenen deutschen Rekord.

> »Insgesamt bin ich mit meiner Leistung in Peking zufrieden. Ich kann doch nichts dafür, dass die Weltspitze so weit weg ist.«
> SCHWIMMERIN ANTJE BUSCHSCHULTE

Statistik

100 m Rücken, Frauen 12.08.2008

WR	Natalie Coughlin	USA	58,97
	Omaha, NE/USA – 01.07.2008		
OR	Natalie Coughlin	USA	59,68
	Athen – 21.08.2004		
1.	Natalie Coughlin	USA	58,96
2.	Kirsty Coventry	ZIM	59,19*
3.	Margaret Hoelzer	USA	59,34
4.	Gemma Spofforth	GBR	59,38
5.	Anastasia Sujewa	RUS	59,40
6.	Reiko Nakamura	JPN	59,72
7.	Laure Manaudou	FRA	1:00,10
8.	Hanae Ito	JPN	1:00,18

HF: 15. Antje Buschschulte (GER) 1:01,15. –
VL: Christin Zenner (GER) 1:03,87.
* WR 58,77 im Halbfinale

200 m Rücken, Frauen 16.08.2008

WR	Margaret Hoelzer	USA	2:06,09
	Omaha, NE/USA – 05.07.2008		
OR	Krisztina Egerszegi	HUN	2:07,06
	Barcelona – 31.07.1992		
1.	Kirsty Coventry	ZIM	WR 2:05,24
2.	Margaret Hoelzer	USA	2:06,23
3.	Reiko Nakamura	JPN	2:07,13
4.	Anastasia Sujewa	RUS	2:07,88
5.	Elizabeth Beisel	USA	2:08,23
6.	Elizabeth Simmonds	GBR	2:08,51
7.	Meagen Nay	AUS	2:08,84
8.	Belinda Hocking	AUS	2:10,12

VL: 34. Christin Zenner (GER) 2:20,28.

100 m Brust, Frauen 12.08.2008

WR	Leisel Jones	AUS	1:05,09
	Melbourne – 20.03.2006		
OR	Luo Xuejuan	CHN	1:06,64
	Athen – 16.08.2004		
1.	Leisel Jones	AUS	OR 1:05,17
2.	Rebecca Soni	USA	1:06,73
3.	Mirna Jukic	AUT	1:07,34
4.	Julija Jefimowa	RUS	1:07,43
5.	Megan Jendrick	USA	1:07,62
6.	Tarnee White	AUS	1:07,63
7.	Sun Ye	CHN	1:08,08
8.	Asami Kitagawa	JPN	1:08,43

VL: 20. Sarah Poewe (GER) 1:08,69, 36. Sonja Schöber (GER) 1:11,36.

200 m Brust, Frauen 15.08.2008

WR	Leisel Jones	AUS	2:20,54
	Melbourne – 01.02.2006		
OR	Amanda Beard	USA	2:23,37
	Athen – 19.08.2004		
1.	Rebecca Soni	USA	WR 2:20,22
2.	Leisel Jones	AUS	2:22,05
3.	Sara Nordenstam	NOR	2:23,02
4.	Mirna Jukic	AUT	2:23,24
5.	Julija Efimowa	RUS	2:23,76
6.	Annamay Pierse	CAN	2:23,77
7.	Rie Kaneto	JPN	2:25,14
8.	Megumi Taneda	JPN	2:25,23

HF: 10. Anne Poleska (GER) 2:26,71.

100 m Schmetterling, Frauen 11.08.2008

WR	Inge de Bruijn	NED	56,61
	Sydney – 17.09.2008		
OR	Inge de Bruijn	NED	56,61
	Sydney – 17.09.2008		
1.	Lisbeth Trickett	AUS	56,73
2.	Christine Magnuson	USA	57,10
3.	Jessicah Schipper	AUS	57,25
4.	Zhou Yafei	CHN	57,84
5.	Tao Li	SIN	57,99
6.	Jemma Lowe	GBR	58,06
7.	Gabriella Silva	BRA	58,10
8.	Inge Dekker	NED	58,54

VL: 26. Birgit Koschischek (AUT) 59,07, 39. Daniela Samulski (GER) 1:00,37.

200 m Schmetterling, Frauen 14.08.2008

WR	Jessicah Schipper	AUS	2:05,40
	Victoria/CAN – 17.08.2006		
OR	Misty Hyman	USA	2:05,88
	Sydney – 20.09.2000		
1.	Liu Zige	CHN	WR 2:04,18
2.	Jiao Liuyang	CHN	2:04,72
3.	Jessicah Schipper	AUS	2:06,26
4.	Otylia Jedrzejczak	POL	2:07,02
5.	Yuko Nakanishi	JPN	2:07,32
6.	Aurore Mongel	FRA	2:07,36
7.	Elaine Breeden	USA	2:07,57
8.	Kathleen Hersey	USA	2:08,23

VL: 17. Nina Dittrich (AUT) 2:09,85.

200 m Lagen, Frauen 13.08.2008

WR	Stephanie Rice	USA	2:08,92
	Sydney – 25.03.2008		
OR	Jana Klotschkowa	UKR	2:10,68
	Sydney – 19.09.2000		
1.	Stephanie Rice	AUS	WR 2:08,45
2.	Kirsty Coventry	ZIM	2:08,59
3.	Natalie Coughlin	USA	2:10,34
4.	Katie Hoff	USA	2:10,68
5.	Alicia Coutts	AUS	2:11,43
6.	Asami Kitagawa	JPN	2:11,56
7.	Julia Wilkinson	CAN	2:12,43
8.	Katarzyna Baranowska	POL	2:13,36

VL: 30. Katharina Schiller (GER) 2:18,00, 34. Sonja Schöber (GER) 2:20,18.

Seit 1992 stand zumindest eine DSV-Staffel immer auch dem Siegerpodest, in Peking reichte es für Meike Freitag, Britta Steffen, Daniela Götz und Antje Buschschulte (v. l.) nur zu Rang fünf über 4 x 100 m Freistil.

noch Antje Buschschulte im Bereich ihrer Möglichkeiten. Die 29-jährige Magdeburgerin verpasste zwar über 100 m Rücken den Einzug in das Finale, »kratzte« aber im Vorlauf mit 1:00,48 Minuten auf »ihre alten Tage« noch einmal an ihrem eigenen deutschen Rekord (1:00,33).

Der Niedergang des deutschen Schwimmsports, abgesunken in die Zweit- und teilweise sogar in die Drittklassigkeit, spiegelte sich bei den Frauen wie Männern gleichermaßen in den Staffeln wider, die in der Vergangenheit immer Garanten für Medaillen und Rekorde waren. Seit 1992 standen Deutschlands Frauen zumindest immer in einer Staffel auf dem Siegerpodest, in Peking reichte es über 4x100 m Freistil gerade einmal zu Rang fünf.

Die übrigen fünf Freistil- und Lagenstaffeln waren in den Finals nicht mehr präsent, die Lagenstaffel der Männer nicht einmal für Peking qualifiziert.

Marleen Veldhuis, Inge Dekker, Femke Heemskerk und Ranomi Kromowidjojo (v. l.) holten Gold über 4 x100 m Freistil für die »Oranjes«.

400 m Lagen, Frauen 10.08.2008

WR	Katie Hoff		4:31,12
	Omaha, Ne/USA – 29.06.2008		
OR	Jana Klotschkowa		4:33,59
	Sydney – 16.09.2000		
1.	Stephanie Rice	AUS	WR 4:29,45
2.	Kirsty Coventry	ZIM	4:29,89
3.	Katie Hoff	USA	4:31,71
4.	Elizabeth Beisel	USA	4:34,24
5.	Alessia Filippi	ITA	4:34,34
6.	Hannah Miley	GBR	4:39,44
7.	Jana Martinowa	RUS	4:40,04
8.	Li Xuanxu	CHN	4:42,13

VL: 26. Jördis Steinegger (AUT) 4:45,15, 33. Katharina Schiller (GER) 4:51,52.

4x100 m Freistil, Frauen 10.08.2008

WR	Niederlande		3:33,62
	Eindhoven – 18.03.2008		
OR	Australien		3:35,94
	Athen – 14.08.2004		
1.	Niederlande		OR 3:33,76
	(Dekker 54,37/Kromowidjojo 53,39/ Heemskerk 53,42/Veldhuis 52,58)		
2.	USA		3:34,33
	(Coughlin 54,00/Nymeyer 53,91/ Joyce 53,98/Torres 52,44)		
3.	Australien		3:35,05
	(Campbell 54,43/Mills 54,43/ Schlanger 53,85/Trickett 52,34)		
4.	China		3:35,64
5.	Deutschland		3:36,85
	(Steffen OR 53,38/Freitag 54,30/ Götz 55,34/Buschschulte 53,83)		
6.	Frankreich		3:37,68
7.	Großbritannien		3:38,18
8.	Kanada		3:38,32

4x200 m Freistil, Frauen 14.08.2008

WR	USA		7:50,09
	Melbourne – 29.03.2007		
OR	USA		7:53,42
	Athen – 18.08.2004		
1.	Australien		WR 7:44,31
	(Rice 1:56,60, Barratt 1:56,58, Palmer 1:55,22, MacKenzie 1:55,91)		
2.	China		7:45,93
	(Yang Yu 1:56,79, Zhu Qianwei 1:56,64, Tan Miao 1:58,11, Pang Jiaying 1:54,39)		
3.	USA		7:46,33
	(Schmitt 1:57,71, Coughlin 1:57,19, Burckle 1:56,70, Hoff 1:54,73)		
4.	Italien		7:49,76
5.	Frankreich		7:50,66
6.	Ungarn		7:55,53
7.	Japan		7:57,56
8.	Schweden		7:59,83

VL: 12. Deutschland (Freitag 1:58,09, Dallmann 1:59,55, Samulski 2:01,67, Lurz 1:58,80) 7:58,11.

4x100 m Lagen 17.08.2008

WR	AUS		3:55,74
	Melbourne – 31.03.2007		
OR	AUS		3:57,32
	Athen – 21.08.2004		
1.	Australien		WR 3:52,69
	(Seebohm 59,33/Jones 1:04,58/ Schipper 56,25/Trickett 52,53)		
2.	USA		3:53,30
	(Coughlin 58,94/Soni 1:05,95/ Magnuson 56,14/Torres 52,27)		
3.	China		3:56,11
	(Zhao Jing 59,56/Sun Ye 1:06,75/ Zhou Yafei 57,40/Pang Jiaying 52,40)		
4.	Großbritannien		3:57,50
5.	Russland		3:57,84
6.	Japan		3:59,54
7.	Kanada		4:01,35

DQ: Schweden. VL: 9. Deutschland (Buschschulte 1:00,51/Poewe 1:08,95/Samulski 59,78/Steffen 53,29) 4:02,53.

10 km Langstrecke, Frauen 20.08.2008

1.	Larisa Iltschenko	RUS	1:59:27,7
2.	Keri-Anne Payne	GBR	1:59:29,2
3.	Cassandra Patten	GBR	1:59:31,0
4.	Angela Maurer	GER	1:59:31,9
5.	Ana Cunha	BRA	1:59:36,8
6.	Swann Oberson	SUI	1:59:36,9
7.	Poliana Okimoto	BRA	1:59:37,4
8.	Jana Pechanova	CZE	1:59:39,7

115

Mirna Jukic (links oben) gewann mit Bronze über 100 m Brust die einzige Medaille für Österreichs Schwimmer und denkt nun über ein Karriere-Ende nach. Kirsty Coventry (links unten) gewann einmal Gold und dreimal Silber für die »Schwimm-Nation« Zimbabwe. Immer eine Atemlänge voraus: Die Australierin Stephanie Rice avancierte mit drei Goldmedaillen zum neuen Stern am Schwimm-Himmel.

Der neue Stern am Schwimmer-Himmel: Stephanie Rice

Mit einem neuen Schwimm-Stern an der Spitze, der dreifachen Olympiasiegerin Stephanie Rice (200 und 400 m Lagen, 4 x 200 m Freistil), stellten die Australierinnen mit sechs Gold-, zwei Silber- und vier Bronzemedaillen das Team aus den USA (2/7/4) in den Schatten. Deren Goldhoffnung Katie

Schwimmen

Die größte Überraschung der olympischen Frauen-Wettbewerbe kam jedoch aus Großbritannien, ist gerade einmal 19 Jahre alt und heißt Rebecca Adlington. Mit zwei Goldmedaillen über 400 und 800 m Freistil und der Verbesserung des 19 Jahre alten Weltrekords der Amerikanerin Janet Evans, aufgestellt sechs Monate nachdem Adlington das Licht der Welt erblickt hatte, um 2,12 Sekunden auf 8:14,10 Minuten, überraschte sie nicht nur sich selbst, sondern die gesamte Schwimm-Welt.

Ein knapper Meter fehlte

Angela Maurer weinte hemmungslos und verstand die Welt nicht mehr. Zehn Kilometer lang hatte die Schwimmerin alles gegeben, war bis an die Grenze gegangen – und dann fehlten gerade einmal 0,9 Zehntelsekunden, 1,25 Meter zu einer Medaille. »Dieser vierte Platz ist der blödeste überhaupt.« Maurer bestätigte aber mit ihrem vierten Platz im mit 28 Grad »zu warmen« Wasser der Ruderstrecke im Shunyi Park, dass sie mit 33 Jahren noch immer mit der Weltspitze mithalten kann.

Die WM-Siebte startete verhalten ins Rennen, machte in der zweiten Rennhälfte Platz um Platz gut und musste sich lediglich Olympiasiegerin Larisa Iltschenko (Russland) und den beiden Britinnen Keri-Anne Payne und Cassandra Patten geschlagen geben.

Für Aufsehen sorgte die Südafrikanerin Natalie Du Toit, 2004 fünfmalige Siegerin bei den Paralympics in Athen. Die 24-Jährige bestritt als erste Beinamputierte überhaupt einen Olympia-Wettkampf und löste mit ihrem 16. Platz ein unglaubliches Medieninteresse aus. »Für mich ist ein Traum in Erfüllung gegangen«, erklärte du Toit, die vor sieben Jahren ihr linkes Bein bei einem Unfall verloren hatte.

Hoff gewann lediglich eine Silber- und zwei Bronzemedaillen in sechs Wettbewerben und war damit die große Verliererin der Spiele von Peking. Aber auch andere Favoritinnen wackelten: So triumphierte Australiens Superstar Leisel Jones lediglich über 100 m Brust, musste über die doppelte Distanz der US-Amerikanerin Rebecca Soni Vortritt und Weltrekord überlassen. Und auch Lisbeth Trickett wurde ihrer Favoritenrolle auf den Freistilstrecken nicht gerecht, erfüllte sich lediglich über 100 m Schmetterling den Traum vom olympischen Gold.

Australiens Lisbeth Trickett wurde im Vorfeld der Spiele hoch gehandelt, aber nur einmal mit Gold belohnt.

Wasserspringen

Ziel ersprungen

Es war der erhoffte Auftakt nach Maß für die deutschen Wasserspringer. Bronze für Ditte Kotzian und Heike Fischer im Synchronspringen vom Brett gleich im ersten Wettbewerb. »Das ist einfach traumhaft«, freute sich Fischer. Das deutsche Duo

Glücklich mit Bronze zum Auftakt im Synchronspringen vom 3-m-Brett: Heike Fischer und Ditte Kotzian (von links).

Synchron zum Titel: Die Chinesinnen Wang Xin und Chen Ruolin dominierten die Konkurrenz vom Turm.

verkrampfte auch nicht vor dem letzten Sprung, als sie punktgleich mit dem US-Paar Ariel Rittenhouse/Kelci Bryant lagen. Mit einem zweieinhalbfachen Auerbach-Salto machten sie ihre erste Olympia-Medaille perfekt und erreichten schon nach der ersten von insgesamt acht Entscheidungen die Olympia-Ausbeute von Athen. Vor vier Jahren hatten Andreas Wels/Tobias Schellenberg mit Silber im Sychronspringen vom Brett für das einzige Edelmetall gesorgt.

Wasserspringen

Im Alleingang kam Patrick Hausding auf die Plätze acht (Brett) und neun (Turm), gemeinsam mit Sascha Klein gewann er vom Turm Silber.

Statistik

3-m-Brett, Männer 19.08.2008

1.	He Chong	CHN	572,90
2.	Alexandre Despatie	CAN	536,65
3.	Qin Kai	CHN	530,10
4.	Dimitri Sautin	RUS	512,65
5.	Pavlo Rozenberg	GER	485,60
6.	Troy Dumais	USA	472,50
7.	Yahel Castillo	MEX	462,10
8.	Patrick Hausding	GER	462,05

VK: 22. Constantin Blaha (AUT) 407,55.

3-m-Brett, Synchron, Männer 13.08.2008

1.	Wang Feng/Qin Kai	CHN	469,08
2.	Dimitri Sautin/Juri Kunakow	RUS	421,98
3.	Illja Kwascha/Alexej Prigorow	UKR	415,05
4.	Chris Colwill/Jevon Tarantino	USA	410,73
5.	Alexandre Despatie/Arturo Miranda	CAN	409,29
6.	Sascha Klein/Pavlo Rozenberg	GER	402,84
7.	Nicholas Robinson-Baker/Benjamin Swain	GBR	402,36
8.	Scott Robertson/Robert Newbery	AUS	393,60

10-m-Turm, Männer 23.08.2008

1.	Matthew Mitcham	AUS	537,95
2.	Zhou Luxin	CHN	533,15
3.	Gleb Galperin	RUS	525,80
4.	Huo Liang	CHN	508,40
5.	José Antonio Guerra Oliva	CUB	507,15
6.	Mathew Helm	AUS	467,70
7.	Thomas Daley	GBR	463,55
8.	Rommel Pacheco	MEX	460,20
9.	Patrick Hausding	GER	448,30

HF: 18. Sascha Klein (GER) 382,85.

10-m-Turm, Synchron, Männer 11.08.2008

1.	Lin Yue/Huo Liang	CHN	468,18
2.	Patrick Hausding/Sascha Klein	GER	450,42
3.	Gleb Galperin/Dimitri Dobroskok	RUS	445,26
4.	Mathew Helm/Robert Newbery	AUS	444,48
5.	David Boudia/Thomas Finchum	USA	440,64
6.	Victor Ortega/Juan Guillermo Uran	COL	423,66
7.	Jose Antonio Guerra Oliva/Erick Fornaris	CUB	409,38
8.	Blake Aldridge/Thomas Daley	GBR	408,48

3-m-Brett, Frauen 17.08.2008

1.	Guo Jingjing	CHN	415,35
2.	Julia Pachalina	RUS	398,60
3.	Wu Minxia	CHN	389,85
4.	Blythe Hartley	CAN	374,60
5.	Tania Cagnotto	ITA	349,20
6.	Anna Lindberg	SWE	342,15
7.	Sharleen Stratton	AUS	331,00
8.	Nancilea Foster	USA	316,70

HF: 15. Ditte Kotzian (GER) 292,25, 18. Katja Dieckow (GER) 263,00. VK: 27. Veronika Kratochwil (AUT) 218,75.

3-m-Brett, Synchron, Frauen 10.08.2008

1.	Guo Jingjing/Wu Minxia	CHN	343,50
2.	Julia Pachalina/Anastasia Posdnijakowa	RUS	323,61
3.	Ditte Kotzian/Heike Fischer	GER	318,90
4.	Kelci Bryant/Ariel Rittenhouse	USA	314,40
5.	Briony Cole/Sharleen Stratton	AUS	311,34
6.	Noemi Batki/Francesca Dalappé	ITA	296,70
7.	Maria Woloschtschenko/Anna Pysmenska	UKR	293,10
8.	Tandi Gerrard/Hayley Sage	GBR	278,25

Turm, Frauen 21.08.2008

1.	Chen Ruolin	CHN	447,70
2.	Emilie Heymans	CAN	437,05
3.	Wang Xin	CHN	429,90
4.	Paola Espinosa	MEX	380,95
5.	Tatiana Ortiz	MEX	343,60
6.	Melissa Wu	AUS	338,15
7.	Marie-Eve Marleau	CAN	332,10
8.	Tonia Couch	GBR	328,70

VK: 19. Christin Steuer (GER) 290,80, 22. Anja Richter (AUT) 287,70, 29. Annett Gamm (GER) 234,30.

10-m-Turm, Synchron, Frauen 12.08.2008

1.	Wang Xin/Chen Ruolin	CHN	363,54
2.	Briony Cole/Melissa Wu	AUS	335,16
3.	Paola Espinosa/Tatiana Ortiz	MEX	330,06
4.	Annett Gamm/Nora Subschinski	GER	310,29
5.	Marybeth Dunnichay/Haley Ishimatsu	USA	309,12
6.	Choe Kum Hui/Kim Un Hyang	PRK	308,10
7.	Meaghan Benfeito/Roseline Filion	CAN	305,91
8.	Tonia Couch/Stacie Powell	GBR	303,48

Mitcham verhindert Chinas totalen Triumph

Der Australier Matthew Mitcham nutzte die einzige »Schwachstelle« von Chinas Springern im Turm-Wettbewerb der Männer und verhinderte mit seinem Sieg bei der letzten der insgesamt acht Sprung-Entscheidungen einen kompletten »Durchmarsch« des Gastgebers, der mit sieben Gold- und einer Silbermedaille den »Water Cube« aber dennoch fest im Griff hatte.

Auf dem undankbaren vierten Platz landeten Annett Gamm und Nora Subschinski im Turmspringen. Für Annett Gamm war es der letzte Synchron-Wettkampf ihrer Karriere.

Nur einen Tag später sprangen Patrick Hausding und Sascha Klein im Synchronspringen vom Turm zur zweiten deutschen Medaille, erfüllten damit bereits frühzeitig die vom Fachsparten-Vorsitzenden Walter Alt erklärte Zielsetzung von »zwei Medaillen, eine hundertprozentige Steigerung gegenüber Athen«.

Die dritte Medaille im dritten Wettbewerb verpassten Annett Gamm/Nora Subschinski als Vierte im Synchronspringen vom Turm nur knapp. Gamm verkündete anschließend ihren Rücktritt. »Nach Olympia werde ich definitiv keine Wettkämpfe mehr bestreiten. Es wäre schön gewesen, zum Schluss noch einmal eine Medaille zu gewinnen«, sagte die Europameisterin aus Dresden.

Mit Rang sechs durch Sascha Klein/Pavlo Rozenberg vom Brett machten die DSV-Springer das gute Abschneiden in den Synchron-Wettbewerben komplett. »Wir hatten alle Synchron-Paare unter den Top-Sechs«, bilanzierte Bundestrainer Lutz Buschkow. Zudem war man in den Einzelwettbewerben in drei von vier Finals vertreten.

Weiter vorne erwartet hatte man unterdessen Vize-Europameister Sascha Klein vom Turm. Doch der Aachener patzte, stand anschließend niedergeschlagen im großen »Wasser-Würfel« und verstand nach seinem Absturz vom Turm die Welt nicht mehr. »Ich weiß nicht, wie das passieren konnte. So einen Einbruch habe ich lange nicht mehr erlebt.« Während Klein nach Erklärungen suchte und doch keine fand, nahm Walter Alt den Aachener in Schutz: »Sascha hat sich wohl selbst zu viel Druck auferlegt. Der Junge ist hier mit der schwierigsten Serie der Welt volles Risiko gegangen. Das ist leider nicht aufgegangen.«

Synchronschwimmen

Russlands dritter Coup in Folge

Nach 2000 in Sydney und 2004 in Athen gewannen Russlands Synchronschwimmerinnen auch in Peking die Goldmedaillen im Duett und Team-Wettbewerb. Dem Duett-Sieg der Titelverteidigerinnen Anas-

Wie schon in Athen zeigten Anastasia Dawidowa und Anastasia Ermakowa auch im Pekinger Wasser-Würfel die perfektesten Übungen im Synchronschwimmen.

tasia Dawidowa und Anastasia Ermakowa ließen die Russinnen drei Tage später auch den Sieg im Team folgen. Dawidowa und Ermakowa verwiesen die Europameisterinnen Andrea Fuentes/Gemma Mengual, die das erste olympische Edelmetall im Synchronschwimmen für Spanien überhaupt gewannen, sowie Saho Harada/Emiko Suzuki aus Japan auf die Plätze. Auch im Team ging Silber an Spanien, Bronze blieb im Gastgeberland China. Deutsche Synchronschwimmerinnen waren in Peking nicht vertreten.

Synchronschwimmen verlangt körperliche Höchstleistung unter Luftmangel. Für gute Noten sind Rhythmik und Beweglichkeit ausschlaggebend.

Statistik

Duett 20.08.2008

1. Dawidowa/Ermakowa	RUS	99,833
2. Fuentes/Mengual	ESP	99,000
3. Harada/Suzuki	JPN	97,833
4. Jiang Tingting/Jiang Wenwen	CHN	96,500
5. Jones/Nott	USA	95,500
6. Boudreau-Gagnon/Rampling	CAN	95,333
7. Adelizzi/Lapi	ITA	93,833
8. Juschko/Sidorenko	UKR	93,167
12. Brunner/Schneider	SUI	90,000

VK: Brandl/Mahn (AUT) 41,167.

Team 23.08.2008

1. Russland	99,500
2. Spanien	98,251
3. China	97,334
4. Kanada	95,668
5. USA	95,334
6. Japan	95,334
7. Australien	82,167
8. Ägypten	80,833

Wasserball

Skepsis im deutschen Lager

Während Ungarns Wasserballer den Olympia-Hattrick durch einen 14:10-Sieg über die USA perfekt gemacht hatten, blickte man in den Reihen des Deutschen Schwimm-Verbandes (DSV) nach Rang zehn eher skeptisch in die Zukunft. »So geht es nicht weiter. Ob Training, Strukturen oder Nachwuchsarbeit: Wir haben viele Defizite, die man nicht ständig übertünchen kann«, erklärte Bundestrainer Hagen Stamm, der die Fortsetzung seiner Arbeit als Coach von Gesprächen in den Wochen nach Ende der Olympischen Spiele abhängig machen wollte.

Deutschlands Spielmacher Marko Savic im Vorrundenspiel gegen Kroatien, das mit 3:15 klar verloren ging (großes Bild).

Der ehemalige Weltklasse-Center war 1984 in Los Angeles beim Gewinn der Bronzemedaille noch als Spieler für das letzte Edelmetall mitverantwortlich. Vor vier Jahren in Athen hatte Stamm die Auswahl des Deutschen Schwimm-Verbandes (DSV) als Trainer auf Platz fünf geführt. In Peking ging der 48-Jährige nun mit seinem Team ins Gericht. »Das war nicht die Mannschaft, die ich kenne. Viele Spieler waren nach den Mühlen des Qualifikations-Marathons müde und ausgelaugt. Am meisten tut es mir leid, dass so verdiente Spieler wie Alexander Tchigir und Thomas Schertwitis auf diese Weise ihre internationale Karriere beenden.«

Neben Weltklasse-Torhüter Tchigir und Center Schertwitis werden wohl auch Kapitän Sören Mackeben und Stamms Schwiegersohn Marc Politze ihre Laufbahn in der Nationalmannschaft beenden. Die neue Generation um Stamms Sohn Marko muss sich international erst noch beweisen.

Auch beim 8:10 zum Abschluss gegen Italien blieb die Mannschaft unter Form. Im Gegensatz zum 8:7 in der Vorrunde bemängelte Stamm diesmal eine »unprofessionelle und lustlose Einstellung«. Auch Russland-Profi Schertwitis (2), Marko Savic (2), Andreas Schlotterbeck (2) und Politze vom deutschen Rekordmeister Wasserfreunde Spandau sowie der Duisburger Tobias Kreuzmann konnten mit ihren Toren die fünfte Niederlage im siebten Spiel nicht mehr verhindern.

Wie es geht, zeigten die Ungarn bei ihrem 14:10-Finalerfolg gegen Überraschungsfinalist USA. Bronze holte Weltliga-Gewinner Serbien durch ein 6:4 im brisanten Duell gegen Europameister Montenegro. Die deutsche Mannschaft hat zumindest einen Trost: Für die nächsten Welt- und Europameisterschaften hat sich das DSV-Team bereits qualifiziert. Mit oder ohne Stamm …

Oranjes Frauen überraschen

Bei den Frauen verpasste Weltmeister USA auch im dritten Anlauf olympisches Gold. Nach Bronze bei der Olympia-Premiere 2000 in Sydney und Silber 2004 in Athen erfüllte sich der Goldtraum für die US-Amerikanerinnen auch in Peking nicht. Stattdessen machten die Niederländerinnen die große Überraschung perfekt, bezwangen im Finale die USA mit 9:8 und sicherten sich damit die erste olympische Medaille im Wasserball der Frauen überhaupt. Im kleinen Finale bezwang Olympiasieger Australien den Weltmeister von 2005, Ungarn, nach Fünfmeterwerfen mit 12:11.

Die Enttäuschung ist spürbar: Trainer Hagen Stamm (ganz rechts) mit seinen Ersatzspielern.

Statistik

Wasserball, Männer 24.08.2008

1. Ungarn 14:10 (6:4, 3:4, 2:1, 3:1)
2. USA
3. Serbien 6:4 (2:0, 2:1, 2:1, 0:2)
4. Montenegro

5. Spanien – Kroatien 11:9, 7. Griechenland – Australien 9:8, 9. Italien – Deutschland 10:8 (4:3, 1:1, 1:1, 4:3), 11. Kanada – China 8:7. **HFR:** USA – SRB 10:5, HUN – MNE 11:9, GRE – GER 13:9, AUS – ITA 17:16. **VFR:** SRB – ESP 9:5, MNE – CRO 7:6, GRE – CHN 13:8, ITA – CAN 13:11.
VR, Gr.A: ESP – GRE 10:6, MNE – AUS 5:5, HUN – CAN 12:3, HUN – AUS 13:12, ESP – MNE 12:6, GRE – CAN 13:7, AUS – CAN 8:5, MNE – GRE 10:6, HUN – ESP 8:5, HUN – GRE 17:6, ESP – AUS 9:8, MNE – CAN 12:0, AUS – GRE 12:8, HUN – MNE 10:10, ESP – CAN 16:6. **Tabelle:** 1. HUN 9, 2. ESP 8, 3. MNE 6, 4. AUS 5, 5. GRE 2, 6. CAN 0. **Gr.B:** CRO – CHN 16:4, USA – GER 8:7, ITA – SRB 13:12, SRB – CHN 15:5, USA – CRO 7:5, GER – ITA 8:7, ITA – CHN 19:7, SRB – USA 4:2, CRO – GER 13:5, GER – CHN 6:5, CRO – SRB 11:8, USA – ITA 12:11, USA – CHN 8:4, CRO – ITA 11:7, SRB – GER 11:7. **Tabelle:** 1. USA 8, 2. CRO 8, 3. SRB 6, 4. GER 4, 5. ITA 4, 6. CHN 0.

Wasserball, Frauen 21.08.2008

1. Niederlande 9:8 (4:2, 1:3, 2:1, 2:2)
2. USA
3. Australien 12:11 (2:2, 1:3, 3:1, 1:1, 2:1, 0:1, 3:2)
4. Ungarn

5. China 10:7, 6. Italien, 7. Russland 12:6, 8. Griechenland. **HF:** NED – HUN 8:7, USA – AUS 9:8. **VF:** NED – ITA 13:11, AUS – CHN 12:11.
VR, Gr.A: ITA – CHN 10:9, USA – RUS 12:7, CHN – RUS 13:11, USA – ITA 9:9, USA – CHN 12:11, ITA – RUS 9:8. **Tabelle:** 1. USA 5, 2. ITA 5, 3. CHN 2, 4. RUS 0. **Gr.B:** HUN – GRE 10:4, AUS – NED 10:9, NED – GRE 9:6, HUN – AUS 7:7, AUS – GRE 8:6, HUN – NED 11:9. **Tabelle:** 1. HUN 5, 2. AUS 5, 3. NED 2, 4. GRE 0.

Gewannen olympisches Edelmetall: Die Pistolenschützen Ralf Schumann/Silber und Christian Reitz/Bronze (kleines Bild von links) sowie Christine Brinker, die sich Bronze im Skeet sicherte (großes Bild).

Sportschießen

Deutschlands Sportschützen wollten in Peking im Duell gegen den übermächtigen Gastgeber China zumindest drei Medaillen gewinnen. Am Ende der Spiele waren es dann vier. Einmal Silber sowie dreimal Bronze. In Athen 2004 hatte die Bilanz zweimal Gold und einmal Silber gelautet. Allerdings war das Programm der Sportschützen für Peking um zwei Disziplinen von 17 auf 15 verringert worden, darunter auch der Wettbewerb auf die Laufende Scheibe, in der Manfred Kurzer 2004 für Deutschland Gold gewonnen hatte. Der andere deutsche Goldschütze von Athen, der 46 Jahre alte Ralf Schumann, war auch in Peking wieder erfolgreich – bei seinen sechsten Olympischen Spielen. Er gewann die Silbermedaille. Nach Gold in den Jahren 1992, 1996 und 2004 sowie Silber 1988, sicherte er sich also zum fünften Mal olympisches Edelmetall. Er will bis London 2012 weitermachen und dann mit seinen siebten Olympischen Spielen einen deutschen Rekord aufstellen. China blieb in Peking mit fünf Goldmedaillen die erfolgreichste Nation, wie schon 2004 in Athen, als es viermal Gold zu verbuchen gab.

Erfolgsgeheimnis: Konzentration ist alles, vor allem da die Schützen nicht allein das Ziel anvisieren können.

Statistik

Einzel, Männer 15.08.2008

WR	Choi Won Jong	KOR	120
	Ulsan/KOR – 18.10.2005		
OR	Oh Kyo-Moon	KOR	115
	Atlanta – 01.08.1996		
1.	Wiktor Ruban	UKR	113:112
2.	Park Kyung-Mo	KOR	
3.	Bair Badjenow	RUS	115:110
4.	Juan Rene Serrano	MEX	
5.	Juan Carlos Stevens	CUB	
6.	Ryuichi Moriya	JPN	
7.	Victor Wunderle	USA	
8.	Cheng Chu Sian	MAS	

HF: Ruban – Bajenow 112:112 (10:8), Park Kyung-Mo – Serrano 115:112. **VK, R1:** Alexander Serdjuk (UKR) – Jens Pieper (GER) 107:105, Pieper damit 47.

Mannschaft, Männer 11.08.2008

WR	Südkorea		231
	Leipzig – 14.07.2007		
1.	Südkorea	OR	227:225
	(Im Dong-Hyun, Lee Chang-Hwan, Park Kyung-Mo)		
2.	Italien		
	(Ilario Di Buo, Marco Galiazzo, Mauro Nespoli)		
3.	China		222:219
	(Jiang Lin, Li Wenguan, Xue Hai-Feng)		
4.	Ukraine		
5.	Polen		
6.	Malaysia		
7.	Taiwan		
8.	Russland		

HF: KOR – CHN 221:218, ITA – UKR 223:221.
VF: KOR – POL 224:222, CHN – RUS 217:209, UKR – TPE 214:211, ITA – MAS 218:213.

Bogenschießen

Neue Konzepte sind gefragt

Nach der olympischen Pleite mit einem der schwächsten deutschen Ergebnisse in der Geschichte von Sommerspielen kündigte Sportdirektor Heiner Gabelmann noch in Peking umfassende Veränderungen im Leistungssportsystem an. »Wir hatten ohnehin hier nur Außenseiterchancen, aber Olympia hat wieder bewiesen, dass wir international bestenfalls zweitklassig sind. Wir müssen uns vollkommen neu aufstellen, sowohl im Konzept als auch im Personal.«

Der Deutsche Schützenbund (DSB) kritisiert, dass sich die Bogenschützen-Sparte in den letzten Jahren zurückentwickelt habe. Bei Olympia 1996 und 2000 hatten die deutschen Damen noch Silber und Bronze gewonnen, 2004 immerhin Platz sieben belegt. Für Peking waren deutsche Mannschaften nach dem peinlichen Debakel bei der Heim-WM 2007 in Leipzig erst gar nicht qualifiziert.

So waren mit Jens Pieper und Anja Hitzler nur zwei »Einzelkämpfer« am Start. Pieper wurde nach dem 105:107 gegen den Ukrainer Alexander Serdjuk auf Platz 47 von 64 Teilnehmern klassiert. »Ich bin enttäuscht, ich wollte mindestens ins Achtelfinale einziehen«, sagte er, der reine Amateur. Er kümmert sich in seinem Hauptjob bei VW um Stoßfänger und Nebelschweinwerfer – Bogenschießen ist für ihn ein teures Hobby.

Anja Hitzler wurde nach ihrem Zweitrunden-Aus gegen Titelverteidigerin Park Sung-Hyun immerhin auf Platz 20 eingeordnet – die Weltrekordlerin kommt aus dem seit Jahrzehnten im Bogenschießen dominierenden Südkorea, das in Peking zweimal Gold, zweimal Silber und einmal Bronze gewann.

Von den vier Entscheidungen holten sich Sportler aus Südkorea zwei – die beiden Mannschaftswettbewerbe. Dabei setzte das Frauen-Team seine einmalige Erfolgsserie fort, gewann in der Besetzung Joo Hyun-Jung, Park Sung-Hyun, Yun Ok-Hee mit 224:215 gegen China zum sechsten Mal hintereinander Gold. Im Einzelwettbewerb dagegen riss nach sechsmal Gold hintereinander die Erfolgsserie, denn Park und Yun belegten »nur« die Plätze zwei und drei hinter der Chinesin Zhang Juan Juan.

Bei den Männern siegte das südkoreanische Team mit dem hochfavorisierten Trio Im Dong-Hyun, Lee Chang-Hwan und Park Kyung-Mo mit 227:225 vor Italien und gewann damit zum dritten Mal hintereinander Gold für Südkorea. Im Einzel ging das Gold nach einem knappen und spannenden Finale an Wiktor Ruban aus der Ukraine vor Park Kyung-Mo (113:112). »Peking werden meine letzten Olympischen Spiele gewesen sein. Ich habe versagt und nur Silber gewonnen. Aber die Goldmedaille wird halt von Gott vergeben«, erklärte Park. Ruban, olympischer Bronzegewinner von 2004 im Teamwettbewerb, erzwang mit einer 10 im letzten Pfeil die Entscheidung.

Faszination Bogenschießen: Der Pfeil fliegt mit gut 200 Stundenkilometern oder noch schneller in ein paar Hundertstel Sekunden auf die Zielscheibe zu, die 70 Meter von den Schützen entfernt steht, der innere Ring mit der Nummer Zehn ist nur 12,2 Zentimeter breit. Unfassbar, dass die Südkoreanerinnen bei ihrem Olympiasieg 231 von 240 möglichen Punkten erreichten.

Statistik

Einzel, Frauen 14.08.2008

WR Yun Ok-Hee KOR 119
Antalya/TUR – 29.05.2008
OR Kim Soo-Nyung KOR 114
Barcelona – 02.08.1992

1. Zhang Juan Juan CHN 110:109
2. Park Sung-Hyun KOR
3. Yun Ok-Hee KOR 109:106
4. Kwon Un Sil PRK
5. Khatuna Lorig USA
6. Nami Hayakawa JPN
7. Joo Hyun-Jung KOR
8. Mariana Avitia MEX

HF: Zhang Juan Juan – Yun Ok-Hee OR 115:109, Park Sung-Hyun – Kwon Un Sil 109:106. **R2:** Park Sung-Hyun – Anja Hitzler 112:107, Hitzler damit 20. **R1:** Natalia Erdinijewa (RUS) – Nathalie Dielen (SUI) 107:102, Dielen damit 45.

Mannschaft, Frauen 10.08.2008

WR Südkorea 228
Schanghai/CHN – 29.09.2006

1. Südkorea 224:215
(Joo Hyun-Jung, Park Sung-Hyun, Yun Ok-Hee)
2. China
(Chen Ling, Guo Dan, Zhang Juan Juan)
3. Frankreich 203:201
(Virginie Arnold, Sophie Dodemont, Berengere Schuh)
4. Großbritannien
(Charlotte Burgess, Naomi Folkard, Alison Williamson)
5. Italien
6. Polen
7. Indien
8. Japan

HF: KOR – FRA 213:184, CHN – GBR 208:202. **VF:** KOR – ITA (WR) 231:217, CHN – IND 211:206, FRA – POL 218:211, GBR – JPN 201:196.

Schießen

Diesmal Silber für Ralf Schumann

Richtig krachen ließ es der 46-jährige Ralf Schumann nach dem deutschen Medaillen-Doppelschlag am Schießstand nicht, immerhin aber gönnte sich der Abstinenzler als Lohn für Silber ein Glas Sekt. Sein 25 Jahre jüngerer Kollege und Nachfolger Christian Reitz war mit Bronze um den Hals bei der kleinen Feier im deutschen Haus in Peking immer dabei. Das ungleiche deutsche Pistolen-Duo rettete mit den Medaillen Nummer drei und vier den Olympia-Auftritt der Schützen in Peking.

»Natürlich hätten wir gern eine Goldmedaille mitgenommen. Aber dass wir hier mit vier Plaketten weggehen, ist schon ein Grund zum Feiern«, sagte Heiner Gabelmann nach einmal Silber und dreimal Bronze. So konnte der Sportdirektor, der 2004 in Athen noch zweimal Gold und einmal Silber bilanziert hatte, zufrieden mit seinem Medaillengaranten Schumann anstoßen.

Nach olympischem Gold 1992, 1996 und 2004 gewann der Thüringer zum zweiten Mal Silber bei Sommerspielen – 20 Jahre nach Seoul. Am Ende fehlten nur 0,7 Ringe zum ukrainischen Überraschungs-Sieger Alexander Petriw. Immerhin konnte Schumann aber mit gerade zwei Zehntelpunkten Vorsprung noch einmal den Angriff von Christian Reitz abwehren. Der Weltrekordler hatte mit dem zweitschlechtesten Finalschuss (einer 7,9) den greifbar nahen Olympiasieg verschenkt …

Statistik

KK-Gewehr, Dreistellungskampf, Männer 17.08.2008

FWR	Rajmond Debevec München – 29.08.1992	SLO	1287,9
FOR	Rajmond Debevec Sydney – 23.09.2000	SLO	1275,1
1.	Qiu Jian	CHN	1272,5
2.	Juri Suchorukow	UKR	1272,4
3.	Rajmond Debevec	SLO	1271,7
4.	Matthew Emmons	USA	1270,3
5.	Thomas Farnik	AUT	1268,9
6.	Mario Knögler	AUT	1268,4
7.	Valerian Sauveplane	FRA	1267,1
8.	Vebjörn Berg	NOR	1266,5

VK: 10. Maik Eckhardt (GER) 1169, 17. Michael Winter (GER) 1166, 21. Beat Müller (SUI) 1164, 35. Marcel Bürge (SUI) 1155.

KK-Gewehr liegend, Männer 15.08.2008

FWR	Christian Klees Atlanta – 25.07.1996	GER	704,8
FWR=	Warren Porent Peking – 18.04.2008	AUS	704,8
FOR	Christian Klees Atlanta – 25.07.1996	GER	704,8
1.	Artur Aiwasijan	UKR	702,7
2.	Matthew Emmons	USA	701,7
3.	Warren Potent	AUS	700,5
4.	Vebjörn Berg	NOR	699,1
5.	Konstantin Prichodtschenko	RUS	699,0
6.	Valerian Sauveplane	FRA	698,8
7.	Juha Hirvi	FIN	698,5
8.	Sergej Martynow	BLR	698,3

VK: 24. Maik Eckhardt (GER) 592, 30. Mario Knögler (AUT) 590, 31. Michael Winter (GER) 590, 32. Marcel Bürge (SUI) 590, 41. Christian Planer (AUT) 588, 48. Simon Beyeler (SUI) 585.

Luftgewehr, Männer 11.08.2008

FWR	Thomas Farnik Granada/ESP – 04.10.2006	AUT		703,1
FOR	Zhu Qinan Athen – 16.08.2004	CHN		702,7
1.	Abhinav Bindra	IND		700,5
2.	Zhu Qinan	CHN		699,7
3.	Henri Häkkinen	FIN		699,4
4.	George Moldoveanu	ROU		698,9
5.	Konstantin Prichodtschenko	RUS	(10,0)	698,4
6.	Peter Sidi	HUN	(9,1)	698,4
7.	Stevan Pletikosic	SRB		697,7
8.	Sergej Kruglow	RUS		697,0

VK: 10. Thomas Farnik (AUT) 594, 15. Tino Mohaupt (GER) 593, 30. Christian Planer (AUT) 589, 34. Oliver Geissmann (LIE) 588, 36. Michael Winter (GER) 588, 45. Simon Beyeler (SUI) 583.

Freie Pistole, Männer 12.08.2008

FWR	William Demarest Mailand – 04.06.2000	USA		676,2
FOR	Boris Kokorew Atlanta – 23.07.1996	RUS		666,4
1.	Jin Jong-Oh	KOR		660,4
2.	Tan Zongliang	CHN		659,5
3.	Wladimir Isakow	RUS	(9,1)	658,9
4.	Oleg Omeltschuk	UKR	(6,5)	658,9
5.	Pavol Kopp	SVK		657,6
6.	Tanyu Kiriakow	BUL		656,8
7.	Damir Mikec	SRB		655,8

VK: 13. Hans-Jörg Meyer (GER) 557, 29. Florian Schmidt (GER) 549, 40. Christoph Schmid (SUI) 542. **DQ:** 2. Kim Jong Su (PKR) wegen Dopings.

Schnellfeuerpistole, Männer 16.08.2008

FWR	Christian Reitz Mailand – 27.05.2008	GER	794,0
1.	Alexander Petriw	UKR	780,2
2.	Ralf Schumann	GER	779,5
3.	Christian Reitz	GER	779,3
4.	Leonid Jekimow	RUS	778,2
5.	Keith Sanderson	USA	776,6
6.	Roman Bondaruk	UKR	774,7

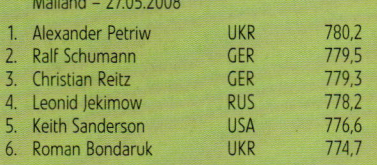

Alexander Petriw aus der Ukraine gewann Gold mit der Schnellfeuerpistole. Er verhinderte damit den vierten Olympiasieg von Ralf Schumann.

»Ich bin selbst schuld, das war einfach Mist«, meinte der 21-Jährige. Die Medaillen hatte er geistig schon abgehakt. Dass es am Ende doch zwei Plaketten wurden, hatte das deutsche Duo der Nervenschwäche der drei Vorkampfbesten zu verdanken, die allesamt daneben schossen.

So konnte Pistolen-Bundestrainer Peter Kahneis zufrieden eine Siegerzigarette schmauchen. Inklusive Bronze von Munkhbayar Dorjsuren (Sportpistole) verantwortet er drei der vier deutschen Medaillen, dazu kam Bronze für Christine Brinker im Skeet.

Heftige Kritik gab es dagegen an Gewehr-Bundestrainer Claus-Dieter Roth, nachdem zum Abschluss auch Maik Eckhardt (10./1169 Ringe) und Michael Winter (17./1166) in der Königsdisziplin Dreistellungskampf das Finale verpasst hatten. Topschützin Sonja Pfeilschifter wurde nur 17. im Dreistellungskampf. Eine Enttäuschung waren auch die deutschen Skeet-Schützen. Tino Wenzel landete in Peking mit 117 Treffern auf Platz 13, Axel Wegner, Olympiasieger von 1988, enttäuschte als 20. mit

Bedankte sich »ganz oben«: Silbermedaillen-Gewinner Ralf Schumann.

Im Vorkampf ausgeschieden: Florian Schmidt (großes Bild).

Schießen

115 getroffenen Scheiben. Gold gewann im Stechen der 19-jährige Amerikaner Vincent Hancock. Erfolgreichste Nation bei den Schießwettbewerben war China mit fünf Gold-, zwei Silber- und einer Bronzemedaille.

Ungläubige Gesichter:
Matt und Katerina Emmons

Matt Emmons schaute ungläubig auf den Monitor, auf dem die Zahl 4,4 aufleuchtete. Seine Ehefrau Katerina mochte das sich abzeichnende Drama erst gar nicht glauben, was da ablief, dann nahm sie mit feuchten Augen ihren Mann im Licht der Kameras einfach in die Arme. Zum zweiten Mal nach Olympia 2004 hatte der Amerikaner mit einem unglaublichen Fehler beim letzten Schuss das sicher scheinende Olympiagold in der Schützen-Königsdisziplin Dreistellungskampf verpasst.
Damals in Athen hatte Emmons auf die falsche Scheibe gezielt und so seinen zweiten Olympiasieg verpasst. Danach wollte er sich an der Bar gerade betrinken, als ihm die Tschechin Katerina Kurkova auf die Schulter tippte und mit ein paar Worten tröstete. Die beiden verliebten sich, seit vergangenem Jahr sind sie verheiratet.
In Peking wurden die beiden nach Gold und Silber für Frau Emmons sowie Silber für Herrn Emmons zu einem der Traumpaare der Spiele. Bis zu diesem letzten Schuss, vor dem der blonde Ausnahmeschütze scheinbar beruhigende 3,4 Ringe Vorsprung gehabt hatte. »Ich habe zu zeitig abgedrückt. So ein Fehler passiert mir sonst nie«, meinte Emmons. Stutzte, dachte an Athen und meinte mit einem verlegenen Grinsen: »Na gut, fast nie. Aber drei Medaillen für die Familie in Peking sind doch eigentlich nicht schlecht, oder?«
Seine Frau stand bei den zahllosen Interviews dabei und sinnierte über die »mentalen Probleme« ihres Ehemannes. Fast wirkte die Szene so, als sei sie von einem Hollywood-Regisseur – oder der Familie Emmons persönlich – inszeniert worden. Die traumhafte Liebesgeschichte hat die beiden in den USA zu Stars gemacht, das perfekte Duo wird wohl zu den bestverdienendsten Sportschützen aller Zeiten werden. So kann ein Fehlschuss leicht zu einem Treffer ins Schwarze werden.

Trapschütze Stefan Rüttgeroth (großes Bild)

Das Traumpaar: Olympia-Siegerin Katerina Emmons mit ihrem Mann Matt, der mit dem letzten Schuss Gold mit dem KK-Gewehr im Dreistellungskampf vergab (oben). Freute sich über Bronze: Christine Brinker (rechts)

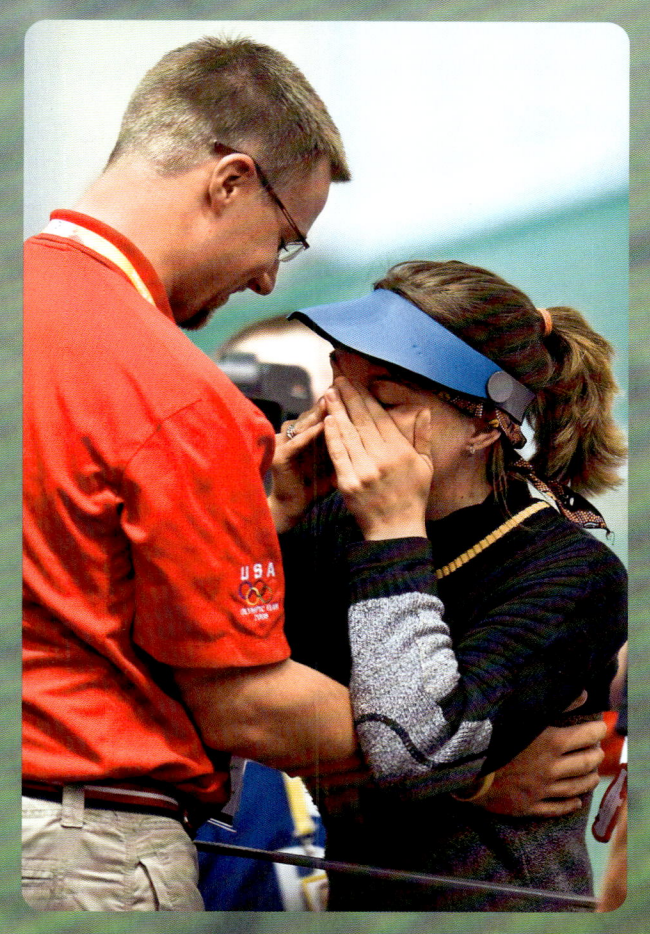

Statistik

Luftpistole, Männer 09.08.2008

FWR Sergej Pyschanow URS 695,1
München – 13.10.1989
FOR Wang Yifu CHN 690,0
Athen – 14.08.2004

1. Pang Wei CHN 688,2
2. Jin Jong Oh KOR 684,5
3. Jason Turner USA (10,5) 682,0
4. Brian Beaman USA (10,3) 682,0
5. Leonid Jekimow RUS 680,5
6. Walter Lapeyre FRA 680,3
7. Jakkrit Panichpatikum THA 679,0

VK: 21. Hans-Jörg Meyer (GER) 577, 33. Christoph Schmid (SUI) 573, 38. Florian Schmidt (GER) 571.
DQ: 3. Kim Jong Su (PRK) wegen Dopings.

Wurfscheiben Trap, Männer 10.08.2008

FWR Karsten Bindrich GER 149
Nikosia/CYP – 09.07.2008

1. David Kostelecky CZE FOR 146
2. Giovanni Pellielo ITA 143
3. Alexej Alipow RUS 142
4. Michael Diamond AUS 142
5. Josip Glasnovic CRO 140
6. Erminio Frasca ITA 140

Stechen Platz 3: Alipow +3, Diamond +2; **Stechen Platz 5:** Glasnovic +2, Frasca +1. **VK:** 7. Karsten Bindrich (GER) 119, 24. Stefan Rüttgeroth (GER) 113.

Wurfscheiben Skeet, Männer 16.08.2008

WR Vincent Hancock USA 125
Lonato/ITA – 14.06.2007
WR= Tore Brovold NOR 125
Nikosia – 12.07.2008

1. Vincent Hancock USA FOR 145
2. Tore Brovold NOR FOR 145
3. Anthony Terras FRA 144
4. Antonis Nikolaidis CYP 144
5. Georgios Achilleos CYP 143
6. Qu Ridong CHN 142

Stechen Platz 1: Hancock +4, Brovold +3; **Platz 3:** Terras +3, Nikolaidis +2. **VK:** 13. Tino Wenzel (GER) 117, 20. Axel Wegner (GER) 115.

Doppeltrap, Männer 12.08.2008

FWR Daniele di Spigno ITA 194
Tampere – 07.07.1999
FOR Russell Mark AUS 189
Atlanta – 24.07.1996

1. Walton Eller USA FOR 190
2. Francesco d'Aniello ITA 187
3. Hu Binyuan CHN 184
4. Jeffrey Holguin USA 182
5. Russell Mark AUS 181
6. Richard Faulds GBR 180

KK-Gewehr, Dreistellungskampf, Frauen 14.08.2008

FWR Sonja Pfeilschifter GER 698,0
München – 28.05.2006
FOR Ljubow Galkina RUS 688,4
Athen – 20.08.2004

1. Du Li CHN FOR 690,3
2. Katerina Emmons CZE 687,7
3. Eglis Yaima Cruz CUB 687,6
4. Ljubow Galkina RUS 687,4
5. Jamie Beyerle USA 686,9
6. Olga Dowgun KAZ 686,3
7. Lidija Mihajlovic SRB 686,0
8. Wu Liuxi CHN 685,9

VK: 9. Barbara Lechner (GER) 582, 17. Sonja Pfeilschifter (GER) 578, 23. Irene Beyeler (SUI) 577, 25. Annik Marguet (SUI) 577.

Luftgewehr, Frauen 09.08.2008

FWR Sonja Pfeilschifter GER 505,0
Mailand – 24.05.2008
FOR Du Li CHN 502,0
Athen – 14.08.2004

1. Katerina Emmons CZE FOR 503,5
2. Ljubow Galkina RUS 502,1
3. Snjezana Pejcic CRO 500,9
4. Jamie Beyerle USA 499,8
5. Du Li CHN 499,6
6. Olga Dowgun KAZ 498,1
7. Marie Laure Gigon FRA 497,3
8. Sylwia Bogacka POL 495,7

VK: 12. Sonja Pfeilschifter (GER) 396, 16. Irene Beyeler (SUI) 395, 17. Barbara Lechner (GER) 394, 33. Annik Marguet (SUI) 391.

Sportpistole, Frauen 13.08.2008

FWR Maria Grozdewa BUL 796,7
Changwon/KOR – 11.04.2005

1. Chen Ying CHN FOR 793,4
2. Gundegmaa Otryad MGL 792,2
3. Munkhbayar Dorjsuren GER 789,2
4. Fei Fengji CHN 787,9
5. Maria Grozdewa BUL 786,6
6. Jo Yong Suk PRK 783,4
7. Tanyaporn Prucksakorn THA 777,7
8. Luisa Maida ESA 774,0

VK: 23. Stefanie Thurmann (GER) 576, 29. Sandra Kolly (SUI) 574.

Luftpistole, Frauen 10.08.2008

FWR Ren Jie CHN 493,5
München – 22.05.1999
FOR Olga Klochnewa RUS 490,1
Atlanta – 21.07.1996

1. Guo Wenjun CHN FOR 492,3
2. Natalja Paderina RUS 489,1
3. Nino Salukwadse GEO 487,4
4. Wiktoria Tschaika BLR 482,0
5. Miroslawa Sagun Lewandowska POL 481,3
6. Jasna Sekaric SRB 480,9
7. Mira Nevansuu FIN 480,5
8. Munkzul Tsogbadrah MGL 479,6

VK: 10. Claudia Verdicchio (GER) 383, 17. Cornelia Frölich (SUI) 381, 24. Munkhbayar Dorjsuren (GER) 379, 27. Sandra Kolly (SUI) 378.

Wurfscheiben Trap, Frauen 11.08.2008

FWR Zuzana Stefecekova SVK 96
Qingyuan/CHN – 04.04.2006

1. Satu Makela-Nummela FIN 91
2. Zuzana Stefecekova SVK 89
3. Corey Cogdell USA 86
4. Yukie Nakayama JPN 86
5. Daina Gudzineviciute LTU 86
6. Jelena Strutschajewa KAZ 86

Stechen: Cogdell +1, Nakayama +0, +1, Gudzineviciute +0, +0, +2, Strutschajewa +0, +0, +1.
VK: 8. Susanne Kiermayer (GER) 65.

Wurfscheiben Skeet, Frauen 14.08.2008

FWR Danka Bartekova SVK 99
Nikosia/CYP – 09-07.2008

1. Chiara Cainero ITA FOR 93
2. Kimberly Rhode USA FOR 93
3. Christine Brinker GER FOR 93
4. Nathalie Larsson SWE 92
5. Sutiya Jiewchaloemmit THA 92
6. Wei Ning CHN 91

Stechen Platz 1: Cainero +2; Rhode +1, +2; Brinker +1, +1. **Stechen Platz 4:** Larsson +2, Jiewchaloemmit +1.

Wollte Gold, schaffte Bronze. In der Enttäuschung des ersten Augenblicks fühlte sich die Medaille für Fabian Hambüchen wie ein wertloses Stück Blech an. – Yang Wei (China, großes Bild) jubelt nach Gold-Coup Nummer zwei im Mehrkampf.

Turnen

Elf von 18 Goldmedaillen standen am Ende der olympischen Wettbewerbe im Kunstturnen, Trampolin und der Rhythmischen Sportgymnastik für den Olympia-Gastgeber auf dem Konto. Vor vier Jahren hatten sich die Goldmedaillen noch auf zwölf Nationen verteilt, in Peking waren es gerade einmal sechs.

Nach Olga Chusovitinas Silber im Sprung gewann Deutschland mit Hambüchens Reck-Bronze nicht nur die zweite Medaille in Peking, es war gleichzeitig auch die erste Medaille für einen deutschen Kunstturner seit dem Olympiasieg von Andreas Wecker 1996. Vor allem mit dem vierten Rang im Team-Wettbewerb haben sich die DTB-Turner als beste europäische Nation wieder einen Platz auf der Turn-Landkarte gesichert – darüber sollte man sich freuen.

Das neue Wertungssystem, in Peking erstmals bei Olympischen Spielen im Einsatz, wurde ausdrücklich gelobt. »Wir werden niemals perfekt sein, aber die Dinge sind hier viel besser gelaufen als früher«, sagte Bruno Grandi, Präsident des Turn-Weltverbandes FIG. Durch ein Fehlurteil bei den Spielen von Athen 2004 auf den Weg gebracht, gab es in Peking wenige strittige Entscheidungen.

Gefordert bleibt die FIG jedoch in Sachen »Altersdiskussion«. Sollte China wirklich systematisch die Reisepässe seiner Athletinnen manipulieren, wird man künftig noch früher mit Kontrollen beginnen müssen, die das Mindestalter (16 Jahre) garantieren – im Sinne der Fairness gegenüber den anderen Nationen. Vor allem aber im Sinne der Gesundheit der Turnerinnen!

Happy: Nach zwei missglückten Anläufen schaffte Yang Wei endlich auch bei Olympischen Spielen Gold im Mehrkampf.

Turnen Männer

Auf Gold fixiert, Bronze gewonnen

Das Herren-Turnen war fest in chinesischer Hand. Yang Wei (Foto) war mit zweimal Gold im Mehrkampf und Team-Wettbewerb sowie einmal Silber an den Ringen erfolgreich. Insgesamt gewann China bei den Herren sieben von acht Goldmedaillen.

Eindeutiger als im Kunstturnen der Herren ließ sich der chinesische Leistungssprung wohl kaum dokumentieren. 2004 beendeten die Turner aus dem Reich der Mitte mit je einer Gold- und Silbermedaille die Turnwettkämpfe noch unter »ferner liefen«. Damals verteilten sich die acht Goldmedaillen noch auf acht nationale Verbände! Anders als in Peking 2008, als im National Indoor Stadium gerade noch zwei Nationen alles Gold unter sich aufteilten.

Polens Weltmeister Leszek Blanik sorgte für das »Außenseiter-Gold« im Sprung-Wettbewerb. In der Endabrechnung mit dem punktgleichen Franzosen Thomas Bouhail siegte der 31-jährige Pole durch »Tie-Break«. Unter den sieben chinesischen Goldmedaillen nahm das zweite olympische Mannschaftsgold für die Gastgeber nach Sydney 2000 einen besonders hohen Stellenwert sein, wie die nicht enden wollenden Wiederholungen im chinesischen Staatsfernsehen bewiesen.

Fabian Hambüchen und Peking, das wollte dagegen irgendwie nie so recht zusammenpassen. Selbst das Ende seiner Pekinger Turnwettkämpfe war symptomatisch. Beim hastigen Aufbau des Recks in der Pause des Schauturnens der Medaillengewinner war vergessen worden, das Reck vorschriftsmäßig zu spannen. Vater und Trainer Wolfgang Hambüchen verhinderte Schlimmeres, indem er seinen Sohn stoppte und nachspannte. Dabei hatte der Bronzemedaillengewinner von Peking gerade inmitten seiner Kollegen im National Indoor Stadium sein Lachen wiedergefunden. Auf die chinesische Show mit Turnen, Tanzen, Kampfsport und Musik hatte sich der 20-Jährige seit Beginn der Spiele eigentlich gefreut: »Es war immer ein Traum von mir, dort einmal mitwirken zu dürfen.«

Hambüchen hatte zu wenig riskiert, und fast alles verloren: Am Reck wollte er den goldenen Jackpot knacken, am Ende musste er sich an seinem »Paradegerät« mit dem Trostpreis in Form der Bronzemedaille zufrieden geben. »Ich habe gedacht: Medaille ade. Aber dann ist einer nach dem anderen runtergepurzelt. Ich dachte, ich werde zum vierten Mal Vierter. Vor dem letzten Turner ist mir ziemlich die Pumpe gegangen, da blieb mir fast das Herz stehen. Mit

Bronze bin ich doch jetzt wirklich glücklich.«
»Wenn hier alles normal gelaufen wäre, hätte es gereicht. Aber es war nicht meine Woche, es waren nicht meine Spiele«, bilanzierte Hambüchen, der dreimal – am Boden, am Barren und im Teamwettbewerb – die olympischen Medaillenränge nur knapp verpasst hatte. Rein körperlich mag die Kapselverletzung am kleinen Finger den deutschen Meister nicht behindert haben, doch psychisch schien Hambüchen nicht völlig frei zu sein. Er turnte – durchaus nachvollziehbar – mit leicht angezogener Handbremse, kleine Fehler summierten sich zu ungewohnten Punktabzügen.
»Ich war so auf dieses verdammte Gold fixiert. Eigentlich ist es schlimm, dass man sich über Bronze nicht freuen kann. Es war eine fast dumme Einstellung. Wenn immer nur von Gold geredet wird, dreht man irgendwie selbst nur noch am Rad«, hatte Hambüchen direkt nach seinem Wettkampf ehrlich eingeräumt. Mentaltrainer und Onkel Bruno Hambüchen verwies in diesem Zusammenhang auf die schwierige Ausgangslage seines Schützlings beim Reck-Finale: »Der Druck, als Erster turnen zu müssen, war schon brutal.«

Dabei konnte sich der Deutsche Turner-Bund (DTB) über die erste Medaille für einen deutschen Kunstturner seit dem Olympiasieg des Berliners Andreas Wecker vor zwölf Jahren in Atlanta freuen. Dass an »seinem« Reck der Chinese Zou Kai (16,200) vor Jonathan Horton aus den USA (16,175) triumphierte, war für den Geräte-Artisten von der TSG Niedergirmes eine bittere Enttäuschung. Mehrfach hatte Hambüchen (15,875) diese Noten im Olympiajahr souverän überboten, ausgerechnet diesmal aber nicht.

Immerhin: Schon kurz nach der Siegerehrung hatte Hambüchen seinen Kampfgeist und wohl auch seine Risikobereitschaft wiedergefunden und wagte einen Ausblick auf seine dritten Olympischen Spiele: »Dann werde ich mir eben 2012 in London meinen Goldtraum erfüllen.«

Rang vier und damit die beste olympische Mannschaftsplatzierung seit 20 Jahren hinter den großen Favoriten China (286,125 Punkte), Japan (278,875) und den USA (275,850) war für die DTB-Männerriege dagegen alles andere als ein undankbarer vierter Platz. Die europäische Konkurrenz lag geschlossen hinter dem deutschen Sextett. »Jetzt sind wir die weltbeste Mannschaft Europas«, witzelte Vize-Meister Philipp Boy anschließend.

Ausgerechnet an »seinem Paradegerät« gab Reck-Weltmeister Fabian Hambüchen im Einzel-Mehrkampf-Finale das greifbar nahe Edelmetall durch einen Sturz im wahrsten Sinne des Wortes aus den Händen.

Hilfe von Onkel Bruno aus Krefeld

Er ist oft nur dabei statt mittendrin, aber für Fabian Hambüchen dennoch unersetzlich: Für den Reck-Weltmeister ist Onkel Bruno Hambüchen Vertrauens- und Respektperson, Berater und natürlich auch Familienmitglied. Und seit vier Jahren persönlicher Betreuer, wenn es um mentale Stärke und Selbstbewusstsein geht. Die regelmäßige Zusammenarbeit mit dem gelernten Psychologen aus Krefeld ist aus Sicht von Deutschlands »Sportler des Jahres« ein Glücksfall. »Wir spielen alle möglichen Situationen durch und besprechen Strategien. Mehr verrate ich nicht. Denn nur, wenn es da Geheimnisse gibt, funktioniert das alles auch«, sagte der 20-Jährige.

Am letzten Wettbewerbstag der Kunstturner hatte Fabian Hambüchen an Barren den vierten Platz belegt, bereits zum dritten Mal in Peking nach Rang vier im Team-Wettbewerb sowie am Boden

Das Gesicht spricht Bände: Fabian Hambüchen (großes Bild) und Peking, das wollte irgendwie nie so recht zusammenpassen. »Es war nicht meine Woche, es waren nicht meine Spiele.«

Außenseiter: Das einzige nicht-chinesische Gold gewann Polens Weltmeister Leszek Blanik im Sprung (links). Beim vierten Platz am Boden musste Fabian Hambüchen noch auf seinen grippegeschwächten Trainer und Vater Wolfgang verzichten. Beim Reckfinale war »Hambüchen Senior« dann wieder dabei.

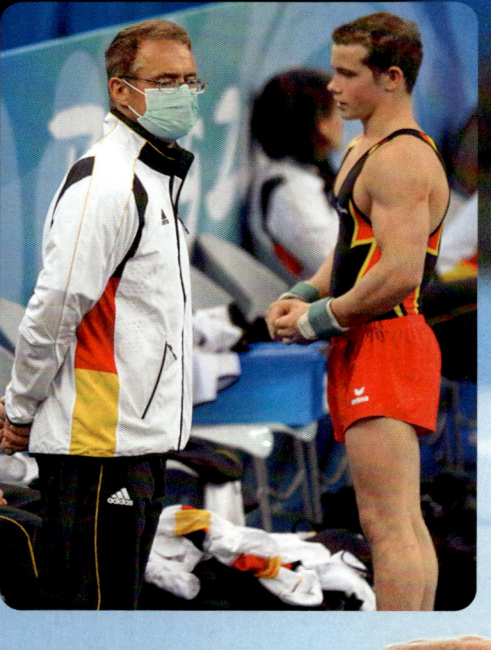

Statistik

Mehrkampf, Einzel, Männer 14.08.2008

			1	2	3	4	5	6	7
1.	Yang Wei	CHN	15,250	15,275	16,625	16,550	16,100	14,775	94,575
2.	Kohei Uchimura	JPN	15,825	13,275	15,200	16,300	15,975	15,400	91,975
3.	Benoit Caranobe	CAN	15,350	14,875	15,175	16,600	15,050	14,875	91,925
4.	Hiroyuki Tomita	JPN	15,100	15,425	13,850	15,700	16,000	15,675	91,750
5.	Sergej Chorochordin	RUS	15,150	15,100	15,400	15,300	15,700	15,050	91,700
6.	Maxim Dewjatowski	RUS	15,225	15,200	15,625	15,225	15,325	15,100	91,700
7.	Fabian Hambüchen	GER	15,625	14,375	15,025	15,975	15,275	15,400	91,675
8.	Yang Taeyoung	KOR	15,225	14,300	14,900	16,075	16,350	14,750	91,600
13.	Philipp Boy	GER	15,075	14,875	14,825	15,400	15,050	15,450	90,675

Punkte 1 = Boden, 2 = Seitpferd, 3 = Ringe, 4 = Sprung, 5 = Barren, 6 = Reck, 7 = Gesamt

Mannschaft, Männer 12.08.2008

1.	China (Chen Yibing, Huang Xu, Li Xiaopeng, Xiao Qin, Yang Wei, Zou Kai)	286,125
2.	Japan (Kashima, Nakase, Okiguchi, Sakamoto, Tomita, Uchimura)	278,875
3.	USA (Artemev, Bhavsar, Hagerty, Horton, Spring, Tan)	275,850
4.	Deutschland (Andergassen, Boy, Hambüchen, Juckel, Nguyen, Spiridonov)	274,600
5.	Südkorea	274,375
6.	Russland	274,300
7.	Rumänien	274,175
8.	Frankreich	272,875

Boden, Männer 17.08.2008

1.	Zou Kai	CHN	16,050
2.	Gervasio Deferr	ESP	15,775
3.	Anton Golozuzkow	RUS	15,725
4.	Fabian Hambüchen	GER	15,650
5.	Kohei Uchimura	JPN	15,575
6.	Diego Hypolito	BRA	15,200
7.	Marian Dragulescu	ROU	14,850
8.	Alexandr Shatilov	ISR	14,125

Nicht einmal Vater und Trainer Wolfgang Hambüchen und Mutter Beate sind eingeweiht, wann, wo und über was Fabian und Bruno miteinander reden. Hambüchen: »Das ist nur ein Ding zwischen uns beiden.« Coach Hambüchen senior, mehr ein Mann der Tat und zu Beginn der Zusammenarbeit zwischen Bruder und Sohn nicht völlig von der Notwendigkeit einer solchen Betreuung überzeugt, hat mittlerweile seine Meinung geändert: »Das ist schon eine ziemlich perfekte Nummer.«

Je älter und reifer der einstige »Turnfloh« wird, desto gleichberechtigter laufen die Kontakte ab. »Wer sich ein Lehrer-Schüler-Verhältnis vorstellt, liegt ohnehin nicht richtig«, erläutert Bruno Hambüchen. In der Regel sei es so, dass Fabian bei Bedarf den Kontakt suche: »Er kann das selbst am besten einschätzen.«

So waren der Patzer am Reck beim Mannschafts-Finale oder der von Außenstehenden als spektakulär empfundene Sturz am Boden beim Training für den Ausnahmeathleten kein Grund, Onkel Bruno zu kontaktieren. Hambüchen: »In beiden Fällen war das ein kleiner technischer Fehler am Gerät, weiter nichts.«

»Jetzt sind wir die weltbeste Mannschaft Europas«, witzelte der Deutsche PHILIPP BOY nach Rang vier im Team-Wettbewerb hinter China, Japan und den USA.

Bronze am Reck als Trostpflaster nach drei »Holzmedaillen«. Seine Gold-Ambitionen will Fabian Hambüchen jetzt bei Olympia 2012 in London realisieren.

Turnen

Seitpferd, Männer 17.08.2008
1. Xiao Qin — CHN — 15,875
2. Filip Ude — CRO — 15,725
3. Louis Smith — GBR — 15,725
4. Yang Wei — CHN — 15,450
5. Hiroyuki Tomita — JPN — 15,375
6. Kim Jihoon — KOR — 15,175
7. Alexander Artemew — USA — 14,975
8. J. L. Fuentes Bustamante — VEN — 14,650

Ringe, Männer 18.08.2008
1. Chen Yibing — CHN — 16,600
2. Yang Wei — CHN — 16,425
3. Alexander Worobjow — UKR — 16,325
4. Andrea Coppolino — ITA — 16,225
5. Danny Pinheiro Rodrigues — FRA — 16,225
6. Matteo Morandi — ITA — 16,200
7. Robert Stanescu — ROU — 15,525
8. Jordan Jowtschew — BUL — 15,825

Sprung, Männer 18.08.2008
1. Leszek Blanik — POL — 16,537
2. Thomas Bouhail — FRA — 16,537
3. Anton Golozuzkow — RUS — 16,475
4. Marian Dragulescu — ROU — 16,225
5. Benoit Caranobe — FRA — 16,062
6. Dmitri Kasperowitsch — BLR — 16,050
7. Flavius Koczi — ROU — 15,925
8. Isaac Botella — ESP — 15,737

Barren, Männer 19.08.2008
1. Li Xiaopeng — CHN — 16,450
2. Yoo Wonchul — KOR — 16,250
3. Anton Fokin — UZB — 16,200
4. Fabian Hambüchen — GER — 15,975
5. Mitja Petkovsek — SLO — 15,725
6. Huang Xu — CHN — 15,700
7. Yang Taeyoung — KOR — 15,650
8. Nikolai Kryukov — RUS — 15,150

Reck, Männer 19.08.2008
1. Zou Kai — CHN — 16,200
2. Jonathan Horton — USA — 16,175
3. Fabian Hambüchen — GER — 15,875
4. Igor Cassina — ITA — 15,675
5. Takuya Nakase — JPN — 15,450
6. Hiroyuki Tomita — JPN — 15,225
7. Epke Zonderland — NED — 15,000
8. Yann Cucherat — FRA — 14,825

Turnen Frauen
Heißes Duell

»Work hard or go home«
LEITSPRUCH DES TURNCAMPS VON WALERI LIUKIN, VATER UND TRAINER DER NEUEN MEHRKAMPF-OLYMPIASIEGERIN NASTIA LIUKIN

Gabriela Dragoi am Stufenbarren (großes Bild). Nach Gold in Athen 2004 reichte es für die Rumäninnen im Team-Wettbewerb in Peking nur zu Bronze.

Die Kunstturn-Wettkämpfe der Frauen wurden vom Zweikampf China gegen USA dominiert. Je zwei Goldmedaillen gewannen beide Nationen, bei Silber und Bronze hatten die US-Amerikanerinnen in Peking aber die Nase vorne. Noch, denn die chinesischen »Turn-Flöhe« konnten ihre Bilanz gegenüber 2004 (eine Bronzemedaille) um fünf Medaillen auf zweimal Gold und viermal Bronze verbessern. Nachdem sich schon 2004 der Niedergang der einstigen Turnmacht Russland abgezeichnet hatte, brach im National Indoor Stadium von Peking auch Rumänien, das 2004 noch vier Olympiasiegerinnen stellte, im Medaillenspiegel mit je einmal Gold und Bronze ein. Nord-Korea mit einer Goldmedaille und Deutschland mit Silber durch Oksana Chusovitina im Sprung-Wettbewerb komplettierten den Medaillenspiegel.

Im Einzel-Mehrkampf konnten die Amerikanerinnen die Chinesinnen auf Distanz halten. Olympiasiegerin Nastia Liukin (Mitte) gewann Gold vor Team-Kollegin Shawn Johnson (links) und Yang Yilin aus China.

1:0 legten die Chinesinnen im ersten Wettkampf vor, gewannen das erste Mannschaftsgold ihrer Geschichte. Bei der Entscheidung am Boden erwiesen sich die Erzrivalinnen aus den USA als nervenschwach, mussten sich wie schon in Athen 2004 mit der Silbermedaille zufrieden geben. Für die Niederlage gegen China machten die US-Amerikaner flugs chinesische Offizielle verantwortlich, die die Vorbereitungen der später vom Schwebebalken gefallenen Alicia Sacramone gestört und verzögert haben sollen. »Das war total unüblich und unfair«, wetterte Teamchefin Marta Karoly.
In Athen 2004 waren die Chinesinnen noch leer ausgegangen, danach wurden tiefgrei-

fende Reformen umgesetzt. Man intensivierte das Mentaltraining, Hand in Hand damit ging der grundsätzliche Beschluss, die Athleten öfter und früher zu internationalen Turnieren zu schicken, um mehr Wettkampfhärte zu erarbeiten. Allein die Zweifel am korrekten Alter von drei der Olympia-Siegerinnen, insbesondere He Kexin – laut Reglement müssen sie bis Jahresende 16 Jahre alt werden – konnten auch nach dem goldenen Triumph nicht zerstreut werden.

Der Ausgleich im Turn-Duell fiel zwei Tage später: China war geschockt, der Papa begeistert – das zickige US-Millionärstöchterchen Nastia Liukin hatte in der »Höhle des Drachen« die Turndominanz der chinesischen Olympiagastgeber vorerst beendet. Die 18 000 Zuschauer konnten pfeifen, schreien, brüllen wie sie wollten – mit beeindruckender Nervenstärke und fast aufreizender Coolness übernahm Liukin nach zwei von vier Durchgängen die Führung und gab diese nicht mehr ab. Gleichzeitig setzte die 18-Jährige eine alte Familientradition fort und folgte ihrem Vater Waleri, der 1988 in Seoul olympisches Gold am Reck und mit der russischen Riege gewonnen hatte.

Die Silbermedaille für Shawn Johnson (USA), die noch Gold am Schwebebalken und Silber am Boden gewann, komplettierte die Schmach für die Asiaten im Einzel-Mehrkampf, denen diesmal nur Rang drei für Yang Yilin blieb. Nastia Liukin gewann neben Mehrkampf-Einzelgold und Team-Silber auch Silber am Schwebebalken und am Stufenbarren sowie Bronze am Boden. Am Stufenbarren scheiterte Liukin nach einem komplizierten Tie-Break an der ansonsten punktgleichen Chinesin He Kexin. Statt vier kommen die drei besten Noten in die Wertung. Die höchste und tiefste werden zuvor gestrichen.

Manipulationen bei den Pässen wurden nicht ausgeschlossen: Nach der Goldmedaille im Team-Wettkampf rätselte nicht nur die Fachwelt über das »wahre« Alter der chinesischen Turnerinnen. Das Reglement schreibt vor, dass diese bis Ende 2008 16 Jahre alt werden müssen.

Noch nie ist es einer Turnerin gelungen, fünfmal an olympischen Turnwettkämpfen teilzunehmen: Oksana Chusovitinas Karriere begann in der Sowjetunion. 1992 gewann sie mit der GUS-Riege olympisches Mannschafts-Gold. Danach vertrat sie 14 Jahre die Farben ihrer Heimatrepublik Usbekistan, ehe sie sich im Oktober 2006 dem Deutschen Turner-Bund anschloss.

Silber für »Queen Mum«

Völlig happy war Oksana Chusovitina (Deutschland) mit ihrem olympischen Turn-Wettkampf. Die amtierende Europameisterin hatte schon im Einzel-Mehrkampf mit Rang neun eine gute Leistung gezeigt, konnte zuversichtlich in ihr Sprung-Finale starten. Sie ging volles Risiko, wurde dafür belohnt und sprang im zweiten Versuch mit einem doppelten Tsukahara hinter der Koreanerin Hong Un Jong zu Silber. »Drei Jahre hat Oksana daran gearbeitet, ich gönne es ihr so sehr«, freute sich ihre Heimtrainerin Shanna Poljakowa.

DTB-Cheftrainerin Ulla Koch konnte erstmals seit Olympia 1992 in Barcelona eine komplette Riege bei den Spielen aufbieten. Ohne ihre »Turn-Oma« Oksana Chusovitina, da waren sich im deutschen Lager aber alle einig, hätte es auch im vierten Anlauf in Folge für das Sextett des Deutschen Turner-Bundes nicht für ein Olympiaticket gereicht. Und das hing nicht nur mit den außergewöhnlichen sportlichen Leistungen der mit 33 Jahren ältesten olympischen Medaillengewinnerin zusammen, die schon 1992 mit dem Team der GUS Mannschaftsgold gewonnen hatte. Für Ulla Koch ist die Ausnahmeathletin auch abseits der Turngeräte ein leuchtendes Vorbild: »Oksana zeigt den anderen Mädchen, wie wichtig ein starker Wille ist.«

Medaille für Alisher

Zu Hause in ihrer Wahlheimat Köln hatte derweil Sohn Alisher vor dem Fernseher mitgefiebert. Ihm widmete die »Queen Mum« des deutschen Kunst-

»Turn-Oma« Chusovitina mit ihrer Silbermedaille: »Im Kopf bin ich zehn Jahre jünger. Und wenn andere Sportler mit 41 Jahren noch Medaillen gewinnen, kann ich ja noch zweimal an Olympischen Spielen teilnehmen.«

Die Berlinerin Katja Abel beim Team-Wettkampf der Damen. Erstmals seit Olympia 1992 konnte sich wieder eine komplette deutsche Turnerinnen-Riege für Peking qualifizieren.

Die 17-jährige Marie-Sophie Hindermann aus Tübingen bei ihren ersten Olympischen Spielen.

turnens ihre Medaille: »Sie gehört ihm ganz allein.« Der acht Jahre alte Sprössling war vor sechs Jahren an Leukämie erkrankt. Seine seinerzeit in der Bundesliga für das Turnteam Köln aktive Mutter musste Siegprämien erturnen, um die sechsstelligen Kosten für die teuren Behandlungen aufzubringen. Mittlerweile hat Alisher die schwere Krankheit überwunden und entwickelt sich prächtig.

Beschwingt von ihrem Erfolg, kokettierte die sonst so zurückhaltende Chusovitina mit ihrem für Turnverhältnisse fast biblischen Alter: »Im Kopf bin ich zehn Jahre jünger und wenn andere Sportler mit 41 Jahren noch Medaillen gewinnen, kann ich ja noch zweimal an Olympischen Spielen teilnehmen.« Die fünfmalige Olympiateilnehmerin spielte damit auf US-Schwimmerin Dara Torres an, die wenige Stunden zuvor über 50 m Freistil hinter der Berlinerin Britta Steffen Rang zwei belegt hatte.

Von einem gelungenen Karriereausklang in der chinesischen Hauptstadt wollte die gebürtige Usbekin überhaupt nichts hören. Bis mindestens zu den Weltmeisterschaften 2009 in London will sie ihre Karriere fortsetzen. »Ich werde turnen, bis der Körper nein sagt. Ums Geld geht es mir dabei nicht, ich liebe einfach diesen Sport.«

Statistik

Mehrkampf, Einzel, Frauen 15.08.2008

		1	2	3	4	5
1. Nastia Liukin	USA	15,025	16,650	16,125	15,525	63,325
2. Shawn Johnson	USA	15,875	15,275	16,050	15,525	62,725
3. Yang Yilin	CHN	15,175	16,725	15,750	15,000	62,650
4. Xenia Semenowa	RUS	14,750	16,475	15,925	14,775	61,925
5. Steliana Nistor	ROU	15,025	15,975	15,550	14,500	61,050
6. Jiang Yuyuan	CHN	14,825	15,875	15,425	14,775	60,900
7. Anna Pawlowa	RUS	15,275	14,525	15,975	15,050	60,825
8. Sandra Izbasa	ROU	15,075	14,300	15,875	15,500	60,750
9. Oksana Chusovitina	GER	15,750	14,900	14,875	14,600	60,125
18. Ariella Kaslin	SUI	15,350	14,275	14,425	13,950	58,000

Mannschaft, Frauen 13.08.2008

1. China 188,900
(Cheng Fei, He Kexin, Jiang Yuyuan, Li Shanshan, Yang Yilin, Deng Linlin)
2. USA 186,525
(Johnson, Liukin, Memmel, Peszek, Sacramone, Sloan)
3. Rumänien 181,525
(Nistor, Izbasa, Acatrinei, Grigore, Dragoi, Tamirjan)
4. Russland 180,625
5. Japan 176,700
6. Australien 176,525
7. Frankreich 175,275
8. Brasilien 174,875

VK: 12. Deutschland (Chusovitina, Brinker, Hindermann, Abel, Möbius, Bijak) 230,800.

Sprung, Frauen 17.08.2008

1. Hong Un Jong	PRK	15,650
2. Oksana Chusovitina	GER	15,575
3. Cheng Fei	CHN	15,562
4. Alicia Sacramone	USA	15,537
5. Ariella Kaslin	SUI	15,050
6. Carlotta Giovannini	ITA	14,550
7. Jade Barbosa	BRA	14,487
8. Anna Pawlowa	RUS	7,812

Stufenbarren, Frauen 18.08.2008

1. He Kexin	CHN	16,725
2. Nastia Liukin	USA	16,725
3. Yang Yilin	CHN	16,650
4. Beth Tweddle	GBR	16,625
5. Anastasia Kowal	UKR	16,375
6. Xenia Semenowa	RUS	16,325
7. Steliana Nistor	ROU	15,575
8. Daria Zgoba	UKR	14,875

Schwebebalken, Frauen 19.08.2008

1. Shawn Johnson	USA	16,225
2. Nastia Liukin	USA	16,025
3. Cheng Fei	CHN	15,950
4. Anna Pawlowa	RUS	15,900
5. Gabriela Dragoi	ROU	15,625
6. Li Shanshan	CHN	15,300
7. Xenia Afanasijewa	RUS	14,825
8. Koko Tsurumi	JPN	14,450

Boden, Frauen 17.08.2008

1. Sandra Izbasa	ROU	15,650
2. Shawn Johnson	USA	15,500
3. Nastia Liukin	USA	15,425
4. Jiang Yuyuan	CHN	15,350
5. Jekaterina Kramarenko	RUS	15,025
6. Daiane Santos	BRA	14,975
7. Cheng Fei	CHN	14,550
8. Anna Pawlowa	RUS	14,125

Rhythmische Sportgymnastik

Neuaufbau bis London 2012

Erstmals seit der Aufnahme ins olympische Programm vor 24 Jahren fanden die Wettbewerbe in der Rhythmischen Sportgymnastik ohne deutsche Teilnehmerinnen statt. Bei der Olympia-Premiere 1984 in Los Angeles hatte die Wattenscheiderin Regina Weber noch Platz drei belegt und damit die einzige deutsche Medaille in dieser Disziplin gewonnen.

Doppel-Hattrick perfekt: Russlands Sportgymnastinnen gewannen zum dritten Mal in Folge Gold in Einzel und Gruppe.

Eleganz, Artistik, Kreativität: Die weltbesten Künstlerinnen mit Band, Seil, Keulen und Reifen kürten in Peking ihre Olympiasieger.

Seither blieben die deutschen Gymnastinnen stets ohne Edelmetall, verpassten für Peking sogar die Qualifikation und konzentrieren sich jetzt auf den Neuaufbau bis London 2012. Für die Russinnen gab es dagegen den »doppelten Hattrick«. Sowohl im Einzel- als auch im Gruppenwettbewerb gewannen sie jeweils zum dritten Mal in Folge Gold. Siegerin im Vierkampf wurde Europameisterin Jewgenia Kanajewa vor der Weißrussin Inna Schukowa und Weltmeisterin Anna Bessonowa aus der Ukraine. Silber und Bronze hinter dem russischen Quintett sicherten sich im Team-Wettbewerb erstmals China sowie Weißrussland.

Statistik

Einzel 23.08.2008

				1	2	3	4
1. Jewgenia Kanajewa	RUS	75,500		18,850	18,850	18,950	18,850
2. Inna Schukowa	BLR	71,925		18,125	18,125	17,850	17,825
3. Anna Bessonowa	UKR	71,875		17,975	17,775	17,900	18,225
4. Olga Kapranowa	RUS	71,700		18,200	18,500	16,950	18,050
5. Alija Jussupowa	KAZ	69,800		17,825	17,625	17,650	16,700
6. Alija Garajewa	AZE	69,675		17,750	18,075	17,225	16,625
7. Natalja Godunko	UKR	68,850		16,700	17,500	17,525	17,125
8. Almudena Cid	ESP	68,100		17,000	17,000	17,150	16,950

1 = Seil, 2 = Reifen, 3 = Keulen, 4 = Band

Gruppe 24.08.2008

1. Russland (Seile 17,750/Reifen und Keulen 17,800)	35,550	5. Bulgarien (16,750/16,800)	33,550
2. China (17,575/17,650)	35,225	6. Israel (16,050/16,050)	32,100
3. Weißrussland (17,625/17,275)	34,900	7. Aserbaidschan (16,075/15,050)	31,575
4. Italien (17,000/17,425)	34,425	8. Ukraine (15,975/15,125)	31,100

Trampolin

Medaillen deutlich verpasst

Erst die freudige Nachricht, dann die sportliche Enttäuschung: Trotz Erleichterung durch ein erstes Telefonat mit ihren Eltern in der Krisenregion Georgien konnte Anna Dogonadze ihren goldenen Olympia-Triumph von Athen 2004 in Peking nicht wiederholen. Die von Rückenschmerzen geplagte 35-Jährige musste im Trampolin-Finale ihre Übung nach dem siebten Sprung abbrechen und als Achte und Letzte ihre ohnehin leisen Hoffnungen auf eine Medaille begraben.

»Das Einturnen war noch gut, aber dann hat mir die Höhe gefehlt«, sagte die gebürtige Georgierin, die vom ersten Sprung an nicht richtig in ihre Kür kam. Für ihren Coach Michael Kuhn war das Scheitern seines Schützlings fast schon tragisch. »Eine Bronzemedaille wäre möglich gewesen, aber vielleicht wollte Anna nach dem guten Einturnen ein bisschen zuviel«, analysierte Kuhn, der mit der Ex-Weltmeisterin wegen ihrer Rückenprobleme zwischen dem Vorkampf am Samstag und dem Finale kein einziges Training absolvieren konnte.

Von einem endgültigen Karriereende wollte die Mutter einer 13-jährigen Tochter allerdings noch nichts wissen: »So möchte ich meine Karriere nicht beenden.«

Gehandicapt: Anna Dogonadze, Olympiasiegerin von 2004, erreichte trotz starker Rückenschmerzen das Trampolin-Finale.

Statistik

Männer 19.08.2008

1. Lu Chunlong	CHN	41,0
2. Jason Burnett	CAN	40,7
3. Dong Dong	CHN	40,6
4. Tetsuya Sotomura	JPN	39,8
5. Juri Nikitin	UKR	39,8
6. Dmitri Uschakow	RUS	38,8
7. Alexander Rusakow	RUS	38,5
8. Mikalai Kasak	BLR	38,1

VK: 16. Henrik Stehlik (GER).

Frauen 18.08.2008

1. He Wenra	CHN	37,8
2. Karen Cockburn	CAN	37,0
3. Jekaterina Chilko	UZB	36,9
4. Olena Mowtschan	UKR	36,6
5. Irina Karawajewa	RUS	36,2
6. Luba Golowina	GEO	36,1
7. Rosannagh MacLennan	CAN	35,5
8. Anna Dogonadze	GER	18,9

Niederlage am grünen Tisch

Höhere Ziele hatte hingegen Henrik Stehlik, doch für den Ex-Weltmeister aus Salzgitter waren die zweiten Olympischen Spiele seiner Karriere schon vor dem Finale beendet. Nach Rang drei in der Pflicht touchierte der Bronzemedaillengewinner von Athen 2004 beim letzten seiner zehn Sprünge die Umrandungsmatte. Der daraus resultierende Punktabzug warf den 27-Jährigen bis auf den 16. und letzten Platz zurück.

Der DTB-Protest gegen die Wertung für Stehlik wurde vom Turn-Weltverband FIG abgelehnt. Zwar bewiesen Fernsehbilder, dass ihm in der Qualifikation zu Unrecht Punkte wegen eines vermeintlichen Berührens der Sprungtuch-Umrandung abgezogen worden waren, doch TV-Aufnahmen sind laut Reglement zur Beweisführung nicht zugelassen. »Das ist eine äußerst unglückliche Entscheidung. Leider waren die Video-Aufzeichnungen, die sich die Kampfrichter angesehen haben, nicht eindeutig. Sogar FIG-Präsident Bruno Grandi hat diese Sache bedauert«, berichtete DTB-Sportdirektor Wolfgang Willam.

Olympia-Gastgeber China holte im National Indoor Stadium doppeltes Trampolin-Gold. Bei den Frauen ging der Sieg an He Wenna vor der Kanadierin Karen Cockburn und Jekaterina Chilko aus Usbekistan. Bei den Männern siegte Lu Chunlong, vor dem Kanadier Jason Burnett und seinem Landsmann Dong Dong.

Umstrittene Jury-Entscheidung: Henrik Stehlik, Bronze-Medaillengewinner von Athen, durfte nicht im Finale starten.

Holte die erste Olympische Medaille für Togo: Benjamin Boukpeti zerbrach aus Freude über Platz drei im Kanu-Slalom sein Paddel.

Deutsche Goldmedaillen-Gewinner im Kanu-Rennsport (von links): Conny Waßmuth, Andreas Ihle, Nicole Reinhardt, Martin Hollstein, Katrin Wagner-Augustin und Fanny Fischer.

Wassersport

Die deutschen Wassersportler verließen die Wettkampfstätten in Peking (Rudern und Kanu) sowie Qingdao (Segeln) mit eher gemischten Gefühlen. Zwar blieben die Kanuten mit insgesamt dreimal Gold, zweimal Silber und dreimal Bronze der erfolgreichste nationale Verband und die Nummer eins in der Welt, aber insgeheim hatte Olaf Heukrodt, Präsident des DKV (Deutscher Kanu-Verband) »mit zwei Goldenen mehr gerechnet«. Während die Kanuten also auf sehr hohem Niveau »jammerten«, gab es beim deutschen Ruderverband nichts zu beschönigen. Im Shunyi Park musste die schlechteste Bilanz seit 52 Jahren gezogen werden. Kein Gold und nur zwei einsame Medaillen. »Wir sind keine führende Rudernation mehr«, lautete das ernüchternde Fazit von Sportdirektor Michael Müller. Da passte ins Bild, dass der in der Vergangenheit mit drei Olympiasiegen glänzende Deutschland-Achter nur 65 Tage vor den Spielen komplett ausgetauscht wurde. Die Ruderer des neu formierten Flaggschiffs verfolgten den Finalsieg von Weltmeister Kanada nach dem letzten Platz im Hoffnungslauf nur als Zuschauer. Im Segeln gab es immerhin eine Bronzemedaille, nachdem der Deutsche Segler Verband in Athen 2004 zum ersten Mal seit 1956 leer ausgegangen war.

Gewannen Gold im Zweierkajak über 1000 m: Andreas Ihle und Martin Hollstein.

Paddelten über 1000 m im Vierkajak zu Bronze: Björn Goldschmidt, Torsten Eckbrett, Norman Bröckl und Lutz Altepost.

Kanu

Deutschland erfolgreichste Nation Trotzdem nicht ganz zufrieden

Obwohl der Deutsche Kanu-Verband (DKV) mit insgesamt dreimal Gold, zweimal Silber und dreimal Bronze (Rennsport und Slalom zusammengerechnet) der erfolgreichste deutsche Fachverband und die Kanu-Nation Nummer eins in der Welt blieb, war doch eine gewisse Enttäuschung zu spüren. Grund: Die Rennsportler lieferten mit »nur« zwei goldenen und insgesamt sieben Plaketten die schlechteste Olympia-Bilanz seit 1984 in Los Angeles ab.
Präsident Olaf Heukrodt: »Ich habe mit zwei Goldenen mehr gerechnet.« Er unterstrich aber die insgesamt positive Bilanz: »Wir haben so viele Medaillen wie in Athen geholt, nur die Farbe sollte anders sein.«
Ein besseres Abschneiden verhinderte am zweiten Finaltag die Niederlage des Parade-Duos Ronald Rauhe/Tim Wieskötter im Zweierkajak über 500 m mit umgerechnet 51,3 Zentimeter – das als unschlagbar geltende Duo hatte erstmals seit dem dritten Platz 2000 in Sydney wieder ein Rennen verloren. Anschließend kamen Fanny Fischer und Nicole Reinhardt nur auf Platz vier. Die positiven Schlagzeilen im deutschen Team schrieben das Canadier-Duo Christian Gille/Tomasz Wylenzek, die 24 Stunden nach Silber über 1000 Meter und einem Kreislaufkollaps von Wylenzek Bronze über die halbe Distanz gewannen.
Die viermalige Olympiasiegerin Katrin Wagner-Augustin holte nach ihrem Triumph mit dem Viererkajak Bronze im Einer und küsste überglücklich ihre Medaille. Ronald Rauhe weinte dagegen bittere Tränen. »Wir wollten nur Gold. Es ist extrem bitter, dass die Siegesserie ausgerechnet im wichtigsten Rennen gerissen ist«, meinte Wieskötter. Auch Fanny Fischer lief mit geröteten Augen durch den Zielraum: »Eigentlich müsste ich als Vierer-Olympiasiegerin glücklich rumspringen, aber ich hätte die zweite Medaille so gern gehabt. Es war nicht unser Tag, es war nicht unser Rennen.«
24 Stunden zuvor hatte sie noch vor Glück geweint, als sie von ihrer Tante Birgit Fischer, der deutschen Rekord-Olympiasiegerin, in die Arme genommen worden war. Im erfolgreichen Viererkajak war Conny Waßmuth erst sechs Tage vor dem Rennen für die erkrankte Carolin Leonhardt ins Boot gekommen: »Vom Zuschauer zum Olympiasieger.

Das ist Wahnsinn«, meinte sie. Zum Gold-Vierer gehörten auch Nicole Reinhardt und Katrin Wagner-Augustin, die damit ihren vierten Olympiasieg verbuchen konnte. Auch im Viererkajak der Männer gab es eine Medaille für das deutsche Team: Das Quartett Lutz Altepost, Norman Bröckl, Torsten Eckbrett und Björn Goldschmidt holte Bronze. Hervorragend war die Stimmungslage bei Gille und Wylenzek, die neben den Überraschungs-Olympiasiegern Andreas Ihle/Martin Hollstein (Zweierkajak über 1000 Meter) als größte Sieger gefeiert wurden. »Gestern habe ich halb im Koma gelegen und bin erst im Krankenhaus wieder auf-

Nach Silber im Zweiercanadier über 1000 m fielen Christian Gille (links) und Thomas Wylenzyk völlig erschöpft aus ihrem Boot. Wylenzek erlitt einen Schwächeanfall und musste in Krankenhaus. Einen Tag danach gewannen die Beiden Bronze über 500 m.

gewacht«, erklärte Wylenzek: »Heute bekam ich gleich zwei Olympia-Medaillen.« Die schwer erkämpfte Silberne über 1000 m holte sich der 25-Jährige bei IOC-Vizepräsident Thomas Bach in der Lounge des Internationalen Kanu-Verbandes ICF ab, weil er am Vortag zur Zeit der Siegerehrung in der Klinik Infusionen erhalten hatte.

Sportdirektor Jens Kahl schüttelte mit Blick auf die Ergebnislisten den Kopf: »Die Kanu-Welt ist ins Rutschen gekommen. Überraschend, was einzelne Länder so bei Olympia aus dem Ärmel zauberten.« Neben der deutschen Flotte holten im Rennsport auch Ungarn und Weißrussland zwei Siege, schafften aber insgesamt nur vier bzw. drei Medaillen.

Andreas Dittmer: Abschied ohne Medaille

Nach seinem letzten Rennen ließ Andreas Dittmer die Schultern hängen und stellte die Paddel in die Ecke. »Natürlich wäre ich lieber mit einer Medaille abgetreten«, sagte der dreimalige Canadier-Olympiasieger: »Aber der Sport hat mir ja schon so viele schöne Erlebnisse gebracht. Ich stand so oft oben auf dem Podest – das kann mir keiner nehmen.« Nach dem achten Platz in Peking kam es zu einer emotionalen Begegnung auf dem Wasser. Dittmers Nachfolger Attila Vajda (Ungarn) paddelte an die Seite des Neubrandenburgers, was folgte, war ein Plausch unter Kollegen, die sich immer mit größtem Respekt begegneten. »Er hat mir gesagt, dass er diese Goldmedaille dem kürzlich verstorbenen György Kolonics widmet – der war bei seinem Tod so alt wie ich jetzt und hat mit mir über 15 Jahre Rennen bestritten«, sagte Dittmer leise. Der Tod des Ungarn durch plötzlichen Herzstillstand im Training für Olympia hatte die Kanu-Welt schockiert, der 36-jährige Dittmer war sogar zur Beerdigung nach Budapest geflogen.

In Peking fühlte sich der deutsche Altstar nicht wohl, Dittmer ließ nach dem Ausscheiden im 500-m-Halbfinale extra noch ein großes Blutbild anfertigen, um in seinem Abschiedsrennen kein Risiko einzugehen. »Die Werte waren in Ordnung, es gab

Freute sich über Gold im Einerkajak über 1000 m: der Brite Tim Brabants (großes Bild).

Bronze für Katrin Wagner-Augustin im Einerkajak (rechts), während Canadier-Legende Andreas Dittmer bei seinen letzten Olympischen Spielen ohne Medaille blieb (darunter). Das Rennen im Zweierkajak über 500 m gewannen die Spanier Saul Craviotto/Carlos Perez ganz knapp vor den Titelverteidigern Ronald Rauhe/Tim Wieskötter (ganz unten).

grünes Licht vom Arzt – das hat ihn beruhigt«, sagte Cheftrainer Reiner Kießler.
Für die Leistung über die letzten 1000 Meter suchte Dittmer vergeblich nach einer Erklärung. »Es ist ein schmerzliches Gefühl. Das Rennen war nicht nach meinem Geschmack, ich konnte das Tempo nicht mithalten«, sagte der achtmalige Weltmeister. Am Alter könne es aber nicht nur liegen, acht Wochen vor Olympia habe er schließlich noch ein Weltcuprennen gewonnen.
Dittmers Bilanz ist beeindruckend: Als einziger Canadier schaffte er drei Olympiasiege in Serie. Bei Sommerspielen und internationalen Meisterschaften gewann er seit 1991 insgesamt 42 Medaillen. Letztmals paddelte er 2005 zu WM-Gold.

Statistik

Einerkajak, 500 m, Männer 23.08.2008

1.	Ken Wallace	AUS	1:37,252
2.	Adam van Koeverden	CAN	1:37,630
3.	Tim Brabants	GBR	1:37,671
4.	Eirik Veraas Larsen	NOR	1:37,949
5.	Anton Rjachow	RUS	1:38,187
6.	Akos Vereckei	HUN	1:38,318
7.	Anders Gustafsson	SWE	1:38,447
8.	Steven Ferguson	NZL	1:38,512
9.	Stjepan Janic	CRO	1:38,729

HF: 6. Jonas Ems (GER) 1:44,717.

Einerkajak, 1000 m, Männer 22.08.2008

1.	Tim Brabants	GBR	3:26,323
2.	Eirik Veraas Larsen	NOR	3:27,342
3.	Ken Wallace	AUS	3:27,485
4.	Ben Fouhy	NZL	3:29,193
5.	Max Hoff	GER	3:29,391
6.	Markus Oscarsson	SWE	3:30,198
7.	Stjepan Janic	CRO	3:30,495
8.	Adam van Koeverden	CAN	3:31,793
9.	Zoltan Benko	HUN	3:32,120

Zweierkajak, 500 m, Männer 23.08.2008

1.	Craviotto/Perez	ESP	1:28,736
2.	Rauhe/Wieskötter	GER	1:28,827
3.	Piatruschenka/Machneu	BLR	1:30,005
4.	Kammerer/Kucsera	HUN	1:30,285
5.	Knudsen/Poulsen	DEN	1:30,569
6.	Dober jr./Willows	CAN	1:30,857
7.	Lecrubier/Jouve	FRA	1:31,312
8.	Twardowski/Wysocki	POL	1:31,869
9.	Facchin/Scaduto	ITA	1:31,934

Zweierkajak, 1000 m, Männer 22.08.2008

1.	Hollstein/Ihle	GER	3:11,809
2.	Knudsen/Poulsen	DEN	3:13,580
3.	Facchin/Scaduto	ITA	3:14,750
4.	Seroczynski/Kujawski	POL	3:14,828
5.	Kammerer/Kucsera	HUN	3:15,049
6.	Walker/Ferguson	NZL	3:15,329
7.	Colin/Carre	FRA	3:16,532
8.	Straume/Zalupe	LAT	3:19,387
9.	Shen Jie/Huang Zhipeng	CHN	3:22,058

Viererkajak, 1000 m, Männer 22.08.2008

1.	Weißrussland (Piatruschenka/Abalmasau/ Litwintschuk/Machneu)	2:55,714
2.	Slowakei (R. und M. Riszdorfer/Vlcek/Tarr)	2:56,593
3.	Deutschland (Altepost/Bröckl/Eckbrett/Goldschmidt)	2:56,676
4.	Italien	2:57,626
5.	Ungarn	2:59,009
6.	Polen	2:59,505
7.	China	3:00,078
8.	Russland	3:00,654
9.	Kanada	3:01,630

Einercanadier, 500 m, Männer 23.08.2008

1.	Maxim Opalew	RUS	1:47,140
2.	David Cal	ESP	1:48,397
3.	Iurii Tscheban	UKR	1:48,766
4.	Mathieu Goubel	FRA	1:49,056
5.	Alexander Schukowski	BLR	1:49,092
6.	Li Qiang	CHN	1:49,287
7.	Florin Georgian Mironcic	ROU	1:49,861
8.	Pawel Baraszkiewicz	POL	1:50,048
9.	Attila Sandor Vajda	HUN	1:50,156

HF: 4 Andreas Dittmer (GER) 1:53,182.

Einercanadier, 1000 m, Männer 22.08.2008

1.	Attila Vajda	HUN	3:50,467
2.	David Cal	ESP	3:52,751
3.	Thomas Hall	CAN	3:53,653
4.	Wadim Menkow	UZB	3:54,237
5.	Alexander Schukowski	BLR	3:55,645
6.	Florin Mironcic	ROU	3:57,876
7.	Mathieu Goubel	FRA	3:57,889
8.	Andreas Dittmer	GER	3:57,894
9.	Aldo Pruna	CUB	3:59,087

Zweiercanadier, 500 m, Männer 23.08.2008

1.	Meng Guanliang/Yang Wenjun	CHN	1:41,025
2.	Ulegin/Kostoglod	RUS	1:41,282
3.	Gille/Wylenzek	GER	1:41,964
4.	Andrej und Alexander Bahdanowitsch	BLR	1:41,996
5.	Russell/Beauchesne-Sevigny	CAN	1:42,450
6.	Chirila/Cuculici	ROU	1:43,195
7.	Georgiew/Aliew	BUL	1:43,971
8.	Besuglii/Prokopenko	UKR	1:44,157
9.	Jedraszko/Rynkiewicz	POL	1:44,389

Zweiercanadier, 1000 m, Männer 22.08.2008

1.	Andrej und Alexander Bahdanowitsch	BLR	3:36,365
2.	Gille/Wylenzek	GER	3:36,588
3.	Kozmann/Kiss	HUN	3:40,258
4.	Popa/Flocea	ROU	3:40,342
5.	Chen Zhongyun/Zhang Zhiwu	CHN	3:40,593
6.	Russell/Beauchesne-Sevigny	CAN	3:41,165
7.	Tyszynski/Baraszkiewicz	POL	3:42,845
8.	Ulegin/Kostoglod	RUS	3:44,669
9.	Torres/Aguilar	CUB	3:48,877

Einerkajak, 500 m, Frauen 23.08.2008

1.	Inna Osipenko-Radomska	UKR	1:50,673
2.	Josefa Idem	ITA	1:50,677
3.	Katrin Wagner-Augustin	GER	1:51,022
4.	Katalin Kovacs	HUN	1:51,139
5.	Zhong Hongyan	CHN	1:52,220
6.	Spela Ponomarenko	SLO	1:52,363
7.	Lucy Wainwright	GBR	1:53,102
8.	Jennifer Hodson	RSA	1:53,353
9.	Juliana Salachowa	RUS	1:53,973

Zweierkajak, 500 m, Frauen 23.08.2008

1.	Kovacs/Janic	HUN	1:41,308
2.	Mikolajczyk/Konieczna	POL	1:42,092
3.	Delattre/Viard	FRA	1:42,128
4.	Fischer/Reinhardt	GER	1:42,899
5.	Kitamoto/Takeya	JPN	1:43,291
6.	Davis/Fogarty	AUS	1:43,969
7.	Rikala/Mikkonen	FIN	1:44,176
8.	Mruzkova/Blahova	CZE	1:44,870
9.	Schuring/Schwarz	AUT	1:44,965

Viererkajak, 500 m, Frauen 22.08.2008

1.	Deutschland (Fischer/Reinhardt/ Wagner-Augustin/Waßmuth)	1:32,231
2.	Ungarn (Kovacs/Szabo/Kozak/Janic)	1:32,971
3.	Australien (Oldenhof/Davis/Meek/Fogarty)	1:34,704
4.	Polen	1:34,752
5.	Spanien	1:35,366
6.	Japan	1:36,465
7.	Südafrika	1:36,724
8.	Italien	1:36,770
9.	China	1:37,418

Happyend für Christian Gille und Thomas Wylenzek: Bronze über 500 m.

Kanu

Kanuslalom

Grimms Märchen auf der goldenen Welle

Es begann für die deutschen Slalom-Kanuten mit einem Märchen und endete mit einem Schlag ins Wasser und einer Kenterrolle. Nachdem Alexander Grimm im Einerkajak völlig überraschend Gold gewonnen hatte, verfehlte Favoritin Jennifer Bongardt im Einerkajak zwei Tore. Felix Michel und Sebastian Piersig im Zweiercanadier lagen auf Goldkurs und kenterten. Auch Mit-Favorit Jan Benzien im Einercanadier hatte mehr erhofft. Er konnte sich nicht für das Finale qualifizieren.

Als Grimms Märchen auf der goldenen Welle im Shunyi Park wahr geworden war, gab es kein Halten mehr: Mit der schwarz-rot-goldenen Fahne um die Schultern paddelte Alexander Grimm ganz ruhig eine Ehrenrunde durch das tosende Wasser, Minuten später sprintete der 21-jährige Augsburger mit dem ersten deutschen Olympiagold von Peking um den Hals zu den Fans und fiel seinem weinenden Vater in die Arme. »Vom Olympiasieg habe ich schon als Kind geträumt, jetzt hat es gleich bei meiner Premiere geklappt. Es ist einfach der Hammer, dass es auch noch die erste Goldene für Deutschland ist«, sagte der Team-Weltmeister.

Das ersehnte Gold-Kunststück schaffte der Paddler vor mehr als 10 000 begeisterten Zuschauern mit einem genialen zweiten Lauf. Wie entfesselt paddelte er noch vom vierten Platz ganz nach vorn. »Es war eine gute Ausgangsposition, ich musste nicht so viel riskieren«, meinte Grimm. Achteinhalb Minuten musste Grimm auf die Anzeigetafel starren, dann waren die nach ihm gestarteten Rivalen im Ziel. Der Vorsprung auf den Franzosen Fabien Lefevre betrug schließlich deutliche 1,6 Sekunden. Als Halbzeit-Spitzenreiter Benjamin Boukpeti ins Ziel rauschte, aus Freude über Bronze und die erste olympische Medaille für Togo überhaupt sein Paddel zerbrach, war zugleich der erste Erfolg für die deutschen Wildwasser-Kanuten seit Thomas Schmidt vor acht Jahren – ebenfalls im Einerkajak – perfekt.

Dagegen verpasste Canadier Jan Benzien als Mit-Favorit das Finale. Der Slowake Michal Martikan gewann nach 1996 zum zweiten Mal

Statistik

Einerkajak, Männer 12.08.2008
1. Alexander Grimm GER 171,70
2. Fabien Lefevre FRA 173,30
3. Benjamin Boukpeti TOG 173,45
4. Eoin Rheinisch IRL 176,91
5. Warwick Draper AUS 177,85
6. David Ford CAN 178,35
7. Helmut Oblinger AUT 178,83
8. Dariusz Popiela POL 179,68

VL: 17. Michael Kurt (SUI) 178,66.

Einercanadier, Männer 12.08.2008
1. Michal Martikan SVK 176,65
2. David Florence GBR 178,61
3. Robin Bell AUS 180,59
4. Ander Elosegui ESP 182,12
5. Stanislav Jezek CZE 182,29
6. Benn Fraker USA 183,14
7. Christos Tsakmakis GRE 186,67
8. Krzysztof Bieryt POL 200,21

HF: 12. Jan Benzien (GER) 95,15.

Zweiercanadier, Männer 15.08.2008
1. Pavol und Peter Hochschorner SVK 190,82
2. Jaroslav Volf/ Ondrej Stepanek CZE 192,89
3. Michail Kusnezow/ Dimitri Larijonow RUS 197,37
4. Cedric Forgit/Martin Braud FRA 198,19
5. Andrea Benetti/Erik Masoero ITA 204,12
6. Felix Michel/Sebastian Piersig GER 204,43

Einerkajak, Frauen 15.08.2008
1. Elena Kaliska SVK 192,64
2. Jacqueline Lawrence AUS 206,94
3. Violetta Oblinger-Peters AUT 214,77
4. Yuriko Takeshita JPN 219,30
5. Agnieszka Stanuch POL 221,08
6. Ariane Herde NED 231,99
7. Emilie Fer FRA 251,96
8. Heather Corrie USA 270,88

HF: 15. Jennifer Bongardt (GER) 203,29.

Kam sich vor wie im Märchen: Überraschungs-Olympiasieger Alexander Grimm.

Kanuslalom

Gold. Bei den Sommerspielen 2000 und 2004 hatte er hinter Tony Estanguet den zweiten Rang belegt. Der Franzose schied diesmal als Neunter aus.
Im Einerkajak verfehlte Favoritin Jennifer Bongardt zwei Tore. Die Doppel-Weltmeisterin verpasste im tosenden Wasser als 15. das Finale und verkroch sich danach im Bootshaus. Sie war untröstlich, für sie war das Missgeschick an Tor drei eine klare Fehlentscheidung. »Ich habe gesehen, wie der Torrichter die Kelle hochnahm, ich dachte: das kann nicht sein«, sagte die 25-Jährige. Bongardt rauschte auch noch an Hindernis 14 vorbei und erhielt insgesamt 100 Strafsekunden. Nach dem Aus von Bongardt war der Weg frei für Elena Kaliska. Die Slowakin gewann wie 2004, der Vorsprung auf die Australierin Jacqueline Lawrence betrug über 14 Sekunden. Die Österreicherin Violetta Oblinger-Peters, die ihrem Verband für den Olympiastart eine Herz-OP im Frühjahr verheimlichte, sicherte sich Bronze.

Sebastian Piersig verstand die Welt nicht mehr. »Wir waren für eine Nacht Olympiasieger«, sagte der 24-Jährige mit zitternder Stimme. Nach der Traumfahrt im Halbfinale und dem ersten Abbruch bei Olympia wegen Gewitters spielten bei den Zweiercanadiern aus Spremberg die Nerven nicht mit. Schon an Tor 9 kostete ein Rückwärtsdreher Zeit, die Rolle durchs Wasser folgte nach Hindernis 15 wegen zu großer Seitenlage. Der 23-jährige Felix Michel berichtete von einer unruhigen Nacht: »Diese verdammte Pause – das ist, als würde bei einem 1000-Meter-Lauf nach der Hälfte erstmal gestoppt. Für uns wäre es besser gewesen, wenn es direkt weitergegangen wäre.« Die slowakischen Zwillinge Pavol und Peter Hochschorner, nach dem Halbfinale eine halbe Sekunde hinter den Deutschen, holten als erste Slalomkanuten der Geschichte zum dritten Mal in Folge den Olympiasieg und sind nun die erfolgreichsten Athleten dieser Sportart. Die Slowaken räumten drei der vier Goldmedaillen ab.

Weltmeisterin Jenny Bongardt patzte und blieb im Einerkajak ohne Medaille (ganz oben), während sich Violetta Oblinger-Peters aus Österreich Bronze sicherte (darunter). Dagegen verstanden die »Canadier« Felix Michel und Sebastian Piersig die Welt nicht mehr. Auf Goldkurs fahrend kenterten sie und fielen auf Platz sechs zurück.

Rudern

Erstmals seit 52 Jahren ohne Gold

Marcel Hacker fuhr am großen Finale vorbei, da tröstete auch der Sieg im B-Finale nicht (großes Bild).

Die deutsche Ruder-Flotte hat bei der olympischen Regatta den schlimmsten Schiffbruch seit 52 Jahren erlitten. Selbst Galionsfigur Kathrin Boron verhinderte mit Bronze die Goldflaute nicht, dem silbernen Doppelzweier fehlten 4,68 Zentimeter zum Olympiasieg. »Das ist nicht der deutsche Anspruch. Wir sind keine führende Rudernation mehr«, lautete das ernüchternde Fazit von Sportdirektor Michael Müller nach dem fatalen Schlag ins Wasser mit nur zwei Medaillen im Shunyi Park. Nach dem vorzeitigen Aus für den einst so stolzen Achter und Einer-Meister Marcel Hacker hatten ausgerechnet die Nobodys Annekatrin Thiele und Christiane Huth im Doppelzweier als einziges deutsches Boot Gold vor Augen. Doch am Ende fehlte eine Hundertstelsekunde zum großen Triumph. So blieben die deutschen Ruderer erstmals seit den Olympischen Sommerspielen 1956 in Melbourne ohne Gold. In den 14 Bootsklassen gab es letztlich nur sieben deutsche Finalteilnahmen. 2004 in Athen hatte es noch zwei Gold- und zwei Silbermedaillen gegeben.

Die viermalige Olympiasiegerin Boron fuhr im Doppelvierer zu Bronze und forderte nach dem Fiasko den Deutschen Ruderverband (DRV) zu raschem Handeln auf: »Alle müssen sich jetzt an einen Tisch setzen und die Sache analysieren«, sagte die achtmalige Weltmeisterin. Das Ergebnis sei eine bittere Niederlage, meinte Müller.

Das Debakel von Peking rief heftige Kritik bei ehemaligen Top-Athleten des deutschen Rudersports hervor. Der langjährige Achter-Schlagmann Roland Baar sprach von »einem Desaster«, der fünfmalige Einer-Weltmeister Peter-Michael Kolbe kritisierte: »Die Deutschen trainieren einfach zu wenig und meiden immer mehr Regatten. Ich war damals in der Saison alle zwei Wochen am Start. Nur so bekommt man Wettkampfhärte.«

Dieser Vorwurf galt nicht für Thiele/Huth. Das Duo hockte noch Minuten nach dem Rennen Arm in Arm völlig erschöpft im Boot und wusste nicht, ob es zum Olympiasieg gereicht hatte. Die 4,68 Zentimeter Rückstand nach 2000 m Schwerstarbeit auf Georgina und Caroline Evers-Swindell aus Neuseeland waren mit bloßem Auge auch nicht zu erkennen. Das entscheidende Zielfoto wollte das Duo selbst Stunden nach dem Rennen nicht sehen und freute sich über Platz zwei. »Wir haben Silber gewonnen und nicht Gold verloren«, sagte die ehemalige WM-Dritte Huth. Ihre Erfolgstrainerin Jutta Lau haderte

Annekatrin Thiele (links) und Christiane Huth waren die Besten aus dem deutschen Team. Im Doppelzweier verpassten sie um nur 4,68 cm Gold.

Statistik

Einer, Männer 16.08.2008

1. Olaf Tufte	NOR	6:59,83
2. Ondrej Synek	CZE	7:00,63
3. Mahe Drysdale	NZL	7:01,56
4. Tim Maeyens	BEL	7:03,40
5. Alan Campbell	GBR	7:04,47
6. Lassi Karonen	SWE	7:07,64

B-Finale: 1. Marcel Hacker (GER), 3. André Vonarburg (SUI).

Doppelzweier, Männer 16.08.2008

1. Crawshay/Brennan	AUS	6:27,77
2. Endrekson/Jaanson	EST	6:29,05
3. Wells/Rowbotham	GBR	6:29,10
4. Waddell/Cohen	NZL	6:30,79
5. Macquet/Hardy	FRA	6:33,36
6. Spik/Cop	SLO	6:33,96

B-Finale: 3. Wenzel/Brodowski (GER).

Zweier ohne, Männer 16.08.2008

1. Ginn/Free	AUS	6:37,44
2. Calder/Frandsen	CAN	6:39,55
3. Twaddle/Bridgewater	NZL	6:44,19
4. Lehmann/Drahotta	GER	6:47,40
5. Keeling/di Clemente	RSA	6:47,83
6. T. und C. Winklevoss	USA	7:05,58

Doppel-Vierer, Männer 17.08.2008

1. Polen	5:41,33
(Wasielewski/Kolbowicz/Jelinski/Korol)	
2. Italien	5:43,57
(Agamennoni/Venier/Galtarossa/Raineri)	
3. Frankreich	5:44,34
(Coeffic/Peltier/Bahain/Berrest)	
4. Australien	5:44,68
5. USA	5:47,64
6. Deutschland	5:50,96
(Krüger/Bertram/Gruhne/Schreiber)	

Vierer ohne, Männer 16.08.2008

1. Großbritannien	6:06,57
(James/Williams/Reed/Triggs-Hodge)	
2. Australien	6:07,85
(Ryan/Marburg/McKenzie-McHarg/Hegerty)	
3. Frankreich	6:09,31
(Despres/Rondeau/Chardin/Mortelette)	
4. Slowenien	6:11,62
5. Tschechien	6:16,56
6. Deutschland	6:19,63
(Urban/Schmidt/Käufer/Hauffe)	

da schon ein wenig mehr mit der Zentimeterentscheidung: »Bei so einem knappen Rennen müsste es zwei Goldmedaillen geben.«
Die 38-jährige Boron verpasste es hingegen, sich in ihrem letzten Rennen zur erfolgreichsten Ruderin zu krönen. »Es ist eine gewisse Enttäuschung dabei, wir haben uns Gold vorgenommen. Aber mit ein wenig Abstand kommt die Freude über Bronze«, sagte sie nach Platz drei hinter China und Großbritannien. Es war das erste chinesische Ruder-Gold in der olympischen Geschichte.

Neben den Nackenschlägen auf dem Wasser war der DRV durch insgesamt sechs erkrankte Ruderer auch etwas vom Pech verfolgt. So trat der leichte Männer-Vierer zum Halbfinale überhaupt nicht an, der Vierer ohne Steuermann wurde im A-Finale mit Ersatzleuten Letzter.

Den größten Fehler hatte sich der Verband, der schon bei der Heim-WM 2007 in München ohne Titel geblieben war, jedoch im Vorfeld geleistet. Der in der Vergangenheit mit drei Olympiasiegen dekorierte Deutschland-Achter wurde 65 Tage vor den Spielen komplett ausgetauscht. Die Ruderer des neu formierten Flaggschiffs verfolgten den Finalsieg von Weltmeister Kanada nach dem letzten Platz im Hoffnungslauf nur als Zuschauer.

Der Deutschland-Achter, das einstige Flaggschiff der Nation, mit Matthias Flach, Jochen Urban, Andreas Penkner, Kristof Wilke, Philipp Naruhn, Florian Eichner, Sebastian-Matthias Schmidt, Florian Menningen und Steuermann Peter Thiede wurde Letzter.

Achter, Männer 17.08.2008
1. Kanada   5:23,89
(Light/Rutledge/Byrnes/Wetzel/Howard/Seiterle/Kreek/Hamilton/Steuermann Price)
2. Großbritannien   5:25,11
(Partridge/Stallard/Lucy/Egington/West/Heathcote/Langridge/Smith/Steuermann Nethercott)
3. USA   5:25,34
(Hoopman/Schnobrich/Boyd/Allen/Walsh/Coppola/Inman/Volpenhein/Steuermann Mc Elhenney)
4. Niederlande   5:29,26
5. Polen   5:31,42
6. Australien   5:35,10
B-Finale: 2. Deutschland (Eichner/Schmidt/Flach/Naruhn/Lehnigk/Menningen/Wilke/Penkner/Steuermann: Thiede), damit 8.

Doppelzweier, Leicht, Männer 17.08.2008
1. Purchase/Hunter   GBR   6:10,99
2. Mougios/Polymeros   GRE   6:11,72
3. Rasmussen/Hansen   DEN   6:12,45
4. Miani/Luini   ITA   6:16,15
5. Zhang Guolin/Sun Jie   CHN   6:16,69
6. Batista/Perez   CUB   6:19,96
B-Finale: 3. Jonathan Koch/Manuel Brehmer (GER).

Vierer ohne, Leicht, Männer 17.08.2008
1. Dänemark   5:47,76
(Ebert/Jörgensen/Andersen/Ebbesen)
2. Polen   5:49,39
(Pawlowski/Pawelczak/Bernatajtys/Randa)
3. Kanada   5:50,09
(Brambell/Beare/Lewis/Parsons)
4. Frankreich   5:51,22
5. Großbritannien   5:52,12
6. Niederlande   5:54,06
AG: Deutschland (Seibt/Schömann-Finck/J. Kühner/M. Kühner) wegen Krankheit.

Einer, Frauen 16.08.2008
1. Rumjana Nejkowa   BUL   7:22,34
2. Michelle Guerette   USA   7:22,78
3. Jekaterina Karsten   BLR   7:23,98
4. Zhang Xiuyun   CHN   7:25,48
5. Miroslava Knapkova   CZE   7:35,52
6. Julia Michalska   POL   7:43,44

Doppelzweier, Frauen 16.08.2008
1. G. und C. Evers-Swindell   NZL   7:07,32
2. Thiele/Huth   GER   7:07,33
3. Laverick/Bebington   GBR   7:07,55
4. Li Qin/Tian Liang   CHN   7:15,85
5. Kalmoe/Tomek   USA   7:17,53
6. Knapkova/Varekova   CZE   7:25,09

Zweier ohne, Frauen 16.08.2008
1. Andrunache/Susanu   ROU   7:20,60
2. Wu You/Gao Yulan   CHN   7:22,28
3. Bitschyk/Helach   BLR   7:22,91
4. Wech/Derlien   GER   7:25,73
5. Haigh/Coles   NZL   7:28,80
6. Reeve/Whitlam   GBR   7:33,61

Doppel-Vierer, Frauen 17.08.2008
1. China   6:16,06
(Tang Bin, Jin Ziwei, Xi Aihua, Zhang Yangyang)
2. Großbritannien   6:17,37
(Vernon, Flood, Houghton, Grainger)
3. Deutschland   6:19,56
(Oppelt/Lutze/Boron/Schiller)
4. Ukraine   6:20,02
5. USA   6:25,86
6. Australien   6:30,05

Achter, Frauen 17.08.2008
1. USA   6:05,34
(Cafaro/Shoop/Goodale/Logan/Cummins/Francia/Lind/Davies/Steuerfrau Whipple)
2. Niederlande   6:07,22
(Dekker/Smulders/Kingma/Repelaer van Driel/van Rumpt/Tanger/Siegelaar/de Haan/Steuerfrau Workel)
3. Rumänien   6:07,25
(Burcica/Susanu/Serban/Barabas/Musat/Papuc/Andrunache/Ignat/Steuerfrau Georgescu)
4. Kanada   6:08,04
5. Großbritannien   6:13,74
6. Australien 6:14,22
HO: 5. Deutschland (Hennings/Reinert/Wengert/Schmutzler/Wech/Derlien/Zimmermann/Hipler/Steuerfrau Ruppel), damit 7.

Doppelzweier, Leicht, Frauen 17.08.2008
1. van der Kolk/van Eupen   NED   6:54,74
2. Sten/Nieminen   FIN   6:56,03
3. Kok/Cameron   CAN   6:56,68
4. Carow/Dräger   GER   6:56,72
5. Xu Dongxiang/Yu Hua   CHN   7:01,90
6. Biskitzi/Tsiavou   GRE   7:04,61

Der deutsche Vierer ohne hatte Pech. Wegen Krankheit zweier etatmäßiger Ruderer geschwächt, blieb als Ausbeute nur Rang sechs. Jochen Urban, Sebastian-Matthias Schmidt, Urs Käufer und Gregor Hauffe erschöpft im Ziel.

Tom Lehmann und Felix Drahotta belegten im Zweier ohne den undankbaren vierten Platz.

Deutschlands erfolgreichste Ruderin Kathrin Boron beendete ihre Olympia-Karriere mit Rang drei im Doppel-Vierer. Mit Bronze dekoriert: Britta Oppelt, Manuela Lutze, Boron und Stephanie Schiller (von links).

Rudern

Lange Ruder-Tradition: Taufe für den Steuermann des Achters nach einem großen Sieg. So auch bei den Kanadiern, die in Peking Gold gewannen.

Im Einer war der Norweger Olaf Tufte nicht zu schlagen. Er gewann Gold – wie schon 2004 in Athen.

155

Segeln
Bronze für Peckolt-Brüder und Treibholz am Ruder

Beeindruckend: Das Starterfeld der 49er im Segelrevier vor der Skyline von Qingdao (großes Bild). Die Brüder Jan-Peter und Hannes Peckolt (auf dem kleinen Bild von rechts) holten in dieser Kategorie Bronze.

Ein Stück Treibholz verbaute dem Deutschen Segler-Verband (DSV) den Weg zu einer besseren Olympia-Bilanz. Nachdem sich Johannes Polgar und Florian Spalteholz in der abschließenden Wettfahrt im Tornado auf den Bronzeplatz vorgearbeitet hatten, führte eine Kollision des Ruders mit einem Holzbalken zum Kentern. Das Duo konnte das Rennen nicht beenden und landete nur auf Platz acht. »Eigentlich mag ich Holz als Baustoff sehr gerne, aber jetzt werde ich mir ein Marmorhaus bauen. Die Medaille war so nah. Der Schock sitzt tief«, meinte der total frustrierte Polgar: »Ich habe mit Olympischen Spielen nun eine Rechnung offen.« Trainer Rigo de Nijs ergänzte: »Das war höhere Gewalt.«

So blieben Jan-Peter Peckolt und sein Bruder Hannes durch ihre Bronzefahrt im 49er die einzigen deutschen Medaillengewinner. Die EM-Zweiten von 2007 fuhren das erste Edelmetall für den DSV seit acht Jahren ein. »Man kann den beiden einfach nur richtig viel Respekt zollen. Sie haben sehr viel investiert und sind belohnt worden. Schon in der Vorbereitung musste man sie förmlich bremsen«, sagte de Nijs.

In den weiteren – insgesamt sechs – in Qingdao vom DSV besetzten Bootsklassen blieb vor allem Petra Niemann hinter den Erwartungen zurück. Die Vize-Weltmeisterin von 2006 kam bei der olympischen Premiere des Laser Radial nur auf Platz 15. Ansonsten erreichten alle deutschen Segler zumindest die abschließenden Medaillenrennen der besten Zehn.

Das DSV-Fazit fiel alles in allem positiv aus. »Wir wollten besser abschneiden als in Athen. Dieses Ziel haben wir durch die Bronzemedaille der Peckolt-Brüder erreicht. Allerdings wäre vielleicht noch mehr drin gewesen«, erklärte Sportdirektor Hans Sendes.

So landete die dreimalige Vize-Weltmeisterin Ulrike Schümann (Berlin) und ihre Yngling-Crew auf einem undankbaren vierten Platz, die WM-Fünften Marc Pickel und Ingo Borkowski wurden im Starboot Siebte und die zweimaligen 470er-Europameisterinnen Steffi Rothweiler/Vivien Kussatz beendeten die Rennen auf Rang neun. »In insgesamt fünf Klassen im Medaillenrennen vertreten gewesen zu sein, ist ein gutes Ergebnis«, meinte Sendes.

Der Rückstand auf die Weltspitze war dennoch beträchtlich. So gewann Großbritannien als führende Nation viermal Gold, einmal Silber und einmal Bronze. Aus dem Team ragte vor allem Ben Ainslie heraus. Im Finn-Dinghy holte der fünfmalige Weltmeister den dritten Olympiasieg seiner Karriere und zog in der ewigen Segel-Bestenliste mit nun dreimal Gold und einmal Silber mit Jochen Schümann gleich.

Bei seinem »Heimspiel« 2012 in England könnte Ainslie nun der erfolgreichste Olympia-Segler aller Zeiten werden und den Dänen Paul Elvström ablösen, der zwischen 1948 und 1960 viermal in Folge ganz oben auf dem Podium stand. »Es ist fantastisch, wie der Bursche planmäßig seine Big Points macht«, sagte Schümann und zollte dem erst 31-jährigen Ainslie Respekt.

Die Olympiasieger von 2000 und 2004 Roman Hagara/Hans-Peter Steinacher aus Österreich belegten diesmal im Tornado Platz neun.

Zai Jian Peking – Welcome to London 2012

Als Peking Zai Jian (Auf Wiedersehen) sagte, fuhr Fußball-Star David Beckham im Vogelnest mit einem roten Doppeldeckerbus vor und holte die Sportler der Welt symbolisch nach London ab. Um Punkt 21.24 Uhr Ortszeit erlosch am 24. August nach 17 Tagen das Feuer bei den Sommerspielen der XXIX. Olympiade. Londons Bürgermeister Boris Johnson übernahm unter den Augen von Großbritanniens Premierminister Gordon Brown die olympische Fahne von seinem Amtskollegen Guo Jinlong.

»Durch diese Spiele lernte die Welt mehr über China und China mehr über die Welt«, rief IOC-Präsident Jacques Rogge den Olympia-Gastgebern bei der Schlussfeier zu. Unter den Fahnenträgern der 204 Mannschaften befanden sich viele klangvolle Namen der vorangegangenen Tage: für Deutschland Kanu-Olympiasiegerin Katrin Wagner-Augustin, für Österreich Judo-Silbermedaillengewinner Ludwig Paischer und für die Schweiz der Judo-Dritte Sergei Aschwanden. 350 Kung-Fu-Kämpfer und 60 Geigerinnen prägten das Bild der farbenfrohen Zeremonie, die ebenso perfekt inszeniert war wie zuvor die Spiele.

In einer achtminütigen Show stellte sich der kommende Olympia-Gastgeber London der Welt vor. Fußball-Weltstar David Beckham kam in einem typisch englischen Doppeldecker-Bus ins Stadion.

Peking verabschiedete sich mit einem bunten Spektakel zwischen chinesischer Folklore und britischer Popkultur von den Sommerspielen der XXIX. Olympiade.

Heerscharen von stets lächelnden Helfern sorgten während der zweieinhalb Wochen dafür, dass es Athleten, Betreuern, Journalisten und Gästen an nichts fehlte. Ihre Gastfreundschaft war überwältigend. Und auch der Stolz des Volkes über die ersten Spiele in China war vielerorts zu spüren. Täglich ließen sich Zehntausende im Olympic Green vor den architektonischen Meisterwerken Vogelnest und Wasser-Würfel fotografieren.

Die von Herzen kommende Freundlichkeit der Menschen stand im Gegensatz zur harten Linie der chinesischen Regierung. Presse- und Demonstrationsfreiheit, Menschenrechte, Tibet-Krise – der Sport drängte die Probleme zwar ab dem 8. August in den Hintergrund, doch der bittere Beigeschmack blieb.

Mit 11 196 Athleten aus 204 Nationen erlebte Peking Rekordspiele. Erstmals standen 302 Wettbewerbe auf dem Programm – auch das war eine Höchstmarke. 87 Länder gewannen Medaillen, 56 von ihnen Gold. Erstmals stand China vor den USA und Russland an der Spitze des Medaillenspiegels. Deutschland verbesserte sich gegenüber 2004 um einen auf den fünften Platz, gewann aber mit 41 Medaillen erneut weniger (49 in Athen, 56 in Sydney) als zuletzt. Großbritannien erklomm Rang vier und will 2012 nach genau 100 Jahren wieder unter die Top-Drei. Als London 1908 erstmals Gastgeber war, stand das Team zum bisher einzigen Mal mit 56 Goldmedaillen an der Spitze.

Nie zuvor gab es bei den Spielen mehr Dopingkontrollen. Zehn positive Fälle wurden bis zum Schlusstag bekannt, doch die Statistik ist erst 2016 endgültig. Denn erstmals werden alle Proben acht Jahre lang eingefroren. Wenn es neue Nachweisverfahren gibt, könnte es Nachprüfungen geben.

Mit traditioneller Formel rief IOC-Präsident Rogge zum Abschluss die Jugend der Welt auf, sich 2012 zu den nächsten Sommerspielen zu versammeln: »Danke Peking – auf Wiedersehen in vier Jahren in London.« Dann kehrt Olympia ins Mutterland des modernen Sports zurück.

Schlussfeier

IOC-Präsident Jacques Rogge übergab die Olympische Flagge an Londons Bürgermeister Boris Johnson.

Statistik

BALLSPORT

Badminton

Einzel, Männer
1992	Alan Budi Kusuma	INA	2:0
	Ardy Wiranata	INA	
	Thomas Stuer-Lauridsen	DEN	
	Hermawan Susanto	INA	
1996	Paul-Erik Hoyer-Larsen	DEN	2:0
	Dong Jiong	CHN	
	Rashid Sidek	MAS	
2000	Ji Xinpeng	CHN	2:0
	Hendrawan	INA	
	Xia Xuanze	CHN	
2004	Taufik Hidayat	INA	2:0
	Shon Seung Mo	KOR	
	Soni Dwi Kuncoro	INA	
2008	Lin Dan	CHN	2:0
	Chong Wei Lee	MAS	
	Chen Jin	CHN	

Doppel, Männer
1992	Kim Moon-Soo/Park Joo-Bong	KOR	2:0
	Hartono/Gunawan	INA	
	R. + J. Sidek	MAS	
	Li Yongbo/Tian Bingyi	CHN	
1996	Mainaky/Subagja	INA	2:1
	Cheah/Yap	MAS	
	Kantono/Irianto	INA	
2000	Gunawan/Wijaya	INA	2:1
	Lee Dong-Soo/Yoo Yong-Sung	KOR	
	Ha Tae-Kwon/Kim Dong-Moon	KOR	
2004	Kim Dong-Moon/Ha Tae-Kwon	KOR	2:0
	Lee Dong-Soo/Yoo Yong-Sung	KOR	
	Hian/Limpele	INA	
2008	Kido/Setiawan	INA	2:1
	Cai Yun/Fu Haifeng	CHN	
	Lee Jaejin/Hwang Jiman	KOR	

Einzel, Frauen
1992	Susi Susanti	INA	2:1
	Bang Soo-Hyun	KOR	
	Hua Huang	CHN	
	Tang Jiuhong	CHN	
1996	Bang Soo-Hyun	KOR	2:0
	Mia Audina	INA	
	Susi Susanti	INA	
2000	Gong Zhichao	CHN	2:0
	Camilla Martin	DEN	
	Ye Zhaoying	CHN	
2004	Zhang Ning	CHN	2:1
	Mia Audina	NED	
	Zhou Mi	CHN	
2008	Zhang Ning	CHN	2:1
	Xie Xingfang	CHN	
	Maria Kristin Yulianti	INA	

Doppel, Frauen
1992	Hwang Hae-Young/Chung So-Young	KOR	2:1
	Guan Weizhen/Nong Qunhua	CHN	
	Lin Yanfen/Yao Fen	CHN	
	Gil Young-Ahn/Shim Eun-Jung	KOR	
1996	Ge Fei/Gu Jun	CHN	2:0
	Gil Young-Ahn/Jang Hye Ock	KOR	
	Tang Yongshu/Qin Yinyuan	CHN	
2000	Ge Fei/Gu Jun	CHN	2:0
	Huang Nanyan/Yang Wei	CHN	
	Gao Ling/Qin Yiyuan	CHN	
2004	Zhang Jiewen/Yang Wei	CHN	2:1
	Huang Sui/Gao Ling	CHN	
	Ra Kyung Min/Lee Kyung Won	KOR	
2008	Du Jing/Yu Yang	CHN	2:0
	Lee Hyojung/Lee Kyungwon	KOR	
	Wei Yili/Zhang Yawen	CHN	

Mixed
1996	Kim Dong-Moon/Gil Young-Ah	KOR	2:1
	Park Joo-Bong/Ra Kyung-Min	KOR	
	Liu Jianjun/Sun Man	CHN	

2000	Zhang Jun/Gao Ling	CHN	2:1
	Kusharyanto/Timur	INA	
	Goode/Archer	GBR	
2004	Zhang Jun/Gao Ling	CHN	2:1
	Robertson/Emms	GBR	
	Eriksen/Schjoldager	DEN	
2008	Lee Hyojung/Lee Yongdae	KOR	2:0
	Liliyana/Nova Widianto	INA	
	He Hanbin/Yu Yang	CHN	

Baseball

Männer
1992	Kuba		11:1
	Taiwan		
	Japan		
1996	Kuba		13:9
	Japan		
	USA		
2000	USA		4:0
	Kuba		
	Südkorea		
2004	Kuba		6:2
	Australien		
	Japan		
2008	Südkorea		3:2
	Kuba		
	USA		

Softball

Frauen
1996	USA		3:1
	China		
	Australien		
2000	USA		2:1
	Japan		
	Australien		
2004	USA		5:1
	Australien		
	Japan		
2008	Japan		3:1
	USA		
	Australien		

Basketball

Männer
1936	USA		19:8
	Kanada		
	Mexiko		
1948	USA		65:21
	Frankreich		
	Brasilien		
1952	USA		36:25
	UdSSR		
	Uruguay		
1956	USA		89:55
	UdSSR		
	Uruguay		
1960	USA		6:0
	UdSSR		4:2
	Brasilien		2:4
1964	USA		73:59
	UdSSR		
	Brasilien		
1968	USA		65:50
	Jugoslawien		
	UdSSR		
1972	UdSSR		51:50
	USA		
	Kuba		
1976	USA		95:74
	Jugoslawien		
	UdSSR		
1980	Jugoslawien		86:77
	Italien		
	UdSSR		
1984	USA		96:65
	Spanien		
	Jugoslawien		
1988	UdSSR		76:63
	Jugoslawien		
	USA		
1992	USA		117:85
	Kroatien		
	Litauen		
1996	USA		95:69
	Jugoslawien		
	Litauen		

2000	USA		85:75
	Frankreich		
	Litauen		
2004	Argentinien		84:69
	Italien		
	USA		
2008	USA		118:107
	Spanien		
	Argentinien		

Frauen
1976	UdSSR		10:0
	USA		6:4
	Bulgarien		6:4
1980	UdSSR		12:0
	Bulgarien		8:4
	Jugoslawien		8:4
1984	USA		85:55
	Südkorea		
	China		
1988	USA		77:70
	Jugoslawien		
	UdSSR		
1992	EUN		77:66
	China		
	USA		
1996	USA		111:87
	Brasilien		
	Australien		
2000	USA		76:54
	Australien		
	Brasilien		
2004	USA		74:63
	Australien		
	Russland		
2008	USA		92:65
	Australien		
	Russland		

Fußball

Männer
1900	Großbritannien		4:0
	Frankreich		
	Belgien		
1908	Großbritannien		2:0
	Dänemark		
	Niederlande		
1912	Großbritannien		4:2
	Dänemark		
	Niederlande		
1920	Belgien		
	Spanien		
	Niederlande		
1924	Uruguay		3:0
	Schweiz		
	Schweden		
1928	Uruguay		1:1/2:1
	Argentinien		
	Italien		
1936	Italien		2:1
	Österreich		
	Norwegen		
1948	Schweden		3:1
	Jugoslawien		
	Dänemark		
1952	Ungarn		2:0
	Jugoslawien		
	Schweden		
1956	UdSSR		1:0
	Jugoslawien		
	Bulgarien		
1960	Jugoslawien		3:1
	Dänemark		
	Ungarn		
1964	Ungarn		2:1
	Tschechoslowakei		
	Deutschland (DDR)		

1968	Ungarn		4:1
	Bulgarien		
	Japan		
1972	Polen		2:1
	Ungarn		
	DDR		2:2
	UdSSR		
1976	DDR		3:1
	Polen		
	UdSSR		
1980	Tschechoslowakei		1:0
	DDR		
	UdSSR		
1984	Frankreich		2:0
	Brasilien		
	Jugoslawien		
1988	UdSSR		2:1 n.V.
	Brasilien		
	BR Deutschland		
1992	Spanien		3:2
	Polen		
	Ghana		
1996	Nigeria		3:2
	Argentinien		
	Brasilien		
2000	Kamerun		i.E. 5:3/2:2
	Spanien		
	Chile		
2004	Argentinien		1:0
	Paraguay		
	Italien		
2008	Argentinien		1:0
	Nigeria		
	Brasilien		

Frauen
1996	USA		2:1
	China		
	Norwegen		
2000	Norwegen		n.V. 3:2
	USA		
	Deutschland		
2004	USA		n.V. 2:1
	Brasilien		
	Deutschland		
2008	USA		1:0 n.V.
	Brasilien		
	Deutschland		

Handball

Männer
1936	Deutschland Feld		10:6
	Österreich		
	Schweiz		
1972	Jugoslawien		21:16
	Tschechoslowakei		
	Rumänien		
1976	UdSSR		19:15
	Rumänien		
	Polen		
1980	DDR		23:22
	UdSSR		
	Rumänien		
1984	Jugoslawien		18:17
	BR Deutschland		
	Rumänien		
1988	UdSSR		32:25
	Südkorea		
	Jugoslawien		
1992	EUN		22:20
	Schweden		
	Frankreich		
1996	Kroatien		27:26
	Schweden		
	Spanien		
2000	Russland		28:26
	Schweden		
	Spanien		

2004	Kroatien		26:24
	Deutschland		
	Russland		
2008	Frankreich		28:23
	Island		
	Spanien		

Frauen
1976	UdSSR		10:0
	DDR		7:3
	Ungarn		7:3
1980	UdSSR		10:0
	Jugoslawien		7:3
	DDR		7:3
1984	Jugoslawien		10:0
	Südkorea		7:3
	China		5:5
1988	Südkorea		4:2
	Norwegen		3:3
	UdSSR		3:3
1992	Südkorea		28:21
	Norwegen		
	EUN		
1996	Dänemark		37:33
	Südkorea		
	Ungarn		
2000	Dänemark		31:27
	Ungarn		
	Norwegen		
2004	Dänemark		n.V. 34:34
	Südkorea		
	Ukraine		
2008	Norwegen		34:27
	Russland		
	Südkorea		

Hockey

Männer
1908	England		8:1
	Irland		
	Schottland		
	Wales		
1920	Großbritannien		6:0
	Dänemark		4:2
	Belgien		2:4
1928	Indien		3:0
	Niederlande		
	Deutschland		
1932	Indien		4:0
	Japan		2:2
	USA		0:4
1936	Indien		8:1
	Deutschland		
	Niederlande		
1948	Indien		4:0
	Großbritannien		
	Niederlande		
1952	Indien		
	Niederlande		
	Großbritannien		
1956	Indien		1:0
	Pakistan		
	Deutschland		
1960	Pakistan		
	Indien		
	Spanien		
1964	Indien		
	Pakistan		
	Australien		
1968	Pakistan		2:1
	Australien		
	Indien		
1972	BR Deutschland		1:0
	Pakistan		
	Indien		
1976	Neuseeland		1:0
	Australien		
	Pakistan		
1980	Indien		4:3
	Spanien		
	UdSSR		
1984	Pakistan		2:1
	BR Deutschland		
	Großbritannien		
1988	Großbritannien		3:1
	BR Deutschland		
	Niederlande		
1992	Deutschland		2:1
	Australien		
	Pakistan		
1996	Niederlande		3:1
	Spanien		
	Australien		
2000	Niederlande		i.P. 5:4/3:3
	Südkorea		
	Australien		
2004	Australien		n.V. 2:1
	Niederlande		
	Deutschland		
2008	Deutschland		1:0
	Spanien		
	Australien		

Statistik

Frauen

1980	Zimbabwe	8:2
	Tschechoslowakei	7:3
	UdSSR	6:4
1984	Niederlande	9:1
	BR Deutschland	6:4
	USA	5:5
1988	Australien	2:0
	Südkorea	
	Niederlande	
1992	Spanien	2:1
	Deutschland	
	Großbritannien	
1996	Australien	3:1
	Südkorea	
	Niederlande	
2000	Australien	3:1
	Argentinien	
	Niederlande	
2004	Deutschland	2:1
	Niederlande	
	Argentinien	
2008	Niederlande	2:0
	China	
	Argentinien	

Tennis

Einzel, Männer

1896	John Pius Boland	GBR	3:0
	Demis Kasdaglis	GRE	
1900	Hugh Doherty	GBR	3:0
	Harold S. Mahony	GBR	
	Reginald Doherty	GBR	
	A.B.J. Norris	GBR	
1908	Josiah Ritchie	GBR	3:0
	Otto Froitzheim	GER	
	Vaughan Eaves	GBR	
1908 Halle	Arthur Gore	GBR	3:0
	George Caridia	GBR	
	Josiah Ritchie	GBR	
1912	Charles Winslow	RSA	3:1
	Harold Kitson	RSA	
	Oscar Kreuzer	GER	
1912 Halle	Andre Gobert	FRA	3:0
	Charles Dixon	GBR	
	Anthony Wilding	AUS	
1920	Louis Raymond	RSA	3:1
	Ichiya Kumagae	JPN	
	Charles Winslow	RSA	
1924	Vincent Richards	USA	3:2
	Henri Cochet	FRA	
	Luigi de Morpugo	ITA	
1988	Miloslav Mecir	TCH	3:1
	Tim Mayotte	USA	
	Stefan Edberg	SWE	
	Brad Gilbert	USA	
1992	Marc Rosset	SUI	3:2
	Jordi Arrese	ESP	
	Goran Ivanisevic	CRO	
	Andrej Tscherkessow	EUN	
1996	Andre Agassi	USA	3:0
	Sergi Bruguera	ESP	
	Leander Paes	IND	
2000	Jewgenj Kafelnikow	RUS	3:2
	Tommy Haas	GER	
	Arnaud Di Pasquale	FRA	
2004	Nicolas Massu	CHI	3:2
	Mardy Fish	USA	
	Fernando Gonzalez	CHI	
2008	Rafael Nadal	ESP	2:1
	Fernando Gonzalez	CHI	
	Novak Djokovic	SRB	

Doppel, Männer

1896	Boland/Traun	GBR/GER	2:0
	Kasdaglis/Petrokokkinos	GRE	
	Flack/Robertson	GBR	
1900	Reginald u. Hugh Doherty	GBR	3:0
	Spalding/Decugis	USA/FRA	
	Prevost/de la Chapelle	FRA	
	Mahony/Norris	GBR	
1908	Hillyard/R. Doherty	GBR	3:0
	Ritchie/Park	GBR	
	Cazalet/Dixon	GBR	
1908 Halle	Gore/Barett	GBR	3:1
	Simond/Caridia	GBR	
	Setterwall/Boström	SWE	
1912	Kitson/Winslow	RSA	3:1
	Pipes/Zborzil	AUT	
	Canet/Marangue	FRA	
1912 Halle	Gobert/Germot	FRA	3:1
	Setterwall/Kempe	SWE	
	Dixon/Beamish	GBR	
1920	Turnbull/Woosnam	GBR	3:1
	Kumagae/Kashio	JPN	
	Decugis/Albarran	FRA	
1924	Richards/Hunter	USA	3:2
	Cochet/Brugnon	FRA	
	Borotra/Lacoste	FRA	
1988	Flach/Seguso	USA	3:2
	E. Sanchez/Casal	ESP	
	Edberg/Jarryd	SWE	
	Mecir/Srejber	TCH	
1992	Becker/Stich	GER	3:1
	W. Ferreira/Norval	RSA	
	Frana/Miniussi	ARG	
	Ivanisevic/Prpic	CRO	
1996	Woodbridge/Woodforde	AUS	3:0
	Broad/Henman	GBR	
	Prinosil/Goellner	GER	
2000	Lareau/Nestor	CAN	3:1
	Woodforde/Woodbridge	AUS	
	Costa/Corretja	ESP	
2004	Gonzalez/Massu	CHI	3:2
	Schüttler/Kiefer	GER	
	Ancic/Ljubicic	CRO	
2008	Federer/Wawrinka	SUI	3:1
	Aspelin/Johansson	SWE	
	B. und M. Bryan	USA	

Einzel, Frauen

1900	Charlotte Cooper	GBR	2:0
	Helene Prevost	FRA	
	Marion Jones	USA	
	Hedwig Rosenbaum	BOH	
1908	Dorothea Chambers	GBR	
	Penelope D. Boothby	GBR	
	Ruth J. Winch	SWE	
1908 Halle	Gladys Eastlake-Smith	GBR	
	Alice Greene	GBR	
	Märtha Adlersträhle	SWE	
1912	Marguerite Broquedis	FRA	2:1
	Dora Köring	GER	
	Molla Bjurstedt	NOR	
1912 Halle	Edith Hannam	GBR	2:0
	Thora Castenschiold	DEN	
	Mabel G. Parton	GBR	
1920	Suzanne Lenglen	FRA	2:0
	Edith Dorothy Holman	GBR	
	Kathleen McKane	GBR	
1924	Helen Wills	USA	2:0
	Julie Penelope Vlasto	FRA	
	Kathleen McKane	GBR	
1988	Steffi Graf	FRG	2:0
	Gabriela Sabatini	ESP	
	Zina Garrison	USA	
	Manuela Maleewa	BUL	
1992	Jennifer Capriati	USA	2:1
	Steffi Graf	GER	
	Arantxa Sanchez-Vicario	ESP	
	Mary Joe Fernandez	USA	
1996	Lindsay Davenport	USA	2:0
	Arantxa Sanchez-Vicario	ESP	
	Jana Novotna	CZE	
2000	Venus Williams	USA	2:0
	Elena Dementjewa	RUS	
	Monica Seles	USA	
2004	Justine Henin-Hardenne	BEL	2:0
	Amelie Mauresmo	FRA	
	Alicia Molik	AUS	
2008	Jelena Dementjewa	RUS	2:1
	Dinara Safina	RUS	
	Wera Swonarewa	RUS	

Doppel, Frauen

1920	McNair/McKane	GBR	2:0
	Beamish/Holman	GBR	
	Lenglen/d'Ayen	FRA	
1924	Wills/Wightman	USA	2:0
	Covell/McKane	GBR	
	Shepperd-Barron/Colyer	GBR	
1988	Shriver/Garrison	USA	2:1
	Novotna/Sukova	TCH	
	Graf/Kohde-Kilsch	FRG	
	Turnbull/Smylie	AUS	
1992	G. Fernandez/ MJ. Fernandez	USA	2:1
	Sanchez-Vicario/ Martinez	ESP	
	McQuillan/Provis	AUS	
	Meshki/Zwerewa	EUN	
1996	G. Fernandez/ MJ. Fernandez	USA	2:0
	Novotna/Sukova	TCH	
	Sanchez-Vicario/ Martinez	ESP	
2000	S. und V. Williams	USA	2:0
	Boogert/Oremans	NED	
	Callens/Van Roost	BEL	
2004	Li/Sun	CHN	2:0
	Martinez/Ruano-Pascual	ESP	
	Suarez/Tarabini	ARG	
2008	S. und V. Williams	USA	2:0
	Medina Garrigues/ Ruano Pascual	ESP	
	Yan Zi/Zheng Jie	CHN	

Tischtennis

Einzel, Männer

1988	Yoo Nam-Kyu	KOR	3:1
	Kim Ki-Taik	KOR	
	Erik Lindh	SWE	
1992	Jan-Ove Waldner	SWE	3:0
	Jean-Philippe Gatien	FRA	
	Ma Wenge	CHN	
	Kim Tak-Soo	KOR	
1996	Liu Guoliang	CHN	3:2
	Wang Tao	CHN	
	Jörg Roßkopf	GER	
2000	Kong Linghui	CHN	3:2
	Jan-Ove Waldner	SWE	
	Liu Guoliang	CHN	
2004	Ryu Seung-Min	KOR	4:2
	Wang Hao	CHN	
	Wang Liqin	CHN	
2008	Ma Lin	CHN	4:1
	Wang Hao	CHN	
	Wang Liqin	CHN	

Doppel, Männer

1988	Chen Long-Can/ Wie Qing-Guang	CHN	2:1
	Lupulescu/Primorac	YUG	
	An Jae Hyung/Yoo Nam-Kyu	KOR	
1992	Lu Lin/Wang Tao	CHN	3:2
	Roßkopf/Fetzner	GER	
	Kang Hee Chan/ Lee Chul Seung	KOR	
	Kim Taek Soo/ Yoo Nam Kyu	KOR	
1996	Kong Linghui/ Liu Guoling	CHN	
	Wang Tao/Lu Lin	CHN	
	Yoo Nam-Kyu/ Lee Chul-Seung	KOR	
2000	Wang Ligin/Yan Sen	CHN	3:1
	Kong Linghui/ Liu Guoliang	CHN	
	Gatien/Chila	FRA	
2004	Chen Qi/Ma Lin	CHN	4:2
	Ko Lai Chak/Li Ching	HKG	
	Maze/Tugwell	DEN	

Team, Männer

2008	China	3:0
	Deutschland	
	Südkorea	

Einzel, Frauen

1988	Chen Jing	CHN	3:2
	Li Huifen	CHN	
	Jiao Zhimin	CHN	
1992	Deng Yaping	CHN	3:1
	Qiao Hong	CHN	
	Hyun Jung Hwa	KOR	
	Li Bun Hui	PRK	
1996	Deng Yaping	CHN	3:2
	Chen Jing	TPE	
	Qiao Hong	CHN	
2000	Wang Nan	CHN	3:2
	Li Ju	CHN	
	Chen Jing	TPE	
2004	Zhang Yining	CHN	4:0
	Kim Hyang-Mi	PRK	
	Kim Kyung-Ah	KOR	
2008	Zhang Yining	CHN	4:1
	Wang Nan	CHN	
	Guo Yue	CHN	

Doppel, Frauen

1988	Hyun Jung-Hwa/ Yang Young-Ja	KOR	2:1
	Chen Jing/Jiao Zhi-Min	CHN	
	Fazlic/Perkucin	YUG	
1992	Deng Yaping/Qiao Hong	CHN	3:2
	Chen Zihe/Gao Jun	CHN	
	Li Bun-Hui/Yu Sun-Bok	PRK	
	Hong Cha Ok/ Hyun Jung-Hwa	KOR	
1996	Deng Yaping/Qiao Hong	CHN	3:1
	Liu Wei/Qiao Yunping	CHN	
	Park Hae-Jung/Ryu Ji-Hae	KOR	
2000	Wang Nan/ Li Ju	CHN	3:0
	Yang Ying/Sun Jin	CHN	
	Kim Moo-Kyo/Ryu Ji-Hye	KOR	
2004	Wang Nan/Zhang Yining	CHN	4:0
	Lee Eun-Sil/Seok Eun-Mi	KOR	
	Guo Yue/Niu Jiafeng	CHN	

Team, Frauen

2008	China	3:0
	Singapur	
	Südkorea	

Volleyball

Männer

1964	UdSSR	3:2
	Tschechoslowakei	
	Japan	
1968	UdSSR	3:1
	Japan	
	Tschechoslowakei	
1972	Japan	3:1
	DDR	
	UdSSR	
1976	Polen	3:2
	UdSSR	
	Kuba	
1980	UdSSR	3:1
	Bulgarien	
	Rumänien	
1984	USA	3:0
	Brasilien	
	Italien	
1988	USA	3:1
	UdSSR	
	Argentinien	
1992	Brasilien	3:0
	Niederlande	
	USA	
1996	Niederlande	3:2
	Italien	
	Jugoslawien	
2000	Jugoslawien	3:0
	Russland	
	Italien	
2004	Brasilien	3:1
	Italien	
	Russland	
2008	USA	3:1
	Brasilien	
	Russland	

Frauen

1964	Japan	3:0
	UdSSR	
	Polen	
1968	UdSSR	3:1
	Japan	
	Polen	
1972	UdSSR	3:2
	Japan	
	Nordkorea	
1976	Japan	3:0
	UdSSR	
	Südkorea	
1980	UdSSR	3:1
	DDR	
	Bulgarien	
1984	China	3:0
	USA	
	Japan	
1988	UdSSR	3:2
	Peru	
	China	
1992	Kuba	3:1
	EUN	
	USA	
1996	Kuba	3:1
	China	
	Brasilien	
2000	Kuba	3:2
	Russland	
	Brasilien	
2004	China	3:2
	Russland	
	Kuba	
2008	Brasilien	3:1
	USA	
	China	

Beachvolleyball

Männer

1996	Kiraly/Steffes	USA
	Dodd/Whitmarsh	USA
	Child/Heese	CAN
2000	Blanton/Fonoimoana	USA
	Melo/Santos	BRA
	Ahmann/Hager	GER
2004	Rego/Santos	BRA
	Bosma/Herrera	ESP
	Heuscher/Kobel	SUI
2008	Rogers/Dalhausser	USA
	Marcio Araujo/Fabio Luiz	BRA
	Ricardo/Emanuel	BRA

Frauen

1996	Silva/Pires	BRA
	Ramos/Rodrigues	BRA
	Cook/Pottharst	AUS
2000	Cook/Pottharst	AUS
	Behar/Bede	BRA
	Samuel/Pires	BRA
2004	Walsh/May	USA
	Behar/Bede	BRA
	McPeak/Youngs	USA
2008	Walsh/May-Treanor	USA
	Tian Jia/Wang	CHN
	Xue/Zhang Xi	CHN

KAMPFSPORT/ KRAFTSPORT

Boxen

Halbfliegen (48 kg)

1968	Francisco Rodriguez	VEN
	Jee Yong-Ju	KOR
	Harlan Marbley	USA
	Hubert Skrzypczak	POL
1972	György Gedo	HUN
	Kim U-Gil	PRK
	Ralph Evans	GBR
	Enrique Rodriguez	ESP
1976	Jorge Hernandez Pardon	CUB
	Ri Yonk-Uk	PRK
	Payao Pooltarat	THA
	Orlando Maldonado	PUR
1980	Schamil Sabirow	URS
	Hipolito Ramos Martinez	CUB
	Ismail Mustafow	BUL
	Ri Byong-Uk	PRK
1984	Paul Gonzales	USA
	Salvatore Todisco	ITA
	Keith Mwila	ZAM
	Jose Marcilino Bolivar	VEN
1988	Iwanilo Marinow-Christow (früher: Ismail Mustafow)	BUL
	Michael Carbajal	USA
	Robert Isaszegi	HUN
	Leopoldo Serantes	PHI
1992	Rogelio Marcelo	CUB
	Daniel Bojinow	BUL
	Jan Quast	GER
	Roel Velasco	PHI
1996	Daniel Petrow	BUL
	Mansueto Velasco	PHI
	Oleg Kirjuschin	UKR
	Rafael Lozano Munoz	ESP
2000	Brahim Asloum	FRA
	Rafael Lozano Munoz	ESP
	Kim Un Chol	PRK
	Maikro Romero	CUB
2004	Yan Bhartelemy Varela	CUB
	Atagun Yalcinkaya	TUR
	Zou Shiming	CHN
	Sergei Kazakow	RUS
2008	Zou Shiming	CHN
	Serdamba Purevdorj	MGL
	Paddy Barnes	IRL
	Yampier Hernandez	CUB

Fliegen (51 kg)

1920	Frank di Gennara	USA
	Anders Petersen	DEN
	William Cuthbertson	GBR
1924	Fidel LaBarba	USA
	James McKenzie	GBR
	Raymond Fee	USA
1928	Antal Kocsis	HUN
	Armand Appell	FRA
	Carlo Cavagnoli	ITA
1932	István Enekes	HUN
	Francisco Cabanas	MEX
	Louis Salica	USA
1936	Willi Kaiser	GER
	Gavino Matta	ITA
	Louis Daniel Laurie	USA
1948	Pascual Perez	ARG
	Spartaco Bandinelli	ITA
	Han Soo-Ann	KOR
1952	Nathan Brooks	USA
	Edgar Basel	GER
	Anatoli Bulakow	URS
	William Toweel	RSA
1956	Terence Spinks	GBR
	Mircea Dobrescu	ROU
	John Caldwell	IRL
	René Libeer	FRA
1960	Gyula Török	HUN
	Sergej Siwko	URS
	Kiyoshi Tanabe	JPN
	Abdelmoneim El Guindi	EGY
1964	Fernando Atzori	ITA
	Arthur Olech	POL
	Robert Carmody	USA
	Stanislaw Sorokin	URS
1968	Ricardo Delgado	MEX
	Arthur Olech	POL
	Servilio de Oliveira	BRA
	Leo Rwabwogo	UGA
1972	Georgi Kostadinow	BUL
	Leo Rwabdogo	UGA
	Leszek Blazynski	POL
	Douglas Rodriguez	CUB

1976	Leo Randolph	USA
	Ramon Duvalon	CUB
	Leszek Blazynski	POL
	Dawid Torosjan	URS
1980	Petar Lesow	BUL
	Wiktor Mirosnitschenko	URS
	János Varadi	HUN
	Hugh Russell	IRL
1984	Steven McCrory	USA
	Redzep Redzepovski	YUG
	Eyup Can	TUR
	Ibrahim Bilali	KEN
1988	Kim Kwang-Sun	KOR
	Andreas Tews	GDR
	Timofej Skrjabin	URS
	Mario Gonzales	MEX
1992	Choi Chol Su	PRK
	Raul Gonzalez	CUB
	Timothy Austin	USA
	Istvan Kovacs	HUN
1996	Maikro Romero	CUB
	Bolat Schumadilow	KAZ
	Albert Pakejew	RUS
	Zoltan Lunka	GER
2000	Wijan Ponlid	THA
	Bolat Schumadilow	KAZ
	Jerome Thomas	FRA
	Wladimir Sidorenko	UKR
2004	Yuriorkis Gamboa Toledano	CUB
	Jerome Thomas	FRA
	Rustamhodza Rahimow	GER
	Fuad Aslanow	AZE
2008	Somjit Jongjohor	THA
	Andris Laffita Hernandez	CUB
	Georgi Balakschin	RUS
	Vincenzo Picardi	ITA

Bantam (54 kg)

1920	Clarence Walker	RSA
	Chris J. Graham	CAN
	James McKenzie	GBR
1924	William Smith	RSA
	Salvatore Tripoli	USA
	Jean Ces	FRA
1928	Vittorio Tamagnini	ITA
	John Daley	USA
	Harry Isaacs	RSA
1932	Horace Gwynne	CAN
	Hans Ziglarski	GER
	Jose Villanueva	PHI
1936	Ulderico Sergo	ITA
	Jack Wilson	USA
	Fidel Ortiz	MEX
1948	Tibor Csik	HUN
	Giovanni Battista Zuddas	ITA
	Juan Venegas	PUR
1952	Pentti Hämäläinen	FIN
	John McNally	IRL
	Gennadij Garbusow	URS
	Kang Joon-Ho	KOR
1956	Wolfgang Behrendt	GER
	Song Soon-Chung	PRK
	Frederick Gilroy	IRL
	Claudio Barrientos	CHI
1960	Oleg Grigorjew	URS
	Primo Zamparini	ITA
	Brunon Bendig	POL
	Oliver Taylor	AUS
1964	Takao Sakurai	JPN
	Chung Shin-Cho	KOR
	Juan Fabila Mendoza	MEX
	Washington Rodriguez	URU
1968	Waleri Sokolow	URS
	Eridadi Mukwanga	UGS
	Eiji Morioka	JPN
	Chang Kyou-Chull	KOR
1972	Orlando Martinez	CUB
	Alfonso Zamora	MEX
	George Turpin	GBR
	Ricardo Carreras	USA
1976	Gu Yong-Jo	PRK
	Charles Mooney	USA
	Patrick Cowdell	GBR
	Wiktor Rybakow	URS
1980	Juan Hernandez Perez	CUB
	Bernando Jose Pinango	VEN
	Michael Anthony	GUY
	Dumitru Cipere	ROU
1984	Maurizio Stecca	ITA
	Hector Lopez	MEX
	Dale Walters	CAN
	Pedro Nolasco	DOM
1988	Kennedy McKinney	USA
	Alexander Christow	BUL
	Phajol Moolsan	THA
	Jorge Julio Rocha	COL
1992	Joel Casamayor	CUB
	Wayne McCullough	IRL
	Li Gwang Sik	PRK
	Mohamed Achik	MAR
1996	Istvan Kovacs	HUN
	Arnaldo Mesa	CUB
	Raimkul Malachbekow	RUS
	Vichairachanon Khadpo	THA
2000	Guillermo Rigondeaux Ortiz	CUB
	Raimkul Malachbekow	RUS
	Sergej Daniltschenko	UKR
	Clarence Vinson	USA
2004	Guillermo Rigondeaux Ortiz	CUB
	Worapoj Petchkoom	THA
	Bahodirjon Sojoltonow	UZB
	Aghasi Mammadow	AZE
2008	Badar-Uugan Enkhbat	MGL
	Yankiel Leon Alarcon	CUB
	Bruno Julie	MRI
	Wjatscheslaw Gojan	MDA

Feder (57 kg)

1920	Paul Fritsch	FRA
	Jean Gachet	FRA
	Edoardo Garzena	ITA
1924	John »Jackie« Fields	USA
	Joe Salas	USA
	Pedro Quartucci	ARG
1928	Lambertus Van Klaveren	NED
	Victor Peralta	ARG
	Harold Devine	USA
1932	Carmelo Robledo	ARG
	Josef Schleinkofer	GER
	Carl Carlsson	SWE
1936	Oscar Casanovas	ARG
	Charles Caterall	RSA
	Josef Miner	GER
1948	Ernesto Formenti	ITA
	Dennis Shepherd	RSA
	Aleksy Antkiewicz	POL
1952	Jan Zachara	TCH
	Sergio Caprari	ITA
	Joseph Ventaja	FRA
	Leonard Leisching	RSA
1956	Wladimir Safronow	URS
	Thomas Nicholls	GBR
	Henryk Niedzwiedzki	POL
	Pentti Hämäläinen	FIN
1960	Francesco Musso	ITA
	Jerzy Adamski	POL
	William Meyers	RSA
	Jorma Limmonen	FIN
1964	Stanislaw Stepaschkin	URS
	Anthony Villanueva	PHI
	Charles Brown	USA
	Heinz Schulz	GER
1968	Antonio Roldan	MEX
	Albert Robinson	USA
	Philip Waruinge	KEN
	Iwan Michailow	BUL
1972	Boris Kusnezow	URS
	Philip Waruinge	KEN
	Clemente Rojas	COL
	Andras Botos	HUN
1976	Angel Herrera	CUB
	Richard Nowakowski	GDR
	Leszek Kosedowski	POL
	Juan Paredes	MEX
1980	Rudi Fink	GDR
	Adolfo Horta	CUB
	Krzysztof Kosedowski	POL
	Wiktor Rybakow	URS
1984	Meldrick Taylor	USA
	Peter Konyegwachie	NGR
	Turgut Aykac	TUR
	Omar Catari Peraza	VEN
1988	Giovanni Parisi	ITA
	Daniel Dumitrescu	ROU
	Lee Jae-Hyuk	KOR
	Abdelhak Achik	MAR
1992	Andreas Tews	GER
	Faustino Reyes	ESP
	Hocine Soltani	ALG
	Ramazi Paliani	EUN
1996	Somluck Kamsing	THA
	Serafim Todorow	BUL
	Floyd Mayweather	AUS
	Pablo Chacon	ARG
2000	Beksat Sattarchanow	KAZ
	Ricardo Juarez	USA
	Tahar Tamsamani	MAR
	Kamil Dsamalutdinow	RUS
2004	Alexej Tischtschenko	RUS
	Kim Song Guk	PRK
	Witali Tajbert	GER
	Jo Seok Hwan	KOR
2008	Wasyl Lomatschenko	UKR
	Khedafi Djelkhir	FRA
	Yakup Kilic	TUR
	Schahin Imranow	AZE

Leicht (60 kg)

1920	Samuel Mosberg	USA
	Godfred Johanssen	DEN
	Clarence Newton	CAN
1924	Hans Nielsen	DEN
	Alfredo Copello	ARG
	Frederick Boylstein	USA
1928	Carlo Orlandi	ITA
	Stephen Michael Halaiko	USA
	Gunnar Berggren	SWE
1932	Lawrence Stevens	RSA
	Thure Ahlqvist	SWE
	Nathan Bor	USA
1936	Imre Harangi	HUN
	Nikolai Stepulow	EST
	Erik Agren	SWE
1948	Gerald Dreyer	RSA
	Joseph Vissers	BEL
	Sven Wad	DEN
1952	Aureliano Bolognesi	ITA
	Aleksy Antkiewicz	POL
	Gheorghe Fiat	ROU
	Erkki Pakkanen	FIN
1956	Richard McTaggart	GBR
	Harry Kurschat	GER
	Anthony Byrne	IRL
	Anatoli Lagetko	URS
1960	Kazimierz Pazdzior	POL
	Sandro Lopopolo	ITA
	Richard McTaggart	GBR
	Abel Laudiono	ARG
1964	Jozef Grudzien	POL
	Welikton Barannikow	URS
	Ronald Harris	USA
	James McCourt	IRL
1968	Ronald Harris	USA
	Jozef Grudzien	POL
	Calistrat Cutov	ROU
	Zvonimir Vujin	YUG
1972	Jan Szczepanski	POL
	Laslo Orban	HUN
	Alfonso Perez	COL
	Samuel Mbugua	KEN
1976	Howard Davis jun.	USA
	Simion Cutov	ROU
	Wassili Solomin	URS
	Ace Rusevski	YUG
1980	Angel Herrera	CUB
	Wiktor Demjanenko	URS
	Richard Nowakowski	GDR
	Kazimierz Adach	POL
1984	Pernell Whitaker	USA
	Luis F. Ortiz	PUR
	Martin Ndongo Ebanga	CMR
	Chun Chil-Sung	KOR
1988	Andreas Zülow	GDR
	George Cramne	SWE
	Romallis Ellis	USA
	Nergui Enchbat	MGL
1992	Oscar de la Hoya	USA
	Marco Rudolph	GER
	Namjil Bajarsaichan	MGL
	Hong Sung Sik	KOR
1996	Hocine Soltani	ALG
	Tontscho Tontschew	BUL
	Terrance Cauthen	USA
	Leonard Doroftei	ROU
2000	Mario Kindelan	CUB
	Andrej Kotelnik	UKR
	Alexander Maletin	RUS
	Cristian Bejarano Benitez	MEX
2004	Mario Cesar Kindelan Mesa	CUB
	Amir Khan	GBR
	Serik Jeleujow	KAZ
	Murat Chratschew	RUS
2008	Alexej Tischtschenko	RUS
	Daouda Sow	FRA
	Hratschik Jawachjan	ARM
	Yordenis Ugas	CUB

Halbwelter (–64 kg)

1952	Charles Adkins	USA
	Wiktor Mednow	URS
	Erkki Mallenius	FIN
	Bruno Visintin	ITA
1956	Wladimir Jengibarjan	URS
	Franco Nenci	ITA
	Henry Loubscher	RSA
	Constantin Dumitrescu	ROU
1960	Bohumil Nemecek	TCH
	Clement »Ike« Quartey	GHA
	Quincey Daniels	USA
	Marian Kasprzyk	POL
1964	Jerzy Kulej	POL
	Jewgeni Frolow	URS
	Eddie Blay	GHA
	Habib Galhia	TUN
1968	Jerzy Kulej	POL
	Enrique Regueiferos	CUB
	Arto Nilsson	FIN
	James Wallington	USA
1972	Ray Seales	USA
	Angel Anghelow	BUL
	Zvonimir Vujin	YUG
	Issaka Daborg	NGR
1976	»Sugar« Ray Leonard	USA
	Andres Aldama	CUB
	Wladimir Kolew	BUL
	Kazimierz Szczerba	POL
1980	Patrizio Oliva	ITA
	Serik Konakbajew	URS
	Anthony Willis	GBR
	José Aguliar	CUB
1984	Jerry Page	USA
	Dhawee Umponmaha	THA
	Mircea Fulger	ROU
	Mirko Puzovic	YUG
1988	Wjatscheslaw Janowski	URS
	Grahame Cheney	AUS
	Reiner Gies	FRG
	Lars Myrberg	SWE
1992	Hector Vinent	CUB
	Marc Leduc	CAN
	Jyri Kjäll	FIN
	Leonard Doroftei	ROU
1996	Hector Vinent	CUB
	Oktay Urkal	GER
	Bolat Niyazymbetow	KAZ
	Fahti Missaoui	TUN
2000	Mahamad Abdullajew	UZB
	Ricardo Williams	USA
	Diogenes Luna Martinez	CUB
	Mohamed Allalou	ALG
2004	Manus Boonjumnong	THA
	Yudel Johnson Cedeno	CUB
	Ionut Gheorghe	ROU
	Boris Georgijew	BUL
2008	Felix Diaz	DOM
	Manus Boonjumnong	THA
	Roniel Iglesias Sotolongo	CUB
	Alexis Vastine	FRA

Welter (–69 kg)

1920	Albert Schneider	CAN
	Alexander Ireland	GBR
	Frederick Colberg	USA
1924	Jean Delarge	BEL
	Héctor Méndez	ARG
	Douglas Lewis	CAN
1928	Edward »Ted« Morgan	NZL
	Raúl Landini	ARG
	Raymond Smilie	CAN
1932	Edward Flynn	USA
	Erich Campe	GER
	Bruno Ahlberg	FIN
1936	Sten Suvio	FIN
	Michael Murach	GER
	Gerhard Petersen	DEN
1948	Julius Torma	TCH
	Jorace Herring	USA
	Alessandro d'Ottavio	ITA
1952	Zygmunt Chychla	POL
	Sergej Tscherbakow	URS
	Victor Jörgensen	DEN
	Günther Heidemann	GER
1956	Nicolae Linca	ROU
	Frederick Tiedt	IRL
	Kevin John Hogarth	AUS
	Nicholas Gargano	GBR
1960	Giovanni »Nino« Benvenuti	ITA
	Juri Radonjak	URS
	Leszek Drogosz	POL
	James Lloyd	GBR
1964	Marian Kasprzyk	POL
	Richardas Tamulis	URS
	Pertti Purhonen	FIN
	Silvano Bertini	ITA
1968	Manfred Wolke	GDR
	Joseph Bessala	CMR
	Wladimir Musalimow	URS
	Mario Guilloti	ARG
1972	Emilio Correa	CUB
	János Kajdi	HUN
	Dick Tiger Murunga	KEN
	Jesse Valdez	USA
1976	Jochen Bachfeld	GDR
	Pedro Gamarro	VEN
	Reinhard Skricek	FRG
	Victor Zilberman	ROU
1980	Andres Aldama	CUB
	John Mugabi	UGA
	Karl-Heinz Krüger	GDR
	Kazimierz Szczerba	POL
1984	Mark Breland	USA
	An Young-Su	KOR
	Joni Nymann	FIN
	Luciano Bruno	ITA
1988	Robert Wangila	KEN
	Laurent Boudouani	FRA
	Kenneth Gould	USA
	Jan Dydak	POL
1992	Michael Carruth	IRL
	Juan Hernandez	CUB
	Arkom Chenglai	THA
	Anibal Acevedo	PUR
1996	Oleg Saitow	RUS
	Juan Hernandez	CUB
	Marin Simion	ROU
	Daniel Santos	PUR
2000	Oleg Saitow	RUS
	Sergej Dotsenko	UKR
	Dorel Simion	ROU
	Vitalii Grusac	MDA
2004	Bachtijar Artajew	KAZ
	Lorenzo Aragon Armenteros	CUB
	Oleg Saitow	RUS
	Kim Jung Joo	KOR
2008	Bachit Sarsekbajew	KAZ
	Carlos Banteaux Suarez	CUB
	Silamu Hanati	CHN
	Kim Jungjoo	KOR

Halbmittel (71 kg, bis 2000)

1952	László Papp	HUN
	Theunis van Schalkwyk	RSA
	Boris Tischin	URS
	Eladio Herrera	ARG
1956	László Papp	HUN
	José Torres	USA
	John McCormack	GBR
	Zbigniew Pietrzykowski	POL
1960	Wilbert McClure	USA
	Carmelo Bossi	ITA
	Boris Lagutin	URS
	William Fisher	GBR
1964	Boris Lagutin	URS
	Joseph Gonzales	FRA
	Nojim Maiyegun	NGR
	Józef Grzesiak	POL
1968	Boris Lagutin	URS
	Rolando Garbey	CUB
	Günther Meier	FRG
	John Baldwin	USA
1972	Dieter Kottysch	FRG
	Wieslaw Rudkowski	POL
	Peter Tiepold	GDR
	Alan Minter	GBR
1976	Jerzy Rybicki	POL
	Tadija Kacar	YUG
	Wiktor Sawtschenko	URS
	Rolando Garbey	CUB
1980	Armando Martinez	CUB
	Alexander Koschkin	URS
	Detlef Kästner	GDR
	Jan Franek	TCH
1984	Frank Tate	USA
	Shawn O'Sullivan	CAN
	Manfred Zielonka	FRG
	Christophe Tiozzo	FRA
1988	Park Si-Hun	KOR
	Roy Jones	USA
	Raymond Downey	CAN
	Richard Woodhall	GBR
1992	Juan Lemus	CUB
	Orhan Delibas	NED
	György Mizsei	HUN
	Robin Reid	GBR
1996	David Reid	USA
	Alfredo Duvergel	CUB
	Karim Tulaganow	UZB
	Ermunkjan Ibraimow	KAZ
2000	Jermarchan Ibraimow	KAZ
	Marian Simion	ROU
	Pornchai Thongburan	THA
	Jermain Taylor	USA

Mittel (75 kg)

1920	Harry Mallin	HUN
	George Prud'Homme	RSA
	Montgomery Herscovitch	GBR
1924	Harry Mallin	GBR
	John Elliott	GBR
	Joseph Beecken	BEL
1928	Piero Toscani	ITA
	Jan Hermánek	TCH
	Leonard Steyaert	BEL
1932	Carmen Barth	USA
	Amado Azar	ARG
	Ernest Pierce	RSA
1936	Jean Despeaux	FRA
	Henry Tiller	NOR
	Raúl Villareal	ARG
1948	László Papp	HUN
	John Wright	GBR
	Ivano Fontana	ITA
1952	Floyd Patterson	USA
	Vasile Tita	ROU
	Boris Georgiew	BUL
	Stig Sjölin	SWE
1956	Gennadi Schatkow	URS
	Ramon Tapia	CHI
	Gilbert Chapron	FRA
	Victor Zalazar	ARG
1960	Edward Crook	USA
	Tadeusz Walasek	POL
	Ion Monea	RUM
	Jewgeni Feofanow	URS
1964	Waleri Popentschenko	URS
	Emil Schulz	GER
	Franco Valle	ITA
	Tadeusz Walasek	POL
1968	Chris Finnegan	GBR
	Alexej Kisseljow	URS
	Agustin Zaragoza	MEX
	Al Jones	USA
1972	Wjatscheslaw Lemeschew	URS
	Reima Virtanen	FIN
	Marvin Johnson	USA
	Prince Amartey	GHA

Statistik

1976	Michael Spinks	USA
	Rufat Riskijew	URS
	Alec Nastac	ROU
	Luiz Martinez	CUB
1980	Jose Gomez	CUB
	Wiktor Sawtschenko	URS
	Valentin Silaghi	ROU
	Jerzey Rybicki	POL
1984	Shin Joon-Sup	KOR
	Virgil Hill	USA
	Mohamed Zaoui	ALG
	Aristides Gonzales	PUR
1988	Henry Maske	GDR
	Egerton Marcus	CAN
	Chris Sande	KEN
	Hussain Shah Syed	PAK
1992	Ariel Hernandez	CUB
	Chris Byrd	USA
	Chris Johnson	CAN
	Lee Seung Bae	KOR
1996	Ariel Hernandez	CUB
	Malik Beyleroglu	TUR
	Mohamed Bahari	ALG
	Roshii Wells	USA
2000	Jorge Gutierrez	CUB
	Gaidarbek Gaidarbekow	RUS
	Zsolt Erdei	HUN
	Wugar Alekperow	AZE
2004	Gaidarbek Gaidarbekow	RUS
	Gennadi Golowkin	KAZ
	Andre Dirrell	USA
	Suriya Prasathinphimai	THA
2008	James Degale	GBR
	Emilio Correa Bayeaux	CUB
	Darren John Sutherland	IRL
	Vijender Kumar	IND

Halbschwer (81 kg)

1920	Edward Eagan	USA
	Sverre Sörsdal	NOR
	H. Franks	GBR
1924	Harry Mitchell	GBR
	Thyge Petersen	DEN
	Sverre Sörsdal	NOR
1928	Victor Avendano	ARG
	Ernst Pistulla	GER
	Karel Leendert Miljon	NED
1932	David Carstens	RSA
	Gino Rossi	ITA
	Peter Jörgensen	DEN
1936	Roger Michelot	FRA
	Richard Vogt	GER
	Francisco Risiglione	ARG
1948	George Hunter	RAS
	Donald Scott	GBR
	Maurio Cia	ARG
1952	Norvel Lee	USA
	Antonio Pacenza	ARG
	Anatoli Perow	URS
	Harri Siljander	FIN
1956	James Boyd	USA
	Gheorghe Negrea	ROU
	Carlos Lucas	CHI
	Romualdas Murauskas	URS
1960	Cassius Clay	USA
	Zbigniew Pietrzykowski	POL
	Anthony Madigan	AUS
	Giulio Saraudi	ITA
1964	Cosimo Pinto	ITA
	Alexej Kisseljow	URS
	Alexander Nikolow	BUL
	Zbigniew Pietrzykowski	POL
1968	Dan Posnjak	URS
	Ion Monea	ROU
	Georgi Stankow	BUL
	Stanislaw Dragan	POL
1972	Mate Parlov	YUG
	Gilberto Carrillo	CUB
	Janusz Gortat	POL
	Isaac Ikhuoria	NGR
1976	Leon Spinks	USA
	Sixto Soria	CUB
	Costica Dafinoiu	ROU
	Janusz Gortat	POL
1980	Slobodan Kacar	YUG
	Pawel Skrecz	POL
	Herbert Bauch	GDR
	Ricardo Rojas	CUB
1984	Anton Josipovic	YUG
	Kevin Barry	NZL
	Mustapha Moussa	ALG
	Evander Holyfield	USA
1988	Andrew Maynard	USA
	Nurmagamed Schanawasow	URS
	Damir Skaro	YUG
	Henryk Petrich	POL
1992	Torsten May	GER
	Rostislaw Saulitschny	EUN
	Zoltan Beres	HUN
	Wojciech Bartnik	POL
1996	Wasilli Schirow	KAZ
	Lee Sung-Bae	KOR
	Thomas Ulrich	GER
	Antonio Tarver	USA
2000	Alexander Lebsiak	RUS
	Rudolf Kraj	CZE
	Andrej Fedtschuk	UKR
	Sergej Michailow	UZB
2004	Andre Ward	USA
	Magomed Aripgadijew	BLR
	Utkirbek Hajdarow	UZB
	Ahmed Ismail	EGY
2008	Zhang Xiaoping	CHN
	Kenny Egan	IRL
	Tony Jeffries	GBR
	Jerkebulan Schinalijew	KAZ

Schwer (91 kg)

(bis 1980 + 81 kg)

1920	Ronald Rawson	GBR
	Sören Petersen	DEN
	Xavier Eluere	FRA
1924	Otto von Porat	NOR
	Sören Petersen	DEN
	Alfredo Porzio	ARG
1928	Arturo Rodriguez Jurado	ARG
	Nils Ramm	SWE
	Jacob Michaelsen	DEN
1932	Santiago Lovell	ARG
	Luigi Rovati	ITA
	Fred Feary	USA
1936	Herbert Runge	GER
	Guillermo Lovell	ARG
	Erling Nilsen	NOR
1948	Rafael Iglesias	ARG
	Gunnar Nilsson	SWE
	John Arthur	RSA
1952	Hayes Edward Sanders	USA
	Ingemar Johansson	SWE*
	Andries Nieman	RSA
	Ilkka Koski	FIN

* DQ wegen Passivität im Finale, 1981 vom IOC aufgehoben.

1956	Peter Rademacher	USA
	Lew Muchin	URS
	Daniel Bekker	RSA
	Giacomo Bozzano	ITA
1960	Franco De Piccoli	ITA
	Daniel Bekker	RSA
	Josef Nemec	TCH
	Günter Siegmund	GER
1964	Joe Frazier	USA
	Hans Huber	GER
	Guiseppe Ros	ITA
	Wadim Jemeljanow	URS
1968	George Foreman	USA
	Ionas Tschepulis	URS
	Giorgio Bambini	ITA
	Joaquin Rocha	MEX
1972	Teofilo Stevenson	CUB
	Ion Alexe	ROU
	Peter Hussing	FRG
	Hasse Thomsen	SWE
1976	Teofilo Stevenson	CUB
	Mircea Simon	ROU
	Clarence Hill	BER
	Johnny Tate	USA
1980	Teofilo Stevenson	CUB
	Pjotr Sajew	URS
	Istvan Levai	HUN
	Jürgen Fanghänel	GDR
1984	Henry Tillman	USA
	Willie Dewit	CAN
	Angelo Musone	ITA
	Arnold Vanderlijde	NED
1988	Ray Mercer	USA
	Baik Hyun-Man	KOR
	Arnold Vanderlijde	NED
	Andrzej Golota	POL
1992	Felix Savon	CUB
	David Izonritei	NGR
	David Tua	NZL
	Arnold Vanderlijde	NED
1996	Felix Savon	CUB
	David Defiagbon	CAN
	Luan Krasniqi	GER
	Nate Jones	USA
2000	Felix Savon	CUB
	Sultanahmed Ibragimow	RUS
	Sebastian Köber	GER
	Wladimir Tschanturia	GEO
2004	Odlanier Solis Fonte	CUB
	Wiktar Sujew	BLR
	Naser Al Shami	SYR
	Mohamed Elsayed	EGY
2008	Rachim Tschachkjiew	RUS
	Clemente Russo	ITA
	Osmai Acosta Duarte	CUB
	Deontay Wilder	USA

Superschwer (+91 kg)

1984	Tyrell Biggs	USA
	Francesco Damiani	ITA
	Robert Wells	GBR
	Salihu Azis	YUG
1988	Lennox Lewis	CAN
	Riddick Bowe	USA
	Alexander Miroschnitschenko	URS
	Janusz Zarenkiewicz	POL
1992	Roberto Balado	CUB
	Richard Igbineghu	NGR
	Brian Nielsen	DEN
	Swilen Rusinov	POL
1996	Wladimir Klitschko	UKR
	Paea Wolfgram	TGA
	Alexej Lesin	RUS
	Duncan Dokiwari	NGR
2000	Audley Harrison	GBR
	Muchtarchan Dildabekow	KAZ
	Rustam Saidow	UZB
	Paolo Vidoz	ITA
2004	Alexander Powetkin	RUS
	Mohamed Aly	EGY
	Roberto Cammarelle	ITA
	Michel Lopez Nunez	CUB
2008	Roberto Cammarelle	ITA
	Zhang Zhilei	CHN
	Wjatscheslaw Glaskow	UKR
	David Price	GBR

Fechten

Männer

Florett, Einzel

1896	Emile Gravelotte	FRA	4
	Henri Callot	FRA	3
	P. Pierrakos-Mavromichalis	GRE	2
1900	Emile Coste	FRA	6
	Henri Masson	FRA	5
	Jacques Boulenger	FRA	4
1904	Ramon Fonst	CUB	3
	Albertson Van Zo Post	CUB	2
	Charles Tatham	USA	1
1908	nicht ausgetragen		
1912	Nedo Nadi	ITA	7
	Pietro Speciale	ITA	5
	Richard Verderber	AUT	4
1920	Nedo Nadi	ITA	10
	Philippe Cattiau	FRA	9
	Roger Ducret	FRA	9
1924	Roger Ducret	FRA	6
	Philippe Cattiau	FRA	5
	Maurice van Damme	BEL	4
1928	Lucien Gaudin	FRA	9+2
	Erwin Casmir	GER	9+1
	Giulio Gaudini	ITA	9
1932	Gustavo Marzi	ITA	9
	Joseph Levis	USA	6
	Giulio Gaudini	ITA	5
1936	Giulio Gaudini	ITA	7
	Edward Gardere	FRA	6
	Giorgio Bocchino	ITA	4
1948	Jehan Buhan	FRA	7
	Christian d'Oriola	FRA	5
	Lajos Maszlay	HUN	4
1952	Christian d'Oriola	FRA	8
	Edoardo Mangiarotti	ITA	6
	Manlio Di Rosa	ITA	5
1956	Christian d'Oriola	FRA	6
	Giancarlo Bergamini	ITA	5
	Antonio Spallino	ITA	5
1960	Wiktor Schdanowitsch	URS	7
	Juri Sissikin	URS	4
	Albert Axelrod	USA	3
1964	Egon Franke	POL	3
	Jean-Claude Magnan	FRA	2
	Daniel Revenu	FRA	1
1968	Ion Drimba	ROU	4
	Jenö Kamuti	HUN	3
	Daniel Revenu	FRA	3
1972	Witold Woyda	POL	5
	Jenö Kamuti	HUN	4
	Christian Noel	FRA	2
1976	Fabio Dal Zotto	ITA	4+1
	Alexander Romankow	URS	4
	Bernard Talvard	FRA	3
1980	Wladimir Smirnow	URS	4
	Pascal Jolyot	FRA	4
	Alexander Romankow	URS	4
1984	Mauro Numa	ITA	12:11
	Matthias Behr	FRG	
	Stefano Cerioni	ITA	
1988	Stefano Cerioni	ITA	10:7
	Udo Wagner	GDR	
	Alexander Romankow	URS	
1992	Philippe Omnes	FRA	2:1
	Sergej Golubitski	EUN	
	Elvis Gregory	CUB	
1996	Alessandro Puccini	ITA	15:12
	Lionel Plumenail	FRA	
	Franck Boidin	FRA	
2000	Kim Young-Ho	KOR	15:14
	Ralf Bissdorf	GER	
	Dimitri Tschewtschenko	RUS	
2004	Brice Guyart	FRA	15:13
	Salvatore Sanzo	ITA	
	Andrea Cassara	ITA	
2008	Benjamin Kleibrink	GER	15:9
	Yuki Ota	JPN	
	Salvatore Sanzo	ITA	

Florett, Mannschaft

1920	Italien	9:7
	Frankreich	
	USA	
1924	Frankreich	2
	Belgien	1
	Ungarn	0
1928	Italien	3
	Frankreich	1
	Argentinien	1
1932	Frankreich	4
	Italien	3
	USA	2
1936	Italien	3
	Frankreich	2
	Deutschland	1
1948	Frankreich	3
	Italien	2
	Belgien	1
1952	Frankreich	3
	Italien	2
	Ungarn	1
1956	Italien	3
	Frankreich	2
	Ungarn	1
1960	UdSSR	9:4
	Italien	
	Deutschland	
1964	UdSSR	9:7
	Polen	
	Frankreich	
1968	Frankreich	9:6
	UdSSR	
	Polen	
1972	Polen	9:5
	UdSSR	
	Frankreich	
1976	BR Deutschland	9:6
	Italien	
	Frankreich	
1980	Frankreich	(68:60) 8:8
	UdSSR	
	Polen	
1984	Italien	8:7
	BR Deutschland	
	Frankreich	
1988	UdSSR	9:5
	BR Deutschland	
	Ungarn	
1992	Deutschland	(65:53) 8:8
	Kuba	
	Polen	
1996	Russland	45:40
	Polen	
	Kuba	
2000	Frankreich	45:44
	China	
	Italien	
2004	Italien	45:42
	China	
	Russland	

Degen, Einzel

1900	Ramon Fonst	CUB	
	Louis Perree	FRA	
	Leon See	FRA	
1904	Ramon Fonst	CUB	3
	Charles Tatham	USA	2
	Albertson Van Zo Post	CUB	1
1908	Gaston Alibert	FRA	5
	Alexandre Lippmann	FRA	4
	Eugene Olivier	FRA	4
1912	Paul Anspach	BEL	6
	Ivan Osiier	DEN	5
	Ph. Hardy de Beaulieu	BEL	4
1920	Armand Massard	FRA	9
	Alexandre Lippmann	FRA	7
	Gustave Burchard	FRA	6
1924	Charles Delporte	BEL	8
	Roger Ducret	FRA	7
	Nils Hellsten	SWE	7
1928	Lucien Gaudin	FRA	8
	Georges Burchard	FRA	7
	George Calnan	USA	6
1932	G.C. Cornaggia-Medici	ITA	8+1
	Georges Burchard	FRA	8
	Carlo Agostini	ITA	7
1936	Franco Riccardi	ITA	5-3-1
	Saverio Ragno	ITA	6-0-3
	G.C. Cornaggia-Medici	ITA	6-0-3
1948	Gino Cantone	ITA	7
	Oswald Zappelli	SUI	5+1
	Edoardo Mangiarotti	ITA	5
1952	Edoardo Mangiarotti	ITA	7
	Dario Mangiarotti	ITA	6
	Oswald Zappelli	SUI	6
1956	Carlo Pavesi	ITA	5+2
	Giuseppe Delfino	ITA	5+2
	Edoardo Mangiarotti	ITA	5+0
1960	Giuseppe Delfino	ITA	5+1
	Allan Jay	GBR	5
	Bruno Schabarow	URS	4
1964	Grigori Kriss	URS	2+1
	Henry Hoskyns	GBR	2
	Guram Kostawa	URS	1
1968	Gyözö Kulcsar	HUN	4+2
	Grigori Kriss	URS	4
	Gian Luigi Saccaro	ITA	4
1972	Csaba Fenyvesi	HUN	4
	Jaques La Degaillerie	FRA	3
	Gyözö Kulcsar	HUN	3
1976	Alexander Pusch	FRG	3+2
	Jürgen Hehn	FRG	3+1
	Gyözö Kulcsar	HUN	3+0
1980	Johan Harmenberg	SWE	4
	Ernö Kolczonay	HUN	3
	Philippe Riboud	FRA	3
1984	Philippe Boisse	FRA	10:5
	Björne Vaggö	SWE	
	Philippe Riboud	FRA	
1988	Arnd Schmitt	FRG	10:9
	Philippe Riboud	FRA	
	Andrej Schuwalow	URS	
1992	Eric Srecki	FRA	2:0
	Pawel Kolobkow	EUN	
	Jean-Michel Henry	FRA	
1996	Alexander Beketow	RUS	15:14
	Ivan Trevejo	CUB	
	Geza Imre	HUN	
2000	Pawel Kolobkow	RUS	15:12
	Hugues Obry	FRA	
	Lee Sang-Ki	KOR	
2004	Marcel Fischer	SUI	15:9
	Wang Lei	CHN	
	Pawel Kolobkow	RUS	
2008	Matteo Tagliariol	ITA	15:9
	Fabrice Jeannet	FRA	
	Jose Luis Abajo	ESP	

Degen, Mannschaft

1908	Frankreich	12:5
	Großbritannien	
	Belgien	
1912	Belgien	3
	Großbritannien	1
	Niederlande	1
1920	Italien	5
	Belgien	4
	Frankreich	3
1924	Frankreich	3
	Belgien	2
	Italien	1
1928	Italien	3
	Frankreich	2
	Portugal	1
1932	Frankreich	3
	Italien	2
	USA	1
1936	Italien	3
	Schweden	2
	Frankreich	1

1948	Frankreich		3
	Italien		2
	Schweden		1
1952	Italien		3
	Schweden		2
	Schweiz		1
1956	Italien		3
	Ungarn		2
	Frankreich		1
1960	Italien		9:5
	Großbritannien		
	UdSSR		
1964	Ungarn		8:3
	Italien		
	Frankreich		
1968	Ungarn		7:4
	UdSSR		
	Polen		
1972	Ungarn		8:4
	Schweiz		
	UdSSR		
1976	Schweden		8:5
	BR Deutschland		
	Schweiz		
1980	Frankreich		8:4
	Polen		
	UdSSR		
1984	BR Deutschland		8:5
	Frankreich		
	Italien		
1988	Frankreich		8:3
	BR Deutschland		
	UdSSR		
1992	Deutschland		8:4
	Ungarn		
	EUN		
1996	Italien		45:43
	Russland		
	Frankreich		
2000	Italien		39:38
	Frankreich		
	Kuba		
2004	Frankreich		43:32
	Ungarn		
	Deutschland		
2008	Frankreich		45:29
	Polen		
	Italien		

Säbel, Einzel

1896	Jean Georgiadis	GRE	4
	Telemachos Karakalos	GRE	3
	Holger Nielsen	DEN	2
1900	Georges de la Falaise	FRA	
	Leon Thiebault	FRA	
	Siegfried Flesch	AUT	
1904	Manuel Diaz	DUB	4
	William Grebe	USA	3
	Albertson van Zo Post	CUB	2
1908	Jenö Fuchs	HUN	6+1
	Bela Zulavsky	HUN	6
	V. Goppold v. Lobsdorf	BÖH	4
1912	Jenö Fuchs	HUN	6
	Bela Bekessy	HUN	5
	Erwin Meszaros	HUN	5
1920	Nedo Nadi	ITA	11
	Aldo Nadi	ITA	9
	Adrianus de Jong	NED	7
1924	Sandor Posta	HUN	5+2
	Roger Ducret	FRA	5+2
	Janos Garay	HUN	5+0
1928	Ödön Terstyansky	HUN	9+1
	Attila Petschauer	HUN	9
	Bino Bini	ITA	8
1932	György Piller	HUN	8
	Giulio Gaudini	ITA	7
	Endre Kabos	HUN	5
1936	Endre Kabos	HUN	7
	Gustavo Marzi	ITA	6
	Aladar Gerevich	HUN	6
1948	Aladar Gerevich	HUN	7
	Vincenzo Pinton	ITA	5
	Pal Kovacs	HUN	5
1952	Pal Kovacs	HUN	8
	Aladar Gerevich	HUN	7
	Tibor Bereczelly	HUN	5
1956	Rudolf Karpati	HUN	6
	Jerzy Pawlowsky	POL	5
	Lew Kusnezow	URS	4
1960	Rudolf Karpati	HUN	5
	Zoltan Horvath	HUN	4
	Wladimiro Calarese	ITA	4
1964	Tibor Pezsa	HUN	2+1
	Claude Arabo	FRA	2
	Umjar Mawlichanow	URS	1
1968	Jerzy Pawlowsky	POL	4+1
	Mark Rakita	URS	4
	Tibor Pesza	HUN	3
1972	Wiktor Sidjak	URS	4
	Peter Maroth	HUN	3
	Wladimir Naslymow	URS	3
1976	Wiktor Krowopuskow	URS	5
	Wladimir Naslymow	URS	4
	Wiktor Sidjak	URS	3
1980	Wiktor Krowopuskow	URS	4+1
	Michail Burzew	URS	4
	Imre Gedovari	HUN	3
1984	Jean-Francois Lamour	FRA	12:11
	Marco Marin	ITA	
	Peter Westbrook	USA	
1988	Jean-Francois Lamour	FRA	10:4
	Janusz Olech	POL	
	Giovanni Scalzo	ITA	
1992	Bence Szabo	HUN	2:0
	Marco Marin	ITA	
	Jean-Francois Lamour	FRA	
1996	Stanislaw Posdniakow	RUS	15:12
	Sergej Scharikow	RUS	
	Damien Touya	FRA	
2000	Mihai Covaliu	ROU	15:12
	Mathieu Gourdain	FRA	
	Wiradech Kothny	GER	
2004	Aldo Montano	ITA	15:14
	Zsolt Nemcsik	HUN	
	Wladislaw Tretjak	UKR	
2008	Zhong Man	CHN	15:9
	Nicolas Lopez	FRA	
	Mihai Covaliu	ROU	

Säbel, Mannschaft

1908	Ungarn		3
	Italien		2
	Böhmen		2
1912	Ungarn		
	Österreich		
	Niederlande		
1920	Italien		6
	Frankreich		5
	Niederlande		4
1924	Italien		3
	Ungarn		2
	Niederlande		1
1928	Ungarn		2
	Italien		1
	Polen		1
1932	Ungarn		3
	Italien		2
	Polen		1
1936	Ungarn		3
	Italien		2
	Deutschland		1
1948	Ungarn		3
	Italien		2
	USA		1
1952	Ungarn		3
	Italien		2
	Frankreich		1
1956	Ungarn		3
	Polen		2
	UdSSR		1
1960	Ungarn		9:7
	Polen		
	Italien		
1964	UdSSR		9:6
	Italien		
	Polen		
1968	UdSSR		9:7
	Italien		
	Ungarn		
1972	Italien		9:5
	UdSSR		
	Ungarn		
1976	UdSSR		9:4
	Italien		
	Rumänien		
1980	UdSSR		9:2
	Italien		
	Ungarn		
1984	Italien		9:3
	Frankreich		
	Rumänien		
1988	Ungarn		(67:64) 8:8
	UdSSR		
	Italien		
1992	EUN		9:5
	Ungarn		
	Frankreich		
1996	Russland		45:25
	Ungarn		
	Italien		
2000	Russland		45:32
	Frankreich		
	Deutschland		
2004	Frankreich		45:42
	Italien		
	Russland		
2008	Frankreich		45:37
	USA		
	Italien		

Frauen

Florett, Einzel

1924	Ellen Osiier	DEN	5
	Gladys Muriel Davis	GBR	4
	Grete Heckschner	DEN	3
1928	Helene Mayer	GER	7
	Muriel B. Freeman	GBR	6
	Olga Oelkers	GER	4
1932	Ellen Preis	AUT	8+1
	Judy Heather Guinness	GBR	8
	Erna Bogen	HUN	7
1936	Ilona Schacherer-Elek	HUN	6
	Helene Mayer	GER	5
	Ellen Preis	AUT	5
1948	Ilona Elek	HUN	6
	Karen Lachmann	DEN	5
	Ellen Müller-Preis	AUT	5
1952	Irene Camber	ITA	5+1
	Ilona Elek	HUN	5
	Karen Lachmann	DEN	4
1956	Gilian Mary Sheen	GBR	6+1
	Olga Orban	ROU	6
	Renee Garilhe	FRA	5
1960	Heidi Schmid	GER	6
	Walentina Rastworowa	URS	5
	Maria Vicol	ROU	4
1964	Ildiko Ujlaky-Rejtö	HUN	2+2
	Helga Mees	GER	2+1
	Antonella Ragno	ITA	2
1968	Jelena Nowikowa	URS	4
	Maria Pilar Roldan	MEX	3
	Ildiko Ujlaky-Rejtö	HUN	3
1972	Antonella Ragno-Lonzi	ITA	4
	Ildiko Bobis	HUN	3
	Galina Gorochowa	URS	3
1976	Ildiko Schwarczenberger	HUN	4+1
	Maria Consolata Collino	ITA	4
	Jelena Belowa-Nowikowa	URS	3
1980	Pascale Trinquet	FRA	4
	Magda Maros	HUN	3
	B. Szeja-Wysoczanska	POL	3
1984	Jujie Luan	CHN	8:3
	Cornelia Hanisch	FRG	
	Dorina Vaccaroni	ITA	
1988	Anja Fichtel	FRG	8:5
	Sabine Bau	FRG	
	Zita Funkenhauser	FRG	
1992	Giovanna Trillini	ITA	2:1
	Wang Huifeng	CHN	
	Tatjana Sadowskaja	EUN	
1996	Laura Badea	ROU	15:10
	Valentina Vezzali	ITA	
	Giovanna Trillini	ITA	
2000	Valentina Vezzali	ITA	15:5
	Rita König	GER	
	Giovanna Trillini	ITA	
2004	Valentina Vezzali	ITA	15:11
	Giovanna Trillini	ITA	
	Sylwia Gruchala	POL	
2008	Valentina Vezzali	ITA	6:5
	Hyunhee Nam	KOR	
	Margherita Granbassi	ITA	

Florett, Mannschaft

1960	UdSSR		9:3
	Ungarn		
	Italien		
1964	Ungarn		9:7
	UdSSR		
	Deutschland		
1968	UdSSR		9:3
	Ungarn		
	Rumänien		
1972	UdSSR		9:5
	Ungarn		
	Rumänien		
1976	UdSSR		9:2
	Frankreich		
	Ungarn		
1980	Frankreich		9:6
	UdSSR		
	Ungarn		
1984	BR Deutschland		9:5
	Rumänien		
	Frankreich		
1988	BR Deutschland		9:4
	Italien		
	Ungarn		
1992	Italien		9:6
	Deutschland		
	Rumänien		
1996	Italien		45:33
	Rumänien		
	Deutschland		
2000	Italien		45:36
	Polen		
	Deutschland		
2004	nicht ausgetragen		
2008	Russland		28:11
	USA		
	Italien		32:23

Degen, Einzel

1996	Laura Flessel	FRA	15:12
	Valeria Barlois	FRA	
	Gyöngy Szalay	HUN	
2000	Timea Nagy	HUN	15:11
	Gianna Hablützel-Bürki	SUI	
	Laura Flessel-Colovic	FRA	
2004	Timea Nagy	HUN	15:10
	Laura Flessel-Colovic	FRA	
	Maureen Nisima	FRA	
2008	Britta Heidemann	GER	15:11
	Ana Maria Branza	ROU	
	Ildiko Mincza-Nebald	HUN	

Degen, Mannschaft

1996	Frankreich		45:33
	Italien		
	Russland		
2000	Russland		45:35
	Schweiz		
	China		
2004	Russland		34:28
	Deutschland		
	Frankreich		

Säbel, Einzel

2004	Mariel Zagunis	USA	15:9
	Tan Xue	CHN	
	Sada Jacobson	USA	
2008	Mariel Zagunis	USA	15:8
	Sada Jacobson	USA	
	Rebecca Ward	USA	

Säbel, Mannschaft

2008	Ukraine		45:44
	China		
	USA		

Gewichtheben

Männer

(1924 Fünfkampf, 1920 und bis 1972 Dreikampf, ab 1972 Zweikampf, 2000 Reduzierung von zehn auf acht Klassen)

56 kg

1972	Zygmunt Smalcerz	POL	337,5
	Lajos Szücs	HUN	330,0
	Sandor Holczreiter	HUN	327,5
1976	Alexander Woronin	URS	242,5
	György Köszegi	HUN	237,5
	Mohammad Nassiri	IRI	235,0
1980	Kanybek Osmonalijew	URS	245,0
	Ho Bong-Zol	PRK	245,0
	Han Gen-Si	PRK	245,0
1984	Zeng Guoqiang	CHN	235,0
	Zhou Peishun	CHN	235,0
	Kazushito Manabe	JPN	232,5
1988	Sewdalin Marinow	BUL	270,0
	Chun Byung-Kwan	KOR	260,0
	He Zhuoqiang	CHN	257,5
1992	Iwan Iwanow	BUL	265,0
	Lin Qisheng	CHN	262,5
	Trajan Ciharean	ROU	252,5
1996	Halil Mutlu	TUR	287,5
	Zhang Xiangsen	CHN	280,0
	Sewdalin Minchew	BUL	277,5
2000	Halil Mutlu	TUR	305,0
	Wu Wenxiong	CHN	287,5
	Zhang Xiangxiang	CHN	287,5
2004	Halil Mutlu	TUR	295,0
	Wu Meijin	CHN	287,5
	Sedat Artuc	TUR	280,0
2008	Long Qingquan	CHN	292,0
	Anh Tuan Hoang	VIE	290,0
	Eko Yuli Irawan	INA	288,0

62 kg

1948	Joseph Di Pietro	USA	307,5
	Julian Creus	GBR	297,5
	Richard Tom	USA	295,0
1952	Iwan Udodow	URS	315,0
	Mahmoud Namdjou	IRI	307,5
	Ali Mirzal	IRI	300,0
1956	Charles Vinci	USA	342,5
	Wladimir Stogow	URS	337,5
	Mahmoud Namdjou	IRI	332,5
1960	Charles Vinci	USA	345,0
	Yoshinobu Miyake	JPN	337,5
	Esmail Elm Khah	IRI	330,0
1964	Alexej Wachonin	URS	357,5
	Imre Földi	HUN	355,0
	Shiro Ichinoseki	JPN	347,5
1968	Mohammad Nassiri	IRI	367,5
	Imre Földi	HUN	367,5
	Henryk Trebicki	POL	367,5
1972	Imre Földi	HUN	377,5
	Mohammad Nassiri	IRI	370,0
	Gennadi Tschetin	URS	367,5
1976	Norair Nurikjan	BUL	262,5
	Grzegorz Cziura	POL	252,2
	Kenkichi Ando	JPN	250,0
1980	Daniel Nunez Aguiar	CUB	275,0
	Jurik Sarkisjan	URS	270,0
	Tadeusz Dembonczyk	POL	265,0
1984	Wu Shude	CHN	267,5
	Lai Runming	CHN	265,0
	Masahiro Kotaka	JPN	252,5
1988	Oksen Mirsojan	URS	292,5
	He Yingqiang	CHN	287,5
	Liu Shoubin	CHN	267,5
1992	Chun Byung-Kwan	KOR	287,5
	Liu Shoubin	CHN	277,5
	Luo Jiamming	CHN	277,5
1996	Tang Lingsheng	CHN	307,5
	Leonidas Sabanis	GRE	305,0
	Nikolai Peschalow	BUL	302,5
2000	Nikolai Peschalow	CRO	325,0
	Leonidas Sabanis	GRE	317,5
	Gennadi Oleschtschui	BLR	317,5
2004	Shi Zhiyong	CHN	325,0
	Le Maosheng	CHN	312,5
	Israel Jose Rubio	VEN	295,0
2008	Zhang Xiangxiang	CHN	319,0
	Diego Salazar	COL	305,0
	Triyatno	INA	298,0

64 kg (bis 1996)

1920	Frans de Haes	BEL	220,0
	Alfred Schmidt	EST	212,5
	Eugene Ryther	SUI	210,0
1924	Pierino Gabetti	ITA	402,5
	Andreas Stadler	AUT	385,0
	Artur Reinmann	SUI	382,5
1928	Franz Andrysek	AUT	287,5
	Pierino Gabetti	ITA	282,5
	Hans Wölpert	GER	282,5
1932	Raymond Suvigny	FRA	287,5
	Hans Wölpert	GER	282,5
	Anthony Terlazzo	USA	280,0
1936	Anthony Terlazzo	USA	312,5
	Saleh Moham. Soliman	EGY	305,0
	Ibrahim Hassan Shams	EGY	300,0
1948	Mahmoud Fayad	EGY	332,5
	Rodney Wilkes	TRI	317,5
	Jaffar Salmassi	IRI	312,5
1952	Rafael Tschimischkjan	URS	337,5
	Nikolai Saksonow	URS	332,5
	Rodney Wilkes	TRI	322,5
1956	Isaac Berger	USA	352,5
	Jewgeni Minjajew	URS	342,5
	Marian Zielinski	POL	335,0
1960	Jewgeni Minjajew	URS	372,5
	Isaac Berger	USA	362,5
	Sebastiano ManniRoni	ITA	352,5

Statistik

1964	Yoshinobu Miyake	JPN	397,5
	Isaac Berger	USA	382,5
	Mieczyslaw Nowak	POL	377,5
1968	Yoshinobu Miyake	JPN	392,5
	Dito Schanidse	URS	387,5
	Yoshiyuki Miyake	JPN	385,0
1972	Norair Nurikjan	BUL	402,5
	Dito Schanidse	URS	400,0
	Janos Benedek	HUN	390,0
1976	Nikolai Kolesnikow	URS	285,0
	Georgi Todorow	BUL	280,0
	Kazumasa Hirai	JPN	275,0
1980	Wiktor Masin	URS	290,0
	Stefan Dimitrow	BUL	287,5
	Marek Seweryn	POL	282,5
1984	Chen Weiqiang	CHN	282,5
	Gelu Radu	ROU	280,0
	Tsai Wen-Yee	TPE	272,5
1988	Naim Süleymanoglu	TUR	342,5
	Stefan Topurow	BUL	312,5
	Ye Huamin	CHN	287,5
1992	Naim Süleymanoglu	TUR	320,0
	Nikolai Peschalow	BUL	305,0
	He Yingqiang	CHN	295,0
1996	Naim Süleymanoglu	TUR	335,0
	Valerios Leonidis	GRE	332,5
	Xiao Jiangang	CHN	322,5

69 kg

1920	Alfred Neuland	EST	257,5
	Louis Williquet	BEL	240,0
	Florimond Rooms	BEL	230,0
1924	Edmond Decottignies	FRA	440,0
	Anton Zwerina	AUT	427,5
	Bohumil Durdis	TCH	425,0
1928	Kurt Helbig	GER	322,5
	Hans Haas	AUT	322,5
	Fernand Arnout	FRA	302,5
1932	Rene Duverger	FRA	325,0
	Hans Haas	AUT	307,5
	Castone Pierini	ITA	302,5
1936	Anwar Moham. Mesbah	EGY	342,5
	Robert Fein	AUT	342,5
	Karl Jansen	GER	327,5
1948	Ibrahim Hassan Shams	EGY	360,0
	Appia Hamouda	EGY	360,0
	James Halliday	GBR	340,0
1952	Tommy Kono	USA	362,5
	Jewgeni Lopatin	URS	350,0
	Verne Barberis	AUS	350,0
1956	Igor Rybak	URS	380,0
	Rafael Schabutdinow	URS	372,5
	Kim Chang-Hee	KOR	370,0
1960	Wiktor Buschujew	URS	397,5
	Tan Wowe-Liang	SIN	380,0
	Abdul Wahid Aziz	IRQ	380,0
1964	Waldemar Baszanowski	POL	432,5
	Wladimir Kaplunow	URS	432,5
	Marian Zielinski	POL	420,0
1968	Waldemar Baszanowski	POL	437,5
	Parviz Jalayer	IRI	422,5
	Marian Zielinski	POL	420,0
1972	Mucharbi Kirschinow	URS	460,0
	Mladen Kurschew	BUL	450,0
	Zbigniew Kaczmarek	POL	437,5
1976	Pjotr Korol	URS	305,0
	Daniel Senet	FRA	300,0
	Kazimierz Czarnecki	POL	295,0
1980	Janko Russew	BUL	342,5
	Joachim Kunz	GDR	335,0
	Mintscho Paschow	BUL	325,0
1984	Yao Jingyuan	CHN	320,0
	Andrei Socaci	ROU	312,5
	Juoni Grönman	FIN	312,5
1988	Joachim Kunz	GDR	340,0
	Israil Militosian	URS	337,5
	Li Jinhe	CHN	325,0
1992	Israil Militosian	EUN	337,5
	Joto Jotow	BUL	327,5
	Andreas Behm	GER	320,0
1996	Zhan Xugang	CHN	357,5
	Kim Myong-Nam	PRK	345,0
	Attila Feri	HUN	340,0
2000	Galabin Bojewski	BUL	357,5
	Georgi Markow	BUL	352,5
	Sergei Lawrenow	BLR	340,0
2004	Zhang Guozheng	CHN	347,5
	Lee Bae Young	KOR	342,5
	Nikolay Pechalov	CRO	337,5
2008	Liao Hui	CHN	348,0
	Venzelas Dabaya-Tientcheu	FRA	338,0
	Tigran Gevorg Martirosyan	ARM	338,0

77 kg

1920	Henri Gance	FRA	245,0
	Pietro Bianchi	ITA	237,5
	Albert Pettersson	SWE	237,5
1924	Carlo Galimberti	ITA	492,5
	Alfred Neuland	EST	455,0
	Jaan Kikkas	EST	450,0
1928	Roger Francois	FRA	335,0
	Carlo Galimberti	ITA	332,5
	August Scheffer	NED	327,5
1932	Rudolf Ismayr	GER	345,0
	Carlo Galimberti	ITA	340,0
	Karl Hipfinger	AUT	337,5
1936	Khadr Sayed El Thouni	EGY	387,5
	Rudolf Ismayr	GER	352,5
	Adolf Wagner	GER	352,5
1948	Frank Spellman	USA	390,0
	Peter George	USA	382,5
	Kim Sung-Jip	KOR	380,0
1952	Peter George	USA	400,0
	Gerard Gratton	CAN	390,0
	Kim Sung-Jip	KOR	382,5
1956	Fjodor Bogdanowski	URS	420,0
	Peter George	USA	412,5
	Ermanno Pignatti	ITA	382,5
1960	Alexander Kurinow	URS	437,5
	Tommy Kono	USA	427,5
	Győző Veres	HUN	405,0
1964	Hans Zdrazila	TCH	445,0
	Wiktor Kurenzow	URS	440,0
	Masahi Ouchi	JPN	437,5
1968	Wiktor Kurenzow	URS	475,0
	Masahi Ouchi	JPN	455,0
	Karoly Bakos	HUN	440,0
1972	Jordan Bykow	BUL	485,0
	Mohamed Trabulsi	LIB	472,5
	Anselmo Silvino	ITA	470,0
1976	Jordan Mitkow	BUL	335,0
	Wartan Militossian	URS	330,0
	Peter Wenzel	GDR	327,5
1980	Assen Slatew	BUL	360,0
	Alexander Perwij	URS	357,5
	Nedeltscho Kolew	BUL	345,0
1984	Karl-Heinz Radschinsky	FRG	340,0
	Jaques Demers	CAN	335,0
	Dragomir Cioroslan	ROU	332,5
1988	Borislaw Gidikow	BUL	375,0
	Ingo Steinhöfel	GDR	360,0
	Alexander Warbanow	BUL	357,5
1992	Fedor Kassapu	EUN	357,5
	Pablo Lara	CUB	357,5
	Kim Myong-Nam	PRK	352,5
1996	Pablo Lara	CUB	367,5
	Joto Jotow	BUL	360,0
	Jon Chol	PRK	357,5
2000	Zhan Xugang	CHN	367,5
	Viktor Mitrou	GRE	367,5
	Arsen Melikjan	ARM	365,0
2004	Taner Sagir	TUR	375,0
	Sergej Filimonow	KAZ	372,5
	Oleg Perepetschenow	RUS	365,0
2008	Sa Jaehyouk	KOR	366,0
	Li Hongli	CHN	366,0
	Gevorg Dawtjan	ARM	360,0

–85 kg

1920	Ernest Cadine	FRA	290,0
	Fritz Hünenberger	SUI	275,0
	Erik Pettersson	SWE	272,5
1924	Charles Rigoulot	FRA	502,5
	Fritz Hünenberger	SUI	490,0
	Leopold Friedrich	AUT	490,0
1928	El Sayed Nosseir	EGY	355,0
	Louis Hostin	FRA	352,5
	Johannes Verheijen	NED	337,5
1932	Louis Hostin	FRA	365,0
	Svend Olsen	DEN	360,0
	Henry Duey	USA	330,0
1936	Louis Hostin	FRA	372,5
	Eugen Deutsch	GER	365,0
	Ibrahim Wasif	EGY	360,0
1948	Stanley Stanczyk	USA	417,5
	Harold Sakata	USA	380,0
	Gösta Magnusson	SWE	375,0
1952	Trofim Lomakin	URS	417,5
	Stanley Stanczyk	USA	415,0
	Arkadi Worobjow	URS	407,5
1956	Tommy Kono	USA	474,5
	Wassili Stepanow	URS	427,5
	James George	USA	417,5
1960	Ireneusz Palinski	POL	442,5
	James George	USA	430,0
	Jan Bochenek	POL	420,0
1964	Rudolf Plukfelder	URS	475,0
	Geza Toth	HUN	467,5
	Győző Veres	HUN	467,5
1968	Boris Selizki	URS	485,0
	Wladimir Beljajew	URS	485,0
	Norbert Ozimek	POL	472,5
1972	Leif Jenssen	NOR	507,5
	Norbert Ozimek	POL	497,5
	György Horvath	HUN	495,0
1976	Waleri Scharij	URS	365,0
	Trendafil Stoitschew	BUL	360,0
	Peter Baczako	HUN	345,0
1980	Jurik Wardanjan	URS	400,0
	Blagoi Blagoew	BUL	372,5
	Dusan Poliacik	TCH	367,5
1984	Petre Becheru	ROU	355,0
	Robert Kabbas	AUS	342,5
	Ryoji Isaoka	JPN	340,0
1988	Israil Arsamakow	URS	377,5
	Istvan Messzi	HUN	370,0
	Lee Hyung-Kun	KOR	367,5
1992	Pyrros Dimas	GRE	370,0
	Krzysztof Siemon	POL	370,0
	Bronze nicht vergeben		
1996	Pyrros Dimas	GRE	392,5
	Marc Huster	GER	382,5
	Andrzej Cofalik	POL	372,5
2000	Pyrros Dimas	GRE	390,0
	Marc Huster	GER	390,0
	George Asanidze	GEO	390,0
2004	George Asanidze	GEO	382,5
	Andrej Ribakow	BLR	380,0
	Pyrros Dimas	GRE	377,5
2008	Lu Yong	CHN	394*
	Andrej Ribakow	BLR	394
	Tigran Martirosjan	ARM	380

94 kg

1952	Norbert Schemansky	USA	445,0
	Grigori Nowak	URS	410,0
	Lennix Kilgour	TRI	402,5
1956	Arkadi Worobjow	URS	462,5
	David Sheppard	USA	442,5
	Jean Debuf	FRA	425,0
1960	Arkadi Worobjow	URS	472,5
	Trofim Lomakin	URS	457,5
	Louis Martin	GBR	445,0
1964	Wladimir Golowanow	URS	487,5
	Louis Martin	GBR	475,0
	Ireneusz Palinski	POL	467,5
1968	Kaarlo Kangasniemi	FIN	517,5
	Jaan Talts	URS	507,5
	Marek Golab	POL	495,0
1972	Andon Nikolow	BUL	525,0
	Atanas Shopow	BUL	517,5
	Hans Bettembourg	SWE	512,5
1976	David Rigert	URS	382,5
	Lee James	USA	362,5
	Atanas Shopow	BUL	360,0
1980	Peter Baczako	HUN	377,5
	Rumen Alexandrow	BUL	375,0
	Frank Mantek	GDR	370,0
1984	Nicu Vlad	ROU	392,5
	Petre Dumitru	ROU	360,0
	David Mercer	GBR	352,5
1988	Anatoli Chrapati	URS	412,5
	Nail Muchamedjarow	URS	400,0
	Slawomir Zawada	POL	400,0
1992	Kachi Kachiaschwili	EUN	412,5
	Sergej Syrtsow	EUN	412,5
	Sergiusz Wolczaniecki	POL	392,5
1996	Alexej Petrow	RUS	402,5
	Leonidas Kokas	GRE	390,0
	Oliver Caruso	GER	390,0
2000	Akakios Kakhiashvilis	GRE	405,0
	Szymon Kolecki	POL	405,0
	Alexej Petrow	RUS	402,5
2004	Milen Dobrew	BUL	407,5
	Chadjimurad Akajew	RUS	405,0
	Eduard Tjukin	RUS	397,5
2008	Ilja Ilin	KAZ	406,0
	Szymon Kolecki	POL	403,0
	Chadschimurat Akajew	RUS	402,0

99 kg (bis 1996)

1980	Ota Zaremba	TCH	395,0
	Igor Nikitin	URS	392,5
	Alberto Blanco Fernandez	CUB	385,0
1984	Rolf Milser	FRG	385,0
	Vasile Groapa	ROU	382,5
	Pekka Niemi	FIN	367,5
1988	Pawel Kusnezow	URS	425,0
	Nicu Vlad	ROU	402,5
	Peter Immesberger	FRG	395,0
1992	Viktor Tregubow	EUN	410,0
	Timur Taimazow	EUN	402,5
	Waldemar Malak	POL	400,0
1996	Akakios Kakhiashvilis	GRE	420,0
	Anatoli Chrapati	KAZ	410,0
	Denis Gotfrid	UKR	422,5

105 kg

1972	Jaan Talts	URS	580,0
	Alexander Kraitschew	BUL	562,5
	Stefan Grützner	GDR	555,0
1976	Juri Saizew	URS	385,0
	Krastu Semerdshiew	BUL	385,0
	Tadeusz Rutkowski	POL	377,5
1980	Leonid Taranenko	URS	422,5
	Walentin Christow	BUL	405,0
	György Szalai	HUN	390,0
1984	Norberto Oberburger	ITA	390,0
	Stefan Tasnadi	ROU	380,0
	Guy Carlton	USA	377,5
1988	Juri Zacharewitsch	URS	455,0
	Jozsef Jacso	HUN	427,5
	Ronny Weller	GDR	425,0
1992	Ronny Weller	GER	432,5
	Artur Akojew	EUN	430,0
	Stefan Botew	BUL	417,5
1996	Timur Taimazow	UKR	430,0
	Sergej Syrtsow	RUS	420,0
	Nicu Vlad	ROU	420,0
2000	Hossein Tavakoli	IRN	425,0
	Alan Tsagaew	BUL	422,5
	Said S Asaad	QAT	420,0
2004	Dimitri Berestow	RUS	425,0
	Igor Rasoronow	UKR	420,0
	Gleb Pisarewski	RUS	415,0
2008	Andrej Aramnau	BLR	436,0
	Dmitri Klokow	RUS	423,0
	Dmitri Lapikow	RUS	420,0

+105 kg

1896	Viggo Jensen	DEN	111,5
	Launceston Elliott	GBR	111,5
	Sotirios Versis	GRE	100,0
1904	Perikles Kakousis	GRE	111,58
	Oscar Paul Osthoff	USA	84,36
	Frank Kungler	USA	79,83
1920	Fillippo Bottino	ITA	270,0
	Joseph Alzin	LUX	255,0
	Louis Bernot	FRA	250,0
1924	Guiseppe Tonani	ITA	517,5
	Franz Aigner	AUT	515,0
	Harald Tammer	EST	497,5
1928	Josef Straßberger	GER	372,5
	Arnold Luhaäär	EST	360,0
	Jaroslav Skobla	TCH	357,5
1932	Jaroslav Skobla	TCH	380,0
	Vaclav Psenicka	TCH	377,5
	Josef Straßberger	GER	377,5
1936	Josef Manger	GER	410,0
	Vaclav Psenicka	TCH	402,5
	Arnold Luhaäär	EST	400,0
1948	John Davis	USA	452,5
	Norbert Schemansky	USA	425,0
	Abraham Charite	NED	412,5
1952	John Davis	USA	460,0
	James Bradford	USA	437,5
	Humberto Selvetti	ARG	432,5
1956	Paul Anderson	USA	500,0
	Humberto Selvetti	ARG	500,0
	Alberto Pigaiani	ITA	452,5
1960	Juri Wlassow	URS	537,5
	James Bradford	USA	512,5
	Norbert Schemansky	USA	500,0
1964	Leonid Schabotinski	URS	572,5
	Juri Wlassow	URS	570,0
	Norbert Schemansky	USA	537,5
1968	Leonid Schabotinski	URS	572,5
	Serge Reding	BEL	555,0
	Joseph Dube	USA	555,0
1972	Wassili Alexejew	URS	640,0
	Rudolf Mang	FRG	610,0
	Gerd Bonk	GDR	572,5
1976	Wassili Alexejew	URS	440,0
	Gerd Bonk	GDR	405,0
	Helmut Losch	GDR	387,5
1980	Sultan Rachmanow	URS	440,0
	Jürgen Heuser	GDR	410,0
	Tadeusz Rutkowski	POL	407,5
1984	Dian Dinko Lukin	AUS	412,5
	Mario Martinez	USA	410,0
	Manfred Nerlinger	FRG	397,5
1988	Alexander Kurlowitsch	URS	462,5
	Manfred Nerlinger	FRG	430,0
	Martin Zawieja	FRG	415,0
1992	Alexander Kurlowitsch	EUN	450,0
	Leonid Taranenko	EUN	425,0
	Manfred Nerlinger	GER	412,5
1996	Andrej Tschemerkin	RUS	457,5
	Ronny Weller	GER	455,0
	Stefan Botev	AUS	450,0
2000	Hossein Rezazadeh	IRI	472,5
	Ronny Weller	GER	467,5
	Andrej Tschemerkin	RUS	462,5
2004	Hossein Rezazadeh	IRI	472,5
	Viktors Scerbatihs	LAT	455,0
	Welitschko Tscholakow	BUL	447,5
2008	Matthias Steiner	GER	461,0
	Jewgeni Tschigischew	RUS	460,0
	Viktors Scerbatihs	LAT	448,0

Frauen

48 kg

2000	Tara Nott	USA	185,0
	Raema Lisa Rumbewas	INA	185,0
	Sri Indriyani	INA	182,5
2004	Nurcan Taylan	TUR	210,0
	Li Zhuo	CHN	205,0
	Aree Wiratthaworn	THA	200,0
2008	Chen Xiexia	CHN	212,0
	Sibel Özkan	TUR	199,0
	Chen Wei-Ling	TPE	196,0

53 kg

2000	Yang Xia	CHN	225,0
	Li Feng-Ying	TPE	212,5
	Winarni Binti Slamet	INA	202,5
2004	Udomporn Polsak	THA	222,5
	Raema Lisa Rumbewas	INA	210,0
	Mabel Mosquera	COL	197,5
2008	Prapawadee Jaroenrattanatarakoon	THA	221,0
	Jinhee Yoon	KOR	213,0
	Nastassia Nowikawa	BLR	213,0

58 kg

2000	Soraya Jimenez Mendivil	MEX	222,5
	Ri Song Hui	PRK	220,0
	Khassaraporn Suta	THA	210,0
2004	Chen Yanqing	CHN	237,5
	Song Hui Ri	PRK	232,5
	Wandee Kameaim	THA	230,0
2008	Chen Yanqing	CHN	244,0
	Marina Schainowa	RUS	227,0
	O Jong Ae	KOR	226,0

63 kg

2000	Chen Xiaomin	CHN	242,5
	Walentina Popowa	RUS	235,0
	Ioanna Chatziioannou	GRE	222,5
2004	Natalia Skakun	UKR	242,5
	Hanna Batsiuschka	BLR	242,5
	Taziana Stukalawa	BLR	222,5
2008	Pak Hyon Suk	PRK	241,0
	Irina Nekrassowa	KAZ	240,0
	Lu Ying-Chi	TPE	231,0

69 kg

2000	Lin Weining	CHN	242,5
	Erzsebet Markus	HUN	242,5
	Karnam Malleswari	IND	240,0
2004	Liu Chunhong	CHN	275,0
	Eszter Krutzler	HUN	262,5
	Sarema Kassajewa	RUS	262,5
2008	Liu Chunhong	CHN	286,0
	Oxana Silwenko	RUS	255,0
	Natalja Dawidowa	UKR	250,0

–75 kg

2000	Maria Isabel Urrutia	COL	245,0
	Ruth Ogbeifo	NGR	245,0
	Kuo Yi-Hang	TPE	245,0
2004	Pawina Thongsuk	THA	272,5
	Natalja Sabolotnaja	RUS	272,5
	Walentina Popowa	RUS	265,0
2008	Cao Lei	CHN	282,0
	Alla Waschenina	KAZ	266,0
	Nadeschda Jewstjuchina	RUS	264,0

+75 kg

2000	Ding Meiyuan	CHN	300,0
	Agata Wrobel	POL	295,0
	Cheryl Haworth	USA	270,0
2004	Tang Gonghong	CHN	305,0
	Jang Mi-Ran	KOR	302,5
	Agata Wrobel	POL	290,0
2008	Jang Mi-Ran	KOR	326,0
	Olha Korobka	UKR	277,0
	Maria Grabowetskaja	KAZ	270,0

Judo

Männer

-60 kg

1980	Thierry Rey	FRA
	Rafael Rodriguez Carbonell	CUB
	Tibor Kincses	HUN
	Arambi Emish	URS
1984	Shinji Hosokawa	JPN
	Kim Jae-Yup	KOR
	Neil Eckersley	GBR
	Edward Liddie	USA
1988	Kim Jae-Yup	KOR
	Kevin Asano	USA
	Shinji Hosokawa	JPN
	Amiran Totikaschwili	URS
1992	Nazim Gussejnow	EUN
	Yoon Hyun	KOR
	Richard Trautmann	GER
	Tadanori Koshino	JPN
1996	Tadahiro Nomura	JPN
	Girolamo Giovinazzo	ITA
	Richard Trautmann	GER
	Dorjpalam Narmandakh	MGL
2000	Tadahiro Nomura	JPN
	Jung Bu-Kyung	KOR
	Manolo Poulot	CUB
	Aidin Smagulow	KGZ
2004	Tadahiro Nomura	JPN
	Nestor Chergiani	GEO
	Khasbaatar Tsagaanbaatar	MGL
	Choi Min Ho	KOR
2008	Choi Minho	KOR
	Ludwig Paischer	AUT
	Ruben Houkes	NED
	Rischod Sobirow	UZB

–66 kg

1972	Takao Kawaguchi	JPN
	Silber nicht vergeben	
	Kim Yong-Ik	PRK
	Jean-Jaques Mounier	FRA
1976	Hector Rodriguez Torres	CUB
	Chang Eun-Kyung	KOR
	Jozsef Tuncsik	HUN
	Felice Mariani	ITA

1980	Nikolai Solodučin	URS	1992	Hidehiko Yoshida	JPN	1976	Sergej Nowikow	URS
	Zendjing Damdin	MGL		Jason Morris	USA		Günther Neureuther	FRG
	Iljan Nedkow	BUL		Kim Byung-Joo	KOR		Sumio Endo	JPN
	Janusz Pawlowski	POL		Bertrand Damaisin	FRA		Allen Coage	USA
1984	Yoshiyuki Matsuoka	JPN	1996	Djamel Bouras	FRA	1980	Angelo Parisi	FRA
	Hwang Jung-Oh	KOR		Toshihiko Koga	JPN		Dimitar Zaprianow	BUL
	Marc Alexandre	FRA		Soso Liparteliani	GEO		Vladimir Kocman	TCH
	Josef Reiter	AUT		Cho In-Chul	KOR		Radomir Kovacevic	YUG
1988	Lee Kyung-Keun	KOR	2000	Makoto Takimoto	JPN	1984	Hitoshi Saito	JPN
	Janusz Pawlowski	POL		Cho In-Chul	KOR		Angelo Parisi	FRA
	Bruno Carabetta	FRA		Nuno Delgado	POR		Cho Yong-Chul	KOR
	Yosuke Yamamoto	JPN		Alexej Budolin	EST		Mark Berger	CAN
1992	Rogerio Sampaio	BRA	2004	Ilias Iliadis	GRE	1988	Hitoshi Saito	JPN
	Joszef Czak	HUN		Roman Gontjuk	UKR		Henry Stöhr	GDR
	Udo Quellmalz	GER		Dimitri Nossow	RUS		Cho Yong-Chul	KOR
	Israel Hernandez	CUB		Flavio Canto	BRA		Grigori Weritschew	URS
1996	Udo Quellmalz	GER	2008	Ole Bischof	GER	1992	David Schaschaleschwili	EUN
	Yukimasa Nakanura	JPN		Kim Jaebum	KOR		Naoya Ogawa	JPN
	Henrique Guimaraes	BRA		Tiago Camilo	BRA		David Douillet	FRA
	Israel Hernandez	CUB		Roman Gontjuk	UKR		Imre Csosz	HUN
2000	Husein Ozkan	TUR				1996	David Douillet	FRA
	Larbi Benboudaoud	FRA	**−90 kg**				Ernesto Perez	ESP
	Girolamo Giovinazzo	ITA	1980	Jürg Röthlisberger	SUI		Frank Möller	GER
	Giorgi Waschagaschwili	GEO		Isaac Azcuy Oliva	CUB		Harry van Barneveld	BEL
2004	Masato Uchishiba	JPN		Detlef Ultsch	GDR	2000	David Douillet	FRA
	Jozef Krnac	SLO		Alexander Jatzkewitsch	URS		Shinichi Shinohara	JPN
	Georgi Georgijew	BUL	1984	Peter Seisenbacher	AUT		Indrek Pertelson	EST
	Yordanis Arencibia	CUB		Robert Berland	USA		Tamerlan Timenow	RUS
2008	Masato Uchishiba	JPN		Seiki Nose	JPN	2004	Keiji Suzuki	JPN
	Benjamin Darbelet	FRA		Walter Carmona	BRA		Tamerlan Timenow	RUS
	Yordanis Arencibia	CUB	1988	Peter Seisenbacher	AUT		Dennis van der Geest	NED
	Pak Chol Min	PRK		Waldimir Schestjakow	URS		Indrek Pertelson	EST
				Akinobu Osaka	JPN	2008	Satoshi Ishii	JPN
−73 kg				Ben Spijkers	NED		Abdullo Tangrijew	UZB
1964	Takehide Nakatani	JPN	1992	Waldemar Legien	POL		Oscar Brayson	CUB
	Eric Hänni	SUI		Pascal Tayot	FRA		Teddy Riner	FRA
	Oleg Stepanow	URS		Hirotaka Okada	JPN			
	Aron Bogoljubow	URS		Nicolas Gill	CAN	**Offene Klasse (bis 1984)**		
1972	Toyokazu Nomura	JPN	1996	Jeon Ki-Young	KOR	1964	Anton Geesink	NED
	Antoni Zajkowski	POL		Artem Bagdasarow	UZB		Akio Kaminaga	JPN
	Dietmar Hötger	GDR		Marko Spittka	GER		Klaus Glahn	GER
	Anatoli Nowikow	URS		Mark Huizinga	NED		Theodore Boronovskis	AUS
1976	Wladimir Newsorow	URS	2000	Mark Huizinga	NED	1972	Willem Ruska	NED
	Koji Kuramoto	JPN		Carlos Honorato	BRA		Witali Kuznezow	URS
	Patrick Vial	FRA		Ruslan Maschurenko	UKR		Jean-Claude Brondani	FRA
	Marian Talaj	POL		Frederic Demontfaucon	FRA		Angelo Parisi	GBR
1980	Ezio Gamba	ITA	2004	Zurab Zwiadauri	GEO	1976	Haruki Uemura	JPN
	Neil Adams	GBR		Hiroshi Izumi	JPN		Keith Remfry	GBR
	Karl-Heinz Lehmann	GDR		Chassanbi Taow	RUS		Cho Jea-Ki	KOR
	Ravdan Davaadalai	MGL		Mark Huizinga	NED		Schota Tschotschischwili	URS
1984	Ahn Byeung-Keun	KOR	2008	Irakli Zirekidze	GEO	1980	Dietmar Lorenz	GDR
	Ezio Gamba	ITA		Amar Benikhlef	ALG		Angelo Parisi	FRA
	Luis Onmura	BRA		Hesham Mesbah	EGY		Andras Ozsvar	HUN
	Kerrith Brown	GBR		Sergei Aschwanden	SUI		Arthur Mapp	GBR
1988	Marc Alexandre	FRA				1984	Yasuhiro Yamashita	JPN
	Sven Loll	GDR	**−100 kg**				Mohamed Ali Rashwan	EGY
	Georgi Tenadse	URS	1972	Schota Tschotschischwili	URS		Mihai Cioc	ROU
	Michael Swain	USA		David Starbrook	GBR		Arthur Schnabel	FRG
1992	Toshihiko Koga	JPN		Paul Barth	FRG			
	Bertalan Hajtos	HUN		Chiaki Ishii	BRA	**Frauen**		
	Hoon Chung	KOR	1976	Kazuhiro Ninomiya	JPN	**−48 kg**		
	Oren Smagda	ISR		Ramas Scharschiladse	URS	1992	Cecile Nowak	FRA
1996	Kenzo Nakamura	JPN		David Starbrook	GBR		Ryoko Tamura	JPN
	Kwak Dae-Sung	KOR		Jürg Röthlisberger	SUI		Hulya Senyurt	TUR
	Christophe Gagliano	FRA	1980	Henk de Walle	BEL		Amarilis Savon	CUB
	Jimmy Pedro	USA		Tengis Schubuluri	URS	1996	Kye Sun Hui	PRK
2000	Giuseppe Maddaloni	ITA		Dietmar Lorenz	GDR		Ryoko Tamura	JPN
	Tiago Camilo	BRA		Henk Numan	NED		Yolanda Soler	ESP
	Vsevolods Zelonijs	LAT	1984	Ha Hyoung-Zoo	KOR		Amarilis Savon	CUB
	Anatoli Larjukow	BLR		Douglas Vieira	BRA	2000	Ryoko Tamura	JPN
2004	Lee Won Hee	KOR		Bjarni Fridriksson	ISL		Ljubow Bruletowa	RUS
	Witali Makarow	RUS		Günther Neureuther	FRG		Anna-Maria Gradante	GER
	Leandro Guilheiro	BRA	1988	Aurelio Miguel	BRA		Ann Simons	BEL
	James Pedro	USA		Marc Meiling	FRG	2004	Ryoko Tani (Tamura)	JPN
2008	Elnur Mammadli	AZE		Dennis Stewart	GBR		Frédérique Jossinet	FRA
	Wang Kichun	KOR		Robert van de Walle	BEL		Julia Matijass	GER
	Rasul Bokijew	TJK	1992	Antal Kovacs	HUN		Gao Feng	CHN
	Leandro Guilheiro	BRA		Raymond Stevens	GBR			
				Dimitri Sergejew	EUN			
−81 kg				Theo Meijer	NED			
1964	Isao Okano	JPN	1996	Pawel Nastula	POL			
	Wolfgang Hofmann	GER		Kim Soo-Min	KOR			
	Kim Eui-Tae	KOR		Miguel A. Fernandes	BRA			
	James Bregman	USA		Stéphane Traineau	FRA			
1972	Shinobu Sekine	JPN	2000	Kosei Inoue	JPN			
	Oh Seung-Lip	KOR		Nicolas Gill	CAN			
	Brian Jacks	GBR		Stéphane Traineau	FRA			
	Jean-Paul Coche	FRA		Juri Stepkin	RUS			
1976	Isamu Sonoda	JPN	2004	Ihar Makarau	BLR			
	Waleri Dwoinikow	URS		Jang Sung Ho	KOR			
	Park Young-Chul	KOR		Michael Jurack	GER			
	Slavko Obadov	YUG		Ariel Zeevi	ISR			
1980	Schota Schabareli	URS	2008	Tuvshinbayar Naidan	MGL			
	Juan Ferrer la Hera	CUB		Aschat Schikejew	KAZ			
	Bernard Tchoullouyan	FRA		Mowlud Miralijew	AZE			
	Harald Heinke	GDR		Henk Grol	NED			
1984	Frank Wieneke	FRG						
	Neil Adams	GBR	**+100 kg**					
	Michel Nowak	FRA	1964	Isao Inokuma	JPN			
	Mircea Fratica	ROU	(+80)	Alfred Rogers	CAN			
				Ansor Kiknadse	URS			
1988	Waldemar Legien	POL		Parnaos Tschikwiladse	URS			
	Frank Wieneke	FRG	1972	Willem Ruska	NED			
	Baschir Warajew	URS		Klaus Glahn	FRG			
	Torsten Brechot	GDR		Giwi Onaschwili	URS			
				Motoki Nishimura	JPN			

2008	Alina Alexandra Dumitru	ROU	1996	Cho Min-Sun	KOR
	Yanet Bermoy	CUB		Aneta Szczepanska	POL
	Ryoko Tani	JPN		Claudia Zwiers	NED
	Paula Belen Pareto	ARG		Wang Xiangbo	CHN
−52 kg			2000	Sibelis Veranes	CUB
1992	Almudena Munoz	ESP		Kate Howey	GBR
	Noriko Mizoguzhi	JPN		Ylenia Scapin	ITA
	Li Zhongyun	CHN		Cho Min-Sun	KOR
	Susan Rendle	GBR	2004	Masae Ueno	JPN
1996	Marie-Claire Restoux	FRA		Edith Bosch	NED
	Sook-Hee Hyum	JPN		Annett Böhm	GER
	Noriko Sugawara	JPN		Qin Dongya	CHN
	Legna Verdecia	CUB	2008	Masae Ueno	JPN
2000	Legna Verdecia	CUB		Anaysi Hernandez	CUB
	Noroko Narazaki	JPN		Ronda Rousey	USA
	Sun Hui Kye	PRK		Edith Bosch	NED
	Liu Yuxiang	CHN	**−78 kg**		
2004	Xian Dongmei	CHN	1992	Kim Mi Jung	KOR
	Yuki Yokosawa	JPN		Yoko Tanabe	JPN
	Amarilys Savon	CUB		Irene de Kok	NED
	Ilse Heylen	BEL		Laetitia Meignan	FRA
2008	Xian Dongmei	CHN	1996	Ulla Werbrouck	BEL
	An Kum Ae	PRK		Yoko Tanabe	JPN
	Soraya Haddad	ALG		Ylenia Scapin	ITA
	Misato Nakamura	JPN		Diadenis Luna	CUB
−57 kg			2000	Lin Tang	CHN
1992	Miriam Blasco	ESP		Celine Lebrun	FRA
	Nicola Fairbrother	GBR		Emanuela Pierantozzi	ITA
	Driulis Gonzalez	CUB		Simona Richter	ROU
	Chiyori Tateno	JPN	2004	Noriko Anno	JPN
1996	Driulis Gonzalez	CUB		Liu Xia	CHN
	Jung Sun-Yong	KOR		Yurisel Laborde	CUB
	Marisabel Lomba	BEL		Lucia Morico	ITA
	Isabel Fernandez	ESP	2008	Yang Xiuli	CHN
2000	Isabel Fernandez	ESP		Yalennis Castillo	CUB
	Driulis Gonzales	CUB		Jeong Gyeongmi	KOR
	Maria Pekli	AUS		Stephanie Possamai	FRA
	Kie Kusakabe	JPN	**+78 kg**		
2004	Yvonne Bönisch	GER	1992	Zhuang Xiaoyan	CHN
	Sun Hui Kye	PRK		Estela Rodriguez	CUB
	Deborah Gravenstijn	NED		Yoko Sakaue	JPN
	Yurisleidis Lupetey	CUB		Natalia Lupino	FRA
2008	Giulia Quintavalle	ITA	1996	Sun Fuming	CHN
	Deborah Gravenstijn	NED		Estela Rodriguez	CUB
	Ketleyn Quadros	BRA		Johanna Hagn	GER
	Xu Yan	CHN		Christine Cicot	FRA
−63 kg			2000	Yuan Hua	CHN
1992	Catherine Fleury	FRA		Daima Mayelis Beltran	CUB
	Yael Arad	ISR		Mayumi Yamashita	JPN
	Elena Petrowa	EUN		Kim Seon-Young	KOR
	Zhang Di	CHN	2004	Maki Tsukada	JPN
1996	Yuko Emoto	JPN		Daima Beltran	CUB
	Gella Vandecaveye	BEL		Tea Dongusaschwili	RUS
	Jenny Gal	NED		Sun Fuming	CHN
	Jung Sung-Sook	KOR	2008	Tong Wen	CHN
2000	Severine Vandenhende	FRA		Maki Tsukada	JPN
	Li Shufang	CHN		Lucija Polavder	SLO
	Gella Vandecaveye	BEL		Idalys Ortiz	CUB
	Jung Sung-Sook	KOR			
2004	Ayumi Tanimoto	JPN	**Ringen**		
	Claudia Heill	AUT	**Männer, Griechisch-römisch**		
	Urska Zolnir	SLO	**−48 kg (bis 1996)**		
	Driulis Gonzalez	CUB	1972	Gheorghe Berceanu	ROU
2008	Ayumi Tanimoto	JPN		Rahim Aliabadi	IRI
	Lucie Decosse	FRA		Stefan Angelow	BUL
	Elisabeth Willeboordse	NED	1976	Alexej Schumakow	URS
	Won Ok Im	PRK		Gheorghe Berceanu	ROU
−70 kg				Stefan Angelow	BUL
1992	Odalis Reve	CUB	1980	Saksylik Uschkempirow	URS
	Emanuela Pierantozzi	ITA		Constantin Alexandru	ROU
	Kate Howey	GBR		Ferenc Seres	HUN
	Heidi Rakels	BEL			

Statistik

1984	Vincenzo Maenza	ITA
	Markus Scherer	FRG
	Ikuzo Saito	JPN
1988	Vincenzo Maenza	ITA
	Andrzej Glab	POL
	Bratan Zenow	BUL
1992	Oleg Kutscherenko	EUN
	Vincenzo Maenza	ITA
	Wilber Sanchez	CUB
1996	Sim Kwon-Ho	KOR
	Alexander Pawlow	BLR
	Zafar Gulijew	RUS

–55 kg

1948	Pietro Lombardi	ITA
	Kenan Olcay	TUR
	Reino Kangasmäki	FIN
1952	Boris Gurewitsch	URS
	Ignazio Fabra	ITA
	Leo Honkala	FIN
1956	Nikolai Solowjow	URS
	Ignazio Fabra	ITA
	Dursan Ali Egribas	TUR
1960	Dumitru Pirvulescu	ROU
	Osman Sayed	EGY
	Mohamed Paziraye	IRI
1964	Tsutomu Hanahara	JPN
	Angel Keresow	BUL
	Dumitru Pirvulescu	ROU
1968	Petar Kirow	BUL
	Wladimir Bakulin	URS
	Miroslav Zeman	TCH
1972	Petar Kirow	BUL
	Koichiro Hirayama	JPN
	Giuseppe Bognanni	ITA
1976	Witali Konstantinow	URS
	Nicu Ginga	ROU
	Koichiro Hirayama	JPN
1980	Wachtang Blagidse	URS
	Lajos Rácz	HUN
	Mladen Mladenow	BUL
1984	Atsuji Miyahara	JPN
	Daniel Aceves	MEX
	Bang Dae-Du	KOR
1988	Jon Rönningen	NOR
	Atsuji Miyahara	JPN
	Lee Jae-Suk	KOR
1992	Jon Rönningen	NOR
	Alfred Ter-Mkrtchyan	EUN
	Min Kyung-Kap	KOR
1996	Armen Nazarjan	ARM
	Brandon Paulson	USA
	Andrej Kalaschnikow	UKR
2000	Sim Kwon-Ho	KOR
	Lazaro Rivas	CUB
	Kang Yong Gyun	PRK
2004	Istvan Majoros	HUN
	Gueidar Mamedaljew	RUS
	Artiom Kiouregkian	GRE
2008	Nasyr Mankijew	RUS
	Rowschan Bayramow	AZE
	Park Eun-Chul	KOR
	Roman Amoyan	ARM

–60 kg

1924	Eduard Pütsep	EST
	Anselm Ahlfors	FIN
	Väino Ikonen	FIN
1928	Kurt Leucht	GER
	Jindrich Maudr	TCH
	Giovanni Gozzi	ITA
1932	Jakob Brendel	GER
	Marcello Nizzola	ITA
	Louis Francois	FRA
1936	Marton Lörincz	HUN
	Egon Svensson	SWE
	Jakob Brendel	GER
1948	Kurt Pettersen	SWE
	Ali Mahmoud Hassan	EGY
	Halil Kaya	TUR
1952	Imre Hódos	HUN
	Zakaria Chihab	LIB
	Artem Terjan	URS
1956	Konstantin Wyrupajew	URS
	Edvin Vesterby	SWE
	Francisc Horvath	ROU
1960	Oleg Karawajew	URS
	Ion Cernea	ROU
	Dinko Petrow	BUL
1964	Masamitsu Ichiguchi	JPN
	Wladlen Trostjanski	URS
	Ion Cernea	ROU
1968	János Varga	HUN
	Ion Baciu	ROU
	Iwan Kotschergin	URS
1972	Rustem Kasakow	URS
	Hans-Jürgen Veil	FRG
	Risto Björlin	FIN
1976	Pertti Ukkola	FIN
	Ivan Frgic	YUG
	Farhat Mustafin	URS
1980	Schamil Serikow	URS
	Józef Lipien	POL
	Benni Ljungbeck	SWE
1984	Pasquale Passarelli	FRG
	Masaki Eto	JPN
	Charalambos Holidis	GRE
1988	Andras Sike	HUN
	Stojan Balow	BUL
	Charalambos Holidis	GRE
1992	An Han-Bong	KOR
	Rifat Yildiz	GER
	Sheng Zetian	CHN
1996	Juri Melnitschenko	KAZ
	Dennis Hall	USA
	Sheng Zetian	CHN
2000	Armen Nazarjan	BUL
	Kim In-Sub	KOR
	Sheng Zetian	CHN
2004	Jung Ji Hyun	KOR
	Roberto Monzon	CUB
	Armen Nazarjan	BUL
2008	Islam-Beka Albijew	RUS
	Witali Rahimow	AZE
	Ruslan Tijumenbajew	KGZ
	Nurbakyt Tengisbajew	KAZ

–63 kg (bis 2000)

1912	Kaarlo Koskelo	FIN
	Georg Gerstäcker	GER
	Otto Lasanen	FIN
1920	Oskar ›Oskari‹ Friman	FIN
	Heikki Kähkönen	FIN
	Frithjof Svensson	SWE
1924	Kaarlo ›Kalle‹ Anttila	FIN
	Aleksanteri Toivola	FIN
	Erik Malmberg	SWE
1928	Woldemar Väli	EST
	Erik Malmberg	SWE
	Gerolamo Quaglia	ITA
1932	Giovanni Gozzi	ITA
	Wolfgang Ehrl	GER
	Lauri Koskela	FIN
1936	Yasar Erkan	TUR
	Aarne Reini	FIN
	Einar Karlsson	SWE
1948	Mehmet Oktav	TUR
	Olle Anderberg	SWE
	Ferenc Tóth	HUN
1952	Jakow Punkin	URS
	Imre Polyák	HUN
	Abdel Rasched	EGY
1956	Rauno Mäkinen	FIN
	Imre Polyák	HUN
	Roman Dseneladse	URS
1960	Müzahir Sille	TUR
	Imre Polyák	HUN
	Konstantin Wyrupajew	URS
1964	Imre Polyák	HUN
	Roman Rurua	URS
	Branislav Martinovic	YUG
1968	Roman Rurua	URS
	Hideo Fujimoto	JPN
	Simion Popescu	ROU
1972	Georgi Markow	BUL
	Heinz-Helmut Wehling	GDR
	Kazimierz Lipién	POL
1976	Kazimierz Lipién	POL
	Nelson Dawidjan	URS
	László Reczi	HUN
1980	Stilianos Migiakis	GRE
	István Tóth	HUN
	Boris Kramorenko	URS
1984	Kim Weon-Kee	KOR
	Kent-Olle Johansson	SWE
	Hugo Dietsche	SUI
1988	Kamandar Madschidow	URS
	Jiwko Wangelow	BUL
	An Dae-Hyun	KOR
1992	Akif Pirim	TUR
	Sergej Martinow	EUN
	Juan Maren	CUB
1996	Wlodzimierz Zawadzki	POL
	Juan Maren	CUB
	Akif Pirim	TUR
2000	Warteres Samurgaschew	RUS
	Juan Luis Maren	CUB
	Akaki Schaschua	GEO

–66 kg

1908	Enrico Porro	ITA
	Nikolai Orlow	RUS
	Arvid Lindén-Linko	FIN
1912	Eemil Ernesti Väre	FIN
	Gustaf Malmström	SWE
	Edvin Matiasson	SWE
1920	Eemil Ernesti Väre	FIN
	Taavi Tamminen	FIN
	Frithjof Andersen	NOR
1924	Oskar ›Oskari‹ Friman	FIN
	Lajos Keresztes	HUN
	Kalle Westerlund	FIN
1928	Lajos Keresztes	HUN
	Eduard Sperling	GER
	Edvard Westerlund	FIN
1932	Erik Malmberg	SWE
	Abraham Kurland	DEN
	Eduard Sperling	GER
1936	Lauri Koskela	FIN
	Josef Herda	TCH
	Woldemar Väli	EST
1948	Gustav Freij	SWE
	Aage Eriksen	NOR
	Károly Ferencz	HUN
1952	Schazam Safin	URS
	Gustav Freij	SWE
	Mikulás Athansow	TCH
1956	Kyösti Lehtonen	FIN
	Riza Dogan	TUR
	Gyula Tóth	HUN
1960	Awtandil Koridse	URS
	Branislav Martinovic	YUG
	Gustav Freij	SWE
1964	Kazim Ayvaz	TUR
	Valeriu Bularca	ROU
	Dawid Gwanzeladse	URS
1968	Munji Munemura	JPN
	Stevan Horvat	YUG
	Petros Galaktopoulos	GRE
1972	Schamil Schisamutdinow	URS
	Stojan Apostolow	BUL
	Gian-Matteo Ranzi	ITA
1976	Suren Nalbandjan	URS
	Stefan Rusu	ROU
	Heinz-Helmut Wehling	GDR
1980	Stefan Rusu	ROU
	Andrzej Supron	POL
	Lars-Erik Skiöld	SWE
1984	Vlado Lisjak	YUG
	Tapio Sipilä	FIN
	James Martinez	USA
1988	Lewon Dschulfalkjan	URS
	Sung-Moon Kim	KOR
	Tapio Sipilä	FIN
1992	Attila Repka	HUN
	Islam Duguziew	EUN
	Rodney Smith	USA
1996	Ryszard Wolny	POL
	Ghani Yalouz	FRA
	Alexander Tretjakow	RUS
2000	Filiberto Azcuy	CUB
	Katsuhiko Nagata	JPN
	Alexej Gluschkow	RUS
2004	Farid Mansurow	AZE
	Seref Eroglu	TUR
	Mkkhitar Manukjan	KAZ
2008	Steeve Guenot	FRA
	Kanatbek Begalijew	KGZ
	Armen Wardanjan	UKR
	Michail Siamionau	BLR

–74 kg

1908	Frithjof Martensson	SWE
	Mauritz Andersson	SWE
	Anders Andersen	DEN
1912	Claes Johanson	SWE
	Martin Klein	RUS
	Alfred Asikainen	FIN
1920	Carl Westergren	SWE
	Artur Lindfors	FIN
	Matti Perttilä	FIN
1924	Edvard Westerlund	FIN
	Artur Lindfors	FIN
	Roman Steinberg	EST
1928	Väinö Kokkinen	FIN
	László Papp	HUN
	Albert Kusnets	EST
1932	Ivar Johansson	SWE
	Väinö Kajander-Kajukorpi	FIN
	Ercole Gallegati	ITA
1936	Rudolf Svedberg	SWE
	Fritz Schäfer	GER
	Eino Virtanen	FIN
1948	Gösta Andersson	SWE
	Miklós Szilvásy	HUN
	Henrik Hansen	DEN
1952	Miklós Szilvásy	HUN
	Gösta Andersson	SWE
	Khalil Taha	LIB
1956	Mithat Bayrak	TUR
	Wladimir Manejew	URS
	Per Berlin	SWE
1960	Mithat Bayrak	TUR
	Günter Maritschnigg	GER
	René Schiermeyer	FRA
1964 und 1968 nicht ausgetragen		
1972	Vitezslav Macha	TCH
	Petros Galaktopoulos	GRE
	Jan Karlsson	SWE
1976	Anatoli Bykow	URS
	Vitezslav Macha	TCH
	Karl-Heinz Helbing	FRG
1980	Ferenc Kocsis	HUN
	Anatoli Bykow	URS
	Mikko Huhtala	FIN
1984	Jouko Salomäki	FIN
	Roger Tallroth	SWE
	Stefan Rusu	ROU
1988	Kim Young-Nam	KOR
	Daulet Turlichanow	URS
	Jozef Tracz	POL
1992	Minatsakan Iskandarian	EUN
	Jozef Tracz	POL
	Torbjörn Kornbakk	SWE
1996	Feliberto Ascuy	CUB
	Marko Asell	FIN
	Jozef Tracz	POL
2000	Murat Kardanow	RUS
	Matt James Lindland	USA
	Marko Yli-Hannuksela	FIN
2004	Alexander Dokturischwili	UZB
	Marko Yli-Hannuksela	FIN
	Warteres Samurgatschew	RUS
2008	Manutschar Kwirkelija	GEO
	Chang Yongxiang	CHN
	Christophe Guenot	FRA
	Jawor Janakijew	BUL

–84 kg

1912	Gold nicht vergeben	
	2. Anders Oscar Ahlgren	SWE
	2. Ivar Theodor Böhling	FIN
	Béla Varga	HUN
1920	Claes Johanson	SWE
	Edil Rosenqvist	FIN
	Johannes Eriksen	DEN
1924	Carl Westergren	SWE
	Rudolf Svensson	SWE
	Onni Pellinen	FIN
1928	Ibrahim Moustafa	EGY
	Adolf Rieger	GER
	Onni Pellinen	FIN
1932	Väinö Kokkinen	FIN
	Jean Földeák	GER
	Axel Cadier	SWE
1936	Ivar Johansson	SWE
	Ludwig Schweickert	GER
	József Pálotas	HUN
1948	Axel Grönberg	SWE
	Muhlis Tayfur	TUR
	Ercole Gallegati	ITA
1952	Axel Grönberg	SWE
	Kalervo Rauhala	FIN
	Nikolai Below	URS
1956	Giwi Kartosija	URS
	Dimiter Dobrew	BUL
	Rune Jansson	SWE
1960	Dimiter Dobrew	BUL
	Lothar Metz	GER
	Ion Taranu	ROU
1964	Anatoli Kolessow	URS
	Kiril Petkow	BUL
	Bertil Nyström	SWE
1968	Rudolf Vesper	GDR
	Daniel Robin	FRA
	Károly Bajkó	HUN
1972	Csaba Hegedüs	HUN
	Anatoli Nasarenko	URS
	Milovan Nenadic	YUG
1976	Momir Petkovic	YUG
	Wladimir Tscheboksarow	URS
	Iwan Kolew	BUL
1980	Gennadi Korban	ROU
	Jan Dolgowicz	POL
	Pawel Pawlow	BUL
1984	Ion Draica	ROU
	Dimitrios Thanopoulos	GRE
	Sören Claesson	SWE
1988	Michail Mamiaschwili	URS
	Tibor Komaromi	HUN
	Sang-Kyu Kim	KOR
1992	Peter Farkas	HUN
	Piotr Stepien	POL
	Daulet Turlichanow	EUN
1996	Hamza Yerlikaya	TUR
	Thomas Zander	GER
	Waleri Tsilent	BLR
2000	Hamza Yerlikaya	TUR
	Sandor Bardosi	HUN
	Muchran Wachtangadze	GEO
2004	Alexej Mitschine	RUS
	Ara Abrahamian	SWE
	Wiatschaslau Makaranka	BLR
2008	Andrea Minguzzi	ITA
	Zoltan Fodor	HUN
	Nazmi Avluca	TUR

–90 kg (bis 1996)

1908	Verner Weckman	FIN
	Yrjö Saarlea	FIN
	Carl M. Jensen	DEN
1912–1928 nicht ausgetragen		
1932	Rudolf Svensson	SWE
	Onni Pellinen	FIN
	Mario Gruppioni	ITA
1936	Axel Cadier	SWE
	Edwins Bietags	LAT
	August Neo	EST
1948	Karl-Erik Nilsson	SWE
	Kaelpo Gröndahl	FIN
	Ibrahim Orabi	EGY
1952	Kaelpo Gröndahl	FIN
	Schalwa Tschichladse	URS
	Karl-Erik Nilsson	SWE
1956	Walentin Nikolajew	URS
	Petko Sirakow	BUL
	Karl-Erik Nilsson	SWE
1960	Tevfik Kis	TUR
	Kraliu Bimbalow	BUL
	Giwi Kartosija	URS
1964	Branislaw Simic	YUG
	Jiri Kormanik	TCH
	Lothar Metz	GER
1968	Lothar Metz	GDR
	Walentin Olejnik	URS
	Branislaw Simic	YUG
1972	Waleri Resanzew	URS
	Josip Corak	YUG
	Czeslaw Kwiecinski	POL
1976	Waleri Resanzew	URS
	Stojan Iwanow	BUL
	Czeslaw Kwiecinski	POL
1980	Norbert Növényi	HUN
	Igor Kanygin	URS
	Petre Dicu	ROU
1984	Steve Fraser	USA
	Ilie Matei	ROU
	Frank Andersson	SWE
1988	Atanas Komtschew	BUL
	Harri Koskela	FIN
	Wladimir Popow	URS
1992	Maik Bullmann	GER
	Hakki Basar	TUR
	Georgi Koguaschwili	EUN
1996	Wjatscheslaw Olejnik	UKR
	Jacek Fafinski	POL
	Maik Bullmann	GER

–96 kg

1964	Bojan Radew	BUL
	Per Svensson	SWE
	Heinz Kiehl	GER
1968	Bojan Radew	BUL
	Nikolai Jakowenko	URS
	Nicolae Martinescu	ROU
1972	Nicolae Martinescu	ROU
	Nikolai Jakowenko	URS
	Ferenc Kiss	HUN
1976	Nikolai Balboschin	URS
	Kamen Goranow	BUL
	Andrzej Skrzydleweski	POL
1980	Georgi Raikow	BUL
	Roman Bierla	POL
	Vasile Andrei	ROU
1984	Vasile Andrei	ROU
	Greg Gibson	USA
	Josef Tertelje	YUG
1988	Andrzej Wronski	POL
	Gerhard Himmel	FRG
	Dennis Koslowski	USA
1992	Hector Milian	CUB
	Dennis Koslowski	USA
	Sergej Demjaschkewitsch	EUN
1996	Andrzej Wronski	POL
	Sergej Lischtwan	BLR
	Mikael Ljungberg	SWE
2000	Mikael Ljungberg	SWE
	David Saladze	UKR
	Garrett Lowney	USA
2004	Karam Ibrahim	EGY
	Ramaz Nozadze	GEO
	Mehmet Ozal	TUR
2008	Aslanbek Chuschtow	RUS
	Mirko Englich	GER
	Asset Mambetow	KAZ
	Adam Wheeler	USA

–120 kg

(bis 1980 offene Klasse)

1896	Carl Schuhmann	GER
	Georgios Tsitas	GRE
	Stephanos Christopoulos	GRE
1908	Richard Weisz	HUN
	Alexander Petrow	RUS
	Sören Marius Jensen	DEN
1912	Yrjö Saarela	FIN
	Johan Frederik Olin	FIN
	Sören Marius Jensen	DEN
1920	Adolf Lindfors	FIN
	Poul Hansen	DEN
	Martti Nieminen	FIN
1924	Henri Deglane	FRA
	Edil Rosenqvist	FIN
	Raymund Bado	HUN
1928	Rudolf Svensson	SWE
	Hjalmar Eemil Nyström	FIN
	Georg Gehring	GER
1932	Carl Westergren	SWE
	Josef Urban	TCH
	Nikolaus Hirschl	AUT
1936	Kristjan Palusalu	EST
	John Nyman	SWE
	Kurt Hornfischer	GER
1948	Ahmet Kirecci	TUR
	Tor Nilsson	SWE
	Guido Fantoni	ITA

1952	Johannes Kotkas	URS
	Josef Ruzická	TCH
	Tauno Kovanen	FIN
1956	Anatoli Parfjonow	URS
	Wilfried Dietrich	GER
	Adelmo Bulgarelli	ITA
1960	Iwan Bogdan	URS
	Wilfried Dietrich	GER
	Bohumil Kubát	TCH
1964	István Kozma	HUN
	Anatoli Roschtschin	URS
	Wilfried Dietrich	GER
1968	István Kozma	HUN
	Anatoli Roschtschin	URS
	Petr Kment	TCH
1972	Anatoli Roschtschin	URS
	Alexander Tomow	BUL
	Victor Dolipschi	ROU
1976	Alexander Koltschinski	URS
	Alexander Tomow	BUL
	Roman Codreanu	ROU
1980	Alexander Koltschinski	URS
	Alexander Tomow	BUL
	Hassan Bechara	LIB
1984	Jeffrey Blatnick	USA
	Refik Memisevic	YUG
	Victor Dolipschi	ROU
1988	Alexander Karelin	URS
	Rangel Gerowski	BUL
	Tomas Johansson	SWE
1992	Alexander Karelin	EUN
	Tomas Johansson	SWE
	Ioan Grigoras	ROU
1996	Alexander Karelin	RUS
	Siamak Ghaffari	USA
	Sergej Mureiko	MDA
2000	Rulon Gardner	USA
	Alexander Karelin	RUS
	Dimitri Debelka	BLR
2004	Chassan Barojew	RUS
	Georgi Tsurtsumia	KAZ
	Rulon Gardner	USA
2008	Mijain Lopez	CUB
	Chasan Barojew	RUS
	Mindaugas Mizgaitis	LTU
	Juri Patrikejew	ARM

Freistil

–48 kg (bis 1996)

1972	Roman Dmitrijew	URS
	Ognjan Nikolow	BUL
	Ebrahim Javadi	IRI
1976	Hassan Issajew	BUL
	Roman Dmitrijew	URS
	Akira Kudo	JPN
1980	Claudio Pollio	ITA
	Jang Se-Hong	PRK
	Sergej Kornilajew	URS
1984	Robert Weaver	USA
	Takashi Irie	JPN
	Son Gab-Do	KOR
1988	Takashi Kobayashi	JPN
	Iwan Zonow	BUL
	Sergej Karamtschakow	URS
1992	Kim Il Ong	PRK
	Kim Jong-Shin	KOR
	Wugar Orudijow	EUN
1996	Kim Il Ong	PRK
	Armen Mkrytschan	ARM
	Alexis Vila	CUB

–55 kg

1948	Lennnart Viitala	FIN
	Halit Balamir	TUR
	Thure Johansson	SWE
1952	Hasan Gemici	TUR
	Yushu Kitano	JPN
	Mahmoud Mollaghassemi	IRI
1956	Mirian Zalkalamanidse	URS
	Mohamed Khojastehpour	IRI
	Hüseyin Akbas	TUR
1960	Ahmet Bilek	TUR
	Masayuki Matsubara	JPN
	Mohamad Saidabadi	IRI
1964	Yoshikatsu Yoshida	JPN
	Chang Chang-Sun	KOR
	Said Aliakbar Haydari	IRI
1968	Shigeo Nakata	JPN
	Richard Sanders	USA
	Suchebator Surenjav	MGL
1972	Kiyomi Kato	JPN
	Arsen Alachwerdijew	URS
	Gwong-Hyong Kim	PRK
1976	Yuji Takada	JPN
	Alexander Iwanow	URS
	Jeon Hae-Sup	KOR
1980	Anatoli Beloglasow	URS
	Wladyslaw Stecyk	POL
	Nermedin Selimow	BUL
1984	Saban Trstena	YUG
	Kim Jong-Kyu	KOR
	Yuji Takada	JPN
1988	Mitsuru Sato	JPN
	Saban Trstena	YUG
	Wladimir Togusow	URS
1992	Lee Hak-Son	PRK
	Larry Lee Jones	USA
	Walentin Jordanow	BUL
1996	Walentin Jordanow	BUL
	Namig Abdullajew	AZE
	Maule Mamyrow	KAZ
2000	Namig Abdullajew	AZE
	Samuel Henson	USA
	Amiran Karntanov	GRE
2004	Mawlet Batirow	RUS
	Stephen Abas	USA
	Chikara Tanabe	JPN
2008	Henry Cejudo	USA
	Tomohiro Matsunaga	JPN
	Besik Kuduchow	RUS
	Radoslaw Welikow	BUL

–60 kg

1908	George Mehnert	USA
	William J. Press	GBR
	Aubert Coté	CAN
1924	Kustaa Pihlajamäki	FIN
	Kaarlo Mäkinen	FIN
	Bryant Hines	USA
1928	Kaarlo Mäkinen	FIN
	Edmond Spapen	BEL
	James Trifunov	CAN
1932	Robert Pearce	USA
	Ödön Zombori	HUN
	Aatos Jaskari	FIN
1936	Ödön Zombori	HUN
	Ross Flood	USA
	Johannes Herbert	GER
1948	Nasuh Akar	TUR
	Gerald Leeman	USA
	Charles Kouyos	FRA
1952	Shohachi Ishii	JPN
	Raschid Mamedbekow	URS
	Kha-Shaba Jadav	IND
1956	Mustafa Dagistanli	TUR
	Mohamad Yoghoubi	IRI
	Michail Schachow	URS
1960	Terrence McCann	USA
	Nejdet Zalew	BUL
	Tadeusz Trojanowski	POL
1964	Yojiro Uetake	JPN
	Hüseyin Akbas	URS
	Aidyn Ibragimow	URS
1968	Yojiro Uetake	JPN
	Donald Behm	USA
	Abutaleb Gorgori	IRI
1972	Hideaki Yanagida	JPN
	Richard Sanders	USA
	László Klinga	HUN
1976	Wladimir Jumin	URS
	Hans-Dieter Brüchert	GDR
	Masao Arai	JPN
1980	Sergej Beloglasow	URS
	Li Ho-Pyong	PRK
	Dugassuren Ouinbold	MGL
1984	Hideaki Tomiyama	JPN
	Barry Davis	USA
	Kim Eui-Kon	KOR
1988	Sergej Beloglasow	URS
	Asgari Mohammadian	IRI
	Noh Kyung-Sung	KOR
1992	Alejandro Puerto	CUB
	Sergej Smal	EUN
	Kim Yong-Sik	PRK
1996	Kendall Cross	USA
	Giuvi Sissaouri	CAN
	Yong San Ri	PRK
2000	Alireza Dabir	IRI
	Jewgeni Buslowisch	UKR
	Terry Brands	USA
2004	Yandro Miguel Quitana	CUB
	Masuod Jokar	IRI
	Kenji Inoue	JPN
2008	Mawlet Batirow	RUS
	Wasil Fedorischin	UKR
	Kenichi Yumoto	JPN
	Seyedmorad Mohammadi	IRI

–63 kg (bis 2000)

1908	George Dole	USA
	James P. Slim	GBR
	William McKie	GBR
1920	Charles Akerly	USA
	Samuel Gerson	USA
	P.W.Bernard	GBR
1924	Robin Reed	USA
	Chester Newton	USA
	Katsutoshi Naito	JPN
1928	Allie Morrison	USA
	Kustaa Pihlajamäki	FIN
	Hans Minder	SUI
1932	Hermanni Pihlajamäki	FIN
	Edgar Nemir	USA
	Einar Karlsson	SWE
936	Kustaa Pihlajamäki	FIN
	Francis Millard	USA
	Gösta Jönsson	SWE
1948	Gazanfer Bilge	TUR
	Ivar Sjölin	SWE
	Adolf Müller	SUI
1952	Bayram Sit	TUR
	Nasser Guivehtchi	IRI
	Josiah Henson	USA
1956	Shozo Sasahara	JPN
	Joseph Mewis	BEL
	Erkki Penttilä	FIN
1960	Mustafa Dagistanli	TUR
	Stantscho Kolew	BUL
	Wladimir Rubaschwili	URS
1964	Osamu Watanabe	JPN
	Stantscho Kolew	BUL
	Nodar Schochaschwili	URS
1968	Masaki Kaneko	JPN
	Eniu Todorow	BUL
	Shamseddin Seyed-Abassy	IRI
1972	Sagalaw Abdulbekow	URS
	Vehbi Akdag	TUR
	Iwan Krastew	BUL
1976	Yang Jung-Mo	KOR
	Zeveg Oidow	MGL
	Gene Davis	USA
1980	Magomedgason Abuschew	URS
	Micho Dukow	BUL
	Georgios Haziionidis	GRE
1984	Randy Lewis	USA
	Kosei Akaishi	JPN
	Lee Jung-Keun	KOR
1988	John Smith	USA
	Stepan Sarkisjan	URS
	Simeon Schterew	BUL
1992	John Smith	USA
	Asgari Mohammadian	IRI
	Lazaro Reinosa	CUB
1996	Thomas Brands	USA
	Jang Jae-Sung	KOR
	Elbrus Tedejew	URS
2000	Murad Umachanow	RUS
	Serafim Barsakow	BUL
	Jang Jae-Sung	KOR

–66 kg

1908	George de Relwyskow	GBR
	William Wood	GBR
	Albert Gingell	GBR
1920	Kaarlo ›Kalle‹ Anttila	FIN
	Gottfrid Svensson	SWE
	Peter Wright	GBR
1924	Russell Vis	USA
	Volmari Vikström	FIN
	Arvo Jaako Haavisto	FIN
1928	Osvald Käpp	EST
	Charles Pacome	FRA
	Eino Leino	FIN
1932	Charles Pacome	FRA
	Károly Kárpáti	HUN
	Gustaf Klaren	SWE
1936	Károly Kárpáti	HUN
	Wolfgang Ehrl	FIN
	Hermanni Pihlajamäki	FIN
1948	Celal Atik	TUR
	Gösta Jönsson	SWE
	Hermann Baumann	SUI
1952	Olle Anderberg	SWE
	Jay Thomas Evans	USA
	Djahanbakte Tovfighe	IRI
1956	Emamali Habibi	IRI
	Shigeru Kasahara	JPN
	Alimberg Bestajew	URS
1960	Shelby Wilson	USA
	Wladimir Sinjawski	URS
	Eniu Waltschew	BUL
1964	Eniu Waltschew	BUL
	Klaus-Jürgen Rost	GER
	Iwao Horiuchi	JPN
1968	Abdollah Movahed Ardabili	IRI
	Eniu Waltschew	BUL
	Sereeter Danzandarjaa	MGL
1972	Dan Gable	USA
	Kikuo Wada	JPN
	Ruslan Aschuralijew	URS
1976	Pawel Pinigin	URS
	Lloyd Kaeser	USA
	Yasaburo Sugawara	JPN
1980	Saipulla Absaidow	URS
	Iwan Jankow	BUL
	Savan Sejdi	YUG
1984	You In-Tak	KOR
	Andrew Rein	USA
	Jukka Rauhala	FIN
1988	Arsen Fadschajew	URS
	Park Jong-Soon	KOR
	Nate Carr	USA
1992	Arsen Fadschajew	EUN
	Walentin Getsow	BUL
	Kosai Akaishi	JPN
1996	Wladim Bogijew	RUS
	Townsend Saunders	USA
	Zaza Zazirow	UKR
2000	Daniel Igali	CAN
	Arsen Gitinow	RUS
	Lincoln McIlravy	USA
2004	Elbrus Tedejew	UKR
	Jamill Kelly	USA
	Machatsch Murtasaliew	RUS
2008	Ramazan Sahin	TUR
	Andrij Stadnik	UKR
	Otar Tuschischwili	GEO
	Sushil Kumar	IND

–74 kg

1924	Hermann Gehri	SUI
	Eino Leino	FIN
	Otto Müller	SUI
1928	Arvo Jaako Haavisto	FIN
	Lloyd Appleton	USA
	Maurice Letchford	CAN
1932	Jack Van Bebber	USA
	Daniel McDonald	CAN
	Eino Leino	FIN
1936	Frank Lewis	USA
	Ture Andersson	SWE
	Joseph Schleimer	CAN
1948	Yasar Dogu	TUR
	Richard Gorrard	AUS
	Leland Merrill	USA
1952	William Smith	USA
	Per Berlin	SWE
	Abdullah Modjtabavi	IRI
1956	Mitsuo Ikeda	JPN
	Ibrahim Zengin	TUR
	Wachtang Balawadse	URS
1960	Douglas Blubaugh	USA
	Ismail Ogan	TUR
	Muhammed Bashir	PAK
1964–1968 nicht ausgetragen		
1972	Wayne Wells	USA
	Jan Karlsson	SWE
	Adolf Seger	FRG
1976	Jiichiro Date	JPN
	Mansour Barzegar	IRI
	Stanley Dziedzic	USA
1980	Walentin Raitschew	BUL
	Jamtsying Dawaajaw	MGL
	Dan Karabin	TCH
1984	David Schultz	USA
	Martin Knosp	FRG
	Saban Sejdi	YUG
1988	Kenneth Monday	USA
	Adlan Warajew	URS
	Rachmad Sofiadi	BUL
1992	Park Jang-Soon	KOR
	Kenneth Monday	USA
	Amir Reza Khadem	IRI
1996	Butwaisa Saitijew	RUS
	Park Jang-Soon	KOR
	Takuya Ota	JPN
2000	Brandon Slay	USA
	Moon Eui Joe	KOR
	Adem Bereket	TUR
2004	Buwaisa Sajtiew	RUS
	Gennadi Lalijew	KAZ
	Ivan Fundora	CUB
2008	Buwaisa Sajtijew	RUS
	Soslan Tigijew	UZB
	Murad Gaidarow	BLR
	Kiril Tersiew	BUL

–84 kg

1908	Stanley Bacon	GBR
	George de Relwyskow	GBR
	Frederick Beck	GBR
1920	Eino Leino	FIN
	Väinö Penttala	FIN
	Charles Johnson	USA
1924	Fritz Hagmann	SUI
	Pierre Ollivier	BEL
	Vilho Pekkala	FIN
1928	Ernst Kyburz	SUI
	Donald Stockton	CAN
	Samuel Rabin	GBR
1932	Ivar Johansson	SWE
	Kyösti Luukko	FIN
	Jozsef Tunyogi	HUN
1936	Emile Poilvé	FRA
	Richard Voliva	USA
	Ahmet Kirecci	TUR
1948	Glen Brand	USA
	Adil Candemir	TUR
	Erik Lindén	SWE
1952	Dawid Zimakuridse	URS
	Gholamreza Takhiti	IRI
	György Gurcis	HUN
1956	Nikola Stantschew	BUL
	Daniel Hodge	USA
	Georgi Schirtladse	URS
1960	Hasan Güngör	TUR
	Georgi Schirtladse	URS
	Hans Yingve Antonsson	SWE
1964	Ismail Ogan	TUR
	Guliko Sagaradse	URS
	Mohamad Ali Sanatkaran	IRI
1968	Mahmut Atalay	TUR
	Daniel Robin	FRA
	Dagvasuren Purev	MGL
1972	Lewan Tediaschwili	URS
	John Peterson	USA
	Vasile Iorga	ROU
1976	John Peterson	USA
	Wiktor Nowoschilow	URS
	Adolf Seger	FRG
1980	Ismail Abilow	BUL
	Magomed Arazilow	URS
	Istvan Kovacs	HUN
1984	Mark Schultz	USA
	Hideyuki Nagashima	JPN
	Chris Rinke	CAN
1988	Han Myung-Woo	KOR
	Necmi Gencalp	TUR
	Josef Lohyna	TCH
1992	Kevin Jackson	USA
	Elmadi Dschabrailow	EUN
	Rasul Khadem	IRI
1996	Schadschimurad Magomedow	RUS
	Yang Hyun-Mo	KOR
	Amir Khadem	IRI
2000	Adam Saitiew	RUS
	Yoel Romero	CUB
	Mogamed Ibragimow	MKD
2004	Carl Sanderson	USA
	Moon Eui Jae	KOR
	Saschid Saschidow	RUS
2008	Rewazi Mindoraschwili	GEO
	Jusup Abdusalomow	TJK
	Taras Danko	UKR
	Georgi Ketojew	RUS

–90 kg (bis 1996)

1920	Anders Larsson	SWE
	Charles Courant	SUI
	Walter Maurer	USA
1924	John Spellmann	USA
	Rudolf Svensson	SWE
	Charles Courant	SUI
1928	Thure Sjöstedt	SWE
	Arnold Bögli	SUI
	Henri Lefèbre	FRA
1932	Peter Mehringer	USA
	Thure Sjöstedt	SWE
	Eddie Scarf	AUS
1936	Knut Fridell	SWE
	August Neo	EST
	Erich Siebert	GER
1948	Henry Wittenberg	USA
	Fritz Stöckli	SUI
	Bengt Fahlkvist	SWE
1952	Viking Palm	SWE
	Henry Wittenberg	USA
	Adil Atan	TUR
1956	Gholamreza Takhiti	IRI
	Boria Kulajew	URS
	Peter Blair	USA
1960	Ismet Atli	TUR
	Gholamreza Takhiti	IRI
	Anatoli Albul	URS
1964	Prodon Gordschew	BUL
	Hasan Güngör	TUR
	Daniel Brand	USA
1968	Boris Gurewitsch	URS
	Munkbat Jigjid	MGL
	Prodan Gordschew	BUL
1972	Benjamin Peterson	USA
	Gennadi Strachow	URS
	Károly Bajkó	HUN
1976	Lewan Tediaschwili	URS
	Benjamin Peterson	USA
	Stelica Morcov	ROU
1980	Sanasar Oganesjan	URS
	Uwe Neupert	GDR
	Alexander Cichon	POL
1984	Ed Banach	USA
	Akira Ohta	JPN
	Noel Loban	GBR
1988	Macharbek Schardatsew	URS
	Akira Ohta	JPN
	Kim Tae-Woo	KOR
1992	Macharbek Schardatsew	EUN
	Kenan Simsek	TUR
	Christopher Campbell	USA
1996	Rasul Khadem	IRI
	Macharbek Schardatsew	RUS
	Eldari Kurtanidse	GEO

–96 kg

1964	Alexander Medwed	URS
	Ahmet Ayik	TUR
	Said Mustafow	BUL
1968	Ahmet Ayik	TUR
	Shota Lomidse	URS
	József Csatari	HUN
1972	Iwan Jarygin	URS
	Khorloo Baianmunkh	MGL
	József Csatari	HUN

1976	Iwan Jarygin	URS
	Russell Hellickson	USA
	Dimo Kostow	BUL
1980	Ilja Mate	URS
	Slawtscho Tscherwenkow	BUL
	Julius Strnisko	TCH
1984	Lou Banach	USA
	Joseph Atiyeh	SYR
	Vasile Puscasu	ROU
1988	Vasile Puscasu	ROU
	Leri Schabelow	URS
	Bill Scherr	USA
1992	Leri Schabelow	EUN
	Heiko Balz	GER
	Ali Kayali	TUR
1996	Kurt Angle	USA
	Abbas Jadidi	IRI
	Arawat Sabejew	GER
2000	Saghid Murtasalijew	RUS
	Islam Bairamukow	KAZ
	Eldar Kurtanidze	GEO
2004	Chadjimurat Gazalow	RUS
	Magomend Ibragimow	UZB
	Alireza Heidari	IRI
2008	Schirwani Muradow	RUS
	Taimuras Tigijew	KAZ
	Chetag Gasiumow	AZE
	George Gogschelidse	GEO

–120 kg

(bis 1980 offene Klasse)

1908	George Con O'Kelly	GBR
	Jacob Gundersen	NOR
	Edward Barrett	GBR
1920	Robert Roth	SUI
	Nathan Pendleton	USA
	Ernst Nilsson	SWE
	Frederick Meyer	USA
1924	Harry Steel	USA
	Henri Wernli	SUI
	Andrew McDonnald	GBR
1928	Johan Richthoff	SWE
	Aukusti Sihvola	FIN
	Edmond Dame	FRA
1932	Johan Richthoff	SWE
	John Riley	USA
	Nikolaus Hirschl	AUS
1936	Kristjan Palusalu	EST
	Josef Klapuch	TCH
	Hjalmar Nyström	FIN
1948	Gyula Bóbis	HUN
	Bertil Antonssons	SWE
	Joseph Armstrong	AUS
1952	Arsen Mekokischwili	URS
	Bertil Antonssons	SWE
	Kenneth Richmond	GBR
1956	Hamit Kaplan	TUR
	Jussein Mehmedow	BUL
	Taisto Kangasniemi	FIN
1960	Wilfried Dietrich	GER
	Hamit Kaplan	TUR
	Sawkus Scharassow	URS
1964	Alexander Iwanizki	URS
	Liutwi Achmedow	BUL
	Hamit Kaplan	TUR
1968	Alexander Medwed	URS
	Osman Duraliew	BUL
	Wilfried Dietrich	FRG
1972	Alexander Medwed	URS
	Osman Duraliew	BUL
	Chris Taylor	USA
1976	Soslan Andijew	URS
	József Balla	HUN
	Ladislau Simon	ROU
1980	Soslan Andijew	URS
	József Balla	HUN
	Adam Sandurski	POL
1984	Bruce Baumgartner	USA
	Bob Molle	CAN
	Ayhan Taskin	TUR
1988	David Gobedischwili	URS
	Bruce Baumgartner	USA
	Andreas Schröder	GDR
1992	Bruce Baumgartner	USA
	Jeff Thue	CAN
	David Gobedischwili	EUN
1996	Mahmut Demir	TUR
	Alexej Medwedew	BLR
	Bruce Baumgartner	USA
2000	David Mussulbes	RUS
	Artur Taimasow	UZB
	Alexis Rodriguez	CUB
2004	Artur Tajmasow	UZB
	Alireza Rezaei	IRI
	Aydin Polatci	TUR
2008	Artur Taimasow	UZB
	Bachtiyar Achmedow	RUS
	David Musulbes	SLO

Frauen, Freistil

–48 kg

2004	Irini Merlini	UKR
	Chiharu Icho	JPN
	Patricia Miranda	USA
2008	Carol Huynh	CAN
	Chiharu Icho	JPN
	Marija Stadnik	AZE
	Irini Merleni	UKR

–55 kg

2004	Saori Yoshida	JPN
	Tonya Verbeek	CAN
	Anna Gomis	FRA
2008	Saori Yoshida	JPN
	Xu Li	CHN
	Tonya Verbeek	CAN

–63 kg

2004	Kaori Icho	JPN
	Sara McMann	USA
	Lise Legrand	FRA
2008	Kaori Icho	JPN
	Alena Kartaschowa	RUS
	Jelena Schaligina	KAZ
	Randi Miller	USA

–72 kg

2004	Wang Xu	CHN
	Gusel Manjurowa	RUS
	Kyoko Hamaguchi	JPN
2008	Wang Jiao	CHN
	Stanka Slatewa	BUL
	Kyoko Hamaguchi	JPN
	Agnieszka Wieszczek	POL

Taekwondo

Männer

–58 kg

2000	Michail Mouroutsos	GRE	4:2
	Gabriel Esparza	ESP	
	Chih-Hsiung Huang	TPE	
2004	Mu Yen Chu	TPE	5:1
	Oscar Francisco Salazar Blanco	MEX	
	Tamer Bayoumi	EGY	
2008	Guillermo Perez	MEX	1:1
	Yulis Gabriel Mercedes	DOM	
	Rohullah Nikpei	AFG	
	Chu Mu-Yen	TPE	

–68 kg

2000	Steven Lopez	USA	1:0
	Sin Joon-Sik	KOR	
	Hadi Saei Bonehkohal	IRI	
2004	Hadi Saei Bonehkohal	IRI	4:3
	Huang Chih Hsiung	TPE	
	Song Myeong Seob	KOR	
2008	Son Taejin	KOR	3:2
	Mark Lopez	USA	
	Sung Yu-Chi	TPE	
	Servet Tazegül	TUR	

–80 kg

2000	Angel Fuentes	CUB	3:1
	Faissal Ebnoutalib	GER	
	Victor Garibay	MEX	
2004	Steven Lopez	USA	3:0
	Bahri Tanrikulu	TUR	
	Yossef Karami	IRI	
2008	Hadi Saei	IRI	6:4
	Mauro Sarmiento	ITA	
	Steven Lopez	USA	
	Zhu Guo	CHN	

+80 kg

2000	Kim Kyong-Hun	KOR	6:2
	Daniel Trenton	AUS	
	Pascal Gentil	FRA	
2004	Moon Dae Sung	KOR	K.o. 1.R.
	Alexandros Nikolaidis	GRE	
	Pascal Gentil	FRA	
2008	Cha Dongmin	KOR	5:4
	Alexandros Nikolaidis	GRE	
	Arman Tschilamnow	KAZ	
	Chika Yagazie Chukwumerije	NGR	

Frauen

–49 kg

2000	Lauren Burns	AUS	4:2
	U. Melendez Rodriguez	CUB	
	Chi Shu-Ju	TPE	
2004	Chen Shih Hsin	TPE	5:4
	Yanelis Yuliet Labrada Diaz	CUB	
	Yaowapa Boorapolchai	THA	
2008	Wu Yingyu	CHN	1:1
	Buttree Puedpong	THA	
	Daynellis Montejo	CUB	
	Dalia Contreras Rivero	VEN	

–57 kg

2000	Jung Jae-Eun	KOR	2:0
	Hieu Ngan Tran	VIE	
	Hamide Bikcin	TUR	
2004	Jang Ji Won	KOR	2:1
	Nia Abdallah	USA	
	Iridia Salazar Blanco	MEX	
2008	Lim Sujeong	KOR	1:0
	Azize Tanrikulu	TUR	
	Diana Lopez	USA	
	Martina Zubcic	CRO	

–67 kg

2000	Lee Sun-Hee	KOR	6:3
	Trude Gundersen	NOR	
	Yoriko Okamoto	JPN	
2004	Luo Wei	CHN	7:6
	Elisavet Mystakidou	GRE	
	Hwang Kyung Sun	KOR	
2008	Hwang Kyungseong	KOR	2:1
	Karine Sergerie	CAN	
	Gwladys Patience Epangue	FRA	
	Sandra Saric	CRO	

+67 kg

2000	Zhong Chen	CHN	8:3
	Natalia Iwanowa	RUS	
	Dominique Bosshart	CAN	
2004	Zhong Chen	CHN	12:5
	Myriam Baverel	FRA	
	Adriana Carmona	VEN	
2008	Maria del Rosario Espinoza	MEX	3:1
	Nina Solheim	NOR	
	Sarah Stevenson	GBR	
	Natalia Falavigna	BRA	

LEICHTATHLETIK

Männer

100 m

1896	Thomas Burke	USA	12,0
	Fritz Hofmann	GER	12,2
	Alajos Szokolyi	HUN	12,6
1900	Francis Jarvis	USA	11,0
	Walter John Tewksbury	USA	11,1
	Stanley Rowley	AUS	11,2
1904	Archie Hahn	USA	11,0
	Nathaniel Cartmell	USA	11,2
	William Hogenson	USA	11,2
1908	Reggie Walker	RSA	10,8
	James Rector	USA	10,9
	Robert Kerr	CAN	11,0
1912	Ralph Craig	USA	10,8
	Alvah Meyer	USA	10,9
	Donald Lippincott	USA	10,9
1920	Charles Paddock	USA	10,8
	Morris Kirksey	USA	10,8
	Harry Edward	GBR	10,9
1924	Harold Abrahams	GBR	10,6
	Jackson Scholz	USA	10,7
	Arthur Porritt	NZL	10,8
1928	Percy Williams	CAN	10,8
	Jack London	GBR	10,9
	Georg Lammers	GER	10,9
1932	Thomas »Eddie« Tolan	USA	10,3
	Ralph Metcalfe	USA	10,3
	Arthur Jonath	GER	10,4
1936	Jesse Owens	USA	10,3
	Ralph Metcalfe	USA	10,4
	Martinus Osendarp	NED	10,5
1948	Harrison Dillard	USA	10,3
	Norwood Barney Ewell	USA	10,4
	Lloyd LaBeach	PAN	10,4
1952	Lindy Remigino	USA	10,4
	Herbert McKenley	JAM	10,4
	McDonald Bailey	GBR	10,4
1956	Bobby Morrow	USA	10,5
	Thane Baker	USA	10,5
	Hector Hogan	AUS	10,6
1960	Armin Hary	GER	10,2
	David Sime	USA	10,2
	Peter Radford	GBR	10,3
1964	Robert Hayes	USA	10,0
	Enrique Figuerola	CUB	10,2
	Harry Jerome	CAN	10,2
1968	Jim Hines	USA	9,9
	Lennox Miller	JAM	10,0
	Charlie Greene	USA	10,0
1972	Waleri Borsow	URS	10,14
	Robert Taylor	USA	10,24
	Lennox Miller	JAM	10,33
1976	Hasely Crawford	TRI	10,06
	Don Quarrie	JAM	10,08
	Waleri Borsow	URS	10,14
1980	Allan Wells	GBR	10,25
	Silvio Leonard	CUB	10,25
	Petar Petrow	BUL	10,39
1984	Carl Lewis	USA	9,99
	Sam Graddy	USA	10,19
	Ben Johnson	CAN	10,22
1988	Carl Lewis	USA	9,92
	Linford Christie	GBR	9,97
	Calvin Smith	USA	9,99
1992	Linford Christie	GBR	9,96
	Frank Fredericks	NAM	10,02
	Dennis Mitchell	USA	10,04
1996	Donovan Bailey	CAN	9,84
	Frank Fredericks	NAM	9,89
	Ato Boldon	TRI	9,90
2000	Maurice Greene	USA	9,87
	Ato Boldon	TRI	9,99
	Obadele Thompson	BAR	10,04
2004	Justin Gatlin	USA	9,85
	Francis Obikwelu	POR	9,86
	Maurice Greene	USA	9,87
2008	Usain Bolt	JAM	9,69
	Richard Thompson	TRI	9,89
	Walter Dix	USA	9,91

200 m

1900	Walter John Tewksbury	USA	22,2
	Norman Pritchard	IND	22,8
	Stanley Rowley	AUS	22,9
1904	Archie Hahn	USA	21,6
	Nathaniel Cartmell	USA	21,9
	William Hogenson	USA	
1908	Robert Kerr	CAN	22,6
	Robert Cloughen	USA	22,6
	Nathaniel Cartmell	USA	22,7
1912	Ralph Craig	USA	21,7
	Donald Lippincott	USA	21,8
	William Appelgarth	GBR	22,0
1920	Allen Woodring	USA	22,0
	Charles Paddock	USA	22,1
	Harry Edward	GBR	22,2
1924	Jackson Scholz	USA	21,6
	Charles Paddock	USA	21,7
	Eric Liddell	GBR	21,9
1928	Percy Williams	CAN	21,8
	Walter Rangeley	GBR	21,9
	Helmuth Körnig	GER	21,9
1932	Thomas ›Eddie‹ Tolan	USA	21,2
	George Simpson	USA	21,4
	Ralph Metcalfe	USA	21,5
1936	Jesse Owens	USA	20,7
	›Mack‹ Robinson	USA	21,2
	Martinus Osendarp	NED	21,3
1948	Mel Patton	USA	21,1
	Norwood Barney Ewell	USA	21,1
	Lloyd LaBeach	PAN	21,2
1952	Andrew Stanfield	USA	20,7
	Thane Baker	USA	20,8
	James Gathers	USA	20,8
1956	Bobby Morrow	USA	20,6
	Andrew Stanfield	USA	20,7
	Thane Baker	USA	20,9
1960	Livio Berruti	ITA	20,5
	Lester Carney	USA	20,6
	Abdoulaye Seye	FRA	20,7
1964	Henry Carr	USA	20,3
	Otis Paul Drayton	USA	20,5
	Edwin Roberts	TRI	20,6
1968	Tommie Smith	USA	19,8
	Peter Norman	AUS	20,0
	John Carlos	USA	20,0
1972	Waleri Borsow	URS	20,00
	Larry Black	USA	20,19
	Pietro Mennea	ITA	20,30
1976	Don Quarrie	JAM	20,23
	Millard Hampton	USA	20,29
	Dwayne Evans	USA	20,43
1980	Pietro Mennea	ITA	20,19
	Allan Wells	GBR	20,21
	Don Quarrie	JAM	20,29
1984	Carl Lewis	USA	19,80
	Kirk Baptiste	USA	19,96
	Thomas Jefferson	USA	20,26
1988	Joe DeLoach	USA	19,75
	Carl Lewis	USA	19,79
	Robson da Silva	BRA	20,04
1992	Mike Marsh	USA	20,01
	Frank Fredericks	NAM	20,12
	Michael Bates	USA	20,38
1996	Michael Johnson	USA	19,32
	Frank Fredericks	NAM	19,68
	Ato Boldon	TRI	19,80
2000	Konstantinos Kenteris	GRE	20,09
	Darren Campbell	GBR	20,14
	Ato Boldon	TRI	20,20
2004	Shawn Crawford	USA	19,79
	Bernard Williams	USA	20,01
	Justin Gatlin	USA	20,03
2008	Usain Bolt	JAM	19,30
	Shawn Crawford	USA	19,96
	Walter Dix	USA	19,98

400 m

1896	Thomas Burke	USA	54,2
	Herbert Jamison	USA	55,2
	Fritz Hofmann	GER	55,6
1900	Maxwell ›Maxey‹ Long	USA	49,4
	William Holland	USA	49,6
	Ernst Schultz	DEN	15 m
1904	Harry Hillman	USA	49,2
	Frank Waller	USA	49,9
	Herman Groman	USA	50,0
1908	Wyndham Halswelle	GBR	50,0
	die anderen Finalisten verzichteten aus Protest		
1912	Charles Reidpath	USA	48,2
	Hanns Braun	GER	48,3
	Edward Lindberg	USA	48,4
1920	Bevill Rudd	RSA	49,6
	Guy Butler	GBR	49,9
	Nils Engdahl	SWE	50,0
1924	Eric Liddell	GBR	47,6
	Horatio Fitch	USA	48,4
	Guy Butler	GBR	48,6
1928	Raymond Barbuti	USA	47,8
	James Ball	CAN	48,0
	Joachim Büchner	GER	48,2
1932	William Carr	USA	46,2
	Benjamin Eastman	USA	46,4
	Alexander Wilson	CAN	47,4
1936	Archie Williams	USA	46,5
	Arthur G. K. Brown	GBR	46,7
	James LuValle	USA	46,8
1948	Arthur Wint	JAM	46,2
	Herb McKenley	JAM	46,4
	Mal Whitfield	USA	46,9
1952	George Rhoden	JAM	45,9
	Herbert McKenley	JAM	45,9
	Ollie Matson	USA	46,8
1956	Charles Jenkins	USA	46,7
	Karl-Friedrich Haas	GER	46,8
	Ardaljon Ignatjew	URS	47,0
	Voitto Hellsten	FIN	47,0
1960	Otis Davis	USA	44,9
	Carl Kaufmann	GER	44,9
	Malcom Spence	RSA	45,5
1964	Michael Larrabee	USA	45,1
	Wendell Mottley	TRI	45,2
	Andrzej Badenski	POL	45,6
1968	Lee Evans	USA	43,8
	Larry James	USA	43,9
	Ronald Freeman	USA	44,4
1972	Vincent Matthews	USA	44,66
	Wayne Collett	USA	44,80
	Julius Sang	KEN	44,92
1976	Alberto Juantorena	CUB	44,26
	Frederik Newhouse	USA	44,40
	Herman Frazier	USA	44,95
1980	Wiktor Markin	URS	44,60
	Richard Mitchell	AUS	44,84
	Frank Schaffer	GDR	44,87
1984	Alonzo Babers	USA	44,27
	Gabriel Tiacoh	CIV	44,54
	Antonio McKay	USA	44,71
1988	Steve Lewis	USA	43,87
	Harry ›Butch‹ Reynolds	USA	43,93
	Danny Everett	USA	44,09
1992	Quincy Watts	USA	43,50
	Steve Lewis	USA	44,21
	Samson Kitur	KEN	44,24
1996	Michael Johnson	USA	43,49
	Roger Black	GBR	44,41
	Davis Kamoga	UGA	44,53
2000	Michael Johnson	USA	43,84
	Alvin Harrison	USA	44,40
	Gregory Haughton	JAM	44,70
2004	Jeremy Wariner	USA	44,00
	Otis Harris	USA	44,16
	Derrick Brew	USA	44,42
2008	LaShawn Merritt	USA	43,75
	Jeremy Wariner	USA	44,74
	David Neville	USA	44,80

800 m

1896	Edwin Flack	AUS	2:11,0
	Nandor Dani	HUN	2:11,8
	Dimitros Golemis	GRE	2:28,0
1900	Alfred Tysoe	GBR	2:01,2
	John Cregan	USA	2:03,0
	David Hall	USA	
1904	James Lightbody	USA	1:56,0
	Howard Valentine	USA	1:56,3
	Emil Breitkreuz	USA	1:56,4
1908	Melvin Sheppard	USA	1:52,8
	Emilio Lunghi	ITA	1:54,2
	Hanns Braun	GER	1:55,2

1912	James ›Ted‹ Meredith	USA	1:51,9
	Melvin Sheppard	USA	1:52,0
	Ira Davenport	USA	1:52,0
1920	Albert Hill	GBR	1:53,4
	Earl Eby	USA	1:53,6
	Bevill Rudd	RSA	1:54,0
1924	Douglas Lowe	GBR	1:52,4
	Paul Martin	SUI	1:52,6
	Schuyler Enck	USA	1:53,0
1928	Douglas Lowe	GBR	1:51,8
	Erik Bylehn	SWE	1:52,8
	Hermann Engelhard	GER	1:53,2
1932	Thomas Hampson	GBR	1:49,7
	Alexander Wilson	CAN	1:49,9
	Philip Edwards	CAN	1:51,5
1936	John Woodruff	USA	1:52,9
	Mario Lanzi	ITA	1:53,3
	Philip Edwards	CAN	1:53,6
1948	Mal Whitfield	USA	1:49,2
	Arthur Wint	JAM	1:49,5
	Marcel Hansenne	FRA	1:49,8
1952	Mal Whitfield	USA	1:49,2
	Arthur Wint	JAM	1:49,4
	Heinz Ulzheimer	GER	1:49,7
1956	Thomas Courtney	USA	1:47,7
	Derek Johnson	GBR	1:47,8
	Audun Boysen	NOR	1:48,1
1960	Peter Snell	NZL	1:46,3
	Roger Moens	BEL	1:46,5
	George Kerr	JAM	1:47,1
1964	Peter Snell	NZL	1:45,1
	William Crothers	CAN	1:45,6
	Wilson Kiprugut	KEN	1:45,9
1968	Ralph Doubell	AUS	1:44,3
	Wilson Kiprugut	KEN	1:44,5
	Thomas Farell	USA	1:45,3
1972	David Wottle	USA	1:45,9
	Jewgeni Arschanow	URS	1:45,9
	Mike Boit	KEN	1:46,0
1976	Alberto Juantorena	CUB	1:43,5
	Ivo van Damme	BEL	1:43,9
	Rick Wohlhuter	USA	1:44,1
1980	Steve Ovett	GBR	1:45,4
	Sebastian Coe	GBR	1:45,9
	Nikolai Kirow	URS	1:46,0
1984	Joaquim Cruz	BRA	1.43,00
	Sebastian Coe	GBR	1:43,64
	Earl Jones	USA	1:43,83
1988	Paul Ereng	KEN	1:43,45
	Joaquim Cruz	BRA	1:43,90
	Said Aoutia	MAR	1:44,06
1992	William Tanui	KEN	1:43,66
	Nixon Kiprotich	KEN	1:43,70
	Johnny Gray	USA	1:43,97
1996	Vebjörn Rodal	NOR	1:42,58
	Hezekiel Sepeng	RSA	1:42,74
	Fred Onyancha	KEN	1:42,79
2000	Nils Schumann	GER	1:45,08
	Wilson Kipketer	DEN	1:45,14
	Aissa Djabir Said-Guerni	ALG	1:45,16
2004	Juri Borsakowski	RUS	1:44,45
	Mbulaeni Mulaudzi	RSA	1:44,61
	Wilson Kipketer	DEN	1:44,65
2008	Wilfred Bungei	KEN	1:44,65
	Ismail Ahmed Ismail	SUD	1:44,70
	Alfred Kirwa Yego	KEN	1:44,82

1500 m

1896	Edwin Flack	AUS	4:33,2
	Arthur Blake	USA	4:34,0
	Albin Lermusiaux	FRA	4:36,0
1900	Charles Bennett	GBR	4:06,2
	Henri Deloge	FRA	4:06,6
	John Bray	USA	4:07,2
1904	James Lightbody	USA	4:05,4
	W. Frank Verner	USA	4:06,8
	Lacey Hearn	USA	
1908	Melvin Sheppard	USA	4:03,4
	Harold Wilson	GBR	4:03,6
	Norman Hallows	GBR	4:04,0
1912	Arnold Strode-Jackson	GBR	3:56,8
	Abel Kiviat	USA	3:56,9
	Norman Taber	USA	3:56,9
1920	Albert Hill	GBR	4:01,8
	Philip Noel-Baker	GBR	4:02,4
	Lawrence Shields	USA	4:03,1
1924	Paavo Nurmi	FIN	3:53,6
	Wilhelm Schärer	SUI	3:55,0
	Henry Stallard	GBR	3:55,6
1928	Harri Larva	FIN	3:53,2
	Jules Ladoumégue	FRA	3:53,8
	Eino Purje-Borg	FIN	3:56,4
1932	Luigi Beccali	ITA	3:51,2
	John Cornes	GBR	3:52,6
	Philip Edwards	CAN	3:52,8
1936	John ›Jack‹ Lovelock	NZL	3:47,8
	Glenn Cunningham	USA	3:48,4
	Luigi Beccali	ITA	3:49,2
1948	Henry Eriksson	SWE	3:49,8
	Lennart Strand	SWE	3:50,4
	Willem Slijkhuis	NED	3:50,4
1952	Josy Barthel	LUX	3:45,1
	Robert McMillen	USA	3:45,2
	Werner Lueg	GER	3:45,4
1956	Ron Delany	IRL	3:41,2
	Klaus Richtzenhain	GER	3:42,0
	John Landy	AUS	3:42,0
1960	Herbert Elliott	AUS	3:35,6
	Michel Jazy	FRA	3:38,4
	Istvan Rozsavölgyi	HUN	3:39,2
1964	Peter Snell	NZL	3:38,1
	Josef Odlozil	TCH	3:39,6
	John Davies	NZL	3:39,6
1968	Kipchoge Keino	KEN	3:34,9
	Jim Ryun	USA	3:37,8
	Bodo Tümmler	FRG	3:39,0
1972	Pekka Vasala	FIN	3:36,3
	Kipchoge Keino	KEN	3:36,8
	Rodney Dixon	NZL	3:37,5
1976	John Walker	NZL	3:39,2
	Ivo van Damme	BEL	3:39,3
	Paul Heinz Wellmann	FRG	3:39,3
1980	Sebastian Coe	GBR	3:38,4
	Jürgen Straub	GDR	3:38,8
	Steve Ovett	GBR	3:39,0
1984	Sebastian Coe	GBR	3:32,53
	Steve Cram	GBR	3:33,40
	Jose Abascal	ESP	3:34,30
1988	Peter Rono	KEN	3:35,96
	Peter Elliott	GBR	3:36,15
	Jens-Peter Herold	GDR	3:36,21
1992	Fermin Cacho	ESP	3:40,12
	Rachid El-Basir	MAR	3:40,62
	Mohamed Sulaiman	QAT	3:40,69
1996	Noureddine Morceli	ALG	3:35,78
	Fermin Cacho	ESP	3:36,40
	Stephen Kipkorir	KEN	3:36,72
2000	Noah Ngeny	KEN	3:32,07
	Hicham El Guerrouj	MAR	3:32,32
	Bernard Lagat	KEN	3:32,44
2004	Hicham El Guerrouj	MAR	3:34,18
	Bernard Lagat	KEN	3:34,20
	Rui Silva	POR	3:34,68
2008	Rashid Ramzi	BRN	3:32,94
	Asbel Kipruto Kiprop	KEN	3:33,11
	Nicholas Willis	NZL	3:34,16

5000 m

1912	Hannes Kolehmainen	FIN	14:36,6
	Jean Bouin	FRA	14:36,7
	George Hutson	GBR	15:07,6
1920	Joseph Guillemot	FRA	14:55,6
	Paavo Nurmi	FIN	15:00,0
	Erik Backman	SWE	15:13,0
1924	Paavo Nurmi	FIN	14:31,2
	Ville Ritola	FIN	14:31,4
	Edvin Wide	SWE	15:01,8
1928	Ville Ritola	FIN	14:38,0
	Paavo Nurmi	FIN	14:40,0
	Edvin Wide	SWE	14:41,2
1932	Lauri Lehtinen	FIN	14:30,0
	Ralph Hill	USA	14:30,0
	Lauri Virtanen	FIN	14:44,0
1936	Gunnar Höckert	FIN	14:22,2
	Lauri Lehtinen	FIN	14:25,8
	Henry Jonsson	SWE	14:29,0
1948	Gaston Reiff	BEL	14:17,6
	Emil Zatopek	TCH	14:17,8
	Willem Slijkhuis	NED	14:26,8
1952	Emil Zatopek	TCH	14:06,6
	Alain Mimoun	FRA	14:07,4
	Herbert Schade	GER	14:08,6
1956	Wladimir Kuz	URS	13:39,6
	Gordon Pirie	GBR	13:50,6
	Derek Ibbotson	GBR	13:54,4
1960	Murray Halberg	NZL	13:43,4
	Hans Grodotzki	GER	13:44,6
	Kazimierz Zimny	POL	13:44,8
1964	Robert Schul	USA	13:48,8
	Harald Norpoth	GER	13:49,6
	William Dellinger	USA	13:49,8
1968	Mohamed Gammoudi	TUN	14:05,0
	Kipchoge Keino	KEN	14:05,2
	Naftali Temu	KEN	14:06,4
1972	Lasse Viren	FIN	13:26,4
	Mohamed Gammoudi	TUN	13:27,4
	Ian Stewart	GBR	13:27,6
1976	Lasse Viren	FIN	13:24,8
	Dick Quax	NZL	13:25,2
	Klaus Peter Hildenbrand	FRG	13:25,4
1980	Miruts Yifter	ETH	13:21,0
	Suleiman Nyambui	TAN	13:21,6
	Kaarlo Maaninka	FIN	13:22,0
1984	Said Aouita	MAR	13:05,59
	Markus Ryffel	SUI	13:07,54
	Antonio Leitao	POR	13:09,20
1988	John Ngugi	KEN	13:11,70
	Dieter Baumann	FRG	13:15,52
	Hansjörg Kunze	GDR	13:15,73
1992	Dieter Baumann	GER	13:12,52
	Paul Bitok	KEN	13:12,71
	Fita Bayisa	ETH	13:13,03
1996	Venuste Niyongabo	BDI	13:07,96
	Paul Bitok	KEN	13:08,16
	Khalid Boulami	MAR	13:08,37
2000	Millon Wolde	ETH	13:35,49
	Ali Saidi-Sief	ALG	13:36,20
	Brahim Lahlafi	MAR	13:36,47
2004	Hicham El Guerrouj	MAR	13:14,39
	Kenenisa Bekele	ETH	13:14,59
	Eliud Kipchoge	KEN	13:15,10
2008	Kenenisa Bekele	ETH	12:57,82
	Eliud Kipchoge	KEN	13:02,80
	Edwin Cheruiyot Soi	KEN	13:06,22

10 000 m

1908	Emil Voigt	GBR	25:11,2
8046m	Edward Owen	GBR	25:24,0
	John Svanberg	SWE	25:37,2
1912	Hannes Kolehmainen	FIN	31:20,8
	Louis Tewanima	USA	32:06,6
	Albin Stenroos	FIN	32:21,8
1920	Paavo Nurmi	FIN	31:45,8
	Joseph Guillemot	FRA	31:47,2
	James Wilson	GBR	31:50,8
1924	Ville Ritola	FIN	30:23,2
	Edvin Wide	SWE	30:55,2
	Eero Berg	FIN	31:43,0
1928	Paavo Nurmi	FIN	30:18,8
	Ville Ritola	FIN	30:19,4
	Edvin Wide	SWE	31:00,8
1932	Janusz Kusocinski	POL	30:11,4
	Volmari Iso-Hollo	FIN	30:12,6
	Lauri Virtanen	FIN	30:35,0
1936	Ilmari Salminen	FIN	30:15,4
	Arvo Askola	FIN	30:15,6
	Volmari Iso-Hollo	FIN	30:20,2
1948	Emil Zatopek	TCH	29:59,6
	Alain Mimoun	FRA	30:47,4
	Bertil Albertsson	SWE	30:53,6
1952	Emil Zatopek	TCH	29:17,0
	Alain Mimoun	FRA	29:32,8
	Alexander Anufriew	URS	29:48,2
1956	Wladimir Kuz	URS	28:45,6
	Jozsef Kovacs	HUN	28:52,4
	Allan Lawrence	AUS	28:53,6
1960	Pjotr Bolotnikow	URS	28:32,2
	Hans Grodotzki	GER	28:37,0
	David Power	AUS	28:38,2
1964	Billy Mills	USA	28:24,4
	Mohamed Gammoudi	TUN	28:24,8
	Ron Clarke	AUS	28:25,8
1968	Naftali Temu	KEN	29:27,4
	Mamo Wolde	ETH	29:28,0
	Mohamed Gammoudi	TUN	29:34,2
1972	Lasse Viren	FIN	27:38,4
	Emiel Puttemons	BEL	27:39,6
	Miruts Yifter	ETH	27:41,0
1976	Lasse Viren	FIN	27:40,4
	Carlos Lopes	POR	27:45,2
	Brendan Foster	GBR	27:55,0
1980	Miruts Yifter	ETH	27:42,7
	Kaarlo Maaninka	FIN	27:44,3
	Mohammed Kedir	ETH	27:44,7
1984	Alberto Cova	ITA	27:47,54
	Michael McLeod	GBR	28:06,22
	Michael Musyoki	KEN	28:06,46
1988	Brahim Boutayeb	MAR	27:21,46
	Salvatore Antibo	ITA	27:23,55
	Kimeli Kipkemboi	KEN	27:25,16
1992	Khalid Skah	MAR	27:46,70
	Richard Chelimo	KEN	27:47,72
	Addis Abebe	ETH	28:00,07
1996	Haile Gebrselassie	ETH	27:07,34
	Paul Tergat	KEN	27:08,17
	Salah Hissou	MAR	27:28,59
2000	Haile Gebrselassie	ETH	27:18,20
	Paul Tergat	KEN	27:18,29
	Assefa Mezgebu	ETH	27:19,75
2004	Kenenisa Bekele	ETH	27:05,10
	Sileshi Sihine	ETH	27:09,39
	Zersenay Tadesse	ERI	27:22,57
2008	Kenenisa Bekele	ETH	27:01,17
	Sileshi Sihine	ETH	27:02,77
	Micah Kogo	KEN	27:04,11

Marathon

1896	Spiridon ›Spyros‹ Louis	GRE	2:58:50,0
	Charilaos Vasilakos	GRE	3:06:03,0
	Gyula Kellner	HUN	3:06:35,0
1900	Michel Théato	FRA	2:59:45,0
	Emile Champion	FRA	3:04:17,0
	Ernst Fast	SWE	3:37:14,0
1904	Thomas Hicks	USA	3:28:53,0
	Albert Corey	FRA	3:34:52,0
	Arthur Newton	USA	3:47:33,0
1908	Johnny Hayes	USA	2:55:18,4
	Charles Hefferon	RSA	2:56:06,0
	Joseph Forshaw	USA	2:57:10,4
1912	Kenneth McArthur	RSA	2:36:54,8
	Christopher Gitsham	RSA	2:37:52,0
	Gaston Strobino	USA	2:38:42,4
1920	Hannes Kolehmainen	FIN	2:32:35,8
	Jüri Lossmann	EST	2:32:48,6
	Valerio Arri	ITA	2:36:32,8
1924	Albin Stenroos	FIN	2:41:22,6
	Romeo Bertini	ITA	2:47:19,6
	Clarence DeMar	USA	2:48:14,0
1928	Boughera El Quafi	FRA	2:32:57,0
	Miguel Plaza Reyes	CHI	2:33:23,0
	Martti Marttelin	FIN	2:35:02,0
1932	Juan Carlos Zabala	ARG	2:31:36,0
	Samuel Ferris	GBR	2:31:55,0
	Armas Toivonen	FIN	2:32:12,0
1936	Kee-Chung Sohn	JPN	2:29:19,2
	Ernest Harper	GBR	2:31:23,2
	Seung-Yong Nam	JPN	2:31:42,0
1948	Delfo Cabrera	ARG	2:34:51,6
	Thomas Richards	GBR	2:35:07,6
	Etienne Gailly	BEL	2:35:33,6
1952	Emil Zatopek	TCH	2:23:03,2
	Reinaldo Gorno	ARG	2:25:35,0
	Gustaf Jansson	SWE	2:26:07,0
1956	Alain Mimoun	FRA	2:25:00,0
	Franjo Mihalic	YUG	2:26:32,0
	Veikko Karvonen	FIN	2:27:47,0
1960	Bikila Abebe	ETH	2:15:16,2
	Rhadi Ben Abdesselam	MAR	2:15:41,6
	Barry Magee	NZL	2:17:18,2
1964	Bikila Abebe	ETH	2:12:11,2
	Basil Heatley	GBR	2:16:19,2
	Kokichi Tsuburaya	JPN	2:16:22,8
1968	Mamo Wolde	ETH	2:20:26,4
	Kenji Kimihara	JPN	2:23:31,0
	Michael Ryan	NZL	2:23:45,0
1972	Frank Shorter	USA	2:12:19,8
	Karel Lismont	BEL	2:14:31,8
	Mamo Wolde	ETH	2:15:08,4
1976	Waldemar Cierpinski	GDR	2:09:55,0
	Frank Shorter	USA	2:10:45,8
	Karel Lismont	BEL	2:11:12,6
1980	Waldemar Cierpinski	GDR	2:11:03,0
	Gerard Nijboer	NED	2:11:20,0
	Satymkul Dchumanassarow	URS	2:11:35,0
1984	Carlos Lopes	POL	2:09:21,0
	John Treacy	IRL	2:09:56,0
	Charles Spedding	GBR	2:09:58,0
1988	Gelindo Bordin	ITA	2:10:32,0
	Douglas Wakiihuru	KEN	2:10:47,0
	Ahmed Salah	DJI	2:10:59,0
1992	Hwang Young-Cho	KOR	2:13:23
	Koichi Morishita	JPN	2:13:45
	Stephan Freigang	GER	2:14:00
1996	Josia Thugwane	RSA	2:12:34
	Lee Bong-Ju	KOR	2:12:39
	Eric Wainaina	KEN	2:12:44
2000	Gezahgne Abera	ETH	2:10:11
	Eric Wainaina	KEN	2:10:31
	Tesfaye Tola	ETH	2:11:10
2004	Stefano Baldini	ITA	2:10:55
	Mebrahtom Keflezighi	USA	2:11:29
	Vanderlei Lima	BRA	2:12:11
2008	Samuel Kamau Wansiru	KEN	2:06:32
	Jaouad Gharib	MAR	2:07:16
	Tsegay Kebede	ETH	2:10:00

110 m Hürden

1896	Thomas Curtis	USA	17,6
	Grantley Goulding	GBR	17,7
	Bronze nicht vergeben		
1900	Alvin Kraenzlein	USA	15,4
	John McLean	USA	15,5
	Fred Moloney	USA	15,6
1904	Frederick Schule	USA	16,0
	Thaddeus Shideler	USA	16,3
	Lesley Ashburner	USA	16,4
1908	Forrest Smithson	USA	15,0
	John Garrels	USA	15,7
	Arthur Shaw	USA	15,8
1912	Frederick W. Kelly	USA	15,1
	James Wendell	USA	15,2
	Martin Hawkins	USA	15,3
1920	Earl Thomson	CAN	14,8
	Harold Barron	USA	15,1
	Frederick Murray	USA	15,2
1924	Daniel Kinsey	USA	15,0
	Sidney Atkinson	RSA	15,0
	Sten Pettersson	SWE	15,4
1928	Sidney Atkinson	RSA	14,8
	Stephen Anderson	USA	14,8
	John Collier	USA	14,9
1932	Gerorge Saling	USA	14,6
	Percy Beard	USA	14,7
	Donald Finaly	GBR	14,8
1936	Forrest ›Spec‹ Towens	USA	14,2
	Donald Finaly	GBR	14,4
	Frederick Pollard	USA	14,4
1948	William Porter	USA	13,9
	Clyde Scott	USA	14,1
	Craig Dixon	USA	14,1
1952	Harrison Dillard	USA	13,7
	Jack Davis	USA	13,7
	Arthur Barnard	USA	14,1
1956	Lee Calhoun	USA	13,5
	Jack Davis	USA	13,5
	Joel Shankle	USA	14,1
1960	Lee Calhoun	USA	13,8
	Willie May	USA	13,8
	Hayes Jones	USA	14,0
1964	Hayes Jones	USA	13,6
	Blaine Lindgren	USA	13,7
	Anatoli Michailow	URS	13,7
1968	Willie Davenport	USA	13,3
	Ervin Hall	USA	13,4
	Eddy Ottoz	ITA	13,4
1972	Rodney Milburn	USA	13,24
	Guy Drut	FRA	13,34
	Thomas Hill	USA	13,48
1976	Guy Drut	FRA	13,30
	Alejandro Casanas	CUB	13,33
	Willie Davenport	USA	13,38
1980	Thomas Munkelt	GDR	13,39
	Alejandro Casanas	CUB	13,40
	Alexander Putschkow	URS	13,44
1984	Roger Kingdom	USA	13,20
	Greg Foster	USA	13,23
	Arto Bryggare	FIN	13,40
1988	Roger Kingdom	USA	12,98
	Colin Jackson	GBR	13,28
	Anthony Cambell	USA	13,38
1992	Mark McKoy	CAN	13,12
	Tony Dees	USA	13,24
	Jack Pierce	USA	13,26

Statistik

1996	Allen Johnson	USA	12,95
	Mark Crear	USA	13,09
	Florian Schwarthoff	GER	13,17
2000	Anier Garcia	CUB	13,00
	Terrence Trammell	USA	13,16
	Mark Crear	USA	13,22
2004	Liu Xiang	CHN	12,91
	Terrence Trammell	USA	13,18
	Anier Garcia	CUB	13,20
2008	Dayron Robles	CUB	12,93
	David Payne	USA	13,17
	David Oliver	USA	13,18

400 m Hürden

1900	Walter John Tewksbury	USA	57,6
	Henri Tauzin	FRA	58,3
	George Orton	CAN	
1908	Charles Bacon	USA	55,0
	Harry Hillman	USA	55,3
	Leonard Tremeer	GBR	57,0
1920	Frank Loomis	USA	54,0
	John Norton	USA	54,3
	August Desch	USA	54,5
1924	Morgan Taylor	USA	52,6
	Erik Vilen	FIN	53,8
	Ivan Riley	USA	54,2
1928	David Burghley	GBR	53,4
	Frank Cuhel	USA	53,6
	Morgan Taylor	USA	53,6
1932	Robert Tisdall	IRL	51,7
	Glenn Hardin	USA	51,9
	Morgan Taylor	USA	52,2
1936	Glenn Hardin	USA	52,4
	John Loaring	CAN	52,7
	Miguel White	PHI	52,8
1948	Leroy Cochran	USA	51,1
	Duncan White	SRI	51,8
	Rune Larsson	SWE	52,2
1952	Charles Moore	USA	50,8
	Juri Litujew	URS	51,3
	John Holland	NZL	52,2
1956	Glenn Davis	USA	50,1
	Silas ›Eddie‹ Southern	USA	50,8
	Joshua Culbreath	USA	51,6
1960	Glenn Davis	USA	49,3
	Clifton Cushman	USA	49,6
	Richard Howard	USA	49,7
1964	Warren ›Rex‹ Cawley	USA	49,6
	John Cooper	GBR	50,1
	Salvatore Morale	ITA	50,1
1968	Dave Hemery	GBR	48,1
	Gerhard Hennige	FRG	49,0
	John Sherwood	GBR	49,0
1972	John Akii-Bua	UGA	47,82
	Ralph Mann	USA	48,51
	Dave Hemery	GBR	48,52
1976	Ed Moses	USA	47,64
	Michael Shine	USA	48,69
	Jewgeni Gawrilenko	URS	49,45
1980	Volker Beck	GDR	48,70
	Wassili Archipenko	URS	48,86
	Gary Oakes	GBR	49,11
1984	Ed Moses	USA	47,75
	Danny Harris	USA	48,13
	Harald Schmid	FRG	48,19
1988	Andre Phillips	USA	47,19
	Amadou Dia Ba	SEN	47,23
	Ed Moses	USA	47,56
1992	Kevin Young	USA	46,78
	Winthrop Graham	JAM	47,66
	Kriss Akabusi	GBR	47,82
1996	Derrick Adkins	USA	47,54
	Samuel Matete	ZAM	47,78
	Calvin Davis	USA	47,96
2000	Angelo Taylor	USA	47,50
	Hadi Souan Somayli	KSA	47,53
	Llewllyn Herbert	RSA	47,81
2004	Felix Sanchez	DOM	47,63
	Danny McFarlane	JAM	48,11
	Naman Keita	FRA	48,26
2008	Angelo Taylor	USA	47,25
	Kerron Clement	USA	47,98
	Bershawn Jackson	USA	48,06

3000 m Hindernis

1900	George Orton	CAN	7:34,4
(2500m)	Sidney Robinson	GBR	7:38,0
	Jacques Chastanié	FRA	
1904	James Lightbody	USA	7:38,6
(2500m)	John Daly	IRL	7:40,6
	Arthur Newton	USA	25m
1908	Arthur Russell	GBR	10:47,8
(3200m)	Archie Robertson	GBR	10:48,4
	John Eisele	GBR	11:00,8
1920	Percy Hodges	GBR	10:00,4
	Patrick Flynn	USA	100m
	Ernesto Ambrosini	ITA	130m
1924	Ville Ritola	FIN	9:33,6
	Elias Katz	FIN	9:44,0
	Paul Bontemps	FRA	9:45,2
1928	Toivo Loukola	FIN	9:21,8
	Paavo Nurmi	FIN	9:31,6
	Ove Andersen	FIN	9:35,6
1932	Volmari Iso-Hollo	FIN	10:33,4
(3460m)	Thomas Evenson	GBR	10:46,0
	Joseph McCluskey	USA	10:46,2
1936	Volmari Iso-Hollo	FIN	9:03,8
	Kaarlo Tuominen	FIN	9:06,8
	Alfred Dompert	GER	9:07,2
1948	Thore Sjöstrand	SWE	9:04,6
	Erik Elmsäter	SWE	9:08,2
	Göte Hagström	SWE	9:11,8
1952	Horace Ashenfelter	USA	8:45,4
	Wladimir Kasanzew	URS	8:51,6
	John Disley	GBR	8:51,8
1956	Christopher Brasher	GBR	8:51,2
	Sandor Rozsnyoi	HUN	8:43,6
	Ernst Larsen	NOR	8:44,0
1960	Zdzislaw Krzyszkowiak	POL	8:34,2
	Nikolai Sokolow	URS	8:36,4
	Semjon Ristschin	URS	8:42,4
1964	Gaston Roelants	BEL	8:30,8
	Maurice Herriott	GBR	8:32,4
	Iwan Beljajew	URS	8:33,8
1968	Amos Biwott	KEN	8:51,0
	Benjamin Kogo	KEN	8:51,6
	George Young	USA	8:51,8
1972	Kipchoge Keino	KEN	8:23,6
	Benjamin Jipcho	KEN	8:24,6
	Tapio Katanen	FIN	8:24,8
1976	Anders Gärderud	SWE	8:08,0
	Bronislaw Malinowski	POL	8:09,2
	Frank Baumgartl	GDR	8:10,4
1980	Bronislaw Malinowski	POL	8:09,7
	Filbert Bayi	TAN	8:12,5
	Eshetu Tura	ETH	8:13,6
1984	Julius Korir	KEN	8:11,30
	Joseph Mahmoud	FRA	8:13,31
	Brian Diemer	USA	8:14,06
1988	Julius Kariuki	KEN	8:05,51
	Peter Koech	KEN	8:06,79
	Mark Rowland	GBR	8:07,96
1992	Matthew Birir	KEN	8:08,84
	Patrick Sang	KEN	8:09,55
	William Mutwol	KEN	8:10,74
1996	Joseph Keter	KEN	8:07,12
	Moses Kiptanui	KEN	8:08,33
	Alessandro Lambruschini	ITA	8:11,28
2000	Reuben Kosgei	KEN	8:21,43
	Wilson Boit Kipketer	KEN	8:21,77
	Ali Ezzine	MAR	8:22,15
2004	Ezekiel Kemboi	KEN	8:05,81
	Brimin Kipruto	KEN	8:06,11
	Paul Kipsiele Koech	KEN	8:06,64
2008	Brimin Kiprop Kipruto	KEN	8:10,34
	Mahiedine Mekhissi-Benabbad	FRA	8:10,49
	Richard Kipkemboi Mateelong	KEN	8:11,01

4x100 m

1912	Großbritannien	42,4
	Schweden	42,6
	Bronze nicht vergeben	
1920	USA	42,2
	Frankreich	42,6
	Schweden	42,9
1924	USA	41,0
	Großbritannien	41,2
	Niederlande	41,8
1928	USA	41,0
	Deutschland	41,2
	Großbritannien	41,8
1932	USA	40,0
	Deutschland	40,9
	Italien	41,2
1936	USA	39,8
	Italien	41,1
	Deutschland	41,2
1948	USA	40,6
	Großbritannien	41,3
	Italien	41,5
1952	USA	40,1
	UdSSR	40,3
	Ungarn	40,5
1956	USA	39,5
	UdSSR	39,8
	Deutschland	40,3
1960	Deutschland	39,5
	UdSSR	40,1
	Großbritannien	40,2
1964	USA	39,0
	Polen	39,3
	Frankreich	39,3
1968	USA	38,2
	Kuba	38,3
	Frankreich	38,4
1972	USA	38,19
	UdSSR	38,50
	BR Deutschland	38,79
1976	USA	38,33
	DDR	38,66
	UdSSR	38,78
1980	UdSSR	38,26
	Polen	38,33
	Frankreich	38,53
1984	USA	37,83
	Jamaika	38,62
	Kanada	38,70
1988	UdSSR	38,19
	Großbritannien	38,28
	Frankreich	38,40
1992	USA	37,40
	Nigeria	37,98
	Kuba	38,00
1996	Kanada	37,69
	USA	38,05
	Brasilien	38,41
2000	USA	37,61
	Brasilien	37,90
	Kuba	38,04
2004	Großbritannien	38,07
	USA	38,08
	Nigeria	38,23
2008	Jamaika	37,10
	Trinidad/Tobago	38,06
	Japan	38,15

4x400 m

1912	USA	3:16,6
	Frankreich	3:20,7
	Großbritannien	3:23,2
1920	Großbritannien	3:22,2
	Südafrika	3:24,2
	Frankreich	3:24,8
1924	USA	3:16,0
	Schweden	3:17,0
	Großbritannien	3:17,4
1928	USA	3:14,2
	Deutschland	3:14,8
	Kanada	3:15,4
1932	USA	3:08,2
	Großbritannien	3:11,2
	Kanada	3:12,8
1936	Großbritannien	3:09,0
	USA	3:11,0
	Deutschland	3:11,8
1948	USA	3:10,4
	Frankreich	3:14,8
	Schweden	3:16,0
1952	Jamaika	3:03,9
	USA	3:04,0
	Deutschland	3:06,6
1956	USA	3:04,8
	Australien	3:06,2
	Großbritannien	3:07,2
1960	USA	3:02,2
	Deutschland	3:02,7
	Jamaika-Trinidad	3:04,0
1964	USA	3:00,7
	Großbritannien	3:01,6
	Trinidad & Tobago	3:01,7
1968	USA	2:56,1
	Kenia	2:59,6
	BR Deutschland	3:00,5
1972	Kenia	2:59,8
	Großbritannien	3:00,5
	Frankreich	3:00,7
1976	USA	2:58,65
	Polen	3:01,43
	BR Deutschland	3:01,98
1980	UdSSR	3:01,1
	DDR	3:01,3
	Italien	3:04,3
1984	USA	2:57,91
	Großbritannien	2:59,13
	Nigeria	2:59,32
1988	USA	2:56,16
	Jamaika	3:00,30
	BR Deutschland	3:00,56
1992	USA	2:55,74
	Kuba	2:59,51
	Großbritannien	2:59,73
1996	USA	2:55,99
	Großbritannien	2:56,60
	Jamaika	2:59,42
2000	vakant	
	Nigeria	2:58,68
	Jamaika	2:58,78
2004	USA	2:55,91
	Australien	3:00,60
	Nigeria	3:00,90
2008	USA	2:55,39
	Bahamas	2:58,03
	Russland	2:58,06

20 km Gehen

(bis 1952 10 km)

1908	George Larner	GBR	1:15:57,4
(16km)	Ernest Webb	GBR	1:17:31,0
	Edward Spencer	GBR	1:21:20,2
1912	George Goulding	CAN	46:28,4
	Ernest Webb	GBR	46:50,4
	Fernando Altimani	ITA	47:37,6
1920	Ugo Frigerio	ITA	48:06,2
	Joseph Pearman	USA	49:40,8
	Charles Gunn	GBR	49:45,4
1924	Ugo Frigerio	ITA	47:49,0
	George Goodwin	GBR	200m
	Cecil McMaster	RSA	300m
1948	John Mikealsson	SWE	45:13,2
	Ingemar Johansson	SWE	45:43,8
	Fritz Schwab	SUI	46:00,2
1952	John Mikealsson	SWE	45:02,8
	Fritz Schwab	SUI	45:41,0
	Bruno Junk	URS	45:41,0
1956	Leonid Spirin	URS	1:31:27,4
	Antanas Mikenas	URS	1:32:03,0
	Bruno Junk	URS	1:32:12,0
1960	Wladimir Golubnitschi	URS	1:34:07,2
	Noel Freeman	AUS	1:34:16,4
	Stanley Vickers	GBR	1:34:56,4
1964	Kenneth Matthews	GBR	1:29:34,0
	Dieter Lindner	GER	1:31:13,2
	Wladimir Golubnitschi	URS	1:31:59,4
1968	Wladimir Golubnitschi	URS	1:33:58,4
	José Pedraza	MEX	1:34:00,0
	Nikolai Smaga	URS	1:34:03,4
1972	Peter Frenkel	GDR	1:26:42,4
	Wladimir Golubnitschi	URS	1:26:55,2
	Hans-Georg Reimann	GDR	1:27:16,6
1976	Daniel Bautista	MEX	1:24:40,6
	Hans-Georg Reimann	GDR	1:25:13,8
	Peter Frenkel	GDR	1:25:29,4
1980	Maurizio Damilano	ITA	1:23:25,5
	Pjotr Potschentschuk	URS	1:24:45,4
	Roland Wieser	GDR	1:25:58,2
1984	Ernesto Canto	MEX	1:23:13,0
	Raul Gonzalez	MEX	1:23:20,0
	Maurizio Damilano	ITA	1:23:26,0
1988	Josef Pribilinec	TCH	1:19:57,0
	Ronald Weigel	GDR	1:20:00,0
	Maurizio Damilano	ITA	1:20:14,0
1992	Daniel Plaza	ESP	1:21:45,0
	Guillaume Leblanc	CAN	1:22:25,0
	Giovanni de Benedictis	ITA	1:23:11,0
1996	Jefferson Perez	ECU	1:20:07,0
	Ilja Markow	RUS	1:20:16,0
	Bernardo Segura	MEX	1:20:23,0
2000	Robert Korzeniowski	POL	1:18:59
	Noe Hernandez	MEX	1:19:03
	Wladimir Andrejew	RUS	1:19:27
2004	Ivano Brugnetti	ITA	1:19,40
	Francisco Javier Fernandez	ESP	1:19,45
	Nathan Deakes	AUS	1:20,02
2008	Walerij Bortschin	RUS	1:19:01
	Jefferson Perez	ECU	1:19:15
	Jared Tallent	AUS	1:19:42

50 km Gehen

1932	Thomas Green	GBR	4:50:10,0
	Janis Dalinsch	LAT	4:57:20,0
	Ugo Frigerio	ITA	4:59:06,0
1936	Harold Whitlock	GBR	4:30:41,4
	Arthur Tell Schwab	SUI	4:32:09,2
	Adalberts Bubenko	LAT	4:32:42,2
1948	John Ljunggren	SWE	4:41:52,0
	Gaston Godel	SUI	4:48:17,0
	Tebbs Lloyd-Johnson	GBR	4:48:31,0
1952	Giuseppe Dordoni	ITA	4:28:07,8
	Josef Dolezal	TCH	4:30:17,8
	Antal Roka	HUN	4:31:27,2
1956	Norman Read	NZL	4:30:42,8
	Jewgeni Maskinskow	URS	4:32:57,0
	John Ljunggren	SWE	4:35:02,0
1960	Donald Thompson	GBR	4:25:30,0
	John Ljunggren	SWE	4:25:47,0
	Abdon Pamich	ITA	4:27:55,4
1964	Abdon Pamich	ITA	4:11:12,4
	Paul Nihill	GBR	4:11:31,2
	Ingvar Pettersson	SWE	4:14:17,4
1968	Christoph Höhne	GDR	4:20:13,6
	Antal Kiss	HUN	4:30:17,0
	Larry Young	USA	4:31:55,4
1972	Bernd Kannenberg	FRG	3:56:11,6
	Wenjamin Soldao	URS	3:58:24,0
	Larry Young	USA	4:00:46,0
1980	Hartwig Gauder	GDR	3:49:24,0
	Jorge Llopart	ESP	3:51:25,0
	Jewgeni Iwtschenko	URS	3:56:32,0
1984	Raul Gonzalez	MEX	3:47:26,0
	Bo Gustafsson	SWE	3:53:19,0
	Sandro Belluci	ITA	3:53:45,0
1988	Wjatscheslaw Iwanenko	URS	3:38:29,0
	Ronald Weigel	GDR	3:38:56,0
	Hartwig Gauder	GDR	3:39:45,0
1992	Andrej Perlow	EUN	3:50:13,0
	Carlos Mercenario	MEX	3:52:09,0
	Ronald Weigel	GER	3:53:45,0
1996	Robert Korzeniowski	POL	3:43:30,0
	Michail Schtennikow	RUS	3:43:46,0
	Valentine Massana	ESP	3:44:19,0
2000	Robert Korzeniowski	POL	3:42:22
	Aigars Fadejevs	LAT	3:43:40
	Joel Sanchez	MEX	3:44:36
2004	Robert Korzeniowski	POL	3:38:46
	Denis Nischegorodow	RUS	3:42:50
	Alexej Wojewodin	RUS	3:43:34
2008	Alex Schwazer	ITA	3:37:09
	Jared Tallent	AUS	3:39:27
	Denis Nischegorodow	RUS	3:40:14

Hochsprung

1896	Ellery Clark	USA	1,81
	James Connolly	USA	1,65
	Robert Garrett	USA	1,65
1900	Irving Baxter	USA	1,90
	Patrick Leahy	GBR	1,78
	Lajos Gönczy	HUN	1,75
1904	Samuel Jones	USA	1,803
	Garrett Serviss	USA	1,778
	Paul Weinstein	GER	1,778
1908	Harry Porter	USA	1,905
	2. Con Leahy	GBR	1,880
	2. Istvan Somodi	HUN	1,880
	2. Geo Andre	FRA	1,880
1912	Alma Richards	USA	1,93
	Hans Liesche	GER	1,91
	George Horine	USA	1,89
1920	Richmond Landon	USA	1,935
	Harold Muller	USA	1,90
	Bo Ekelund	SWE	1,90
1924	Harold Osborn	USA	1,98
	Leroy Brown	USA	1,95
	Pierre Lewden	FRA	1,92
1928	Robert King	USA	1,94
	Benjamin Hedges	USA	1,91
	Claude Ménard	FRA	1,91
1932	Duncan McNaughton	CAN	1,97
	Robert Van Osdel	USA	1,97
	Simeon Toribio	PHI	1,97
1936	Cornelius Johnson	USA	2,03
	David Albritton	USA	2,00
	Delos Thurber	USA	2,00
1948	John Winter	AUS	1,98
	Björn Paulson	NOR	1,95
	George Stanich	USA	1,95
1952	Walter Davis	USA	2,04
	Kenneth Wiesner	USA	2,01
	José Telles	BRA	1,98
1956	Charles Dumas	USA	2,12
	Charles Porter	AUS	2,10
	Igor Kaschkarow	URS	2,08
1960	Robert Schawlakadse	URS	2,16
	Waleri Brumel	URS	2,16
	John Thomas	USA	2,14
1964	Waleri Brumel	URS	2,18
	John Thomas	USA	2,18
	John Rambo	USA	2,16
1968	Dick Fosbury	USA	2,24
	Edward Caruthers	USA	2,22
	Walentin Gawrilow	URS	2,20
1972	Juri Tarmak	URS	2,23
	Stefan Junge	GDR	2,21
	Dwight Stones	USA	2,21
1976	Jacek Wszola	POL	2,25
	Gregory Joy	CAN	2,23
	Dwight Stones	USA	2,21
1980	Gerd Wessig	GDR	2,36
	Jacek Wszola	POL	2,31
	Jörg Freimuth	GDR	2,31
1984	Dietmar Mögenburg	FRG	2,35
	Patrik Sjöberg	SWE	2,33
	Zhu Jianhua	CHN	2,31
1988	Gennadi Awdejenko	URS	2,38
	2. Hollis Conway	USA	2,36
	3. Rudolf Powarnizyn	URS	2,36
	3. Patrik Sjöberg	SWE	2,36
1992	Javier Sotomayor	CUB	2,34
	2. Patrik Sjöberg	SWE	2,34
	3. Artur Partyka	POL	2,34
	3. Timothy Forsythe	AUS	2,34
	3. Hollis Cornway	USA	2,34
1996	Charles Austin	USA	2,39
	Artur Partyka	POL	2,37
	Steve Smith	GBR	2,35
2000	Sergej Kliugin	RUS	2,35
	Javier Sotomayor	CUB	2,32
	Abderrahmane Hammad	ALG	2,32
2004	Stefan Holm	SWE	2,36
	Matt Hemingway	USA	2,34
	Jaroslav Baba	CZE	2,34
2008	Andrej Silnow	RUS	2,36
	Germaine Mason	GBR	2,34
	Jaroslaw Ribakow	RUS	2,34

Stabhochsprung

1896	William Welles Hoyt	USA	3,30
	Albert Tyler	USA	3,25
	Evangelos Damaskos	GRE	2,85
1900	Irving Baxter	USA	3,30
	Michael Colkett	USA	3,25
	Carl-Albert Andersen	NOR	3,20
1904	Charles Dvorak	USA	3,505
	LeRoy Samse	USA	3,43
	Louis Wilkins	USA	3,43
1908	1. Edward Cooke	USA	3,71
	1. Alfred Gilbert	USA	3,71
	3. Edward Archibald	CAN	3,58
	3. Charles Jacobs	USA	3,58
	3. Bruno Söderström	SWE	3,58

1912	Harry Babcock	USA	3,95
	2. Frank Nelson	USA	3,85
	2. Marcus Wright	USA	3,85
	3. Bertil Uggla	SWE	3,80
	3. William Happenny	CAN	3,80
	3. Frank Murphy	USA	3,80
1920	Frank Foss	USA	4,09
	Henry Petersen	DEN	3,70
	Edwin Myers	USA	3,60
1924	Lee Barnes	USA	3,95
	Glen Graham	USA	3,95
	James Brooker	USA	3,90
1928	Sabin Carr	USA	4,20
	William Droegemuller	USA	4,10
	Charles McGinnis	USA	3,95
1932	William Miller	USA	4,315
	Shuhei Nishida	JPN	4,30
	George Jefferson	USA	4,20
1936	Earle Meadows	USA	4,35
	Shuhei Nishida	JPN	4,25
	Sueo Oe	JPN	4,25
1948	Guinn Owen Smith	USA	4,30
	Erkki Kataja	FIN	4,20
	Bob Richards	USA	4,20
1952	Bob Richards	USA	4,55
	Donald Laz	USA	4,50
	Ragnar Lundberg	SWE	4,40
1956	Bob Richards	USA	4,56
	Robert Gutowski	USA	4,53
	Georgios Roubanis	GRE	4,50
1960	Donald Bragg	USA	4,70
	Ronald Morris	USA	4,60
	Eeles Landström	FIN	4,55
1964	Fred Hansen	USA	5,10
	Wolfgang Reinhardt	GER	5,05
	Klaus Lehnertz	GER	5,00
1968	Bob Seagren	USA	5,40
	Claus Schiprowski	FRG	5,40
	Wolfgang Nordwig	GDR	5,40
1972	Wolfgang Nordwig	GDR	5,50
	Bob Seagren	USA	5,40
	Jan Johnson	USA	5,35
1976	Tadeusz Slusarski	POL	5,50
	Antti Kalliomäki	FIN	5,50
	Dave Roberts	USA	5,50
1980	Wladyslaw Kozakiewicz	POL	5,78
	2. Tadeusz Slusarski	POL	5,65
	2. Konstantin Wolkow	URS	5,65
1984	Pierre Quinon	FRA	5,75
	Mike Tully	USA	5,65
	3. Earl Bell	USA	5,60
	3. Thierry Vigneron	FRA	5,60
1988	Sergej Bubka	URS	5,90
	Radion Gataulin	URS	5,85
	Grigori Jegorow	URS	5,80
1992	Maxim Tarassow	EUN	5,80
	Igor Trandenkow	EUN	5,80
	Javier Garcia	ESP	5,75
1996	Jean Galfione	FRA	5,92
	Igor Trandenkow	RUS	5,92
	Andrej Tiwontschik	GER	5,92
2000	Nick Hysong	USA	5,90
	Lawrence Johnson	USA	5,90
	Maxim Tarassow	RUS	5,90
2004	Timothy Mack	USA	5,95
	Toby Stevenson	USA	5,90
	Giuseppe Gibilisco	ITA	5.85
2008	Steve Hooker	AUS	5,96
	Jewgeni Lukjanenko	RUS	5,85
	Denis Jurschenko	UKR	5,70

Weitsprung

1896	Ellery Clark	USA	6,35
	Robert Garrett	USA	6,18
	James Connolly	USA	6,11
1900	Alvin Kraenzlein	USA	7,185
	Meyer Prinstein	USA	7,175
	Patrick Leathy	GBR	6,950
1904	Meyer Prinstein	USA	7,34
	Daniel Frank	USA	6,89
	Robert Stangland	USA	6,88
1908	Francis Irons	USA	7,480
	Daniel Kelly	USA	7,090
	Calvin Bricker	CAN	7,085
1912	Albert Gutterson	USA	7,60
	Calvin Bricker	CAN	7,21
	Georg Aberg	SWE	7,18
1920	William Peterson	SWE	7,15
	Carl Johnson	USA	7,095
	Erik Abrahamson	SWE	7,08
1924	William DeHart Hubbard	USA	7,445
	Edward Gourdin	USA	7,275
	Sverre Hansen	NOR	7,26
1928	Edward Hamm	USA	7,73
	Silvio Cator	HAI	7,58
	Alfred Bates	USA	7,40
1932	Edward Gordon	USA	7,64
	Charles Lambert Redd	USA	7,60
	Chuhei Nambu	JPN	7,45
1936	Jesse Owens	USA	8,06
	Luz Long	GER	7,87
	Naoto Tajima	JPN	7,74
1948	Willie Steele	USA	7,825
	Thomas Bruce	AUS	7,555
	Herbert Douglas	USA	7,545
1952	Jerome Biffle	USA	7,57
	Meredith Gourdine	USA	7,53
	Ödön Földessy	HUN	7,30
1956	Gregory Bell	USA	7,83
	John Benett	USA	7,68
	Jorma Valkoma	FIN	7,48
1960	Ralph Boston	USA	8,12
	Irvin Roberson	USA	8,11
	Igor Ter-Owanesian	URS	8,04
1964	Lynn Davies	GBR	8,07
	Ralph Boston	USA	8,03
	Igor Ter-Owanesian	URS	7,99
1968	Bob Beaman	USA	8,90
	Klaus Beer	GDR	8,19
	Ralph Boston	USA	8,16
1972	Randy Williams	USA	8,24
	Hans Baumgartner	FRG	8,18
	Arnie Robinson	USA	8,03
1976	Arnie Robinson	USA	8,35
	Randy Williams	USA	8,11
	Frank Wartenberg	GDR	8,02
1980	Lutz Dombrowski	GDR	8,54
	Frank Paschek	GDR	8,21
	Waleri Podluschni	URS	8,18
1984	Carl Lewis	USA	8,54
	Gary Honey	AUS	8,24
	Giovanni Evangelisti	ITA	8,24
1988	Carl Lewis	USA	8,72
	Mike Powell	USA	8,49
	Larry Myricks	USA	8,27
1992	Carl Lewis	USA	8,67
	Mike Powell	USA	8,64
	Joe Greene	USA	8,34
1996	Carl Lewis	USA	8,50
	James Beckford	JAM	8,29
	Joe Greene	USA	8,24
2000	Ivan Pedroso	CUB	8,55
	Jai Taurima	AUS	8,49
	Roman Schurenko	UKR	8,31
2004	Dwight Phillips	USA	8,59
	John Moffitt	USA	8,47
	Joan Lino Martinez	ESP	8,32
2008	Irving Saladino	PAN	8,34
	Khotso Mokoena	RSA	8,24
	Ibrahim Camejo	CUB	8,20

Dreisprung

1896	James Connolly	USA	13,71
	Alexandre Tuffere	FRA	12,70
	Ioannis Persakis	GRE	12,52
1900	Meyer Prinstein	USA	14,47
	James Connolly	USA	13,97
	Lewis Sheldon	USA	13,64
1908	Timothy Ahearne	GBR	14,915
	J. Garfield MacDonald	CAN	14,760
	Edvard Larsen	NOR	14,395
1912	Gustaf Lindblom	SWE	14,76
	Georg Aberg	SWE	14,51
	Erik Almlöf	SWE	14,17
1920	Vilho Tuulos	FIN	14,505
	Folke Jansson	SWE	14,48
	Erik Almlöf	SWE	14,275
1924	Anthony Winter	AUS	15,525
	Luis Bruneto	ARG	15,425
	Vilho Tuulos	FIN	15,37
1928	Mikio Oda	JPN	15,21
	Levi Casey	USA	15,17
	Vilho Tuulos	FIN	15,11
1932	Chuhei Nambu	JPN	15,72
	Eric Svensson	SWE	15,32
	Kenkichi Oshima	JPN	15,12
1936	Naato Tajima	JPN	16,00
	Masao Harada	JPN	15,66
	John Metcalfe	AUS	15,50
1948	Arne Ahman	SWE	15,40
	George Avery	AUS	15,365
	Ruhi Sarialp	TUR	15,025
1952	Adhemar Da Silva	BRA	16,22
	Leonid Scherbakow	URS	15,98
	Arnoldo Devonish	VEN	15,52
1956	Adhemar Da Silva	BRA	16,35
	Vilhjalmur Einarsson	ISL	16,26
	Witold Krejer	URS	16,02
1960	Jozef Szmidt	POL	16,81
	Wladimir Gorjajew	URS	16,63
	Witold Krejer	URS	16,43
1964	Jozef Szmidt	POL	16,85
	Oleg Fjedossejew	URS	16,58
	Wiktor Krawtschenko	URS	16,57
1968	Wiktor Sanejew	URS	17,39
	Nelson Prudencio	BRA	17,27
	Guiseppe Gentile	ITA	17,22
1972	Wiktor Sanejew	URS	17,35
	Jörg Drehmel	GDR	17,31
	Nelson Prudencio	BRA	17,05
1976	Wiktor Sanejew	URS	17,29
	James Butts	USA	17,18
	Joao Carlos de Oliviera	BRA	16,90
1980	Jaak Uudmäe	URS	17,35
	Wiktor Sanejew	URS	17,24
	Joao Carlos de Oliviera	BRA	17,22
1984	Al Joyner	USA	17,26
	Mike Conley	USA	17,18
	Keith Connor	GBR	16,87
1988	Christo Markow	BUL	17,61
	Igor Lapschin	URS	17,52
	Aleksander Kowalenko	URS	17,42
1992	Mike Conley	USA	18,17
	Charles Simpkins	USA	17,60
	Frank Rutherford	BAH	17,36
1996	Kenny Harrison	USA	18,09
	Jonathan Edwards	GBR	17,88
	Yoelbi Quesada	CUB	17,44
2000	Jonathan Edwards	GBR	17,71
	Yoel Garcia	CUB	17,47
	Denis Kapustin	RUS	17,46
2004	Christian Olsson	SWE	17,79
	Marian Oprea	ROU	17,55
	Danila Burkenja	RUS	17,48
2008	Nelson Evora	POR	17,67
	Phillips Idowu	GBR	17,62
	Leevan Sands	BAH	17,59

Kugelstoßen

1896	Robert Garrett	USA	11,22
	Miltiades Gouskos	GRE	11,20
	Georgios Papasideris	GRE	10,36
1900	Richard Sheldon	USA	14,10
	Josiah McCracken	USA	12,85
	Robert Garrett	USA	12,37
1904	Ralph Rose	USA	14,808
	William Coe	USA	14,40
	Leon Feuerbach	USA	13,37
1908	Ralph Rose	USA	14,210
	Dennis Horgan	GBR	13,620
	John Garrels	USA	13,180
1912	Patrick McDonald	USA	15,34
	Ralph Rose	USA	15,25
	Lawrence Whitney	USA	13,93
1920	Frans ›Wille‹ Pörhölä	FIN	14,81
	Elmer Niklander	FIN	14,155
	Harry Liversedge	USA	14,15
1924	Clarence ›Bud‹ Houser	USA	14,995
	Glenn Hartranft	USA	14,895
	Ralph Hills	USA	14,64
1928	John Kuck	USA	15,87
	Herman Brix	USA	15,75
	Emil Hirschfeld	GER	15,72
1932	Leo Sexton	USA	16,005
	Harlow Rothert	USA	15,675
	Frantisek Douda	TCH	15,61
1936	Hans Woellke	GER	16,20
	Sulo Bärlund	FIN	16,12
	Gerhard Stöck	GER	15,66
1948	Wilbur Thompson	USA	17,12
	James Delaney	USA	16,68
	James Fuchs	USA	16,42
1952	Parry O'Brian	USA	17,41
	Darrow Hooper	USA	17,39
	James Fuchs	USA	17,06
1956	Parry O'Brian	USA	18,57
	Bill Nieder	USA	18,18
	Jiri Skobla	TCH	17,65
1960	Bill Nieder	USA	19,68
	Parry O'Brian	USA	19,11
	Dallas Long	USA	19,01
1964	Dallas Long	USA	20,33
	Randy Matson	USA	20,20
	Vilmos Varju	HUN	19,39
1968	Randy Matson	USA	20,54
	George Woods	USA	20,12
	Eduard Guschtschin	URS	20,09
1972	Wladyslaw Komar	POL	21,18
	George Woods	USA	21,17
	Hartmut Briesenick	GDR	21,14
1976	Udo Beyer	GDR	21,05
	Jewgeni Mironow	URS	21,03
	Alexander Baryschnikow	URS	21,00
1980	Wladimir Kisseljow	URS	21,35
	Alexander Baryschnikow	URS	21,08
	Udo Beyer	GDR	21,06
1984	Alessandro Andrei	ITA	21,26
	Michael Carter	USA	21,09
	Dave Laut	USA	20,97
1988	Ulf Timmermann	GDR	22,47
	Randy Barnes	USA	22,39
	Werner Günthör	SUI	21,99
1992	Michael Stulce	USA	21,70
	James Doehring	USA	20,96
	Wjatscheslaw Lykho	EUN	20,94
1996	Randy Barnes	USA	21,62
	John Godina	USA	20,79
	Alexander Bagatsch	UKR	20,75
2000	Arsi Harju	FIN	21,29
	Adam Nelson	USA	21,21
	John Godina	USA	21,20
2004	Juri Bilonog	UKR	21,16
	Adam Nelson	USA	21,16
	Joachim Olsen	DEN	21,07
2008	Tomasz Majewski	POL	21,51
	Christian Cantwell	USA	21,09
	Andrej Michnewitsch	BLR	21,05

Diskuswerfen

1896	Robert Garrett	USA	29,15
	Panagio Paraskevopoulos	GRE	28,95
	Sotirios Versis	GRE	28,78
1900	Rudolf Bauer	HUN	36,04
	Frantisek Janda-Suk	BOH	35,25
	Richard Sheldon	USA	34,60
1904	Martin Sheridan	USA	39,28
	Ralph Rose	USA	39,28
	Nicolaas Georgantas	GRE	37,68
1908	Martin Sheridan	USA	40,890
	Marritt Giffin	USA	40,700
	Marquis Horr	USA	39,445
1912	Armas Taipale	FIN	45,21
	Richard Byrd	USA	42,32
	James Duncan	USA	42,28
1920	Elmer Niklander	FIN	44,685
	Armas Taipale	FIN	44,19
	Augustus Pope	USA	42,13
1924	Clarence ›Bud‹ Houser	USA	46,155
	Vilho Niittymaa	FIN	44,95
	Thomas Lieb	USA	44,83
1928	Clarence ›Bud‹ Houser	USA	47,32
	Lauri Antero Kivi	FIN	47,23
	James Corson	USA	47,10
1932	John Anderson	USA	49,49
	Henri Jean Laborde	USA	48,47
	Paul Winter	FRA	47,85
1936	Kenneth Carpenter	USA	50,48
	Gordon Dunn	USA	49,36
	Giorgio Oberweger	ITA	49,23
1948	Adolfo Consolini	ITA	52,78
	Giuseppe Tosi	ITA	51,78
	Fortune Gordien	USA	50,77
1952	Sim Iness	USA	55,03
	Adolfo Consolini	ITA	53,78
	James Dillion	USA	53,28
1956	Al Oerter	USA	56,36
	Fortune Gordien	USA	54,81
	Desmond Koch	USA	54,40
1960	Al Oerter	USA	59,18
	Richard Babka	USA	58,02
	Richard Cochran	USA	57,16
1964	Al Oerter	USA	61,00
	Ludvik Danek	TCH	60,52
	David Weill	USA	59,49
1968	Al Oerter	USA	64,78
	Lothar Milde	GDR	63,08
	Ludvik Danek	TCH	62,92
1972	Ludvik Danek	TCH	64,40
	Jay Silvester	USA	63,50
	Ricky Bruch	SWE	63,40
1976	Mac Wilkins	USA	67,50
	Wolfgang Schmidt	GDR	66,22
	John Powell	USA	65,70
1980	Wiktor Raschtschupkin	URS	66,64
	Imrich Bugar	TCH	66,38
	Luis Delis	CUB	66,32
1984	Rolf Danneberg	FRG	66,60
	Mac Wilkins	USA	66,30
	John Powell	USA	65,46
1988	Jürgen Schult	GDR	68,82
	Romas Ubartas	URS	67,48
	Rolf Danneberg	FRG	67,38
1992	Romas Ubartas	LIT	65,12
	Jürgen Schult	GER	64,94
	Roberto Moya	CUB	64,12
1996	Lars Riedel	GER	69,40
	Wladimir Dubrowschik	BLR	66,60
	Wassili Kaptiuch	BLR	65,80
2000	Virgilius Alekna	LTU	69,30
	Lars Riedel	GER	68,50
	Frantz Kruger	RSA	68,19
2004	Virgilius Alekna	LTU	69,89
	Zoltan Kovago	HUN	67,04
	Aleksander Tammert	EST	66,66
2008	Gerd Kanter	EST	68,82
	Piotr Malachowski	POL	67,82
	Virgilius Alekna	LTU	67,79

Hammerwerfen

1900	John Flanagan	USA	49,73
	Truxton Hare	USA	49,13
	Josiah McCracken	USA	42,46
1908	John Flanagan	USA	51,92
	Matthew McGrath	USA	51,18
	Cornelius Walsh	CAN	48,51
1912	Matthew McGrath	USA	54,74
	Duncan Gillis	CAN	48,39
	Clarence Childs	USA	48,17
1920	Patrick Ryan	USA	52,875
	Carl Johan Lind	SWE	48,43
	Basil Bennet	USA	48,25
1924	Frederick Tootell	USA	53,295
	Matthew McGrath	USA	50,84
	Malcolm Nokes	GBR	48,875
1928	Patrick O'Callaghan	IRL	51,39
	Ossian Skiöld	SWE	51,29
	Edmund Black	USA	49,03
1932	Patrick O'Callaghan	IRL	53,92
	Frans ›Wille‹ Pörhölä	FIN	52,27
	Peter Zaremba	USA	50,33
1936	Karl Hein	GER	56,49
	Erwin Blask	GER	55,04
	Oscar Fred Warngard	SWE	54,83
1948	Imre Nemeth	HUN	56,07
	Ivan Gubijan	YUG	54,27
	Robert Bennett	USA	53,73
1952	Jozsef Csermak	HUN	60,34
	Karl Storch	GER	58,86
	Imre Nemeth	HUN	57,74
1956	Harold Connolly	USA	63,19
	Michail Kriwonossow	URS	63,03
	Anatoli Samozwjetow	URS	62,56
1960	Wassili Rudenkow	URS	67,10
	Gyula Zsivotzky	HUN	65,79
	Tadeusz Rut	POL	65,64
1964	Romuald Klim	URS	69,74
	Gyula Zsivotzky	HUN	69,09
	Uwe Beyer	GER	68,09
1968	Gyula Zsivotzky	HUN	73,36
	Romuald Klim	URS	73,28
	Lazar Lovasz	HUN	69,78
1972	Anatoli Bondartschuk	URS	75,50
	Jochen Sachse	GDR	74,96
	Wassili Chmelewski	URS	74,04
1976	Juri Sedych	URS	77,52
	Alexej Spiridonow	URS	76,08
	Anatoli Bondartschuk	URS	75,48
1980	Juri Sedych	URS	81,80
	Sergej Litwinow	URS	80,64
	Juri Tamm	URS	78,96
1984	Juha Tiainen	FIN	78,08
	Karl-Hans Riehm	FRG	77,98
	Klaus Ploghaus	FRG	76,68
1988	Sergej Litwinow	URS	84,80
	Juri Sedych	URS	83,76
	Juri Tamm	URS	81,16
1992	Andrej Abduwaljew	EUN	82,54
	Igor Astapkowitsch	EUN	81,96
	Igor Nikulin	EUN	81,38
1996	Balazs Kiss	HUN	81,24
	Lance Deal	USA	81,12
	Oleksi Krikun	UKR	80,02
2000	Szymon Ziolkowski	POL	80,02
	Nicola Vizzoni	ITA	79,64
	Igor Astapkowitsch	BLR	79,17
2004	Koji Murofushi	JPN	82,91
	Iwan Tichon	BLR	79,81
	Esref Apak	TUR	79,51
2008	Primoz Kozmus	SLO	82,02
	Wadim Dewjatowski	BLR	81,61
	Iwan Tichon	BLR	81,51

Speerwerfen

1908	Eric Lemming	SWE	54,824
	Arne Halse	NOR	50,570
	Otto Nilsson	SWE	47,105
1912	Eric Lemming	SWE	60,64
	Julius Juho Saaristo	FIN	58,86
	Mor Kovacs	HUN	55,50
1920	Jonni Myyrä	FIN	65,78
	Urho Peltonen	FIN	63,50
	Paavo Jaale-Johansson	FIN	63,095
1924	Jonni Myyrä	FIN	62,96
	Gunnar Lindström	SWE	60,92
	Eugene Oberst	USA	58,35
1928	Erik Lundqvist	SWE	66,60
	Béla Szepes	HUN	65,26
	Olav Sunde	NOR	63,97
1932	Matti Järvinen	FIN	72,71
	Matti Sippala	FIN	69,80
	Eino Penttilä	FIN	68,70
1936	Gerhard Stöck	GER	71,84
	Yrjö Nikkanen	FIN	70,77
	Kaarlo Kalervo Toivonen	FIN	70,72
1948	Kai Tapio Routavaara	FIN	69,77
	Stephan Seymour	USA	67,56
	Jozsef Vorszegi	HUN	67,03
1952	Cyrus Young	USA	73,78
	William Miller	USA	72,46
	Toivo Hyytiäinen	FIN	71,89
1956	Egil Danielsen	NOR	85,71
	Janusz Sidlo	POL	79,98
	Wiktor Zybulenko	URS	79,50
1960	Wiktor Zybulenko	URS	84,64
	Walter Krüger	GER	79,36
	Gergely Kulcsar	HUN	78,57
1964	Pauli Nevala	FIN	82,66
	Gergely Kulcsar	HUN	82,32
	Janis Lusis	URS	80,57
1968	Janis Lusis	URS	90,10
	Jorma Kinnunen	FIN	88,58
	Gergely Kulcsar	HUN	87,06
1972	Klaus Wolfermann	FRG	90,48
	Janis Lusis	URS	90,46
	William Schmidt	USA	84,42
1976	Miklos Nemeth	HUN	94,58
	Hannu Siitonen	FIN	87,92
	Gherorghe Megelea	ROU	87,16

1980	Dainis Kula	URS	91,20
	Alexander Makarow	URS	89,64
	Wolfgang Hanisch	GDR	86,72
1984	Arto Härkönen	FIN	86,76
	David Ottley	GBR	85,74
	Kenth Eldebrink	SWE	83,72
1988	Tapio Korjus	FIN	84,28
	Jan Zelezny	TCH	84,12
	Seppo Räty	FIN	83,26
1992	Jan Zelezny	TCH	89,66
	Seppo Räty	FIN	86,60
	Steve Backley	GBR	83,38
1996	Jan Zelezny	CZE	88,16
	Steve Backley	GBR	87,44
	Seppo Räty	FIN	86,98
2000	Jan Zelezny	CZE	90,17
	Steve Backley	GBR	89,85
	Sergej Makarow	RUS	88,67
2004	Andreas Thorkildsen	NOR	86,50
	Vadims Vasilevskis	LAT	84,95
	Sergej Makarow	RUS	84,84
2008	Andreas Thorkildsen	NOR	90,57
	Ainars Kovals	LAT	86,64
	Tero Pitkämäki	FIN	86,16

Zehnkampf

1904	Thomas Kiely	GBR	6036
	Adam Gunn	USA	5907
	Truxton Hare	USA	5813
1912	Jim Thorpe*	USA	8412
	Hugo Wieslander	SWE	7724
	Charles Lomberg	SWE	7414
	*Disqualifikation 1913, aufgehoben 1982		
1920	Helge Lövland	NOR	6804
	Brutus Hamilton	USA	6771
	Bertil Ohlson	SWE	6580
1924	Harold M. Osborn	USA	7710
	Emerson Norton	USA	7350
	Alexander Klumberg	EST	7329
1928	Paavo Yrjölä	FIN	8053
	Akilles ›Aki‹ Järvinen	FIN	7931
	John Kenneth Doherty	USA	7706
1932	James Bausch	USA	8462
	Akilles ›Aki‹ Järvinen	FIN	8292
	Wolrad Eberle	GER	8030
1936	Glenn Morris	USA	7900
	Robert Clark	USA	7601
	Jack Parker	USA	7275
1948	Bob Mathias	USA	7139
	Ignace Heinrich	FRA	6974
	Floyd Simmons	USA	6950
1952	Bob Mathias	USA	7887
	Milton Campbell	USA	6975
	Floyd Simmons	USA	6788
1956	Milton Campbell	USA	7937
	Rafer Johnson	USA	7587
	Wassili Kusnezow	URS	7465
1960	Rafer Johnson	USA	8392
	Chuan-Kwang Yang	TPE	8334
	Wassili Kusnezow	URS	7809
1964	Willi Holdorf	GER	7887
	Rein Aun	URS	7842
	Hans-Joachim Walde	GER	7809
1968	Bill Toomey	USA	8193
	Hans-Joachim Walde	FRG	8111
	Kurt Bendlin	FRG	8064
1972	Nikolai Awilow	URS	8454
	Leonid Litwinenko	URS	8035
	Ryszard Katus	POL	7984
1976	Bruce Jenner	USA	8618
	Guido Kratschmer	FRG	8411
	Nikolai Awilow	URS	8369
1980	Daley Thompson	GBR	8495
	Juri Kuzenko	URS	8331
	Sergej Scheljanow	URS	8135
1984	Daley Thompson	GBR	8797
	Jürgen Hingsen	FRG	8673
	Siegfried Wentz	FRG	8412
1988	Christian Schenk	GDR	8488
	Torsten Voss	GDR	8399
	David Steen	CAN	8328
1992	Robert Zmelik	TCH	8611
	Antonio Penalver	ESP	8412
	Dave Johnson	USA	8309
1996	Dan O'Brian	USA	8824
	Frank Busemann	GER	8706
	Tomas Dvorak	CZE	8664
2000	Erki Nool	EST	8641
	Roman Sebrle	CZE	8606
	Chris Huffins	USA	8595
2004	Roman Sebrle	CZE	8893
	Bryan Clay	USA	8820
	Dimitri Karpow	KAZ	8725
2008	Bryan Clay	USA	8791
	Andrej Krautschanka	BLR	8551
	Leonel Suarez	CUB	8527

Frauen

100 m

1928	Elizabeth Robinson	USA	12,2
	Fanny Rosenfeld	CAN	12,3
	Ethel Smith	CAN	12,3
1932	Stanislawa Walasiewicz	POL	11,9
	Hilda Strike	CAN	11,9
	Wilhelmina von Bremen	USA	12,0
1936	Helen Stephens	USA	11,5
	Stanislawa Walasiewicz	POL	11,7
	Käthe Krauß	GER	11,9
1948	Fanny Blankers-Koen	NED	11,9
	Dorothy Manley	GBR	12,2
	Shirley Strickland	AUS	12,2
1952	Marjorie Jackson	AUS	11,5
	Daphne Hasenjager-Robb	SAF	11,8
	Shirley Strickland	AUS	11,9
1956	Betty Cuthbert	AUS	11,5
	Christa Stubnick	GER	11,7
	Marlene Matthews	AUS	11,7
1960	Wilma Rudolph	USA	11,0
	Dorothy Hyman	GBR	11,3
	Guiseppina Leone	ITA	11,3
1964	Wyomia Tyus	USA	11,4
	Edith McGuire	USA	11,6
	Ewa Klobukowska	POL	11,6
1968	Wyomia Tyus	USA	11,0
	Barbara Ferrell	USA	11,1
	Irena Szewinska	POL	11,1
1972	Renate Stecher	GDR	11,07
	Raelene Boyle	AUS	11,23
	Silvia Chibas	CUB	11,24
1976	Annegret Richter	FRG	11,08
	Renate Stecher	GDR	11,13
	Inge Helten	FRG	11,17
1980	Ljudmila Kondratjewa	URS	11,06
	Marlies Göhr	GDR	11,07
	Ingrid Auerswald	GDR	11,14
1984	Evelyne Ashford	USA	10,97
	Alice Brown	USA	11,13
	Merlene Ottey-Page	JAM	11,16
1988	Florence Griffith-Joyner	USA	10,54
	Evelyne Ashford	USA	10,83
	Heike Drechsler	GDR	10,85
1992	Gail Devers	USA	10,82
	Juliet Cuthbert	JAM	10,83
	Irina Priwalowa	EUN	10,84
1996	Gail Devers	USA	10,94
	Merlene Ottey	JAM	10,94
	Gwen Torrence	USA	10,96
2000	vakant		
	Ekaterini Thanou	GRE	11,12
	Tanya Lawrence	JAM	11,18
2004	Julia Nesterenko	BLR	10,93
	Lauryn Williams	USA	10,96
	Veronica Campbell	JAM	10,97
2008	Shelly-Ann Fraser	JAM	10,78
	2. Sherone Simpson	JAM	10,98
	2. Kerron Stewart	JAM	10,98

200 m

1948	Fanny Blankers-Koen	NED	24,4
	Audrey Williamson	GBR	25,1
	Audrey Patterson	USA	25,2
1952	Marjorie Jackson	AUS	23,7
	Bertha Brouwer	NED	24,2
	Nadeschda Khnykina	URS	24,2
1956	Betty Cuthbert	AUS	23,4
	Christa Stubnick	GER	23,7
	Marlene Matthews	AUS	23,8
1960	Wilma Rudolph	USA	24,0
	Jutta Heine	GER	24,4
	Dorothy Hyman	GBR	24,7
1964	Edith McGuire	USA	23,0
	Irena Kirszenstein	POL	23,1
	Marilyn Black	AUS	23,1
1968	I. Szewinska-Kirszenstein	POL	22,5
	Raelene Boyle	AUS	22,7
	Jennifer Lamy	AUS	22,8
1972	Renate Stecher	GDR	22,40
	Raelene Boyle	AUS	22,45
	Irena Szewinska	POL	22,74
1976	Bärbel Eckert	GDR	22,37
	Annegret Richter	FRG	22,39
	Renate Stecher	GDR	22,47
1980	Bärbel Wöckel-Eckert	GDR	22,03
	Natalja Botschina	URS	22,19
	Merlene Ottey	JAM	22,20
1984	Valerie Brisco-Hooks	USA	21,81
	Florence Griffith	USA	22,04
	Merlene Ottey-Page	JAM	22,09
1988	Florence Griffith-Joyner	USA	21,34
	Grace Jackson	USA	21,72
	Heike Drechsler	GDR	21,95
1992	Gwen Torrence	USA	21,81
	Juliet Cuthbert	JAM	22,02
	Merlene Ottey	JAM	22,09
1996	Marie-José Perec	FRA	22,12
	Merlene Ottey	JAM	22,24
	Mary Onyali	NGR	22,38
2000	vakant		
	Pauline Davis-Thompson	BAH	22,27
	Susanthika Jayasinghe	SRI	22,28
2004	Veronica Campbell	JAM	22,05
	Allyson Felix	USA	22,18
	Debbie Ferguson	BAH	22,30
2008	Veronica Campbell-Brown	JAM	21,74
	Allyson Felix	USA	21,93
	Kerron Stewart	JAM	22,00

400 m

1964	Betty Cuthbert	AUS	52,0
	Ann Packer	GBR	52,2
	Judith Amoore	AUS	53,4
1968	Colette Besson	FRA	52,0
	Lillian Board	GBR	52,1
	Natalja Peteschkina	URS	52,2
1972	Monika Zehrt	GDR	51,08
	Rita Wilden	FRG	51,21
	Kathy Hammond	USA	51,64
1976	Irena Szewinska	POL	49,29
	Christina Brehmer	GDR	50,51
	Ellen Streidt	GDR	50,55
1980	Marita Koch	GDR	48,88
	Jarmila Kratochvilova	TCH	49,46
	Christina Lathan-Brehmer	GDR	49,66
1984	Valerie Brisco-Hooks	USA	48,83
	Chandra Cheeseborough	USA	49,05
	Kathryn Cook	GBR	49,42
1988	Olga Brysgina	URS	48,65
	Petra Müller	GDR	49,45
	Olga Nasarowa	URS	49,90
1992	Marie-José Perec	FRA	48,83
	Olga Brysgina	EUN	49,05
	Ximena Restrepo	COL	49,64
1996	Marie-José Perec	FRA	48,25
	Cathy Freeman	AUS	48,63
	Falilat Ogunkoya	NGR	49,10
2000	Cathy Freeman	AUS	49,11
	Lorraine Graham	JAM	49,58
	Katharine Merry	GBR	49,72
2004	Tonique Williams-Darling	BAH	49,41
	Ana Guevara	MEX	49,56
	Natalja Antjuch	RUS	49,89
2008	Christine Ohuruogu	GBR	49,62
	Shericka Williams	JAM	49,69
	Sanya Richards	USA	49,93

800 m

1928	Lina Radke-Batschauer	GER	2:16,8
	Kinuye Hitomi	JPN	2:17,6
	Inga Gentzel	SWE	2:17,8
1960	Ljudmila Schwezowa	URS	2:04,3
	Brenda Jones	AUS	2:04,4
	Ursula Donath	GER	2:05,6
1964	Ann Packer	GBR	2:01,1
	Maryvonne Dupureur	FRA	2:01,9
	Marise Ann Chamberlain	NZL	2:02,8
1968	Madeline Manning	USA	2:00,9
	Ileana Silai	ROU	2:02,5
	Maria Gommers	NED	2:02,6
1972	Hildegard Falck	FRG	1:58,6
	Nijole Sabaite	URS	1:58,7
	Gunhild Hoffmeister	GDR	1:59,2
1976	Tatjana Kasankina	URS	1:54,9
	Nikolina Schterewa	BUL	1:55,4
	Elfi Zinn	GDR	1:55,6
1980	Nadeshda Olisarenko	URS	1:53,5
	Olga Minejewa	URS	1:54,9
	Tatjana Prowidochina	URS	1:55,5
1984	Doina Melinte	ROU	1:57,60
	Kim Gallagher	USA	1:58,63
	Fita Lovin	ROU	1:58,83
1988	Sigrun Wodars	GDR	1:56,10
	Christine Wachtel	GDR	1:56,64
	Kim Gallagher	USA	1:56,91
1992	Ellen van Langen	NED	1:55,54
	Lilia Nurutdinowa	EUN	1:55,99
	Ana Fidelia Quirot	CUB	1:56,80
1996	Swetlana Masterkowa	RUS	1:57,73
	Ana Fidelia Quirot	CUB	1:58,11
	Maria Mutola	MOZ	1:58,71
2000	Maria Mutola	MOZ	1:56,15
	Stephanie Graf	AUT	1:56,64
	Kelly Holmes	GBR	1:56,80
2004	Kelly Holmes	GBR	1:56,38
	Hasna Benhassi	MAR	1:56,43
	Jolanda Ceplak	SLO	1:56,43
2008	Pamela Jelimo	KEN	1:54,87
	Janeth Jepkosgei Busienei	KEN	1:56,07
	Hasna Benhassi	MAR	1:56,73

1500 m

1972	Ljudmila Bragina	URS	4:01,4
	Gunhild Hoffmeister	GDR	4:02,8
	Paola Cocchi	ITA	4:02,9
1976	Tatjana Kasankina	URS	4:05,5
	Gunhild Hoffmeister	GDR	4:06,0
	Ulrike Klapezynski	GDR	4:06,1
1980	Tatjana Kasankina	URS	3:56,6
	Christiane Wartenberg	GDR	3:57,8
	Nadeshda Olisarenko	URS	3:59,6
1984	Gabriella Dorio	ITA	4:03,25
	Doina Melinte	ROU	4:03,76
	Maricica Puica	ROU	4:04,15
1988	Paula Ivan	ROU	3:53,96
	Laimute Baikauskaite	URS	4:00,24
	Tatjana Samolenko	URS	4:00,30
1992	Hassiba Boulmerka	ALG	3:55,30
	Ludmilla Rogaschewa	EUN	3:56,91
	Qu Yunxia	CHN	3:57,08
1996	Swetlana Masterkowa	RUS	4:00,83
	Gabriela Szabo	ROU	4:01,54
	Theresia Kiesl	AUT	4:03,02
2000	Nouria Merah-Benida	ALG	4:05,10
	Violeta Szekely	ROU	4:05,15
	Gabriela Szabo	ROU	4:05,27
2004	Kelly Holmes	GBR	3:57,90
	Tatjana Tomaschowa	RUS	3:58,12
	Maria Cioncan	ROU	3:58,39
2008	Nancy Jebet Langat	KEN	4:00,23
	Irina Lischtschinskaja	UKR	4:01,63
	Natalija Tobias	UKR	4:01,78

5000 m (bis 1992 3000 m)

1984	Maricica Puica	ROU	8:35,96
	Wendy Sly	GBR	8:39,47
	Lynn Williams	CAN	8:42,14
1988	Tatjana Samolenko	URS	8:26,53
	Paula Ivan	ROU	8:27,15
	Yvonne Murray	GBR	8:29,02
1992	Elena Romanowa	EUN	8:46,04
	T. Dorowskitsch-Samolenko	EUN	8:46,85
	Angela Chalmers	CAN	8:47,22
1996	Wang Yunxia	CHN	14:59,88
	Pauline Konga	KEN	15:03,49
	Roberta Brunet	ITA	15:07,52
2000	Gabriela Szabo	ROU	14:40,79
	Sonia O'Sullivan	IRL	14:41,02
	Gete Wami	ETH	14:42,23
2004	Meseret Defar	ETH	14:45:65
	Isabella Ochichi	KEN	14:48:19
	Tirunesh Dibaba	ETH	14:51:83
2008	Tirunesh Dibaba	ETH	15:41,40
	Elvan Abeylegesse	TUR	15:42,74
	Meseret Defar	ETH	15:44,12

10 000 m

1988	Olga Bandarenko	URS	31:05,21
	Liz McColgan-Lynch	GBR	31:08,44
	Jelena Schupijewa	URS	31:19,82
1992	Derartu Tulu	ETH	31:06,02
	Elana Meyer	RSA	31:11,75
	Lynn Jennings	USA	31:19,89
1996	Fernanda Ribeiro	POR	31:01,63
	Wang Yunxia	CHN	31:02,58
	Gete Wami	ETH	31:06,65
2000	Derartu Tulu	ETH	30:17,49
	Gete Wami	ETH	30:22,48
	Fernanda Ribeiro	POR	30:22,88
2004	Xing Huina	CHN	30:24,36
	Ejegayehu Dibaba	ETH	30:24,98
	Derartu Tulu	ETH	30:26,42
2008	Tirunesh Dibaba	ETH	29:54,66
	Elvan Abeylegesse	TUR	29:56,34
	Shalane Flanagan	USA	30:22,22

Marathon

1984	Joan Benoit	USA	2:24:52,0
	Grete Waitz	NOR	2:26:18,0
	Rosa Mota	POR	2:26:57,0
1988	Rosa Mota	POR	2:25:40,0
	Lisa Martin	AUS	2:25:53,0
	Kathrin Dörre	GDR	2:26:21,0
1992	Walentina Jegorowa	EUN	2:32:41,0
	Yuko Arimori	JPN	2:32:49,0
	Lorraine Moller	NZL	2:33:59,0
1996	Fatuma Roba	ETH	2:26:05,0
	Walentina Jegorowa	RUS	2:28:05,0
	Yuko Arimori	JPN	2:28:39,0
2000	Naoko Takahashi	JPN	2:23:14
	Lidia Simon	ROU	2:23:22
	Joyce Chepchumba	KEN	2:24:45
2004	Mizuki Noguchi	JPN	2:26:20
	Catherine Ndereba	KEN	2:26:32
	Deena Kastor	USA	2:27:20
2008	Constantina Tomescu	ROU	2:26:44
	Catherine Ndereba	KEN	2:27:06
	Zhou Chunxiu	CHN	2:27:07

100 m Hürden

(bis 1968 = 80m)

1932	Mildred ›Babe‹ Didriksen	USA	11,7
	Evelyne Hall	USA	11,7
	Marjorie Clark	SAF	11,8
1936	Ondina Valla	ITA	11,7
	Anni Steuer	GER	11,7
	Elizabeth Taylor	CAN	11,7
1948	Fanny Blankers-Koen	NED	11,2
	Maureen Gardner	GBR	11,2
	Shirley Strickland	AUS	11,4
1952	Shirley Strickland	AUS	10,9
	Maria Golubnitschaja	URS	11,1
	Maria Sander	GER	11,1
1956	Shirley Strickland	AUS	10,7
	Gisela Köhler	GER	10,9
	Norma Thrower	AUS	11,0
1960	Irina Press	URS	10,8
	Carole Quinton	GBR	10,9
	G. Birkemeyer-Köhler	GER	11,0
1964	Karin Balzer	GER	10,5
	Teresa Ciepla	POL	10,5
	Pamela Kilborn	AUS	10,5
1968	Maureen Caird	AUS	10,3
	Pamela Kilborn	AUS	10,4
	Chi Cheng	TPE	10,4
1972	Annelie Ehrhardt	GDR	12,59
	Valeria Bufanu	ROU	12,84
	Karin Balzer	GDR	12,90
1976	Johanna Schaller	GDR	12,77
	Tatjana Anissimowa	URS	12,78
	Natalja Lebedjewa	URS	12,80
1980	Wera Komissowa	URS	12,56
	Johanna Klier-Schaller	GDR	12,63
	Lucyna Langer	POL	12,66
1984	Benita Fitzgerald-Brown	USA	12,84
	Shirley Strong	GBR	12,88
	3. Michele Chardonnet	FRA	13,06
	3. Kim Turner	USA	13,06
1988	Jordanka Donkowa	BUL	12,38
	Gloria Siebert	GDR	12,61
	Claudia Zaczkiewicz	FRG	12,75
1992	Paraskevi Patoulidou	GRE	12,46
	La Vonna Martin	USA	12,69
	Jordanka Donkowa	BUL	12,70
1996	Ludmila Engquist	SWE	12,58
	Brigita Bukovec	SLO	12,59
	Patricia Girard-Leno	FRA	12,65
2000	Olga Schischigina	KAZ	12,65
	Glory Alozie	NGR	12,68
	Melissa Morrison	USA	12,76
2004	Joanna Hayes	USA	12,37
	Olena Krasowska	UKR	12,45
	Melissa Morrison	USA	12,56
2008	Dawn Harper	USA	12,54
	Sally McLellan	AUS	12,64
	Priscilla Lopes-Schliep	CAN	12,64

400 m Hürden

1984	Nawal El Moutawakel	MAR	54,61
	Judi Brown	USA	55,20
	Cristina Cojocaru	ROU	55,41
1988	Deborah Flintoff-King	AUS	53,17
	Tatjana Ledowskaja	URS	53,18
	Ellen Fiedler	GDR	53,63
1992	Sally Gunnell	GBR	53,23
	Sandra Farmer-Patrick	USA	53,69
	Janeene Vickers	USA	54,31
1996	Deon Hemmings	JAM	52,82
	Kim Batten	USA	53,08
	Tonja Buford-Bailey	USA	53,22
2000	Irina Priwalowa	RUS	53,02
	Deon Hemmings	JAM	53,45
	Nouzha Bidouane	MAR	53,57
2004	Fani Halkia	GRE	52,82
	Ionela Tirlea-Manolache	ROU	53,38
	T. Tereschtschuk-Antipowa	UKR	53,44
2008	Melaine Walker	JAM	52,64
	Sheena Tosta	USA	53,70
	Tasha Danvers	GBR	53,84

3000 m Hindernis

2008	Gulnara Galkina-Samitowa	RUS	8:58,81
	Eunice Jepkorir	KEN	9:07,41
	Jekaterina Wolkowa	RUS	9:07,64

4x100 m

1928	Kanada	48,4
	USA	48,8
	Deutschland	49,0
1932	USA	47,0
	Kanada	47,0
	Großbritannien	47,6
1936	USA	46,9
	Großbritannien	47,6
	Kanada	47,8
1948	Niederlande	47,5
	Australien	47,6
	Kanada	47,8
1952	USA	45,9
	Deutschland	45,9
	Großbritannien	46,2
1956	Australien	44,5
	Großbritannien	44,7
	USA	44,9
1960	USA	44,5
	Deutschland (DDR)	44,8
	Polen	45,0
1964	Polen	43,6
	USA	43,9
	Großbritannien	44,0
1968	USA	42,8
	Kuba	43,3
	UdSSR	43,4
1972	BR Deutschland	42,81
	DDR	42,95
	Kuba	43,36
1976	DDR	42,55
	BR Deutschland	42,59
	UdSSR	43,09
1980	DDR	41,60
	UdSSR	42,10
	Großbritannien	42,43
1984	USA	41,65
	Kanada	42,77
	Großbritannien	43,11
1988	USA	41,98
	DDR	42,09
	UdSSR	42,75
1992	USA	42,11
	EUN	42,16
	Nigeria	42,81
1996	USA	41,95
	Bahamas	42,14
	Jamaika	42,24
2000	Bahamas	41,95
	Jamaika	42,13
	vakant	
2004	Jamaika	41,73
	Russland	42,27
	Frankreich	42,54
2008	Russland	42,31
	Belgien	42,54
	Nigeria	43,04

4x400 m

1972	DDR	3:23,0
	USA	3:25,2
	BR Deutschland	3:26,5
1976	DDR	3:19,23
	USA	3:22,81
	UdSSR	3:24,24
1980	UdSSR	3:20,2
	DDR	3:20,4
	Großbritannien	3:27,5
1984	USA	3:18,29
	Kanada	3:21,21
	BR Deutschland	3:22,98
1988	UdSSR	3:15,18
	USA	3:15,51
	DDR	3:18,29
1992	EUN	3:20,20
	USA	3:20,92
	Großbritannien	3:24,23
1996	USA	3:20,91
	Nigeria	3:21,04
	Deutschland	3:21,14
2000	vakant	
	Jamaika	3:23,25
	Russland	3:23,46
2004	USA	3:19,01
	Russland	3:20,16
	Jamaika	3:22,00
2008	USA	3:18,54
	Russland	3:18,82
	Jamaika	3:20,40

20 km Gehen

1992	Chen Yueling	CHN	44:32
(10 km)	Jelena Nikolajewa	EUN	44:33
	Li Chunxiu	CHN	44:41
1996	Jelene Nikolajewa	RUS	41:49
(10 km)	Elisabetta Perrone	ITA	42:12
	Wang Yan	CHN	42:19
2000	Wang Liping	CHN	1:29:04
	Kjersti Plätzer	NOR	1:29:33
	Maria Vasco	ESP	1:30:23
2004	Athanasia Tsoumeleka	GRE	1:29:12
	Olimpiada Iwanowa	RUS	1:29:16
	Jane Saville	AUS	1:29:25
2008	Olga Kaniskina	RUS	1:26:31
	Kjersti Tysse Plätzer	NOR	1:27:07
	Elisa Rigaudo	ITA	1:27:12

Hochsprung

1928	Ethel Catherwood	CAN	1,59
	Carolina Anna Gisolf	NED	1,56
	Mildred Wiley	USA	1,56
1932	Jean Shiley	USA	1,657
	Mildred ›Babe‹ Didriksen	USA	1,657
	Eva Dawes	CAN	1,60
1936	Iboyla Csak	HUN	1,60
	Dorothy Odam	GBR	1,60
	Elfriede Kaun	GER	1,60
1948	Alice Coachman	USA	1,68
	Dorothy Tyler-Odam	GBR	1,68
	Micheline Ostermeyer	FRA	1,61
1952	Esther Brand	SAF	1,67
	Sheila Lerwill	GBR	1,65
	Alexandra Tschudina	URS	1,63
1956	Mildred McDaniel	USA	1,76
	2. Thelna Hopkins	GBR	1,67
	2. Maria Pissarjewa	URS	1,67
1960	Iolanda Balas	ROU	1,85
	2. Jaroslawa Jozwiakowska	POL	1,71
	2. Dorothy Shirley	GBR	1,71
1964	Iolanda Balas	ROU	1,90
	Michele Brown-Mason	AUS	1,80
	Taissija Tschentschik	URS	1,78
1968	Miloslava Rezkova	TCH	1,82
	Antonina Okorokowa	URS	1,80
	Walentina Kosyr	URS	1,80
1972	Ulrike Meyfarth	FRG	1,92
	Jordanka Blagoewa	BUL	1,88
	Ilona Gusenbauer	AUT	1,88
1976	Rosi Ackermann	GDR	1,93
	Sara Simeoni	ITA	1,91
	Jordanka Blagoewa	BUL	1,91
1980	Sara Simeoni	ITA	1,97
	Urszula Kielan	POL	1,94
	Jutta Kirst	GDR	1,94
1984	Ulrike Meyfarth	FRG	2,02
	Sara Simeoni	ITA	2,00
	Joni Huntley	USA	1,97
1988	Louise Ritter	USA	2,03
	Stefka Kostadinowa	BUL	2,01
	Tamara Bykowa	URS	1,99
1992	Heike Henkel	GER	2,02
	Alina Astafei	ROU	2,00
	Joanet Quintero	CUB	1,97
1996	Stefka Kostadinowa	BUL	2,05
	Niki Bakogianni	GRE	2,03
	Inga Babakowa	UKR	2,01
2000	Jelena Jelesina	RUS	2,01
	Hestrie Cloete	RSA	2,01
	Oana Manuela Pantelimon	ROU	1,99
	Kajsa Bergqvist	SWE	1,99
2004	Jelena Slesarenko	RUS	2,06
	Hestrie Cloete	RSA	2,02
	Wiktoria Stijopina	UKR	2,02
2008	Tia Hellebaut	BEL	2,05
	Blanka Vlasic	CRO	2,05
	Anna Tschitscherowa	RUS	2,03

Stabhochsprung

2000	Stacy Dragila	USA	4,60
	Tatiana Grigorieva	AUS	4,55
	Vala Flosadottir	ISL	4,50
2004	Jelena Isinbajewa	RUS	4,91
	Swetlana Feofanowa	RUS	4,75
	Anna Rogowska	POL	4,70
2008	Jelena Isinbajewa	RUS	5,05
	Jennifer Stuczynski	USA	4,80
	Swetlana Feofanowa	RUS	4,75

Weitsprung

1948	Olga Gyarmati	HUN	5,695
	N. Simonetto De Portela	ARG	5,60
	Ann Britt-Leyman	SWE	5,575
1952	Yvette Williams	NZL	6,24
	Alexandra Tschudina	URS	6,14
	Shirley Cawley	GBR	5,92
1956	Elzbieta Krzesinska	POL	6,35
	Willye White	USA	6,09
	Dwalischwili-Khnykina	URS	6,07
1960	Wera Krepkina	URS	6,37
	Elzbieta Krzesinska	POL	6,27
	Hildrun Claus	GER	6,21
1964	Mary Rand	GBR	6,76
	Irena Kirszenstein	POL	6,60
	Tatjana Schelkanowa	URS	6,42
1968	Viorica Viscopoleanu	ROU	6,82
	Sheila Sherwood	GBR	6,68
	Tatjana Talyschewa	URS	6,66
1972	Heide Rosendahl	FRG	6,78
	Diana Jorgowa	BUL	6,77
	Eva Suranova	TCH	6,67
1976	Angela Voigt	GDR	6,72
	Kathy McMillan	USA	6,66
	Lidija Alfejewa	URS	6,60
1980	Tatjana Kolpakowa	URS	7,06
	Brigitte Wujak	GDR	7,04
	Tatjana Skatschko	URS	7,01
1984	Anisoara Stanciu	ROU	6,96
	Vali Ionescu	ROU	6,81
	Susan Hernshaw	GBR	6,80
1988	Jackie Joyner-Kersee	USA	7,40
	Heike Drechsler	GDR	7,22
	Galina Tschistjakowa	URS	7,11
1992	Heike Drechsler	GER	7,14
	Inessa Krawets	EUN	7,12
	Jackie Joyner-Kersee	USA	7,07
1996	Chioma Ajunwa	NGR	7,12
	Fiona May	ITA	7,02
	Jackie Joyner-Kersee	USA	7,00
2000	Heike Drechsler	GER	6,99
	Fiona May	ITA	6,92
	vakant		
2004	Tatjana Lebedewa	RUS	7,07
	Irina Simagina	RUS	7,05
	Tatjana Kotowa	RUS	7,05
2008	Maurren Higa Maggi	BRA	7,04
	Tatjana Lebedewa	RUS	7,03
	Blessing Okagbare	NGR	6,91

Dreisprung

1996	Inessa Krawets	UKR	15,33
	2. Inna Lasowskaja	RUS	14,98
	3. Sarka Kasparkova	CZE	14,98
2000	Teresa Marinowa	BUL	15,20
	Tatjana Lebedewa	RUS	15,00
	Olena Howorowa	UKR	14,96
2004	Francoise Mbango Etone	CMR	15,30
	Hrysopiyi Devetzi	GRE	15,25
	Tatjana Lebedewa	RUS	15,14
2008	Francoise Mbango Etone	CMR	15,39
	Tatjana Lebedewa	RUS	15,32
	Hrysopiyi Devetzi	GRE	15,23

Kugelstoßen

1948	Micheline Ostermeyer	FRA	13,75
	Amelia Piccinini	ITA	13,09
	Ine Schäffer	AUT	13,08
1952	Galina Sybina	URS	15,28
	Marianne Werner	GER	14,57
	Klawdija Totschenowa	URS	14,50
1956	Tamara Tyschkewitsch	URS	16,59
	Galina Sybina	URS	16,53
	Marianne Werner	GER	15,61
1960	Tamara Press	URS	17,32
	Johanna Lüttge	GER	16,61
	Earlene Brown	USA	16,42
1964	Tamara Press	URS	18,14
	Renate Garisch	GER	17,61
	Galina Sybina	URS	17,45
1968	Margitta Gummel	GDR	19,61
	Marita Lange	GDR	18,78
	Nadeschda Tschischowa	URS	18,19
1972	Nadeschda Tschischowa	URS	21,03
	Margitta Gummel	GDR	20,22
	Iwanka Christowa	BUL	19,35
1976	Iwanka Christowa	BUL	21,16
	Nadeschda Tschischowa	URS	20,96
	Helena Fibingerova	TCH	20,67
1980	Ilona Slupianek	GDR	22,41
	Swetlana Kratschewskaja	URS	21,42
	Margitta Pufe	URS	21,20
1984	Claudia Losch	FRG	20,48
	Mihaela Loghin	ROU	20,47
	Gael Martin	AUS	19,19
1988	Natalja Lissowskaja	URS	22,24
	Kathrin Neimke	GDR	21,07
	Li Meisu	CHN	21,06
1992	Swetlana Kriwelewa	EUN	21,06
	Huang Zhihong	CHN	20,47
	Kathrin Neimke	GER	19,78
1996	Astrid Kumbernuss	GER	20,56
	Sui Xinmei	CHN	19,88
	Irina Schudoroschkina	RUS	19,35
2000	Janina Korolschik	BLR	20,56
	Larisa Peleschenko	RUS	19,92
	Astrid Kumbernuss	GER	19,62
2004	Yumileidi Cumba	CUB	19,59
	Nadine Kleinert	GER	19,55
	Swetlana Kriweljowa	RUS	19,49
2008	Valerie Vili	NZL	20,56
	Natalia Michnewitsch	BLR	20,28
	Nadeschda Ostaptschuk	BLR	19,86

Diskuswerfen

1928	Halina Konopacka	POL	39,62
	Lillian Copeland	USA	37,08
	Ruth Svedberg	SWE	35,92
1932	Lillian Copeland	USA	40,58
	Ruth Osborn	USA	40,12
	Jadwiga Wajsowna	POL	38,75
1936	Gisela Mauermayer	GER	47,63
	Jadwiga Wajsowna	POL	46,22
	Paula Mollenhauer	GER	39,80
1948	Micheline Ostermeyer	FRA	41,92
	Edera Cordiale Gentile	ITA	41,17
	Jacqueline Mazeas	FRA	40,47
1952	Nina Romaschkowa	URS	51,42
	Jelisaweta Bagrjanzewa	URS	47,08
	Nina Dumbadse	URS	46,29
1956	Olga Fikotova	TCH	53,69
	Irina Begljakowa	URS	52,54
	N. Ponomarjowa-Romaschkowa	URS	52,02
1960	Nina Ponomarjowa	URS	55,10
	Tamara Press	URS	52,59
	Lia Manoliu	ROU	52,36
1964	Tamara Press	URS	57,27
	Ingrid Lotz	GER	57,21
	Lia Manoliu	ROU	56,97
1968	Lia Manoliu	ROU	58,28
	Liesel Westermann	FRG	57,76
	Jolan Kleiber	HUN	54,90
1972	Faina Melnik	URS	66,62
	Argentina Menis	ROU	65,06
	Wassilka Stoewa	BUL	64,34
1976	Evelin Schlaak	GDR	69,00
	Maria Wergowa	BUL	67,30
	Gabriele Hinzmann	GDR	66,84
1980	Evelin Jahl-Schlaak	GDR	69,96
	Maria Petkowa-Wergowa	BUL	67,90
	Tatjana Lessowaja	URS	67,40
1984	Ria Stalman	NED	65,36
	Leslie Denitz	USA	64,86
	Florenta Craciunesco	ROU	63,64
1988	Martina Hellmann	GDR	72,30
	Diana Gansky	GDR	71,88
	Zwetanka Khristowa	BUL	69,74
1992	Martiza Marten	CUB	70,06
	Zwetanka Khristowa	BUL	67,78
	Daniela Costian	AUS	66,20
1996	Ilke Wyludda	GER	69,66
	Natalia Sadowa	RUS	66,48
	Ellina Zwerewa	BLR	65,64
2000	Ellina Zwerewa	BLR	68,40
	Anastasia Kelesidou	GRE	65,71
	Irina Jatschenko	BLR	65,20
2004	Natalia Sadowa	RUS	67,02
	Anastasia Kelesidou	GRE	66,68
	Irina Jatschenko	BLR	66,17
2008	Stephanie Brown Trafton	USA	64,74
	Yarelys Barrios	CUB	63,64
	Olena Antonowa	UKR	62,59

Hammerwerfen

2000	Kamila Skolimowska	POL	71,16
	Olga Kusenkowa	RUS	69,77
	Kirsten Münchow	GER	69,28
2004	Olga Kusenkowa	RUS	75,02
	Yipsi Moreno	CUB	73,36
	Yunaika Crawford	CUB	73,16
2008	Aksana Menkowa	BLR	76,34
	Yipsi Moreno	CUB	75,20
	Zhang Wenxiu	CHN	74,32

Speerwerfen

1932	Mildred ›Babe‹ Didriksen	USA	43,68
	Ellen Braumüller	GER	43,49
	Tilly Fleischer	GER	43,00
1936	Tilly Fleischer	GER	45,18
	Luise Krüger	GER	43,29
	Maria Kwasniewska	POL	41,80
1948	Herma Bauma	AUT	45,57
	Kaisa Parviainen	FIN	43,79
	Lily Carlstedt	DEN	42,08
1952	Dana Zatopkova	TCH	50,47
	Alexandra Tschudina	URS	50,01
	Jelena Gortschakowa	URS	49,76
1956	Inese Jaunzeme	URS	53,86
	Marlene Ahrens	CHI	50,38
	Nadeschda Konjajewa	URS	50,28
1960	Elwira Osolina	URS	55,98
	Dana Zatopkova	TCH	53,78
	Birute Kalediene	URS	53,45
1964	Mihaela Penes	ROU	60,54
	Marta Rudas	HUN	58,27
	Jelena Gortschakowa	URS	57,06
1968	Angela Nemeth	HUN	60,36
	Mihaela Penes	ROU	59,92
	Eva Janko	AUT	58,04
1972	Ruth Fuchs	GDR	63,88
	Jacqueline Todten	GDR	62,54
	Kathryn Joan Schmidt	USA	59,94
1976	Ruth Fuchs	GDR	65,94
	Marion Becker	FRG	64,70
	Kathryn Joan Schmidt	USA	63,96
1980	Maria Colon Ruenes	CUB	68,40
	Saida Gunba	URS	67,76
	Ute Hommola	GDR	66,56
1984	Tessa Sanderson	GBR	69,56
	Tiina Lillak	FIN	69,00
	Fatima Whitbread	GBR	67,14
1988	Petra Felke	GDR	74,68
	Fatima Whitbread	GBR	70,32
	Beate Koch	GDR	67,30
1992	Silke Renk	GER	68,34
	Natalia Schikolenko	EUN	68,26
	Karen Forkel	GER	66,86
1996	Heli Rantanen	FIN	67,94
	Louise McPaul	AUS	65,54
	Trine Hattestad	NOR	64,98
2000	Trine Hattestad	NOR	68,91
	Mirella Maniani-Tzelili	GRE	67,51
	Osleidys Menendez	CUB	66,18
2004	Osleidys Menendez	CUB	71,53
	Steffi Nerius	GER	65,82
	Mirela Manjani	GRE	64,29
2008	Barbora Spotakova	CZE	71,42
	Maria Abakumowa	RUS	70,78
	Christina Obergföll	GER	66,13

Siebenkampf

(bis 1980 Fünfkampf)

1964	Irina Press	URS	5246
	Mary Rand	GBR	5035
	Galina Bystrowa	URS	4956
1968	Ingrid Becker	FRG	5098
	Elisabeth Prokop	AUT	4966
	Annamaria Toth	HUN	4959
1972	Mary Peters	GBR	4801
	Heide Rosendahl	FRG	4791
	Burglinde Pollak	GDR	4768
1976	Siegrun Siegl	GDR	4745
	Christine Laser	GDR	4745
	Burglinde Pollak	GDR	4740
1980	Nadeschda Tkatschenko	URS	5083
	Olga Rukawitschnikowa	URS	4937
	Olga Kuragina	URS	4875
1984	Glynis Nunn	AUS	6390
	Jackie Joyner	USA	6385
	Sabine Everts	FRG	6363
1988	Jackie Joyner-Kersee	USA	7291
	Sabine John	GDR	6897
	Anke Behmer	GDR	6858
1992	Jackie Joyner-Kersee	USA	7044
	Irina Belowa	EUN	6845
	Sabine Braun	GER	6649
1996	Ghada Shouaa	SYR	6780
	Natalja Sasanowitsch	BLR	6563
	Denise Lewis	GBR	6489

2000	Denise Lewis	GBR	6584
	Jelena Prochorowa	RUS	6531
	Natalja Sasanowitsch	BLR	6527
2004	Carolina Klüft	SWE	6952
	Austra Skujyte	LTU	6435
	Kelly Sotherton	GBR	6424
2008	Natalja Dobrinska	UKR	6733
	Hyleas Fountain	USA	6619
	Tatjana Tschernowa	RUS	6591

MEHRKAMPF

Moderner Fünfkampf

Einzel, Männer

1912	Gösta Lilliehöök	SWE	27
	Gösta Asbrink	SWE	28
	Georg de Laval	SWE	35
1920	Gustaf Dyrssen	SWE	18
	Erik de Laval	SWE	23
	Gösta Runö	SWE	27
1924	Bo Lindmann	SWE	18
	Gustaf Dyrssen	SWE	39,5
	Bertil Uggla	SWE	45
1928	Sven Thofelt	SWE	47
	Bo Lindmann	SWE	50
	Helmut Kahl	GER	52
1932	Johan Oxenstierna	SWE	32
	Bo Lindmann	SWE	35,5
	Richard Mayo	USA	38,5
1936	Gotthard Handrick	GER	31,5
	Charles Leonard	USA	39,5
	Silvano Abba	ITA	45,5
1948	William Grut	SWE	16
	George Moore	USA	47
	Gösta Gärdin	SWE	49
1952	Lars Hall	SWE	32
	Gabor Benedek	HUN	39
	Istvan Szondy	HUN	41
1956	Lars Hall	SWE	4833,0
	Olavi Mannonen	FIN	4774,5
	Väinö Korhonen	FIN	4750,0
1960	Ferenc Nemeth	HUN	5024
	Imre Nagy	HUN	4988
	Robert Beck	USA	4981
1964	Ferenc Török	HUN	5116
	Igor Nowikow	URS	5067
	Albert Mokejew	URS	5039
1968	Björn Ferm	SWE	4964
	Andras Balczo	HUN	4953
	Pawel Lednjew	URS	4795
1972	Andras Balczo	HUN	5412
	Boris Onischtschenko	URS	5335
	Pawel Lednjew	URS	5328
1976	Janusz Peciak-Pyciak	POL	5520
	Pawel Lednjew	URS	5485
	Jan Bartu	TCH	5466
1980	Anatoli Starostin	URS	5568
	Tomas Szombathelyi	HUN	5502
	Pawel Lednjew	URS	5382
1984	Daniele Masala	ITA	5469
	Svante Rasmuson	SWE	5456
	Carlo Massullo	ITA	5406
1988	Janos Martinek	HUN	5404
	Carlo Massullo	ITA	5379
	Wachtang Jagoraschwili	URS	5367
1992	Arkadiusz Skrzypaszek	POL	5559
	Attila Mizser	HUN	5446
	Eduard Zenowka	EUN	5361
1996	Alexander Parygin	KAZ	5551
	Eduard Zenowka	RUS	5530
	Janos Martinek	HUN	5501
2000	Dimitri Swatkowski	RUS	5376
	Gabor Balogh	HUN	5353
	Pavel Dowgal	BLR	5338
2004	Andrej Mojsejew	RUS	5480
	Andrejus Zadneprovskis	LTU	5428
	Libor Capalini	CZE	5392
2008	Andrej Mojsejew	RUS	5632
	Edvinas Krungolcas	LTU	5548
	Andrejus Zadneprovskis	LTU	5524

Mannschaft, Männer

1952	Ungarn	166
	Schweden	182
	Finnland	213
1956	UdSSR	13690,5
	USA	13482,0
	Finnland	13185,5
1960	Ungarn	14863
	UdSSR	14309
	USA	14192
1964	UdSSR	14961
	USA	14189
	Ungarn	14173
1968	Ungarn	14325
	UdSSR	14248
	Frankreich	13289
1972	UdSSR	15968
	Ungarn	15348
	Finnland	14812
1976	Großbritannien	15559
	Tschechoslowakei	15451
	Ungarn	15395
1980	UdSSR	16126
	Ungarn	15912
	Schweden	15845
1984	Italien	16060
	USA	15568
	Frankreich	15565
1988	Ungarn	15886
	Italien	15571
	Großbritannien	15276
1992	Polen	16018
	EUN	15924
	Italien	15760

Einzel, Frauen

2000	Stephanie Cook	GBR	5318
	Emily DeRiel	USA	5310
	Kate Allenby	GBR	5273
2004	Zsuzsanna Voros	HUN	5448
	Jelena Rublewska	LAT	5380
	Georgina Harland	GBR	5344
2008	Lena Schöneborn	GER	5792
	Heather Fell	GBR	5752
	Wiktorija Tereschtschuk	UKR	5672

Triathlon

Männer

2000	Simon Whitfield	CAN	1:48:24,02
	Stephan Vuckovic	GER	1:48:37,58
	Jan Rehula	CZE	1:48:46,64
2004	Hamish Carter	NZL	1:51:07,73
	Bevan Docherty	NZL	1:51:15,60
	Sven Riederer	SUI	1:51:33,26
2008	Jan Frodeno	GER	1:48:53,28
	Simon Whitfield	CAN	1:48:58,47
	Bevan Docherty	NZL	1:49:05,59

Frauen

2000	Brigitte MacMahon	SUI	2:00:40,52
	Michellie Jones	AUS	2:00:42,55
	Magali Messmer	SUI	2:01:08,83
2004	Kate Allen	AUT	2:04:43,45
	Loretta Harrop	AUS	2:04:50,17
	Susan Williams	USA	2:05:08.92
2008	Emma Snowsill	AUS	1:58:27,66
	Vanessa Fernandes	POR	1:59:34,63
	Emma Moffatt	AUS	1:59:55,84

RADSPORT

Bahn

Sprint, Männer

1896	Paul Masson	FRA	
	Stamatios Nikolopoulos	GRE	
	Adolf Schmal	AUT	
1900	Georges Taillandier	FRA	
	Fernand Sanz	FRA	
	John Henry Lake	USA	
1920	Maurice Peeters	NED	
	Thomas Johnson	GBR	
	Harry Ryan	GBR	
1924	Lucien Michard	FRA	
	Jacob Meijer	NED	
	Jean Cugnot	FRA	
1928	Roger Beaufrand	FRA	
	Antoine Mazairac	NED	
	Willy Falck-Hansen	DEN	
1932	Jacobus Van Egmond	NED	2:1
	Louis Chaillot	FRA	
	Bruno Pellizzari	ITA	
1936	Toni Merkens	GER	2:0
	Arie Van Vliet	NED	
	Louis Chaillot	FRA	
1948	Mario Ghella	ITA	2:0
	Reg Harris	GBR	
	Axel Schandorff	DEN	
1952	Enzo Sacchi	ITA	
	Lional Cox	AUS	
	Werner Potzernheim	GER	
1956	Michel Rousseau	FRA	2:0
	Guglielmo Pesenti	ITA	
	Richard Ploog	AUS	
1960	Sante Gaiardoni	ITA	2:0
	Leo Sterckx	BEL	
	Valentino Gasparella	ITA	
1964	Giovanni Pettenella	ITA	2:0
	Sergio Bianchetto	ITA	
	Daniel Morelon	FRA	
1968	Daniel Morelon	FRA	2:0
	Giordano Turrini	ITA	
	Pierre Trentin	FRA	
1972	Daniel Morelon	FRA	2:0
	John Nicholson	AUS	
	Omar Pchakadse	URS	
1976	Anton Tkac	TCH	2:1
	Daniel Morelon	FRA	
	Jürgen Geschke	GDR	
1980	Lutz Heßlich	GDR	2:0
	Yave Cahard	FRA	
	Sergej Kapylow	URS	
1984	Mark Gorski	USA	2:0
	Nelson Vails	USA	
	Tsutomu Sakamoto	JPN	
1988	Lutz Heßlich	GDR	2:0
	Nikolai Kowsch	URS	
	Gary Neiwand	AUS	
1992	Jens Fiedler	GER	2:0
	Gary Neiwand	AUS	
	Curt Harnett	CAN	
1996	Jens Fiedler	GER	2:0
	Marty Nothstein	USA	
	Curt Harnett	CAN	
2000	Marty Nothstein	USA	2:0
	Florian Rousseau	FRA	
	Jens Fiedler	GER	
2004	Ryan Bayley	AUS	2:1
	Theo Bos	NED	
	René Wolff	GER	
2008	Chris Hoy	GBR	2:0
	Jason Kenny	GBR	
	Mickael Bourgain	FRA	

Teamsprint, Männer

2000	Frankreich	44,233
	Großbritannien	
	Australien	
2004	Deutschland	43,980
	Japan	
	Frankreich	
2008	Großbritannien	43,128
	Frankreich	43,651
	Deutschland	44,014

1000 m Zeitfahren, Männer

1928	Willy Falck-Hansen	DEN	1:14,2
	Gerard Van Drakestein	NED	1:15,1
	Edgar Gray	AUS	1:15,3
1932	Edgar Gray	AUS	1:13,0
	Jacobus Van Egmond	NED	1:13,3
	Charles Rampelberg	FRA	1:13,4
1936	Arie Van Vliet	NED	1:12,0
	Pierre Georget	FRA	1:12,8
	Rudolf Karsch	GER	1:13,2
1948	Jaques Dupont	FRA	1:13,5
	Pierre Nihant	BEL	1:14,5
	Thomas Godwin	GBR	1:15,0
1952	Russel Mockridge	AUS	1:11,1
	Marino Morettini	ITA	1:13,7
	Raymond Robinson	RSA	1:13,0
1956	Leandro Faggin	ITA	1:09,8
	Ladislaw Foucek	TCH	1:11,4
	Alfred Swift	RSA	1:11,6
1960	Sante Gaiardoni	ITA	1:07,27
	Dieter Gieseler	GER	1:08,75
	Rostislaw Wargaschkin	URS	1:08,86
1964	Patrick Sercu	BEL	1:09,59
	Giovanni Pettenella	ITA	1:10,09
	Pierre Trentin	FRA	1:10,42
1968	Pierre Trentin	FRA	1:03,91
	Niels Fredborg	DEN	1:04,61
	Janusz Kierzkowski	POL	1:04,63
1972	Niels Fredborg	DEN	1:06,44
	Danny Clark	AUS	1:06,87
	Jürgen Schütze	GDR	1:07,02
1976	Klaus-Jürgen Grünke	GDR	1:05,927
	Michel Vaarten	BEL	1:07,516
	Niels Fredborg	DEN	1:07,617
1980	Lothar Thoms	GDR	1:02,955
	Alexander Panfilow	URS	1:04,845
	David Weller	JAM	1:05,241
1984	Fredy Schmidtke	FRG	1:06,10
	Curt Harnett	CAN	1:06,44
	Fabrice Colas	FRA	1:06,65
1988	Alexander Kiritschenko	URS	1:04,499
	Martin Vinnicombe	AUS	1:04,784
	Robert Lechner	FRG	1:05,114
1992	Jose Moreno	ESP	1:03,342
	Shane Kelly	AUS	1:04,288
	Erin Hartwell	USA	1:04,753
1996	Florian Rousseau	FRA	1:02,712
	Erin Hartwell	USA	1:02,940
	Takanobu Jumonji	JPN	1:03,261
2000	Jason Queally	GBR	1:01,609
	Stefan Nimke	GER	1:02,487
	Shane Kelly	AUS	1:02,818
2004	Chris Hoy	GBR	1:00,711
	Arnaud Tournant	FRA	1:00,896
	Stefan Nimke	GER	1:01,186

4000 m Verfolgung, Männer

1964	Jiri Daler	TCH	5:04,75
	Giorgio Ursi	ITA	5:05,96
	Preben Isaksson	DEN	
1968	Daniel Rebillard	FRA	4:41,71
	Mogens Frey Jensen	DEN	4:42,43
	Xaver Kurmann	SUI	
1972	Knut Knudsen	NOR	4:45,74
	Xaver Kurmann	SUI	4:51,96
	Hans Lutz	FRG	
1976	Gregor Braun	FRG	4:47,61
	Herman Ponsteen	NED	4:49,72
	Thomas Huschke	GDR	
1980	Robert Dill-Bundi	SUI	4:35,66
	Alain Bondue	FRA	4:42,96
	Hans-Henrik Oersted	DEN	
1984	Steve Hegg	USA	4:39,35
	Rolf Gölz	FRG	4:43,82
	Leonard Nitz	USA	
1988	Gintautas Umaras	URS	4:32,00
	Dean Woods	AUS	4:35,00
	Bernd Dittert	GDR	
1992	Chris Boardman	GBR	
	Jens Lehmann	GER	eingeholt
	Gary Anderson	NZL	
1996	Andrea Collinelli	ITA	4:20,893
	Philippe Ermenault	FRA	4:22,714
	Brad McGee	AUS	
2000	Robert Bartko	GER	4:18,515
	Jens Lehmann	GER	4:23,824
	Brad McGee	AUS	
2004	Bradley Wiggins	GBR	4:16,304
	Brad McGee	AUS	
	Sergi Escobar	ESP	
2008	Bradley Wiggins	GBR	4:16,977
	Hayden Roulston	NZL	4:19,611
	Steven Burke	GBR	4:20,947

4000 m Mannschaft, Männer

1908	Großbritannien (1810m)	2:18,6
	Deutschland	2:28,6
	Kanada	2:29,6
1920	Italien	5:20,0
	Großbritannien	
	Südafrika	
1924	Italien	5:15,0
	Polen	
	Belgien	
1928	Italien	5:01,8
	Niederlande	5:06,2
	Großbritannien	
1932	Italien	4:53,0
	Frankreich	4:55,7
	Großbritannien	
1936	Frankreich	4:45,0
	Italien	4:51,0
	Großbritannien	
1948	Frankreich	4:57,8
	Italien	5:36,7
	Großbritannien	
1952	Italien	4:46,1
	Südafrika	4:53,6
	Großbritannien	
1956	Italien	4:37,4
	Frankreich	4:39,4
	Großbritannien	
1960	Italien	4:30,90
	Deutschland (DDR)	4:35,78
	UdSSR	
1964	Deutschland	4:35,67
	Italien	4:35,74
	Niederlande	
1968	Dänemark	4:22,44
	BR Deutschland	DQ
	Italien	
1972	BR Deutschland	4:22,14
	DDR	4:25,25
	Großbritannien	
1976	BR Deutschland	4:21,06
	UdSSR	4:27,15
	Großbritannien	
1980	UdSSR	4:15,70
	DDR	4:19,67
	Tschechoslowakei	
1984	Australien	4:25,99
	USA	4:29,85
	BR Deutschland	
1988	UdSSR	4:13,31
	DDR	4:14,09
	Australien	
1992	Deutschland	4:08,79
	Australien	4:10,21
	Dänemark	
1996	Frankreich	4:05,930
	Russland	4:07,730
	Australien	
2000	Deutschland	3:59,710
	Ukraine	4:04,520
	Großbritannien	
2004	Australien	3:58,233
	Großbritannien	4:01,760
	Spanien	
2008	Großbritannien	3:53,314
	Dänemark	4:00,040
	Neuseeland	3:57,776

Punktefahren, Männer

1984	Roger Ilegems	BEL	37
	Uwe Messerschmidt	FRG	15
	Jose Manuel Youshimatz	MEX	29/1
1988	Dan Frost	DEN	38
	Leo Peelen	NED	26
	Morat Ganejew	URS	46/1
1992	Giovanni Lombardi	ITA	44
	Leo van Bon	NED	43
	Cedric Mathy	BEL	41
1996	Silvio Martinello	ITA	37
	Brian Walton	CAN	29
	Stuart O'Grady	AUS	27
2000	Joan Llaneras	ESP	14
	Milton Wynants	URU	1/18
	Alexej Markow	RUS	1/16
2004	Michail Ignatjew	RUS	93
	Joan Llaneras	ESP	82
	Guido Fulst	GER	79
2008	Joan Llaneras	ESP	60
	Roger Kluge	GER	58
	Chris Newton	GBR	56

Keirin, Männer

2000	Florian Rousseau	FRA	11,020
	Gary Neiwand	AUS	
	Jens Fiedler	GER	
2004	Ryan Bayley	AUS	
	Jose Escuredo	ESP	
	Shane Kelly	AUS	
2008	Chris Hoy	GBR	
	Ross Edgar	GBR	
	Kiyofumi Nagai	JPN	

Zweier-Mannschaft, Männer

2000	McGrory/Aitken	AUS	26
	De Wilde/Gilmore	BEL	22
	Villa/Martinello	ITA	15
2004	Brown/O'Grady	AUS	22
	Marvulli/Risi	SUI	15
	Hayles/Wiggins	GBR	12
2008	Curuchet/ Perez	ARG	8
	Llaneras/Tauler	ESP	7
	Ignatjew/Markow	RUS	6

Sprint, Frauen

1988	Erika Salumiae	URS	2:1
	Chr. Luding-Rothenburger	GDR	
	Connie Paraskevin-Young	USA	
1992	Erika Salumiae	EST	2:1
	Annett Neumann	GER	
	Ingrid Haringa	NED	
1996	Felicia Ballanger	FRA	2:0
	Michelle Ferris	AUS	
	Ingrid Haringa	NED	
2000	Felicia Ballanger	FRA	2:1
	Oksana Gritschina	RUS	
	Irina Janowejtsch	UKR	
2004	Lori-Ann Muenzer	CAN	2:0
	Tamilla Abassowa	RUS	
	Anna Meares	AUS	
2008	Victoria Pendleton	GBR	2:0
	Anna Meares	AUS	
	Guo Shuang	CHN	

500 m Zeitfahren, Frauen

2000	Felicia Ballanger	FRA	34,140
	Michelle Ferris	AUS	34,696
	Jiang Cuihua	CHN	34,768
2004	Anna Meares	AUS	33,952
	Jiang Yonghua	CHN	34,112
	Natalja Tsilinskaja	BLR	34,167

3000 m Verfolgung, Frauen

1992	Petra Roßner	GER	3:41,753
	Kathryn Watt	AUS	3:43,438
	Rebecca Twigg	USA	
1996	Antonella Bellutti	ITA	3:33,595
	Marion Clignet	FRA	3:38,571
	Judith Arndt	GER	
2000	Leontien Zijlaard	NED	3:33,360
	Marion Clignet	FRA	3:38,751
	Yvonne McGregor	GBR	3:38,850
2004	Sarah Ulmer	NZL	3:24,537
	Katie Mactier	AUS	
	Leontien Zijlaard-Van Moorsel	NED	3:27,037
2008	Rebecca Romero	GBR	3:28,321
	Wendy Houvenaghel	GBR	3:30,395
	Lesja Kalitowska	UKR	3:31,413

Punktefahren, Frauen

1996	Nathalie Lancien	FRA	24
	Ingrid Haringa	NED	23
	Lucy Tyler-Sharman	AUS	17
2000	Antonella Bellutti	ITA	19
	Leontien Zijlaard	NED	16
	Olga Sliussarjewa	RUS	15
2004	Olga Sliussarjewa	RUS	20
	Belem Guerrero Mendez	MEX	14
	Marie-L. Calle Williams	COL	12
2008	Marianne Vos	NED	30
	Yoanka Gonzalez	CUB	18
	Leire Olaberria	ESP	13

Mountainbike

Männer

1996	Bart Jan Brentjens	NED	2:17:38
	Thomas Frischknecht	SUI	2:20:13
	Miguel Martinez	FRA	2:20:36
2000	Miguel Martinez	FRA	2:09:02
	Filip Meirhaeghe	BEL	2:10:03
	Christoph Sauser	SUI	2:11:20
2004	Julien Absalon	FRA	2:15:02
	José Antonio Hermida	ESP	+ 1:00
	Bart Brentjens	NED	+ 2:03
2008	Julien Absalon	FRA	1:55:59
	Jean-Christophe Peraud	FRA	+ 1:07
	Nino Schurter	SUI	+ 1:53

Frauen

1996	Paola Pezzo	ITA	1:50:51
	Alison Sydor	CAN	1:51:58
	Susan DeMattei	USA	1:52:36
2000	Paola Pezzo	ITA	1:49:24
	Barbara Blatter	SUI	1:49:51
	Margarita Fullana	ESP	1:49:57
2004	Gunn-Rita Dahle	NOR	1:56:51
	Marie-Hélène Prémont	CAN	+ 0:59
	Sabine Spitz	GER	+ 2:30
2008	Sabine Spitz	GER	1:45:11
	Maja Wloszczowska	POL	+ 0:41
	Irina Kalentjewa	RUS	+ 1:17

Straße

Straßenrennen, Männer

1896	A. Konstantinidis	GRE	3:22:31
	August Goedrich	GER	3:42:18
	F. Battel	GBR	
1912	Rudolph Lewis	RSA	10:42:39
	Frederick Grubb	GBR	10:51:24
	Carl Shutte	USA	10:52:38
1920	Harry Stenqvist	SWE	4:40:01
	Henry Kaltenbrun	RSA	4:41:26
	Fernand Canteloube	FRA	4:42:54
1924	Armand Blanchonet	FRA	6:20:48
	Henri Hoevennaers	BEL	6:30:27
	Rene Hamel	FRA	6:30:51
1928	Henry Hansen	DEN	4:47:18
	Frank Southall	GBR	4:55:06
	Gösta Carlsson	SWE	5:00:17
1932	Attilio Pavesi	ITA	2:28:05
	Guglielmo Segato	ITA	2:29:21
	Bernhard Britz	SWE	2:29:45
1936	Robert Charpentier	FRA	2:33:05
	Guy Lapebie	FRA	2:33:05
	Ernst Nievergelt	SUI	2:33:05
1948	Jose Beyaert	FRA	5:18:12
	Gerardus Voorting	NED	5:18:16
	Lode Wouters	BEL	5:18:16
1952	Andre Noyelle	BEL	5:06:03
	Robert Grandelaers	BEL	5:06:51
	Edi Ziegler	GER	5:07:47
1956	Ercole Baldini	ITA	5:21:17
	Arnaud Geyre	FRA	5:23:16
	Alan Jackson	GBR	5:23:16
1960	Wiktor Kapitanow	URS	4:20:37
	Livio Trape	ITA	4:20:37
	Willy v. d. Berghen	BEL	4:20:57
1964	Mario Zanin	ITA	4:39:51
	Kjell Rodian	DEN	4:39:51
	Walter Godefroot	BEL	4:39:51
1968	Pierfranco Vianelli	ITA	4:41:25
	Leif Mortensen	DEN	4:42:49
	Gösta Pettersson	SWE	4:43:15
1972	Hennie Kuiper	NED	4:14:37
	Kevin Sefton	AUS	4:15:04
	Bronze nicht vergeben		
1976	Bernt Johansson	SWE	4:46:52
	Giuseppe Martinelli	ITA	4:47:23
	Mieczyslaw Nowicki	POL	4:47:23
1980	Sergej Suchorutschenkow	URS	4:48:28
	Czeslaw Lang	POL	4:51:26
	Juri Barinow	URS	4:51:29
1984	Alexi Grewal	USA	4:59:57
	Steve Bauer	CAN	4:59:07
	Dag-Otto Lauritzen	NOR	5:00:18
1988	Olaf Ludwig	GDR	4:32:22
	Bernd Gröne	FRG	4:32:25
	Christian Henn	FRG	4:32:46
1992	Fabio Casartelli	ITA	4:35:21
	Hendrik Dekker	NED	4:35:22
	Danis Ozols	LAT	4:35:24
1996	Pascal Richard	SUI	4:53:56
	Rolf Sörensen	DEN	4:53:56
	Maximilian Sciandri	GBR	4:53:58
2000	Jan Ullrich	GER	5:29:08
	Alexander Winokurow	KAZ	5:29:17
	Andreas Klöden	GER	5:29:20
2004	Paolo Bettini	ITA	5:41:44
	Sergio Paulinho	POR	+ 0:01
	Axel Merckx	BEL	+ 0:08
2008	Samuel Sanchez	ESP	6:23:49
	Davide Rebellin	ITA	
	Fabian Cancellara	SUI	

Einzelzeitfahren, Männer

1996	Miguel Indurain	ESP	1:04:05
	Abraham Olano	ESP	1:04:17
	Chris Boardman	GBR	1:04:36
2000	Wjatscheslaw Jekimow	RUS	57:40
	Jan Ullrich	GER	57:48
	Lance Armstrong	USA	58:14
2004	Tyler Hamilton	USA	57:31,74
	Wjatscheslaw Jekimow	RUS	+ 18,84
	Bobby Julich	USA	+ 26,45
2008	Fabian Cancellara	SUI	1:02:11
	Gustav Larsson	SWE	+ 0:33
	Levi Leipheimer	USA	+ 1:10

100-km-Mannschaftsrennen, Männer

(bis 1952 Zeitaddition aus Einzelrennen, 1956 Platzaddition)

1912	Schweden	44:35:33,6
	Großbritannien	44:44:39,2
	USA	44:47:55,5
1920	Frankreich	19:16:43,2
	Schweden	19:23:10,0
	Belgien	19:28:44,4
1924	Frankreich	19:30:13,4
	Belgien	19:46:55,4
	Schweden	19:59:41,4
1928	Dänemark	15:09:14,0
	Großbritannien	15:14:49,0
	Schweden	15:27:49,0
1932	Italien	7:27:15,2
	Dänemark	7:38:10,2
	Schweden	7:39:12,6
1936	Frankreich	7:39:16,2
	Schweiz	7:39:20,4
	Belgien	7:39:21,2
1948	Belgien	15:58:17,4
	Großbritannien	16:03:31,6
	Frankreich	16:08:19,4
1952	Belgien	15:20:46,6
	Italien	15:33:27,3
	Frankreich	15:38:58,1
1956	Frankreich	22 P.
	Großbritannien	23 P.
	Deutschland	27 P.
1960	Italien	2:14:33,53
	Deutschland (DDR)	2:16:56,31
	UdSSR	2:18:41,67
1964	Niederlande	2:26:31,19
	Italien	2:26:55,39
	Schweden	2:27:11,52
1968	Niederlande	2:07:49,06
	Schweden	2:09:26,60
	Italien	2:10:18,74
1972	UdSSR	2:11:17,8
	Polen	2:11:47,5
	Bronze nicht vergeben	
1976	UdSSR	2:08:53,0
	Polen	2:09:13,0
	Dänemark	2:12:20,0
1980	UdSSR	2:01:21,7
	DDR	2:02:53,2
	Tschechoslowakei	2:02:53,9
1984	Italien	1:58:28,0
	Schweiz	2:02:38,0
	USA	2:02:46,0
1988	DDR	1:57:47,7
	Polen	1:57:54,2
	Schweden	1:59:47,3
1992	Deutschland	2:01:39,0
	Italien	2:02:39,0
	Frankreich	2:05:25,0

Straßenrennen, Frauen

1984	Conny Carpenter-Phinney	USA	2:11:14
	Rebecca Twigg	USA	2:11:14
	Sandra Schumacher	FRG	2:11:14
1988	Monique Knol	NED	2:00:52
	Jutta Niehaus	FRG	2:00:52
	Laima Silporite	URS	2:00:52
1992	Kathryn Watt	AUS	2:04:42
	Jeannie Longo-Ciprelli	FRA	2:05:02
	Monique Knol	NED	2:05:03
1996	Jeannie Longo-Ciprelli	FRA	2:36:13
	Imelda Chiappa	ITA	2:36:38
	Clara Hughes	CAN	2:36:44
2000	Leontien Zijlaard	NED	3:06:31
	Hanka Kupfernagel	GER	3:06:31
	Diana Ziliute	LTU	3:06:31
2004	Sara Carrigan	AUS	3:24:24
	Judith Arndt	GER	+ 0:07
	Olga Sliussarjewa	RUS	+ 0:39
2008	Nicole Cooke	GBR	3:32:24
	Emma Johansson	SWE	
	Tatiana Guderzo	ITA	

Einzelzeitfahren, Frauen

1996	Sulfia Sabirowa	RUS	36:40
	Jeannie Longo-Ciprelli	FRA	37:00
	Clara Hughes	CAN	37:13
2000	Leontien Zijlaard	NED	42:00
	Mari Holden	USA	42:37
	Jeannie Longo-Ciprelli	FRA	42:52
2004	Leontien Zijlaard-Van Moorsel	NED	31:11,53
	Deirdre Demet-Barry	USA	+ 24,09
	Karin Thürig	SUI	+ 43,36
2008	Kristin Armstrong	USA	34:52
	Emma Pooley	GBR	+ 0:24
	Karin Thürig	SUI	+ 0:59

BMX

Männer

2008	Maris Strombergs	LAT	36,190
	Mike Day	USA	36,606
	Donny Robinson	USA	36,972

Frauen

2008	Anne-Caroline Chausson	FRA	35,976
	Laetitia le Corguille	FRA	38,042
	Jill Kintner	USA	38,674

REITSPORT

Springreiten, Einzel

1900	Aime Haegeman	BEL	2:16,0
	Georges van de Poele	BEL	2:17,6
	Louis de Champsavin	FRA	2:26,0
1912	Jean Cariou	FRA	4/5
	Rabod Wilh. v. Kröcher	GER	4/7
	Eman. Blommaert de Soye	BEL	5
1920	Tom. Lequio di Assaba	ITA	2
	Alessandro Valerio	ITA	3
	Carl Gustaf Lewenhaupt	SWE	4
1924	Alphonse Gemuseus	SUI	6
	Tom. Lequio di Assaba	ITA	8,75
	Adam Krolikiewicz	POL	10
1928	Frantisek Ventura	TCH	0/0
	Pierre Bertran de Balanda	FRA	0/2
	Charley Kuhn	SUI	0/4
1932	Takeichi Nishi	JPN	8
	Harry D. Chamberlin	USA	12
	Clarence von Rosen jun.	SWE	16
1936	Kurt Hasse	GER	4/59,2
	Henri Rang	ROU	4/72,8
	Jozsef Platthy	HUN	8
1948	Humberto Mariles Cortes	MEX	6,25
	Ruben Uriza	MEX	8/0
	Jean François d'Orgeix	FRA	8/4
1952	Pierre Jonqueres d'Oriola	FRA	8/0
	Oscar Christi	CHI	8/4
	Fritz Thiedemann	GER	8/8
1956	Hans Günter Winkler	GER	4
	Raimondo d'Inzeo	ITA	8
	Piero d'Inzeo	ITA	11
1960	Raimondo d'Inzeo	ITA	12
	Piero d'Inzeo	ITA	16
	David Broome	GBR	23
1964	Pierre Jonqueres d'Oriola	FRA	9,00
	Hermann Schridde	GER	13,75
	Peter Robeson	GBR	16,00
1968	William Steinkraus	USA	4
	Marion Coakes	GBR	8
	David Broome	GBR	12
1972	Graziano Mancinelli	ITA	8/0
	Ann Elizabeth Moore	GBR	8/3
	Neal Shapiro	USA	8/8
1976	Alwin Schockemöhle	FRG	0
	Michel Vaillancourt	CAN	12/4
	Francois Mathy	BEL	12/8
1980	Jan Kowalczyk	POL	8
	Nikolai Korolkow	URS	9,50
	Joaquin Perez Heras	MEX	12
1984	Joe Fargis	USA	4/0
	Conrad Homfeld	USA	4/8
	Heidi Robbiani	SUI	8
1988	Pierre Durand	FRA	1,25
	Greg Best	USA	4/45,70
	Karsten Huck	FRG	4/54,75
1992	Ludger Beerbaum	GER	0,00
	Piet Raymakers	NED	0,25
	Noeman Dello Joio	USA	4,75
1996	Ulrich Kirchhoff	GER	1,00
	Willi Mellinger	SUI	4,00
	Alexandra Ledermann	FRA	4,00
2000	Jeroen Dubbeldam	NED	4,00
	Albert Voorn	NED	4,00
	Khaled Al Eid	KSA	4,00
2004	Rodrigo Pessoa	BRA	8
	Chris Kappler	USA	8
	Mario Kutscher	GER	9
2008	Eric Lamaze	CAN	0/0
	Rolf-Göran Bengtsson	SWE	0/4
	Beezie Madden	USA	4

Springreiten, Mannschaft

1912	Schweden	25
	Frankreich	32
	Deutschland	40
1920	Schweden	14,00
	Belgien	16,25
	Italien	18,75
1924	Schweden	42,25
	Schweiz	50,00
	Portugal	53,00
1928	Spanien	4
	Polen	8
	Schweden	10
1932	alle Mannschaften disqualifiziert	
1936	Deutschland	44
	Niederlande	51,5
	Portugal	56
1948	Mexiko	34,25
	Spanien	56,50
	Großbritannien	67,00
1952	Großbritannien	40,75
	Chile	45,75
	USA	52,25
1956	Deutschland	40,00
	Italien	66,00
	Großbritannien	69,00
1960	Deutschland	46,50
	USA	66,00
	Italien	80,50
1964	Deutschland	68,50
	Frankreich	77,75
	Italien	88,50
1968	Kanada	102,75
	Frankreich	110,50
	BR Deutschland	117,25
1972	BR Deutschland	32,00
	USA	32,25
	Italien	48,00
1976	Frankreich	40,00
	BR Deutschland	44,00
	Belgien	63,00
1980	UdSSR	16,00
	Polen	32,00
	Mexiko	39,25
1984	USA	12,00
	Großbritannien	36,75
	BR Deutschland	39,25
1988	BR Deutschland	17,25
	USA	20,50
	Frankreich	27,50
1992	Niederlande	12,00
	Österreich	16,75
	Frankreich	24,75
1996	Deutschland	1,75
	USA	12,00
	Brasilien	17,25
2000	Deutschland	15,00
	Schweiz	16,00
	Brasilien	24,00
2004	USA	20
	Schweden	20
	Deutschland	21
2008	USA	20
	Kanada	20
	Norwegen	27

Dressur, Einzel

1912	Carl Graf Bonde	SWE	15
	Gustaf A. Boltenstern sen.	SWE	21
	Hans v. Blixen-Finecke	SWE	32
1920	Janne Lundblad	SWE	27,937
	Bertil Sandström	SWE	26,312
	Hans von Rosen	SWE	24,875
1924	Ernst Linder	SWE	276,4
	Bertil Sandström	SWE	275,8
	Xavier Lesage	FRA	265,8
1928	Carl F. v. Langen-Parow	GER	237,42
	Marion Charles	FRA	231,00
	Ragnar Olson	SWE	229,78
1932	Xavier Lesage	FRA	343,75
	Marion Charles	FRA	305,42
	Hiram Tuttle	USA	300,50
1936	Heinz Pollay	GER	1760,0
	Friedrich Gerhard	GER	1745,5
	Alois Podhajsky	AUT	1721,5
1948	Hans Moser	SUI	492,5
	Andre Jousseaume	FRA	480,0
	Gustaf A. Boltenstern jun.	SWE	477,5
1952	Henri Saint Cyr	SWE	561,0
	Lis Hartel	DEN	541,5
	Andre Jousseaume	FRA	541,0
1956	Henri Saint Cyr	SWE	860
	Lis Hartel	DEN	850
	Liselott Linsenhoff	GER	832

Statistik

1960	Sergej Filatow	URS	2144
	Gustaf Fischer	SUI	2087
	Josef Neckermann	GER	2082
1964	Henri Chammartin	SUI	1504
	Harry Boldt	GER	1503
	Sergej Filatow	URS	1486
1968	Iwan Kissimow	URS	1572
	Josef Neckermann	FRG	1546
	Reiner Klimke	FRG	1537
1972	Liselott Linsenhoff	FRG	1229
	Jelena Petuschkowa	URS	1185
	Josef Neckermann	FRG	1177
1976	Christine Stückelberger	SUI	1486
	Harry Boldt	FRG	1435
	Reiner Klimke	FRG	1395
1980	Elisabeth Theurer	AUT	1370
	Juri Kowschow	URS	1300
	Wiktor Ugrjumow	URS	1234
1984	Reiner Klimke	FRG	1504
	Anne Grethe Jensen	DEN	1442
	Otto Hofer	SUI	1364
1988	Nicole Uphoff	FRG	1521
	Margit Otto-Crepin	FRA	1462
	Christine Stückelberger	SUI	1417
1992	Nicole Uphoff	GER	1626
	Isabell Werth	GER	1551
	Klaus Balkenhol	GER	1515
1996	Isabell Werth	GER	235,09
	Anky van Grunsven	NED	233,02
	Sven Rothenberger	NED	224,94
2000	Anky van Grunsven	NED	239,18
	Isabell Werth	GER	234,19
	Ulla Salzgeber	GER	230,57
2004	Anky van Grunsven	NED	317,11
	Ulla Salzgeber	GER	315,33
	Beatriz Ferrer-Salat	ESP	306,67
2008	Anky van Grunsven	NED	78,680
	Isabell Werth	GER	76,650
	Heike Kemmer	GER	74,455

Dressur, Mannschaft

1928	Deutschland	669,72
	Schweden	650,86
	Niederlande	642,96
1932	Frankreich	2818,75
	Schweden	2678,00
	USA	2576,75
1936	Deutschland	5074,0
	Frankreich	4846,0
	Schweden	4627,5
1948	Frankreich	1269,0
	USA	1256,0
	Portugal	1182,0
1952	Schweden	1597,5
	Schweiz	1579,0
	Deutschland	1501,0
1956	Schweden	2475
	Deutschland	2346
	Schweiz	2346
1960	nicht ausgetragen	
1964	Deutschland	2558,0
	Schweiz	2526,0
	UdSSR	2311,0
1968	BR Deutschland	2699
	UdSSR	2657
	Schweiz	2547
1972	UdSSR	5095
	BR Deutschland	5083
	Schweden	4849
1976	BR Deutschland	5156
	Schweiz	4684
	USA	4647
1980	UdSSR	4383
	Bulgarien	3580
	Rumänien	3346
1984	BR Deutschland	4955
	Schweiz	4673
	Schweden	4630
1988	BR Deutschland	4302
	Schweiz	4164
	Kanada	3969
1992	Deutschland	5224
	Niederlande	4742
	USA	4643
1996	Deutschland	5553
	Niederlande	5437
	USA	5309
2000	Deutschland	5632
	Niederlande	5579
	USA	5166
2004	Deutschland	74,653
	Spanien	72,917
	USA	71,500
2008	Deutschland	72,917
	Niederlande	71,750
	Dänemark	68,875

Vielseitigkeit, Einzel

1912	Axel Nordlander	SWE	46,59
	Friedrich v. Rochow	GER	46,42
	Jean Cariou	FRA	46,32
1920	Helmer Mörner	SWE	1775,00
	Age Lundström	SWE	1738,75
	Ettore Caffaratti	ITA	1733,75
1924	A. v. d. Voort van Zijp	NED	1976,0
	Frode Kirkebjerg	DEN	1855,5
	Sloan Doak	USA	1845,5
1928	Ch. F. Pahud Mortanges	NED	1969,82
	Gerard de Kruyff	NED	1967,26
	Bruno Neumann	GER	1928,60
1932	Ch. F. Pahud Mortanges	NED	1813,833
	Earl Thomson	USA	1811,000
	Clarence von Rosen jun.	SWE	1809,416
1936	Ludwig Stubbendorff	GER	39,90
	Earl Thomson	USA	99,90
	Hans Mathiesen-Lunding	DEN	102,20
1948	Bernard Chevallier	FRA	4,00
	Frank Henry	USA	21,00
	Robert Selfelt	SUI	25,00
1952	Hans v. Blixen-Finecke jun.	SWE	28,33
	Guy Lefrant	FRA	54,50
	Wilhelm Büsing	GER	55,50
1956	Petrus Kastenmann	SWE	66,63
	August Lütke-Westhues	GER	84,87
	Frank Weldon	GBR	85,48
1960	Lawrence Morgan	AUS	7,15
	Neale Lavis	AUS	16,50
	Anton Bühler	SUI	51,21
1964	Mauro Checcoli	ITA	64,40
	Carlos Moratorio	ARG	56,40
	Fritz Ligges	GER	49,20
1968	Jean-Jacques Guyon	FRA	38,86
	Derek Allhusen	GBR	41,61
	Michael Page	USA	52,31
1972	Richard Meade	GBR	57,73
	Alessandro Argenton	ITA	43,33
	Jan Jönsson	SWE	39,67
1976	Edmund Coffin	USA	114,99
	John Plumb	USA	125,85
	Karl Schultz	FRG	129,45
1980	Euro Frederico Roman	ITA	108,60
	Alexander Blinow	URS	120,80
	Juri Salnikow	URS	151,60
1984	Mark Todd	NZL	51,60
	Karen Stives	USA	54,20
	Virginia Holgate	GBR	56,80
1988	Mark Todd	NZL	42,60
	Ian Stark	GBR	52,80
	Virginia Leng-Holgate	GBR	56,80
1992	Matthew Ryan	AUS	70,00
	Herbert Blöcker	GER	81,30
	Blyth Tait	NZL	87,60
1996	Blyth Tait	NZL	45,80
	Sally Clark	NZL	60,40
	Kerry Millikin	USA	73,70
2000	David O'Connor	USA	34,00
	Andrew Hoy	AUS	39,80
	Mark Todd	NZL	42,00
2004	Leslie Law	GBR	44,40
	Kimberly Severson	USA	45,20
	Philippa Funnell	GBR	46,60
2008	Hinrich Romeike	GER	54,20
	Gina Miles	GBR	56,10
	Kristina Cook	GBR	57,40

Vielseitigkeit, Mannschaft

1912	Schweden	139,06
	Deutschland	138,48
	USA	137,33
1920	Schweden	5057,50
	Italien	4735,00
	Belgien	4560,00
1924	Niederlande	5297,5
	Schweden	4743,5
	Italien	4512,5
1928	Niederlande	5865,68
	Norwegen	5395,68
	Polen	5067,92
1932	USA	5038,083
	Niederlande	4689,083
	Bronze nicht vergeben	
1936	Deutschland	676,65
	Polen	991,70
	Großbritannien	9195,50
1948	USA	161,50
	Schweden	165,00
	Mexiko	305,25
1952	Schweden	221,94
	Deutschland	235,49
	USA	587,16
1956	Großbritannien	355,48
	Deutschland	475,91
	Kanada	572,72
1960	Australien	128,18
	Schweiz	386,02
	Frankreich	515,71
1964	Italien	85,80
	USA	65,86
	Deutschland	56,73
1968	Großbritannien	175,93
	USA	245,87
	Australien	331,26
1972	Großbritannien	+95,53
	USA	+10,81
	BR Deutschland	-18,00
1976	USA	441,00
	BR Deutschland	584,60
	Australien	599,54
1980	UdSSR	457,00
	Italien	656,20
	Mexiko	1172,85
1984	USA	186,00
	Großbritannien	189,20
	BR Deutschland	234,00
1988	BR Deutschland	225,95
	Großbritannien	256,80
	Neuseeland	271,20
1992	Australien	288,60
	Neuseeland	290,80
	Deutschland	300,30
1996	Australien	203,85
	USA	261,10
	Neuseeland	268,55
2000	Australien	145,80
	Großbritannien	161,00
	USA	175,80
2004	Frankreich	140,40
	Großbritannien	143,00
	USA	145,60
2008	Deutschland	166,10
	Australien	171,20
	Großbritannien	185,70

SCHWIMMEN

Männer

50 m Freistil

1988	Matt Biondi	USA	22,14
	Tom Jager	USA	22,36
	Gennadi Prigoda	URS	22,71
1992	Alexander Popow	EUN	21,91
	Matt Biondi	USA	22,09
	Tom Jager	USA	22,3
1996	Alexander Popow	RUS	22,13
	Gary Hall jr.	USA	22,26
	Fernando Scherer	BRA	22,29
2000	Gary Hall jr.	USA	21,98
	Anthony Ervin	USA	21,98
	Pieter van den Hoogenband	NED	22,03
2004	Gary Hall jr.	USA	21,93
	Duje Draganja	CRO	21,94
	Roland Mark Schoeman	RSA	22,02
2008	Cesar Cielo Filho	BRA	21,30
	Amaury Leveaux	FRA	21,45
	Alain Bernard	FRA	21,49

100 m Freistil

1896	Alfred Hajos	HUN	1:22,2
	Efstathios Chorophas	GRE	1:23,0
	Otto Herschmann	AUT	
1904	Zoltan Halmay	HUN	1:02,8
(100y)	Charles Daniels	USA	
	J. Scott Leary	USA	
1908	Charles Daniels	USA	1:05,6
	Zoltan Halmay	HUN	1:06,2
	Harald Julin	SWE	1:08,0
1912	Duke Paoa Kahanamoku	USA	1:03,4
	Cecil Healy	AUS	1:04,6
	Kenneth Huszagh	USA	1:05,6
1920	Duke Paoa Kahanamoku	USA	1:01,4
	Pua Kela Kealoha	USA	1:02,6
	William Harris	USA	1:03,0
1924	Johnny Weissmuller	USA	59,0
	Duke Paoa Kahanamoku	USA	1:01,4
	Samuel Kahanamoku	USA	1:01,8
1928	Johnny Weissmuller	USA	58,6
	Istvan Barani	HUN	59,8
	Katsuo Takaishi	JPN	1:00,0
1932	Yasuji Miyazaki	JPN	58,2
	Tatsugo Kawaishi	JPN	58,6
	Albert Schwartz	USA	58,8
1936	Ferenc Csik	HUN	57,6
	Masanori Yusa	JPN	57,9
	Shigeo Arai	JPN	58,0
1948	Walter Ris	USA	57,3
	Alan Ford	USA	57,8
	Geza Kadas	HUN	58,1
1952	Clarke Scholes	USA	57,4
	Hiroshi Suzuki	JPN	57,4
	Göran Larsson	SWE	58,2
1956	Jon Henricks	AUS	55,4
	John Devitt	AUS	55,8
	Gary Chapman	AUS	56,7
1960	John Devitt	AUS	55,2
	Lance Larsson	USA	55,2
	Manuel Dos Santos	BRA	55,4
1964	Don Schollander	USA	53,4
	Robert McGregor	GBR	53,5
	Hans-Joachim Klein	FRG	54,0
1968	Mike Wenden	AUS	52,2
	Kenneth Walsh	USA	52,8
	Mark Spitz	USA	53,0
1972	Mark Spitz	USA	51,22
	Jerry Heidenreich	USA	51,65
	Wladimir Bure	URS	51,77
1976	Jim Montgomery	USA	49,99
	Jack Babashoff	USA	50,81
	Peter Nocke	FRG	51,31
1980	Jörg Woithe	GDR	50,40
	Per Holmertz	SWE	50,91
	Per Johansson	SWE	51,29
1984	Ambrose ›Rowdy‹ Gaines	USA	49,80
	Mark Stockwell	AUS	50,24
	Per Johansson	SWE	50,31
1988	Matt Biondi	USA	48,63
	Chris Jacobs	USA	49,08
	Stephan Caron	FRA	49,62
1992	Alexander Popow	EUN	49,02
	Gustavo Borges	BRA	49,43
	Stephan Caron	FRA	49,50
1996	Alexander Popow	RUS	48,74
	Gary Hall jr.	USA	48,81
	Gustavo Borges	BRA	49,02
2000	Pieter van den Hoogenband	NED	48,30
	Alexander Popow	RUS	48,69
	Gary Hall jr.	USA	48,73
2004	Pieter van den Hoogenband	NED	48,17
	Roland Mark Schoeman	RSA	48,23
	Ian Thorpe	AUS	48,56
2008	Alain Bernard	FRA	47,21
	Eamon Sullivan	AUS	47,32
	Jason Lezak	USA	47,67
	Cesar Cielo Filho	BRA	47,67

200 m Freistil

1900	Frederick C. V. Lane	AUS	2:25,2
(220y)	Zoltan Halmay	HUN	2:31,4
	Karl Ruberl	AUT	2:32,0
1904	Charles Daniels	USA	2:44,2
(220y)	Francois Gailey	USA	2:46,0
	Emil Rausch	GER	2:56,0
1968	Mike Wenden	AUS	1:55,2
	Don Schollander	USA	1:55,8
	John Nelson	USA	1:58,1
1972	Mark Spitz	USA	1:52,78
	Steve Genter	USA	1:53,73
	Werner Lampe	FRG	1:53,99
1976	Bruce Furniss	USA	1:50,29
	John Naber	USA	1:50,50
	Jim Montgomery	USA	1:50,58
1980	Sergej Kopljakow	URS	1:49,81
	Andrej Krylow	URS	1:50,76
	Graeme Brewer	AUS	1:51,60
1984	Michael Groß	FRG	1:47,44
	Michael Heath	USA	1:49,10
	Thomas Fahrner	FRG	1:49,69
1988	Duncan Armstrong	AUS	1:47,25
	Anders Holmertz	SWE	1:47,89
	Matt Biondi	USA	1:47,99
1992	Jewgeni Sadowyi	EUN	1:46,70
	Anders Holmertz	SWE	1:46,86
	Antti Kasvio	FIN	1:47,63
1996	Danyon Loader	NZL	1:47,63
	Gustavo Borges	BRA	1:48,08
	Daniel Kowalski	AUS	1:48,25
2000	Pieter van den Hoogenband	NED	1:45,35
	Ian Thorpe	AUS	1:45,83
	Massimiliano Rosolino	ITA	1:46,65
2004	Ian Thorpe	AUS	1:44,71
	Pieter van den Hoogenband	NED	1:45,23
	Michael Phelps	USA	1:45,32
2008	Michael Phelps	USA	1:42,96
	Park Taehwan	KOR	1:44,85
	Peter Vanderkaay	USA	1:45,14

400 m Freistil

1896	Paul Neumann	AUT	8:12,6
(500m)	Antonios Pepanos	GRE	
	Efstathios Chorophas	GRE	
1904	Charles Daniels	USA	6:16,2
(440y)	Francis Galiey	USA	6:22,0
	Otto Wahle	AUT	6:39,0
1908	Henry Taylor	GBR	5:36,8
	Frank Beaurepaire	AUS	5:44,2
	Otto Cheff	AUT	5:56,0
1912	George Hodgson	CAN	5:24,4
	John Hatfield	GBR	5:25,8
	Harold Hardwick	AUS	5:31,2
1920	Norman Ross	USA	5:26,8
	Ludy Langer	USA	5:29,0
	George Vernot	CAN	5:29,6
1924	Johnny Weissmuller	USA	5:04,2
	Arne Borg	SWE	5:05,6
	Andrew ›Boy‹ Charlton	AUS	5:06,6
1928	Alberto Zorrilla	ARG	5:01,6
	Andrew ›Boy‹ Charlton	AUS	5:03,6
	Arne Borg	SWE	5:04,6
1932	Clarence ›Buster‹ Crabbe	USA	4:48,4
	Jean Taris	FRA	4:48,5
	Tsutomu Oyokota	JPN	4:52,3
1936	Jack Medica	USA	4:44,5
	Shumpei Uto	JPN	4:45,6
	Shozo Makino	JPN	4:48,1
1948	William Smith	USA	4:41,0
	James McLane	USA	4:43,4
	John Marshall	AUS	4:47,7
1952	Jean Boiteux	FRA	4:30,7
	Ford Konno	USA	4:31,3
	Per-Olof Östrand	SWE	4:35,2
1956	Murray Rose	AUS	4:27,3
	Tsuyoshi Yamanaka	JPN	4:30,4
	George Breen	USA	4:32,5
1960	Murray Rose	AUS	4:18,3
	Tsuyoshi Yamanaka	JPN	4:21,4
	John Konrads	USA	4:21,8
1964	Don Schollander	USA	4:12,2
	Frank Wiegand	GER	4:14,9
	Allan Wood	AUS	4:15,1
1968	Mike Burton	USA	4:09,0
	Ralph Hutton	CAN	4:11,7
	Alain Mosconi	FRA	4:13,3
1972	Brad Cooper	AUS	4:00,27
	Steve Genter	USA	4:01,94
	Tom McBreen	USA	4:02,64
1976	Brian Goodell	USA	3:51,93
	Tim Shaw	USA	3:52,54
	Wladimir Raskatow	URS	3:55,76
1980	Wladimir Salnikow	URS	3:51,31
	Andrej Krylow	URS	3:53,24
	Ivar Stukolkin	URS	3:53,95
1984	George Dicarlo	USA	3:51,23
	John Mykkanen	USA	3:51,49
	Justin Lemberg	AUS	3:51,79
1988	Uwe Daßler	GDR	3:46,95
	Duncan Armstrong	AUS	3:47,15
	Artur Wojdat	POL	3:47,34
1992	Jewgeni Sadowyi	EUN	3:45,00
	Kieren Perkins	AUS	3:45,16
	Anders Holmertz	SWE	3:46,77
1996	Danyon Loader	NZL	3:47,97
	Paul Palmer	GBR	3:49,00
	Daniel Kowalski	AUS	3:49,39
2000	Ian Thorpe	AUS	3:40,59
	Massimiliano Rosolino	ITA	3:43,40
	Klete Keller	USA	3:47,00
2004	Ian Thorpe	AUS	3:43,10
	Grant Hackett	AUS	3:43,36
	Klete Keller	USA	3:44,11
2008	Park Taehwan	KOR	3:41,86
	Zhang Lin	CHN	3:42,44
	Larsen Jensen	USA	3:42,78

1500 m Freistil

1896	Alfred Hajos	HUN	18:22,2
(1200m)	Jean Andreou	GRE	21:03,4
	Efstathios Chorophas	GRE	
1900	John Arthur Jarvis	GBR	13:40,2
(1000m)	Otto Wahle	AUT	14:53,6
	Zoltan Holmay	HUN	15:16,4
1904	Emil Rausch	GER	27:18,2
(1609m)	Geza Kiss	HUN	28:28,2
	Francis Gailey	USA	28:54,0
1908	Henry Taylor	GBR	22:48,4
	Thomas Battersby	GBR	22:51,2
	Frank Beaurepaire	AUS	22:56,2
1912	George Hodgson	CAN	22:00,0
	John Hatfield	GBR	22:39,0
	Harold Hardwick	AUS	23:15,4
1920	Norman Ross	USA	22:23,2
	George Vernot	CAN	22:36,4
	Frank Beaurepaire	AUS	23:04,0
1924	Andrew ›Boy‹ Charlton	AUS	20:26,6
	Arne Borg	SWE	20:41,4
	Frank Beaurepaire	AUS	21:48,4
1928	Arne Borg	SWE	19:51,8
	Andrew ›Boy‹ Charlton	AUS	20:02,6
	Clarence ›Buster‹ Crabbe	USA	20:28,8
1932	Kusuo Kitamura	JPN	19:12,4
	Shozo Makino	JPN	19:14,1
	James Cristy	USA	19:39,5
1936	Noboru Terada	JPN	19:13,7
	Jack Medica	USA	19:34,0
	Shumpei Uto	JPN	19:34,5
1948	James McLane	USA	19:18,5
	John Marshall	AUS	19:31,3
	György Mitro	HUN	19:43,2
1952	Ford Konno	USA	18:30,3
	Shiro Hashizume	JPN	18:41,4
	Tetsuo Okamoto	BRA	18:51,3
1956	Murray Rose	AUS	17:58,9
	Tsuyoshi Yamanaka	JPN	18:00,3
	George Breen	USA	18:08,2
1960	John Konrads	AUS	17:19,6
	Murray Rose	AUS	17:21,7
	George Breen	USA	17:30,6
1964	Robert Windle	AUS	17:01,7
	John Nelson	USA	17:03,0
	Allan Wood	AUS	17:07,7
1968	Michael Burton	USA	16:38,9
	John Kinsella	USA	16:57,3
	Gregory Brough	AUS	17:04,7
1972	Michael Burton	USA	15:52,58
	Graham Windeatt	AUS	15:58,48
	Douglas Northway	USA	16:09,25
1976	Brian Goodell	USA	15:02,40
	Bobby Hackett	USA	15:03,91
	Stephen Holland	AUS	15:04,66
1980	Wladimir Salnikow	URS	14:58,27
	Alexander Tschajew	URS	15:14,30
	Max Metzker	AUS	15:14,49
1984	Michael O'Brian	USA	15:05,20
	George Dicarlo	USA	15:10,29
	Stefan Pfeiffer	FRG	15:12,11
1988	Wladimir Salnikow	URS	15:00,40
	Stefan Pfeiffer	FRG	15:02,69
	Uwe Daßler	GDR	15:06,15
1992	Kieren Perkins	AUS	14:43,48
	Glen Housman	AUS	14:55,29
	Jörg Hoffmann	GER	15:02,29
1996	Kieren Perkins	AUS	14:56,40
	Daniel Kowalski	AUS	15:02,43
	Graeme Smith	GBR	15:02,48
2000	Grant Hackett	AUS	14:48,33
	Kieren Perkins	AUS	14:53,59
	Chris Thompson	USA	14:56,81
2004	Grant Hackett	AUS	14:43,40
	Larsen Jensen	USA	14:45,29
	David Davies	GBR	14:45,95
2008	Oussama Mellouli	TUN	14:40,84
	Grant Hackett	AUS	14:41,53
	Ryan Cochrane	CAN	14:42,69

10 km Langstrecke

2008	Maarten van der Weijden	NED	1:51:51,6
	David Davies	GBR	1:51:53,1
	Thomas Lurz	GER	1:51:53,6

100 m Rücken

1904	Walter Brack	GER	1:16,8
(100y)	Georg Hoffmann	GER	1:18,0
	Georg Zacharias	GER	1:19,6
1908	Arno Bieberstein	GER	1:24,6
	Ludvig Dam	DEN	1:26,6
	Herbert Haresnape	GBR	1:27,0
1912	Harry Hebner	USA	1:21,2
	Otto Fahr	GER	1:22,4
	Paul Kellner	GER	1:24,0
1920	Warren Paoa Kealoha	USA	1:15,2
	Raymond Kegeris	USA	1:16,2
	Gérard Blitz	BEL	1:19,0
1924	Warren Paoa Kealoha	USA	1:13,2
	Paul Wyatt	USA	1:15,4
	Karoly Bartha	HUN	1:17,8
1928	George Kojak	USA	1:08,2
	Walter Laufer	USA	1:10,0
	Paul Wyatt	USA	1:12,0
1932	Masaji Kiyokawa	JPN	1:08,6
	Toshio Irie	JPN	1:09,8
	Kentaro Kawatsu	JPN	1:10,0
1936	Adolf Kiefer	USA	1:05,9
	Albert Van de Weghe	USA	1:07,7
	Masaji Kiyokawa	JPN	1:08,4
1948	Allen Stack	USA	1:06,4
	Robert Cowell	USA	1:06,5
	Georges Vallerey	FRA	1:07,8
1952	Yoshinobu Oyakawa	USA	1:05,4
	Gilbert Bozon	FRA	1:06,2
	Jack Taylor	USA	1:06,4
1956	David Theile	AUS	1:02,2
	John Monckton	AUS	1:03,2
	Frank McKinney	USA	1:04,5
1960	David Theile	AUS	1:01,9
	Frank McKinney	USA	1:02,1
	Robert Bennett	USA	1:02,3
1964	nicht ausgetragen		
1968	Roland Matthes	GDR	58,7
	Charles Hickcox	USA	1:00,2
	Ronald Mills	USA	1:00,5
1972	Roland Matthes	GDR	56,58
	Michael Stamm	USA	57,70
	John Murphy	USA	58,35
1976	John Naber	USA	55,49
	Peter Rocca	USA	56,34
	Roland Matthes	GDR	57,22
1980	Bengt Baron	SWE	56,53
	Wiktor Kusnezow	URS	56,99
	Wladimir Dolgow	URS	57,63
1984	Richard ›Rick‹ Carey	USA	55,79
	David Wilson	USA	56,35
	Mike West	CAN	56,49
1988	Daichi Suzuki	JPN	55,05
	David Berkoff	USA	55,18
	Igor Poljanski	URS	55,20
1992	Mark Tewksbury	CAN	53,98
	Jeff Rouse	USA	54,04
	David Berkoff	USA	54,78
1996	Jeff Rouse	USA	54,10
	Rodolfo Falcon	CUB	54,98
	Neisser Bent Valsquez	CUB	55,02
2000	Lenny Krayzelburg	USA	53,72
	Matthew Welsh	AUS	54,07
	Stev Theloke	GER	54,82
2004	Aaron Peirsol	USA	54,06
	Markus Rogan	AUT	54,35
	Tomomi Morita	JPN	54,36
2008	Aaron Peirsol	USA	52,54
	Matt Grevers	USA	53,11
	Arkady Wjattschanin	RUS	53,18
	Hayden Stoeckel	AUS	53,18

200 m Rücken

1900	Ernst Hoppenberg	GER	2:47,0
	Karl Ruberl	AUT	2:56,0
	Johannes Drost	NED	3:01,0
1964	Jed Graef	USA	2:10,3
	Gary Dilley	USA	2:10,5
	Robert Bennett	USA	2:13,1
1968	Roland Matthes	GDR	2:09,6
	Michel Ivey	USA	2:10,6
	Jack Horsley	USA	2:10,9
1972	Roland Matthes	GDR	2:02,82
	Michael Stamm	USA	2:04,09
	Mitchell Ivey	USA	2:04,33
1976	John Naber	USA	1:59,19
	Peter Rocca	USA	2:00,55
	Dan Harrigan	USA	2:01,35
1980	Sandor Wladar	HUN	2:01,93
	Zoltan Verraszto	HUN	2:02,40
	Mark Kerry	AUS	2:03,14
1984	Richard ›Rick‹ Carey	USA	2:00,23
	Frédéric Delcourt	FRA	2:01,75
	Cameron Henning	CAN	2:02,37
1988	Igor Poljanski	URS	1:59,37
	Frank Baltrusch	GDR	1:59,60
	Paul Kingsman	NZL	2:00,48
1992	Martin Lopez-Zubero	ESP	1:58,47
	Wladimir Selkow	EUN	1:58,87
	Stefano Battistelli	ITA	1:59,40
1996	Brad Bridgewater	USA	1:58,54
	Tripp Schwenk	USA	1:58,99
	Emanuele Merisi	ITA	1:59,18
2000	Lenny Krayzelburg	USA	1:56,76
	Aaron Peirsol	USA	1:57,35
	Matthew Welsh	AUS	1:57,59
2004	Aaron Peirsol	USA	1:54,95
	Markus Rogan	AUT	1:57,35
	Razvan Florea	ROU	1:57,56
2008	Ryan Lochte	USA	1:53,94
	Aaron Peirsol	USA	1:54,33
	Arkadi Wjatschanin	RUS	1:54,93

100 m Brust

1968	Donald McKenzie	USA	1:07,7
	Wladimir Kossinski	URS	1:08,0
	Nikolai Pankin	URS	1:08,0
1972	Nobutaka Taguchi	JPN	1:04,94
	Thomas Bruce	USA	1:05,43
	John Hencken	USA	1:05,61
1976	John Hencken	USA	1:03,11
	David Wilkie	GBR	1:03,43
	Arwydas Juzaitis	URS	1:04,23
1980	Duncan Goodhew	GBR	1:03,34
	Arsen Miskarow	URS	1:03,82
	Peter Evans	AUS	1:03,96
1984	Steve Lundquist	USA	1:01,65
	Victor Davis	CAN	1:01,99
	Peter Evans	AUS	1:02,97
1988	Adrian Moorhouse	GBR	1:02,04
	Karoly Güttler	HUN	1:02,05
	Dimitri Wolkow	URS	1:02,20
1992	Nelson Diebel	USA	1:01,50
	Norbert Rozsa	HUN	1:01,68
	Philip Rogers	AUS	1:01,76
1996	Frederick Deburghgraeve	BEL	1:00,65
	Jeremy Linn	USA	1:00,77
	Mark Warnecke	GER	1:01,33
2000	Domenico Fioravanti	ITA	1:00,46
	Ed Moses	USA	1:00,73
	Roman Sludnow	RUS	1:00,91
2004	Kosuke Kitajima	JPN	1:00,08
	Brendan Hansen	USA	1:00,25
	Hugues Duboscq	FRA	1:00,88
2008	Kosuke Kitajima	JPN	58,91
	Alexander Dale Oen	NOR	59,20
	Hugues Duboscq	FRA	59,37

200 m Brust

1908	Frederick Holman	GBR	3:09,2
	William Robinson	GBR	3:12,8
	Pontus Hanson	SWE	3:14,6
1912	Walter Bathe	GER	3:01,8
	Wilhelm Lützow	GER	3:05,0
	Kurt Malisch	GER	3:08,0
1920	Hakan Malmrot	SWE	3:04,4
	Thor Henning	SWE	3:09,2
	Arvo Aaltonen	FIN	3:12,2
1924	Robert Skelton	USA	2:56,6
	Joseph de Combe	BEL	2:59,2
	William Kirschbaum	USA	3:01,0
1928	Yoshiyuki Tsuruta	JPN	2:48,8
	Erich ›Ete‹ Rademacher	GER	2:50,6
	Teofilo Yldefonzo	PHI	2:56,4
1932	Yoshiyuki Tsuruta	JPN	2:45,4
	Reiza Koike	JPN	2:46,6
	Teofilo Yldefonzo	PHI	2:47,1
1936	Tetsuo Hamuro	JPN	2:41,5
	Erwin Sietas	GER	2:42,9
	Reizo Koike	JPN	2:44,2
1948	Joseph Verdeur	USA	2:39,3
	Keith Carter	USA	2:40,2
	Robert Sohl	USA	2:43,9
1952	John Davies	AUS	2:34,4
	Bowen Stassforth	USA	2:34,7
	Herbert Klein	GER	2:35,9
1956	Masaru Furukawa	JPN	2:34,7
	Masahiro Yoshimura	JPN	2:36,7
	Charis Junitschew	URS	2:36,8
1960	William Mulliken	USA	2:37,4
	Yoshihiko Osaki	JPN	2:38,0
	Wieger Mensonides	NED	2:39,7
1964	Ian O'Brian	AUS	2:27,8
	Georgi Prokopenko	URS	2:28,2
	Chester Jastremski	USA	2:29,6
1968	Felipe Munoz	MEX	2:28,7
	Wladimir Kossinski	URS	2:29,2
	Brian Job	USA	2:29,9
1972	John Hencken	USA	2:21,55
	David Wilkie	GBR	2:23,67
	Nobutaka Taguchi	JPN	2:23,88
1976	David Wilkie	GBR	2:15,11
	John Hencken	USA	2:17,26
	Rick Colella	USA	2:19,20
1980	Robertas Schulpa	URS	2:15,85
	Alban Vermes	HUN	2:16,93
	Arsen Miskarow	URS	2:17,28
1984	Victor Davis	CAN	2:13,34
	Glenn Beringen	AUS	2:15,79
	Etienne Dagon	SUI	2:17,41
1988	Jozsef Szabo	HUN	2:13,52
	Nick Gillingham	GBR	2:14,12
	Sergio Lopez	ESP	2:15,21
1992	Mike Barrowman	USA	2:10,16
	Norbert Rozsa	HUN	2:11,23
	Nick Gillingham	GBR	2:11,29
1996	Norbert Rozsa	HUN	2:12,57
	Karoly Güttler	HUN	2:13,03
	Andrej Kornejew	RUS	2:13,17
2000	Domenico Fioravanti	ITA	2:10,87
	Terence Parkin	RSA	2:12,50
	Davide Rummolo	ITA	2:12,73
2004	Kosuke Kitajima	JPN	2:09,44
	Daniel Gyurta	HUN	2:10,80
	Brendan Hansen	USA	2:10,87
2008	Kosuke Kitajima	JPN	2:07,64
	Brenton Rickard	AUS	2:08,88
	Hugues Dubosq	FRA	2:08,94

100 m Schmetterling

1968	Doug Russell	USA	55,9
	Mark Spitz	USA	56,4
	Ross Wales	USA	57,2
1972	Mark Spitz	USA	54,27
	Bruce Robertson	CAN	55,56
	Jerry Heidenreich	USA	55,74
1976	Matt Vogel	USA	54,35
	Joe Bottom	USA	54,50
	Gary Hall	USA	54,65
1980	Pör Arvidsson	SWE	54,92
	Roger Pyttel	GDR	54,94
	David Lopez	ESP	55,13
1984	Michael Groß	FRG	53,08
	Pablo Morales	USA	53,23
	Glenn Buchanan	AUS	53,85
1988	Anthony Nesty	SUR	53,00
	Matt Biondi	USA	53,01
	Andrew Jameson	GBR	53,30
1992	Pablo Morales	USA	53,32
	Rafal Szukala	POL	53,35
	Anthony Nesty	SUR	53,41
1996	Denis Pankratow	RUS	52,27
	Scott Miller	AUS	52,53
	Wladislaw Kulikow	RUS	53,13
2000	Lars Frölander	SWE	52,00
	Michael Klim	AUS	52,18
	Geoff Huegill	AUS	52,22
2004	Michael Phelps	USA	51,25
	Ian Crocker	USA	51,29
	Andrej Serdinow	UKR	51,36
2008	Michael Phelps	USA	50,58
	Milorad Cavic	SRB	50,59
	Andrew Lauterstein	AUS	51,12

200 m Schmetterling

1956	William Yorzik	USA	2:19,3
	Takashi Ishimoto	JPN	2:23,8
	György Tumpek	HUN	2:23,9
1960	Michael Troy	USA	2:12,8
	Neville Hayes	AUS	2:14,6
	David Gillanders	USA	2:15,3
1964	Kevin Berris	AUS	2:06,6
	Carl Robie	USA	2:07,5
	Fred Schmidt	USA	2:09,3
1968	Carl Robie	USA	2:08,7
	Martin Woodroffe	GBR	2:09,0
	John Ferris	USA	2:09,3
1972	Mark Spitz	USA	2:00,70
	Gary Hall	USA	2:02,86
	Robin Backhaus	USA	2:03,23
1976	Mike Bruner	USA	1:59,23
	Steven Gregg	USA	1:59,54
	Bill Forrester	USA	1:59,96
1980	Sergej Fesenko	URS	1:59,76
	Philip Hubble	GBR	2:01,20
	Roger Pyttel	GDR	2:01,39
1984	Jon Sieben	AUS	1:57,04
	Michael Groß	FRG	1:57,40
	Rafael Vidal Castro	VEN	1:57,51
1988	Michael Groß	FRG	1:56,94
	Benny Nielsen	DEN	1:58,24
	Anthony Mosse	NZL	1:58,28
1992	Melvin Stewart	USA	1:56,26
	Danyon Loader	NZL	1:57,93
	Franck Esposito	FRA	1:58,51
1996	Denis Pankratow	RUS	1:56,51
	Tom Malchow	USA	1:57,44
	Scott Goodman	AUS	1:57,48
2000	Tom Malchow	USA	1:55,35
	Denis Silantiew	UKR	1:55,76
	Justin Norris	AUS	1:56,17
2004	Michael Phelps	USA	1:54,04
	Takashi Yamamoto	JPN	1:54,56
	Stephen Parry	GBR	1:55,52
2008	Michael Phelps	USA	1:52,03
	Laszlo Cseh	HUN	1:52,70
	Takeshi Matsuda	JPN	1:52,97

200 m Lagen

1968	Charles Hickcox	USA	2:12,0
	Greg Buckingham	USA	2:13,0
	John Ferris	USA	2:13,3
1972	Gunnar Larsson	SWE	2:07,17
	Alexander ›Tim‹ McKee	USA	2:08,37
	Steve Furniss	USA	2:08,45
1984	Alex Baumann	CAN	2:01,42
	Pablo Morales	USA	2:03,05
	Neil Cochran	GBR	2:04,38
1988	Tamas Darnyi	HUN	2:00,17
	Patrick Kühl	GDR	2:01,61
	Wadim Jarostschuk	URS	2:02,40
1992	Tamas Darnyi	HUN	2:00,76
	Greg Burgess	USA	2:00,97
	Attila Czene	HUN	2:01,00
1996	Attila Czene	HUN	1:59,91
	Jani Sievinen	FIN	2:00,13
	Curtis Myden	CAN	2:01,13
2000	Massimiliano Rosolino	ITA	1:58,98
	Tom Dolan	USA	1:59,77
	Tom Wilkens	USA	2:00,87
2004	Michael Phelps	USA	1:57,14
	Ryan Lochte	USA	1:58,78
	George Bovell	TRI	1:58,80
2008	Michael Phelps	USA	1:54,23
	Laszlo Cseh	HUN	1:56,52
	Ryan Lochte	USA	1:56,53

400 m Lagen

1964	Richard Roth	USA	4:45,4
	Roy Saari	USA	4:47,1
	Gerhard Hetz	GER	4:51,0
1968	Charles Hickcox	USA	4:48,4
	Gary Hall	USA	4:48,7
	Michael Holthaus	FRG	4:51,4
1972	Gunnar Larsson	SWE	4:31,981
	Alexander ›Tim‹ McKee	USA	4;31,983
	Andras Hargitay	HUN	4:32,700
1976	Rod Strachan	USA	4:23,68
	Alexander ›Tim‹ McKee	USA	4:24,62
	Andrej Smirnow	URS	4:26,90
1980	Alexander Sidorenko	URS	4:22,89
	Sergej Fesenko	URS	4:23,43
	Zoltan Verraszto	HUN	4:24,24
1984	Alex Baumann	CAN	4:17,41
	Ricardo Prado	BRA	4:18,45
	Robert Woodhouse	AUS	4:20,50
1988	Tamas Darnyi	HUN	4:14,75
	David Wharton	USA	4:17,36
	Stefano Battistelli	ITA	4:18,01
1992	Tamas Darnyi	HUN	4:14,23
	Eric Namesnik	USA	4:15,57
	Luca Sacchi	ITA	4:16,34

Statistik

1996	Tom Dolan	USA	4:14,90
	Eric Namesnik	USA	4:15,25
	Curtis Myden	CAN	4:16,28
2000	Tom Dolan	USA	4:11,76
	Erik Vendt	USA	4:14,23
	Curtis Myden	CAN	4:15,33
2004	Michael Phelps	USA	4:08,26
	Erik Vendt	USA	4:11,81
	Laszlo Cseh	HUN	4:12,15
2008	Michael Phelps	USA	4:03,84
	Laszlo Cseh	HUN	4:06,16
	Ryan Lochte	USA	4:08,09

4x100 m Freistil

1964	USA	3:33,2
	Deutschland	3:37,2
	Australien	3:39,1
1968	USA	3:31,7
	UdSSR	3:34,2
	Australien	3:34,7
1972	JSA	3:26,42
	JdSSR	3:29,72
	DDR	3:32,42
1984	USA	3:19,03
	Australien	3:19,68
	Schweden	3:22,69
1988	USA	3:16,53
	UdSSR	3:18,33
	DDR	3:19,82
1992	USA	3:16,74
	EUN	3:17,56
	Deutschland	3:17,90
1996	USA	3:15,41
	Russland	3:17,06
	Deutschland	3:17,20
2000	Australien	3:13,67
	USA	3:13,86
	Brasilien	3:17,40
2004	Südafrika	3:13,17
	Niederlande	3:14,36
	USA	3:14,62
2008	USA	3:08,24
	Frankreich	3:08,32
	Australien	3:09,91

4x200 m Freistil

1908	Großbritannien	10:55,6
	Ungarn	10:59,0
	USA	11:02,8
1912	Australasien (AUS/NZL)	10:11,2
	USA	10:20,2
	Großbritannien	10:28,2
1920	USA	10:04,4
	Australien	10:25,4
	Großbritannien	10:37,2
1924	USA	9:53,4
	Australien	10:02,2
	Schweden	10:06,8
1928	USA	9:36,2
	Japan	9:41,4
	Kanada	9:47,8
1932	Japan	8:58,4
	USA	9:10,5
	Ungarn	9:31,4
1936	Japan	8:51,5
	USA	9:03,0
	Ungarn	9:12,3
948	USA	8:46,0
	Ungarn	8:48,4
	Frankreich	9:08,0
1952	USA	8:31,1
	Japan	8:33,5
	Frankreich	8:45,9
1956	Australien	8:23,6
	USA	8:31,5
	UdSSR	8:34,7
1960	USA	8:10,2
	Japan	8:13,2
	Australien	8:13,8
1964	USA	7:52,1
	Deutschland	7:59,3
	Japan	8:03,8
1968	USA	7:52,3
	Australien	7:53,7
	UdSSR	8:01,6
1972	USA	7:35,78
	BR Deutschland	7:41,69
	UdSSR	7:45,76
1976	USA	7:23,22
	UdSSR	7:27,97
	Großbritannien	7:32,11
1980	UdSSR	7:23,50
	DDR	7:28,60
	Brasilien	7:29,30
1984	USA	7:15,69
	BR Deutschland	7:15,73
	Großbritannien	7:24,78
1988	USA	7:12,51
	DDR	7:13,68
	BR Deutschland	7:14,35
1992	EUN	7:11,95
	Schweden	7:15,51
	USA	7:16,23
1996	USA	7:14,84
	Schweden	7:17,56
	Deutschland	7:17,71
2000	Australien	7:07,05
	USA	7:12,64
	Niederlande	7:12,70
2004	USA	7:07,33
	Australien	7:07,46
	Italien	7:11,83
2008	USA	6:58,56
	Russland	7:03,70
	Australien	7:04,98

4x100 m Lagen

1960	USA	4:05,4
	Australien	4:12,0
	Japan	4:12,2
1964	USA	3:58,4
	Deutschland	4:01,6
	Australien	4:02,3
1968	USA	3:54,9
	DDR	3:57,5
	UdSSR	4:00,7
1972	USA	3:48,16
	DDR	3:52,12
	Kanada	3:52,26
1976	USA	3:42,22
	Kanada	3:45,94
	BR Deutschland	3:47,29
1980	Australien	3:45,70
	UdSSR	3:45,92
	Großbritannien	3:47,71
1984	USA	3:39,30
	Kanada	3:43,23
	Australien	3:43,25
1988	USA	3:36,93
	Kanada	3:39,28
	UdSSR	3:39,96
1992	USA	3:36,93
	EUN	3:38,56
	Kanada	3:39,66
1996	USA	3:34,84
	Russland	3:37,55
	Australien	3:39,56
2000	USA	3:33,73
	Australien	3:35,27
	Deutschland	3:35,88
2004	USA	3:30,68
	Deutschland	3:33,62
	Japan	3:35,22
2008	USA	3:29,34
	Australien	3:30,04
	Japan	3:31,18

Frauen

50 m Freistil

1988	Kristin Otto	GDR	25,49
	Yang Wenyi	CHN	25,64
	3. Katrin Meißner	GDR	25,71
	3. Jil Sterkel	USA	25,71
1992	Yang Wenyi	CHN	24,79
	Zhuang Yong	CHN	25,08
	Angel Martino	USA	25,23
1996	Amy van Dyken	USA	24,87
	Le Jingyi	CHN	24,90
	Sandra Völker	GER	25,14
2000	Inge De Bruijn	NED	24,32
	Therese Alshammar	SWE	24,51
	Dara Torres	USA	24,63
2004	Inge de Bruijn	NED	24,58
	Malia Metella	FRA	24,89
	Lisbeth Lenton	AUS	24,91
2008	Britta Steffen	GER	24,06
	Dara Torres	USA	24,07
	Cate Campbell	AUS	24,17

100 m Freistil

1912	Fanny Durack	AUS	1:22,2
	Wilhelmina Wylie	AUS	1:25,4
	Jennie Fletcher	GBR	1:27,0
1920	Ethelda Bleibtrey	USA	1:13,6
	Irene Guest	USA	1:17,0
	Frances Schroth	USA	1:17,2
1924	Ethel Lackie	USA	1:12,4
	Mariechen Wehselau	USA	1:12,8
	Gertrude Ederle	USA	1:14,2
1928	Albina Osipowich	USA	1:11,0
	Eleonor Garatti	USA	1:11,4
	Margaret Joyce Cooper	GBR	1:13,6
1932	Helene Madison	USA	1:06,8
	Willemijntje de Ouden	NED	1:07,8
	Eleanor Garatti-Saville	USA	1:08,2
1936	Hendrika Mastenbroek	NED	1:05,9
	Jeanette Campbell	ARG	1:06,4
	Gisela Arendt	GER	1:06,6
1948	Greta Andersen	DEN	1:06,3
	Ann Curtis	USA	1:06,5
	Marie-Louise Vaessen	NED	1:07,6
1952	Katalin Szöke	HUN	1:06,8
	Johanna Maria Termeulen	NED	1;07,0
	Judit Temes	HUN	1:07,1
1956	Dawn Fraser	AUS	1:02,0
	Lorraine Crapp	AUS	1:02,3
	Faith Leech	AUS	1:05,1
1960	Dawn Fraser	AUS	1:01,2
	Chris Von Saltza	USA	1:02,8
	Natalie Steward	GBR	1:03,1
1964	Dawn Fraser	AUS	59,5
	Sharon Stouder	USA	59,9
	Kathleen Ellis	USA	1:00,8
1968	Jan Henne	USA	1:00,0
	Susan Pedersen	USA	1:00,3
	Linda Gustavson	USA	1:00,3
1972	Sandra Neilson	USA	58,59
	Shirley Babashoff	USA	59,02
	Shane Gould	AUS	59,06
1976	Kornelia Ender	GDR	55,65
	Petra Priemer	GDR	56,49
	Enith Brigitha	NED	56,65
1980	Barbara Krause	GDR	54,79
	Caren Metschuk	GDR	55,16
	Ines Diers	GDR	55,65
1984	1. Carrie Steinseifer	USA	55,92
	1. Nancy Hogshead	USA	55,92
	Annemarie Verstappen	NED	56,08
1988	Kristin Otto	GDR	54,93
	Zhuang Yong	CHN	55,47
	Catherine Plewinski	FRA	55,49
1992	Zhuang Yong	CHN	54,64
	Jenny Thompson	USA	54,84
	Franziska van Almsick	GER	54,94
1996	Le Jingyi	CHN	54,50
	Sandra Völker	GER	54,88
	Angel Martino	USA	54,93
2000	Inge De Bruijn	NED	53,83
	Therese Alshammar	SWE	54,33
	Dara Torres	USA	54,43
	Jenny Thompson	USA	54,43
2004	Jodie Henry	AUS	53,84
	Inge de Bruijn	NED	54,16
	Natalie Coughlin	USA	54,40
2008	Britta Steffen	GER	53,12
	Lisbeth Trickett	AUS	53,16
	Natalie Coughlin	USA	53,39

200 m Freistil

1968	Debbie Meyer	USA	2:10,5
	Jan Henne	USA	2:11,0
	Jane Barkman	USA	2:11,2
1972	Shane Gould	AUS	2:03,56
	Shirley Babashoff	USA	2:04,33
	Keena Rothhammer	USA	2:04,92
1976	Kornelia Ender	GDR	1:59,26
	Shirley Babashoff	USA	2:01,22
	Enith Brigitha	NED	2:01,40
1980	Barbara Krause	GDR	1:58,33
	Ines Diers	GDR	1:59,64
	Carmela Schmidt	GDR	2:01,44
1984	Mary Wayte	USA	1:59,23
	Cynthia Woodhead	USA	1:59,50
	Annemarie Verstappen	NED	1:59,69
1988	Heike Friedrich	GDR	1:57,65
	Silvia Poll	CRC	1:58,67
	Manuela Stellmach	GDR	1:59,01
1992	Nicole Haislett	USA	1:57,90
	Franziska van Almsick	GER	1:58,00
	Kerstin Kielgaß	GER	1:59,67
1996	Claudia Poll	CRC	1:58,16
	Franziska van Almsick	GER	1:58,57
	Dagmar Hase	GER	1:59,56
2000	Susie O'Neill	AUS	1:58,24
	Martina Moravcova	SVK	1:58,32
	Claudia Poll	CRC	1:58,81
2004	Camelia Potec	ROU	1:58,03
	Federica Pellegrini	ITA	1:58,22
	Solenne Figues	FRA	1:58,45
2008	Federica Pellegrini	ITA	1:54,82
	Sara Isakovic	SLO	1:54,97
	Pang Jiaying	CHN	1:55,05

400 m Freistil

1920	Ethelda Bleibtrey	USA	4:34,0
(300m)	Margaret Woodbridge	USA	4:42,8
	Frances Schroth	USA	4:52,0
1924	Martha Norelius	USA	6:02,2
	Helen Wainwright	USA	6:03,8
	Gertrude Ederle	USA	6:04,8
1928	Martha Norelius	USA	5:42,8
	Maria Braun	NED	5:57,8
	Josephine McKim	USA	6:00,2
1932	Helene Madison	USA	5:28,5
	Leonore Kight	USA	5:28,6
	Jennie Makaal	RSA	5:47,3
1936	Hendrika Mastenbroek	NED	5:26,4
	Ragnhild Hveger	DEN	5:27,5
	Leonore Wingard-Kight	USA	5:29,0
1948	Ann Curtis	USA	5:17,8
	Karen Margarete Harup	DEN	5:21,2
	Catherine Gibson	GBR	5:22,5
1952	Valeria Gyenge	HUN	5:12,1
	Eva Novak	HUN	5:13,7
	Evelyn Kawamoto	USA	5:14,6
1956	Lorraine Crapp	AUS	4:54,6
	Dawn Fraser	AUS	5:02,5
	Sylvia Ruuska	USA	5:07,1
1960	Chris Von Saltza	USA	4:50,6
	Jane Cederqvist	SWE	4:53,9
	Catherina Lagerberg	NED	4:56,9
1964	Virginia Duenkel	USA	4:43,3
	Marilyn Ramenofsky	USA	4:44,6
	Terri Lee Stickels	USA	4:47,2
1968	Debbie Meyer	USA	4:31,8
	Linda Gustavson	USA	4:35,5
	Karen Moras	USA	4:37,0
1972	Shane Gould	AUS	4:19,04
	Novella Calligaris	ITA	4:22,44
	Gudrun Wegner	GDR	4:23,11
1976	Petra Thümer	GDR	4:09,89
	Shirley Babashoff	USA	4:10,46
	Shannon Smith	CAN	4:14,60
1980	Ines Diers	GDR	4:08,76
	Petra Schneider	GDR	4:09,16
	Carmela Schmidt	GDR	4:10,86
1984	Tiffany Cohen	USA	4:07,10
	Sarah Hardcastle	GBR	4:10,27
	June Croft	GBR	4:11,49
1988	Janet Evans	USA	4:03,95
	Heike Friedrich	GDR	4:05,94
	Anke Möhring	GDR	4:06,62
1992	Dagmar Hase	GER	4:07,18
	Janet Evans	USA	4:07,37
	Hayley Lewis	AUS	4:11,22
1996	Michelle Smith	IRL	4:07,25
	Dagmar Hase	GER	4:08,30
	Kirsten Vlieghuis	NED	4:08,70
2000	Brooke Bennett	USA	4:05,80
	Diana Munz	USA	4:07,07
	Claudia Poll	CRC	4:07,83
2004	Laure Manaudou	FRA	4:05,34
	Otylia Jedrzejczak	POL	4:05,84
	Kaitlin Sandeno	USA	4:06,19
2008	Rebecca Adlington	GBR	4:03,22
	Katie Hoff	USA	4:03,29
	Joanne Jackson	GBR	4:03,52

800 m Freistil

1968	Debbie Meyer	USA	9:24,0
	Pamela Kruse	USA	9:35,7
	Maria Teresa Ramirez	MEX	9:38,5
1972	Keena Rothhammer	USA	8:53,68
	Shane Gould	AUS	8:56,39
	Novella Calligaris	ITA	8:57,46
1976	Petra Thümer	GDR	8:37,14
	Shirley Babashoff	USA	8:37,59
	Wendy Weinberg	USA	8:42,60
1980	Michelle Ford	AUS	8:28,90
	Ines Diers	GDR	8:32,55
	Heike Dähne	GDR	8:33,48
1984	Tiffany Cohen	USA	8:24,95
	Michele Richardson	USA	8:30,73
	Sarah Hardcastle	GBR	8:32,60
1988	Janet Evans	USA	8:20,20
	Astrid Strauß	GDR	8:22,09
	Julie McDonald	AUS	8:22,93
1992	Janet Evans	USA	8:25,52
	Hayley Lewis	AUS	8:30,34
	Jana Henke	GER	8:30,99
1996	Brooke Bennett	USA	8:27,89
	Dagmar Hase	GER	8:29,91
	Kirsten Vlieghuis	NED	8:30,84
2000	Brooke Bennett	USA	8:19,67
	Jana Klotschkowa	UKR	8:22,66
	Kaitlin Sandeno	USA	8:24,29
2004	Ai Shibata	JPN	8:24,54
	Laure Manaudou	FRA	8:24,96
	Diana Munz	USA	8:26,61
2008	Rebecca Adlington	GBR	8:14,10
	Alessia Filippi	ITA	8:20,23
	Lotte Friis	DEN	8:23,03

10 km Langstrecke

2008	Larisa Iltschenko	RUS	1:59:27,7
	Keri-Anne Payne	GBR	1:59:29,2
	Cassandra Patten	GBR	1:59:31,0

100 m Rücken

1924	Sybil Bauer	USA	1:23,2
	Phyllis Harding	GBR	1:27,4
	Aileen Riggin	USA	1:28,2
1928	Maria Johanna Braun	NED	1:22,0
	Ellen Elizabeth King	GBR	1:22,2
	Margaret Joyce Cooper	GBR	1:22,8
1932	Eleanor Holm	USA	1:19,4
	Philomena Bonny Mealing	AUS	1:21,3
	Elizabeth Valerie Davies	GBR	1:22,5
1936	Dina ›Nida‹ Senff	NED	1:18,9
	Hendrika Mastenbroek	NED	1.19,2
	Alice Bridges	USA	1:19,4
1948	Karen Margarete Harup	DEN	1:14,4
	Suzanne Zimmerman	USA	1:16,0
	Judy Davies	AUS	1:16,7
1952	Joan Harrison	RSA	1:14,3
	Greetja Wielema	NED	1:14,5
	Jean Stewart	NZL	1:15,8
1956	Judith Grinham	GBR	1:12,9
	Carin Cone	USA	1:12,9
	Margaret Edwards	GBR	1:13,1
1960	Lynn Burke	USA	1:09,3
	Natalie Steward	GBR	1:10,8
	Sotoko Tanaka	JPN	1:11,4
1964	Cathy Ferguson	USA	1:07,7
	Christine ›Kiki‹ Caron	FRA	1:07,9
	Virginia Duenkel	USA	1:08,0
1968	Kaye Hall	USA	1:06,2
	Elaine Tanner	CAN	1:06,7
	Jane Swagerty	USA	1:08,1
1972	Melissa Belote	USA	1:05,78
	Andrea Gyarmati	HUN	1:06,26
	Susan Atwood	USA	1:06,34
1976	Ulrike Richter	GDR	1:01,83
	Birgit Treiber	GDR	1:03,41
	Nancy Garapick	CAN	1:03,71
1980	Rica Reinisch	GDR	1:00,86
	Ina Kleber	GDR	1:02,07
	Petra Riedel	GDR	1:02,64
1984	Theresa Andrews	USA	1:02,55
	Betsy Mitchell	USA	1:02,63
	Jolanda DeRover	NED	1:02,91
1988	Kristin Otto	GDR	1:00,89
	Krisztina Egerszegi	HUN	1:01,56
	Cornelia Sirch	GDR	1:01,57
1992	Krisztina Egerszegi	HUN	1:00,68
	Tunde Szabo	HUN	1:01,14
	Lea Loveless	USA	1:01,43
1996	Beth Botsford	USA	1:01,19
	Whitney Hedgepeth	USA	1:01,47
	Marianne Kriel	RSA	1:02,12
2000	Diana Mocanu	ROU	1:00,21
	Mai Nakamura	JPN	1:00,55
	Nina Schiwanewskaja	ESP	1:00,89
2004	Natalie Coughlin	USA	1:00,37
	Kirsty Coventry	ZIM	1:00,50
	Laure Manaudou	FRA	1:00,88
2008	Natalie Coughlin	USA	58,96
	Kirsty Coventry	ZIM	59,19
	Margaret Hoelzer	USA	59,34

200 m Rücken

1968	Lillian ›Pokey‹ Watson	USA	2:24,8
	Elaine Tanner	CAN	2:27,4
	Kaye Hall	USA	2:28,9
1972	Melissa Belote	USA	2:19,19
	Susan Atwood	USA	2:20,38
	Donna Gurr	CAN	2:23,22
1976	Ulrike Richter	GDR	2:13,43
	Birgit Treiber	GDR	2:14,97
	Nancy Garapick	CAN	2:15,60
1980	Rica Reinisch	GDR	2:11,77
	Cornelia Polit	GDR	2:13,75
	Birgit Treiber	GDR	2:14,14
1984	Jolanda DeRover	NED	2:12,38
	Amy White	USA	2:13,04
	Aneta Patrascoiu	ROU	2:13,29
1988	Krisztina Egerszegi	HUN	2:09,29
	Kathrin Zimmermann	GDR	2:10,61
	Cornelia Sirch	GDR	2:11,45

1992	Krisztina Egerszegi	HUN	2:07,06
	Dagmar Hase	GER	2:09,46
	Nicole Stevenson	AUS	2:10,20
1996	Krisztina Egerszegi	HUN	2:07,83
	Whitney Hedgepeth	USA	2:11,98
	Cathleen Rund	GER	2:12,06
2000	Diana Mocanu	ROU	2:08,16
	Roxana Maracineanu	FRA	2:10,25
	Miki Nakao	JPN	2:11,05
2004	Kirsty Coventry	ZIM	2:09,19
	Stanislawa Komarowa	RUS	2:09,72
	3. Reiko Nakamura	JPN	2:09,88
	3. Antje Buschschulte	GER	2:09,88
2008	Kirsty Coventry	ZIM	2:05,24
	Margaret Hoelzer	USA	2:06,23
	Reiko Nakamura	JPN	2:07,13

100 m Brust

1968	Djurdjica Bjedov	YUG	1:15,8
	G. Prosumentschikowa	URS	1:15,9
	Sharon Wichman	USA	1:16,1
1972	Catherine Carr	USA	1:13,58
	Galina Stepanowa-Prosumentschikowa	URS	1:14,99
	Beverly Whitfield	AUS	1:15,73
1976	Hannelore Anke	GDR	1:11,16
	Ljubow Russanowa	URS	1:13,04
	Marina Koschewaja	URS	1:13,30
1980	Ute Geweniger	GDR	1:10,22
	Elwira Wassilkowa	URS	1:10,41
	Susanne Nielsson	DEN	1:11,16
1984	Petra Van Staveren	NED	1:09,88
	Anne Ottenbrite	CAN	1:10,69
	Catherine Poirot	FRA	1:10,70
1988	Tanja Dangalakowa	BUL	1:07,95
	Antoaneta Frenkewa	BUL	1:08,74
	Silke Hörner	GDR	1:08,83
1992	Elena Rudkowskaja	EUN	1:08,00
	Anita Nall	USA	1:08,17
	Samantha Riley	AUS	1:09,25
1996	Penny Heyns	RSA	1:07,73
	Amanda Beard	USA	1:08,09
	Samantha Riley	AUS	1:09,18
2000	Megan Quann	USA	1:07,05
	Leisel Jones	AUS	1:07,49
	Penny Heyns	RSA	1:07,55
2004	Luo Xuejuan	CHN	1:06,64
	Brooke Hanson	AUS	1:07,15
	Leisel Jones	AUS	1:07,16
2008	Leisel Jones	AUS	1:05,17
	Rebecca Soni	USA	1:06,73
	Mirna Jukic	AUT	1:07,34

200 m Brust

1924	Lucy Morton	GBR	3:33,2
	Agnes Geraghty	USA	3:34,0
	Gladys Carson	GBR	3:35,4
1928	Hildegard Schrader	GER	3:12,6
	Mietje ›Marie‹ Baron	NED	3:15,2
	Lotte Mühe	GER	3:17,6
1932	Clare Dennis	AUS	3:06,3
	Hideko Maehata	JPN	3:06,4
	Else Jacobsen	DEN	3:07,1
1936	Hideko Maehata	JPN	3:03,6
	Martha Ganenger	GER	3:04,2
	Inge Sörensen	DEN	3:07,8
1948	Nelly van Vliet	NED	2:57,2
	Beatrice Lyons	AUS	2:57,7
	Eva Novak	HUN	3:00,2
1952	Eva Szekely	HUN	2:51,7
	Eva Novak	HUN	2:54,4
	Helen Gordon	GBR	2:57,6
1956	Ursula Happe	GER	2:53,1
	Eva Szekely	HUN	2:54,8
	Eva-Maria ten Elsen	GER	2:55,1
1960	Anita Lonsbrough	GBR	2:49,5
	Wiltrud Urselmann	GER	2:50,0
	Barbara Göbel	GER	2:53,6
1964	G. Prosumentschikowa	URS	2:46,4
	Claudia Kolb	USA	2:47,6
	Swetlana Babanina	URS	2:48,6
1968	Sharon Wichman	USA	2:44,4
	Djurdjica Bjedov	YUG	2:46,4
	G. Prosumentschikowa	URS	2:47,0
1972	Beverly Whitfield	AUS	2:41,71
	Dona Schoenfield	USA	2:42,05
	Galina Stepanowa-Prosumentschikowa	URS	2:42,36
1976	Marina Koschewaja	URS	2:33,35
	Marina Jurtschenja	URS	2:36,08
	Ljubow Russanowa	URS	2:36,22
1980	Lina Katschuschite	URS	2:29,54
	Swetlana Warganowa	URS	2:29,61
	Julia Bogdanowa	URS	2:32,39
1984	Anne Ottenbrite	CAN	2:30,38
	Susan Rapp	USA	2:31,15
	Ingrid Lempereur	BEL	2:31,40
1988	Silke Hörner	GDR	2:26,71
	Huang Xiaomin	CHN	2:27,49
	Antoaneta Frenkewa	BUL	2:28,34
1992	Kyoko Iwasaki	JPN	2:26,65
	Lin Li	CHN	2:26,85
	Anita Nall	USA	2:26,88
1996	Penny Heyns	RSA	2:25,41
	Amanda Beard	USA	2:25,75
	Agnes Kovacs	HUN	2:26,57
2000	Agnes Kovacs	HUN	2:24,35
	Kristy Kowal	USA	2:24,56
	Amanda Beard	USA	2:25,35
2004	Amanda Beard	USA	2:23,37
	Leisel Jones	AUS	2:23,60
	Anne Poleska	GER	2:25,82
2008	Rebecca Soni	USA	2:20,22
	Leisel Jones	AUS	2:22,05
	Sara Nordenstam	NOR	2:23,02

100 m Schmetterling

1956	Shelly Mann	USA	1:11,0
	Nancy Ramey	USA	1:11,9
	Mary Sears	USA	1:14,4
1960	Carolyn Schuler	USA	1:09,5
	Marianne Heemskerk	NED	1:10,4
	Janice Andrew	AUS	1:12,2
1964	Sharon Stouder	USA	1:04,7
	Ada Kok	NED	1:05,6
	Kathleen Ellis	USA	1:06,0
1968	Lynette McClements	AUS	1:05,5
	Ellie Daniel	USA	1:05,8
	Susan Shields	USA	1:06,2
1972	Mayumi Aoki	JPN	1:03,34
	Roswitha Beier	GDR	1:03,61
	Andrea Gyarmati	HUN	1:03,73
1976	Kornelia Ender	GDR	1:00,13
	Andrea Pollack	GDR	1:00,98
	Wendy Boglioli	USA	1:01,17
1980	Caren Metschuk	GDR	1:00,42
	Andrea Pollack	GDR	1:00,90
	Christiane Knacke	GDR	1:01,44
1984	Mary T. Meagher	USA	59,26
	Jenna Johnson	USA	1:00,19
	Karin Seick	FRG	1:00,36
1988	Kristin Otto	GDR	59,00
	Birte Weigang	GDR	59,45
	Qian Hong	CHN	59,52
1992	Qian Hong	CHN	58,62
	Chr. Ahmann-Leighton	USA	58,74
	Catherine Plewinski	FRA	59,01
1996	Amy van Dyken	USA	59,13
	Liu Limin	CHN	59,14
	Angel Martino	USA	59,23
2000	Inge De Bruijn	NED	56,61
	Martina Moravcova	SVK	57,97
	Dara Torres	USA	58,20
2004	Petria Thomas	AUS	57,72
	Otylia Jedrzejczak	POL	57,84
	Inge de Bruijn	NED	57,99
2008	Lisbeth Trickett	AUS	56,73
	Christine Magnuson	USA	57,10
	Jessicah Schipper	AUS	57,25

200 m Schmetterling

1968	Ada Kok	NED	2:24,7
	Helga Lindner	GDR	2:24,8
	Ellie Daniel	USA	2:25,9
1972	Karen Moe	USA	2:15,57
	Lynn Colella	USA	2:16,34
	Ellie Daniel	USA	2:16,74
1976	Andrea Pollack	GDR	2:11,41
	Ulrike Tauber	GDR	2:12,50
	Rosemarie Gabriel	GDR	2:12,86
1980	Ines Geißler	GDR	2:10,44
	Sybille Schönrock	GDR	2:10,45
	Michelle Ford	AUS	2:11,66
1984	Mary T. Meagher	USA	2:06,90
	Karen Phillips	AUS	2:10,56
	Ina Beyermann	FRG	2:11,91
1988	Kathleen Nord	GDR	2:09,51
	Birte Weigang	GDR	2:09,91
	Mary T. Meagher	USA	2:10,80
1992	Summer Sanders	USA	2:08,67
	Wang Xiaohong	CHN	2:09,01
	Susan O'Neill	AUS	2:09,03
1996	Susan O'Neill	AUS	2:07,76
	Petria Thomas	AUS	2:09,82
	Michelle Smith	IRL	2:09,91
2000	Misty Hyman	USA	2:05,88
	Susan O'Neill	AUS	2:06,58
	Petria Thomas	AUS	2:07,12
2004	Otylia Jedrzejczak	POL	2:06,05
	Petria Thomas	AUS	2:06,36
	Yuko Nakanishi	JPN	2:08,04
2008	Liu Zige	CHN	2:04,18
	Jiao Liuyang	CHN	2:04,72
	Jessicah Schipper	AUS	2:06,26

200 m Lagen

1968	Claudia Kolb	USA	2:24,7
	Susan Pedersen	USA	2:28,8
	Jan Henne	USA	2:31,4
1972	Shane Gould	AUS	2:23,07
	Kornelia Ender	GDR	2:23,59
	Lynn Vidali	USA	2:24,06
1984	Tracy Caulkins	USA	2:12,64
	Nancy Hogshead	USA	2:15,17
	Michele Pearson	AUS	2:15,92
1988	Daniela Hunger	GDR	2:12,59
	Jelena Dendeberowa	URS	2:13,31
	Noemi Lung	ROU	2:14,85
1992	Lin Li	CHN	2:11,65
	Summer Sanders	USA	2:11,91
	Daniela Hunger	GER	2:13,92
1996	Michelle Smith	IRL	2:13,93
	Marianne Limpert	CAN	2:14,35
	Li Lin	CHN	2:14,74
2000	Jana Klotschkowa	UKR	2:10,68
	Beatrice Caslaru	ROU	2:12,57
	Cristina Teuscher	USA	2:13,32
2004	Jana Klotschkowa	UKR	2:11,14
	Amanda Beard	USA	2:11,70
	Kirsty Coventry	ZIM	2:12,72
2008	Stephanie Rice	AUS	2:08,45
	Kirsty Coventry	ZIM	2:08,59
	Natalie Coughlin	USA	2:10,34

400 m Lagen

1964	Donna De Varona	USA	5:18,7
	Sharon Finneran	USA	5:24,1
	Martha Randall	USA	5:24,2
1968	Claudia Kolb	USA	5:08,5
	Lynn Vidali	USA	5:22,2
	Sabine Steinbach	GDR	5:25,3
1972	Gail Neall	AUS	5:02,97
	Leslie Cliff	CAN	5:03,57
	Novella Calligaris	ITA	5:03,99
1976	Ulrike Tauber	GDR	4:42,77
	Cheryl Gibson	CAN	4:48,10
	Becky Smith	CAN	4:50,48
1980	Petra Schneider	GDR	4:36,29
	Sharron Davies	GDR	4:46,83
	Agnieszka Czopek	POL	4:48,17
1984	Tracy Caulkins	USA	4:39,24
	Suzanne Landells	AUS	4:48,30
	Petra Zindler	FRG	4:48,57
1988	Janet Evans	USA	4:37,76
	Noemi Lung	ROU	4:39,46
	Daniela Hunger	GDR	4:39,76
1992	Krisztina Egerszegi	HUN	4:36,54
	Lin Li	CHN	4:36,73
	Summer Sanders	USA	4:37,58
1996	Michelle Smith	IRL	4:39,18
	Allison Wagner	USA	4:42,03
	Krisztina Egerszegi	HUN	4:42,53
2000	Jana Klotschkowa	UKR	4:33,59
	Yasuko Tajima	JPN	4:35,96
	Beatrice Caslaru	ROU	4:37,18
2004	Jana Klotschkowa	UKR	4:34,83
	Kaitlin Sandeno	USA	4:34,95
	Georgina Bardach	ARG	4:37,51
2008	Stephanie Rice	AUS	4:29,45
	Kirsty Coventry	ZIM	4:29,89
	Katie Hoff	USA	4:31,71

4x100 m Freistil

1912	Großbritannien	5:52,8
	Deutschland	6:04,6
	Österreich	6:17,0
1920	USA	5:11,6
	Großbritannien	5:40,8
	Schweden	5:43,6
1924	USA	4:58,8
	Großbritannien	5:17,0
	Schweden	5:35,6
1928	USA	4:47,6
	Großbritannien	5:02,8
	Südafrika	5:13,4
1932	USA	4:38,0
	Niederlande	4:47,5
	Großbritannien	4:52,4
1936	Niederlande	4:36,0
	Deutschland	4:36,8
	USA	4:40,2
1948	USA	4:29,2
	Dänemark	4:29,6
	Niederlande	4:31,6
1952	Ungarn	4:24,4
	Niederlande	4:29,0
	USA	4:30,1
1956	Australien	4:17,1
	USA	4:19,2
	Südafrika	4:25,7
1960	USA	4:08,9
	Australien	4:11,3
	Deutschland	4:19,7
1964	USA	4:03,8
	Australien	4:06,9
	Niederlande	4:12,0
1968	USA	4:02,5
	DDR	4:05,7
	Kanada	4:07,2
1972	USA	3:55,19
	DDR	3:55,55
	BR Deutschland	3:57,93
1976	USA	3:44,82
	DDR	3:45,50
	Kanada	3:48,81
1980	DDR	3:42,71
	Schweden	3:48,93
	Niederlande	3:49,51
1984	USA	3:43,43
	Niederlande	3:44,40
	BR Deutschland	3:45,56
1988	DDR	3:40,63
	Niederlande	3:43,39
	USA	3:44,25
1992	USA	3:39,46
	China	3:40,12
	Deutschland	3:41,60
1996	USA	3:39,29
	China	3:40,48
	Deutschland	3:41,48
2000	USA	3:36,61
	Niederlande	3:39,83
	Schweden	3:40,30
2004	Australien	3:35,94
	USA	3:36,39
	Niederlande	3:37,59
2008	Niederlande	3:33,76
	USA	3:34,33
	Australien	3:35,05

4x200 m Freistil

1996	USA	7:59,87
	Deutschland	8:01,55
	Australien	8:05,47
2000	USA	7:57,80
	Australien	7:58,52
	Deutschland	7:58,64
2004	USA	7:53,42
	China	7:55,97
	Deutschland	7:57,35
2008	Australien	7:44,31
	China	7:45,93
	USA	7:46,33

4x100 m Lagen

1960	USA	4:41,1
	Australien	4:45,9
	Deutschland	4:47,6
1964	USA	4:33,9
	Niederlande	4:37,0
	UdSSR	4:39,2
1968	USA	4:28,3
	Australien	4:30,0
	BR Deutschland	4:36,4
1972	USA	4:20,75
	DDR	4:24,91
	BR Deutschland	4:26,46
1976	DDR	4:07,95
	USA	4:14,55
	Kanada	4:15,22
1980	DDR	4:06,67
	Großbritannien	4:12,24
	UdSSR	4:13,61
1984	USA	4:08,34
	BR Deutschland	4:11,97
	Kanada	4:12,98
1988	DDR	4:03,74
	USA	4:07,90
	Kanada	4:10,49
1992	USA	4:02,54
	Deutschland	4:05,19
	EUN	4:06,44
1996	USA	4:02,88
	Australien	4:05,08
	China	4:07,34
2000	USA	3:58,30
	Australien	4:01,59
	Japan	4:04,16
2004	Australien	3:57,32
	USA	3:59,12
	Deutschland	4:00,72
2008	Australien	3:52,69
	USA	3:53,30
	China	3:56,11

Synchron

Solo (bis 1992)

1984	Tracie Ruiz	USA	198,467
	Carolyn Waldo	CAN	195,300
	Miwako Motoyoshi	JPN	187,050
1988	Carolyn Waldo	CAN	200,150
	Traice Ruiz-Conforto	USA	197,633
	Mikako Kotani	JPN	191,850
1992	1. Kristen Babb-Sprague	USA	191,848
	1. Sylvie Frechette	CAN	**
	Fumiko Okuno	JPN	187,056

** Erhielt wegen Jury-Fehler erst nur Silber, 1993 vom IOC nachträglich ebenfalls Gold

Duett

1984	Costie/Ruiz	USA	195,584
	Hambrook/Kryczka	CAN	194,234
	Kimura/Motoyoshi	JPN	187,992
1988	Cameron/Waldo	CAN	197,717
	Sarah + Karen Josephson	USA	197,284
	Tanaka/Kotani	JPN	190,159
1992	Sarah + Karen Josephson	USA	192,175
	Penny + Vicky Vilagos	CAN	189,394
	Okuno/Takayama	JPN	186,868
2000	Brusnikina/Kisselewa	RUS	99,580
	Tachibana/Takeda	JPN	98,650
	Dedieu/Lignot	FRA	97,437
2004	Dawidowa/Ermakowa	RUS	99,334
	Tachibana/Takeda	JPN	98,417
	Bartosik/Kozlova	USA	96,918
2008	Dawidowa/Ermakowa	RUS	99,833
	Fuentes/Mengual	ESP	99,000
	Harada/Suzuki	JPN	97,833

Team

1996	USA	99,720
	Kanada	98,367
	Japan	97,753
2000	Russland	99,146
	Japan	98,860
	Kanada	97,357
2004	Russland	99,501
	Japan	98,501
	USA	97,418
2008	Russland	99,500
	Spanien	98,251
	China	97,334

Wasserspringen

Männer

3-m-Brett

1908	Albert Zürner	GER	85,5
	Kurt Behrens	GER	85,3
	Gottlob Walz	GER	80,8
	George Gaidizik	USA	80,8
1912	Paul Günther	GER	79,23
	Hans Luber	GER	76,78
	Kurt Behrens	GER	73,73
1920	Louis Kuehn	USA	675,40
	Clarence Pinkston	USA	655,30
	Louis Balbach	USA	649,50
1924	Albert White	USA	696,4
	Peter Desjardins	USA	693,2
	Mickey Galitzen-Reilly	USA	653,0
1928	Peter Desjardins	USA	185,04
	Mickey Galitzen-Reilly	USA	174,06
	Farid Simaika	EGY	172,46
1932	Mickey Galitzen-Reilly	USA	161,38
	Harold Smith	USA	158,54
	Richard Degener	USA	151,82
1936	Richard Degener	USA	163,57
	Marshall Wayne	USA	159,56
	Albert Greene	USA	146,29
1948	Bruce Harlan	USA	163,64
	Miller Anderson	USA	157,29
	Sammy Lee	USA	145,52
1952	David Browning	USA	205,29
	Miller Anderson	USA	199,84
	Robert Clotworthy	USA	184,92
1956	Robert Clotworthy	USA	159,56
	Donald Harper	USA	156,23
	Joaquin Capilla Pérez	MEX	150,69
1960	Gary Tobian	USA	170,00
	Samuel Hall	USA	167,08
	Juan Botella	MEX	162,30
1964	Kenneth Sitzberger	USA	159,90
	Francis Gorman	USA	157,63
	Larry Andreasen	USA	143,77
1968	Bernie Wrightson	USA	170,15
	Klaus Dibiasi	ITA	159,74
	James Henry	USA	158,09
1972	Wladimir Wassin	URS	594,09
	Giorgio Cagnotto	ITA	591,63
	Craig Lincoln	USA	577,29
1976	Philip Boggs	USA	619,05
	Giorgio Cagnotto	ITA	570,48
	Alexander Kosenkow	URS	567,24
1980	Alexander Portnow	URS	905,025
	Carlos Giron	MEX	892,140
	Giorgio Cagnotto	ITA	871,500
1984	Greg Louganis	USA	754,41
	Tan Liangde	CHN	662,31
	Ronald Merriott	USA	661,32
1988	Greg Louganis	USA	730,60
	Tan Liangde	CHN	704,88
	Li Deliang	CHN	665,28
1992	Mark Lenzi	USA	676,53
	Tan Liangde	CHN	645,57
	Dimitri Sautin	EUN	627,78
1996	Xiong Ni	CHN	701,46
	Yu Zhoucheng	CHN	690,93
	Mark Lenzi	USA	686,49
2000	Xiong Ni	CHN	708,72
	Fernando Platas	MEX	708,42
	Dimitri Sautin	RUS	703,20
2004	Peng Bo	CHN	787,38
	Alexandre Despatie	CAN	755,97
	Dimitri Sautin	RUS	753,27
2008	He Chong	CHN	572,90
	Alexandre Despatie	CAN	536,65
	Qin Kai	CHN	530,10

3-m-Brett, Synchron

2000	Xiong Ni/Xiao Hailiang	CHN	365,58
	Sautin/Dobroskok	RUS	329,97
	Newbery/Pullar	AUS	322,86
2004	Siranidis/Bimis	GRE	353,34
	Wels/Schellenberg	GER	350,01
	Newbery/Barnett	AUS	349,59
2008	Wang Feng/Qin Kai	CHN	469,08
	Dimitri Sautin/Juri Kunakow	RUS	421,98
	Illja Kwascha/Alexej Prigorow	UKR	415,05

10-m-Turm

1904	George Sheldon	USA	12,66
	Georg Hoffmann	GER	11,66
	Frank Kehoe	USA	11,33
1908	Hjalmar Johansson	SWE	83,75
	Karl Malmström	SWE	78,73
	Arvid Spangberg	SWE	74,00
1912	Erik Adlerz	SWE	73,94
	Albert Zürner	GER	72,60
	Gustaf Blomgren	SWE	69,56
1920	Clarence Pinkston	USA	100,67
	Erik Adlerz	SWE	99,08
	Harry Prieste	USA	93,70
1924	Albert White	USA	97,46
	David Fall	USA	97,30
	Clarence Pinkston	USA	94,60
1928	Peter Desjardins	USA	6/98,74
	Farid Simaika	EGY	9/99,58
	Mickey Galitzen-Reilly	USA	15/92,34
1932	Harold Smith	USA	124,80
	Mickey Galitzen-Reilly	USA	124,28
	Frank Kurtz	USA	121,98
1936	Marshall Wayne	USA	113,58
	Albert Root	USA	110,60
	Hermann Stork	GER	110,31
1948	Sammy Lee	USA	130,05
	Bruce Harlan	USA	122,30
	Joaquin Capilla Pérez	MEX	113,52
1952	Sammy Lee	USA	156,28
	Joaquin Capilla Pérez	MEX	145,21
	Günther Haase	GER	141,31
1956	Joaquin Capilla Pérez	MEX	152,44
	Gary Tobian	USA	152,41
	Richard Connor	USA	149,79
1960	Robert Webster	USA	165,56
	Gary Tobian	USA	165,25
	Brian Phelps	GBR	157,13
1964	Robert Webster	USA	148,58
	Klaus Dibiasi	ITA	147,54
	Thomas Gompf	USA	146,57
1968	Klaus Dibiasi	ITA	164,18
	Alvaro Gaxiola	MEX	154,49
	Edwin Young	USA	153,93
1972	Klaus Dibiasi	ITA	504,12
	Richard Rydze	USA	480,75
	Giorgio Cagnotto	ITA	475,83
1976	Klaus Dibiasi	ITA	600,51
	Greg Louganis	USA	576,99
	Wladimir Alejnik	URS	548,61
1980	Falk Hoffmann	GDR	835,650
	Wladimir Alejnik	URS	819,705
	Dawid Ambarzumjan	URS	817,440
1984	Greg Louganis	USA	710,91
	Bruce Kimball	USA	643,50
	Li Kongzheng	CHN	638,28
1988	Greg Louganis	USA	638,61
	Xiong Ni	CHN	637,47
	Jesus Mena	MEX	594,39
1992	Sun Shuwei	CHN	677,31
	Scott Donie	USA	633,63
	Xiong Ni	CHN	600,15
1996	Dimitri Sautin	RUS	692,34
	Jan Hempel	GER	663,27
	Xiao Hailiang	CHN	658,20
2000	Tian Liang	CHN	724,53
	Hu Jia	CHN	713,55
	Dimitri Sautin	RUS	679,26
2004	Hu Jia	CHN	748,08
	Mathew Helm	AUS	730,56
	Tian Liang	CHN	729,66
2008	Matthew Mitcham	AUS	537,95
	Zhou Luxin	CHN	533,15
	Gleb Galperin	RUS	525,80

10-m-Turm, Synchron

2000	Lukaschin/Sautin	RUS	365,04
	Hu Jia/Tian Liang	CHN	358,74
	Hempel/Meyer	GER	338,88
2004	Tian Liang/Yang Jinghui	CHN	383,88
	Waterfield/Taylor	GBR	371,52
	Helm/Newbery	AUS	366,84
2008	Lin Yue/Huo Liang	CHN	468,18
	Patrick Hausding/ Sascha Klein	GER	450,42
	Gleb Galperin/ Dimitri Dobroskok	RUS	445,26

Frauen

3-m-Brett

1920	Aileen Riggin	USA	539,90
	Helen Wainwright	USA	534,80
	Thelma Payne	USA	534,10
1924	Betty Becker	USA	474,5
	Aileen Riggin	USA	460,4
	Caroline Fletcher	USA	436,4
1928	Helen Meany	USA	78,62
	Dorothy Poynton	USA	75,62
	Georgia Coleman	USA	73,38
1932	Georgia Coleman	USA	87,52
	Katherine Rawls	USA	82,56
	Jane Fauntz	USA	82,12
1936	Marjorie Gestring	USA	89,27
	Katherine Rawls	USA	88,35
	Dorothy Poynton-Hill	USA	82,36
1948	Vickie Draves	USA	108,74
	Zoe Ann Olsen	USA	108,23
	Patricia Elsener	USA	101,30
1952	Patricia McCormick	USA	147,30
	Mady Moreau	FRA	139,34
	Zoe Ann Jensen-Olsen	USA	127,57
1956	Patricia McCormick	USA	142,36
	Jeanne Stunyo	USA	125,89
	Irene MacDonald	CAN	121,40
1960	Ingrid Krämer	GER	155,81
	Paula Jean Pope-Myers	USA	141,24
	Elizabeth Ferris	GBR	139,09
1964	Ingrid Engel-Krämer	GER	145,00
	Jeanne Collier	USA	138,36
	Mary ›Patsy‹ Willard	USA	138,18
1968	Sue Gossick	USA	150,77
	Tamara Pogoschewa	URS	145,30
	Keala O'Sullivan	USA	145,23
1972	Maxine ›Micki‹ King	USA	450,03
	Ulrika Knape	SWE	434,19
	Marina Janicke	GDR	430,92
1976	Jennifer Chandler	USA	506,19
	Christa Köhler	GDR	469,41
	Cynthia McIngvale	USA	466,83
1980	Irina Kalinina	URS	725,910
	Martina Proeber	GDR	698,895
	Karin Guthke	GDR	685,245
1984	Sylvie Bernier	CAN	530,70
	Kelly McCormick	USA	527,46
	Christina Seufert	USA	517,62
1988	Gao Min	CHN	580,23
	Li Qing	CHN	534,33
	Kelly McCormick	USA	533,19
1992	Gao Min	CHN	572,40
	Irina Laschko	EUN	515,15
	Brita Baldus	GER	503,07
1996	Fu Mingxia	CHN	547,68
	Irina Laschko	RUS	512,19
	Anne Pelletier	CAN	509,64
2000	Fu Mingxia	CHN	609,42
	Guo Jingjing	CHN	597,81
	Dörte Lindner	GER	574,35
2004	Guo Jingjing	CHN	633,15
	Wu Minxia	CHN	612,00
	Julia Pachalina	RUS	610,62
2008	Guo Jingjing	CHN	415,35
	Julia Pachalina	RUS	398,60
	Wu Minxia	CHN	389,85

3-m-Brett, Synchron

2000	Ilina/Pachalina	RUS	332,64
	Fu Mingxia/Guo Jingjing	CHN	321,60
	Sorokina/Schupina	UKR	290,34
2004	Wu Minxia/Guo Jingjing	CHN	336,90
	Ilina/Pachalina	RUS	330,84
	Lashko/Newbery	AUS	309,30
2008	Guo Jingjing/Wu Minxia	CHN	343,50
	Julia Pachalina/ Anastasia Posdnijakowa	RUS	323,61
	Ditte Kotzian/ Heike Fischer	GER	318,90

10-m-Turm

1912	Greta Johansson	SWE	39,90
	Lisa Regnell	SWE	36,00
	Isabella White	GBR	34,00
1920	Stefani Fryland-Clausen	DEN	34,60
	Eileen Armstrong	GBR	33,30
	Eva Ollivier	SWE	33,30
1924	Caroline Smith	USA	10,5/33,2
	Betty Becker	USA	11,0/33,4
	Hjördis Töpel	SWE	15,5/32,8
1928	Betty Becker-Pinkston	USA	31,60
	Georgia Coleman	USA	30,60
	Lala Sjöqvist Larsson	SWE	29,20
1932	Dorothy Poynton	USA	40,26
	Georgia Coleman	USA	35,56
	Marion Roper	USA	35,22
1936	Dorothy Poynton-Hill	USA	33,93
	Velma Dunn	USA	33,63
	Käthe Köhler	GER	33,43
1948	Vickie Draves	USA	68,87
	Patricia Elsener	USA	66,28
	Birte Christoffersen	DEN	66,04
1952	Patricia McCormick	USA	79,37
	Paula Jean Myers	USA	71,63
	Juno Irwin-Stover	USA	70,49
1956	Patricia McCormick	USA	84,85
	Juno Irwin	USA	81,64
	Paula Jean Myers	USA	81,58
1960	Ingrid Krämer	GER	91,28
	Paula Jean Pope-Myers	USA	88,64
	Ninel Krutowa	URS	86,99
1964	Lesley Bush	USA	99,80
	Ingrid Engel-Krämer	GER	98,45
	Galina Alexejewa	URS	97,60
1968	Milena Duchkowa	TCH	109,59
	Natalja Lobanowa	URS	105,14
	Ann Peterson	USA	101,11
1972	Ulrika Knape	SWE	390,00
	Milena Duchkowa	TCH	370,92
	Marina Janicke	GDR	360,54
1976	Jelena Waizechowskaja	URS	406,59
	Ulrika Knape	SWE	402,60
	Deborah Wilson	USA	401,00
1980	Martina Jäschke	GDR	596,250
	Serward Emirsjan	URS	576,465
	Liana Zotadse	URS	575,925
1984	Zhou Jihong	CHN	435,51
	Michele Mitchell	USA	431,19
	Wendy Wyland	USA	422,07
1988	Xu Yanmei	CHN	445,20
	Michele Mitchell	USA	436,95
	Wendy Williams-Wyland	USA	400,44
1992	Fu Mingxia	CHN	461,43
	Elena Miroschina	EUN	411,63
	Ellen Clark	USA	401,91
1996	Fu Mingxia	CHN	521,58
	Annika Walter	GER	479,22
	Ellen Clark	USA	472,95
2000	Laura Wilkinson	USA	543,75
	Li Na	CHN	542,01
	Anne Montminy	CAN	540,15
2004	Chantelle Newbery	AUS	590,31
	Lao Lishi	CHN	576,30
	Loudy Tourky	AUS	561,66
2008	Chen Ruolin	CHN	447,70
	Emilie Heymans	CAN	437,05
	Wang Xin	CHN	429,90

10-m-Turm, Synchron

2000	Li Na/Sang Xue	CHN	345,12
	Heymans/Montminy	CAN	312,03
	Gilmore/Tourky	AUS	301,50
2004	Lao Lishi/Li Ting	CHN	352,14
	Gonscharowa/Koltunowa	RUS	340,92
	Hartley/Heymans	CAN	327,78
2008	Wang Xin/Chen Ruolin	CHN	363,54
	Briony Cole/Melissa Wu	AUS	335,16
	Paola Espinosa/Tatiana Ortiz	MEX	330,06

Wasserball

Männer

1900	Großbritannien	7:2
	Belgien	
	Frankreich	
1908	Großbritannien	9:2
	Belgien	
	Schweden	
1912	Großbritannien	3
	Schweden	2
	Belgien	1
1920	Großbritannien	3:2
	Belgien	
	Schweden	
1924	Frankreich	3:0
	Belgien	
	USA	
1928	Deutschland	5:2 n.V.
	Ungarn	
	Frankreich	
1932	Ungarn	8:0
	Deutschland	5:3
	USA	5:3
1936	Ungarn	5:1
	Deutschland	5:1
	Belgien	2:4
1948	Italien	6:0
	Ungarn	3:3
	Niederlande	2:4
1952	Ungarn	5:1
	Jugoslawien	5:1
	Italien	2:4
1956	Ungarn	10:0
	Jugoslawien	7:3
	UdSSR	6:4
1960	Italien	5:1
	UdSSR	3:3
	Ungarn	2:4
1964	Ungarn	5:1
	Jugoslawien	5:1
	UdSSR	2:4
1968	Jugoslawien	13:11 n.V.
	UdSSR	
	Ungarn	
1972	UdSSR	8:2
	Ungarn	8:2
	USA	6:4
1976	Ungarn	9:1
	Italien	6:4
	Niederlande	6:4
1980	UdSSR	10:0
	Jugoslawien	7:3
	Ungarn	6:4
1984	Jugoslawien	9:1
	USA	9:1
	BR Deutschland	5:5
1988	Jugoslawien	9:7 n.V.
	USA	
	UdSSR	
1992	Italien	9:8 n.V.
	Spanien	
	EUN	
1996	Spanien	7:5
	Kroatien	
	Italien	
2000	Ungarn	13:6
	Russland	
	Jugoslawien	
2004	Ungarn	8:7
	Serbien und Montenegro	
	Russland	
2008	Ungarn	14:10
	USA	
	Serbien	

Frauen

2000	Australien	4:3
	USA	
	Russland	
2004	Italien	n.V. 10:9
	Griechenland	
	USA	
2008	Niederlande	9:8
	USA	
	Australien	

SCHIESSEN

Bogenschießen

Einzel, Männer

1972	John Williams	USA	2528
	Gunnar Jervil	SWE	2481
	Kyösti Laasonen	FIN	2467
1976	Darrell Pace	USA	2571
	Hiroshi Michinaga	JPN	2502
	Giancarlo Ferrari	ITA	2495
1980	Tomi Poikolainen	FIN	2455
	Boris Ischtschenko	URS	2452
	Giancarlo Ferrari	ITA	2449
1984	Darrell Pace	USA	2616
	Richard McKinney	USA	2564
	Hiroshi Yamamoto	JPN	2563
1988	Jay Barrs	USA	338
	Park Sung-Soo	KOR	336
	Wladimir Jeschejew	URS	335
1992	Sebastien Flute	FRA	110
	Chung Joe-Hun	KOR	107
	Simon Terry	GBR	
1996	Justin Huish	USA	112
	Magnus Petersson	SWE	107
	Oh Kyo-Moon	KOR	
2000	Simon Fairweather	AUS	113
	Victor Wunderle	USA	106
	Wietse van Alten	NED	
2004	Marco Galiazzo	ITA	111:109
	Hiroshi Yamamoto	JPN	
	Tim Cuddihy	AUS	
2008	Wiktor Ruban	UKR	113:112
	Park Kyung-Mo	KOR	
	Bair Badjenow	RUS	

Mannschaft, Männer

1988	Südkorea	986
	USA	972
	Großbritannien	968
1992	Spanien	238
	Finnland	236
	Großbritannien	
1996	USA	251
	Südkorea	250
	Italien	
2000	Südkorea	255:247
	Italien	
	USA	
2004	Südkorea	251:245
	Taiwan	
	Ukraine	
2008	Südkorea	227:225
	Italien	
	China	

Einzel, Frauen

1972	Doreen Wilber	USA	2424
	Irena Szydlowska	POL	2407
	Emma Gaptschenko	URS	2403
1976	Luann Ryon	USA	2499
	Walentina Kowpan	URS	2460
	Zebinisso Rustamowa	URS	2407
1980	Keto Lossaberidse	URS	2491
	Natalja Butussowa	URS	2477
	Päivi Meriluoto	FIN	2449
1984	Seo Hyang-Soon	KOR	2568
	Li Lingjuan	CHN	2559
	Kim Jin-Ho	KOR	2555
1988	Kim Soo-Nyung	KOR	344
	Wang Hee-Kyung	KOR	332
	Yun Young-Sook	KOR	327
1992	Cho Young-Jeong	KOR	112
	Kim Soo-Nyung	KOR	105
	Natalia Walejewa	EUN	
1996	Kim Kyung-Wook	KOR	112
	He Ying	CHN	107
	Elena Sadownika	UKR	
2000	Yun Mi-Jin	KOR	107
	Kim Nam-Soon	KOR	106
	Kim Soo-Nvung	KOR	
2004	Park Sung Hyun	KOR	110:108
	Lee Sung Jin	KOR	
	Alison Williamson	GBR	
2008	Zhang Juan Juan	CHN	110:109
	Park Sung-Hyun	KOR	
	Yun Ok-Hee	KOR	

Statistik

Mannschaft, Frauen

1988	Südkorea	982
	Indonesien	952
	USA	952
1992	Südkorea	236
	China	228
	EUN	
1996	Südkorea	245
	Deutschland	235
	Polen	
2000	Südkorea	251:239
	Ukraine	
	Deutschland	
2004	Südkorea	241:240
	China	
	Taiwan	
2008	Südkorea	224:215
	China	
	Frankreich	

Sportschießen

Männer

KK-Gewehr, Dreistellungskampf

1952	Erling Kongshaug	NOR	1164
	Vilho Ylönen	FIN	1164
	Boris Andrejew	URS	1163
1956	Anatoli Bogdanow	URS	1172
	Otakar Horinek	TCH	1172
	Nils Sundberg	SWE	1167
1960	Wiktor Schamburkin	URS	1149
	Marat Nijasow	URS	1145
	Klaus Zähringer	GER	1139
1964	Lones Wigger	USA	1164
	Welitschko Welitschkow	BUL	1152
	Laszlo Hammerl	HUN	1151
1968	Bernd Klingner	FRG	1157
	John Writer	USA	1156
	Wiktor Parchimowitsch	URS	1154
1972	John Writer	USA	1166
	Lanny Basham	USA	1157
	Werner Lippoldt	FRG	1153
1976	Lanny Basham	USA	1162
	Margaret Murdock	USA	1162
	Werner Seibold	FRG	1160
1980	Wiktor Wlassow	URS	1173
	Bernd Hartstein	GDR	1166
	Sven Johansson	SWE	1165
1984	Malcolm Cooper	GBR	1173
	Daniel Nipkow	SUI	1163
	Alister Allan	GBR	1162
1988	Malcolm Cooper	GBR	1279,3
	Alister Allan	GBR	1275,6
	Kirill Iwanow	URS	1275,6
1992	Gratschia Petikian	EUN	1267,4
	Robert Foth	USA	1266,6
	Ryohei Koba	JPN	1265,9
1996	Jean-Pierre Amat	FRA	1273,9
	Sergej Beljajew	KAZ	1272,3
	Wolfram Waibl	AUT	1269,6
2000	Rajmond Debevec	SLO	1275,1
	Juha Hirvi	FIN	1270,5
	Harald Stenvaag	NOR	1268,6
2004	Zhanbo Jia	CHN	1264,5
	Michael Anti	USA	1263,1
	Christian Planer	AUT	1262,8
2008	Qiu Jian	CHN	1272,5
	Juri Suchorukow	UKR	1272,4
	Rajmond Debevec	SLO	1271,7

KK-Gewehr, liegend

(offen bis 1980)

1908	A. A. Carnell	GBR	387
	Harry Humby	GBR	386
	George Barnes	GBR	385
1912	Frederick Hird	USA	194
	William Milne	GBR	193
	Harry Burt	GBR	192
1920	Lawrence Nuesslein	USA	391
	Arthur Rothrock	USA	386
	Dennis Fenton	USA	385
1924	Pierre Coquelin de Lisle	FRA	398
	Marcus Dinwiddie	USA	396
	Josias Hartmann	SUI	394
1928	nicht ausgetragen		
1932	Bertil Rönnmark	SWE	294
	Gustavo Huet	MEX	294
	Zoltan Hradetzky-Soos	HUN	293
1936	Willy Rögeberg	NOR	300
	Ralf Berzsenyi	HUN	296
	Wladyslaw Karas	POL	296
1948	Arthur Cook	USA	599
	Walter Tomsen	USA	599
	Jonas Jonsson	SWE	597
1952	Iosif Sarbu	ROU	400
	Boris Andrejew	URS	400
	Arthur Jackson	USA	399
1956	Gerald Quellette	CAN	600
	Wassili Borissow	URS	599
	Gimour Boa	CAN	598
1960	Peter Kohnke	GER	590
	James Hill	USA	589
	Enrico Forcella	VEN	587
1964	Laszlo Hammerl	HUN	597
	Lones Wigger	USA	597
	Tommy Pool	USA	596
1968	Jan Kurka	TCH	598
	Laszlo Hammerl	HUN	598
	Ian Ballinger	NZL	597
1972	Li Ho-Jun	PRK	599
	Victor Auer	USA	598
	Nicolae Rotaru	ROU	598
1976	Karlheinz Smieszek	FRG	599
	Ulrich Lind	FRG	597
	Gennadi Luschtschikow	URS	595
1980	Karoly Varga	HUN	599
	Hellfried Heilfort	GDR	599
	Petar Zapianow	BUL	598
1984	Edward Etzel	USA	599
	Michel Bury	FRA	596
	Michael Sullivan	GBR	596
1988	Miroslav Varga	TCH	703,9
	Cha Young-Chul	KOR	702,8
	Attila Zahonyi	HUN	701,9
1992	Lee Eun-Chul	KOR	702,5
	Harald Stenvaag	NOR	701,4
	Stevan Pletikosic	YUG	701,1
1996	Christian Klees	GER	704,8
	Sergej Beljajew	KAZ	703,3
	Jozef Gonci	SVK	701,9
2000	Jonas Edman	SWE	701,3
	Torben Grimmel	DEN	700,4
	Sergej Martinow	BLR	700,3
2004	Matthew Emmons	USA	703,3
	Christian Lusch	GER	702,2
	Sergej Martinow	BLR	701,6
2008	Artur Aiwasijan	UKR	702,7
	Matthew Emmons	USA	701,7
	Warren Potent	AUS	700,5

Luftgewehr

1984	Philippe Heberle	FRA	589
	Andreas Kronthaler	AUT	587
	Barry Dagger	GBR	587
1988	Goran Maksimovic	YUG	695,6
	Nicolas Berthelot	FRA	694,2
	Johann Riederer	FRG	694,0
1992	Juri Fedkin	EUN	695,3
	Franck Badiou	FRA	691,9
	Johann Riederer	GER	691,7
1996	Artem Schadschibekow	RUS	695,7
	Wolfram Waibl	AUT	695,2
	Jean-Pierre Amat	FRA	693,1
2000	Cai Yalin	CHN	696,4
	Artem Schadschibekow	RUS	695,1
	Jewgeni Aleinikow	RUS	693,8
2004	Zhu Qinan	CHN	702,7
	Li Jie	CHN	701,3
	Jozef Gonci	SVK	697,4
2008	Abhinav Bindra	IND	700,5
	Zhu Qinan	CHN	699,7
	Henri Häkkinen	FIN	699,4

Freie Pistole

Bei den frühen Spielen ist die Zuordnung zu den heutigen Disziplinen umstritten.

1896	Jean Phrangoudis	GRE	344
	Georgios Orphanidis	GRE	249
	Holger Nielsen	DEN	
1900	Conrad Röderer	SUI	503
	Achille Paroche	FRA	466
	Konrad Stäheli	SUI	453
1908	Paul van Asbroeck	BEL	490
	Reginald Storms	BEL	487
	James Goreman	USA	485
1912	Alfred Lane	USA	499
	Peter Dolfen	USA	474
	Charles Stewart	GBR	470
1920	Karl Frederick	USA	496
	Afranio Da Costa	BRA	489
	Alfred Lane	USA	481
1936	Torsten Ullman	SWE	559
	Erich Krempel	GER	544
	Charles des Jammonieres	FRA	540
1948	Edwin Vasquez Cam	PER	545
	Rudolf Schnyder	SUI	539
	Torsten Ullman	SWE	539
1952	Huelet Benner	USA	553
	Angel Leon Gozalo	ESP	550
	Ambrus Balogh	HUN	549
1956	Pentti Linnosvuo	FIN	556
	Machmud Umarow	URS	556
	Offut Pinion	USA	551
1960	Alexej Guschtschin	URS	560
	Machmud Umarow	URS	552
	Yoshihisa Yoshikawa	JPN	552
1964	Väinö Markannen	FIN	560
	Franklin Green	USA	557
	Yoshihisa Yoshikawa	JPN	554
1968	Grigori Kosych	URS	562
	Heinz Mertel	FRG	562
	Harald Vollmar	GDR	560
1972	Ragnar Skanaker	SWE	567
	Dan Iuga	ROU	562
	Rudolf Dollinger	AUT	560
1976	Uwe Potteck	GDR	573
	Harald Vollmar	GDR	567
	Rudolf Dollinger	AUT	562
1980	Alexander Melentjew	URS	581
	Harald Vollmar	GDR	568
	Ljubcho Diakow	BUL	565
1984	Xu Haifeng	CHN	566
	Ragnar Skanaker	SWE	565
	Wang Yifu	CHN	564
1988	Sorin Babii	ROU	660
	Ragnar Skanaker	SWE	657
	Igor Basinski	URS	657
1992	Konstantin Lukaschik	EUN	658
	Wang Yifu	CHN	657
	Ragnar Skanaker	SWE	657
1996	Boris Kokorew	RUS	666,4
	Igor Basinski	BLR	662,0
	Roberto di Donna	ITA	661,8
2000	Tanju Kirijakow	BUL	666,0
	Igor Basinski	BLR	663,3
	Martin Tenk	CZE	662,5
2004	Michail Nestrujew	RUS	663,3
	Jin Jong Oh	KOR	661,5
	Kim Jong Su	PRK	657,7
2008	Jin Jong-Oh	KOR	660,4
	Tan Zongliang	CHN	659,5
	Wladimir Isakow	RUS	658,9

Schnellfeuerpistole

1896	John Payne	USA	442
	Summer Payne	USA	380
	N. Morakis	GRE	205
1912	Alfred Lane	USA	287
	Paul Palen	SWE	286
	Johan Hübner v. Holst	SWE	283
1920	Guilherme Paraense	BRA	274
	Raymond Bracken	USA	272
	Fritz Zulauf	SUI	269
1924	Henry Bailey	USA	18
	Vilhelm Carlberg	SWE	18
	Lennart Hannelius	FIN	18
1932	Renzo Morigi	ITA	36
	Heinz Hax	GER	36
	Domenico Matteucci	ITA	36
1936	Cornelius van Oyen	GER	36
	Heinz Hax	GER	35
	Torsten Ullman	SWE	34
1948	Karoly Takacs	HUN	580
	Carlos Diaz Saenz	ARG	571
	Sven Lundqvist	SWE	569
1952	Karoly Takacs	HUN	579
	Szilard Kun	HUN	578
	Gheorghe Lichiardopol	ROU	578
1956	Stefan Petrescu	ROU	587
	Jewgeni Tscherkassow	URS	585
	Gheorghe Lichiardopol	ROU	581
1960	William McMillan	USA	587
	Pentti Linnosvuo	FIN	587
	Alexander Sabelin	URS	587
1964	Pentti Linnosvuo	FIN	592
	Ion Tripsa	ROU	591
	Lubomir Nacovsky	TCH	590
1968	Josef Zapedzki	POL	593
	Marcel Rosca	ROU	591
	Renart Suleimanow	URS	591
1972	Josef Zapedzki	POL	595
	Ladislav Falta	TCH	594
	Wiktor Torschin	URS	593
1976	Norbert Klaar	GDR	597
	Jürgen Wiefel	GDR	596
	Roberto Ferraris	ITA	595
1980	Corneliu Ion	ROU	596
	Jürgen Wiefel	GDR	596
	Gerhard Petrisch	AUT	596
1984	Takeo Kamachi	JPN	595
	Corneliu Ion	ROU	593
	Rauno Bies	FIN	591
1988	Afanasis Kusmins	URS	698
	Ralf Schumann	GDR	696
	Zoltan Kovacs	HUN	693
1992	Ralf Schumann	GER	885
	Afanasis Kusmins	LAT	882
	Wladimir Wochmianin	EUN	882
1996	Ralf Schumann	GER	698,0
	Emil Milew	BUL	692,1
	Wladimir Wochmianin	KAZ	691,5
2000	Sergej Alifirenko	RUS	687,6
	Michel Ansermet	SUI	686,1
	Iulian Raicea	ROU	684,6
2004	Ralf Schumann	GER	694,9
	Sergej Poliakow	RUS	692,7
	Sergej Alifirenko	RUS	692,3
2008	Alexander Petriw	UKR	780,2
	Ralf Schumann	GER	779,5
	Christian Reitz	GER	779,3

Luftpistole

1988	Tanju Kirijakow	BUL	687,9
	Erich Buljung	USA	687,9
	Xu Haifeng	CHN	684,5
1992	Wang Yifu	CHN	684,8
	Sergej Pyschanow	EUN	684,1
	Sorin Babii	ROU	684,1
1996	Roberto di Donna	ITA	684,2
	Wang Yifu	CHN	684,1
	Tanju Kirijakow	BUL	683,8
2000	Franck Dumoulin	FRA	688,9
	Wang Yifu	CHN	686,9
	Igor Basinski	BLR	682,7
2004	Wang Yifu	CHN	690,0
	Michail Nestrujew	RUS	689,8
	Wladimir Issakow	RUS	684,3
2008	Pang Wei	CHN	688,2
	Jin Jong Oh	KOR	684,5
	Jason Turner	USA	682,0

Wurfscheiben Trap

(offen bis 1992)

1900	Roger de Barbarin	FRA	17
	Rene Guyot	FRA	17
	Justinien de Clary	FRA	17
1904	nicht ausgetragen		
1908	Walter Ewing	CAN	72
	George Beattie	CAN	60
	Alexander Maunder	GBR	57
	Anastasios Metaxas	GRE	57
1912	James Graham	USA	96
	Alfred Goeldel-Bronikowen	GER	94
	Harry Blau	RUS	91
1920	Mark Arie	USA	95
	Frank Troeh	USA	93
	Frank Wright	USA	87
1924	Gyula Halasy	HUN	98
	Konrad Huber	FIN	98
	Frank Hughes	USA	97
1928–1948	nicht ausgetragen		
1952	George Genereux	CAN	192
	Knut Holmquist	SWE	191
	Hans Liljedahl	SWE	190
1956	Galliano Rossini	ITA	195
	Adam Smelczynski	POL	190
	Alessandro Ciceri	ITA	188
1960	Ion Dumitrescu	ROU	192
	Galliano Rossini	ITA	191
	Sergej Kalinin	URS	190
1964	Ennio Mattarelli	ITA	198
	Pawel Senitschew	URS	194
	William Morris	USA	194
1968	John Braithwaite	GBR	198
	Thomas Garrigus	USA	196
	Kurt Czekalla	GDR	196
1972	Angelo Scalzone	ITA	199
	Michel Carrega	FRA	198
	Silvano Basagni	ITA	195
1976	Donald Haldeman	USA	190
	Armando Silva Marques	POR	189
	Ubaldesco Baldi	ITA	189
1980	Luciano Giovanetti	ITA	198
	Rustam Jambulatow	URS	196
	Jörg Damme	GDR	196
1984	Luciano Giovanetti	ITA	192
	Francisco Boza	ITA	192
	Daniel Carlisle	USA	192
1988	Dmitri Monakow	URS	222
	Miloslav Bednarik	TCH	222
	Frans Peeters	BEL	219
1992	Petr Hrdlicka	TCH	219
	Kazumi Watanabe	JPN	219
	Marco Venturini	ITA	218
1996	Michael Diamond	AUS	149
	Joshua Lakatos	USA	147
	Lance Bade	USA	147
2000	Michael Diamond	AUS	147,0
	Ian Peel	GBR	142,0
	Giovanni Pellielo	ITA	140,0
2004	Alexej Alipow	RUS	149
	Giovanni Pellielo	ITA	146
	Adam Vella	AUS	145
2008	David Kostelecky	CZE	146
	Giovanni Pellielo	ITA	143
	Alexej Alipow	RUS	142

Wurfscheiben Skeet

(bis 1992 offen)

1968	Jewgeni Petrow	URS	198
	Romano Garagnani	ITA	198
	Konrad Wirnhier	FRG	198
1972	Konrad Wirnhier	FRG	195
	Jewgeni Petrow	URS	195
	Michael Buchheim	GDR	195
1976	Josef Panacek	TCH	198
	Eric Swinkels	NED	198
	Wieslaw Gawlikowski	POL	196
1980	Hans Rasmussen	DEN	196
	Lars-Göran Carlsson	SWE	196
	Roberto Castrillo	CUB	196
1984	Matthew Dryke	USA	198
	Ole Rasmussen	DEN	196
	Luca Scribani Rossi	ITA	196
1988	Axel Wegner	GDR	222
	Alfonso de Iruarrizaga	CHI	221
	Jorge Guardiola	ESP	220
1992	Zhang Shan **	CHN	223
	Juan Giha	PER	222
	Bruno Rossetti	ITA	222
1996	Ennio Falco	ITA	149
	Miroslaw Rzepkowski	POL	148
	Andrea Benelli	ITA	147
2000	Mykola Miltschew	UKR	150,0
	Petr Malek	CZE	148,0
	James Graves	USA	147,0
2004	Andrea Benelli	ITA	149
	Marko Kemppainen	FIN	149
	Juan Miguel Rodriguez	CUB	147
2008	Vincent Hancock	USA	145
	Tore Brovold	NOR	145
	Anthony Terras	FRA	144

** Erstes Gold für eine Frau im offenen Schießwettbewerb

Wurfscheiben Doppel-Trap

1996	Russell Mark	AUS	189
	Albano Pera	ITA	183
	Zhang Bing	CHN	183
2000	Richard Faulds	GBR	187
	Russell Mark	AUS	187
	Feehaid Al Deehani	KUW	186
2004	Ahmed Almaktoum	UAE	189
	Rajyavardhan S. Rathore	IND	179
	Wang Zheng	CHN	178
2008	Walton Eller	USA	190
	Francesco d'Aniello	ITA	187
	Hu Binyuan	CHN	184

Laufende Scheibe (bis 2004)

1972	Jakow Schelesnjak	URS	569
	Helmut Bellingrodt	COL	565
	John Kynoch	GBR	562
1976	Alexander Gasow	URS	579
	Alexander Kedjarow	URS	576
	Jerzy Greszkiewicz	POL	571
1980	Igor Sokolow	URS	589
	Thomas Pfeffer	GDR	589
	Alexander Gasow	URS	587
1984	Li Yuwei	CHN	587
	Helmut Bellingrodt	COL	584
	Huang Shiping	CHN	581
1988	Tor Heiestad	NOR	689
	Huang Shiping	CHN	687
	Gennadi Awramenko	URS	686
1992	Michael Jakosits	GER	673
	Anatoli Asrabajew	EUN	672
	Lubos Rakansky	TCH	670
1996	Yang Ling	CHN	685,8
	Xiao Jun	CHN	679,8
	Miroslav Janus	CZE	678,4

2000	Yang Ling	CHN	681,1
	Oleg Moldovan	MDA	681,0
	Niu Zhiyuan	CHN	677,4
2004	Manfred Kurzer	GER	682,4
	Alexander Blinow	RUS	678,0
	Dimitri Lykin	RUS	677,1

Frauen

KK-Gewehr, Dreistellungskampf

1984	Wu Xiaoxuan	CHN	581
	Ulrike Holmer	FRG	578
	Wanda Jewell	USA	578
1988	Silvia Sperber	FRG	685,6
	Wesela Letchewa	BUL	683,2
	Walentina Tscherkassowa	URS	681,4
1992	Launi Meili	USA	684,3
	Nonka Matowa	BUL	682,7
	Malgorzata Ksiozkiewicz	POL	681,5
1996	Aleksandra Ivosev	YUG	686,1
	Irina Gerasimenok	RUS	680,1
	Renata Mauer	POL	679,8
2000	Renata Mauer-Rozanska	POL	684,6
	Tatjana Goldobina	RUS	680,9
	Maria Feklistowa	RUS	679,9
2004	Ljubow Galkina	RUS	688,4
	Valentina Turisini	ITA	685,9
	Wang Chengyi	CHN	685,4
2008	Du Li	CHN	690,3
	Katerina Emmons	CZE	687,7
	Eglis Yaima Cruz	CUB	687,6

Luftgewehr

1984	Pat Spurgin	USA	393
	Edith Gufler	ITA	391
	Wu Xiaoxuan	CHN	389
1988	Irina Schilowa	URS	498,5
	Silvia Sperber	FRG	497,5
	Anna Maluchina	URS	495,8
1992	Yeo Kab-Soon	KOR	498,2
	Wesela Letchewa	BUL	495,3
	Aranka Binder	YUG	495,1
1996	Renata Mauer	POL	497,6
	Petra Horneber	GER	497,4
	Aleksandra Ivosev	YUG	497,2
2000	Nancy Johnson	USA	497,7
	Kang Cho-Hyun	KOR	497,5
	Gao Jing	CHN	497,2
2004	Du Li	CHN	502,0
	Ljubow Galkina	RUS	501,5
	Katerina Kurkova	CZE	501,1
2008	Katerina Emmons	CZE	503,5
	Ljubow Galkina	RUS	502,1
	Snjezana Pejcic	CRO	500,9

Sportpistole

1988	Nino Salukwadse	URS	690
	Tomoko Hasegawa	JPN	686
	Jasna Sekaric	YUG	686
1992	Marina Logwinenko	EUN	684
	Duihong Lil	CHN	680
	Dorzhsuren Munkhbayar	MGL	679
1996	Lil Duihong	CHN	687,9
	Diana Jorgowa	BUL	684,8
	Marina Logwinenko	RUS	684,2
2000	Maria Grozdewa	BUL	690,3
	Tao Luna	CHN	689,8
	Lolita Ewglewskaja	BLR	686,0
2004	Maria Grozdewa	BUL	688,2
	Lenka Hykova	CZE	687,8
	Irada Aschumowa	AZE	687,3
2008	Chen Ying	CHN	793,4
	Gundegmaa Otryad	MGL	792,2
	Munkhbayar Dorjsuren	GER	789,2

Luftpistole

1984	Linda Thom	CAN	585
	Ruby Fox	USA	585
	Patricia Dench	AUS	583
1988	Jasna Sekaric	YUG	489,5
	Nino Salukwadse	URS	487,9
	Marina Donbranchewa	URS	485,2
1992	Logwinenko-Donbranchewa	EUN	486,4
	Jasna Sekaric	YUG	486,4
	Maria Grozdewa	BUL	481,6
1996	Olga Klochnewa	RUS	490,1
	Marina Logwinenko	RUS	488,5
	Maria Grozdewa	BUL	488,5
2000	Luna Tao	CHN	488,2
	Jasna Sekaric	YUG	486,5
	Annemarie Forder	AUS	484,0
2004	Olena Kostewitsch	UKR	483,3
	Jasna Sekaric	SCG	483,3
	Maria Grozdewa	BUL	482,3
2008	Guo Wenjun	CHN	492,3
	Natalja Paderina	RUS	489,1
	Nino Salukwadse	GEO	487,4

Wurfscheiben Trap

2000	Daina Gudzineviciute	LTU	93
	Delphine Racinet	FRA	92
	Gao E	CHN	90
2004	Suzanne Balogh	AUS	88
	Maria Quintanal	ESP	84
	Lee Bo Na	KOR	83
2008	Satu Makela-Nummela	FIN	91
	Zuzana Stefecekova	SVK	89
	Corey Cogdell	USA	86

Wurfscheiben Skeet

2000	Zemfira Meftachetdinowa	AZE	98
	Swetlana Demina	RUS	95
	Diana Igaly	HUN	93
2004	Diana Igaly	HUN	97
	Wei Ning	CHN	93
	Zemfira Meftachetdinowa	AZE	93
2008	Chiara Cainero	ITA	93
	Kimberly Rhode	USA	93
	Christine Brinker	GER	93

Wurfscheiben, Doppel-Trap

2000	Pia Hansen	SWE	148
	Deborah Galisio	ITA	144
	Kimberly Rhode	USA	139
2004	Kimberly Rhode	USA	146
	Lee Bo Na	KOR	145
	Gao E	CHN	142

TURNEN

Männer

Einzel-Mehrkampf

bei Punktgleichheit gleiche Platzierung

1900	Gustave Sandras	FRA	302
	Noel Bas	FRA	295
	Lucien Demanet	FRA	293
1904	Adolf Spinnler	SUI	43,49
	Julius Lenhart	AUT	43,00
	Wilhelm Weber	GER	41,60
1908	Alberto Braglia	ITA	317,0
	S. W. Tysal	GBR	312,0
	Louis Segura	ITA	297,0
1912	Alberto Braglia	ITA	135,00
	Louis Segura	FRA	132,50
	Adolfo Tunesi	ITA	131,50
1920	Giorgio Zampori	ITA	88,35
	Marco Torres	FRA	87,62
	Jean Gounot	FRA	87,45
1924	Leon Stukelj	YUG	110,340
	Robert Prazak	TCH	110,323
	Bedrich Supcik	TCH	106,930
1928	Georges Miez	SUI	247,500
	Hermann Hänggi	SUI	246,625
	Leon Stukelj	YUG	244,875
1932	Romero Neri	ITA	140,625
	Istvan Pelle	HUN	134,925
	Heikki Savolainen	FIN	134,575
1936	Alfred Schwarzmann	GER	113,100
	Eugen Mack	SUI	112,334
	Konrad Frey	GER	111,532
1948	Veikko Huhtanen	FIN	229,70
	Walter Lehmann	SUI	229,00
	Paavo Aaltonen	FIN	228,80
1952	Wiktor Tschukarin	URS	115,70
	Grant Schaginjan	URS	114,95
	Josef Stalder	SUI	114,75
1956	Wiktor Tschukarin	URS	114,25
	Takashi Ono	JPN	114,20
	Juri Titow	URS	113,80
1960	Boris Schacklin	URS	115,95
	Takashi Ono	JPN	115,90
	Juri Titow	URS	115,60
1964	Yukio Endo	JPN	115,95
	Shuji Tsurumi	JPN	115,40
	Boris Schacklin	URS	115,40
	Wiktor Lissizki	URS	115,40
1968	Sawao Kato	JPN	115,90
	Michail Woronin	URS	115,85
	Akinori Nakayama	JPN	115,65
1972	Sawao Kato	JPN	114,650
	Eizo Kenmotsu	JPN	114,575
	Akinori Nakayama	JPN	114,325
1976	Nikolai Andrianow	URS	116,650
	Sawao Kato	JPN	115,650
	Mitsuo Tsukahara	JPN	115,575
1980	Alexander Ditjatin	URS	118,650
	Nikolai Andrianow	URS	118,225
	Stojan Deltschew	BUL	118,000
1984	Koji Gushiken	JPN	118,700
	Peter Vidmar	USA	118,675
	Li Ning	CHN	118,575
1988	Wladimir Artjomow	URS	119,125
	Waleri Ljukin	URS	119,025
	Dimitri Bilosertschew	URS	118,975
1992	Witali Scherbo	EUN	59,025
	Grigori Misjutin	EUN	58,925
	Waleri Belenki	EUN	58,625
1996	Li Xiaoshuang	CHN	58,423
	Alexej Nemow	RUS	58,374
	Witali Scherbo	BLR	58,197
2000	Alexej Nemow	RUS	58,474
	Yang Wei	CHN	58,361
	Alexander Beresch	UKR	58,212
2004	Paul Hamm	USA	57,823
	Kim Dae Eun	KOR	57,811
	Yang Tae Young	KOR	57,774
2008	Yang Wei	CHN	94,575
	Kohei Uchimura	JPN	91,975
	Benoit Caranobe	CAN	91,925

Mannschaft

1908	Schweden	438
	Norwegen	425
	Finnland	405
1912	Italien	265,75
	Ungarn	227,25
	Großbritannien	184,50
1920	Italien	359,855
	Belgien	346,785
	Frankreich	340,100
1924	Italien	839,058
	Frankreich	820,528
	Schweiz	816,661
1928	Schweiz	1718,625
	Tschechoslowakei	1712,250
	Jugoslawien	1648,750
1932	Italien	541,850
	USA	522,275
	Finnland	509,775
1936	Deutschland	657,430
	Schweiz	654,802
	Finnland	638,468
1948	Finnland	1358,30
	Schweiz	1356,70
	Ungarn	1330,85
1952	UdSSR	574,40
	Schweiz	567,50
	Finnland	564,20
1956	UdSSR	568,25
	Japan	566,40
	Finnland	555,95
1960	Japan	575,20
	UdSSR	572,70
	Italien	559,05
1964	Japan	577,95
	UdSSR	575,45
	Deutschland	565,10
1968	Japan	575,90
	UdSSR	571,10
	DDR	557,15
1972	Japan	571,25
	UdSSR	564,05
	DDR	559,70
1976	Japan	576,85
	UdSSR	576,45
	DDR	564,65
1980	UdSSR	589,60
	DDR	581,15
	Ungarn	575,00
1984	USA	591,40
	China	590,80
	Japan	586,70
1988	UdSSR	593,350
	DDR	588,450
	Japan	585,600
1992	EUN	585,450
	China	580,375
	Japan	578,250
1996	Russland	576,778
	China	575,539
	Ukraine	571,541
2000	China	231,919
	Ukraine	230,306
	Russland	230,019
2004	Japan	173,821
	USA	172,933
	Rumänien	172,384
2008	China	286,125
	Japan	278,875
	USA	275,850

Boden

1932	Istvan Pelle	HUN	9,60
	Georges Miez	SUI	9,47
	Mario Lertora	ITA	9,23
1936	Georges Miez	SUI	18,666
	Josef Walter	SUI	18,500
	Konrad Frey	GER	18,466
	Eugen Mack	SUI	18,466
1948	Ferenc Pataki	HUN	38,70
	Janos Mogyorosi-Klencs	HUN	38,40
	Zdenek Ruzicka	TCH	38,10
1952	William Thoresson	SWE	19,25
	Tadao Uesako	JPN	19,15
	Jerzy Jokiel	POL	19,15
1956	Walentin Muratow	URS	19,20
	Nobuyuki Aihara	JPN	19,10
	William Thoresson	SWE	19,10
	Wiktor Tschukarin	URS	19,10
1960	Nobuyuki Aihara	JPN	19,450
	Juri Titow	URS	19,325
	Franco Menichelli	ITA	19,275
1964	Franco Menichelli	ITA	19,450
	Wiktor Lissizki	URS	19,350
	Yukio Endo	JPN	19,350
1968	Sawao Kato	JPN	19,475
	Akinori Nakayama	JPN	19,400
	Takashi Kato	JPN	19,275
1972	Nikolai Andrianow	URS	19,175
	Akinori Nakayama	JPN	19,125
	Shigeru Kasamatsu	JPN	19,025
1976	Nikolai Andrianow	URS	19,450
	Wladimir Martschenko	URS	19,425
	Peter Kormann	USA	19,300
1980	Roland Brückner	GDR	19,750
	Nikolai Andrianow	URS	19,725
	Alexander Ditjatin	URS	19,700
1984	Li Ning	CHN	19,925
	Lou Yun	CHN	19,775
	Koji Sotomura	JPN	19,700
	Philippe Vatuone	FRA	19,700
1988	Sergej Scharkow	URS	19,925
	Wladimir Artjomow	URS	19,900
	Lou Yun	CHN	19,850
	Yukio Iketani	JPN	19,850
1992	Li Xiaoshuang	CHN	9,925
	Yukio Iketani	JPN	9,787
	Grigori Misjutin	EUN	9,787
1996	Ioannis Melissanidis	GRE	9,850
	Li Xiaoshuang	CHN	9,837
	Alexej Nemow	RUS	9,800
2000	Igor Vihrovs	LAT	9,812
	Alexej Nemow	RUS	9,800
	Jordan Jowtchew	BUL	9,787
2004	Kyle Shewfelt	CAN	9,787
	Marian Dragulescu	ROU	9,787
	Jordan Jowtchew	BUL	9,775
2008	Zou Kai	CHN	16,050
	Gervasio Deferr	ESP	15,775
	Anton Golozuzkow	RUS	15,725

Seitpferd

1896	Louis Zutter	SUI	
	Hermann Weingärtner	GER	
	Gyula Kakas	HUN	
1924	Josef Wilhelm	SUI	21,23
	Jean Gutweniger	SUI	21,13
	Antoine Rebetez	SUI	20,73
1928	Hermann Hänggi	SUI	19,75
	Georges Miez	SUI	19,25
	Heikki Savolainen	FIN	18,83
1932	Istvan Pelle	HUN	19,07
	Omero Bonoli	ITA	18,87
	Frank Haubold	USA	18,57
1936	Konrad Frey	GER	19,333
	Eugen Mack	SUI	19,167
	Albert Bachmann	SUI	19,067
1948	Paavo Aaltonen	FIN	38,70
	Veikko Huhtanen	FIN	38,70
	Heikki Savolainen	FIN	38,70
	Luigi Zanetti	ITA	38,30
	Guido Figone	ITA	38,20
1952	Wiktor Tschukarin	URS	19,50
	Jewgeni Korolkow	URS	19,40
	Grant Schaginjan	URS	19,40
1956	Boris Schacklin	URS	19,25
	Takashi Ono	JPN	19,20
	Wiktor Tschukarin	URS	19,10
1960	Boris Schacklin	URS	19,375
	Eugen Ekman	FIN	19,375
	Shuji Tsurumi	JPN	19,150
1964	Miroslav Cerar	YUG	19,525
	Shuji Tsurumi	JPN	19,325
	Juri Zapenko	URS	19,200
1968	Miroslav Cerar	YUG	19,325
	Olli Eino Laiho	FIN	19,225
	Michail Woronin	URS	19,200
1972	Wiktor Klimenko	URS	19,125
	Sawao Kato	JPN	19,000
	Eizo Kenmotsu	JPN	18,950
1976	Zoltan Magyar	HUN	19,700
	Eizo Kenmotsu	JPN	19,575
	Nikolai Andrianow	URS	19,525
	Michael Nikolay	GDR	19,525
1980	Zoltan Magyar	HUN	19,925
	Alexander Ditjatin	URS	19,800
	Michael Nikolay	GDR	19,775
1984	Li Ning	CHN	19,950
	Peter Vidmar	USA	19,950
	Timothy Dagett	USA	19,825
1988	Dimitri Bilosertschew	URS	19,950
	Zsolt Borkai	HUN	19,950
	Lubomir Geraskow	BUL	19,950
1992	Pae Gil-Su	PRK	9,925
	Witali Scherbo	EUN	9,925
	Andreas Wecker	GER	9,887
1996	Donghua Li	SUI	9,875
	Marius Urzica	ROU	9,825
	Alexej Nemow	RUS	9,787
2000	Marius Urzica	ROU	9,862
	Eric Poujade	FRA	9,825
	Alexej Nemow	RUS	9,800
2004	Teng Haibin	CHN	9,837
	Marius Daniel Urzica	ROU	9,825
	Takehiro Kashima	JPN	9,787
2008	Xiao Qin	CHN	15,875
	Filip Ude	CRO	15,725
	Louis Smith	GBR	15,725

Ringe

1896	Ioannis Mitropoulos	GRE	
	Hermann Weingärtner	GER	
	Petros Persakis	GRE	
1924	Francesco Martino	ITA	21,553
	Robert Prazak	TCH	21,483
	Ladislav Vacha	TCH	21,430
1928	Leon Stukelj	YUG	19,25
	Ladislav Vacha	TCH	19,17
	Emanuel Löffler	TCH	18,83
1932	George Gulack	USA	18,97
	William Denton	USA	18,60
	Giovanni Lattuada	ITA	18,50
1936	Alois Hudec	TCH	19,433
	Leon Stukelj	YUG	18,867
	Matthias Volz	GER	18,667
1948	Karl Frei	SUI	39,60
	Michael Reusch	SUI	39,10
	Zdenek Ruzicka	TCH	38,50
1952	Grant Schaginjan	URS	19,75
	Wiktor Tschukarin	URS	19,55
	Hans Eugster	SUI	19,40
	Dimitri Leonkin	URS	19,40
1956	Albert Asarjan	URS	19,35
	Walentin Muratow	URS	19,15
	Masao Takemoto	JPN	19,10
	Masami Kubota	JPN	19,10
1960	Albert Asarjan	URS	19,725
	Boris Schacklin	URS	19,500
	Takashi Ono	JPN	19,425
	Welik Kspsazow	BUL	19,425
1964	Takuji Hayata	JPN	19,475
	Franco Menichelli	ITA	19,425
	Boris Schacklin	URS	19,400
1968	Akinori Nakayama	JPN	19,450
	Michail Woronin	URS	19,325
	Sawao Kato	JPN	19,225
1972	Akinori Nakayama	JPN	19,350
	Michail Woronin	URS	19,275
	Mitsuo Tsukahara	JPN	19,225
1976	Nikolai Andrianow	URS	19,650
	Alexander Ditjatin	URS	19,550
	Danut Grecu	ROU	19,500
1980	Alexander Ditjatin	URS	19,875
	Alexander Tkatschew	URS	19,725
	Jiri Tabak	TCH	19,600
1984	Koji Gushiken	JPN	19,850
	Li Ning	CHN	19,850
	Mitchell Gaylord	USA	19,825
1988	Holger Behrend	GDR	19,925
	Dimitri Bilosertschew	URS	19,925
	Sven Tippelt	GDR	19,875
1992	Witali Scherbo	EUN	9,937
	Li Jing	CHN	9,875
	Li Xiaoshuang	CHN	9,862
	Andreas Wecker	GER	9,862

1996	Juri Chechi	ITA	9,887
	Dan Burinca	ROU	9,812
	Szilveszter Csollany	HUN	9,812
2000	Szilveszter Csollany	HUN	9,850
	Dimosthenis Tampakos	GRE	9,762
	Jordan Jowtchew	BUL	9,737
2004	Dimosthenis Tampakos	GRE	9,862
	Jordan Jowtchew	BUL	9,850
	Yuri Chechi	ITA	9,812
2008	Chen Yibing	CHN	16,600
	Yang Wei	CHN	16,425
	Alexander Worobjow	UKR	16,325

Pferdsprung

1896	Carl Schumann	GER	
	Louis Zutter	SUI	
	Bronze nicht vergeben		
1924	Frank Kriz	USA	9,98
	Jan Koutny	TCH	9,97
	Bohumil Morkovsky	TCH	9,93
1928	Eugen Mack	SUI	9,58
	Emanuel Löffler	TCH	9,50
	Stane Derganc	YUG	9,46
1932	Savino Guglielmetti	ITA	18,03
	Alfred Jochim	USA	17,77
	Edward Carmichael	USA	17,53
1936	Alfred Schwarzmann	GER	19,200
	Eugen Mack	SUI	18,967
	Matthias Volz	GER	18,467
1948	Paavo Aaltonen	FIN	39,10
	Olavi Armas Rove	FIN	39,00
	Janos Mogyorosi-Klencs	HUN	38,50
	Ferenc Pataki	HUN	38,50
	Leo Sotornik	TCH	38,50
1952	Wiktor Tschukarin	URS	19,20
	Masao Takemoto	JPN	19,15
	Tadao Uesako	JPN	19,10
	Takashi Ono	JPN	19,10
1956	Helmut Bantz	GER	18,85
	Walentin Muratow	URS	18,85
	Juri Titow	URS	18,75
1960	Boris Schacklin	URS	19,350
	Takashi Ono	JPN	19,350
	Wladimir Portnoi	URS	19,225
1964	Haruhiro Yamashita	JPN	19,600
	Wiktor Lissizki	URS	19,325
	Hannu Rantakari	FIN	19,300
1968	Michail Woronin	URS	19,000
	Yukio Endo	FIN	18,950
	Sergej Diomidow	URS	18,925
1972	Klaus Köste	GDR	18,850
	Wiktor Klimenko	URS	18,825
	Nikolai Andrianow	URS	18,800
1976	Nikolai Andrianow	URS	19,450
	Mitsuo Tsukahara	JPN	19,375
	Hiroshi Kajiyama	JPN	19,275
1980	Nikolai Andrianow	URS	19,825
	Alexander Ditjatin	URS	19,800
	Roland Brückner	GDR	19,775
1984	Lou Yun	CHN	19,950
	Li Ning	CHN	19,825
	Koji Gushiken	JPN	19,825
	Mitchell Gaylord	USA	19,825
	Shinji Morisue	JPN	19,825
1988	Lou Yun	CHN	19,875
	Silvio Kroll	GDR	19,862
	Park Yong-Hoon	KOR	19,775
1992	Witali Scherbo	EUN	9,856
	Grigori Misjutin	EUN	9,781
	You Ok Youl	KOR	9,762
1996	Alexej Nemow	RUS	9,787
	Yeo Hong-Chul	KOR	9,756
	Witali Scherbo	BLR	9,724
2000	Gervasio Deferr	ESP	9,712
	Alexej Bondarenko	RUS	9,587
	Leszek Blanik	POL	9,475
2004	Gervasio Deferr	ESP	9,737
	Ewgeni Sapronenko	LAT	9,706
	Marian Dragulescu	ROU	9,612
2008	Leszek Blanik	POL	16,537
	Thomas Bouhail	FRA	16,537
	Anton Golozuzkow	RUS	16,475

Barren

1896	Alfred Flatow	GER	
	Louis Zutter	SUI	
	Hermann Weingärtner	GER	
1924	August Güttinger	SUI	21,63
	Robert Prazak	TCH	21,61
	Giorgio Zampori	ITA	21,45
1928	Ladislav Vacha	TCH	18,83
	Josip Primozic	YUG	18,50
	Hermann Hänggi	SUI	18,08
1932	Romero Neri	ITA	18,97
	Istvan Pelle	HUN	18,60
	Heikki Savolainen	FIN	18,27
1936	Konrad Frey	GER	19,067
	Michael Reusch	SUI	19,034
	Alfred Schwarzmann	GER	18,967
1948	Michael Reusch	SUI	39,50
	Veikko Huhtanen	FIN	39,30
	Christian Kipfer	SUI	39,10
	Josef Stalder	SUI	39,10
1952	Hans Eugster	SUI	19,65
	Wiktor Tschukarin	URS	19,60
	Josef Stalder	SUI	19,50
1956	Wiktor Tschukarin	URS	19,20
	Masami Kubota	JPN	19,15
	Takashi Ono	JPN	19,10
	Masao Takemoto	JPN	19,10
1960	Boris Schacklin	URS	19,400
	Giovanni Carminucci	ITA	19,375
	Takashi Ono	JPN	19,350
1964	Yukio Endo	JPN	19,600
	Shuji Tsurumi	JPN	19,450
	Franco Menichelli	ITA	19,350
1968	Akinori Nakayama	JPN	19,475
	Michail Woronin	URS	19,425
	Wiktor Klimenko	URS	19,225
1972	Sawao Kato	JPN	19,475
	Shigeru Kasamatsu	JPN	19,375
	Eizo Kenmotsu	JPN	19,250
1976	Sawao Kato	JPN	19,675
	Nikolai Andrianow	URS	19,500
	Mitsuo Tsukahara	JPN	19,475
1980	Alexander Tkatschew	URS	19,775
	Alexander Ditjatin	URS	19,750
	Roland Brückner	GDR	19,650
1984	Bart Conner	USA	19,950
	Nobuyuki Kajtani	JPN	19,925
	Mitchell Gaylord	USA	19,850
1988	Wladimir Artjomow	URS	19,925
	Waleri Ljukin	URS	19,900
	Sven Tippelt	GDR	19,750
1992	Witali Scherbo	EUN	9,900
	Li Jing	CHN	9,812
	Guo Linyao	CHN	9,800
	Masayuki Matsunaga	JPN	9,800
	Igor Korobtschinski	EUN	9,800
1996	Rustam Scharipow	UKR	9,825
	Jair Lynch	USA	9,825
	Witali Scherbo	BLR	9,800
2000	Li Xiaopeng	CHN	9,825
	Lee Joo-Hyung	KOR	9,812
	Alexej Nemow	RUS	9,800
2004	Waleri Gontcharow	UKR	9,787
	Hiroyuki Tomita	JPN	9,775
	Li Xiaopeng	CHN	9,762
2008	Li Xiaopeng	CHN	16,450
	Yoo Wonchul	KOR	16,250
	Anton Fokin	UZB	16,200

Reck

1896	Hermann Weingärtner	GER	
	Alfred Flatow	GER	
	Pet Messas	GRE	
1924	Leon Stukelj	YUG	19,730
	Jean Gutweniger	SUI	19,236
	Andre Higelin	FRA	19,163
1928	Georges Miez	SUI	19,17
	Romero Neri	ITA	19,00
	Eugen Mack	SUI	18,92
1932	Dallas Bixler	USA	18,33
	Heikki Savolainen	FIN	18,07
	Einari Teräsvirta	FIN	18,07
1936	Ale Saarvala	FIN	19,367
	Konrad Frey	GER	19,267
	Alfred Schwarzmann	GER	19,233
1948	Josef Stalder	SUI	39,70
	Walter Lehmann	SUI	39,40
	Veikko Huhtanen	GER	39,20
1952	Jack Günthard	SUI	19,55
	Josef Stalder	SUI	19,50
	Alfred Schwarzmann	GER	19,50
1956	Takashi Ono	JPN	19,60
	Juri Titow	URS	19,40
	Masao Takemoto	JPN	19,30
1960	Takashi Ono	JPN	19,600
	Masao Takemoto	JPN	19,525
	Boris Schacklin	URS	19,475
1964	Boris Schacklin	URS	19,625
	Juri Titow	URS	19,550
	Miroslav Cerar	YUG	19,500
1968	Michail Woronin	URS	19,550
	Akinori Nakayama	JPN	19,550
	Eizo Kenmotsu	JPN	19,375
1972	Mitsuo Tsukahara	JPN	19,725
	Sawao Kato	JPN	19,525
	Shigeru Kasamatsu	JPN	19,450
1976	Mitsuo Tsukahara	JPN	19,675
	Eizo Kenmotsu	JPN	19,500
	Eberhard Gienger	FRG	19,475
	Henri Boerio	FRA	19,475
1980	Stojan Deltschew	BUL	19,825
	Alexander Ditjatin	URS	19,750
	Nikolai Andrianow	URS	19,675
1984	Shinji Morisue	JPN	20,000
	Fei Tong	CHN	19,975
	Koji Gushiken	JPN	19,950
1988	Wladimir Artjomow	URS	19,900
	Waleri Ljukin	URS	19,900
	Holger Behrendt	GDR	19,800
	Marius Gherman	ROU	19,800
1992	Trent Dimas	USA	9,875
	Andreas Wecker	GER	9,837
	Grigori Misjutin	EUN	9,837
1996	Andreas Wecker	GER	9,850
	Krasimir Dunew	BUL	9,825
	Alexej Nemow	RUS	9,800
	Witali Scherbo	BLR	9,800
	Fan Bin	CHN	9,800
2000	Alexej Nemow	RUS	9,787
	Benjamin Varonian	FRA	9,787
	Lee Joo-Hyung	KOR	9,775
2004	Igor Cassina	ITA	9,812
	Paul Hamm	USA	9,812
	Isao Yoneda	JPN	9,787
2008	Zou Kai	CHN	16,200
	Jonathan Horton	USA	16,175
	Fabian Hambüchen	GER	15,875

Frauen

Einzel-Mehrkampf

bei Punktgleichheit gleiche Platzierung

1952	Maria Gorochowskaja	URS	76,78
	Nina Botscharowa	URS	75,94
	Margit Korondi	HUN	75,82
1956	Larissa Latynina	URS	74,933
	Agnes Keleti	HUN	74,633
	Sofia Mutarowa	URS	74,466
1960	Larissa Latynina	URS	77,031
	Sofia Mutarowa	URS	76,696
	Polina Astachowa	URS	76,164
1964	Vera Caslavska	TCH	77,564
	Larissa Latynina	URS	76,998
	Polina Astachowa	URS	76,965
1968	Vera Caslavska	TCH	78,25
	Sinaida Woronina	URS	76,85
	Natalja Kutschinskaja	URS	76,75
1972	Ljudmila Turischtschewa	URS	77,025
	Karin Janz	GDR	76,875
	Tamara Lasakowitsch	URS	76,850
1976	Nadia Comaneci	ROU	79,275
	Nelli Kim	URS	78,675
	Ljudmila Turischtschewa	URS	78,625
1980	Jelena Dawydowa	URS	79,150
	Maxi Gnauck	GDR	79,075
	Nadia Comaneci	ROU	79,075
1984	Mary Lou Retton	USA	79,175
	Ecaterina Szabo	ROU	79,125
	Simona Pauca	ROU	78,675
1988	Jelena Schuschunowa	URS	79,662
	Daniela Silivas	ROU	79,637
	Swetlana Boginskaja	URS	79,400
1992	Tatjana Gutsu	EUN	39,737
	Shannon Miller	USA	39,725
	Lavinia Milosovici	ROU	39,687
1996	Lilia Podkopajewa	UKR	39,255
	Gina Gogean	ROU	39,075
	Simona Amanar	ROU	39,067
2000	Simona Amanar	ROU	38,642
	Maria Olaru	ROU	38,581
	Liu Xuan	CHN	38,418
2004	Carly Patterson	USA	38,387
	Swetlana Chorkina	RUS	38,211
	Zhang Nan	CHN	38,049
2008	Nastia Liukin	USA	63,325
	Shawn Johnson	USA	62,725
	Yang Yilin	CHN	62,650

Mannschaft

1928	Niederlande	316,75
	Italien	289,00
	Großbritannien	258,25
1936	Deutschland	506,50
	Tschechoslowakei	503,60
	Ungarn	499,00
1948	Tschechoslowakei	445,45
	Ungarn	440,55
	USA	422,63
1952	UdSSR	527,03
	Ungarn	520,96
	Tschechoslowakei	503,32
1956	UdSSR	444,80
	Ungarn	443,50
	Rumänien	438,20
1960	UdSSR	382,320
	Tschechoslowakei	373,323
	Rumänien	372,053
1964	UdSSR	380,890
	Tschechoslowakei	379,989
	Japan	377,889
1968	UdSSR	382,85
	Tschechoslowakei	382,20
	DDR	379,10
1972	UdSSR	380,50
	DDR	376,55
	Ungarn	368,25
1976	UdSSR	390,35
	Rumänien	387,15
	DDR	385,10
1980	UdSSR	394,90
	Rumänien	393,50
	DDR	392,55
1984	Rumänien	392,20
	USA	391,20
	China	388,60
1988	UdSSR	395,475
	Rumänien	394,125
	DDR	390,875
1992	EUN	395,666
	Rumänien	395,079
	USA	394,704
1996	USA	389,225
	Russland	388,404
	Rumänien	388,246
2000	Rumänien	154,608
	Russland	154,403
	China	154,008
2004	Rumänien	114,283
	USA	113,584
	Russland	113,235
2008	China	188,900
	USA	186,525
	Rumänien	181,525

Pferdsprung

1952	Jekaterina Kalintschuk	URS	19,20
	Maria Gorochowskaja	URS	19,19
	Galina Minaitschewa	URS	19,16
1956	Larissa Latynina	URS	18,833
	Tamara Manina	URS	18,799
	Ann Colling-Pettersson	SWE	18,733
1960	Margerita Nikolajewa	URS	19,316
	Sofia Muratowa	URS	19,049
	Larissa Latynina	URS	19,016
1964	Vera Caslavska	URS	19,483
	Larissa Latynina	URS	19,283
	Birgit Radochla	GER	19,283
1968	Vera Caslavska	URS	19,775
	Erika Zuchold	GDR	19,625
	Sinaida Woronina	URS	19,550
1972	Karin Janz	GDR	19,525
	Erika Zuchold	GDR	19,275
	Ljudmila Turischtschewa	URS	19,250
1976	Nelli Kim	URS	19,800
	Ljudmila Turischtschewa	URS	19,650
	Carola Dombeck	GDR	19,650
1980	Natalja Schaposchnikowa	URS	19,725
	Steffi Kräker	GDR	19,675
	Melita Rühn	ROU	19,650
1984	Ecaterina Szabo	ROU	19,875
	Mary Lou Retton	USA	19,850
	Lavinia Agache	ROU	19,750
1988	Swetlana Boginskaja	URS	19,905
	Gabriela Potorac	ROU	19,830
	Daniela Silivas	ROU	19,818
1992	Henrietta Onodi	HUN	9,925
	Lavinia Milosovici	ROU	9,925
	Tatjana Lissenko	EUN	9,912
1996	Simona Amanar	ROU	9,825
	Mo Huilan	CHN	9,768
	Gina Gogean	ROU	9,750
2000	Elena Samolodschikowa	RUS	9,731
	Andreea Raducan	ROU	9,693
	Ekaterina Lobazniuk	RUS	9,674
2004	Monica Rosu	ROU	9,656
	Annia Hatch	USA	9,481
	Anna Pawlowa	RUS	9,475
2008	Hong Un Jong	PRK	15,650
	Oksana Chusovitina	GER	15,575
	Cheng Fei	CHN	15,562

Stufenbarren

1952	Margit Korondi	HUN	19,40
	Maria Gorochowskaja	URS	19,26
	Agnes Keleti	HUN	19,16
1956	Agnes Keleti	HUN	18,966
	Larissa Latynina	URS	18,833
	Sofia Muratowa	URS	18,800
1960	Polina Astachowa	URS	19,616
	Larissa Latynina	URS	19,416
	Tamara Ljuchina	URS	19,399
1964	Polina Astachowa	URS	19,332
	Katalin Makray	HUN	19,216
	Larissa Latynina	URS	19,199
1968	Vera Caslavska	TCH	19,650
	Karin Janz	GDR	19,500
	Sinaida Woronina	URS	19,425
1972	Karin Janz	GDR	19,675
	Olga Korbut	URS	19,450
	Erika Zuchold	GDR	19,450
1976	Nadia Comaneci	ROU	20,000
	Teodora Ungureanu	ROU	19,800
	Marta Egervary	HUN	19,775
1980	Maxi Gnauck	GDR	19,875
	Emilia Eberle	ROU	19,850
	Steffi Kräker	GDR	19,775
	Melita Rühn	ROU	19,775
	Maria Filatowa	URS	19,775
1984	Ma Yanhong	CHN	19,950
	Julianne McNamara	USA	19,950
	Mary Lou Retton	USA	19,800
1988	Daniela Silivas	ROU	20,000
	Dagmar Kersten	GDR	19,987
	Jelena Schuschunowa	URS	19,962
1992	Lu Li	CHN	10,000
	Tatjana Gutsu	EUN	9,975
	Shannon Miller	USA	9,962
1996	Swetlana Chorkina	RUS	9,850
	Bi Wenjing	CHN	9,837
	Amy Chow	USA	9,837
2000	Swetlana Chorkina	RUS	9,862
	Ling Jie	CHN	9,837
	Yang Yun	CHN	9,787
2004	Emilie Lepennec	FRA	9,687
	Terin Humphrey	USA	9,662
	Courtney Kupets	USA	9,637
2008	He Kexin	CHN	16,725
	Nastia Liukin	USA	16,725
	Yang Yilin	CHN	16,650

Schwebebalken

1952	Nina Botscharowa	URS	19,22
	Maria Gorochowskaja	URS	19,13
	Margit Korondi	HUN	19,02
1956	Agnes Keleti	HUN	18,800
	Tamara Manina	URS	18,633
	Eva Bosakova	TCH	18,633
1960	Eva Bosakova	TCH	19,283
	Larissa Latynina	URS	19,233
	Sofia Muratowa	URS	19,232
1964	Vera Caslavska	TCH	19,449
	Tamara Manina	URS	19,399
	Larissa Latynina	URS	19,382
1968	Natalja Kutschinskaja	URS	19,650
	Vera Caslavska	TCH	19,575
	Larissa Petrik	URS	19,250
1972	Olga Korbut	URS	19,400
	Tamara Lasakowitsch	URS	19,375
	Karin Janz	GDR	18,975
1976	Nadia Comaneci	ROU	19,950
	Olga Korbut	URS	19,725
	Teodora Ungureanu	ROU	19,700
1980	Nadia Comaneci	ROU	19,800
	Jelena Dawydowa	URS	19,750
	Natalja Schaposchnikowa	URS	19,725
1984	Simona Pauca	ROU	19,800
	Ecaterina Szabo	ROU	19,800
	Kathy Johnson	USA	19,650
1988	Daniela Silivas	ROU	19,924
	Jelena Schuschunowa	ROU	19,875
	Gabriela Potorac	ROU	19,837
	Phoebe Mills	USA	19,837
1992	Tatjana Lissenko	EUN	9,975
	Lu Li	CHN	9,912
	Shannon Miller	USA	9,912
1996	Shannon Miller	USA	9,862
	Lilia Podkopajewa	UKR	9,825
	Gina Gogean	ROU	9,787
2000	Liu Xuan	CHN	9,825
	Ekaterina Lobazniuk	RUS	9,787
	Elena Produnowa	RUS	9,775
2004	Catalina Ponor	ROU	9,787
	Carly Patterson	USA	9,775
	Alexandra Georgiana Eremia	ROU	9,700
2008	Shawn Johnson	USA	16,225
	Nastia Liukin	USA	16,025
	Cheng Fei	CHN	15,950

Boden

1952	Agnes Keleti	HUN	19,36
	Maria Gorochowskaja	URS	19,20
	Margit Korondi	HUN	19,00
1956	Agnes Keleti	HUN	18,733
	Larissa Latynina	URS	18,733
	Elena Leustean	ROU	18,700
1960	Larissa Latynina	URS	19,583
	Polina Astachowa	URS	19,532
	Tamara Ljuchina	URS	19,499
1964	Larissa Latynina	URS	19,599
	Polina Astachowa	URS	19,500
	Aniko Janosi-Ducza	HUN	19,300
1968	Larissa Petrik	URS	19,675
	Vera Caslavska	TCH	19,675
	Natalja Kutschinskaja	URS	19,650
1972	Olga Korbut	URS	19,575
	Ljudmila Turischtschewa	URS	19,550
	Tamara Lasakowitsch	URS	19,450
1976	Nelli Kim	URS	19,850
	Ljudmila Turischtschewa	URS	19,825
	Nadia Comaneci	ROU	19,750
1980	Nelli Kim	URS	19,875
	Nadia Comaneci	ROU	19,875
	Natalja Schaposchnikowa	URS	19,825
	Maxi Gnauck	GDR	19,825
1984	Ecaterina Szabo	ROU	19,975
	Julianne McNamara	USA	19,950
	Mary Lou Retton	USA	19,775
1988	Daniela Silivas	ROU	19,937
	Swetlana Boginskaja	URS	19,887
	Diana Dudewa	BUL	19,850
1992	Lavinia Milosovici	ROU	10,000
	Henrietta Onodi	HUN	9,950
	Tatjana Gutsu	EUN	9,912
	Cristina Bontas	ROU	9,912
	Shannon Miller	USA	9,912
1996	Lilia Podkopajewa	UKR	9,887
	Simona Amanar	ROU	9,850
	Dominique Dawes	USA	9,837

Statistik

200C	Elena Samolodschikowa	RUS	9,850
	Swetlana Chorkina	RUS	9,812
	Simona Amanar	ROU	9,712
2004	Catalina Ponor	ROU	9,750
	Nicoleta Daniela Sofronie	ROU	9,562
	Patricia Moreno	ESP	9,487
2008	Sandra Izbasa	ROU	15,650
	Shawn Johnson	USA	15,500
	Nastia Liukin	USA	15,425

Rhythmische Sportgymnastik

Einzel

1984	Lori Fung	CAN	57,950
	Doina Staiculescu	ROU	57,900
	Regina Weber	FRG	57,700
1988	Marina Lobatsch	URS	60,000
	Adriana Dunawska	BUL	59,950
	Alexandra Timoschenko	URS	59,875
1992	Alexandra Timoschenko	EUN	59,037
	Carolina Pascual	ESP	58,100
	Oksana Skaldina	EUN	57,912
1996	Ekaterina Serebrianskaja	UKR	39,683
	Janina Batirschina	RUS	39,382
	Elena Witrischenko	UKR	39,331
2000	Julia Barsukowa	RUS	39,632
	Julia Raskina	BLR	39,548
	Alina Kabajewa	RUS	39,466
2004	Alina Kabajewa	RUS	108,400
	Irina Tschatschina	RUS	107,325
	Anna Bessonowa	UKR	106,700
2008	Jewgenia Kanajewa	RUS	75,500
	Inna Schukowa	BLR	71,925
	Anna Bessonowa	UKR	71,875

Gruppe

1996	Spanien	38,933
	Bulgarien	38,866
	Russland	38,365
2000	Russland	39,500
	Weißrussland	39,500
	Griechenland	39,283
2004	Russland	51,100
	Italien	49,450
	Bulgarien	48,600
2008	Russland	35,550
	China	35,225
	Weißrussland	34,900

Trampolin

Männer

2000	Alexander Moskalenko	RUS	41,7
	Ji Wallace	AUS	39,3
	Mathieu Turgeon	CAN	39,1
2004	Juri Nikitin	UKR	41,5
	Alexander Moskalenko	RUS	41,2
	Henrik Stehlik	GER	40,8
2008	Lu Chunlong	CHN	41,00
	Jason Burnett	CAN	40,70
	Dong Dong	CHN	40,60

Frauen

2000	Irina Karawajewa	RUS	38,9
	Oksana Zihulewa	UKR	37,7
	Karen Cockburn	CAN	37,4
2004	Anna Dogonadse	GER	39,6
	Karen Cockburn	CAN	39,2
	Shanshan Huang	CHN	39,0
2008	He Wenna	CHN	37,8
	Karen Cockburn	CAN	37,0
	Jekaterina Chilko	UZB	36,9

WASSERSPORT

Kanu, Männer

Einer-Kajak 500 m

1976	Vasile Diba	ROU	1:46,41
	Zoltan Sztanity	HUN	1:46,95
	Rüdiger Helm	GDR	1:48,30
1980	Wladimir Parfenowitsch	URS	1:43,43
	John Sumegi	AUS	1:44,12
	Vasile Diba	ROU	1:44,90
1984	Ian Ferguson	NZL	1:47,84
	Lars-Erik Moberg	SWE	1:48,18
	Bernard Bregeon	FRA	1:48,41
1988	Zsolt Gyulay	HUN	1:44,73
	Andreas Stähle	GDR	1:46,18
	Paul MacDonald	NZL	1:46,47
1992	Mikko Kolehmainen	FIN	1:40,34
	Zsolt Gyulay	HUN	1:40,64
	Knut Holmann	NOR	1:40,71
1996	Antonio Rossi	ITA	1:37,423
	Knut Holmann	NOR	1:38,339
	Piotr Markiewicz	POL	1:38,615
2000	Knut Holmann	NOR	1:57,84
	Petar Merkow	BUL	1:58,39
	Michael Kolganov	ISR	1:59,56
2004	Adam van Koeverden	CAN	1:37,919
	Nathan Baggaley	AUS	1:38,467
	Ian Wynne	GBR	1:38,547
2008	Ken Wallace	AUS	1:37,252
	Adam van Koeverden	CAN	1:37,630
	Tim Brabants	GBR	1:37,671

Einer-Kajak 1000 m

1936	Gregor Hradetzky	AUT	4:22,9
	Helmut Cämmerer	GER	4:25,6
	Jakubus Kraaier	NED	4:35,1
1948	Gert Fredriksson	SWE	4:33,2
	Johan Kobberup	DEN	4:39,9
	Henri Eberhardt	FRA	4:41,4
1952	Gert Fredriksson	SWE	4:07,9
	Thorvald Strömberg	FIN	4:09,7
	Louis Gantois	FRA	4:20,1
1956	Gert Fredriksson	SWE	4:12,8
	Igor Pissarjew	URS	4:15,3
	Lajos Kiss	HUN	4:16,2
1960	Erik Hansen	DEN	3:53,00
	Imre Szöllösi	HUN	3:54,02
	Gert Fredriksson	SWE	3:55,89
1964	Rolf Peterson	SWE	3:57,13
	Mihaly Hesz	HUN	3:57,28
	Aurel Vernescu	ROU	4:00,77
1968	Mihaly Hesz	HUN	4:02,63
	Alexander Schaparenko	URS	4:03,58
	Erik Hansen	DEN	4:04,39
1972	Alexander Schaparenko	URS	3:48,06
	Rolf Peterson	SWE	3:48,35
	Geza Csapo	HUN	3:49,38
1976	Rüdiger Helm	GDR	3:48,20
	Geza Csapo	HUN	3:48,84
	Vasile Diba	ROU	3:49,65
1980	Rüdiger Helm	GDR	3:48,77
	Alain Lebas	FRA	3:50,20
	Ion Birladeanu	ROU	3:50,49
1984	Alan Thompson	NZL	3:45,73
	Milan Janic	YUG	3:46,88
	Greg Barton	USA	3:47,38
1988	Greg Barton	USA	3:55,27
	Grant Davies	AUS	3:55,28
	Andre Wohllebe	GDR	3:55,55
1992	Clint Robinson	AUS	3:37,26
	Knut Holmann	NOR	3:37,50
	Greg Barton	USA	3:37,93
1996	Knut Holmann	NOR	3:25,785
	Beniamino Bonomi	ITA	3:27,073
	Clint Robinson	AUS	3:29,713
2000	Knut Holmann	NOR	3:33,26
	Petar Merkow	BUL	3:34,64
	Tim Brabants	GBR	3:35,05
2004	Eirik Veraas Larsen	NOR	3:25,897
	Ben Fouhy	NZL	3:27,413
	Adam van Koeverden	CAN	3:28,218
2008	Tim Brabants	GBR	3:26,323
	Eirik Veraas Larsen	NOR	3:27,342
	Ken Wallace	AUS	3:27,485

Einer-Kajak 10 000 m

1936	Ernst Krebs	GER	46:01,6
	Fritz Landertinger	AUT	46:14,7
	Ernest Riedel	USA	47:23,9
1948	Gert Fredriksson	SWE	50:47,7
	Kurt Wires	FIN	51:18,2
	Ejvind Skabo	NOR	51:35,4
1952	Thorvald Strömberg	FIN	47:22,8
	Gert Fredriksson	SWE	47:34,1
	Michel Scheuer	GER	47:54,5
1956	Gert Fredriksson	SWE	47:43,4
	Ferenc Hatlaczky	HUN	47:53,3
	Michel Scheuer	GER	48:00,3

Zweier-Kajak 500 m

1976	Olbricht/Mattern	GDR	1:35,87
	Romanowski/Nagorny	URS	1:36,81
	Serghei/Malihin	ROU	1:38,50
1980	Parfenowitsch/Tschuchrai	URS	1:32,38
	Menendez/Del Riego	ESP	1:33,65
	Olbricht/Helm	GDR	1:34,00
1984	Ferguson/MacDonald	NZL	1:34,21
	Moberg/Bengtsson	SWE	1:35,26
	Fisher/Morris	CAN	1:35,41
1988	Ferguson/MacDonald	NZL	1:33,98
	Nagajew/Denissow	URS	1:34,15
	Abraham/Csipes	HUN	1:34,32
1992	Bluhm/Gutsche	GER	1:28,27
	Freimut/Kurpiewski	POL	1:29,84
	Rossi/Dreossi	ITA	1:30,00
1996	Bluhm/Gutsche	GER	1:28,697
	Bonomi/Scarpa	ITA	1:28,729
	Trim/Collins	AUS	1:29,409
2000	Kammerer/Storcz	HUN	1:47,05
	Collins/Trim	AUS	1:47,89
	Rauhe/Wieskötter	GER	1:48,77
2004	Rauhe/Wieskötter	GER	1:27,040
	Robinson/Baggaley	AUS	1:27,920
	Piatruschenka/Machneu	BLR	1:27,996
2008	Craviotto/Perez	ESP	1:28,736
	Rauhe/Wieskötter	GER	1:28,827
	Piatruschenka/Machneu	BLR	1:30,005

Zweier-Kajak 1000 m

1936	Kainz/Dorfner	AUT	4:03,8
	Tilker/Bondroit	GER	4:08,9
	Tates/van der Kroft	NED	4:12,2
1948	Berglund/Klingström	SWE	4:07,3
	W. Hansen/Jensen	DEN	4:07,5
	Axelsson/Björklof	FIN	4:08,7
1952	Wires/Hietanen	FIN	3:51,1
	Glasser/Hedberg	SWE	3:51,1
	Raub/Wiedermann	AUT	3:51,4
1956	Scheuer/Miltenberger	GER	3:49,6
	Demitkow/Kaaleste	URS	3:51,4
	Raub/Wiedermann	AUT	3:55,8
1960	Fredriksson/Sjödelius	SWE	3:34,73
	Meszaros/Szente	HUN	3:34,91
	Kaplaniak/Zielinski	POL	3:37,34
1964	Sjödelius/Utterberg	SWE	3:38,54
	Geurts/Hoekstra	NED	3:39,30
	Büker/Zander	GER	3:40,69
1968	Scharparenko/Morosow	URS	3:37,54
	Giczi/Timar	HUN	3:38,44
	Seibold/Pfaff	AUT	3:40,71
1972	Gorbatschow/Kratasjuk	URS	3:31,23
	Deme/Ratkai	HUN	3:32,00
	Szuszukiewicz/Piszcz	POL	3:33,83
1976	Romanowski/Nagorny	URS	3:29,01
	Olbricht/Mattern	GDR	3:29,33
	Bako/Szabo	HUN	3:30,36
1980	Parfenowitsch/Tschuchrai	URS	3:26,72
	Szabo/Joos	HUN	3:28,49
	Ramos-Misione/Menendez	ESP	3:28,66
1984	Fisher/Morris	CAN	3:24,22
	Bregeon/Lefoulon	FRA	3:25,97
	Kelly/Kenny	AUS	3:26,80
1988	Barton/Bellingham	USA	3:32,42
	Ferguson/MacDonald	NZL	3:32,71
	Foster/Graham	AUS	3:33,76
1992	Bluhm/Gutsche	GER	3:16,10
	Olsson/Sundqvist	SWE	3:17,70
	Kotowicz/Bialkowski	POL	3:18,86
1996	Rossi/Scarpa	ITA	3:09,190
	Bluhm/Gutsche	GER	3:10,518
	Duschew/Kazanow	BUL	3:11,206
2000	Rossi/Bonomi	ITA	3:14,46
	Oscarsson/Nilsson	SWE	3:16,07
	Bartfai/Vereb	HUN	3:16,35
2004	Oscarsson/Nilsson	SWE	3:18,420
	Rossi/Bonomi	ITA	3:19,484
	Larsen/Fjeldheim	NOR	3:19,528
2008	Hollstein/Ihle	GER	3:11,809
	Knudsen/Poulsen	DEN	3:13,580
	Facchin/Scaduto	ITA	3:14,750

Zweier-Kajak 10 000 m

1936	Wevers/Landen	GER	41:45,0
	Kalisch/Steinhuber	AUT	42:05,4
	Fahlborg/Larsson	SWE	43:06,1
1948	Akerlund/Wetterström	SWE	46:09,4
	Mathisen/Östbye	NOR	46:44,8
	Axelsson/Björklof	FIN	46:48,2
1952	Wires/Hietanen	FIN	44:21,3
	Akerlund/Wetterström	SWE	44:21,7
	Varga/Gurovits	HUN	44:26,6
1956	Uranyi/Fabian	HUN	43:37,0
	Briel/Kleine	GER	43:40,6
	Green/Brown	AUS	43:43,2

Kajak 4x500 m

1960	Deutschland	7:39,43
	Ungarn	7:44,02
	Dänemark	7:46,09

Vierer-Kajak 1000 m

1964	UdSSR	3:14,67
	Deutschland	3:15,39
	Rumänien	3:15,51
1968	Norwegen	3:14,38
	Rumänien	3:14,81
	Ungarn	3:15,10
1972	UdSSR	3:14,02
	Rumänien	3:15,07
	Norwegen	3:15,27
1976	UdSSR	3:08,69
	Spanien	3:08,95
	DDR	3:10,76
1980	DDR	3:13,76
	Rumänien	3:15,35
	Bulgarien	3:15,46
1984	Neuseeland	3:02,28
	Schweden	3:02,81
	Frankreich	3:03,94
1988	Ungarn	3:00,20
	UdSSR	3:01,40
	DDR	3:02,37
1992	Deutschland	2:54,18
	Ungarn	2:54,82
	Australien	2:56,97
1996	Deutschland	2:51,528
	Ungarn	2:53,184
	Russland	2:53,996
2000	Ungarn	2:55,18
	Deutschland	2:55,70
	Polen	2:57,19
2004	Ungarn	2:56,919
	Deutschland	2:58,659
	Slowakei	2:59,314
2008	Weißrussland	2:55,714
	Slowakei	2:56,593
	Deutschland	2:56,676

Einer-Canadier 500 m

1976	Alexander Rogow	URS	1:59,23
	John Wood	CAN	1:59,58
	Matija Ljubek	YUG	1:59,60
1980	Sergej Postrechin	URS	1:53,37
	Lubomir Ljubenow	BUL	1:53,49
	Olaf Heukrodt	GDR	1:54,38
1984	Larry Cain	CAN	1:57,01
	Henning Jakobsen	DEN	1:58,45
	Costica Olaru	ROU	1:59,86
1988	Olaf Heukrodt	GDR	1:56,42
	Michail Sliwinski	URS	1:57,26
	Martin Marinow	BUL	1:57,27
1992	Nikolai Buchalow	BUL	1:51,15
	Michail Sliwinski	EUN	1:51,40
	Olaf Heukrodt	GER	1:53,00
1996	Martin Doktor	CZE	1:49,934
	Slavomir Knazovicky	SVK	1:50,510
	Imre Pulai	HUN	1:50,758
2000	György Kolonics	HUN	2:24,81
	Maxim Opalew	RUS	2:25,80
	Andreas Dittmer	GER	2:27,59
2004	Andreas Dittmer	GER	1:46,383
	David Cal	ESP	1:46,723
	Maxim Opalew	RUS	1:47,767
2008	Maxim Opalew	RUS	1:47,140
	David Cal	ESP	1:48,397
	Iurii Tscheban	UKR	1:48,766

Einer-Canadier 1000 m

1936	Francis Amyot	CAN	5:32,1
	Bohuslav Karlik	TCH	5:36,9
	Erich Koschik	GER	5:39,0
1948	Josef Holecek	TCH	5:42,0
	Douglas Bennett	CAN	5:53,3
	Robert Boutigny	FRA	5:55,9
1952	Josef Holecek	TCH	4:56,3
	Janos Parti	HUN	5:03,6
	Olavi Ojanperä	FIN	5:08,5
1956	Leon Rotman	ROU	5:05,3
	Istvan Hernek	HUN	5:06,2
	Alexander Silajew	URS	5:12,7
1960	Janos Parti	HUN	4:33,93
	Alexander Silajew	URS	4:34,41
	Leon Rotman	ROU	4:35,87
1964	Jürgen Eschert	GER	4:35,14
	Andrei Igorov	ROU	4:37,89
	Jewgeni Penjajew	URS	4:38,31
1968	Tibor Tatai	HUN	4:36,14
	Detlef Lewe	FRG	4:38,31
	Witali Galkow	URS	4:40,42
1972	Ivan Patzaichin	ROU	4:08,94
	Tomas Wichmann	HUN	4:12,42
	Detlef Lewe	FRG	4:13,63
1976	Matija Ljubek	YUG	4:09,51
	Wassili Jurtschenko	URS	4:12,57
	Tomas Wichmann	HUN	4:14,11

1980	Lubomir Ljubenow	BUL	4:12,38
	Sergej Postrechin	URS	4:13,53
	Eckhard Leue	GDR	4:15,02
1984	Uli Eicke	FRG	4:06,32
	Larry Cain	CAN	4:08,67
	Henning Jakobsen	DEN	4:09,51
1988	Iwan Klementjew	URS	4:12,78
	Jörg Schmidt	GDR	4:15,83
	Nikolai Buchalow	BUL	4:18,94
1992	Nikolai Buchalow	BUL	4:05,92
	Iwan Klementjew	LAT	4:06,60
	György Zala	HUN	4:07,35
1996	Martin Doktor	CZE	3:54,418
	Iwan Klementjew	LAT	3:54,954
	György Zala	HUN	3:56,366
2000	Andreas Dittmer	GER	3:54,37
	Ledys Frank Balceiro	CUB	3:56,07
	Steve Giles	CAN	3:56,43
2004	David Cal	ESP	3:46,201
	Andreas Dittmer	GER	3:46,721
	Attila Vajda	HUN	3:49,025
2008	Attila Vajda	HUN	3:50,467
	David Cal	ESP	3:52,751
	Thomas Hall	CAN	3:53,653

Einer-Canadier 10 000 m

1948	Frantisek Capek	TCH	1:02:05,2
	Frank Havens	USA	1:02:40,4
	Norman Lane	CAN	1:04:35,3
1952	Frank Havens	USA	57:41,1
	Gabor Novak	HUN	57:49,2
	Alfred Jindra	TCH	57:53,1
1956	Leon Rotman	ROU	56:41,0
	Janus Parti	HUN	57:11,0
	Gennadi Bucharin	URS	57:14,5

Zweier-Canadier 500 m

1976	Petrenko/Winogradow	URS	1:45,81
	Opara/Gronowicz	POL	1:47,77
	Buday/Frey	HUN	1:48,35
1980	Foltan/Vaskuti	HUN	1:43,39
	Patzaichin/Capusta	ROU	1:44,12
	Ananiew/Ilkow	BUL	1:44,83
1984	Ljubek/Nisovic	YUG	1:43,67
	Patzaichin/Simionov	ROU	1:45,68
	Miguez/Suarez	ESP	1:47,71
1988	Reneiski/Tschurawski	URS	1:41,77
	Dopierala/Lbik	POL	1:43,61
	Renaud/Bettin	FRA	1:43,81
1992	Masseikow/Dowgalenok	EUN	1:41,54
	Papke/Spelly	GER	1:41,68
	Marinow/Stojanow	BUL	1:41,94
1996	Kolonics/Horvath	HUN	1:40,420
	Jurawschi/Reneischi	MDA	1:40,456
	Andriev/Obreja	ROU	1:41,336
2000	Novak/Pulai	HUN	1:51,28
	Jedraszko/Baraszkiewicz	POL	1:51,53
	Pricop/Popescu	ROU	1:54,26
2004	Meng Guanlian/Yang Wenjun	CHN	1:40,278
	Rojas Blanco/Balceiro Pajon	CUB	1:40,350
	Kostoglod/Kowalew	RUS	1:40,442
2008	Meng Guanliang/Yang Wenjun	CHN	1:41,025
	Ulegin/Kostoglod	RUS	1:41,282
	Gille/Wylenzek	GER	1:41,964

Zweier-Canadier 1000 m

1936	Syrovatka/Brzak-Felix	TCH	4:50,1
	Weinstabl/Proisl	AUT	4:53,8
	Saker/Charters	CAN	4:56,7
1948	Brzak-Felix/Kudrna	TCH	5:07,1
	Lysak/Macknowski	USA	5:08,2
	Dransart/Gandil	FRA	5:15,2
1952	Rasch/Haunstoft	DEN	4:38,3
	Brzak-Felix/Kudrna	TCH	4:42,9
	Drews/Soltau	GER	4:48,3
1956	Alexe/Ismailciuc	ROU	4:47,4
	Charin/Botew	URS	4:48,6
	Wieland/Mohacsi	HUN	4:54,3
1960	Geischtor/Makarenko	URS	4:17,94
	Dezi/La Macchia	ITA	4:20,77
	Farkas/Törö	HUN	4:20,89
1964	Schimitsch/Oschtschepkow	URS	4:04,64
	Boudehen/Chapuis	FRA	4:06,52
	Norrbohm/Sörensen	DEN	4:07,48
1968	Patzaichin/Covaliov	ROU	4:07,18
	Wichmann/Petrikovics	HUN	4:08,77
	Prokupez/Samotin	URS	4:11,30
1972	Cesiunas/Lobanow	URS	3:52,60
	Patzaichin/Covaliov	ROU	3:52,63
	Damjanow/Stefanow	BUL	3:58,10
1976	Petrenko/Winogradow	URS	3:52,76
	Danilov/Simionov	ROU	3:54,28
	Buday/Frey	HUN	3:55,66
1980	Patzaichin/Simionov	ROU	3:47,65
	Heukrodt/Madeja	GDR	3:49,53
	Jurtschenko/Lobanow	URS	3:51,28
1984	Patzaichin/Simionov	ROU	3:40,60
	Ljubek/Nisovic	YUG	3:41,56
	Hoyer/Renaud	FRA	3:48,01
1988	Reneiski/Tschurawski	URS	3:48,36
	Heukrodt/Spelly	GDR	3:51,44
	Dopierala/Lbik	POL	3:54,33
1992	Papke/Spelly	GER	3:37,42
	Nielsson/Frederiksen	DEN	3:39,26
	Hoyer/Boivin	FRA	3:39,51
1996	Dittmer/Kirchbach	GER	3:31,870
	Glavan/Borsan	ROU	3:32,294
	Kolonics/C. Horvath	HUN	3:32,514
2000	Pricop/Popescu	ROU	3:37,35
	Rojas/Pereira	CUB	3:38,75
	Uteß/Kober	GER	3:41,12
2004	Gille/Wylenzek	GER	3:41,802
	Kostoglod/Kowaljew	RUS	3:42,990
	Kozmann/Kolonics	HUN	3:43,106
2008	A. u. A. Bahdanowitsch	BLR	3:36,365
	Gille/Wylenzek	GER	3:36,588
	Kozmann/Kiss	HUN	3:40,258

Zweier-Canadier 10 000 m

1936	Mottl/Skrland	TCH	50:33,5
	Saker/Charters	CAN	51:15,8
	Weinstabl/Proisl	AUT	51:28,0
1948	Lysak/Macknowski	USA	55:35,4
	Havel/Pecka	TCH	57:38,5
	Dransart/Gandil	FRA	58:00,8
1952	Turlier/Laudet	FRA	54:08,3
	Lane/Hawgood	CAN	54:09,9
	Drews/Soltau	GER	54:28,1
1956	Charin/Botew	URS	54:02,4
	Dransart/Renaud	FRA	54:48,3
	Farkas/Hunics	HUN	55:15,6

Kanu, Frauen

Einer-Kajak 500 m

1948	Karen Hoff	DEN	2:31,9
	Alida v. d. Anker-Doedens	NED	2:32,8
	Fritzi Schwingl	AUT	2:32,9
1952	Sylvi Saimo	FIN	2:18,4
	Gertrude Liebhart	AUT	2:18,8
	Nina Sawina	URS	2:21,6
1956	Jelisaweta Dementjewa	URS	2:18,9
	Therese Zenz	GER	2:19,6
	Tove Söby	DEN	2:22,3
1960	Antonina Seredina	URS	2:08,08
	Therese Zenz	GER	2:08,22
	Daniela Walkowiak	POL	2:10,46
1964	Ljudmila Schwedosjuk	URS	2:12,87
	Hilde Lauer	ROU	2:15,35
	Marcia Jones	USA	2:15,68
1968	L. Pinajewa-Schwedosjuk	URS	2:11,09
	Renate Breuer	FRG	2:12,71
	Victoria Dumitru	ROU	2:13,22
1972	Julia Rjabtschinskaja	URS	2:03,17
	Mieke Jaapies	NED	2:04,03
	Anna Pfeffer	HUN	2:05,50
1976	Carola Zirzow	GDR	2:01,05
	Tatjana Korschunowa	URS	2:03,07
	Klara Rajnai	HUN	2:05,10
1980	Birgit Fischer	GDR	1:57,96
	Wanja Geschewa	BUL	1:59,48
	Antonina Melnikowa	URS	1:59,66
1984	Agneta Andersson	SWE	1:58,72
	Barbara Schüttpelz	FRG	1:59,93
	Annemiek Derckx	NED	2:00,11
1988	W. Zwetkowa-Geschewa	BUL	1:55,19
	Birgit Schmidt-Fischer	GDR	1:55,31
	Izabella Dylewska	POL	1:57,30
1992	Birgit Schmidt	GER	1:51,60
	Rita Koban	HUN	1:51,96
	Izabella Dylewska	POL	1:52,36
1996	Rita Koban	HUN	1:47,655
	Caroline Brunet	CAN	1:47,891
	Josefa Idem	ITA	1:48,731
2000	Josefa Idem Guerrini	ITA	2:13,84
	Caroline Brunet	CAN	2:14,64
	Katrin Borchert	AUS	2:15,13
2004	Natasa Janics	HUN	1:47,741
	Josefa Idem	ITA	1:49,729
	Caroline Brunet	CAN	1:50,601
2008	Inna Osipenko-Radomska	UKR	1:50,673
	Josefa Idem	ITA	1:50,677
	Katrin Wagner-Augustin	GER	1:51,022

Zweier-Kajak 500 m

1960	Seredina/Schubina	URS	1:54,76
	Zenz/Hartmann	GER	1:56,66
	Fried-Banfalvy/Egresi	HUN	1:58,22
1964	Esser/Zimmermann	GER	1:56,95
	Fox/Perrier	USA	1:59,16
	Lauer/Sideri	ROU	2:00,25
1968	Esser/Zimmermann	FRG	1:56,44
	Pfeffer/Sagi-Rozsnyoi	HUN	1:58,60
	Pinajewa/Seredina	URS	1:58,61
1972	Pinajewa/Kuryschko	URS	1:53,50
	Kaschube/Grabowski	GDR	1:54,30
	Nichiforov/Dumitru	ROU	1:55,01
1976	Gapowa/Kreff	URS	1:51,15
	Pfeffer/Rajnai	HUN	1:51,69
	Köster/Zirzow	GDR	1:51,81
1980	Genäuß/Bischof	GDR	1:43,88
	Alexejewa/Trofimowa	URS	1:46,91
	Rakusz/Zakarias	HUN	1:47,95
1984	Olsson/Andersson	SWE	1:45,25
	Barre/Holloway	CAN	1:47,13
	Schüttpelz/Idem	FRG	1:47,32
1988	Schmidt/Nothnagel	GDR	1:43,46
	Zwetkowa/Paliska	BUL	1:44,06
	Derckx/Cox	NED	1:46,00
1992	Portwich/v. Seck	GER	1:40,29
	Gunnarsson/Andersson	SWE	1:40,41
	Koban/Donusz	HUN	1:40,81
1996	Andersson/Gunnarsson	SWE	1:39,329
	Fischer/Portwich	GER	1:39,689
	Wood/Borchert	AUS	1:40,641
2000	Fischer/Wagner	GER	1:56,99
	Kovacs/Szabo	HUN	1:58,58
	Sokolowska/Pastuszka	POL	1:58,78
2004	Kovacs/Janics	HUN	1:38,101
	Fischer/Leonhardt	GER	1:39,533
	Pastuszka/Sokolowska Kulesza	POL	1:40,077
2008	Kovacs/Janic	HUN	1:41,308
	Mikolajczyk/Konienczna	POL	1:42,092
	Delattre/Viard	FRA	1:42,128

Vierer-Kajak 500 m

1984	Rumänien	1:38,34
	Schweden	1:38,87
	Kanada	1:39,40
1988	DDR	1:40,78
	Ungarn	1:41,88
	Bulgarien	1:42,63
1992	Ungarn	1:38,32
	Deutschland	1:38,47
	Schweden	1:39,79
1996	Deutschland	1:31,077
	Schweiz	1:32,701
	Schweden	1:32,917
2000	Deutschland	1:34,53
	Ungarn	1:34,94
	Rumänien	1:37,01
2004	Deutschland	1:34,340
	Ungarn	1:34,536
	Ukraine	1:36,192
2008	Deutschland	1:32,231
	Ungarn	1:32,971
	Australien	1:34,704

Kanuslalom

1976–1988 nicht ausgetragen

Einer-Kajak, Männer

1972	Siegbert Horn	GDR	4:28,56
	Norbert Sattler	AUT	4:30,76
	Harald Gimpel	GDR	4:37,95
1992	Pierpaolo Ferrazzi	ITA	1:46,89
	Sylvain Curinier	FRA	1:47,06
	Jochen Lettmann	GER	1:48,52
1996	Oliver Fix	GER	1:41,22
	Andraz Vehovar	SLO	1:41,65
	Thomas Becker	GER	1:42,79
2000	Thomas Schmidt	GER	217,25
	Paul Ratcliffe	GBR	223,71
	Pierpaolo Ferrazzi	ITA	225,03
2004	Benoit Peschier	FRA	187,96
	Campbell Walsh	GBR	190,17
	Fabien Lefevre	FRA	190,99
2008	Alexander Grimm	GER	171,70
	Fabien Lefevre	FRA	173,30
	Benjamin Boukpeti	TOG	173,45

Einer-Canadier, Männer

1972	Reinhard Eiben	GDR	5:15,84
	Reinhold Kauder	FRG	5:27,89
	Jamie McEwan	USA	5:35,95
1992	Lukas Pollert	TCH	1:53,69
	Gareth Marriott	GBR	1:56,48
	Jacky Avril	FRA	1:57,18
1996	Michal Martikan	SVK	1:51,03
	Lukas Pollert	CZE	1:51,17
	Patrice Estanguet	FRA	1:52,84
2000	Tony Estanguet	FRA	231,87
	Michal Martikan	SVK	233,76
	Juraj Mincik	SVK	234,22
2004	Tony Estanguet	FRA	189,16
	Michal Martikan	SVK	189,28
	Stefan Pfannmöller	GER	191,56
2008	Michal Martikan	SVK	176,65
	David Florence	GBR	178,61
	Robin Bell	AUS	180,59

Zweier-Canadier, Männer

1972	Hofmann/Amend	GDR	5:10,68
	Schumacher/Baues	FRG	5:11,90
	Louis+Claude Orly	FRA	5:15,10
1992	Strausbaugh/Jacobi	USA	2:02,41
	Simek/Rohan	TCH	2:04,25
	Adisson/Forgues	FRA	2:04,38
1996	Adisson/Forgues	FRA	1:58,82
	Simek/Rohan	CZE	1:60,16
	Ehrenberg/Senft	GER	1:63,72
2000	Peter und Pavol Hochschorner	SVK	237,74
	Kolomanski/Staniszewski	POL	243,81
	Jiras/Mader	CZE	249,45
2004	Peter und Pavol Hochschorner	SVK	207,16
	Becker/Henze	GER	210,98
	Volf/Stepanek	CZE	212,86
2008	Pavol und Peter Hochschorner	SVK	190,82
	Volf/Stepanek	CZE	192,89
	Kusnezow/Larijonow	RUS	197,37

Einer-Kajak, Frauen

1972	Angelika Bahmann	GDR	6:04,50
	Gisela Grothaus	FRG	6:38,15
	Magdalena Wunderlich	FRG	6:40,50
1992	Elisabeth Micheler	GER	2:06,41
	Danielle Woodward	AUS	2:08,27
	Dona Chladek	USA	2:11,75
1996	Stepanka Hilgertova	CZE	1:69,49
	Dona Chladek	USA	1:69,49
	Myriam Fox-Jerusalmi	FRA	1:71,00
2000	Stepanka Hilgertova	CZE	247,04
	Brigitte Guibal	FRA	251,88
	Anne-Lise Bardet	FRA	254,77
2004	Elena Kaliska	SVK	210,03
	Rebecca Giddens	USA	214,62
	Helen Reeves	GBR	218,77
2008	Elena Kaliska	SVK	192,64
	Jacqueline Lawrence	AUS	206,94
	Violetta Oblinger-Peters	AUT	214,77

Rudern

Männer

Einer

1900	Henri Barrelet	FRA	7:35,6
	Andre Gaudin	FRA	7:41,6
	George Saint Ashe	GBR	8:15,6
1908	Harry Blackstaff	GBR	9:26,0
	Alexander McCulloch	GBR	1 Länge
	Bernhard von Gaza	GER	
	Karoly Levitzky	HUN	
1912	William Kinnear	GBR	7:47,6
	Polydore Veirman	BEL	7:56,0
	Everard Butler	CAN	
	Minkel Kuusik	RUS	
1920	John Kelly, sen.	USA	7:35,0
	Jack Berresford	GBR	7:36,0
	Clarence Hadfield	NZL	7:48,0
1924	Jack Berresford	GBR	7:49,2
	William Gimore	USA	7:54,0
	Josef Schneider	SUI	8:01,1
1928	Henry Pearce	AUS	7:11,0
	Ken Myers	USA	7:20,8
	Theodore Collet	GBR	
1932	Henry Pearce	AUS	7:44,4
	William Miller	USA	7:45,2
	Guillermo Douglas	URU	8:13,6
1936	Gustav Schäfer	GER	8:21,5
	Josef Hasenöhrl	AUS	8:25,8
	Daniel Barrow	USA	8:28,0
1948	Mervyn Wood	AUS	7:24,4
	Eduardo Risso	URU	7:38,2
	Romolo Catasta	ITA	7:51,4
1952	Juri Tjukalow	URS	8:12,8
	Mervyn Wood	AUS	8:14,5
	Teodor Kocerka	POL	8:19,4
1956	Wjatscheslaw Iwanow	URS	8:02,5
	Stuart Mackenzie	AUS	8:07,7
	John Kelly, jun.	USA	8:11,8
1960	Wjatscheslaw Iwanow	URS	7:13,96
	Achim Hill	GER	7:20,21
	Teodor Kocerka	POL	7:21,26
1964	Wjatscheslaw Iwanow	URS	8:22,51
	Achim Hill	GER	8:26,24
	Gottfried Kottmann	SUI	8:29,68
1968	Jan Wienese	NED	7:47,80
	Jochen Meißner	FRG	7:52,00
	Alberto Demiddi	ARG	7:57,19
1972	Juri Malyschew	URS	7:10,12
	Alberto Demiddi	ARG	7:11,53
	Wolfgang Güldenpfennig	GDR	7:14,45
1976	Pertti Karppinen	FIN	7:29,03
	Peter-Michael Kolbe	FRG	7:31,67
	Joachim Dreifke	GDR	7:38,03
1980	Pertti Karppinen	FIN	7:09,61
	Wassili Jakuscha	URS	7:11,66
	Peter Kersten	GDR	7:14,88
1984	Pertti Karppinen	FIN	7:00,24
	Peter-Michael Kolbe	FRG	7:02,19
	Robert Mills	CAN	7:10,38
1988	Thomas Lange	GDR	6:49,86
	Peter-Michael Kolbe	FRG	6:54,77
	Eric Verdonk	NZL	6:58,66
1992	Thomas Lange	GER	6:51,40
	Vaclav Chalupa	TCH	6:52,93
	Kajetan Broniewski	POL	6:56,82
1996	Xeno Müller	SUI	6:44,85
	Derek Porter	CAN	6:47,45
	Thomas Lange	GER	6:47,72
2000	Rob Waddell	NZL	6:48,90
	Xeno Müller	SUI	6:50,55
	Marcel Hacker	GER	6:50,83
2004	Olaf Tufte	NOR	6:49,30
	Jueri Jaanson	EST	6:51,42
	Iwo Janakiew	BUL	6:52,80
2008	Olaf Tufte	NOR	6:59,83
	Ondrej Synek	CZE	7:00,63
	Mahe Drysdale	NZL	7:01,56

Doppel-Zweier

1920	Costello/Kelly	USA	7:09,0
	Annoni/Dones	ITA	7:19,0
	Giran/Ple	FRA	7:21,0
1924	Costello/Kelly	USA	6:34,0
	Detton/Stock	FRA	6:38,0
	Bosshard/Thoma	SUI	3 Längen
1928	Costello/McIlvaine	USA	6:41,4
	Wright/Guest	CAN	6:51,0
	Losert/Flessl	AUT	
1932	Gilmore/Myers	USA	7:17,4
	Buhtz/Boetzelen	GER	7:22,8
	Pratt/De Mille	CAN	7:27,6
1936	Beresford/Southwood	GBR	7:20,8
	Kaidel/Pirsch	GER	7:26,2
	Verey/Ustupski	POL	7:36,2
1948	Burnell/Bushnell	GBR	6:51,03
	Parsner/A. Larsen	DEN	6:55,3
	Jones/Rodriguez	URU	7:12,4
1952	Guerrero/Cappozzo	ARG	7:32,2
	Shilin/Jemtschuk	URS	7:38,3
	Seijas/Rodriguez	URU	7:43,7
1956	Berkutow/Tjukalow	URS	7:24,0
	Costello/Gardiner	USA	7:32,2
	Riley/Wood	AUS	7:37,4
1960	Kozak/Schmidt	TCH	6:47,50
	Berkutow/Tjukalow	URS	6:50,49
	Hürlimann/Larcher	SUI	6:52,22
1964	Dubrowski/Tjurin	URS	7:10,66
	Cromwell/Storm	USA	7:13,16
	Andrs/Hofmann	TCH	7:14,23
1968	Saas/Timoschinin	URS	6:51,82
	van Dis/Droog	NED	6:52,80
	Maher/Nunn	USA	6:54,21
1972	Timoschinin/Korschikow	URS	7:01,77
	F. Hansen/Thörgersen	NOR	7:02,58
	Böhmer/Schmied	GDR	7:05,55
1976	Frank + Alf Hansen	NOR	7:13,20
	Baillieu/Hart	GBR	7:15,26
	Schmied/Bertow	GDR	7:18,87
1980	Dreifke/Kröppelien	GDR	6:24,33
	Pancic/Stanulov	YUG	6:26,34
	Pecka/Vochoska	TCH	6:29,07
1984	Lewis/Enquist	USA	6:36,87
	Deloof/Crois	BEL	6:38,19
	Pancic/Stanulov	YUG	6:39,59
1988	Florijn/Rienks	NED	6:21,13
	Schwerzmann/Bodenmann	SUI	6:22,59
	Martschenko/Jakuscha	URS	6:22,87
1992	Hawkins/Antonie	AUS	6:17,32
	Jonke/Zerbst	AUT	6:18,42
	Zwolle/Rienks	NED	6:22,82
1996	Tizzano/Abbagnale	ITA	6:16,98
	Undseth/Stoerseth	NOR	6:18,42
	Kowal/Barathay	FRA	6:19,85
2000	Spik/Cop	SLO	6:16,63
	Tufte/Bekken	NOR	6:17,98
	Calabrese/Sartori	ITA	6:20,49
2004	Vieilledent/Hardy	FRA	6:29,00
	Spik/Cop	SLO	6:31,72
	Galtarossa/Sartori	ITA	6:32,93
2008	Crawshay/Brennan	AUS	6:27,77
	Endrekson/Jaanson	EST	6:29,05
	Wells/Rowbotham	GBR	6:29,10

Statistik

Zweier-ohne

1908	Fenning/Thompson	GBR	9:41,0
	Fairbairn/Verdon	GBR	2,5 Längen
	Toms/Jackes	CAN	
	Hahnke/Düskow	GER	
1924	Bejinen/Rösingh	NED	8:19,4
	Bouton/Piot	FRA	8:21,6
	Bronze nicht vergeben		
1928	Moeschter/Müller	GER	7:06,4
	O'Brian/Nisbet	GBR	7:08,8
	McDowell/Schmitt	USA	
1932	Clive/Edwards	GBR	8:00,0
	Stiles/Thompson	NZL	8:02,4
	Budzynski/Mikolajczak	POL	8:08,2
1936	Eichhorn/Strauß	GER	8:16,1
	Olsen/H. Larsen	DEN	8:19,2
	Podesta/Curatella	ARG	8:23,0
1948	Wilson/Laurie	GBR	7:21,1
	Hans + Josef Kalt	SUI	7:23,9
	Fanetti/Boni	ITA	7:31,5
1952	Logg/Price	USA	8:20,7
	Knuysen/Baetens	BEL	8:23,5
	Schmid/H. Kalt	SUI	8:32,7
1956	Fifer/Hecht	USA	7:55,4
	Buldakow/W. Iwanow	URS	8:03,9
	Sageder/Kloimstein	AUT	8:11,8
1960	Boreiko/Golowanow	URS	7:02,01
	Sageder/Kloimstein	AUT	7:03,69
	Lehtel/Pitkänen	FIN	7:03,80
1964	Hungerford/Jackson	CAN	7:32,94
	Blaisse/Venemans	NED	7:33,40
	Schwan/Hottenrott	GER	7:38,63
1968	Bothe/Lucke	GDR	7:26,56
	Hough/Johnson	USA	7:26,71
	Christiansen/I. Larsen	DEN	7:31,84
1972	Brietzke/Mager	GDR	6:53,16
	Fischer/Bachmann	SUI	6:57,06
	Luynenburg/Stokvis	NED	6:58,70
1976	Jörg + Bernd Landvoigt	GDR	7:23,31
	Coffey/Staines	USA	7:26,73
	van Roye/Strauß	FRG	7:30,03
1980	Jörg + Bernd Landvoigt	GDR	6:48,01
	Juri + Nikolai Pimenow	URS	6:50,50
	Wiggin/Carmichael	GBR	6:51,47
1984	Iosub/Toma	ROU	6:45,39
	Climent/Lasurtegui	ESP	6:48,47
	Grepperud/Loken	NOR	6:51,81
1988	Holmes/Redgrave	GBR	6:36,84
	Neagu/Dobre	ROU	6:38,06
	Presern/Mujkic	YUG	6:41,01
1992	Redgrave/Pinsent	GBR	6:27,72
	Höltzenbein/Ettingshausen	GER	6:32,68
	Cop/Zvegelj	SLO	6:33,4
1996	Redgrave/Pinsent	GBR	6:20,09
	Weightman/Scott	AUS	6:21,02
	Andrieux/Rolland	FRA	6:22,15
2000	Andrieux/Rolland	FRA	6:32,97
	Murphy/Bea	USA	6:33,80
	Long/Tomkins	AUS	6:34,26
2004	Ginn/Tomkins	AUS	6:30,76
	S. und N. Skelin	CRO	6:32,64
	Cech/di Clemente	RSA	6:33,40
2008	Ginn/Free	AUS	6:37,44
	Calder/Frandsen	CAN	6:39,55
	Twaddle/Bridgewater	NZL	6:44,19

Zweier-mit

1900	Brandt/Klein	NED	7:34,2
	Martinet/Waleff	FRA	7:34,4
	Deltour/Vedrenne	FRA	7:57,2
1920	Olgeni/Scatturin	ITA	7:56,0
	Poix/Bouton	FRA	7:57,0
	Candeveau/Felber	SUI	
1924	Candeveau/Felber	SUI	8:39,0
	Olgeni/Scatturin	ITA	8:39,1
	Butler/Wilson	USA	3 Längen
1928	Hans + Karl Schöchlin	SUI	7:42,6
	A. + E. Marcelle	FRA	7:48,4
	Flament/de Coninck	BEL	
1932	Kieffer/Schauers	USA	8:25,8
	Braun/Slazak	POL	8:31,2
	Brusa/Giriat	FRA	8:41,2
1936	Adamski/Gustmann	GER	8:36,9
	Bergamo/Santin	ITA	8:49,7
	Tapie/Furcade	FRA	8:54,0
1948	Henriksen/Pedersen	DEN	8:00,5
	Steffe/Tarlao	ITA	8:12,2
	Szendey/Zsitnik	HUN	8:25,2
1952	Mercier/Salles	FRA	8:28,6
	Manchen/Heinhold	GER	8:32,1
	Pedersen/Svendsen	DEN	8:34,9
1956	Ayrault/C. Findlay	USA	8:26,1
	von Groddeck/Arndt	GER	8:29,2
	Jemtschuk/Shilin	URS	8:31,0
1960	Knubel/Renneberg	GER	7:29,14
	Bagdonavicus/Jukna	URS	7:30,17
	Draeger/C. Findlay	USA	7:34,58
1964	Ferry/C. Findlay	USA	8:21,23
	Jacques+Georges Morel	FRA	8:23,15
	Bos/Rouwe	NED	8:23,42
1968	Baran/Sambo	ITA	8:04,81
	Suselbeek/van Nes	NED	8:06,80
	Krab/Jörgensen	DEN	8:08,07
1972	Gunkel/Lucke	GDR	7:17,25
	Oldrich+Pavel Svojanowsky	TCH	7:19,57
	Tudor/Ceapura	ROU	7:21,36
1976	Ulrich/Jährling	GDR	7:58,99
	Bechterew/Schurkalow	URS	8:01,82
	O. + O. Svojanovsky	TCH	8:03,28
1980	Ulrich/Jährling	GDR	7:02,54
	Perewersew/Krjuschkin	URS	7:03,35
	Mrduljas/Celent	YUG	7:04,92
1984	C. + G. Abbagnale	ITA	7:05,99
	Popescu/Tomoiaga	ROU	7:11,21
	Still/Espeseth	USA	7:12,81
1988	C. + G. Abbagnale	ITA	6:58,79
	Kirchoff/Rensch	GDR	7:00,63
	Holmes/Redgrave	GBR	7:01,95
1992	John + Greg Searle	GBR	6:49,83
	C. + G. Abbagnale	ITA	6:50,98
	Popescu/Taga	ROU	6:51,58

Doppel-Vierer

1976	DDR	6:18,65
	UdSSR	6:19,89
	Tschechoslowakei	6:21,77
1980	DDR	5:49,81
	UdSSR	5:51,47
	Bulgarien	5:52,38
1984	BR Deutschland	5:57,55
	Australien	5:57,98
	Kanada	5:59,07
1988	Italien	5:53,37
	Norwegen	5:55,08
	DDR	5:56,13
1992	Deutschland	5:45,17
	Norwegen	5:47,09
	Italien	5:47,33
1996	Deutschland	5:56,93
	USA	5:59,10
	Australien	6:01,65
2000	Italien	5:45,56
	Niederlande	5:47,91
	Deutschland	5:48,64
2004	Russland	5:56,85
	Tschechien	5:57,43
	Ukraine	5:58,87
2008	Polen	5:41,33
	Italien	5:43,57
	Frankreich	5:44,34

Vierer-ohne

1900	Gent	BEL	7:16,8
	Toulouse	FRA	7:23,8
	Roubaix	FRA	7:47,2
1908	Oxford	GBR	8:34,0
	Leander	GBR	2 Längen
	Amsterdam	NED	
	Toronto	CAN	
1924	Großbritannien		7:08,6
	Kanada		7:18,0
	Schweiz		2 Längen
1928	Großbritannien		6:36,0
	USA		6:37,0
	Italien		
1932	Großbritannien		6:58,2
	Deutschland		7:03,0
	Italien		7:04,0
1936	Deutschland		8:36,9
	Italien		8:49,7
	Frankreich		8:54,0
1948	Italien		6:39,0
	Dänemark		6:43,5
	USA		6:47,7
1952	Jugoslawien		7:16,0
	Frankreich		7:18,9
	Finnland		7:23,3
1956	Kanada		7:08,8
	USA		7:18,4
	Frankreich		7:20,9
1960	USA		6:26,26
	Italien		6:28,78
	UdSSR		6:29,62
1964	Dänemark		6:59,30
	Großbritannien		7:00,47
	USA		7:01,37
1968	DDR		6:39,18
	Ungarn		6:41,64
	Italien		6:44,01
1972	DDR		6:24,27
	Neuseeland		6:25,64
	BR Deutschland		6:28,41
1976	DDR		6:37,42
	Norwegen		6:41,22
	Tschechoslowakei		6:44,01
1980	DDR		6:08,17
	UdSSR		6:11,81
	Großbritannien		6:16,58
1984	Neuseeland		6:03,48
	USA		6:06,10
	Dänemark		6:07,72
1988	DDR		6:03,11
	USA		6:05,53
	BR Deutschland		6:06,22
1992	Australien		5:55,04
	USA		5:56,68
	Slowenien		5:58,24
1996	Australien		6:06,37
	Frankreich		6:07,03
	Großbritannien		6:07,28
2000	Großbritannien		5:56,24
	Italien		5:56,62
	Australien		5:57,61
2004	Großbritannien		6:06,98
	Kanada		6:07,06
	Italien		6:10,41
2008	Großbritannien		6:06,57
	Australien		6:07,85
	Frankreich		6:09,31

Vierer-mit

1900	1. Finale		
	Roubaix	FRA	7:11,0
	Lyon	FRA	7:18,0
	Hammonia Hamburg	GER	7:18,2
1900	2. Finale		
	Germania Hamburg	GER	5:59,0
	Amsterdam	NED	6:33,0
	Ludwigshafen	GER	6:35,0
1912	Ludwigshafen	GER	6:59,4
	Thames London	GBR	2 Längen
	Oslo	NOR	
	Kopenhagen	DEN	
1920	Schweiz		6:54,0
	USA		6:58,0
	Norwegen		7:02,0
1924	Schweiz		7:18,4
	Frankreich		7:21,6
	USA		1 Länge
1928	Italien		6:47,8
	Schweiz		7:03,4
	Polen		
1932	Deutschland		7:19,0
	Italien		7:19,2
	Polen		7:26,8
1936	Deutschland		7:16,2
	Schweiz		7:24,3
	Frankreich		7:33,3
1948	USA		6:50,3
	Schweiz		6:53,3
	Dänemark		6:58,6
1952	Tschechoslowakei		7:33,4
	Schweiz		7:36,5
	USA		7:37,0
1956	Italien		7:19,4
	Schweden		7:22,4
	Finnland		7:30,9
1960	Deutschland		6:39,12
	Frankreich		6:41,62
	Italien		6:43,72
1964	Deutschland		7:00,44
	Italien		7:02,84
	Niederlande		7:04,46
1968	Neuseeland		6:45,62
	DDR		6:48,20
	Schweiz		6:49,04
1972	BR Deutschland		6:31,85
	DDR		6:33,30
	Tschechoslowakei		6:35,64
1976	UdSSR		6:40,22
	DDR		6:42,70
	BR Deutschland		6:46,96
1980	DDR		6:14,51
	UdSSR		6:19,05
	Polen		6:22,52
1984	Großbritannien		6:20,28
	USA		6:23,68
	Neuseeland		6:26,44
1988	DDR		6:10,74
	Rumänien		6:13,58
	Neuseeland		6:15,78
1992	Rumänien		5:59,37
	Deutschland		6:00,34
	Polen		6:03,27

Achter

1900	Philadelphia	USA	6:09,8
	Gent	BEL	6:13,8
	Amsterdam	NED	6:23,0
1908	Leander	GBR	7:52,0
	Gent	BEL	2 Längen
	Cambridge	GBR	
	Toronto	CAN	
1912	Leander	GBR	6:15,0
	Oxford	GBR	6:19,0
	Berlin	GER	
1920	USA		6:02,6
	Großbritannien		6:05,0
	Norwegen		6:36,0
1924	USA		6:33,4
	Kanada		6:49,0
	Italien		1 Länge
1928	USA		6:03,2
	Großbritannien		6:05,6
	Kanada		
1932	USA		6:37,6
	Italien		6:37,8
	Kanada		6:40,4
1936	USA		6:25,4
	Italien		6:26,0
	Deutschland		6:26,4
1948	USA		5:56,7
	Großbritannien		6:06,9
	Norwegen		6:10,3
1952	USA		6:25,9
	UdSSR		6:31,2
	Australien		6:33,1
1956	USA		6:35,2
	Kanada		6:37,1
	Australien		6:39,2
1960	Deutschland		5:57,18
	Kanada		6:01,52
	Tschechoslowakei		6:04,84
1964	USA		6:18,23
	Deutschland		6:23,29
	Tschechoslowakei		6:25,11
1968	Deutschland		6:07,00
	Australien		6:07,98
	UdSSR		6:09,11
1972	Neuseeland		6:08,94
	USA		6:11,61
	DDR		6:11,67
1976	DDR		5:58,29
	Großbritannien		6:00,82
	Neuseeland		6:03,51
1980	DDR		5:49,05
	Großbritannien		5:51,92
	UdSSR		5:52,66
1984	Kanada		5:41,32
	USA		5:41,74
	Australien		5:42,40
1988	BR Deutschland		5:46,05
	UdSSR		5:48,01
	USA		5:48,26
1992	Kanada		5:29,53
	Rumänien		5:29,67
	Deutschland		5:31,00
1996	Niederlande		5:42,74
	Deutschland		5:44,58
	Russland		5:45,77
2000	Großbritannien		5:33,08
	Australien		5:33,88
	Kroatien		5:34,85
2004	USA		5:42,48
	Niederlande		5:43,75
	Australien		5:45,38
2008	Kanada		5:23,89
	Großbritannien		5:25,11
	USA		5:25,34

Doppel-Zweier, Leicht

(Durchschnittsgewicht max. 70kg)

1996	Michael + Marcus Gier	SUI	6:23,47
	v. d. Linden/Aardewijn	NED	6:26,48
	Edwards/Hick	AUS	6:26,69
2000	Kucharski/Sycz	POL	6:21:75
	Luini/Pettinari	ITA	6:23,47
	Touron/Chapelle	FRA	6:24,85
2004	Kucharski/Sycz	POL	6:20,93
	Dufour/Touron	FRA	6:21,46
	Polymeros/Skiathitis	GRE	6:23,23
2008	Purchase/Hunter	GBR	6:10,99
	Mougios/Polymeros	GRE	6:11,72
	Rasmussen/Hansen	DEN	6:12,45

Vierer-ohne, Leicht

(Durchschnittsgewicht max. 70kg)

1996	Dänemark	6:09,58
	Kanada	6:10,13
	USA	6:12,29
2000	Frankreich	6:01,68
	Australien	6:02,09
	Dänemark	6:03,51
2004	Dänemark	6:01,39
	Australien	6:02,79
	Italien	6:03,74
2008	Dänemark	5:47,76
	Polen	5:49,39
	Kanada	5:50,09

Frauen

(bis 1984 = 1000 m, ab 1988 = 2000 m)

Einer

1976	Christine Scheiblich	GDR	4:05,56
	Joan Lind	USA	4:06,21
	Jelena Antonowa	URS	4:10,24
1980	Sanda Toma	ROU	3:40,69
	Antonina Machina	URS	3:41,65
	Martina Schröder	GDR	3:43,54
1984	Valeria Racila	ROU	3:40,68
	Charlotte Geer	USA	3:43,89
	Ann Haesebrouck	BEL	3:45,72
1988	Jutta Behrendt	GDR	7:47,19
	Anne Marden	USA	7:50,28
	Magdalena Georgiewa	BUL	7:53,65
1992	Elisabeta Lipa	ROU	7:25,54
	Annelies Bredael	BEL	7:26,64
	Silken Laumann	CAN	7:28,85
1996	Jekaterina Schodotowitsch	BLR	7:32,21
	Silken Laumann	CAN	7:35,15
	Trine Hansen	DEN	7:37,10
2000	Jekaterina Karsten	BLR	7:28,14
	Rumjana Nejkowa	BUL	7:28,15
	Katrin Rutschow-Stomporowski	GER	7:28,99
2004	Katrin Rutschow-Stomporowski	GER	7:18,12
	Jekaterina Karsten	BLR	7:22,04
	Rumjana Nejkowa	BUL	7:23,10
2008	Rumjana Nejkowa	BUL	7:22,34
	Michelle Guerette	USA	7:22,78
	Jekaterina Karsten	BLR	7:23,98

Doppel-Zweier

1976	Otzetowa/Jordanowa	BUL	3:44,36
	Jahn/Boesler	GDR	3:47,86
	Kaminskaite/Ramoschkene	URS	3:49,93
1980	Chlopzewa/Popowa	URS	3:16,27
	Linse/Westphal	GDR	3:17,63
	Homeghi/Racila	ROU	3:18,91
1984	Popescu/Oleniuc	ROU	3:26,75
	G. + N. Hellemans	NED	3:29,13
	Daniele + Silken Laumann	CAN	3:29,82
1988	Peter/Schröter	GDR	7:00,48
	Lipa/Cogeanu	ROU	7:04,36
	Ninowa/Madina	BUL	7:06,03
1992	Köppen/Boron	GER	6:49,00
	Cochelea/Lipa	ROU	6:51,47
	Gu Xiaoli/Lu Huali	CHN	6:55,16
1996	McBean/Heddle	CAN	6:56,84
	Cao Mianying/Zhang Xiuyun	CHN	6:58,35
	Eijs/van Nes	NED	6:58,72

2000	Thieme/Boron	GER	6:55,44
	Van Dishoeck/Van Nes	NED	7:00,36
	Sakickiene/Poplavskaja	LTU	7:01,71
2004	G. und C. Evers-Swindell	NZL	7:01,79
	Waleska/Oppelt	GER	7:02,78
	Winckless/Laverick	GBR	7:07,58
2008	G. und C. Evers-Swindell	NZL	7:07,32
	Thiele/Huth	GER	7:07,33
	Laverick/Bebington	GBR	7:07,55

Zweier-ohne

1976	Kelbetschewa/Gruitschewa	BUL	4:01,22
	Noack/Dähne	GDR	4:01,64
	Eckbauer/Einöder	FRG	4:02,35
1980	Steindorf/Klier	GDR	3:30,49
	Dluzewska/Koscianska	POL	3:30,95
	Barbulowa-Kelbetschewa/	BUL	3:32,39
	Kurbatowa-Gruitschewa	BUL	
1984	Arba/Horvat	ROU	3:32,60
	Craig/Smith	CAN	3:36,06
	Becker/Volkner	FRG	3:40,50
1988	Arba/Homeghi	ROU	7:28,13
	Stojanowa/Berberowa	BUL	7:31,95
	Payne/Hannen	NZL	7:35,68
1992	McBean/Heddle	CAN	7:06,22
	Werremeier/Schwerzmann	GER	7:07,96
	Seaton/Pierson	USA	7:08,11
1996	Stil/Slatter	AUS	7:01,39
	Schwen/Kraft	USA	7:01,78
	Gosse/Cortin	FRA	7:03,82
2000	Damian/Ignat	ROU	7:11,00
	Taylor/Slatter	AUS	7:12,56
	Ryan/Kraft	USA	7:13,00
2004	Damian/Susanu	ROU	7:06,55
	Grainger/Bishop	GBR	7:08,66
	Bitschik/Helach	BLR	7:09,86
2008	Andrunache/Susanu	ROU	7:20,60
	Wu You/Gao Yulan	CHN	7:22,28
	Bitschyk/Helach	BLR	7:22,91

Doppel-Vierer

1976	DDR	3:29,99
	UdSSR	3:32,49
	Rumänien	3:32,76
1980	DDR	3:15,32
	UdSSR	3:15,73
	Bulgarien	3:16,10
1984	Rumänien	3:14,11
	USA	3:15,57
	Dänemark	3:16,02
1988	DDR	6:21,06
	UdSSR	6:23,47
	Rumänien	6:23,81
1992	Deutschland	6:20,18
	Rumänien	6:24,34
	EUN	6:25,07
1996	Deutschland	6:27,48
	Ukraine	6:30,36
	Kanada	6:30,38
2000	Deutschland	6:19,58
	Großbritannien	6:21,64
	Russland	6:21,65
2004	Deutschland	6:29,29
	Großbritannien	6:31,26
	Ukraine	6:34,31
2008	China	6:16,06
	Großbritannien	6:17,37
	Deutschland	6:19,56

Vierer-ohne

(bis 1988 Vierer-mit)

1976	DDR	3:45,08
	Bulgarien	3:48,24
	UdSSR	3:49,38
1980	DDR	3:19,27
	Bulgarien	3:20,75
	UdSSR	3:20,92
1984	Rumänien	3:19,30
	Kanada	3:21,55
	Australien	3:23,29
1988	DDR	6:56,00
	China	6:58,78
	Rumänien	7:01,13
1992	Kanada	6:30,85
	USA	6:31,86
	Deutschland	6:32,34

Achter

1976	DDR	3:33,32
	UdSSR	3:36,17
	USA	3:38,68
1980	DDR	3:03,32
	UdSSR	3:04,29
	Rumänien	3:05,63
1984	USA	2:59,80
	Rumänien	3:00,87
	Niederlande	3:02,92
1988	DDR	6:15,17
	Rumänien	6:17,44
	China	6:21,83
1992	Kanada	6:02,92
	Rumänien	6:06,26
	Deutschland	6:07,80
1996	Rumänien	6:19,73
	Kanada	6:24,05
	Weißrussland	6:24,44
2000	Rumänien	6:06,44
	Niederlande	6:09,39
	Kanada	6:11,58
2004	Rumänien	6:17,70
	USA	6:19,56
	Niederlande	6:19,85
2008	USA	6:05,34
	Niederlande	6:07,22
	Rumänien	6:07,25

Doppel-Zweier, Leicht

(Durchschnittsgewicht max. 57 kg)

1996	Burcica/Macoviciuc	ROU	7:12,78
	Bell/Burns	USA	7:14,65
	Joyce/Lee	AUS	7:16,56
2000	Burcica/Alupei	ROU	7:02,64
	Viehoff/Blasberg	GER	7:02,95
	Collins/Garner	USA	7:06,37
2004	Burcica/Alupei	ROU	6:56,05
	Reimer/Blasberg	GER	6:57,33
	Van der Kolk/Van Eupen	NED	6:58,54
2008	van der Kolk/van Eupen	NED	6:54,74
	Sten/Nieminen	FIN	6:56,03
	Kok/Cameron	CAN	6:56,68

Segeln

Männer

Laser

(offen bis 2004)

1996	Robert Scheidt	BRA	26,0
	Ben Ainslie	GBR	37,0
	Peer Moberg	NOR	46,0
2000	Ben Ainslie	GBR	45
	Robert Scheidt	BRA	46
	Michael Blackburn	AUS	62
2004	Robert Scheidt	BRA	55
	Andreas Geritzer	AUT	68
	Vasilij Zbogar	SLO	76
2008	Paul Goodison	GBR	63
	Wasili Zbogar	SLO	71
	Diego Romero	ITA	75

470er

(offen bis 1984)

1976	Hübner/Harro	FRG	42,4
	Gorostegui/Millet	ESP	49,7
	Brown/Ruff	AUS	57,0
1980	Rizzo/Penido	BRA	36,4
	J. Borowski/Swensson	GDR	38,7
	Lindgren/Tallberg	FIN	39,7
1984	Luis Doreste/Molina	ESP	33,7
	Benjamin/Steinfeld	USA	43,0
	Peponnet/Pillot	FRA	49,4
1988	Peponnet/Pillot	FRA	34,7
	Tuno + Toomas Töniste	URS	46,0
	Shadden/McKee	USA	51,0
1992	Calafat/Sanchez	ESP	50,0
	Reeser/Burnham	USA	66,7
	Tuno + Toomas Töniste	EST	68,7
1996	Braslawets/Matwijenko	UKR	40,0
	Merricks/Walker	GBR	61,0
	Rocha/Barreto	POR	62,0
2000	King/Turnbull	AUS	38
	Foerster/Merrick	USA	42
	Conte/De la Fuente	ARG	57
2004	Foerster/Burnham	USA	71
	Rogers/Glanfield	GBR	74
	Seki/Todoroki	JPN	90
2008	Wilmot/Page	AUS	44
	Rogers/Glanfield	GBR	75
	Charbonnier/Bausset	FRA	78

Star

1932	Gray/Libano	USA	46
	Rastey/Jaffe	GBR	35
	Asther/Sunden-Culberg	SWE	28
1936	Bischoff/Weise	GER	80
	Laurin/Wallentin	SWE	64
	de Vries Lentsch/Maas	NED	63
1948	Hilary + Paul Smart	USA	5828
	Cardenas sen. + jun.	CUB	4949
	Maas/Stutterheim	NED	4731
1952	Straulino/Rode	ITA	7635
	Reid/Price	USA	7216
	Mascarenhas/Andrade	POR	4903
1956	Williams/Low	USA	5876
	Straulino/Rode	ITA	5649
	Knowles/Farrington	BAH	5223
1960	Pinegin/Schutkow	URS	7619
	Jose/Mario Quina	POR	6665
	Parks/Halperin	USA	6269
1964	Knowles/Cooke	BAH	5664
	Stearns/Williams	USA	5556
	Pettersson/Sundström	SWE	5527
1968	North/Barrett	USA	14,4
	P. Lunde/Viken	NOR	43,7
	Cavallo/Gargano	ITA	44,7
1972	Forbes/Anderson	AUS	28,1
	Pettersson/Westerdahl	SWE	44,0
	Kuhweide/Meyer	FRG	44,4
1976 nicht ausgetragen			
1980	Mankin/Musytschenko	URS	24,7
	Raudaschl/Ferstl	AUT	31,7
	Gorla/Peraboni	ITA	36,1
1984	W.E. Buchan/Erickson	USA	29,7
	Griese/Marcour	FRG	41,4
	Gorla/Peraboni	ITA	43,5
1988	McIntyre/Vaile	GBR	45,7
	Reynolds/Haenel	USA	48,0
	T. Grael/Falcao	BRA	50,0
1992	Reynolds/Haenel	USA	31,4
	Davis/Cowie	NZL	58,4
	McDonald/Jespersen	CAN	62,7
1996	T. Grael/Ferreira	BRA	25,0
	Wallen/Lohse	SWE	29,0
	Beashel/Giles	AUS	32,0
2000	Reynolds/Liljedahl	USA	34
	Walker/Covell	GBR	35
	T. Grael/Ferreira	BRA	39
2004	Grael/Ferreira	BRA	42
	MacDonald/Wolfs	CAN	51
	Rohart/Rambeau	FRA	54
2008	Percy/Simpson	GBR	45
	Scheidt/Prada	BRA	53
	Loof/Ekstrom	SWE	53

Flying Dutchman (bis 1992)

1960	P. Lunde/Bergvall	NOR	6774
	H.M. Fogh/Petersen	DEN	5991
	Mulka/von Bredow	GER	5882
1964	Pedersen/Wells	NZL	6255
	Musto/Morgan	GBR	5556
	Melges/Bentsen	USA	5158
1968	Pattison/Macdonald-Smith	GBR	3,0
	Libor/Naumann	FRG	43,7
	Conrad/Cordes	BRA	48,4
1972	Pattison/Davies	GBR	22,7
	Yves + Marc Pajot	FRA	40,7
	Libor/Naumann	FRG	51,1
1976	Jörg + Eckart Diesch	FRG	34,7
	Pattison/Brooke	GBR	51,7
	Conrad/Ficker	BRA	52,1
1980	Abascal/Noguer	ESP	19,0
	Wilkins/Wilkinson	IRL	30,0
	Szabolcs + Zsolt Detre	HUN	45,7
1984	McKee/W. C. Buchan	USA	19,7
	McLaughlin/Bastet	CAN	22,7
	Richards/Allam	GBR	48,7
1988	Möller-Bojsen/Grönborg	DEN	31,4
	Pollen/Bjorkum	NOR	37,4
	McLaughlin/Millen	CAN	48,4
1992	Luis Doreste/Manrique	ESP	29,7
	Foerster/Bourdow	USA	32,7
	Jorgen + Jens Möller-Bojsen	DEN	37,7

Soling (bis 2000)

1972	USA (Melges)	USA	8,7
	Schweden (Wennerström)	SWE	31,7
	Kanada (Miller)	CAN	47,1
1976	Dänemark (P. Jensen)	DEN	46,7
	USA (Kolius)	USA	47,4
	DDR (Below)	GDR	47,4
1980	Dänemark (P. Jensen)	DEN	23,0
	UdSSR (B. Budnikow)	URS	30,4
	Griechenland (Boudouris)	GRE	31,1
1984	USA (Haines)	USA	33,7
	Brasilien (T. Grael)	BRA	43,4
	Kanada (H.M. Fogh)	CAN	49,7
1988	DDR (Schümann)	GDR	11,7
	USA (Kostecki)	USA	14,0
	Dänemark (Bank)	DEN	52,7
1992	Dänemark (Bank)	DEN	2:0
	USA (Mahaney)	USA	
	Großbritannien (Smith)	GBR	
1996	Deutschland (Schümann)	GER	3:0
	Russland (Schadjduko)	RUS	
	USA (Madrigali)	USA	
2000	Dänemark (Bank)		4:3
	Deutschland (Schümann)		
	Norwegen (Johannessen)		

Frauen

Laser Radial

2008	Anna Tunnicliffe	USA	37
	Gintare Volungeviciute	LTU	42
	Xu Lijia	CHN	50

470er

1988	Jolly/Jewell	USA	26,7
	Söderström/Bengtsson	SWE	40,0
	Moskalenko/Tsunichowskaja	URS	45,4
1992	Zabell/Guerra	ESP	30,7
	Egnot/Shearer	NZL	39,7
	Isler/Healy	USA	42,4
1996	Zabell/Via Dufresne	ESP	25,0
	Shige/Kinoshita	JPN	36,0
	Pakolschik/Taran	UKR	38,0
2000	Armstrong/Stowell	AUS	33
	Isler/Glaser	USA	47
	Taran/Pacholtschejk	UKR	48
2004	Bekatorou/Tsoulfa	GRE	38
	via Dufresne/Azon	ESP	62
	Torgersson/Zachrisson	SWE	63
2008	Rechichi/Parkinson	AUS	43
	de Koning/Berkhout	NED	53
	Oliveira/Swan	BRA	60

Yngling

2004	Robertson/Webb/Ayton	GBR	39
	Taran/Kalinina/Matewuschewa	UKR	50
	Jensen/Jespersen/Otzen	DEN	54
2008	Ayton/Webb/Wilson	GBR	24
	Mulder/Bes/Witteveen	NED	31
	Bekatorou/Papadopoulou/ Kravarioti	GRE	48

Europe (bis 2004)

1992	Linda Andersen	NOR	48,7
	Natalia via Dufresne	ESP	57,4
	Julia Trotman	USA	62,7
1996	Kristine Roug	DEN	24,0
	Margriet Matthijsse	NED	30,0
	Courtenay Becker-Dey	USA	39,0
2000	Shirley Robertson	GBR	37
	Margriet Matthysse	NED	39
	Serena Amato	ARG	51
2004	Siren Sundby	NOR	47
	Lenka Smidova	CZE	65
	Signe Livbjerg	DEN	74

Offen

Tornado

1976	White/Osborn	GBR	18,0
	McFaull/Rothwell	USA	36,0
	Spengler/Schmall	FRG	37,7
1980	Welter/Björkström	BRA	21,4
	Due/Kjergard	DEN	30,4
	Marström/Ragnarsson	SWE	33,7
1984	Sellers/Timms	NZL	14,7
	Smyth/Glaser	USA	37,0
	Cairns/Anderson	AUS	50,4
1988	Le Deroff/Henard	FRA	16,0
	Sellers/Timms	NZL	35,4
	L. Greal/Freitas	BRA	40,1
1992	Loday/Henard	FRA	40,4
	Smyth/Notary	USA	42,0
	Booth/Forbes	AUS	44,4
1996	Leon/Ballester	ESP	30,0
	Booth/Landenberger	AUS	42,0
	L.Greal/Pellicano	BRA	43,0
2000	Hagara/Steinacher	AUT	16
	Bundock/Forbes	AUS	25
	Gäbler/Schwall	GER	38
2004	Hagara/Steinacher	AUT	34
	Lovell/Ogletree	USA	45
	Lange/Espinola	ARG	54
2008	Echvarri/Paz	ESP	44
	Bundock/Ashby	AUS	49
	Lange/Espinola	ARG	56

49er

2000	Johanson/Jarvi	FIN	55
	Barker/Hiscocks	GBR	60
	McKee/McKee	USA	64
2004	Martinez/Fernandez	ESP	67
	Luka/Leontschuk	UKR	7
	Draper/Hiscocks	GBR	77
2008	Warrer/Ibsen	DEN	61
	Martinez de Lizarduy/Fernandez	ESP	64
	J.P. und H. Peckolt	GER	66

Finn-Dinghi

1924	Leon Huybrechts	BEL	
	Henrik Robert	NOR	
	Hans Dittmar	FIN	
1928	Sven Thorell	SWE	
	Henrik Robert	NOR	
	Bertil Broman	FIN	
1932	Jacques Lebrun	FRA	87
	Adriaan Maas	NED	85
	Santiago Cansino	ESP	76
1936	Daniel Kagchelland	NED	163
	Werner Krogmann	GER	150
	Peter Scott	GBR	131
1948	Paul Elvström	DEN	5543
	Ralph Evans	USA	5408
	Jacobus de Jong	NED	5204
1952	Paul Elvström	DEN	8209
	Charles Currey	GBR	5449
	Rickard Sarby	SWE	5051
1956	Paul Elvström	DEN	7509
	Andre Nelis	BEL	6254
	John Marvon	USA	5953
1960	Paul Elvström	DEN	8171
	Alexander Tschutschelow	URS	6520
	Andre Nelis	BEL	5934
1964	Willi Kuhweide	GER	7638
	Peter Barrett	USA	6373
	Henning Wind	DEN	6190
1968	Walentin Mankin	URS	11,7
	Hubert Raudaschl	AUT	53,4
	Fabio Albarelli	ITA	55,1
1972	Serge Maury	FRA	58,0
	Ilias Hatzipavlis	GRE	71,0
	Wiktor Potapow	URS	74,7
1976	Jochen Schümann	GDR	35,4
	Andrej Balaschow	URS	39,7
	John Bertrand	AUS	46,4
1980	Esko Rechardt	FIN	36,7
	Wolfgang Mayrhofer	AUT	46,7
	Andrej Balaschow	URS	47,4
1984	Russel Coutts	NZL	34,7
	John Bertrand	USA	37,0
	Terry Neilson	CAN	37,7
1988	Jose Luis Doreste	ESP	38,1
	Peter Holmberg	ISV	40,4
	John Cutler	NZL	45,0
1992	Jose van der Ploeg	ESP	33,4
	Brian Ledbetter	USA	54,7
	Craig Monk	NZL	64,7
1996	Mateusz Kusznierewicz	POL	32,0
	Sebastien Godefroid	BEL	45,0
	Roy Heiner	NED	50,0
2000	Iain Percy	GBR	35
	Luca Devoti	ITA	46
	Fredrik Loof	SWE	47
2004	Ben Ainslie	GBR	38
	Rafael Trujillo	ESP	51
	Mateusz Kusznierewicz	POL	53
2008	Ben Ainslie	GBR	23
	Zach Railey	USA	45
	Guillaume Florent	FRA	58

Surfen, Männer

1984	Stephan van den Berg	NED	27,7
	Randall Steele	USA	46,0
	Bruce Kendall	NZL	46,4
1988	Bruce Kendall	NZL	35,4
	Jan Boersma	AHO	42,7
	Michael Gebhardt	USA	48,0
1992	Franck David	FRA	70,7
	Mike Gebhardt	USA	71,1
	Lars Kleppich	AUS	98,7
1996	Nikolaos Kaklamanakis	GRE	17,0
	Carlos Espinola	ARG	19,0
	Gal Fridman	ISR	21,0
2000	Christoph Sieber	AUT	38
	Carlos Espinola	ARG	43
	Aaron McIntosh	NZL	48
2004	Gal Fridman	ISR	42
	Nikolaos Kaklamanakis	GRE	52
	Nick Dempsey	GBR	53
2008	Tom Ashley	NZL	52
	Julien Bontemps	FRA	53
	Shahar Zubari	ISR	58

Surfen, Frauen

1992	Barbara Kendall	NZL	47,8
	Zhang Xiaodong	CHN	65,8
	Dorien de Vries	NED	68,7
1996	Lee Lai Shan	HKG	16,0
	Barbara Kendall	NZL	24,0
	Alessandra Sensini	ITA	28,0
2000	Alessandra Sensini	ITA	15
	Amelie Lux	GER	15
	Barbara Kendall	NZL	19
2004	Faustine Merret	FRA	31
	Yin Jian	CHN	33
	Alessandra Sensini	ITA	34
2008	Yin Jian	CHN	39
	Alessandra Sensini	ITA	40
	Bryony Shaw	GBR	45

Statistik

Austragungsorte seit 1896

I	1896	Athen
II	1900	Paris
III	1904	St. Louis
IV	1908	London
V	1912	Stockholm
VI	1916	ausgefallen
VII	1920	Antwerpen
VIII	1924	Paris
IX	1928	Amsterdam
X	1932	Los Angeles
XI	1936	Berlin
XII	1940	ausgefallen
XIII	1944	ausgefallen
XIV	1948	London
XV	1952	Helsinki
XVI	1956	Melbourne
XVII	1960	Rom
XVIII	1964	Tokio
XIX	1968	Mexiko City
XX	1972	München
XXI	1976	Montreal
XXII	1980	Moskau
XXIII	1984	Los Angeles
XXIV	1988	Seoul
XXV	1992	Barcelona
XXVI	1996	Atlanta
XXVII	2000	Sydney
XXVIII	2004	Athen
XXIX	2008	Peking

IOC-Abkürzungen
(205 Nationale Olympische Komitees)

AFG	Afghanistan
AHO	Niederländische Antillen
ALB	Albanien
ALG	Algerien
AND	Andorra
ANG	Angola
ANT	Antigua und Barbuda
ARG	Argentinien
ARM	Armenien
ARU	Aruba
ASA	Amerikanisch Samoa
AUS	Australien
AUT	Österreich
AZE	Aserbaidschan
BAH	Bahamas
BAN	Bangladesch
BAR	Barbados
BDI	Burundi
BEL	Belgien
BEN	Benin
BER	Bermudas
BHU	Bhutan
BIH	Bosnien-Herzegowina
BIZ	Belize
BLR	Weißrussland
BOH	Böhmen*
BOL	Bolivien
BOT	Botswana
BRA	Brasilien
BRN	Bahrain
BRU	Brunei
BUL	Bulgarien
BUR	Burkina Faso
CAF	Zentralafrikanische Republik
CAM	Kambodscha
CAN	Kanada
CAY	Kayman-Inseln
CGO	Kongo
CHA	Tschad
CHI	Chile
CHN	China
CIV	Elfenbeinküste
CMR	Kamerun
COD	Demokratische Republik Kongo
COK	Cook-Inseln
COL	Kolumbien
COM	Komoren
CPV	Kapverden
CRC	Costa Rica
CRO	Kroatien
CUB	Kuba
CYP	Zypern
CZE	Tschechien
DEN	Dänemark
DJI	Dschibuti
DMA	Dominica
DOM	Dominikanische Republik
ECU	Ekuador
EGY	Ägypten
ERI	Eritrea
ESA	El Salvador
ESP	Spanien
EST	Estland
ETH	Äthiopien
FIJ	Fidschi
FIN	Finnland
FRA	Frankreich
FRG	BR Deutschland*
FSM	Mikronesien
GAB	Gabun
GAM	Gambia
GBR	Großbritannien
GBS	Guinea-Bissau
GDR	DDR*
GEO	Georgien
GEQ	Äquatorialguinea
GER	Deutschland
GHA	Ghana
GRE	Griechenland
GRN	Grenada
GUA	Guatemala
GUI	Guinea
GUM	Guam
GUS	Gem. Unabhängiger Staaten*
GUY	Guyana
HAI	Haiti
HKG	Hongkong
HON	Honduras
HUN	Ungarn
INA	Indonesien
IND	Indien
IRI	Iran
IRL	Irland
IRQ	Irak
ISL	Island
ISR	Israel
ISV	Jungfrauen-Inseln
ITA	Italien
IVB	Brit. Jungfrauen-Inseln
JAM	Jamaika
JOR	Jordanien
JPN	Japan
KAZ	Kasachstan
KEN	Kenia
KGZ	Kirgisistan
KIR	Kiribati
KOR	Südkorea
KSA	Saudi-Arabien
KUW	Kuwait
LAO	Laos
LAT	Lettland
LBA	Libyen
LBR	Liberia
LCA	St. Lucia
LES	Lesotho
LIB	Libanon
LIE	Liechtenstein
LTU	Litauen
LUX	Luxemburg
MAD	Madagaskar
MAR	Marokko
MAS	Malaysia
MAW	Malawi
MDA	Moldawien
MDV	Malediven
MEX	Mexiko
MGL	Mongolei
MHL	Marshallinseln
MKD	Mazedonien
MLI	Mali
MLT	Malta
MNE	Montenegro
MON	Monaco
MOZ	Mosambik
MRI	Mauritius
MTN	Mauretanien
MYA	Myanmar
NAM	Namibia
NCA	Nicaragua
NED	Niederlande
NEP	Nepal
NGR	Nigeria
NIG	Niger
NOR	Norwegen
NRU	Nauru
NZL	Neuseeland
OMA	Oman
PAK	Pakistan
PAN	Panama
PAR	Paraguay
PER	Peru
PHI	Philippinen
PLE	Palästina
PLW	Palau
PNG	Papua-Neuguinea
POL	Polen
POR	Portugal
PRK	Nordkorea
PUR	Puerto Rico
QAT	Katar
ROU	Rumänien
RSA	Südafrika
RUS	Russland
RWA	Ruanda
SAM	Samoa
SCG	Serbien und Montenegro*
SEN	Senegal
SEY	Seychellen
SIN	Singapur
SKN	St. Kitts und Nevis
SLE	Sierra Leone
SLO	Slowenien
SMR	San Marino
SOL	Solomon-Inseln
SOM	Somalia
SRB	Serbien
SRI	Sri Lanka
STP	Sao Tome und Principe
SUD	Sudan
SUI	Schweiz
SUR	Surinam
SVK	Slowakei
SWE	Schweden
SWZ	Swasiland
SYR	Syrien
TAN	Tansania
TCH	Tschechoslowakei*
TGA	Tonga
THA	Thailand
TJK	Tadschikistan
TKM	Turkmenistan
TLS	Ost-Timor
TOG	Togo
TPE	Taiwan
TRI	Trinidad und Tobago
TUN	Tunesien
TUR	Türkei
TUV	Tuvalu
UAE	Ver. Arabische Emirate
UGA	Uganda
UKR	Ukraine
URS	UdSSR*
URU	Uruguay
USA	USA
UZB	Usbekistan
VAN	Vanuatu
VEN	Venezuela
VIE	Vietnam
VIN	St. Vincent/Grenadinen
YEM	Jemen
YUG	Jugoslawien*
ZAI	Zaire*
ZAM	Sambia
ZIM	Simbabwe

*alte Abkürzungen

Statistik-Hinweise

OR	Olympischer Rekord*
WR	Weltrekord*
AB	Abbruchsieg
AF	Achtelfinale
AG	Aufgabe
AU	Ausgeschieden
DQ	Disqualifikation
HF	Halbfinale
HO	Hoffnungslauf
I.E.	im Elfmeterschießen
KE	Kampfrichterentscheid
KL	Kampflos
Ko	Knock out
MR	Medaillenrennen
n.V.	Nach Verlängerung
OCS	Fehlstart
QU	Qualifikation
R	Runde
TR	Trostrunde
TRF	Trostrundenfinale
VF	Viertelfinale
VL	Vorlauf
VK	Vorkampf
VR	Vorrunde
WF	Wettfahrt
ZL	Zwischenlauf

* In den Statistiken angegebene Olympische und Weltrekorde beziehen sich auf den Stand vor Beginn der Wettbewerbe. Neue OR/WR sind bei den Erstplatzierten gesondert gekennzeichnet.

Der Medaillen-Spiegel von Peking

		Gold	Silber	Bronze
1.	China	51	21	28
2.	USA	36	38	36
3.	Russland	23	21	28
4.	Großbritannien	19	13	15
5.	Deutschland	16	10	15
6.	Australien	14	15	17
7.	Südkorea	13	10	8
8.	Japan	9	6	10
9.	Italien	8	10	10
10.	Frankreich	7	16	17
11.	Ukraine	7	5	15
12.	Niederlande	7	5	4
13.	Jamaika	6	3	2
14.	Spanien	5	10	3
15.	Kenia	5	5	4
16.	Weißrussland	4	5	10
17.	Rumänien	4	1	3
18.	Äthiopien	4	1	2
19.	Kanada	3	9	6
20.	Polen	3	6	1
21.	Norwegen	3	5	2
	Ungarn	3	5	2
23.	Brasilien	3	4	8
24.	Tschechien	3	3	0
25.	Slowakei	3	2	1
26.	Neuseeland	3	1	5
27.	Georgien	3	0	3
28.	Kuba	2	11	11
29.	Kasachstan	2	4	7
30.	Dänemark	2	2	3
31.	Mongolei	2	2	0
	Thailand	2	2	0
33.	Nordkorea	2	1	3
34.	Argentinien	2	0	4
	Schweiz	2	0	4
36.	Mexiko	2	0	1
37.	Türkei	1	4	3
38.	Simbabwe	1	3	0
39.	Aserbaidschan	1	2	4
40.	Usbekistan	1	2	3
41.	Slowenien	1	2	2
42.	Bulgarien	1	1	3
	Indonesien	1	1	3
44.	Finnland	1	1	2
45.	Lettland	1	1	1
	Belgien	1	1	0
	Dominikanische Republik	1	1	0
	Estland	1	1	0
	Portugal	1	1	0
50.	Indien	1	0	2
51.	Iran	1	0	1
52.	Bahrain	1	0	0
	Kamerun	1	0	0
	Panama	1	0	0
	Tunesien	1	0	0
56.	Schweden	0	4	1
57.	Kroatien	0	2	3
	Litauen	0	2	3
59.	Griechenland	0	2	2
60.	Trinidad/Tobago	0	2	0
61.	Nigeria	0	1	3
62.	Irland	0	1	2
	Österreich	0	1	2
	Serbien	0	1	2
65.	Algerien	0	1	1
	Bahamas	0	1	1
	Kirgisistan	0	1	1
	Kolumbien	0	1	1
	Marokko	0	1	1
	Tadschikistan	0	1	1
71.	Chile	0	1	0
	Ecuador	0	1	0
	Island	0	1	0
	Malaysia	0	1	0
	Singapur	0	1	0
	Sudan	0	1	0
	Südafrika	0	1	0
	Vietnam	0	1	0
79.	Armenien	0	0	6
80.	Taiwan	0	0	4
81.	Afghanistan	0	0	1
	Ägypten	0	0	1
	Israel	0	0	1
	Togo	0	0	1
	Venezuela	0	0	1
	Moldawien	0	0	1
	Mauritius	0	0	1

Hinweis: Im Judo, Ringen, Boxen und Taekwondo wurden in allen Entscheidungen jeweils zwei Bronzemedaillen vergeben. Im Schwimmen wurden über 100 m Rücken der Männer und über 100 m Freistil der Männer jeweils zwei Bronzemedaillen vergeben. In der Leichtathletik wurden über 100 m der Frauen zwei Silber und keine Bronze vergeben. Einem schwedischen Ringer wurde die Bronzemedaille aberkannt.

Die Teilnehmer der XXVIX. Olympischen Sommerspiele

Badminton

Kristof Hopp	GER-Bischmisheim	14.07.1978
Birgit Overzier	GER-Bonn-Beuel	28.09.1984
Juliane Schenk	GER-Berlin	26.11.1982
Huaiwen Xu	GER-Bischmisheim	02.08.1975
Marc Zwiebler	GER-Bonn-Beuel	13.03.1984
Christian Bösiger	SUI-Hägendorf	22.03.1984
Jeanine Cicognini	SUI-Brig	14.11.1986

Basketball

Patrick Femerling	GER-Berlin	04.03.1975
Robert Garrett	GER-Bamberg	18.03.1977
Demond Greene	GER-Bamberg	15.06.1979
Steffen Hamann	GER-Bamberg	14.06.1981
Jan-Hendrik Jagla	GER-Badalona/ESP	25.06.1981
Chris Kaman	GER-Los Angeles/USA	28.04.1982
Dirk Nowitzki	GER-Dallas/USA	19.06.1978
Tim Ohlbrecht	GER-Bamberg	30.08.1988
Pascal Roller	GER-Frankfurt	20.11.1976
Sven Schultze	GER-Udine/ITA	11.07.1978
Konrad Wysocki	GER-Ulm	28.03.1982
Philip Zwiener	GER-Berlin	23.07.1985

Beachvolleyball

Clemens Doppler	AUT-Wien	06.09.1980
Peter Gartmayer	AUT-Wien	25.02.1978
Florian Gosch	AUT-Wien	16.08.1980
Alexander Horst	AUT-Wien	20.12.1982
Sara Montagnolli	AUT-Innsbruck	02.12.1978
Doris Schwaiger	AUT-Zwettl	28.02.1985
Stefanie Schwaiger	AUT-Zwettl	07.08.1986
Sabine Swoboda	AUT-Guntramsdorf	23.03.1975
Julius Brink	GER-Berlin	06.07.1982
Christoph Dieckmann	GER-Berlin	07.01.1976
Sara Goller	GER-Berlin	21.05.1984
David Klemperer	GER-Hildesheim	22.06.1980
Eric Koreng	GER-Essen	16.05.1981
Laura Ludwig	GER-Berlin	13.01.1986
Stephanie Pohl	GER-Hamburg	07.05.1978
Okka Rau	GER-Hamburg	05.01.1977
Patrick Heuscher	SUI-Zürich	22.12.1976
Sascha Heyer	SUI-Frauenfeld	21.07.1972
Martin Laciga	SUI-Kerzers	25.01.1975
Jan Schnider	SUI-Bern	07.01.1983

Bogenschießen

Anja Hitzler	GER-Welzheim	16.02.1983
Jens Pieper	GER-Querum	09.02.1968
Nathalie Dielen	SUI-St. Sulpice	18.03.1966

Boxen

Konstantin Buga	GER-Berlin	17.06.1985
Jack Culcay-Keth	GER-Darmstadt	26.09.1985
Wilhelm Gratschow	GER-Gifhorn	18.10.1982
Rustam Rahimow	GER-Velbert	16.02.1975

Fechten

Roland Schlosser	AUT-Salzburg	23.08.1982
Alexandra Bujdoso	GER-Koblenz	05.03.1990
Imke Duplitzer	GER-Bonn	28.07.1975
Carolin Golubytskyi	GER-Tauberbischofsheim	19.12.1985
Britta Heidemann	GER-Leverkusen	22.12.1982
Peter Joppich	GER-Koblenz	21.12.1982
Benjamin Kleibrink	GER-Bonn	30.07.1985
Nicolas Limbach	GER-Dormagen	29.12.1985
Anja Schache	GER-Tauberbischofsheim	29.03.1977
Katja Wächter	GER-Tauberbischofsheim	28.01.1982
Michael Kauter	SUI-Bern	18.02.1979
Sophie Lamon	SUI-Sion	08.02.1985

Fußball

Nadine Angerer	GER-Stockholm/SWE	10.11.1978
Fatmire Bajramaj	GER-Duisburg	01.04.1988
Saskia Bartusiak	GER-Frankfurt	09.09.1982
Melanie Behringer	GER-Freiburg	18.11.1985
Linda Bresonik	GER-Essen	07.12.1983
Celia Okoyino da Mbabi	GER-Bad Neuenahr	27.06.1988
Kerstin Garefrekes	GER-Frankfurt/Main	04.09.1979
Ariane Hingst	GER-Stockholm/SWE	25.07.1979
Ursula Holl	GER-Bad Neuenahr	26.06.1982
Annike Krahn	GER-Duisburg	01.07.1985
Simone Laudehr	GER-Duisburg	12.07.1986
Renate Lingor	GER-Frankfurt	11.10.1975
Anja Mittag	GER-Potsdam	16.05.1985
Babett Peter	GER-Potsdam	12.05.1988
Conny Pohlers	GER-Frankfurt	16.11.1978
Birgit Prinz	GER-Frankfurt	25.10.1977
Sandra Smisek	GER-Frankfurt	03.07.1977
Kerstin Stegemann	GER-Wattenscheid	29.09.1977

Gewichtheben

Julia Rohde	GER-Görlitz	13.05.1989
Artyom Shaloyan	GER-Speyer	31.07.1976
Jürgen Spieß	GER-Forst	26.03.1984
Matthias Steiner	GER-Chemnitz	25.08.1982
Almir Velagic	GER-Kaufbeuren	22.08.1981

Handball

Anja Althaus	GER-Viborg/DEN	03.09.1982
Maren Baumbach	GER-Kopenhagen/DEN	14.01.1981
Johannes Bitter	GER-Hamburg	02.09.1982
Sabine Englert	GER-Maria Enzersdorf/AUT	27.11.1981
Henning Fritz	GER-Mannheim	21.09.1974
Holger Glandorf	GER-Nordhorn	30.03.1983
Michael Haaß	GER-Minden	12.12.1983
Nadine Härdter	GER-Bad Langensalza	29.03.1981
Pascal Hens	GER-Hamburg	26.03.1980
Mandy Hering	GER-Frankfurt	11.03.1984
Torsten Jansen	GER-Hamburg	23.12.1976
Grit Jurack	GER-Viborg/DEN	22.10.1977
Florian Kehrmann	GER-Lemgo	26.06.1977
Dominik Klein	GER-Kiel	16.12.1983
Andrej Klimovets	GER-Mannheim	18.08.1974
Oliver Köhrmann	GER-Wilhelmshaven	28.07.1976
Michael Kraus	GER-Lemgo	28.09.1983
Nadine Krause	GER-Kopenhagen/DEN	25.03.1982
Anna Loerper	GER-Leverkusen	18.11.1984
Stefanie Melbeck	GER-Kolding/DEN	16.04.1977
Anne Müller	GER-Leverkusen	07.05.1983
Sabrina Neukamp	GER-Leverkusen	10.05.1982
Oliver Roggisch	GER-Mannheim	25.08.1978
Christian Schwarzer	GER-Mannheim	23.10.1969
Laura Steinbach	GER-Leverkusen	02.08.1985
Clara Woltering	GER-Leverkusen	02.03.1983
Nina Wörz	GER-Randers/DEN	14.11.1980
Christian Zeitz	GER-Kiel	18.11.1980

Hockey

Tina Bachmann	GER-Braunschweig	01.08.1978
Janine Beermann	GER-Nijmegen/NED	20.11.1983
Sebastian Biederlack	GER-Hamburg	16.09.1981
Pia Eidmann	GER-Köln	26.08.1984
Moritz Fürste	GER-Hamburg	28.10.1984
Mandy Haase	GER-Mannheim	25.06.1982
Tobias Hauke	GER-Hamburg	11.09.1987
Martina Heinlein	GER-Hamburg	16.05.1981
Eileen Hoffmann	GER-Köln	25.06.1984
Florian Keller	GER-Berlin	03.10.1981
Natascha Keller	GER-Berlin	03.07.1977
Oliver Korn	GER-Düsseldorf	10.06.1984
Anke Kühn	GER-Braunschweig	28.02.1981
Niklas Meinert	GER-Mannheim	01.05.1981
Julia Müller	GER-Laren/NED	10.12.1985
Max Müller	GER-Nürnberg	11.07.1987
Janne Müller-Wieland	GER-Hamburg	28.10.1986
Carlos Nevado	GER-Hamburg	16.09.1982
Kristina Reynolds	GER-Hamburg	18.02.1984
Fanny Rinne	GER-Den Haag/NED	15.04.1980
Marion Rodewald	GER-Köln	24.12.1976
Katharina Scholz	GER-München	04.07.1983
Christina Schütze	GER-Köln	25.10.1983
Maike Stöckel	GER-Köln	06.03.1984
Max Weinhold	GER-Köln	30.04.1982
Tibor Weißenborn	GER-Köln	20.03.1981
Benjamin Weß	GER-Köln	28.07.1985
Timo Weß	GER-Köln	02.07.1987
Philip Witte	GER-Hamburg	29.07.1984
Matthias Witthaus	GER-Krefeld	11.10.1982
Christopher Zeller	GER-München	14.09.1984
Philipp Zeller	GER-Köln	23.03.1983

Judo

Sabrina Filzmoser	AUT-Thalheim	12.06.1980
Claudia Heill	AUT-Wien	24.01.1982
Ludwig Paischer	AUT-Strasswalchen	28.11.1981
Michaela Baschin	GER-Backnang	02.06.1984
Benjamin Behrla	GER-Walheim	31.08.1985
Ole Bischof	GER-Reutlingen	27.08.1979
Annett Böhm	GER-Leipzig	08.01.1980
Yvonne Bönisch	GER-Potsdam	29.12.1980
Sandra Köppen-Zuckschwerdt	GER-Brandenburg	15.05.1975
Michael Pinske	GER-Berlin	22.08.1985
Romy Tarangul	GER-Frankfurt/Oder	19.10.1987
Andreas Tölzer	GER-Mönchengladbach	27.01.1980
Anna von Harnier	GER-Böblingen	27.01.1981
Heide Wollert	GER-Halle/Saale	16.05.1982
Sergei Aschwanden	SUI-Magglingen	22.12.1975

Kanu

Helmut Oblinger	AUT-Schärding	14.03.1973
Violetta Oblinger-Peters	AUT-Schärding	14.10.1977
Yvonne Schuring	AUT-Goldwörth	04.01.1978
Viktoria Schwarz	AUT-Linz	02.07.1985
Lutz Altepost	GER-Potsdam	06.10.1981
Jan Benzien	GER-Leipzig	22.07.1982
Jennifer Bongardt	GER-Köln	08.09.1982
Norman Bröckl	GER-Berlin	22.08.1986
Andreas Dittmer	GER-Neubrandenburg	16.04.1972
Torsten Eckbrett	GER-Potsdam	13.04.1984
Jonas Ems	GER-Essen	26.08.1986
Fanny Fischer	GER-Potsdam	07.09.1986
Christian Gille	GER-Neubrandenburg	06.01.1976
Björn Goldschmidt	GER-Karlsruhe	03.12.1979
Alexander Grimm	GER-Augsburg	06.09.1986
Max Hoff	GER-Köln	12.09.1982
Martin Hollstein	GER-Neubrandenburg	02.04.1987
Andreas Ihle	GER-Neubrandenburg	02.06.1979
Carolin Leonhardt	GER-Sandhofen	22.11.1984
Felix Michel	GER-Spremberg	04.10.1984
Sebastian Piersig	GER-Spremberg	28.05.1984
Ronald Rauhe	GER-Potsdam	03.10.1981
Nicole Reinhardt	GER-Mannheim	02.01.1986
Katrin Wagner-Augustin	GER-Potsdam	13.10.1977
Tim Wieskötter	GER-Potsdam	12.03.1979
Tomasz Wylenzek	GER-Essen	09.01.1983
Michael Kurt	SUI-Wiedlisbach	02.04.1980

Leichtathletik

Eva-Maria Gradwohl	AUT-Anger	29.03.1973
Gerhard Mayer	AUT-Franzensdorf	20.05.1980
Günther Weidlinger	AUT-Neukirchen	05.04.1978
Arthur Abele	GER-Ulm	30.07.1986
Ralf Bartels	GER-Neubrandenburg	21.02.1978
Sebastian Bayer	GER-Leverkusen	11.06.1986
Marius Broening	GER-Tübingen	24.10.1983
Danny Ecker	GER-Leverkusen	21.07.1977
Florence Ekpo-Umoh	GER-Mainz	27.12.1977
Markus Esser	GER-Leverkusen	03.02.1980
Ruwen Faller	GER-Magdeburg	22.07.1980
Ariane Friedrich	GER-Frankfurt/Main	10.01.1984
Kamghe Gaba	GER-Frankfurt/Main	13.01.1984
Susanne Hahn	GER-Saarbrücken	23.04.1978
Robert Harting	GER-Berlin	18.10.1984
Betty Heidler	GER-Frankfurt/Main	14.10.1983
Till Helmke	GER-Friedberg	06.05.1984
Carolin Hingst	GER-Mainz	18.09.1980
Denise Hinrichs	GER-Wattenscheid	07.06.1987
Claudia Hoffmann	GER-Paderborn	10.12.1982
Raphael Holzdeppe	GER-Zweibrücken	28.09.1989
Andre Höhne	GER-Berlin	10.03.1978
Martin Keller	GER-Chemnitz	26.09.1986
Sonja Kesselschläger	GER-Neubrandenburg	20.01.1978
Simon Kirch	GER-Saarbrücken	26.09.1979
Kathrin Klaas	GER-Frankfurt/Main	06.02.1984
Nadine Kleinert	GER-Magdeburg	20.10.1975
Alexander Kosenkow	GER-Wattenscheid	14.03.1977
Melanie Kraus	GER-Leverkusen	24.10.1974
Janin Lindenberg	GER-Berlin	20.01.1987
Tim Lobinger	GER-München	03.09.1972
Sabrina Mockenhaupt	GER-Köln	06.12.1980
Katharina Molitor	GER-Leverkusen	08.11.1983
Antje Möldner	GER-Potsdam	13.06.1984
Anne Möllinger	GER-Mannheim	27.09.1985
Steffi Nerius	GER-Leverkusen	01.07.1972
Andre Niklaus	GER-Berlin	30.08.1981
Sorina Nwachukwu	GER-Leverkusen	21.08.1987
Carolin Nytra	GER-Bremen	26.02.1985
Christina Obergföll	GER-Offenburg	22.08.1981
Jennifer Oeser	GER-Leverkusen	29.11.1983
Ronny Ostwald	GER-Wattenscheid	07.04.1974
Mareike Peters	GER-Leverkusen	09.01.1986
Anastasija Reiberger	GER-Ludwigshafen	19.09.1977
Peter Sack	GER-Leipzig	27.07.1979
Verena Sailer	GER-Fürth/München	16.10.1985
Carsten Schlangen	GER-Berlin	31.12.1980
Michael Schrader	GER-Uerdingen	01.07.1987
Christina Schwanitz	GER-Neckarsulm	24.12.1985
Lilli Schwarzkopf	GER-Paderborn	28.08.1983
Melanie Seeger	GER-Potsdam	08.01.1977
Florian Seitz	GER-Berlin	05.08.1982
Raul Spank	GER-Dresden	13.07.1988
Silke Spiegelburg	GER-Leverkusen	17.03.1986
Stephan Steding	GER-Hannover	29.01.1982
Bastian Swillims	GER-Wattenscheid	09.12.1982
Jonna Tilgner	GER-Bremen	18.11.1984
Cathleen Tschirch	GER-Weserbergland	23.07.1979
Tobias Unger	GER-Kornwestheim/Ludwigsburg	10.07.1979
Alexander Vieweg	GER-Saarbrücken	26.06.1986
Marion Wagner	GER-Mainz	01.02.1978
Katja Wakan	GER-Wattenscheid	27.06.1981
Sabine Zimmer	GER-Wattenscheid	06.02.1981
Philipp Bandi	SUI-Bern	28.09.1977
Nicole Büchler	SUI-Magglingen	17.12.1983
Marco Cribari	SUI-Oetwil	07.07.1985
Julien Fivaz	SUI-La Chaux-de-Fonds	09.01.1979
Andreas Kundert	SUI-Mörschwil	01.10.1984
Viktor Röthlin	SUI-Kerns	14.10.1974
Marc Schneeberger	SUI-Kallnach	05.07.1981
Linda Züblin	SUI-Riedt bei Erlen	21.03.1986

Moderner Fünfkampf

Steffen Gebhardt	GER-Bensheim	22.07.1981
Lena Schöneborn	GER-Bonn	11.04.1986
Eva Trautmann	GER-Darmstadt	19.06.1982
Eric Walther	GER-Berlin	13.03.1975
Belinda Schreiber	SUI-Bargen	22.05.1978

Radsport

Elisabeth Osl	AUT-Kirchberg	21.11.1985
Christian Pfannberger	AUT-Mödling	09.10.1979
Thomas Rohregger	AUT-Kramsach	23.12.1982
Monika Schachl	AUT-Mondsee	21.04.1978
Christiane Soeder	AUT-Wien	15.01.1975
Christoph Soukup	AUT-Berndorf	11.10.1980
Judith Arndt	GER-Leipzig	23.07.1976
Carsten Bergemann	GER-Chemnitz	24.01.1979
Gerald Ciolek	GER-Pulheim	19.09.1986
Rene Enders	GER-Erfurt	13.02.1987
Robert Förstemann	GER-Gera	05.03.1986
Manuel Fumic	GER-Kirchheim-Teck	30.03.1982
Bert Grabsch	GER-Wittenberg	19.06.1975
Verena Jooß	GER-Ludwigshafen-Friesenheim	09.01.1979
Roger Kluge	GER-Cottbus	05.02.1986
Hanka Kupfernagel	GER-Werder	19.03.1974
Wolfram Kurschat	GER-Neustadt	17.05.1975
Maximilian Levy	GER-Cottbus	26.06.1987
Moritz Milatz	GER-Freiburg	24.05.1982
Adelheid Morath	GER-Freiburg	02.08.1984
Stefan Nimke	GER-Schwerin	01.03.1978
Olaf Pollack	GER-Cottbus	20.09.1973
Stefan Schumacher	GER-Nürtingen	21.07.1981
Sabine Spitz	GER-Murg-Niederhof	27.12.1971
Jens Voigt	GER-Berlin	17.09.1971
Fabian Wegmann	GER-Freiburg	20.06.1980
Trixi Worrack	GER-Dissen	28.09.1981
Michael Albasini	SUI-Gais	20.12.1980
Nicole Brändli-Sedoun	SUI-Au	18.06.1979
Fabian Cancellara	SUI-Ittigen	18.03.1981
Priska Doppmann	SUI-Immensee	10.05.1971
Jenny Fähndrich	SUI-Carouge	25.04.1989
Petra Henzi	SUI-Rombach	14.10.1969
Jennifer Hohl	SUI-Marbach SG	03.02.1986
Franco Marvulli	SUI-Zürich	11.11.1978
Roger Rinderknecht	SUI-Winterthur	04.05.1981
Bruno Risi	SUI-Bürglen	06.09.1968
Christoph Sauser	SUI-Sigriswil	13.04.1976
Nahtalie Schneitter	SUI-Lommiswil	19.06.1986
Nino Schurter	SUI-Chur	13.05.1986
Karin Thürig	SUI-Retschwil	04.07.1972
Florian Vogel	SUI-Mönchaltdorf	18.02.1982

Statistik

Reiten

Haralc Ambros	AUT-Perg	19.03.1980
Victoria Max-Theurer	AUT-Rohr i. Kremstal	24.10.1985
Christian Ahlmann	GER-Marl	17.12.1974
Ludger Beerbaum	GER-Riesenbeck	26.08.1963
Nadine Capellmann	GER-Würselen	09.07.1965
Andreas Dibowski	GER-Egestorf	29.03.1966
Heike Kemmer	GER-Winsen	24.04.1962
Ingrid Klimke	GER-Münster	01.04.1968
Marco Kutscher	GER-Hörstel	02.05.1975
Meredith Michaels-Beerbaum	GER-Thedinghausen	26.12.1969
Frank Ostholt	GER-Warendorf	23.09.1975
Hinrich Romeike	GER-Nübbel	26.05.1963
Peter Thomsen	GER-Lindewitt	04.04.1961
Isabell Werth	GER-Rheinberg	21.07.1969
Steve Guerdat	SUI-Herrliberg	10.06.1982
Christina Liebherr	SUI-Bulle	16.03.1979
Tiziana Realini	SUI-Zollbrück	03.03.1984
Niklaus Schurtenberger	SUI-Worben	07.02.1968

Ringen

David Bichinaschwili	GER-Aalen	03.02.1975
Alexandra Engelhardt	GER-Ludwigshafen	29.12.1982
Mirko Englich	GER-Witten	28.08.1978
Stefan Kehrer	GER-Ketsch	18.01.1985
Anita Schätzle	GER-Rübenach	22.09.1981
Konstantin Schneider	GER-Köllerbach	17.02.1975
Markus Thätner	GER-Frankfurt/Oder	11.02.1985

Rudern

Filip Adamski	GER-Mannheim	05.01.1983
Rene Bertram	GER-Magdeburg	21.07.1981
Kathrin Boron	GER-Potsdam	04.11.1969
Manuel Brehmer	GER-Berlin	01.06.1978
Karsten Brodowski	GER-Potsdam	22.06.1985
Berit Carow	GER-Hamburg	12.01.1981
Maren Derlien	GER-Hamburg	17.12.1975
Felix Drahotta	GER-Rostock	01.01.1989
Marie-Louise Dräger	GER-Rostock	26.09.1982
Florian Eichner	GER-Halle/Saale	16.12.1985
Matthias Flach	GER-Rostock	30.09.1982
Hans Gruhne	GER-Potsdam	05.08.1988
Marcel Hacker	GER-Frankfurt/Main	29.04.1977
Gregor Hauffe	GER-Leverkusen	20.05.1982
Christina Hennings	GER-Hannover	21.01.1984
Elke Hipler	GER-Hannover	19.09.1978
Christiane Huth	GER-Potsdam	12.09.1980
Urs Käufer	GER-Ulm	17.11.1984
Jonathan Koch	GER-Gießen	29.10.1985
Stephan Krüger	GER-Rostock	29.11.1988
Jochen Kühner	GER-Saarbrücken	15.10.1980
Martin Kühner	GER-Saarbrücken	15.10.1980
Tom Lehmann	GER-Rostock	04.12.1987
Manuela Lutze	GER-Magdeburg	20.03.1974
Florian Menningen	GER-Ratzeburg	10.04.1982
Philipp Naruhn	GER-Halle/Saale	14.07.1983
Kerstin Naumann	GER-Leipzig	17.09.1981
Britta Oppelt	GER-Berlin	05.07.1978
Andreas Penkner	GER-Radolfzell	29.11.1982
Katrin Reinert	GER-Heilbronn	13.01.1988
Annina Ruppel	GER-Wanne-Eickel	08.10.1980
Stephanie Schiller	GER-Potsdam	25.07.1986
Sebastian Schmidt	GER-Mainz	06.01.1985
Magdalena Schmude	GER-Berlin	23.11.1982
Nadine Schmutzler	GER-Herdecke	27.04.1984
Jost Schömann-Finck	GER-Treis-Karden	08.10.1982
Christian Schreiber	GER-Halle/Saale	07.08.1980
Bastian Seibt	GER-Hamburg	19.03.1978
Toni Seifert	GER-Leverkusen	14.04.1981
Peter Thiede	GER-Dortmund	13.02.1968
Ann-Katrin Thiele	GER-Leipzig	18.10.1984
Jochen Urban	GER-Krefeld	23.09.1983
Lenka Wech	GER-Saarbrücken	09.04.1976
Nina Wengert	GER-Saarbrücken	03.08.1984
Clemens Wenzel	GER-Potsdam	23.08.1988
Kristof Wilke	GER-Radolfzell	17.04.1985
Nicole Zimmermann	GER-Rostock	11.05.1980
André Vonarburg	SUI-Luzern	16.01.1978

Schießen

Thomas Farnik	AUT-Wien	06.01.1967
Mario Knögler	AUT-Thalheim/Wels	02.07.1979
Christian Planer	AUT-Walchsee	15.05.1975
Karsten Bindrich	GER-Eußenhausen	15.04.1973
Christine Brinker	GER-Ibbenbüren	10.07.1981
Munkhbayar Dorjsuren	GER-Schweinfurt	20.04.1964
Maik Eckhardt	GER-Dortmund	04.06.1970
Susanne Kiermayer	GER-Kirchberg	22.07.1968
Barbara Lechner	GER-Triftern	16.09.1982
Hans-Jörg Meyer	GER-Wolfenbüttel	20.04.1964
Tino Mohaupt	GER-Benshausen	29.08.1983
Sonja Pfeilschifter	GER-Ismaning	29.01.1971
Christian Reitz	GER-Kriftel	29.04.1987
Stefan Rüttgeroth	GER-Gieboldehausen	04.03.1981
Florian Schmidt	GER-Frankfurt/Oder	31.03.1986
Ralf Schumann	GER-Stockheim	10.06.1962
Stefanie Thurmann	GER-Frankfurt/Oder	25.03.1982
Claudia Verdicchio	GER-Buchheim	24.05.1975
Axel Wegner	GER-Brandis	03.06.1963
Tino Wenzel	GER-Ibbenbüren	18.12.1973
Michael Winter	GER-Kirchseeon	20.05.1976
Irene Beyeler	SUI-Schwarzenburg	11.08.1985
Simon Beyeler	SUI-Schwarzenburg	11.06.1982
Marcel Bürge	SUI-Lütisburg	28.03.1972
Cornelia Froelich	SUI-Stadel	23.05.1964
Sandra Kolly	SUI-Giffers	28.08.1974
Annik Marguet	SUI-Matran	30.06.1981
Beat Müller	SUI-Thörishaus	08.02.1978
Christoph Schmid	SUI-Seewen	05.08.1982

Schwimmen

Nadine Brandl	AUT-Wien	11.03.1990
David Brandl	AUT-Perg	19.04.1987
Nina Dittrich	AUT-Wien	20.11.1990
Florian Janistyn	AUT-Wiener Neustadt	22.04.1988
Dinko Jukic	AUT-Wien	09.01.1989
Mirna Jukic	AUT-Wien	09.04.1986
Dominik Koll	AUT-Linz	24.12.1984
Birgit Koschischek	AUT-Wien	22.05.1987
Elisabeth Mahn	AUT-Wien	02.04.1986
Hunor Mate	AUT-Wien	13.03.1983
Maxim Podoprigora	AUT-Wien	18.04.1978
Markus Rogan	AUT-Wien	04.05.1982
Jördis Steinegger	AUT-Linz	08.02.1983
Sebastian Stoss	AUT-Wien	14.01.1986
Paul Biedermann	GER-Halle/Saale	07.08.1986
Antje Buschschulte	GER-Magdeburg	27.12.1978
Lars Conrad	GER-Hannover	01.06.1976
Petra Dallmann	GER-Heidelberg	21.11.1978
Markus Deibler	GER-Biberach	28.01.1990
Steffen Deibler	GER-Biberach	10.07.1987
Jaana Ehmcke	GER-Potsdam	18.05.1987
Rafed El-Masri	GER-Berlin	10.08.1982
Meike Freitag	GER-Frankfurt/Main	07.02.1979
Daniela Götz	GER-Erlangen	23.12.1987
Stefan Herbst	GER-Leutzsch	17.05.1978
Nicole Hetzer	GER-Burghausen	18.02.1979
Christian Kubusch	GER-Magdeburg	26.04.1988
Annika Lurz	GER-Würzburg	06.09.1979
Thomas Lurz	GER-Würzburg	28.11.1979
Angela Maurer	GER-Mainz	27.07.1975
Helge Meeuw	GER-Frankfurt/Main	29.08.1984
Sarah Poewe	GER-Wuppertal/Uerdingen	03.03.1983
Anne Poleska	GER-Krefeld	20.02.1980
Thomas Rupprath	GER-Rostock	16.03.1977
Daniela Samulski	GER-Wuppertal/Uerdingen	31.05.1984
Katharina Schiller	GER-Hildesheim	22.06.1984
Sonja Schöber	GER-Dortmund	09.07.1985
Jens Schreiber	GER-Hannover	26.08.1982
Benjamin Starke	GER-Berlin	25.11.1986
Britta Steffen	GER-Berlin	16.11.1983
Lisa Vitting	GER-Mülheim/Ruhr	09.07.1991
Christin Zenner	GER-Hildesheim	18.03.1991
Magdalena Brunner	SUI-Schüpfen	10.04.1983
Flori Lang	SUI-Zürich	30.01.1983
Jonathan Massacand	SUI-Attalens	26.02.1984
Dominik Meichtry	SUI-Berkeley/USA	18.11.1984
Karel Novy	SUI-Zürich	12.06.1980
Swann Oberson	SUI-Thônex	26.07.1986
Adrien Perez	SUI-Buchillon	12.01.1988
Flavia Rigamonti	SUI-Dallas/USA	01.07.1981
Ariane Schneider	SUI-Schüpfen	12.03.1985

Segeln

Nico Delle-Karth	AUT-Innsbruck	21.01.1984
Carolina Flatscher	AUT-Innsbruck	18.05.1982
Andreas Geritzer	AUT-Neusiedl a. See	11.12.1977
Roman Hagara	AUT-Winden a. See	30.04.1966
Christian Nehammer	AUT-Wien	26.05.1976
Florian Reichstädter	AUT-Wien	03.07.1980
Nikolaus Resch	AUT-Velden	30.08.1984
Matthias Schmid	AUT-Wien	12.12.1980
Johann Spitzauer	AUT-Wien	01.03.1965
Hans Peter Steinacher	AUT-Zell/See	09.09.1968
Sylvia Vogl	AUT-Salzburg	15.12.1974
Julia Bleck	GER-Berlin	06.03.1985
Ingo Borkowski	GER-Potsdam	10.10.1971
Ute Höpfner	GER-Berlin	16.11.1979
Vivien Kussatz	GER-Berlin	15.08.1972
Petra Niemann	GER-Berlin	14.08.1978
Hannes Peckolt	GER-Kiel	18.11.1982
Jan-Peter Peckolt	GER-Hamburg	04.05.1981
Marc Pickel	GER-Kiel	12.12.1971
Johannes Polgar	GER-Hamburg	25.08.1977
Stefanie Rothweiler	GER-München	28.07.1979
Ulrike Schümann	GER-Berlin	30.01.1973
Florian Spalteholz	GER-Hamburg	04.03.1977
Christoph Bottoni	SUI-Castel San Pietro	21.09.1977
Nathalie Brugger	SUI-Ependes	25.12.1985
Enrico De Maria	SUI-Rüti	20.12.1976
Tobias Etter	SUI-Egg	27.10.1980
Flavio Marazzi	SUI-Bern	07.02.1978
Emmanuelle Rol	SUI-Pully	06.08.1986
Richard Stauffacher	SUI-Wangs	28.08.1982
Felix Steiger	SUI-Uster	18.07.1980
Anne-Sophie Thilo	SUI-Pully	03.12.1987

Taekwondo

Helena Fromm	GER-Oeventrop	05.08.1987
Sümeye Gülec	GER-Nürnberg	30.10.1989
Daniel Manz	GER-Friedrichshafen	12.09.1987
Levent Tuncat	GER-Laar	29.07.1988
Manuela Bezzola	SUI-Studen	12.08.1989

Tennis

Sybille Bammer	AUT-Ottensheim	27.04.1980
Julian Knowle	AUT-Wien	29.04.1974
Jürgen Melzer	AUT-Wien	22.05.1981
Nicolas Kiefer	GER-Hannover	05.07.1977
Rainer Schüttler	GER-Korbach	25.04.1976
Timea Bacsinszky	SUI-Belmont-sur-Lausanne	08.06.1989
Roger Federer	SUI-Oberwil	08.08.1981
Emmanuelle Gagliardi	SUI-Monte Carlo	09.07.1976
Patty Schnyder	SUI-Bäch	14.12.1978
Stanislas Wawrinka	SUI-St-Barthélemy	28.03.1985

Tischtennis

Weixing Chen	AUT-Stockerau	27.04.1972
Robert Gardos	AUT-Granada	16.01.1979
Daniel Habesohn	AUT-Wien	22.07.1986
Veronika Heine	AUT-Linz	08.09.1986
Qiangbing Li	AUT-Linz	30.04.1985
Jia Liu	AUT-Linz	16.02.1982
Werner Schlager	AUT-Wr. Neustadt	28.09.1972
Zhenqi Barthel	GER-Holsterhausen	09.01.1987
Timo Boll	GER-Düsseldorf	08.03.1981
Dimitrij Ovtcharov	GER-Düsseldorf	02.09.1988
Elke Schall	GER-Busenbach	19.07.1973
Christian Süß	GER-Düsseldorf	28.07.1985
Jiaduo Wu	GER-Kroppach	19.09.1977

Triathlon

Simon Agoston	AUT-Tullnerbach	05.04.1977
Kate Allen	AUT-Innsbruck	25.04.1970
Eva Dollinger	AUT-Angath	10.04.1978
Tania Haiböck	AUT-Linz	03.03.1974
Anja Dittmer	GER-Neubrandenburg	22.09.1975
Jan Frodeno	GER-Saarbrücken	18.08.1981
Ricarda Lisk	GER-Waiblingen	01.02.1981
Christiane Pilz	GER-Neubrandenburg	03.08.1975
Christian Prochnow	GER-Witten	19.06.1982
Daniel Unger	GER-Mengen	22.03.1978
Magali Di Marco	SUI-Troistorrents	09.09.1971
Reto Hug	SUI-Dielsdorf	24.01.1975
Olivier Marceau	SUI-Vallauris/Fr	30.01.1973
Sven Riederer	SUI-Wallisellen	27.03.1981
Daniela Ryf	SUI-Solothurn	29.05.1987
Nicola Spirig	SUI-Winkel	07.02.1982

Turnen

Caroline Weber	AUT-Dornbirn	31.05.1986
Katja Abel	GER-Berlin	08.04.1983
Thomas Andergassen	GER-Stuttgart	20.02.1980
Daria Bijak	GER-Köln	12.11.1985
Philipp Boy	GER-Cottbus	23.07.1987
Anja Brinker	GER-Herkenrath	18.01.1991
Oksana Chusovitina	GER-Köln	19.06.1975
Anna Dogonadze	GER-Bad Kreuznach	15.02.1973
Fabian Hambüchen	GER-Niedergirmes	25.10.1987
Marie-Sophie Hindermann	GER-Tübingen	26.05.1991
Robert Juckel	GER-Cottbus	12.12.1981
Joeline Möbius	GER-Chemnitz	26.08.1992
Marcel Nguyen	GER-Unterhaching	08.09.1987
Eugen Spiridonow	GER-Bous	02.04.1982
Henrik Stehlik	GER-Salzgitter	29.12.1980
Claudio Capelli	SUI-Lätti	16.11.1986
Ariella Käslin	SUI-Meggen	11.10.1987
Christoph Schärer	SUI-Magglingen	14.08.1980

Volleyball

Björn Andrae	GER-Olsztyn/POL	14.05.1981
Ralph Bergmann	GER-Moers	26.05.1970
Marcus Böhme	GER-Berlin	25.08.1985
Frank Dehne	GER-Verona/ITA	14.02.1976
Stefan Hübner	GER-Treviso/ITA	13.06.1975
Robert Kromm	GER-Perugia/ITA	09.03.1984
Thomas Kröger	GER-Friedrichshafen	11.06.1979
Christian Pampel	GER-Surgut/RUS	06.09.1979
Marcus Popp	GER-Verona/ITA	23.09.1981
Jochen Schöps	GER-Odintsowo/RUS	08.10.1983
Mark Siebeck	GER-Ankara/TUR	14.10.1975
Simon Tischer	GER-Saloniki/GRE	24.04.1982

Wasserball

Tobias Kreuzmann	GER-Duisburg	15.06.1981
Sören Mackeben	GER-Berlin	29.01.1979
Florian Naroska	GER-Esslingen	16.04.1982
Heiko Nossek	GER-Esslingen	14.03.1982
Moritz Oeler	GER-Berlin	21.10.1985
Marc Politze	GER-Berlin	20.10.1977
Julian Real	GER-Duisburg	22.12.1989
Marko Savic	GER-Berlin	11.01.1981
Thomas Schertwitis	GER-Kasan/RUS	02.09.1972
Andreas Schlotterbeck	GER-Berlin	02.03.1982
Marko Stamm	GER-Berlin	30.08.1988
Alexander Tchigir	GER-Berlin	06.11.1968
Michael Zellmer	GER-Hannover	14.08.1977

Wasserspringen

Constantin Blaha	AUT-Wien	01.12.1987
Veronika Kratochwil	AUT-Wien	09.09.1988
Anja Richter	AUT-Wien	05.10.1977
Stefanie Anthes	GER-Berlin	13.06.1986
Pawel Brendler	GER-Berlin	19.01.1983
Katja Dieckow	GER-Halle/Saale	09.09.1984
Heike Fischer	GER-Leipzig	07.09.1982
Annett Gamm	GER-Dresden	28.05.1977
Patrick Hausding	GER-Berlin	09.03.1989
Sascha Klein	GER-Aachen	12.09.1985
Ditte Kotzian	GER-Berlin	09.03.1979
Pavlo Rozenberg	GER-Aachen	22.07.1983
Stefan Rudolph	GER-Leipzig	21.12.1990
Tobias Schellenberg	GER-Berlin	17.11.1978
Christin Steuer	GER-Riesa	06.03.1983
Nora Subschinski	GER-Berlin	05.06.1988
Andreas Wels	GER-Halle/Saale	01.01.1975